데이터 분석을 위한 쥬리아

KB162362

JULIA FOR DATA ANALYSIS

© 2024 J-Pub Co., Ltd. Authorized translation of the English edition © 2023 Manning Publications. This translation is published by and sold by permission of Manning Publications, the owner of all rights to publish and sell the same.

이 책의 한국어판 저작권은 대니홍 에이전시를 통한 저작권사와의 독점 계약으로 제이펍에 있습니다. 저작권법에 의해 한국 내에서 보호를 받는 저작물이므로 무단 전재와 무단 복제를 금합니다.

데이터 분석을 위한 줄리아

1판 1쇄 발행 2024년 3월 21일

지은이 보구밀 카민스키
옮긴이 류현지
펴낸이 장성두
펴낸곳 주식회사 제이펍

출판신고 2009년 11월 10일 제406-2009-000087호
주소 경기도 파주시 회동길 159 3층 / **전화** 070-8201-9010 / **팩스** 02-6280-0405
홈페이지 www.jpub.kr / **투고** submit@jpub.kr / **독자문의** help@jpub.kr / **교재문의** textbook@jpub.kr

소통기획부 김정준, 이상복, 김은미, 송영화, 권유라, 송찬수, 박재인, 배인혜, 나준섭
소통지원부 민지환, 이승환, 김정미, 서세원 / **디자인부** 이민숙, 최병찬

진행 이상복 / **교정·교열** 김도윤 / **내지 편집** 성은경
용지 타라유통 / **인쇄** 해외정판사 / **제본** 일진제책사

ISBN 979-11-92987-65-1 (93000)
값 38,000원

※ 이 책은 저작권법에 따라 보호를 받는 저작물이므로 무단 전재와 무단 복제를 금지하며,
   이 책 내용의 전부 또는 일부를 이용하려면 반드시 저작권자와 제이펍의 서면 동의를 받아야 합니다.
※ 잘못된 책은 구입하신 서점에서 바꾸어드립니다.

제이펍은 여러분의 아이디어와 원고를 기다리고 있습니다. 책으로 펴내고자 하는 아이디어나 원고가 있는 분께서는 책의 간단한 개요와 차례, 구성과 지은이/옮긴이 약력 등을 메일(submit@jpub.kr)로 보내주세요.

Julia *for* Data Analysis
데이터 분석을 위한 줄리아

보구밀 카민스키 지음 / 류현지 옮김

제이펍

※ 드리는 말씀

- 이 책에 기재된 내용을 기반으로 한 운용 결과에 대해 지은이/옮긴이, 소프트웨어 개발자 및 제공자,
  제이펍 출판사는 일체의 책임을 지지 않으므로 양해 바랍니다.
- 이 책에 등장하는 각 회사명, 제품명은 일반적으로 각 회사의 등록상표 또는 상표입니다.
  본문 중에는 ™, ©, ® 등의 기호를 생략했습니다.
- 이 책에서 소개한 URL 등은 시간이 지나면 변경될 수 있습니다.
- 책의 내용과 관련된 문의 사항은 옮긴이나 출판사로 연락해주시기 바랍니다.
  - 옮긴이: dev.bearabbit@gmail.com
  - 출판사: help@jpub.kr

차 례

CHAPTER 1 소개 1

PART I 줄리아 필수 기술

CHAPTER 2 줄리아 시작하기 21

CHAPTER 13

데이터프레임 고급 변환 394

CHAPTER 14

데이터 분석 결과를 공유하는 웹 서비스 만들기 437

APPENDIX A 줄리아 첫걸음 469

APPENDIX B 연습 문제 풀이 484

APPENDIX C 데이터 과학을 위한 줄리아 패키지 512

옮긴이 머리말

흔히 데이터 분석이라고 하면 방대한 데이터를 어려운 수식으로 처리하여 인사이트를 얻어내는 것 정도로 인식합니다. 하지만 실제 데이터 분석을 업무로 만나게 되면 생각보다 많은 컴퓨터 과학 지식이 필요하다는 것을 깨닫게 됩니다. 방대한 데이터를 다루는 것, 수식을 컴퓨터에 도입하는 것, 이 결과를 보고서로 발간하는 것 등등 모든 것이 컴퓨터에 대한 이해 없이는 불가능하기 때문입니다.

줄리아는 이런 업무를 좀 더 편하고 쉽게 하고 싶은 사람들의 기원으로부터 탄생했습니다. R만큼의 통계적 편리성을 담보하면서 파이썬만큼의 코드 유연성이 포함된 그런 언어 말이죠. 탄생 배경이 그러한 만큼 줄리아는 데이터 분석을 하기에 최적화된 언어라고 할 수 있습니다.

이 책은 줄리아로 실제 데이터 분석 업무를 어떻게 하면 되는지 구체적인 가이드라인을 제공합니다. 1장에서는 줄리아 언어에 대한 설명을, 2장에서는 데이터 분석을 위한 도구들을 설명합니다. 이 책의 순서대로 따라온다면 대부분의 분석 업무는 줄리아로 해결할 수 있을 것입니다. 다만 분석 기법이나 통계 모델을 자세히 설명하지는 않기에 이러한 기본 지식은 필요합니다.

원서에서는 줄리아 1.7 버전을 사용했지만 번역서에서는 1.8 버전을 기준으로 코드를 수정하고 테스트하였습니다. 책에 포함되는 모든 코드를 확인했지만 혹시 문제가 있다면 언제든 알려주세요. 많은 독자분들의 목소리가 책을 좀 더 좋은 방향으로 이끌어준다고 믿습니다.

처음 번역 의뢰가 왔을 때 줄리아를 좀 더 깊이 공부할 수 있는 좋은 기회라고 생각하고 제안을 수락했습니다. 그동안 꾸준히 원서를 읽어왔기에 어렵게 생각하지 않았습니다. 하지만 번역은 단순히 글을 이해하는 것을 넘어 단어, 맥락, 표현 모든 것을 한국 정서로 담는 일이었습니다. 그 과정에서 많은 고민을 했고, 지인에게 도움을 요청하기도 했습니다. 제 선택이 모두 정답은 아니기에 따뜻한 마음으로 읽어주시기를 부탁드립니다.

마지막으로 이런 좋은 책을 번역할 기회를 주신 제이펍 장성두 대표님, 번역 경험이 없음에도 믿고 이끌어주신 이상복 팀장님께 감사드립니다. 또한 책 발간을 위해 애써주신 모든 분과 제 부족한 부분을 채워주신 베타리더분들께도 이 자리를 빌려 감사하다고 전하고 싶습니다. 덕분에 더 읽기 쉬운 책을 완성할 수 있었습니다. 마지막으로 이 책을 선택해주신 독자분들께 감사드립니다.

한국에 더 많은 줄리아 사용자가 탄생하고 줄리아 생태계에 기여할 수 있는 날이 오기를 바라며, 모두 행복한 데이터 분석 여정이 되기를 바랍니다.

류현지

베타리더 후기 _____

강찬석(LG전자)

다른 줄리아 책들보다 조금 더 실무적으로 줄리아에 접근하는 책입니다. 단순히 문법과 예제가 나열된 형태가 아니라 줄리아에서 제공되는 자료형을 효율적으로 활용하면서, 데이터프레임을 다룬다든가 웹 서비스를 만든다든가 등 실무에 적용해봄 직한 예제들이 다양하게 제공됩니다. 기본적인 문법에서 벗어나 실무적인 예제를 다루다 보니 내용이 어렵다고 볼 수 있지만, 해당 내용을 잘 숙지한다면 줄리아로 다양한 것을 해볼 수 있을 것 같습니다.

김종수(LG CNS)

풍부한 데이터 분석 사례를 통해 줄리아 기초 및 고급 주제, 그리고 데이터 분석 스킬까지 얻을 수 있는 좋은 책입니다. 단순 문법 소개에 그치는 것이 아니라 줄리아의 철학을 다양한 예제와 함께 쉽게 설명하여 줄리아의 장점을 100% 활용할 수 있게 합니다. 데이터 분석가가 아니더라도 줄리아에 관심이 있다면 반드시 읽어보길 권합니다.

이민호(중앙대학교 대학원)

줄리아라는 비교적 최근에 탄생한 언어 환경에서 DataFrames.jl 패키지를 이용한 데이터 분석 방법을 소개하는 책입니다. 데이터 분석 방법에 대한 소개뿐 아니라, 줄리아의 언어 구조와 매크로 등이 자세히 소개되었기에 줄리아 언어를 처음 시작하는 분들에게도 추천하고 싶습니다.

정태일(삼성SDS)

데이터 분석과 활용이 중요해진 오늘날, 그동안 많이 쓰이던 R 또는 파이썬 말고도 데이터 분석에 최적화된 언어로 줄리아가 있음을 알게 되었고, 이 책을 통해 생각보다 줄리아가 배우기 어렵지 않으며, 줄리아를 통해 훨씬 빠르게 결과를 얻을 수 있음을 경험했습니다. 다양한 패키지와 라이브러리를 활용하여 효과적으로 데이터 분석 업무를 수행하기를 원한다면 줄리아가 최적의 선택이 될 것이며, 또한 이 책이 좋은 지침서가 되리라 생각합니다.

조승모(SK텔레콤)

파이썬은 좋은 언어지만, 느린 속도, 어려운 병렬처리, 혼란스러운 객체 지향 등 여러 문제가 있습니다. MIT에서 만든 줄리아는 후발 주자의 강점으로 그러한 문제들에 대한 우아한 해결책을 제공합니다. 줄리아 커뮤니티에서 유명한 책이어서 원서를 먼저 읽었지만, 베타리딩하면서 다시 한 문장씩 곱씹어보니 정말 잘 쓰인 책이라는 확신이 들었습니다. 줄리아의 매력이 궁금하신 분들께 추천합니다.

한상곤(부산대학교 정보컴퓨터공학부)

주변 연구자들과 공부를 하면서 자주 접하게 된 프로그래밍 언어가 줄리아입니다. R, 파이썬과 함께 자연계 연구자들이 많이 사용하고 있어 흥미롭게 지켜보던 언어입니다. 이 책을 통해 줄리아로 데이터를 처리하는 방식을 빠르게 익힐 수 있어서 좋았습니다. 줄리아가 가진 다양한 특징도 알수 있는 기회였습니다. 예제가 수학과 관련된 것들이 있어서 어렵게 느껴질 수 있지만, 코드 구성등은 초급자가 보기에도 좋을 것 같습니다.

황동욱(국가수리과학연구소)

이 책은 데이터 과학을 하는 사람들에게, 파이썬과 유사하면서도 계산 성능은 더 높고 대용량 데이터 분석에도 적절한 언어인 줄리아 프로그래밍의 세계로 가는 지름길을 안내합니다. 책에서 다루는 줄리아 문법과 데이터프레임 활용법은 내용 자체도 알차지만, 예제나 설명에서 묻어 나오는 줄리아 언어에 대한 통찰이 언어의 바탕 철학을 잘 전달해줍니다.

제이펍은 책에 대한 애정과 기술에 대한 열정이 뜨거운 베타리더의 도움으로
출간되는 모든 IT 전문서에 사전 검증을 시행하고 있습니다.

추천 서문(비랄 샤)

오늘날, 세계는 데이터 분석을 위한 많은 소프트웨어 도구들로 가득 차 있다. 독자들은 왜 줄리아로 데이터 분석을 해야 하는지 궁금할 수 있다. 데이터 분석에 줄리아를 '왜' 사용하는지, 그리고 '어떻게' 사용하는지, 이 책은 이 두 질문에 답한다.

나에 대해 모르는 독자들을 위해 간단히 소개하고자 한다. 나는 줄리아 언어 개발자 중 한 명이며, 줄리아 컴퓨팅Julia Computing 공동창립자 겸 CEO이다. 우리는 C보다 빠르고 R과 파이썬보다 쉬운 언어를 만들자는 간단한 아이디어로 시작했다. 이 간단한 아이디어는 줄리아 커뮤니티가 훌륭한 추상화와 주변 인프라를 구축하면서 많은 다른 분야에 영향을 미쳤다. 많은 공동 기여자와 함께 보구밀은 데이터 분석을 위한 사용하기 쉽고 고성능인 패키지 생태계를 구축했다.

줄리아의 데이터 분석 생태계는 처음부터 줄리아 자체의 몇 가지 기본 아이디어를 활용하여 구축되었다. 데이터 작업을 위한 DataFrames.jl, 데이터를 읽기 위한 CSV.jl, 통계 분석을 위한 JuliaStats 생태계 등의 라이브러리들도 모두 줄리아로 구현되었다. 이러한 라이브러리들은 R에서 특별히 개발되고 발전된 아이디어를 기반으로 한다. 예를 들어 결측값을 작업하기 위한 인프라는 줄리아 생태계의 핵심 부분이다. 결측값으로 인한 오버헤드를 줄이기 위해 줄리아 컴파일러를 효율적으로 만드는 데 수년이 걸렸다. 온전히 줄리아로 개발된 DataFrames.jl 라이브러리, 그것은 곧 고성능 데이터 분석을 위해 벡터화된 코딩 스타일을 고수할 필요가 없음을 뜻한다. 수 기가바이트 데이터셋에 대해서도 그냥 for 루프를 쓰면 된다. 병렬 데이터 처리에 쉽게 멀티스레딩을 사용하고, 줄리아 생태계의 라이브러리들과 통합하거나, 심지어 웹 API로 배포할 수도 있다. 이 모든 기능이 책 안에 나와 있다. 보구밀이 깔끔하고 작은 표 형식 데이터셋뿐만 아니라 200만 행의 체스 퍼즐 데이터 같은 실세계 데이터를 예제로 사용한 점이 정말 인상적이었다.

이 책은 두 부분으로 나뉜다. 1부에서는 줄리아 언어의 기본 개념을 소개하고 타입 시스템, 다중 디스패치, 데이터 구조 등을 설명한다. 그다음 2부에서는 이런 개념들을 바탕으로 데이터 읽기, 선택, 데이터프레임 생성, 분할-적용-결합, 정렬, 조인, 재구성 같은 데이터 분석 내용을 살펴보고, 마지막으로 응용프로그램을 완성해보며 끝난다. 또한 줄리아 프로그램이 R, 파이썬, 스파크와 같은 다른 데이터 분석 도구와 공존할 수 있기 위한 Arrow 데이터 교환 형식 같은 내용도 포함되어 있다. 독자는 모든 장의 코드 패턴을 통해 고성능의 데이터 분석 모범 사례를 배우게 될 것이다.

보구밀은 줄리아의 데이터 분석 및 통계 생태계의 주요 기여자일 뿐만 아니라 JuliaAcademy 같은 곳에 여러 강의를 올리거나 블로그를 통해 패키지 내부 구조에 대해 설명해왔다. 그는 줄리아가 데이터 분석에서 어떻게 효과적으로 사용될 수 있는지 제시할 수 있는 최적의 저자 중 한 명이다.

비랄 샤 Viral Shah, 줄리아 컴퓨팅 공동 창립자 겸 CEO

시작하며 _____

나는 줄리아를 2014년부터 사용하고 있으며, 그 이전에는 보통 데이터 분석에 R을 많이 사용했었다(당시 파이썬은 아직 데이터 분석 분야에서 많이 사용되지 않았다). 하지만 데이터를 탐색하고 머신러닝 모델을 구축하는 것 외에도 계산하는 데 며칠씩 소요되는 계산 집약적 작업들도 종종 구현해야 했었다. 그 경우에는 C나 자바를 사용했으며, 이렇게 프로그래밍 언어를 끊임없이 전환하는 것은 꽤나 고통스러운 일이었다.

줄리아에 대해 알게 된 후, 나는 줄리아가 그동안 내가 필요하다고 느꼈던 흥미로운 기술이라고 생각했다. 1.0 버전이 릴리스되기도 전에 나는 프로젝트에서 줄리아를 성공적으로 사용할 수 있었다. 그러나 여타 새로운 도구들처럼 줄리아 또한 다듬어질 필요가 있었다.

그리하여 줄리아 언어와 데이터 처리 기능 관련 패키지에 기여하기로 결심했다. 나는 수년에 걸쳐 기여했으며, 결국 DataFrames.jl 패키지의 주요 관리자 중 한 명이 되었다. 나는 줄리아가 이제 실제 응용프로그램에서 사용할 준비가 되었다고 확신하며, 현재 DataFrames.jl는 안정적이고 기능도 풍부하다. 따라서 데이터 분석을 위해 줄리아를 사용한 경험을 공유하는 책을 쓰기로 결정했다.

나는 항상 소프트웨어에서는 훌륭한 기능뿐만 아니라 적절한 문서를 제공하는 것도 중요하다고 믿어왔다. 이러한 이유로 몇 년 동안 여러 온라인 자료들을 관리해왔다. 줄리아 언어를 간단하게 소개하는 튜토리얼인 Julia Express(https://github.com/bkamins/The-Julia-Express), DataFrames.jl 패키지 소개 및 예제(https://github.com/bkamins/Julia-DataFrames-Tutorial), 줄리아 주간 블로그(https://bkamins.github.io), 여러 데이터 과학 작업에 대한 줄리아 실습 강의(https://www.manning.com/liveprojectseries/data-science-with-julia-ser) 등이다.

이런 자료들을 완성한 후에도 나는 뭔가 부족하다는 생각이 강하게 들었다. 줄리아로 데이터 과학을 하고자 했던 사람들은 이를 위해 필요한 기본 내용을 소개하는 책을 찾는 데 여전히 어려움을 겪고 있었다. 이 책은 그런 사람들을 위해 탄생했다.

줄리아 생태계에는 데이터 과학 프로젝트에서 사용할 수 있는 수백 개의 패키지가 있으며, 새로운 패키지들도 매일 등록되고 있다. 이 책의 목표는 모든 사용자가 데이터 분석을 할 때 유용하게 사용할 수 있는 줄리아 핵심 기능과 자주 사용되는 패키지에 대해 알려주는 것이다. 이 책을 읽은 후, 독자는 아래의 내용들을 스스로 할 수 있게 될 것이다.

- 줄리아로 데이터 분석을 수행한다.
- 데이터 분석뿐만 아니라, 데이터 과학 프로젝트를 수행할 때 유용한 특정 패키지에서 제공하는 기능들을 배운다. 부록 C에서는 줄리아 생태계에서 각 분야별로 추천되는 분석 도구들에 대해 소개한다.
- 패키지 개발자들이 논의한 줄리아의 고급 기능에 대해 비교적 쉽게 이해한다.
- Discourse(https://discourse.julialang.org), Slack(https://julialang.org/slack), Zulip(https://julialang.zulipchat.com) 같은 소셜 미디어에서 언급되는 줄리아에 대한 핵심 개념과 용어를 이해할 수 있다.

감사의 글 _____

이 책은 줄리아와 함께한 내 여정에서 중요한 부분을 차지한다. 그러므로 이 책을 위해 도와준 많은 분들에게 감사의 인사를 전하고 싶다.

먼저 내게 많은 것을 알려주고 영감을 받을 수 있게 도와준 줄리아 커뮤니티 회원들에게 감사하는 것으로 시작하려고 한다. 도움을 준 분이 너무 많아서 어렵게 몇 분만 선정했다. 초기에 스테판 카르핀스키Stefan Karpinski는 문자열 처리 기능 구현에 참여할 수 있도록 지원하여 내가 줄리아 기여자로 시작하는 데 많은 도움을 주었다. 데이터 과학 생태계에서 밀란 부셰발라Milan Bouchet-Valat는 수년간 나의 가장 중요한 파트너였다. 줄리아 데이터 및 통계 생태계에서 그의 관리 노력은 매우 중요한 역할을 하고 있다. 내가 그에게 배운 가장 중요한 것은, 패키지 관리자가 결정하는 디자인이 어떤 장기적인 결과를 도출하는지에 대해 주의와 고려가 필요하다는 것이다. 다음 핵심 인물은 내가 이 책에서 다룬 기능들의 많은 부분을 설계하고 구현한 제이컵 퀸Jacob Quinn이다. 마지막으로 나는 줄리아 데이터 분석 생태계의 중요한 기여자이며 항상 사용자 관점에서 귀중한 의견과 조언을 제공해주는 피터 데페바크Peter Deffebach와 프레임스 캐서린 화이트Frames Catherine White를 언급하고 싶다.

또한 매닝Manning의 내 담당 편집자인 마리나 마이클스Marina Michaels, 기술 편집자 채드 셰러Chad Scherrer, 기술 교정자 저먼 곤잘레즈모리스German Gonzalez-Morris, 그리고 개발 과정에서 원고를 읽는 데 시간을 할애하고 귀중한 피드백을 준 다음 분들에게도 감사를 드린다. Ben McNamara, Carlos Aya-Moreno, Clemens Baader, David Cronkite, Dr. Mike Williams, Floris Bouchot, Guillaume Alleon, Joel Holmes, Jose Luis Manners, Kai Gellien, Kay Engelhardt, Kevin Cheung, Laud Bentil, Marco Carnini, Marvin Schwarze, Mattia Di Gangi, Maureen Metzger,

Maxim Volgin, Milan Mulji, Neumann Chew, Nikos Tzortzis Kanakaris, Nitin Gode, Orlando Méndez Morales, Patrice Maldague, Patrick Goetz, Peter Henstock, Rafael Guerra, Samuel Bosch, Satej Kumar Sahu, Shiroshica Kulatilake, Sonja Krause-Harder, Stefan Pinnow, Steve Rogers, Tom Heiman, Tony Dubitsky, Wei Luo, Wolf Thomsen, Yongming Han. 마지막으로 이 책의 제작과 홍보를 위해 일한 매닝 팀의 프로젝트 매니저 디어드러 하이엠Deirdre Hiam, 카피에 디터 샤론 윌키Sharon Wilkey, 페이지 교정 담당자 멜로디 돌랩Melody Dolab에게도 감사의 말씀을 전하고 싶다.

끝으로 줄리아 언어를 사용하여 여러 논문을 함께 출판한 토마시 올차크Tomasz Olczak, 파베우 프라와트Paweł Prałat, 프셰미스와프 슈펠Przemysław Szufel, 프랑수아 테베르주François Théberge에게 감사를 표하고 싶다.

이 책에 대하여 _____

이 책은 데이터 분석을 위해서 줄리아를 시작하는 데 도움이 되도록 두 부분으로 나뉘어 쓰였다. 첫 번째 부분에는 줄리아의 중요한 기능을 설명하며, 다음으로는 데이터 과학 프로젝트에서 사용되는 핵심 패키지의 기능에 대해서 설명한다.

이 책의 자료들은 데이터 수집, 변환, 시각화 및 예측 모델 구축까지 마무리하는 완전한 데이터 분석 프로젝트로 구성되었으며, 이를 통해 독자들이 데이터 과학 프로젝트에 대한 유용한 기본 개념과 기술을 배우는 것을 목표로 한다.

이 책은 고급 머신러닝 알고리즘에 대한 사전 지식을 요구하지 않는다. 그런 지식들은 데이터 분석의 기초를 이해하는 데 필요하지 않으며, 또한 이 책에서도 그런 모델들은 사용하지 않는다. 다만 이 책의 독자가 일반화 선형회귀나 LOESS 회귀와 같은 기본적인 통계 지식과 데이터 과학 도구에 대한 지식이 있다고 가정한다. 마찬가지로 데이터 엔지니어링 관점에서 데이터를 웹에서 가져오고, 웹 서비스를 개발하고, 압축된 파일로 작업하고, 기본적인 데이터 저장 형식들을 사용하는 등의 일반적인 작업들도 다룬다. 이 책은 줄리아와 관련이 없거나 전문적인 소프트웨어 엔지니어링 지식이 필요한 복잡한 작업들은 생략한다.

부록 C는 데이터 엔지니어링 및 데이터 과학 영역에서 고급 기능을 제공하는 줄리아 패키지를 살펴본다. 이 책에서 얻은 지식을 사용하여 부록 C에 있는 패키지들을 자유자재로 사용할 수 있기를 바란다.

대상 독자

이 책의 주요 독자는 줄리아가 데이터 분석에 어떻게 사용될 수 있는지 배우고 싶은 데이터 과학자나 데이터 엔지니어이다. 따라서 이 책은 독자가 R, 파이썬, MATLAB과 같은 프로그래밍 언어를 사용하여 데이터 분석을 한 경험이 있다고 가정한다.

책의 구성

이 책은 크게 2개의 부분으로 나눠져 있으며, 14개의 장과 3개의 부록으로 구성되어 있다.

1장에서는 줄리아에 대한 간단한 개요와 왜 줄리아가 데이터 과학 프로젝트를 위한 언어인지에 대해 설명한다.

1부에서는 데이터 분석 프로젝트에 유용한 줄리아 기술들을 배울 것이다. 해당 내용은 평소에 어렵다고 논의되던 주제들을 다루기에 줄리아 언어를 잘 모르는 독자들에게 필수적이며, 기존에 줄리아를 사용하던 독자도 유용한 정보를 찾을 수 있다. 또한 줄리아 언어 자체에 대한 설명보다는 데이터 분석 프로젝트에서 사용되는 관점을 중심으로 설명한다. 1부에 포함된 내용은 다음과 같다.

- 2장에서는 줄리아의 구문과 일반적인 언어 구조, 변수 범위 규칙의 가장 중요한 측면에 대해 살펴본다.
- 3장에서는 줄리아의 타입 시스템과 메서드를 소개한다. 그다음 패키지와 모듈을 살펴보고 마지막으로 매크로 사용에 대해 논의한다.
- 4장은 배열, 딕셔너리, 튜플, 네임드튜플의 작동 방식에 대해 살펴본다.
- 5장은 파라메트릭 타입에 대한 브로드캐스팅 및 서브타이핑 규칙을 포함하여 줄리아 컬렉션 작업과 관련된 고급 주제에 대해 논의한다. 또한 줄리아와 파이썬을 통합하는 방법에 대해서도 살펴본다.
- 6장은 줄리아에서 문자열이 어떻게 작동하는지 설명한다. 또한 심벌 사용, 고정 너비 문자열 작업, PooledArrays.jl 패키지를 사용한 벡터 압축에 대한 주제도 다룬다.
- 7장에서는 시계열 데이터와 결측값 작업에 중점을 둔다. 또한 HTTP 쿼리를 사용하여 데이터를 가져오고 JSON 데이터를 구문 분석하는 방법도 살펴본다.

2부에서는 DataFrames.jl 패키지를 사용하여 데이터 분석 파이프라인을 구축하는 방법에 대해 알아본다. 일반적으로 1부에서 배운 데이터 구조만으로도 데이터 분석을 할 수 있지만, 데이터프레임을 사용하여 분석 워크플로를 구축하는 것이 더 쉽고 코드도 효율적이다. 2부에 포함된 내용은 다음과 같다.

- 8장에서는 CSV 파일에서 데이터프레임을 만들고 데이터프레임의 기본적인 처리 방법에 대해 알아본다. 또한 Apache Arrow 및 SQLite 데이터베이스에서 데이터를 처리하고, 압축 파일로 작업하고, 기본적인 데이터 시각화(플로팅)를 수행하는 방법을 살펴본다.
- 9장은 데이터프레임에서 행과 열을 선택하는 방법을 보여준다. 또한 LOESS 회귀모형을 구축하고 시각화하는 방법에 대해 살펴본다.
- 10장에서는 새로운 데이터프레임을 만들고 기존 데이터프레임을 새로운 데이터로 채우는 다양한 방법을 다룬다. 그다음 표 형식의 데이터를 다룰 수 있는 Tables.jl 인터페이스에 대해 살펴본다. 마지막으로 줄리아와 R을 통합하고 줄리아 객체를 직렬화하는 방법에 대해 알아본다.
- 11장은 데이터프레임을 다른 타입의 객체로 변환하는 방법을 보여준다. 기본 타입 중 하나는 그룹화된 데이터프레임이다. 또한 타입 안정적 코드와 타입 해적질에 대한 일반적인 개념에 대해서도 살펴본다.
- 12장에서는 특히 분할-적용-결합 전략을 사용하여 데이터프레임의 변환과 변형을 중심으로 살펴본다. 또한 그래프 데이터를 다룰 수 있는 Graphs.jl 패키지의 기본적인 사용 방법도 다룬다.
- 13장은 DataFrames.jl 패키지에서 제공하는 고급 데이터프레임 변환 옵션과 데이터프레임 정렬, 조인, 재구성에 대해 살펴본다. 또한 데이터 파이프라인에서 여러 작업을 연결하는 방법도 알아본다. 데이터 과학의 관점에서, 이 장에서는 줄리아에서 어떻게 범주형 데이터로 작업하고 분류 모델을 평가하는지를 보여준다.
- 14장에서는 분석 알고리즘을 통해 데이터가 제공되는 웹 서비스를 구축하는 방법에 대해 알아본다. 추가적으로 몬테카를로 시뮬레이션을 구현하고 줄리아의 멀티스레딩을 활용하여 더 빠르게 실행하는 방법도 살펴본다.

이 책은 3개의 부록으로 끝난다. 부록 A에는 줄리아 설치 및 패키지 관리와 같은 줄리아 사용을 위한 필수 구성 정보들이 포함되어 있다. 부록 B에는 각 장에서 제시된 연습 문제에 대한 풀이가 포함되어 있으며, 부록 C에는 데이터 과학 및 데이터 엔지니어링 프로젝트에서 유용하게 사용될 줄리아 생태계에 대한 설명이 포함되어 있다.

코드에 대하여

이 책에 사용된 모든 예제 코드는 아래 깃허브 저장소에서 확인할 수 있다.

https://github.com/bkamins/JuliaForDataAnalysis

코드 예제는 대화형 세션에서 실행하는 것을 기준으로 한다. 따라서 대부분의 경우 코드 블록은 줄리아 프롬프트가 앞에 붙은 줄리아 입력과 명령 아래에 생성된 출력을 모두 보여준다. 이 형식은 실제 줄리아 터미널과 동일하다. 예제는 다음과 같다.

```
julia> 1 + 2  ◀── ❶ 1 + 2는 사용자에 의해 실행된 줄리아 코드이다.
3  ◀── ❷ 3은 줄리아가 터미널에서 출력한 결과이다.
```

이 책에 표시된 모든 자료는 윈도우, macOS, 리눅스에서 실행할 수 있으며, 8GB 이상의 RAM이 있는 환경을 전제로 한다. 일부 코드는 실행하려면 더 많은 RAM이 필요하다.

책에 제시된 코드를 실행하는 방법

책에 제시된 모든 코드가 컴퓨터에서 제대로 실행되기 위해서는 먼저 부록 A에 설명된 구성 단계들을 따라 하는 것이 중요하다. 이 책은 줄리아 1.7 버전에서 작성되고 테스트를 진행했다.

특히 중요한 점은 예제 코드를 실행하기 전에 아래 깃허브 저장소에서 제공하는 프로젝트 환경을 활성화해야 한다.

　　https://github.com/bkamins/JuliaForDataAnalysis

이 책에서는 특히 DataFrames.jl 패키지를 많이 사용한다. 모든 코드는 DataFrames.jl 패키지 1.3 버전에서 작성되고 테스트되었다. 그 외 사용된 다른 패키지 버전들은 깃허브 저장소의 Manifest.toml 파일에서 찾을 수 있다.

책에 실린 코드는 줄리아 세션에 복붙해서 실행하는 것을 전제로 작성된 것이 아니다. 항상 책의 깃허브 저장소에 있는 코드를 찾아서 사용해야 한다. 각 장마다 저장소에는 모든 코드가 포함된 별도의 파일이 있다.

기타 온라인 자료들

아래 목록은 이 책을 읽으면서 도움이 될 수 있는 온라인 자료들을 선정한 것이다.

- 튜토리얼이 포함된 DataFrames.jl 문서(https://dataframes.juliadata.org/stable)
- 줄리아로 여러 데이터 과학 작업들을 연습할 수 있는 실습 강의들(https://www.manning.com/liveprojectseries/data-science-with-julia-ser)
- 줄리아 관련 주간 블로그(https://bkamins.github.io/)

또한 줄리아에 대한 여러 정보를 찾아볼 수 있는 사이트들은 다음과 같다.

- 줄리아 언어 웹사이트(https://julialang.org)
- JuliaCon(https://juliacon.org)
- Discourse(https://discourse.julialang.org)
- Slack(https://julialang.org/slack/)
- Zulip(https://julialang.zulipchat.com/register/)
- Forem(https://forem.julialang.org)
- 스택 오버플로(https://stackoverflow.com/questions/tagged/julia)
- 줄리아 유튜브 채널(www.youtube.com/user/julialanguage)
- Talk Julia 팟캐스트(www.talkjulia.com)
- Julia Bloggers blog aggregator(https://www.juliabloggers.com)

책 표지에 실린 그림은 <Prussienne de Silésie(실레시아의 프로이센 사람)>이라는 제목이 붙어 있다. 이 삽화는 1797년 출간된 자크 그라세 드 생소뵈르Jacques Grasset de Saint-Sauveur의 화집에서 가져온 것이다. 책의 모든 그림을 손으로 정교하게 그리고 채색했다.

당시 사람들은, 어디에 살고 있으며, 무엇을 사고파는지, 어떤 계층에 속하는지를 단지 옷차림만으로도 쉽게 확인할 수 있었다. 매닝 출판사는 몇 세기 전 여러 지역의 다채로운 생활상을 보여주는 이러한 그림을 표지에 실어 IT 업계의 독창성과 진취성을 기리고자 한다.

소개

이 장의 주요 내용

- 줄리아의 주요 특징
- 왜 줄리아로 데이터 과학을 하는가?
- 줄리아의 데이터 분석 패턴

데이터 분석은 모든 분야에서 핵심 프로세스 중 하나가 되었다. 데이터 수집이 점점 쉬워지고 저렴해지면서 데이터 접근성도 높아졌으며, 이런 변화는 사람들이 데이터 분석을 통해 더 빠르게 좋은 선택을 할 수 있도록 도와준다.

데이터 분석에 대한 수요는 **데이터 과학자**data scientist와 같은 몇 가지 새로운 직업들을 탄생시켰다. 데이터 과학자는 데이터를 수집하고, 분석하고, 실행 가능한 통찰력을 생산하는 데 숙련된 사람이다. 모든 장인과 마찬가지로, 데이터 과학자들도 제품을 효율적이고 안정적으로 전달하는 데 도움이 되는 도구가 필요하다.

데이터 과학자는 다양한 소프트웨어 도구를 활용하여 작업을 수행한다. 이러한 도구 중 일부는 그래픽 인터페이스를 제공하므로 비교적 작업하기 쉽지만 사용 범위에 한계가 있다. 방대한 작업을 해야 하는 데이터 과학자들은 작업을 위한 유연성과 표현력을 달성하기 위해선 결국 프로그래밍 언어를 사용해야 한다는 결론에 도달한다.

이에 개발자들은 데이터 과학자가 일반적으로 사용하는 많은 프로그래밍 언어를 생각해냈다. 그 중 하나가 **줄리아**이다. 줄리아는 데이터 과학자들이 다른 도구들을 사용하면서 부딪히는 문제들을 해결하기 위해 설계된 언어이다. 줄리아 창시자들의 말을 인용해보면 '줄리아는 C처럼 실행되지만 파이썬처럼 읽힌다'고 한다. 이처럼 줄리아는 파이썬과 마찬가지로 효율적이고 편리한 개발 프로세스를 지원하는 동시에 줄리아로 개발된 프로그램은 C와 비슷한 성능을 가진다.

1.1절에서는 위의 주장을 뒷받침하는 벤치마크 결과에 대해 논의할 것이다. 특히 2017년에 줄리아로 작성된 프로그램은 천문학적 이미지 데이터를 처리할 때 130만 개의 스레드를 사용하여 1.54페타플롭스PetaFlops라는 최고 성능을 달성했다. 이전에는 C, C++, 포트란으로 구현된 소프트웨어만 1페타플롭스 이상의 처리 속도를 달성했었다.

이 책에서는 줄리아 언어를 사용하여 다양한 형식의 데이터를 읽고 쓰기, 변환, 시각화, 분석 등 데이터 과학자들이 일상적으로 해야 하는 작업들을 수행하는 방법에 대해서 살펴볼 것이다.

1.1 줄리아란 무엇이며 왜 유용한가

줄리아는 고급high-level 프로그래밍 언어임과 동시에 실행 속도가 빠른 프로그래밍 언어이다. 따라서 줄리아로 프로그램을 만드는 것과 실행하는 것 모두 빠르게 진행된다. 이 절에서는 줄리아가 데이터 과학자들 사이에서 점점 더 인기를 얻고 있는 이유에 대해 이야기하고자 한다.

C++, 자바, MATLAB, 파이썬, R, SAS와 같은 다양한 프로그래밍 언어가 일반적으로 데이터 분석에 사용된다. 이런 언어 중 일부(예를 들어, R)는 데이터 과학 작업에서 사용하기 쉽게 설계되었지만 대부분 프로그램 실행 시간이 느려 비용이 추가적으로 발생한다. 반면 C++와 같은 다른 언어들은 더 저수준이므로 데이터를 빠르게 처리할 수 있지만 데이터 과학자가 개발하는 데 더 많은 시간이 소요된다.

그림 1.1은 10개의 문제에 대해 C, 자바, 파이썬, 줄리아의 실행 속도와 코드 크기(프로그래밍 언어 표현력 척도 중 하나)를 비교한 결과이다. 이런 비교는 객관적으로 하기 어렵기 때문에 오랜 개발 역사를 가지고 객관성을 유지하기 위해 노력해온 컴퓨터 언어 벤치마크 게임(http://mng.bz/19Ay)을 선택하여 테스트를 진행했다.

그림 1.1의 두 서브플롯 모두에서 C는 1의 기준값을 가지고 있다. 따라서 1보다 작은 값은 C보다 더 빨리 실행되거나(왼쪽 플롯) 더 작다는 것(오른쪽 플롯)을 보여준다. 왼쪽 플롯은 실행 시간을 나타

내며 값은 y축의 로그 스케일로 표시되어 있다. 오른쪽 플롯은 코드 크기를 나타내며 값은 각 언어로 작성된 프로그램의 gzip 아카이브 크기이다.

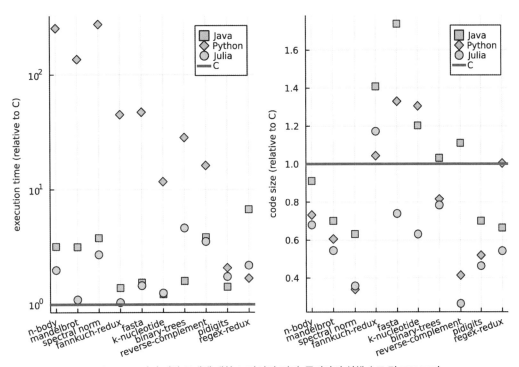

그림 1.1 10가지 계산 문제에 대한 C, 파이썬, 자바, 줄리아의 실행 속도 및 코드 크기

실행 속도(왼쪽 플롯) 측면에서 C는 가장 빠르고 줄리아(원 모양)는 2위를 차지했다. 특히 파이썬(다이아몬드 모양)은 비교 대상인 다른 언어들보다 많은 작업에서 자릿수가 다를 정도로 느린 편에 속한다(그래서 왼쪽 플롯은 y축을 로그 스케일로 그려야 했다).

코드 크기(오른쪽 플롯)의 경우 줄리아는 10개 문제 중 8개에서 선두를 차지한 반면, C와 자바는 종종 꼴찌였다. 코드 크기 외에 언어의 사용 편의성도 중요하다. 필자는 그림 1.1의 플롯을 줄리아 대화형 세션에서 손쉽게 만들었다. 해당 소스 코드는 책 깃허브 저장소(https://github.com/bkamins/JuliaForDataAnalysis)에서 확인할 수 있다. 이러한 작업은 파이썬에서도 편리하게 할 수 있지만, 자바나 C에서는 훨씬 까다롭다.

과거에 개발자들은 언어 표현력과 속도 사이의 절충을 고민했다. 하지만 실제로 그들은 둘 다 원했다. 이상적인 프로그래밍 언어는 파이썬과 같이 배우고 사용하기 쉬우면서도 동시에 C와 같이 데이터를 고성능으로 처리할 수 있어야 했다.

이로 인해 데이터 과학자들은 종종 프로젝트에서 두 가지 언어를 사용해야 했다. 먼저 파이썬처럼 코딩하기 쉬운 언어로 알고리즘의 프로토타입을 개발하고 성능 병목현상이 발생하는 부분을 파악한 후 해당 부분을 C와 같은 빠른 언어로 포팅하는 것이다. 이런 과정은 시간이 걸리고 버그가 발생할 수 있다. 주요 부분이 두 개의 프로그래밍 언어로 작성된 코드를 유지하는 것을 어려울 수 있으며, 여러 기술을 통합하는 것의 복합성을 야기한다. 마지막으로 도전적이고 새로운 문제를 해결할 때 두 가지 프로그래밍 언어로 코드를 작성하는 것은 빠른 실험을 어렵게 만들기 때문에 제품을 개발하는 데 시간이 더 많이 소요된다.

타임라인 사례 연구

예시로 줄리아를 사용하여 일했던 경험을 이야기하고자 한다. **타임라인**Timeline은 재무 고문의 은퇴 재정 계획을 도와주는 웹 앱이다. 이런 애플리케이션은 신뢰할 수 있는 제품을 추천하기 위해 많은 계산을 필요로 한다. 처음 타임라인 제작자들은 MATLAB에서 프로토타이핑을 시작했고 온라인 배포를 위해 엘릭서Elixir로 전환했다. 나는 해당 솔루션을 줄리아로 마이그레이션하는 작업에 참여했다.

코드 재작성 후 시스템의 온라인 쿼리 시간이 40초에서 0.6초로 단축되었다. 이런 속도 향상이 와닿지 않는다면 웹브라우저의 응답을 받기 위해 40초를 기다려야 하는 사용자를 상상해보라. 그다음 0.6초 만에 응답을 받았다고 가정해보면 속도 향상의 비즈니스 가치를 평가할 수 있다. 고객 만족도 향상 외에도 처리 시간이 빨라지면 이 시스템을 운영하는 데 필요한 기술 인프라의 비용과 복잡성도 줄어든다.

그러나 실행 속도 향상은 변화의 한 측면일 뿐이다. 타임라인은 줄리아로 전환한 덕분에 프로그래밍 시간과 디버깅에 수만 달러를 절약했다고 보고했다. 데이터 과학자들과 동일한 도구를 사용하기에 소프트웨어 개발자들은 작성할 코드가 줄어들었다. 이 사용 사례에 대한 자세한 내용은 https://juliacomputing.com/case-studies/timeline/에서 확인할 수 있다.

타임라인 사례의 경우, 작업 결과를 프로덕션에 배포하는 데이터 과학 팀의 관리자들과 특히 연관이 있다고 생각한다. 어떤 개발자라도 단일 언어를 사용하여 프로토타입을 만들고 프로덕션으로 배포하는 환경이라면 감사하게 느낄 것이다. 하지만 위와 같은 비용과 시간에 대한 이점은 단일 언어를 사용할 수 있는 데이터 과학자, 데이터 엔지니어, 소프트웨어 개발자로 구성된 팀만이 누릴 수 있다.

타임라인 사례 연구는 실제 비즈니스 애플리케이션에서 MATLAB, 엘릭서 언어의 조합을 대체하기 위해 줄리아가 어떻게 사용되었는지 보여준다. 이 예제를 보완하기 위해서 데이터 과학자가 일상적으로 사용하는 오픈 소스 소프트웨어 도구를 개발하는 데 사용된 언어를 확인해보자(해당 통계는 2021년 10월 11일에 수집되었다). 표 1.1은 3개의 R, 파이썬 패키지를 구현하는 데 사용된 상위 2개의 프로그래밍 언어를 보여준다.

표 1.1 인기 있는 오픈 소스 패키지를 구현하는 데 사용되는 언어

패키지	기능	URL	언어
data.table	R에서 사용하는 데이터프레임 패키지	https://github.com/Rdatatable/data.table	C 36.3% R 62.4%
randomForest	R에서 사용하는 랜덤 포레스트 라이브러리	https://github.com/cran/randomForest	C 50.3% R 39.9%
PyTorch	파이썬에서 사용하는 머신러닝 라이브러리	https://github.com/pytorch/pytorch	C++ 52.6% 파이썬 36.6%

위의 모든 예에서, 데이터 과학자가 파이썬 또는 R을 사용하고 싶어도 코드의 일부분이 너무 느리기에 결국 C나 C++로 전환한다는 공통적인 특징을 발견할 수 있다.

이 문제를 해결하기 위해 개발자 그룹이 줄리아라는 언어를 만들었다. 줄리아 개발자들은 그들의 선언문에서 이 문제를 **두 언어 문제**two-language problem라고 부른다(http://mng.bz/Poag).

줄리아의 가장 큰 매력은 두 언어 문제를 해결했다는 것이다. 데이터 과학자에게, 줄리아는 고수준이고 사용하기 쉬우며 빠른 언어다. 줄리아와 그 패키지들의 소스 코드 구조를 봐도 이 점을 알 수 있다. 표 1.2는 표 1.1의 각 패키지와 상응하는 줄리아의 패키지들이다.

표 1.2 표 1.1에 나열된 패키지의 기능과 일치하는 줄리아 패키지

패키지	기능	URL	언어
DataFrames.jl	데이터프레임 패키지	https://github.com/JuliaData/DataFrames.jl	줄리아 100%
DecisionTree.jl	랜덤 포레스트 라이브러리	https://github.com/bensadeghi/DecisionTree.jl	줄리아 100%
Flux.jl	머신러닝 패키지	https://github.com/FluxML/Flux.jl	줄리아 100%

이 모든 패키지들은 순전히 줄리아로 쓰였다. 하지만 이 사실이 사용자에게 중요한가?

이는 최종 사용자인 데이터 과학자보다 패키지 개발자에게 더 중요한 내용이라고 생각할 수도 있다. 파이썬과 R에는 성숙한 패키지 생태계가 있으며, 대부분 컴퓨팅 집약적인 알고리즘들은 이미 라이브러리로 구현되어 있을 것이라 예상할 수 있다. 이 또한 사실이지만 토이 프로젝트에서 복잡한 프로덕션 환경으로 이동할 때 세 가지의 큰 한계에 부딪히게 된다.

- '대부분의 알고리즘'은 '모든 알고리즘'을 의미하지는 않는다. 대부분 기존 패키지에 의존할 수 있지만, 실제 프로젝트에 참여하는 순간 속도를 위해 코드를 직접 작성해야 한다는 것을 깨닫게 될 것이다. 그 모든 과정을 두 언어를 계속 바꿔가면서 작업하고 싶지 않을 것이다.

- 데이터 과학 알고리즘을 제공하는 많은 라이브러리는 사용자가 주요 알고리즘에 추가하여 계산을 할 수 있도록 사용자 지정 함수를 정의할 수 있도록 되어 있다. 예제로 신경망의 훈련을 수행하는 알고리즘에 목적 함수objective function(**손실 함수**loss function라고도 한다)를 전달할 수 있다. 일반적으로 훈련 과정 동안 목적 함수는 여러 번 평가되므로, 계산이 빠르게 되길 원한다면 목적 함수의 평가도 빠르게 이루어지는지를 확인해야 한다.

  줄리아를 사용하는 경우 원하는 방식으로 사용자 지정 함수를 정의할 수 있는 유연성이 있으며 전체 프로그램이 빠르게 실행되도록 할 수 있다. 그 이유는 줄리아가 라이브러리 코드와 사용자 지정 코드를 함께 최적화하여 컴파일하기 때문이다. 미리 컴파일된 바이너리를 사용하거나 사용자 지정 함수를 인터프리터 언어로 작성한 경우에는 이런 최적화가 불가능하다. 이런 최적화의 예로는 함수 인라인화(https://compileroptimizations.com/category/function_inlining.htm)나 상수 전파(https://compileroptimizations.com/category/constant_propagation.htm)가 있다. 줄리아 컴파일러를 효율적으로 사용하기 위해 그 정확한 작동 방식까지 자세히 알 필요는 없으므로, 이런 주제에 대해서는 논의하지 않을 것이다. 컴파일러 설계에 대해 더 궁금하다면 위 링크를 참조하면 된다.

- 사용자는 어떤 기능이 어떻게 구현되는지 자세히 이해해야 하는 경우가 많기 때문에 패키지 소스 코드를 분석하고 싶을 수 있다. 패키지가 고급 언어로 구현된 경우 소스 코드 분석은 훨씬 쉬워진다. 또한 경우에 따라 디자이너(설계자)가 구상하지 않은 기능을 구현하기 위한 시작점으로서 패키지의 소스 코드를 사용해야 할 수도 있다. 패키지를 호출하는 데 사용하는 언어와 동일한 언어로 패키지를 작성한다면 위 작업들이 더 간단해진다.

제시된 주장을 더 자세히 설명하기 위해, 다음 절에서는 데이터 과학자들이 일반적으로 필수라고 생각하는 줄리아의 주요 특징을 제시한다.

1.2 데이터 과학자 관점에서 본 줄리아의 주요 특징

줄리아와 패키지 생태계는 데이터 과학자와 관련된 5가지의 주요 특징을 가지고 있다.

- 코드 실행 속도
- 대화형 사용을 위한 설계
- 조합성composability이 좋아 유지보수가 쉽고 재사용성 높은 코드가 가능해짐
- 패키지 관리
- 다른 언어와의 통합 용이성

이러한 각 특징에 대해 더 자세히 살펴보자.

1.2.1 줄리아는 컴파일 언어이기에 빠르다

빠른 **실행 속도**execution speed는 줄리아가 탄생하게 된 가장 큰 이유이다. 줄리아가 이런 특징을 가질 수 있었던 핵심 설계 요소는 바로 줄리아가 컴파일 언어라는 것이다. 일반적으로 줄리아 코드는 실행되기 전에 LLVM 기술(https://llvm.org/)을 사용하여 네이티브 어셈블리 명령어로 컴파일된다. LLVM을 사용하면 줄리아 프로그램이 다양한 컴퓨팅 환경에 쉽게 이식이 가능하며 실행 속도도 고도로 최적화된다. 러스트나 스위프트와 같은 다른 프로그래밍 언어들도 같은 이유로 LLVM을 사용한다.

줄리아가 컴파일된다는 사실은 성능 관점에서 한 가지 중요한 장점을 보여준다. 바로 컴파일러가 실행 결과를 변경하지 않고 성능을 향상시키는 다양한 방법의 최적화를 진행할 수 있다는 것이다. 다음 예제 코드에서 확인해보자. 아래 코드는 줄리아를 사용한 경험이 없는 독자도 쉽게 이해할 수 있다.

```julia
julia> function sum_n(n)
           s = 0
           for i in 1:n
               s += i
           end
           return s
       end
sum_n (generic function with 1 method)

julia> @time sum_n(1_000_000_000)
  0.000001 seconds
500000000500000000
```

NOTE 2장에서 줄리아 구문에 대한 설명을 찾을 수 있으며, 부록 A는 줄리아 설치 및 구성 방법에 대해 소개한다.

이 예제에서는 하나의 매개변수 n을 사용하고 1에서 n까지의 숫자 합계를 계산하는 함수 sum_n을 정의한다. 그다음 n을 10억으로 함수를 호출한다. 함수 앞의 @time 애너테이션은 줄리아에게 코드의 실행 시간을 인쇄하도록 요청한다(이를 매크로라고 하며 3장에서 자세히 다룰 예정이다). 보다시피 결과가 빠르게 반환된다.[1]

---

1 옮긴이 줄리아 1.8에서는 3초 정도로 오래 걸리는 버그가 있었는데, 1.9.1에서 수정되었다.

이 짧은 시간에 함수 sum_n에 정의된 루프를 10억 번 반복 실행하는 것은 불가능할 것이라 생각할 수 있다. 확실히 더 많은 시간이 소요되어야 할 것이다. 사실 이 경우에는 줄리아 컴파일러가 일련의 숫자들의 합을 취한다는 것을 깨닫고 1에서 n까지 숫자 합에 대해 잘 알려진 공식 n(n+1)/2를 적용한 것이다. 이를 통해 줄리아는 계산 시간을 크게 줄일 수 있다.

이것은 줄리아 컴파일러가 수행할 수 있는 최적화의 한 예시일 뿐이다. 물론 R이나 파이썬과 같은 언어들도 실행 속도를 높이기 위해 최적화를 시도한다. 하지만 줄리아는 처리할 값의 타입과 실행된 코드 구조에 대한 자세한 정보를 컴파일 중에 사용할 수 있으므로 더 많은 최적화가 가능하다. 줄리아 언어 개발자인 제프 베잰슨Jeff Bezanson은 논문 <Julia: A Fresh Approach to Numerical Computing>(http://mng.bz/JVvP)에서 줄리아 설계에 대해 자세히 설명한다.

이는 줄리아가 컴파일 언어라는 사실이 어떻게 실행 속도를 높이는지에 대한 한 가지 예제일 뿐이다. 만약 다른 프로그래밍 언어를 비교하기 위해 잘 설계된 소스 코드의 벤치마크를 분석하는 데 관심이 있다면 그림 1.1을 만들 때 사용한 컴퓨터 언어 벤치마크 게임(http://mng.bz/19Ay)을 확인하기를 추천한다.

줄리아의 또 다른 측면은 여러 프로세스를 사용하는 멀티스레딩과 여러 컴퓨터를 사용하는 분산 컴퓨팅을 기본적으로 지원한다는 것이다. 또한 CUDA.jl(https://github.com/JuliaGPU/CUDA.jl) 같은 추가 패키지를 사용하면 GPU에서 줄리아 코드를 실행할 수 있다(이 패키지 또한 줄리아로 100% 작성되었다). 이는 줄리아가 계산 결과를 기다리는 데 필요한 시간을 줄이기 위해 사용 가능한 컴퓨터 리소스를 모두 활용할 수 있음을 의미한다.

1.2.2 줄리아는 대화형 워크플로를 완벽하게 지원한다

여기서 자연스럽게 다음과 같은 질문이 생길 수 있다. 줄리아는 네이티브 기계 코드로 컴파일되는데 대부분 실험과 대화형 환경에서 일하는 데이터 과학자들이 어떻게 편하게 사용할 수 있는가? 일반적으로 컴파일 언어를 사용할 때는 컴파일과 실행 단계가 명시적으로 분리되어 있어 대화형 환경 구현이 어렵다.

줄리아의 두 번째 특징은 **대화형 사용을 위해 설계되었다**는 점이다. 줄리아 스크립트를 실행하는 것 외에도 다음과 같이 사용할 수 있다.

- 일반적으로 REPLread-eval-print loop이라고 불리는 대화형 셸

- Jupyter Notebook(참고로 Jupyter의 이름은 줄리아, 파이썬, R 3개의 핵심 프로그래밍 언어 이름을 참조하여 만들어졌다고 한다.)
- 줄리아의 속도로 노트북의 개념을 한 단계 끌어올린 Pluto.jl 노트북(https://github.com/fonsp/Pluto.jl). 코드에서 무언가 변경되면 Pluto.jl는 전체 노트북에서 영향을 받는 모든 계산 결과를 자동으로 업데이트한다

이런 모든 시나리오에서 줄리아 코드는 사용자가 실행하려고 할 때 컴파일된다. 따라서 컴파일 및 실행 단계가 혼합되어 사용자에게 숨겨지므로 대화형 언어를 사용하는 것처럼 느껴진다.

R이나 파이썬과 마찬가지로 줄리아는 **동적 타이핑**dynamically typed 언어다. 따라서 코드를 작성할 때 사용하는 변수 타입을 지정할 필요가 없지만 원한다면 지정할 수는 있다. 컴파일 언어이기 때문에 동적 타이핑 언어임에도 속도가 빠르다는 것이 줄리아의 설계상 아름다움이다.

여기서 강조해야 할 부분은 변수 타입을 지정할 필요가 없는 것은 사용자뿐이라는 점이다. 코드를 실행하면, 타입을 알아내는 일은 줄리아가 한다. 변수 타입 지정은 코드 실행 속도를 보장할 뿐만 아니라 조합성이 높은 소프트웨어를 작성할 수 있도록 한다. 대부분의 줄리아 프로그램들은 잘 알려진 UNIX 원칙 '도구는 하나의 일을 하고, 그 일을 잘해야 한다'를 지향한다. 이와 관련된 예제를 다음 절에서 볼 것이다.

1.2.3 줄리아 프로그램은 재사용성이 높고 서로 조합하기 쉽다

파이썬으로 함수를 작성할 때는 사용자가 일반 `list`, 넘파이NumPy의 `ndarray`, 팬더스pandas의 `series` 중 어떤 것을 전달할지 알 수 없어 고민하다가 결국 유사한 코드를 여러 번 작성한 경험이 있을 것이다. 그러나 줄리아에서는 일반적으로 벡터를 전달하는 함수 하나만 작성해도 함수가 잘 작동한다. 코드를 제네릭하게 작성할 수 있으므로 사용자가 전달하는 구체적인 벡터 형식에 크게 구애받지 않는다. 컴파일하는 동안 줄리아는 코드를 실행하는 가장 효율적인 방안을 선택할 것이다(이는 3장에서 다루는 **다중 디스패치**를 통해 실현된다).

이것이 바로 DataFrames.jl 패키지에서 선택한 접근 방식이다. `DataFrame` 객체는 표 형식의 데이터로 작업할 때 사용되며 임의의 열을 저장할 수 있다. DataFrames.jl 패키지(https://github.com/JuliaData/DataFrames.jl)는 어떤 제한도 두지 않는다.

예를 들어 `DataFrame`은 Arrow.jl 패키지(https://github.com/JuliaData/Arrow.jl)에 정의된 커스텀 타입 데이터를 열에 저장할 수 있다. 이러한 데이터는 표준 줄리아 `Vector` 타입은 아니지만 Apache Arrow

형식(https://arrow.apache.org/)을 따른다. 이 데이터로 작업하는 방법은 8장에서 자세히 다룰 것이다. 줄리아에서 Arrow 형식을 구현한 커스텀 타입은 매우 큰 Arrow 데이터라도 빠르게 읽을 수 있게 설계되었다.

참고로 Apache Arrow에 대해서도 간략하게 알아보자. Apache Arrow은 효율적인 분석 작업을 위해 언어 독립적인 열 기반columnar 메모리 형식으로 구성되어 있으며, Parquet(https://parquet.apache.org/) 파일을 읽고 쓰거나 PySpark(https://spark.apache.org/docs/latest/api/python), Dask(https://docs.dask.org/en/stable/)를 비롯한 보편적으로 사용되는 프레임워크에서도 지원된다.

줄리아 언어 설계 원칙의 관점에서 DataFrames.jl와 Arrow.jl가 완전히 독립적인 패키지임을 강조하는 것이 중요하다. 두 패키지는 서로 인식하는 것은 아니지만 공통 인터페이스에 의존하기 때문에 원활하게 작동할 수 있다(여기서 말하는 인터페이스는 2장과 3장에서 논의할 AbstractVector 타입을 통해 제공된다). 동시에 줄리아는 코드를 실행할 때 사용자가 사용한 구체적인 벡터 타입을 활용하는 효율적인 네이티브 어셈블리 명령을 생성한다. 따라서 프로젝트에서 어떤 이유로 커스텀 벡터 타입을 사용해야 하는 경우에도 DataFrames.jl 사용에는 문제가 없으며 모든 것이 효율적으로 잘 작동한다.

여기서 설명하는 줄리아의 조합성은 줄리아가 허용하는 함수 인수에 대한 선택적 타입 제한과 자연스럽게 통합된다는 점을 강조하고 싶다(인수 타입을 제한하는 메서드를 작성하는 방법은 3장에서 배울 것이다). 이 기능을 사용하면 코드의 버그를 쉽게 찾거나 코드를 읽을 때 코드가 어떻게 작동하는지 비교적 쉽게 이해할 수 있기 때문에 대규모 프로젝트에서 작업할 때 매우 유용하다. 만약 파이썬을 사용해봤다면 버전 3.5부터 타입 힌트 작성을 지원한다는 것을 알 것이다. 해당 기능을 추가한 이유는 많은 개발자들과 대규모 프로젝트에서 작업할 때 이런 기능이 유용하다는 것에 동의했기 때문이다. 다만 파이썬은 줄리아와 달리 타입 힌트가 주석일 뿐이며 런타임 시 검사하지는 않는다(https://peps.python.org/pep-0484/). 반면에 줄리아에서는 코드에 타입 제한을 작성해두면 컴파일러가 인수의 타입을 검사하여 허락된 타입만 오류 없이 실행되게 한다.

1.2.4 줄리아는 최첨단 패키지 관리자를 내장한다

이제 소프트웨어 엔지니어링 관점에서 중요한 줄리아의 측면을 살펴보자. 첫 번째, 줄리아는 코드가 실행되는 환경을 쉽게 관리할 수 있도록 도와주는 최첨단 패키지 관리자와 함께 제공된다. 패키지 관리자에 대한 자세한 내용은 부록 A에 있지만, 실제 사용법은 다음과 같다.

줄리아의 실행 환경을 완전히 설정하려면 프로그램 소스 코드에서 사용하는 패키지 버전을 명시한 Project.toml, Manifest.toml 두 개의 파일을 준비하면 된다. 이렇게 하면 코드가 올바르게 실행되는 데 필요한 런타임 환경의 전체 구성을 줄리아가 자동으로 다시 생성한다. 이런 방식으로 줄리아는 프로그램 결과의 재현성을 보장한다. 또한 줄리아는 다른 언어로 작성된 코드의 디펜던시를 관리하는 문제(**디펜던시 지옥**dependency hell) 또한 해결한다. 디펜던시 지옥이란 일반적으로 프로그래머가 소프트웨어에 필요한 패키지를 적절하게 설정하는 데 어려움을 겪는 문제를 일컫는다.

1.2.5 줄리아는 기존 코드와 통합하기 쉽다

두 번째 엔지니어링 측면은 다른 언어와의 통합 용이성이다. 줄리아 개발자들은 사용자들이 이미 다른 언어로 작성된 수많은 기존 솔루션을 가지고 있을 수도 있다는 것을 알고 있었다. 그래서 줄리아는 C, 포트란 코드 호출을 기본적으로 지원하며, C++, 자바, MATLAB, 파이썬, R 코드와의 통합을 패키지로 제공한다.

이 접근 방식은 중요한 레거시 코드베이스가 있는 기업 환경에서 줄리아를 선택하여 사용하는 비용을 최소화한다. 5장에서는 파이썬을, 10장에서는 R과 통합하는 예를 볼 수 있다. 또한 C, 파이썬, R과 같은 다른 언어에서 줄리아를 쉽게 호출할 수 있는 패키지도 존재한다.

이번 절에서는 줄리아 언어 특징을 중점적으로 설명했다. 그러나 모든 기술과 마찬가지로 줄리아 언어 자체만으로는 한계가 있다. 다음 절에서는 이 책에서 다룰 패키지들로 처리할 컴퓨팅 작업 유형들을 설명한다.

1.3 이 책에서 다루는 도구들의 사용 시나리오

이 책은 표 형식의 데이터를 분석하는 방법을 중점적으로 보여준다. **표 형식의 데이터**tabular data는 **셀**cell로 구성된 2차원 구조이다. 각 행에는 동일한 수의 셀이 있으며, 행마다 한 객체를 관찰한 데이터 전체를 제공한다. 각 열에는 동일한 수의 셀이 있으며, 관찰된 특징 기준으로 열마다 이름이 붙여지고 동일 데이터끼리 묶여 저장된다.

제한적으로 들릴 수 있겠지만 표 형식 데이터는 매우 유연하고 작업하기가 쉽다. 물론 구조화되지 않은 데이터를 사용하여 작업하는 경우도 있지만 이 경우에도 보통 표 형식 데이터를 사용하여 작업을 마무리하게 된다. 그러므로 표 형식 데이터를 다루는 방법을 배우는 것은 줄리아로 데이터 과학을 하기 위한 좋은 시작점이다.

예시로 DataFrames.jl 패키지의 `DataFrame` 타입을 가진 샘플 데이터를 살펴보겠다. DataFrames 패키지 사용이 처음이라면 설치 먼저 해야 한다.

```
julia> using Pkg

julia> Pkg.add("DataFrames")
```

다음과 같이 데이터프레임을 만들어보자.

```
julia> using DataFrames

julia> DataFrame(id=1:3,
                 name=["Alice", "Bob", "Clyde"],
                 age=[19, 24, 21], friends=[[2], [1, 3], [2]],
                 location=[(city="Atlanta", state="GA"),
                           (city="Boston", state="MA"),
                           (city="Austin", state="TX")])

3×5 DataFrame
 Row │ id     name    age    friends   location
     │ Int64  String  Int64  Array…    NamedTup…
─────┼──────────────────────────────────────────────────────────────
   1 │     1  Alice      19  [2]       (city = "Atlanta", state = "GA")
   2 │     2  Bob        24  [1, 3]    (city = "Boston", state = "MA")
   3 │     3  Clyde      21  [2]       (city = "Austin", state = "TX")
```

결과로 나온 표를 보면 세 개의 행이 있으며 각 행에는 한 학생에 대한 모든 정보가 있다. 또한 아래와 같은 5개의 열도 가지고 있다.

- `id` — 학생의 식별자를 나타내는 정수
- `name` — 학생의 이름을 나타내는 문자열
- `age` — 학생의 나이를 나타내는 정수
- `friends` — 친구 ID를 담은 가변 길이variable-length 벡터. 열의 개별 요소(원소)가 데이터 모음으로 구성되어 있어 이런 데이터를 **중첩**nested되었다고 부르기도 한다.
- `location` — 학생이 거주하는 도시와 주에 대한 정보를 포함한 또 다른 중첩 열. 해당 열 요소에는 NamedTuple 타입이 있다. 1부에서 이런 타입으로 작업하는 방법에 대해 자세히 알아본다.

1부에서는 위 표의 열에 저장된 데이터 타입에 대해 자세히 논의할 것이다. 예제에서 볼 수 있듯이 DataFrame 열에 저장할 수 있는 정보의 종류는 매우 다양하다.

이 책에서는 주로 단일 컴퓨터의 RAM에 저장하고 CPU를 사용하여 처리할 수 있는 데이터 작업 도구에 대해 설명한다. 이는 현재 데이터 분석을 위한 일반적인 애플리케이션 시나리오이다. 이 책에서 배울 패키지들이 이러한 데이터 처리를 편리하고 효율적으로 할 수 있게 해준다.

그러나 일반적으로 사용 가능한 RAM보다 큰 데이터로 작업하거나, 여러 시스템에서 분산 처리를 수행하거나, GPU를 사용한 계산이 필요할 수 있다. 그런 애플리케이션에 관심이 있다면 줄리아 공식 문서의 'Parallel Computing'(http://mng.bz/E08q)을 참조하기를 추천한다. 또한 부록 C는 데이터베이스 지원 및 데이터 저장 형식 측면에서 줄리아가 제공하는 다양한 옵션을 알려준다.

1.4 줄리아의 단점

줄리아의 장점에 대해 읽을 때, 코드 컴파일과 대화형 사용을 결합한다는 것은 마치 두 마리의 토끼를 모두 잡기 위해 노력하는 것처럼 보일 수 있다. 틀림없이 함정이 있을 거라고 생각할 것이다.

실제로 그렇다. 그 함정은 알아채기가 매우 쉬운데 바로 컴파일하는 데 시간이 오래 걸린다는 점이다. 함수를 처음 실행할 때는 코드 실행 전에 먼저 컴파일해야 한다. 간단한 함수라면 큰 문제가 없지만 복잡한 함수는 실행까지 최대 몇 초가 걸릴 수 있다. 줄리아 커뮤니티에서는 이 이슈를 **첫 번째 플롯까지의 시간 문제**time to first plot problem라고 부른다. 아래 예제 코드를 통해 간단한 플롯을 생성하는 데 걸리는 시간을 확인해보자.

예제 1.1 **첫 번째 플롯 시간 측정하기**

```
# Plots 패키지 사용이 처음이라면 먼저 설치해야 한다.

julia> using Pkg

julia> Pkg.add("Plots")

# 예제 코드

julia> @time using Plots  ←── ❶ Plots.jl 패키지를 가져오는 데 소요되는 시간
3.474929 seconds (10.27 M allocations: 654.510 MiB, 8.01% gc time,
17.93% compilation time: 71% of which was recompilation)
```

```
julia> @time plot(1:10)  ◄── ❷ 첫 번째 플롯을 만드는 데 소요되는 시간
1.527210 seconds (9.17 M allocations: 481.770 MiB, 3.78% gc time,
99.81% compilation time: 80% of which was recompilation)

julia> @time plot(1:10)  ◄── ❸ 두 번째 플롯을 만드는 데 소요되는 시간
  0.000699 seconds (401 allocations: 42.312 KiB)
```

@time 매크로(거듭 말하지만 3장에서 자세히 다룸) 호출은 줄리아에게 뒤에 오는 표현식의 실행 시간에 대한 통계를 생성하도록 요청한다. 이 경우 Plots.jl 패키지를 가져오는 데 거의 3.5초가 걸리고 첫 번째 플롯을 생성하는 데 약 1.5초가 걸렸다(99% 이상 컴파일됨). 두 번째 실행에서는 Plot 함수가 이미 컴파일되어 있기에 빠르게 플롯을 다시 생성한다.

위 예제가 컴파일 시간이 다소 긴 이유는 내부적으로 플로팅에 매우 복잡한 코드가 필요하기 때문이다(생성된 그림의 스타일을 지정할 때 필요한 옵션들을 모두 생각해보면 된다). 줄리아 초기에는 이 문제가 상당히 중요했으며 줄리아 핵심 개발자들은 이를 최소화하기 위해 많은 노력을 기울였다. 그리하여 현재는 이 문제가 많이 해결되었으며 새로운 줄리아 버전이 릴리스될 때마다 개선되고 있다. 그럼에도 불구하고 이 문제는 언어 설계의 고유한 특성이므로 어느 정도는 항상 존재한다.

그러면 어떤 상황에서 컴파일 시간이 문제가 되는지 궁금할 텐데, 다음 두 가지 조건이 모두 충족될 경우이다. 첫 번째 조건은 작업 데이터가 소량인 경우이고, 두 번째 조건은 줄리아 프로세스가 종료 전까지 단 몇 가지 작업만 수행하는 경우다. 데이터양이 많은 경우(예를 들어 처리에 1시간 소요), 컴파일에 소요되는 몇 초의 시간은 크게 눈에 띄지 않는다. 마찬가지로 긴 대화형 세션을 시작하거나, 타임라인 사례 연구처럼 종료 없이 많은 요청에 응답하는 줄리아 서버를 시작하는 경우에도 함수가 처음 실행될 때만 컴파일 시간이 소요되기에 그 시간은 무시할 수 있다. 그러나 줄리아를 빠르게 시작하고 간단한 데이터의 한 플롯을 실행한 후 줄리아를 종료하려는 경우, 컴파일 시간이 눈에 띄고 성가실 것이다(예제 1.1에서 5초 정도가 소요되는 것을 확인할 수 있다).

또한 사용자들은 실행 속도를 희생하지 않고도 줄리아가 설치되지 않은 시스템에서 실행할 수 있는 실행 파일을 줄리아로 생성할 수 있는지 묻기도 한다. 이런 작업은 PackageCompiler.jl(https://github.com/JuliaLang/PackageCompiler.jl) 패키지를 사용하면 가능하다. 그러나 해당 애플리케이션은 예를 들어 C로 작성된 애플리케이션과 비교할 때 더 큰 실행 파일 크기와 더 큰 RAM 메모리 공간을 필요로 한다(필자의 윈도우 11 노트북에서 줄리아 1.7.1 프로세스는 134MB의 RAM을 차지하고 있다). 만약 임베디드 시스템처럼 RAM이 부족한 상황에서는 이 사실이 문제처럼 느껴질 수 있다. 이 상황은

향후 줄리아의 릴리스에서 개선될 것이라고 생각한다.

마지막으로 줄리아가 프로그래밍 언어에서 비교적 새로운 플레이어라는 소식을 들었을 것이다. 이는 자연스럽게 언어의 성숙도와 안정성에 대한 의문으로 이어진다. 이 책에서는 프로덕션 환경에서 사용 가능한 안정성 수준에 도달한 패키지들을 중점으로 살펴볼 것이다. 곧 알게 되겠지만 이런 패키지들은 데이터 과학자가 필요로 하는 모든 표준 함수들을 제공한다.

그러나 파이썬 또는 R의 패키지 생태계 범위가 훨씬 넓다. 따라서 일부 특정 상황에서는 줄리아 생태계에서 적합한 패키지를 찾지 못하거나 패키지가 프로덕션 환경에서 사용하기에 충분히 성숙하지 못했을 수도 있다. 이런 상황에서는 줄리아를 사용하지 않을 것인지 아니면 줄리아 프로그램에서 R이나 파이썬 라이브러리를 쉽게 사용할 수 있도록 하는 RCall.jl이나 PyCall.jl을 사용할지 결정해야 한다. 이 책에서 이런 통합 예제들을 보면서 실제로 사용하기에 편리한지 확인할 수 있다.

1.5 어떤 데이터 분석 기술을 배우는가

이 책은 줄리아 언어를 사용한 데이터 분석 실습을 제공한다. 이 책의 대상 독자는 효율적이고 편리한 방법으로 데이터를 통해 가치 있는 통찰력을 얻는 데 도움이 되는 흥미진진한 신기술을 배우고자 하는 데이터 과학자, 데이터 엔지니어, 컴퓨터 과학자 및 비즈니스 분석가를 포함한다.

이 책을 가장 효과적으로 읽기 위해서는 줄리아 프로그래밍의 경험이 있는 것이 좋다. 그러나 줄리아는 새로운 기술이기에 아직 많은 데이터 과학자들이 줄리아에 대해 잘 알지 못한다는 것도 알고 있다. 따라서 1부는 줄리아 언어를 소개하는 몇 장을 포함한다. 그다음 2부에서는 다음과 같은 기술들을 배우게 될 것이다.

- 다양한 일반적 형식의 데이터 읽기 및 쓰기
- 부분집합화, 그룹화, 요약, 변환, 정렬, 조인, 재구성reshaping을 포함한 일반적인 표 형식 데이터 작업 수행 방법
- 다양한 타입의 플롯을 사용하여 데이터 시각화
- 수집된 데이터를 사용하여 데이터 분석 및 예측 모델 구축
- 위에 제시된 모든 구성 요소를 결합하는 복잡한 데이터 파이프라인 만들기

1.6 데이터 분석에 줄리아를 어떻게 사용하는가

대부분의 데이터 분석 프로젝트는 유사한 워크플로를 따른다. 이번 절에서는 해당 워크플로의 단계를 대략적으로 설명한다(그림 1.2 참조). 각 단계마다 데이터 과학자가 이를 달성하기 위해 수행하는 일반적인 작업의 이름과 내용을 지정한다. 줄리아는 실제 프로젝트에서 이런 작업을 수행할 수 있는 모든 함수를 제공하며 다음 장에서는 이런 작업을 수행하는 방법에 대해서 알아볼 것이다.

그림 1.2 일반적인 데이터 파이프라인. 데이터 과학자는 줄리아 언어를 사용하여 데이터 분석 모든 단계를 수행할 수 있다.

줄리아 패키지 생태계에서 사용할 수 있는 도구는 일반적인 데이터 분석 파이프라인의 모든 단계에서 사용 가능하다.

- **원본 데이터 수집** — 줄리아는 CSV comma-separated values, Arrow, 마이크로소프트 엑셀, JSON JavaScript object notation과 같은 다양한 형식의 데이터를 읽을 수 있다. R이나 파이썬과 비교할 때 줄리아는 IoT internet of things 애플리케이션에서 발생하는 비정형 데이터를 위한 맞춤형 파서를 만들기에 가장 훌륭한 도구라는 점을 강조할 필요가 있다.

- **데이터 전처리** — 이 단계에서 수행되는 일반적인 작업에는 조인, 재구성, 정렬, 부분집합화, 변환, 품질 문제 수정 등이 포함된다. 이 책에서는 주로 DataFrames.jl 패키지를 사용하여 이런 작업을 수행한다. DataFrames.jl 패키지는 특히 커스텀 함수를 정의하여 비정형 데이터 변환을 수행할 때 사용하기 편하고 효율적으로 설계되었다. 이 장에서 이미 논의했듯이 적절한 벤치마킹을 수행하는 것은 어렵지만 파이썬 팬더스 사용자라면 DataFrames.jl로 전환 후 복잡한 분할-적용-결합 작업 또는 대규모 조인 수행 시 훨씬 적은 시간이 소요될 것이라 예상할 수 있다 (위 두 작업은 데이터 전처리에서 가장 시간이 많이 걸리는 작업이다).

- **데이터 분석** — 데이터 전처리가 끝난 후 데이터 과학자는 데이터에서 인사이트를 얻고자 한다. 데이터는 집계, 요약, 시각화, 통계 분석, 머신러닝 모델 구축 등을 포함하여 여러 방법으로 분석할 수 있다. 데이터 전처리 단계와 유사하게 복잡한 솔루션을 만드는 경우 줄리아를 사용하면 많은 이점을 얻을 수 있다. 경험상 줄리아는 머신러닝, 최적화, 시뮬레이션 구성 요소를 단일 모델에 결합해야 하는 경우 R이나 파이썬보다 훨씬 사용하기에 편리했다. 2부에서는 시뮬레이션이 데이터 분석 파이프라인에 어떻게 통합되는지 보여주는 예제 프로젝트를 생성할 것이다.

- **결과 공유** — 모든 분석의 마지막 단계는 결과를 외부 청중에게 제공하는 것이다. 이는 데이터를 영구 저장소에 저장하는 것처럼 간단할 수도 있지만, 대화형 대시보드나 웹 서비스(14장에서 설명)를 통해 결과를 제공하는 것 또는 머신러닝 모델을 프로덕션 환경에 배포하는 것도 포함된다. 여기서 줄리아의 주요 이점은 모델을 프로덕션에 배포하는 경우 높은 실행 성능을 달성하기 위해 모델을 다른 언어로 포팅할 필요가 없다는 것이다. 이에 대한 예제로 1.1절에서 타임라인 사례 연구를 살펴본 바 있다. 2부에서는 줄리아로 사용자에게 데이터 분석 결과를 제공하는 웹 서비스를 만드는 방법을 보여줄 예정이다.

위 단계는 일반적으로 두 가지 모드로 실행된다.

- **대화형** — 데이터 과학자는 데이터를 이해하기 위해 탐색적이고 반복적인 방식으로 데이터를 처리하고 가치 있는 비즈니스 결론을 도출한다. 이 모드는 일반적으로 개발 환경에서 작업할 때 사용된다.
- **완전 자동화** — 모든 분석은 데이터 과학자의 개입 없이 수행된다. 줄리아 프로그램은 데이터 파이프라인의 모든 단계를 자동으로 실행하고 결과를 외부 프로세스에 제공한다. 이 모드는 일반적으로 프로덕션 환경에 배포될 때 사용된다.

줄리아와 데이터 과학 관련된 생태계는 대화형 모드와 완전 자동화 모드에서 모두 편리하게 사용할 수 있도록 설계되었다. 이 책은 두 가지 모드에 대한 예제를 모두 제공한다.

데이터 분석 방법론

이번 절에서는 데이터 분석 프로세스를 간략하게 살펴보았다. 이 분야에서 일반적으로 사용되는 표준 프로세스를 알고 싶다면 다음과 같은 몇 가지 자료를 참조하면 된다.

- Team Data Science Process(TDSP), http://mng.bz/wy0W
- Cross-industry standard process for data mining(CRISP-DM), http://www.statoo.com/CRISP-DM.pdf[2]
- Knowledge discovery in databases(KDD), https://link.springer.com/chapter/10.1007/0-387-25465-X_1
- Sample, explore, modify, model, and assess(SEMMA), http://mng.bz/7Zjg

---

2　[옮긴이] 번역 시점에서 접속 불가다. 웨이백머신에는 스냅숏이 남아 있다. https://web.archive.org/web/20220329234431/http://www.statoo.com/CRISP-DM.pdf

요약

- 줄리아는 데이터 과학자의 요구 사항을 충족하기 위해 만들어진 현대적인 프로그래밍 언어이다. 빠르고 표현력이 뛰어나며 대화형 및 프로덕션 환경에서도 사용하기 쉽다.

- 줄리아 프로그램은 다양한 패키지와 함수를 쉽게 사용하면서도 높은 조합성과 실행 속도를 보장한다.

- 줄리아의 설계는 엔지니어링 친화적이다. 고급 패키지 관리 기능이 내장되어 있으며 다른 프로그래밍 언어와 쉽게 통합할 수 있다. 또한 줄리아에서 함수를 정의할 때 함수가 받는 인수 유형을 제한할 수 있다. 이 기능은 코드 작동 방식을 쉽게 이해하고 버그를 빠르게 파악할 수 있도록 하기에 특히 대규모 프로젝트에서 유용하다.

- 이 책에서는 프로덕션 환경에서도 사용할 만큼 안정된 줄리아 패키지들을 사용하여 표 형식의 데이터로 작업하는 방법을 배우게 될 것이다.

- 줄리아 생태계의 패키지를 사용하면 다양한 형식의 데이터를 쉽게 읽고, 쓰고, 처리하고, 시각화하고, 통계 및 머신러닝 모델을 생성할 수 있다.

줄리아 필수 기술

1부에서는 데이터 과학 프로젝트에서 유용한 줄리아의 핵심 기술을 배우게 될 것이다. 쉬운 내용으로 시작해서 점점 어려운 내용들을 살펴볼 것이다. 줄리아의 기본 구문으로 시작하여 JSON 데이터 구문 분석 및 결측값 작업과 같은 좀 더 어려운 주제로 마무리한다.

1부는 아래와 같이 구성된 6개의 장으로 구성되어 있다.

- 2장에서는 줄리아의 구문과 일반적인 언어 구조, 변수 범위 규칙의 가장 중요한 측면에 대해 살펴본다.

- 3장에서는 줄리아의 타입 시스템과 메서드를 소개한다. 그다음 패키지와 모듈을 살펴보고 마지막으로 매크로 사용에 대해 논의한다.

- 4장은 배열, 딕셔너리, 튜플, 네임드튜플의 작동 방식에 대해 살펴본다.

- 5장은 파라메트릭 타입에 대한 브로드캐스팅 및 서브타이핑 규칙을 포함하여 줄리아 컬렉션 작업과 관련된 고급 주제에 대해 논의한다. 또한 t-SNE 차원 축소 알고리즘 예제를 통해 줄리아와 파이썬을 통합하는 방법에 대해서도 다룬다.

- 6장은 줄리아에서 문자열이 어떻게 작동하는지 설명한다. 또한 심벌 사용, 고정 너비 문자열 작업, PooledArrays.jl 패키지를 사용한 벡터 압축에 대한 주제도 다룬다.

- 7장에서는 시계열 데이터와 결측값 작업에 중점을 둔다. 또한 HTTP 쿼리를 사용하여 데이터를 가져오고 JSON 데이터를 구문 분석하는 방법도 살펴본다.

PART I

Essential Julia skills

줄리아 시작하기

줄리아 언어를 처음 사용한다면 이 장에서 기본 구문과 가장 중요한 개념을 배울 수 있다. 파이썬 및 R과의 다른 측면에 초점을 맞춰서 설명할 것이며, 이미 줄리아를 알고 있더라도 기본 개념을 완전히 이해했는지 확인하기 위해 이 장을 빠르게 살펴보기를 권장한다.

만약 작업 환경 설치, 설정, 사용하는 방법 또는 패키지 설치 및 관리 방법을 잘 모르겠다면 부록 A를 참고하면 된다.

1부가 줄리아에 대한 전체 과정을 의미하지는 않는다. 여기에는 줄리아에서 데이터 과학을 시작하는 데 필요한 필수 정보만 포함되어 있다. 줄리아 프로그래밍에 대해 제대로 배워보고 싶다면 줄리아 프로젝트 'Books' 페이지(https://julialang.org/learning/books/)에 있는 책이나 줄리아 문서(https://docs.julialang.org/en/v1/)를 참조하는 것이 좋다.

이 장에서는 벡터의 **윈저화 평균**winsorized mean을 계산하는 함수 작성을 목표로 한다. 간단하게 말하자면 윈저화 평균은 가장 작은 값과 가장 큰 값을 덜 극단적인 값으로 대체하는 것이다. 보통 결과에 대한 특이점의 영향을 제한하기 위해 수행한다(http://mng.bz/m2yM). 먼저 원저화 평균을 계산하는 방법부터 자세히 살펴보고자 한다.

일련의 숫자가 벡터로 저장되어 있고 그 평균을 계산하고 싶다고 가정해보자. 해당 벡터에는 결과에 큰 영향을 미칠 수 있는 극단값(특이점)이 포함되어 있을 수 있다. 이 경우에는 표준 평균을 수정한 원저화 평균을 사용할 수 있다. 이는 가장 극단적인 관측치를 덜 극단적인 값으로 대체하는 것이다. 구현하고자 하는 정의부터 살펴보자.

벡터 x의 **k회 원저화 평균**k-times winsorized mean은 가장 작은 원소 k개가 각각 (k+1)번째 작은 원소로 대체되고, 가장 큰 원소 k개가 각각 (k+1)번째 큰 원소로 대체된 벡터들의 평균을 의미한다 (https://bit.ly/4aGbKAk).

Xycoon 통계-경제학-예측 사이트(https://www.xycoon.com/winsorized_mean.htm)의 예제와 같이 벡터 x가 오름차순으로 정렬되고 길이가 n이라고 가정하면, k회 원저화 평균을 계산할 때 x[1], x[2],..., x[k]까지의 요소를 x[k+1]로 대체하고 x[n], x[n-1],..., x[n-k+1]까지의 요소를 x[n-k]로 대체한다.

예제는 다음과 같다. 벡터 [1, 2, 3, 4, 5, 6, 7, 8]의 2회 원저화 평균을 계산하고 싶다면 1, 2를 3으로 바꾼다. 마찬가지로 7, 8은 6으로 대체된다. 이 연산은 평균이 4.5인 벡터 [3, 3, 3, 4, 5, 6, 6, 6]을 제공한다. 이제 무엇을 구현해야 하는지 충분히 알았다. 문제는 줄리아에서 이를 수행하는 방법이다.

원저화 평균을 계산하는 함수를 개발하기 위해서는 값과 변수부터 시작하여 제어 흐름과 함수까지 줄리아 언어의 여러 가지 중요한 부분을 먼저 이해해야 한다.

2.1 값 표현하기

원저화 평균을 계산하는 함수를 만들기 위해서는 먼저 숫자와 벡터를 줄리아로 어떻게 표현하는지 배워야 한다. 일반적으로 줄리아가 값을 어떻게 처리하는지 이해하는 것은 매우 중요하다.

값value은 컴퓨터 메모리에 저장되어 있고 줄리아 프로그램으로 조작할 수 있는 엔티티의 표현이다. 이 책에서는 특히 복잡한 내부 구조를 가진 값(예를 들어 2부에서 다루는 데이터프레임)을 언급할 때 **객체**object라는 용어를 사용한다. 그러나 줄리아는 객체 지향 프로그래밍 언어가 아니며 객체에는 메서드가 포함되어 있지 않다. 대신 줄리아는 이 장의 뒷부분에서 간략하게 설명할 예정인 다중 디스패치를 지원한다.

값을 조작하는 방법을 알아보기 전에 값 만드는 방법부터 살펴보려고 한다. 모든 값은 줄리아 표현식을 평가한 결과이다. 다음은 **리터럴**literal(소스 코드에서 값을 표현한 것)의 평가를 통해 생성된 몇 가지 기본 예제 값이다.

예제 2.1 리터럴로 평가된 값 생성하기

```julia
julia> 1
1

julia> true
true

julia> "Hello World!"
"Hello World!"

julia> 0.1
0.1

julia> [1, 2, 3]
3-element Vector{Int64}:
 1
 2
 3
```

이 값들은 위에서부터 정수 1, 불리언 true, 문자열 "Hello World!", 부동소수점 0.1, 3요소 벡터 [1, 2, 3]이다.

줄리아에서 각 값의 가장 중요한 속성은 타입이며, typeof 함수를 통해 확인할 수 있다. 줄리아에서는 함수를 정의할 때 함수가 허용하는 인수 타입을 선택적으로 선언할 수 있다. 예를 들어 벡터 x의 k회 원저화 평균 함수에서는 k가 정수이고 x가 벡터라는 것을 확인하고 싶을 것이다. typeof 함수를 사용하여 예제 2.1의 값들의 타입을 확인해보자.

예제 2.2 값의 타입 확인하기

```julia
julia> typeof(1)
Int64

julia> typeof(true)
```

```
Bool

julia> typeof("Hello World!")
String

julia> typeof(0.1)
Float64

julia> typeof([1, 2, 3])
Vector{Int64} (alias for Array{Int64, 1})
```

여기서 두 가지를 알 수 있을 것이다. 첫 번째, 정수 및 부동소수점값의 경우 타입 이름 중 일부에 숫자인 64가 있다. Int64, Float64로 표현한다. 이 값은 매우 중요하다. 이 숫자는 두 값이 모두 64비트의 메모리를 차지한다는 것을 알려준다. 일반적으로 필요한 경우에는 숫자를 변경할 수도 있다. 예를 들어, -128에서 127까지 더 좁은 범위의 값을 표현할 수 있는 대신 8비트 메모리만 사용하는 Int8값을 사용할 수 있다. Int8을 사용하기 위해서는 Int8(1)로 작성하면 된다.

줄리아에서는 필요한 경우 값의 비트 시퀀스를 문자열로 생성해주는 bitstring 함수를 통해 전달된 값의 메모리 레이아웃을 확인할 수 있다. 아래 예제를 통해 1과 1.0은 실제 컴퓨터에서 64비트를 사용하고, Int8(1)은 8비트를 사용한다는 것을 알 수 있다. 이 세 가지 값은 모두 숫자 1을 나타내지만 타입이 다르기 때문에 컴퓨터 메모리에 저장되는 양이 모두 다르다(1.0과 같은 부동소수점이 컴퓨터 메모리에 저장되는 방식에 대해 자세히 알고 싶다면 http://mng.bz/aPDo를 참고할 수 있다).

```
julia> bitstring(1)
"0000000000000000000000000000000000000000000000000000000000000001"

julia> bitstring(1.0)
"0011111111110000000000000000000000000000000000000000000000000000"

julia> bitstring(Int8(1))
"00000001"
```

이 책에서는 일반적으로 기본 64비트 숫자를 사용한다. 요즘 가장 많이 사용하는 64비트 컴퓨터에서는 Int를 입력하기만 하면 Int64 타입을 더 간단하게 참조할 수 있다는 점을 알아두면 유용하다.

```
julia> Int
Int64
```

두 번째로 알아야 할 부분은 [1, 2, 3] 벡터 타입으로 Vector{Int64}(Array{Int64, 1}의 별칭)이다. 이는 꽤 장황해 보인다. 자세히 분석해보자.

Array{Int64, 1}을 살펴보면 벡터는 배열인 Array 타입임을 알 수 있으며, 중괄호 안에는 이 타입의 **매개변수**parameter인 {Int64, 1}가 있다. AbstractArray의 서브타입은 일반적으로 두 개의 매개변수를 취하며, Array는 정확히 두 개의 매개변수를 취한다. 첫 번째 매개변수는 배열이 저장할 수 있는 요소 타입이다(이 경우 Int64). 두 번째 매개변수는 배열의 차원이며 이 예제에서는 1이다.

수학에서는 일반적으로 1차원 배열을 **벡터**vector라고 부르기 때문에 줄리아에서는 Vector{Int64}를 Array{Int64, 1}과 같은 의미로 사용할 수 있다. 타입 이름이 1차원 배열을 의미하는 Vector이기에 배열 차원을 나타내는 매개변수를 생략할 수 있는 것이다. 하지만 벡터에 저장되는 요소 타입(이 경우 {Int64})을 나타내는 첫 번째 매개변수는 필수적으로 포함되어야 한다. 그림 2.1은 이러한 개념을 설명한다.

그림 2.1 매개변수가 있는 타입의 이름을 읽는 규칙. 벡터는 1차원 배열이고 Array{Int64, 1}는 두 번째 매개변수인 배열 차원이 1이므로 벡터이기에 두 정의 모두 동일하다. 타입 매개변수는 중괄호로 묶는다.

또한 typeof 함수를 사용하여 값의 타입을 가져오는 것 외에도 isa 연산자를 사용하여 값이 특정 유형인지 여부를 편리하게 테스트할 수 있다. 벡터 [1, 2, 3]을 확인해보자.

```julia
julia> [1, 2, 3] isa Vector{Int}
true

julia> [1, 2, 3] isa Array{Int64, 1}
true
```

이 예제에서 사용된 Vector{Int}의 Vector와 Int는 모두 별칭이며, Array{Int64, 1}와 동일한 타입이다.

보통 코드를 직접 작성할 때는 줄리아가 코드 실행 시 자동으로 타입 정보를 사용하기 때문에 typeof 함수나 isa 연산자를 자주 사용하지 않을 가능성이 높다. 하지만 값의 타입을 수동으로 검사하는 방법을 알아두면 줄리아의 작동 방식에 대한 이해도를 높일 수 있다. 예를 들어, 변수 타입을 아는 것은 디버깅 시 중요하다. 3장에서는 줄리아에서 함수를 정의할 때 변수의 타입 정보가 어떻게 사용되는지 알아볼 것이다.

2.2 변수 정의하기

값이 무엇인지 알았으니 이제 변수에 대해 알아볼 준비가 끝났다. 원저화 평균 함수에서 사용자가 함수에 전달한 값을 참조하는 변수가 필요하다.

변수variable는 값에 바인딩된 이름이다. 값을 변수 이름에 바인딩하는 가장 간단한 방법은 연산자 =(등호 기호)를 사용하는 것이다.

```
julia> x = 1
1

julia> y = [1, 2, 3]
3-element Vector{Int64}:
 1
 2
 3
```

위 예제에서는 정수 1을 변수 이름 x에 바인딩하고 벡터 [1, 2, 3]을 변수 이름 y에 바인딩했다.

바인딩 vs. 값 복제하기

줄리아에서 할당 연산자(=)는 값을 변수에 바인딩하는 작업만 수행한다는 점은 매우 중요하다. 바인딩 과정에는 값 복사가 포함되지 않는다. 파이썬 또한 이 접근 방식을 따르지만 R은 그렇지 않다.

벡터와 같은 데이터 컬렉션에 요소를 추가 및 변경하는 작업을 진행할 때 이 두 가지를 구분하는 것은 매우 중요하다. 줄리아에서 벡터가 두 개의 다른 변수에 바인딩되어 있을 때 벡터 요소의 값을 변경한다면 두 변수의 값이 모두 변경된다. 예를 들어 x = [1, 2]와 y = x를 실행하면 x와 y는 동일한 값에 바인딩된다. 이후 x[1] = 10을 실행하면 x와 y는 모두 [10, 2]값을 가지게 된다. x 변수가 가진 값의 복사본 y에 바인딩하려면 y = copy(x)를 실행해야 한다. 이 경우 x에 바인딩된 값을 변경해도 y에는 영향을 미치지 않는다.

데이터프레임의 열을 사용하여 작업할 때는 값이 바인딩되는 건지 복사되는 건지 이해하는 것이 특히 더 중요하다. DataFrames.jl 패키지 관리자로서 필자의 경험에 따르면 이 문제는 사용자 코드에서 버그의 주요 원인 중하나이다. 2부에서는 DataFrames.jl로 수행하는 작업이 데이터를 복사해야 하는지 여부를 판단하는 방법에 대해서 알아볼 것이다.

여기서 강조하고 싶은 점은 줄리아는 동적 타이핑 언어이므로 컴파일 시간 동안 변수에 바인딩된 타입을 알 필요가 없다는 것이다. 이 말은 즉 다른 타입의 값을 동일한 변수 이름으로 바인딩할 수 있다는 것을 의미한다. 아래 예제로 확인해보자.

```
julia> x = 1
1

julia> x
1

julia> x = 0.1
0.1

julia> x
0.1

julia> typeof(x)
Float64
```

위 예제에서는 먼저 `Int64` 타입의 정수 1을 x 변수에 바인딩한다. 다음 동일한 변수 이름에 `Float64` 타입의 0.1을 할당한다. 이는 동적 타이핑 언어에 속하는 R이나 파이썬 사용자들이 자연스럽게 예상하는 작동 방식이다.

다른 타입의 값을 동일한 변수 이름으로 바인딩하지 않기

편의를 위해 줄리아에서는 서로 다른 타입의 값을 동일한 변수 이름에 바인딩할 수 있다. 하지만 성능상의 이유로 권장하지 않는다.

1장에서 설명했듯이 줄리아는 컴파일 언어이다. 컴파일하는 동안 줄리아는 주어진 변수 이름에 바인딩할 수 있는 모든 타입의 값을 찾으려고 시도한다. 줄리아 컴파일러가 이 변수가 단일 타입(또는 경우에 따라 몇 가지 타입으로 구성된 배열)이라는 것을 증명할 수 있다면 줄리아는 더 효율적인 코드를 생성할 수 있다.

줄리아 공식 문서에서는 변수에 바인딩된 값의 타입이 변경되지 않도록 하는 코드를 **타입 안정**type stable하다고 부른다. 타입이 안정적인 코드를 작성하는 것은 줄리아에서 가장 중요한 성능 권장 사항이다(http://mng. bz/69N6). 이 주제는 2부에서 DataFrames.jl로 작업하는 방법을 배울 때 다시 다룰 예정이다.

줄리아는 변수 이름을 지정할 때 많은 유연성을 제공한다. 변수 이름에 유니코드 문자를 사용할 수 있으며, 대소문자도 구분한다. 다음은 세 가지의 예제이다.

```
julia> Kamiński = 1
1

julia> x₁ = 0.5
0.5

julia> ε = 0.0001
0.0001
```

첫 번째 예제에서는 변수 이름에 폴란드 알파벳 문자인 ń을 사용했다. 두 번째 예제에서는 변수 이름 X1에 아래 첨자 1이 포함되었다. 마지막 예제에서는 그리스 문자 ε를 사용했다. 이러한 유연성 덕분에 원래 자료(문서나 연구 논문)와 동일한 기호를 코드에도 사용함으로써 코드를 이해하기 쉽게 할 수 있다.

₁이나 ε와 같은 문자를 어떻게 입력할 수 있는지 궁금할 수 있다. 줄리아 REPL에서 물음표(?) 키를 눌러 도움말 모드로 전환한 다음 알고 싶은 문자를 붙여넣어보자(도움말 모드 사용법은 부록 A에서 자세히 설명한다). 그럼 아래와 같은 출력을 볼 수 있다.

```
help?> ₁
"₁" can be typed by  \_1<tab>
help?> ε
"ε" can be typed by \varepsilon<tab>
```

보다시피 이런 문자를 입력하는 것은 특히 LaTeX 사용자라면 편리하게 사용할 수 있다. 이 입력 방법은 줄리아 코드를 작성할 수 있는 모든 표준 환경(줄리아 REPL, Visual Studio Code, Jupyter Notebook 등)에서 지원된다. 줄리아 REPL에서 탭 완성을 통해 입력할 수 있는 유니코드 문자의 전체 목록은 줄리아 매뉴얼(http://mng.bz/o5Gv)에서 찾을 수 있다.

2.3 가장 중요한 제어 흐름 구조 사용하기

이 장의 소개에서 설명한 것처럼 원저화 평균을 계산하는 함수를 작성하려면 벡터에 저장된 값을 순회하고iterate 조건에 따라 변경해야 한다. 이 절에서는 이런 연산을 수행하는 방법에 대해 알아본다.

이 책에서 자주 사용하는 세 가지 종류의 제어 흐름 구조는 다음과 같다.

- 조건부 평가

- 루프

- 복합 표현식

전체 목록은 줄리아 매뉴얼(http://mng.bz/ne24)에서 확인할 수 있다. 이제 각각의 사용법을 설명하고자 한다.

2.3.1 불리언 조건에 따른 계산

조건부 평가는 특정 조건 값에 따라 다른 동작을 수행하고자 할 때 사용된다. 이 절에서는 줄리아의 조건 표현식 사용법과 불리언 조건으로 작업할 때 알아야 하는 일반적인 패턴을 보여주고자 한다.

1 조건부 표현식

줄리아에서 **조건식**conditional expression은 `if-elseif-else-end` 구문을 사용하여 작성된다. 그림 2.2는 조건 표현식의 예제를 보여준다.

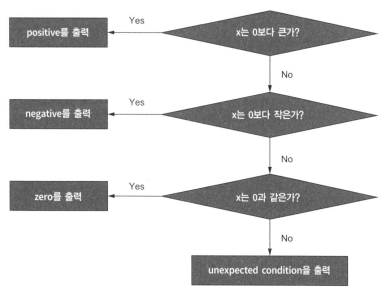

그림 2.2 예제 2.3의 코드 작동에 대한 설명

다음 예제는 그림 2.2에 제시된 조건식을 줄리아에서 구현하는 방법을 보여준다. 줄리아에서는 `==` 연산자를 사용하여 두 값이 같은지 테스트한다.

예제 2.3 **조건식 정의하기**

```
julia> x = -7
-7

julia> if x > 0
           println("positive")
       elseif x < 0
           println("negative")
       elseif x == 0
           println("zero")
       else
           println("unexpected condition")
       end
negative
```

x는 음수이므로 x > 0 조건식은 false를 생성하고 x < 0 조건식은 true를 생성한다. 따라서 negative가 출력된다.

이 구문에서는 elseif와 else 부분을 생략할 수 있다. 중요한 점은 if 뒤에 오는 표현식은 반드시 논릿값을 가져야 한다는 점이다. 표현식 결괏값의 타입은 Bool이어야 하며, 그렇지 않은 경우에는 오류가 발생한다.

```
julia> x = -7
-7

julia> if x
           print("condition was true")
       end
ERROR: TypeError: non-boolean (Int64) used in boolean context
```

❷ 줄리아에서의 코드 들여쓰기

예제 2.3에서는 코드를 네 칸 들여쓰기했다. 이는 줄리아의 표준 관행이며 이 장의 뒷부분에서 설명하는 다른 경우(루프, 함수 등)에서도 사용된다.

파이썬과 달리 줄리아에서는 들여쓰기를 사용하는 것이 선택 사항이며, 코드 가독성을 개선하기 위한 목적으로만 사용된다. 일반적으로 줄리아는 코드 블록에서 end 키워드 또는 주어진 구문에 특정한 다른 키워드(예로 조건식에서는 else, elseif 키워드)가 입력되면 코드 블록의 끝으로 식별한다.

3 부동소수점 비교 규칙

예제 2.3에서 x가 양수인지, 음수인지, 0인지를 확인했을 때 예상치 못한 조건을 출력하는 else가 포함된 것에 대해 의아했을 수 있다. x가 숫자인 경우라면 3개의 조건 중 하나에 충족해야 한다고 예상하는 것이 자연스럽기 때문이다.

안타깝게도 위 조건식은 생각보다 더 복잡하다. 부동소수점 연산에 대한 IEEE 754 표준에서는 <, <=, >, >=, ==을 사용하여 다른 값과 비교할 때 항상 false를 반환하는 특수한 **NaN**not a number 값을 정의하고 있다.

```julia
julia> NaN > 0
false

julia> NaN >= 0
false

julia> NaN < 0
false

julia> NaN <= 0
false

julia> NaN == 0
false
```

IEEE 754 표준에 따르면 NaN값과 비교할 때는 같지 않다는 의미의 연산자(!=)를 사용할 때만 true를 반환한다.

```julia
julia> NaN != 0
true

julia> NaN != NaN
true
```

이는 프로그래밍 언어의 맥락에서 일반적인 수학 지식을 사용할 때 주의해야 한다는 것을 보여준다. 모든 이론이 컴퓨터에서 구현될 때 동일한 방식으로 작동하지 않을 수 있다. 또한 일반적으로 프로그래밍 언어마다 숫자 작업에 대한 규칙은 다르게 구현될 수 있다. 줄리아는 부동소수점 작업 시 IEEE 754 표준을 따른다.

④ 부동소수점값으로 숫자를 부정확하게 표현한 결과

부동소수점은 실수를 대략적으로만 표현하기 때문에 또 다른 유사한 문제가 발생한다. 아래 예제로 확인해보자.

```
julia> 0.1 + 0.2 == 0.3
false
```

놀라운 결과이다. 이런 결과가 나오는 이유는 리터럴 0.1, 0.2, 0.3을 평가하여 생성된 Float64 값 중 어느 것도 쓰여진 실수를 정확하게 나타내지 않기 때문이다. 줄리아가 하는 일은 요청된 숫자를 가장 가깝게 표현하는 Float64값을 저장하는 것이다. 따라서 아래 예제처럼 작지만 종종 0이 아닌 오류가 발생한다.

```
julia> 0.1 + 0.2
0.30000000000000004
```

위 예제에서 0.1과 0.2의 합이 0.3보다 조금 더 크다는 것을 알 수 있다. 이런 경우에 데이터 과학자는 어떻게 해야 할까? 줄리아에서는 isapprox 함수를 사용하여 대략적인 비교를 수행할 수 있다.

```
julia> isapprox(0.1 + 0.2, 0.3)
true
```

적절한 인수를 전달하여 isapprox가 '**대략적으로 같다**'는 구문을 처리하는 방법을 제어할 수 있다(자세한 내용은 줄리아 매뉴얼(http://mng.bz/gR4x)에서 확인 가능하다). 또한 기본 허용 오차수준(Float64값에 대해 약 1.5e-8의 상대 허용 오차)으로 isapprox 함수를 편리하게 사용하게 해주는 연산자도 있다.

```
julia> 0.1 + 0.2 ≈ 0.3 ◀─ ① ≈ 연산자와 = 연산자를 헷갈리면 안 된다.
true
```

줄리아 REPL에서 \approx 입력 후 탭을 누르면 약등호(≈) 연산자를 사용할 수 있다.

⑤ 여러 논리 조건을 결합하기

이제는 단일 조건을 작성하는 방법은 익숙해졌을 것이다. 하지만 한 번에 여러 조건을 테스트해야 하는 경우도 많이 존재한다. 예를 들어 숫자가 양수이면서 10보다 작은지 확인해야 하는 경우 등

이 있다. 줄리아에서는 &&(and) 및 ||(or) 연산자를 사용하여 조건을 결합할 수 있다. 다음은 두 가지의 예제이다.

```
julia> x = -7
-7

julia> x > 0 && x < 10
false

julia> x < 0 || log(x) > 10
true
```

같은 값에 대한 비교는 && 연산자로 결합하면 더 간결하게 코드를 작성할 수 있다. 물론 x > 0 && x < 10 대신에 수학 교재에서 사용할 때처럼 0 < x < 10을 사용할 수도 있다.

⑥ 조건식 단축 평가

줄리아에서 && 및 || 연산자의 또 다른 중요한 기능은 **단축 평가**short-circuit evaluation를 수행한다는 것이다. 즉, 전체 식의 논릿값을 결정하는 데 필요한 만큼의 조건까지만 왼쪽부터 평가한다. 단축 평가는 식 x < 0 || log(x) > 10을 평가할 때 이미 작동하는 것을 보았을 것이다. 그 이유는 아래에서 볼 수 있듯이 x가 음의 실숫값을 가지면 log(x)는 오류를 발생시키기 때문이다.

```
julia> x = -7
-7

julia> log(x)
ERROR: DomainError with -7.0:
log will only return a complex result if called with a complex argument. Try log(Complex(x)).
```

식 x < 0 || log(x) > 10을 평가할 때 오류가 나지 않는 이유는 x가 -7일 때 첫 번째 조건인 x < 0이 true이므로 줄리아가 두 번째 조건을 확인하지 않기 때문이다. 따라서 아래와 같이 작성하면

```
x > 0 && println(x)
```

줄리아는 다음과 같이 해석한다.

```
if x > 0
    println(x)
end
```

이와 비슷하게 아래 코드 또한

```
x > 0 || println(x)
```

다음과 같이 해석한다.

```
if !(x > 0)
    println(x)
end
```

즉 && 및 || 연산자를 사용하여 조건부 평가를 수행하는 한 줄 코드를 편리하게 작성할 수 있다.

```
julia> x = -7
-7

julia> x < 0 && println(x^2)
49

julia> iseven(x) || println("x is odd")
x is odd
```

이 패턴은 간단한 조건을 사용할 때 코드 가독성을 향상시키기 위해 사용된다. 이 시나리오에서 표현식의 두 번째 부분은 Bool값을 생성할 필요가 없다는 점을 강조하고 싶다. 그 이유는 && 및 || 예제가 다음과 같은 if 표현식을 작성하는 것과 동일하기 때문이다.

```
julia> x = -7
-7

julia> if x < 0
           println(x^2)
       end
49

julia> if !iseven(x)
           println("x is odd")
```

```
        end
x is odd
```

그러나 앞서 설명한 것처럼 일반 if 조건에서 Bool값을 생성하지 않는 표현식을 사용하면 오류가 발생한다는 점을 기억해야 한다.

```
julia> x = -7
-7

julia> if x < 0 && x^2
           println("inside if")
       end
ERROR: TypeError: non-boolean (Int64) used in boolean context
```

⑦ 삼항 연산자

조건 확인에 대한 논의를 마무리하기 전에 C 프로그래밍 언어에서 차용한 **삼항 연산자**_{ternary operator}를 소개하려고 한다.

```
x > 0 ? sqrt(x) : sqrt(-x)
```

위 코드는 다음과 같이 해석된다.

```
if x > 0
    sqrt(x)
else
    sqrt(-x)
end
```

위 예제에서 알 수 있듯이 ? 기호 앞에 조건인 표현식을 전달한다. 그다음 ? 기호 뒤에 :로 구분된 두 개의 표현식을 전달하고 앞 조건이 true인지 false인지에 따라 이 중 하나만 평가한다.

삼항 연산자는 짧은 한 줄 조건식에서 사용된다. 다음은 예제이다.

```
julia> x = -7
-7
```

```
julia> x > 0 ? println("x is positive") : println("x is not positive")
x is not positive
```

8 조건식은 값을 반환한다

if-elseif-else-end 표현식과 삼항 연산자는 선택한 분기에서 마지막으로 실행된 결괏값을 반환한다. 이는 반환값을 변수에 바인딩하려는 경우 유용하게 쓸 수 있다.

예를 들어, 주어진 숫자 x의 절댓값의 제곱근을 계산하고 그 결과를 y 변수에 저장하고 싶다고 가정해보자. 연산 y = sqrt(abs(x))로도 작성할 수 있지만 예시를 위해 조건식을 사용해서 작성하면 다음과 같다.

```
julia> x = -4.0
-4.0

julia> y = if x > 0
               sqrt(x)
           else
               sqrt(-x)
           end
2.0

julia> y
2.0
```

삼항 연산자인 경우에도 동일하다.

```
julia> x = 9.0
9.0

julia> y = x > 0 ? sqrt(x) : sqrt(-x)
3.0

julia> y
3.0
```

2.3.2 루프

줄리아에서는 for-end와 while-end 두 가지의 루프를 사용할 수 있다. for 루프는 컬렉션의 값들을 순회하며, 일반적으로 더 많이 사용된다. 실행 과정은 다음과 같다.

```julia
julia> for i in [1,2,3]
           println(i, " is ", isodd(i) ? "odd" : "even")
       end
1 is odd
2 is even
3 is odd
```

위 예제에서는 세 개의 값을 포함하는 벡터 [1, 2, 3]이 있다. 루프의 각 반복에서 i 변수는 이 벡터에서 연속된 값을 가져오고 루프 본문이 실행된다. isodd(i) ? "odd" : "even" 표현식은 2.3.1절에서 소개했던 삼항 연산자이다.

반면 while 루프는 다음 예제에서 볼 수 있듯이 특정 조건이 충족되는 한 계속 반복된다.

예제 2.5 while 루프 정의하기

```julia
julia> i = 1
1

julia> while i < 4
           println(i, " is ", isodd(i) ? "odd" : "even")
           global i += 1
       end
1 is odd
2 is even
3 is odd
```

위 예제에는 i 변수가 있다. while 키워드 뒤에 오는 조건이 true이면 루프 본문이 실행되며, 예제의 경우 i가 4보다 작은지 테스트한다. 루프 본문에서는 i를 1씩 증가시켜 결국 루프가 종료된다.

또한 위 예제에서 global 키워드를 볼 수 있는데, 이 키워드는 2.5절에서 변수 범위 규칙에 대해 설명할 때 자세히 다룰 것이다. 지금은 이 키워드가 줄리아에게 while 루프 외부에 정의한 변수 i를 사용할 수 있다는 신호를 보낸 것이라고만 이해해도 충분하다.

아직 설명하지 않은 또 다른 스타일은 i += 1이다. 해당 표현식은 i = i + 1과 같은 의미이지만 조금 더 짧다. 이 경우 변수 i를 1씩 증가시킨다. -=, *=, /=과 같은 다른 연산자에서도 같은 원리로 사용할 수 있다.

for 루프와 while 루프에서 동일하게 2개의 특수 키워드를 사용할 수 있다.

- continue는 즉시 반복을 중지하고 다음 반복으로 이동한다.
- break는 루프를 즉시 종료한다.

예제를 통해 특수 키워드가 어떻게 작동하는지 이해해보자.

```
julia> i = 0
0

julia> while true
           global i += 1
           i > 6 && break
           isodd(i) && continue
           println(i, " is even")
       end
2 is even
4 is even
6 is even
```

루프를 설정하기 위해 while true를 사용하는 것에 대해 생각해보자. 이 조건은 항상 참이기 때문에 루프를 중단할 수 있는 다른 수단이 없다면 루프는 무한하게 실행될 것이다. 이것이 바로 break 키워드가 필요한 이유이다. 이 원리를 정확히 이해하기 위해 루프 본문을 한 줄씩 확인해보자.

이 루프에서는 반복될 때마다 변수 i가 1씩 증가한다. 그다음 i가 6보다 큰 값에 도달했는지 확인하고 도달했다면 루프를 종료한다. 만약 i가 6보다 작거나 같다면 홀수인지 확인한 후, 홀수이면 루프의 나머지 본문을 건너뛰고 짝수라면 println(i, " is even")을 실행한다.

2.3.3 복합 표현식

데이터를 처리할 때 여러 연산을 수행하지만 외부에서 볼 때는 마치 하나의 식처럼 보이도록 함께 묶어 최종값을 반환하는 것이 유용한 경우가 많다. 줄리아에서는 여러 표현식을 하나로 묶는 방법으로 크게 두 가지가 있다.

첫 번째는 begin-end 블록을 사용하는 것이다. 두 번째는 더 가벼운 방법으로 세미콜론(;)을 사용하여 표현식을 연결하는 것이다. 때로는 복합 표현식의 범위를 나타내기 위해 괄호 안에 여러 표현식을 ;로 구분하여 사용하는 경우가 있다. 몇 가지 예제를 살펴보자.

예제 2.6 begin-end 블록과 세미콜론(;)을 사용하여 복합 표현식 정의하기

```
julia> x = -7
-7

julia> x < 0 && begin
            println(x)    ← ❶ -7을 출력
            x += 1
            println(x)    ← ❷ -6을 출력
            2 * x    ← ❸ 코드 블록의 최종값이 -12이므로 이를 출력한다.
       end
-7
-6
-12

julia> x > 0 ? (println(x); x) : (x += 1; println(x); x)    ← ❹ 먼저 -5를 출력하고 복합 표현식
-5                                                              최종값도 -5이므로 줄리아가 출력한다.
-5
```

첫 번째 경우에는 && 연산자를 사용하며, 왼쪽과 오른쪽 모두에 단일 표현식이 필요하다. 이 예제에서는 begin-end 블록을 사용하여 여러 줄에 걸쳐 있는 다수의 표현식을 편리하게 단일 표현식으로 생성한다. 해당 블록은 두 개의 값을 출력하는 것 외에 마지막 표현식인 2 * x의 값 -12를 반환하는 것을 볼 수 있다. &&의 오른쪽에 있는 표현식은 &&의 왼쪽에 있는 표현식과 달리 불리언값을 생성할 필요가 없다.

두 번째 예제에서는 삼항 연산자를 사용한다. 이 연산자도 마찬가지로 모든 부분에 단일 표현식을 전달해야 올바르게 작동한다. 코드가 비교적 짧기 때문에 세미콜론을 사용하여 여러 표현식을 단일 표현식으로 생성한다. 괄호를 사용하여 표현식 묶음 범위를 명확하게 구분한다. 괄호 사용이 항상 줄리아 파서parser에 의해 엄격하게 요구되는 것은 아니지만 좋은 관행이므로 여러 표현식을 연결할 때는 항상 괄호를 사용하는 것이 좋다.

요약하면 복합 표현식은 코드로 단일 표현식을 전달해야 하지만 여러 연산을 수행해야 할 때 유용하다. 일반적으로 여러 줄에 걸쳐 있는 긴 표현식에는 begin-end 블록을 사용하고 한 줄의 짧은 표현식에는 세미콜론으로 연결하는 것을 선호한다.

실제로 복합 표현식은 가독성이 떨어지는 코드로 이어질 수 있으므로 과도하게 사용해서는 안 된다. 오히려 표준 조건식이나 헬퍼 함수를 사용하여 코드 명확성을 개선하는 것이 더 좋은 경우가 종종 있다. 하지만 다양한 패키지 소스 코드에서 복합 표현식을 접할 수 있으므로 해석하는 방법

을 아는 것은 중요하다.

이전 코드에서 사용한 스타일 컨벤션을 다시 한번 강조한다. 줄리아에서 코드 블록은 들여쓰기로 4개의 공백을 사용한다. 그러나 이것은 단지 컨벤션일 뿐이다. 적절한 코드 서식은 줄리아에서 강제하지 않으며 코드가 실행되는 방식에 영향을 미치지 않는다. 그러나 이는 코드 가독성을 크게 향상시키므로 컨벤션을 따르는 것을 적극 권장한다.

코드 내부의 주석

소스 코드에서 종종 필요로 하는 특별한 부분은 바로 주석이다. 주석은 제어 흐름 구조는 아니지만 줄리아가 코드를 해석하는 방식에 영향을 미치므로 이 설명을 포함했다.

코드에 해시 문자(#)를 넣으면 이 문자가 있는 지점부터 줄 끝까지의 모든 문자는 줄리아 파서에 의해 무시된다.

2.3.4 윈저화 평균을 계산하는 첫 번째 방법

이제 벡터의 k회 윈저화 평균을 계산할 준비가 되었다. 지금은 함수를 사용하지 않고 줄리아 REPL에서만 이 작업을 수행한다. 이미 배운 내용을 사용하여 벡터 [8, 3, 1, 5, 7]에 대해 계산해보자. 계산에서는 다음 단계를 수행한다.

1. 입력 데이터를 초기화한다. 벡터 x는 평균을 계산할 데이터를 담고 있으며 정수 k는 대체할 가장 작은 값과 가장 큰 값의 개수를 나타낸다.
2. 벡터 x를 정렬하고 결과를 변수 y에 저장한다. 이렇게 하면 가장 값은 값 k개가 벡터 y 시작 부분에, 가장 큰 값 k개가 벡터 y 끝 부분에 위치하게 된다.
3. 루프를 사용하여 벡터 y에서 가장 작은 값 k개를 (k + 1)번째 가장 작은 값으로 변경한다. 마찬가지로 가장 큰 값 k개를 (k + 1)번째 가장 큰 값으로 변경한다.
4. 벡터 요소의 합을 더한 다음 그 값을 벡터의 길이로 나누어 벡터 y의 평균을 계산한다. 얻어진 결과는 벡터 x의 k회 윈저화 평균이다.

먼저 x 변수에 입력하려는 벡터를 바인딩하고 k를 1로 설정한다.

```
julia> x = [8, 3, 1, 5, 7]
5-element Vector{Int64}:
 8
 3
```

```
1
5
7

julia> k = 1
1
```

다음 단계로 가장 간단한 방법(3장에서 더 자세히 설명할 예정이다)을 통해 벡터를 정렬하고 결과를 다음 변수에 바인딩한다.

```
julia> y = sort(x)
5-element Vector{Int64}:
 1
 3
 5
 7
 8
```

다음으로 가장 작은 값 k를 (k + 1)번째 작은 값으로 변경한다. 가장 큰 값에 대해서도 동일한 작업을 수행한 후 벡터 y를 확인한다.

```
julia> for i in 1:k
           y[i] = y[k + 1]
           y[end - i + 1] = y[end - k]
       end

julia> y
5-element Vector{Int64}:
 3
 3
 5
 7
 7
```

위 코드에는 두 가지 새로운 구조체가 추가되었다. 첫 번째, 1:k 코드는 1부터 시작하여 k까지의 모든 정숫값을 포함하는 범위를 생성한다(범위의 마지막 요소가 포함되지 않는 파이썬과 대조된다).

두 번째는 벡터 인덱싱이다. 이에 대해서는 4장에서 더 자세히 설명할 예정이며 지금은 다음 사항에 유의하는 것이 중요하다.

- 줄리아 벡터는 1 기반 인덱싱을 사용한다.
- x[i] 구문을 사용하면 벡터 x의 i번째 요소를 얻을 수 있다.
- 편의 상 인덱싱을 사용할 때 대괄호 안에 end를 쓰면 벡터의 길이로 대체되므로 x[end]는 벡터 x의 마지막 요소를 나타낸다.

이제 벡터 y의 평균을 계산할 수 있다.

```julia
julia> s = 0
0

julia> for v in y
           global s += v
       end

julia> s
25

julia> s / length(y)
5.0
```

이 시점에서는 코드를 함수로 감싸서 재사용할 수 있게 만들고 싶어질 것이다. 이것이 다음 절의 주제이다.

2.4 함수 정의하기

이전 내용들을 통해 변수를 사용하고 제어 흐름 구조를 사용하는 방법을 배웠으므로 다음 단계에서는 줄리아에서 함수 정의하는 방법을 살펴볼 것이다. 이는 광범위한 주제이므로 함수 정의 및 호출에 대한 세부 사항에 관심이 있다면 줄리아 매뉴얼(http://mng.bz/vX4r)을 확인하는 것을 추천한다.

이 절에서는 실제로 사용되는 가장 일반적인 패턴을 살펴보고 원저화 평균을 계산하는 함수를 직접 정의하는 방법에 대해 배울 것이다.

2.4.1 function 키워드를 사용하여 함수 정의하기

다음 예제를 통해 단일 인수argument를 받는 함수의 기본 정의부터 시작하자.

```
julia> function times_two(x)
           return 2 * x
       end
times_two (generic function with 1 method)

julia> times_two(10)
20
```

위 함수는 단일 인수 x를 받아 그 두 배의 값을 반환한다. 보다시피 정의는 function 키워드로 시작한다. 그다음에는 함수 이름과 괄호로 묶인 인수 목록을 전달한다. 그리고 함수 본문이 이어진다.

함수 정의는 end 키워드에 도달하면 완료된다. return 키워드를 사용하여 이어지는 표현식의 값을 반환할 수 있다. return 키워드 없이 함수를 정의할 수 있으며, 이 경우에는 R과 마찬가지로 함수 본문의 마지막 표현식값이 반환된다. 이 책에서는 함수에 return 키워드를 사용하여 어떤 값을 반환할지 명시적으로 표시한다.

2.4.2 함수의 위치 인수와 키워드 인수

일반적으로 줄리아에서는 위치positional 인수와 선택적으로 기본값을 가져올 수 있는 키워드keyword 인수를 사용하여 함수를 정의할 수 있다. 또한 함수는 둘 이상의 값을 반환할 수 있다. 다음 예제는 이런 기능을 사용한 함수 정의와 해당 함수를 호출하는 여러 방법을 보여준다.

예제 2.8 **위치 인수와 키워드 인수 사용하기 및 기본값 제공하기**

```
julia> function compose(x, y=10; a, b=10)
           return x, y, a, b
       end
compose (generic function with 2 methods)

julia> compose(1, 2; a=3, b=4)
(1, 2, 3, 4)

julia> compose(1, 2; a=3)
(1, 2, 3, 10)

julia> compose(1; a=3)
(1, 10, 3, 10)
```

```
julia> compose(1)
ERROR: UndefKeywordError: keyword argument a not assigned

julia> compose(; a=3)
ERROR: MethodError: no method matching compose(; a=3)
```

그림 2.3은 compose 함수 정의에서 각각 인수의 의미를 설명한다.

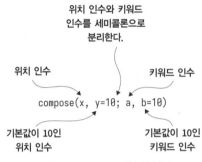

그림 2.3 compose 함수의 정의

함수 정의 규칙은 다음과 같다.

- 여러 위치 인수(이 예제에서는 x와 y)는 쉼표로 구분된다. 함수를 호출할 때는 위치 인수가 정의된 순서대로 이름 없이 위치 인수의 값만 전달한다. 인수의 위치는 중요하며 할당 구문을 사용하여 위치 인수의 기본값을 설정할 수 있다(이 예제에서는 y=10). 위치 인수에 기본값을 지정하면 그 뒤에 오는 모든 위치 인수에도 기본값을 지정해야 한다. 즉, 기본값이 없는 위치 인수는 모두 기본값이 있는 위치 인수 앞에 설정해야 한다.

- 키워드 인수(이 예제에서는 a와 b)를 만들려면 세미콜론(;)을 사용하여 위치 인수와 구분해야 한다. 함수를 호출할 때 키워드 인수의 이름과 = 문자로 연결된 값을 전달해야 한다. 여기에서도 기본값이 허용된다. 함수를 호출할 때 키워드 인수는 어떤 순서로든 전달할 수 있다.

- 인수(위치 또는 키워드)에 기본값이 있는 경우 함수를 호출할 때 값 전달을 생략할 수 있다.

- 위치 인수와 키워드 인수를 모두 받는 함수를 호출할 때는 함수를 정의할 때와 마찬가지로 세미콜론(;)을 사용하여 구분하는 것이 좋다. 이것이 이 책에서 사용하는 규칙이지만 쉼표를 사용하는 것도 허용된다.

- 기본값이 정의된 인수(위치 또는 키워드)의 값 전달을 생략할 수 있지만 기본값이 지정되지 않은 경우 모든 인수의 값은 항상 전달해야 한다.

- 함수에서 여러 값을 반환하려면 쉼표(,)로 구분한다. 4장에서는 기술적으로 줄리아가 이러한 값을 Tuple로 생성하여 반환한다는 것을 배울 것이다.

선택optional 인수와 키워드 인수에 대한 추가 정보를 줄리아 매뉴얼(http://mng.bz/49Kv 및 http://mng.bz/QnqQ)에서 확인할 수 있다.

2.4.3 함수에 인수를 전달하는 규칙

인수의 기본값이 = 할당을 통해 정의되는 방식은 줄리아의 중요한 기능 중 하나이다. 값을 함수에 전달하면 줄리아는 할당을 수행할 때와 마찬가지로 함수 인수 이름을 값에 바인딩한다(변수를 값에 바인딩하는 방법은 2.2절 참조).

pass-by-sharing이라고 하는 이 기능은 인수가 함수에 전달될 때 줄리아가 데이터를 복사하지 않는다는 것을 의미한다. 다음 예제를 살펴보자.

```julia
julia> function f!(x)
           x[1] = 10
           return x
       end
f! (generic function with 1 method)

julia> x = [1, 2, 3]
3-element Vector{Int64}:
 1
 2
 3

julia> f!(x)
3-element Vector{Int64}:
 10
  2
  3

julia> x
3-element Vector{Int64}:
 10
  2
  3
```

위 함수의 이름은 f!이다. 함수 이름에 접미사로 !를 추가하는 것은 사용자에게 인수를 변경할 수 있다고 알리는 스타일 컨벤션이다(이 장의 뒷부분에서 이 컨벤션에 대해 자세히 설명한다).

이는 파이썬에서는 익숙한 동작이지만 함수 인수를 복사하는 R과는 다르다. pass-by-sharing 동작의 장점 중 하나는 줄리아의 함수 호출이 매우 빠르다는 것이다. 일반적으로 성능 저하를 크게 걱정하지 않고 코드를 여러 함수로 안전하게 분할할 수 있다. pass-by-sharing 동작의 단점으로는 함수에 가변 객체를 전달하고(4장에서 가변성에 대해 더 자세히 설명함), 그 객체를 함수 내에서 변경할 경우, 함수가 실행을 마친 후에도 그 변경이 효력을 유지한다는 점이다.

2.4.4 함수 정의를 위한 단축 구문

줄리아에서는 = 할당 연산자를 사용하는 단축 구문short syntax으로 짧은 함수를 정의하는 것을 허용한다. 이때 단축 구문은 단일 표현식이어야 한다는 제한이 따르며, function과 end 키워드는 생략된다.

다음 예제는 단축 구문을 사용하여 times_two 함수와 compose 함수를 정의하는 코드이다.

예제 2.9 할당 구문을 사용하여 짧은 함수 정의하기

```julia
julia> times_two(x) = 2 * x
times_two (generic function with 1 method)

julia> compose(x, y=10; a, b=10) = x, y, a, b
compose (generic function with 2 methods)
```

코드 의미를 크게 바꾸는 일반적인 타이핑 실수에 대해서 이야기하고자 한다. times_two(x) = 2 * x를 입력하면 새 함수를 정의하는 것이지만, times_two(x) == 2 * x를 입력하면 f(x)과 2 * x의 동등성을 논리적으로 비교하는 것이다. 보다시피 =과 ==만 다르다. 두 경우 모두 문법적으로 틀리지 않은 코드이므로 줄리아는 이들을 그대로 실행할 테고, 따라서 주의하지 않으면 의도와 다른 결과를 얻게 된다.

① 줄리아에서 함수는 다른 함수의 인수가 될 수 있다

줄리아의 유용한 기능 하나는 함수형 프로그래밍처럼 함수가 **일급 객체**first-class object라는 점이다. 따라서 함수를 전달하거나 변수에 할당할 수 있으며, 각 함수에는 고유한 타입이 존재한다. 다음은 예제이다.

```
julia> map(times_two, [1, 2, 3])
3-element Vector{Int64}:
 2
 4
 6
```

위 코드에서는 map 함수가 이전 예제에서 정의했던 times_two 함수와 벡터 [1,2,3]로 구성된 컬렉션, 총 두 개의 인수를 받는다. 반환되는 값은 times_two 함수를 각 컬렉션 요소에 적용하여 변환된 컬렉션이다.

2.4.5 익명 함수

함수를 다른 함수에 인수로 전달할 때 종종 이름 없는 함수를 정의하고 싶을 것이다. 예를 들어 임시로 함수를 정의한 후 다른 함수에 전달하고 싶은 경우 등이다. 이런 경우 줄리아에서는 **익명 함수**anonymous function라는 이름 없는 함수를 정의할 수 있다.

다음 예제에서 볼 수 있듯이 함수 이름을 생략하고 =를 ->로 대체한다는 점을 제외하면 구문은 앞서 소개한 단축 구문과 유사하다.

예제 2.10 -> 구문을 사용하여 익명 함수 정의하기

```
julia> map(x -> 2 * x, [1, 2, 3])
3-element Vector{Int64}:
 2
 4
 6
```

이 예제에서 익명 함수는 x -> 2 * x이다. 파이썬에서는 lambda x: 2 * x 구문으로 람다 함수를 사용하는 것이 이에 해당한다.

x -> 2 * x 정의에서는 인수 주위의 괄호를 생략한다는 점을 유의해야 한다. 그러나 일반적으로 둘 이상의 인수를 사용하는 경우에는, (x, y) -> x + y 정의처럼 괄호가 필요하다.

줄리아에서는 함수를 인수로 받는 함수가 많이 있다. 다음은 또 다른 예제이다.

```
julia> sum(x -> x ^ 2, [1, 2, 3])
14
```

위 예제는 벡터에 저장된 요소의 제곱합을 계산한다. 익명 함수를 sum 함수의 첫 번째 인수로 사용할 때의 이점은 다음과 같다. 벡터의 제곱합을 계산하는 자연스러운 방법은 먼저 요소를 전부 제곱하고 그 결과를 임시 벡터에 저장한 다음 합을 계산하는 것이다. 하지만 이 방법은 임시 벡터를 할당해야 하므로 비용이 상대적으로 많이 발생한다. sum(x -> x ^ 2, [1, 2, 3]) 코드를 실행하면 할당이 수행되지 않는다.

---

sum 함수 호출 시 다중 디스패치

방금 sum(x -> x ^ 2, [1, 2, 3]) 예제에서 줄리아가 다중 디스패치를 사용하는 것을 본 셈이다. 이 주제는 3장에서 자세히 다루겠지만, 줄리아의 기본 설계 개념 중 하나이므로 간략하게 설명하고자 한다.

일반적으로 sum 함수에 단일 컬렉션을 전달하면 그 합계를 반환한다. 예를 들어 sum([1, 2, 3])을 실행하면 6을 반환한다. 그러나 sum 함수와 같은 하나의 함수에 대해서 줄리아에서는 여러 **메서드**method를 정의할 수 있다.

함수의 각 메서드는 서로 다른 인수를 받는다. sum([1, 2, 3])을 작성하면 줄리아는 단일 인수를 받는 메서드를 호출한다. 그러나 sum(x -> x ^ 2, [1, 2, 3])을 작성하면 sum 함수의 다른 메서드가 호출된다. 이 경우에 호출된 메서드는 첫 번째 인수가 함수이고 두 번째 인수가 컬렉션이라고 가정한 후 계산하며, 컬렉션 요소에 함수를 적용한 값을 합산하여 반환한다.

2.4.6 do 블록

마지막으로 살펴볼 편의 구문convenience syntax은 **do-end** 블록이다. 이 블록은 다른 함수를 첫 번째 위치 인수로 받는 함수를 사용하는 경우와, 여러 표현식으로 구성된 익명 함수를 전달하려는 경우 사용된다(이 경우 앞에서 살펴본 기본 익명 함수 정의 방식보다 훨씬 편리하다).

다음은 **do-end** 블록 예제이다.

```
julia> sum([1, 2, 3]) do x          ❶ do-end 블록은 단일 인수 x를 받는 익명 함수를 정의한다.
           println("processing ", x)    이 익명 함수는 sum 함수에 첫 번째 인수로 전달된다.
           return x ^ 2
       end

processing 1
processing 2
processing 3
14
```

이번 예제에서도 sum 함수를 사용한다. 앞서 설명했듯이 sum의 메서드 중 하나는 두 개의 인수가 주어진다고 예상한다. 이때 첫 번째 인수로는 함수, 두 번째 인수로 컬렉션을 전달해야 한다. do-end 구문을 사용할 때는 첫 번째 인수인 함수를 건너뛰고 대신 do 키워드 뒤에 정의할 익명 함수의 인수 이름을 추가한다. 그다음 함수 본문은 일반적인 다른 함수처럼 정의한 후 end 키워드로 종료한다.

2.4.7 줄리아의 함수 명명 규칙

이 절을 마무리하기 전에 줄리아에서 함수를 명명하는 방식과 관련된 몇 가지 규칙에 대해 살펴보려고 한다. 종종 코드를 보다 보면 sort!처럼 함수 이름 끝에 느낌표(!)가 붙는 것을 볼 수 있다. 어떤 사용자는 이런 방식이 줄리아가 비표준 방식으로 처리하는 것을 나타낸다고 생각한다. 예를 들어 러스트에서 ! 접미사는 매크로를 의미하지만, 줄리아에서 이런 이름은 특별한 기능을 나타내진 않는다.

다만 줄리아 컨벤션에 따르면 개발자는 인수를 수정하는 함수의 경우 생성하는 함수 끝에 !를 추가할 것을 권장한다. 다음은 sort와 sort! 함수의 작동 방식을 비교한 예제이다. sort는 인수를 변경하지 않는 반면, sort!는 인수를 제자리에서_{in place} 수정한다.

```julia
julia> x = [5, 1, 3, 2]
4-element Vector{Int64}:
 5
 1
 3
 2

julia> sort(x)
4-element Vector{Int64}:
 1
 2
 3
 5

julia> x
4-element Vector{Int64}:
 5
 1
 3
 2

julia> sort!(x)
4-element Vector{Int64}:
```

```
 1
 2
 3
 5

julia> x
4-element Vector{Int64}:
 1
 2
 3
 5
```

이 규칙이 왜 유용한지 궁금할 수 있다. 대부분의 함수는 인수를 수정하지 않지만 줄리아는 함수에 인수를 전달할 때 pass-by-sharing을 사용하므로 모든 함수가 잠재적으로 인수를 수정할 수 있다. 따라서 특정 함수가 실제로 pass-by-sharing을 활용하여 인수를 수정한다는 사실을 사용자에게 시각적으로 경고하는 것이다(일반적으로 인수를 수정하면 성능이 향상되는 이점이 있다.).

2.4.8 윈저화 평균을 계산하는 함수를 간단하게 정의하기

이제 윈저화 평균을 계산하는 함수의 첫 번째 버전을 만들고 테스트할 준비가 되었다. 2.3.4절에서와 동일한 단계를 따르지만 이번에는 코드를 함수로 묶는다.

```
julia> function winsorized_mean(x, k)
           y = sort(x)
           for i in 1:k
               y[i] = y[k + 1]
               y[end - i + 1] = y[end - k]
           end
           s = 0
           for v in y
               s += v
           end
           return s / length(y)
       end
winsorized_mean (generic function with 1 method)

julia> winsorized_mean([8, 3, 1, 5, 7], 1)
5.0
```

`winsorized_mean` 함수를 정의할 때, 2.3.4절의 코드와 중요한 차이점은 `s += v`줄에 `global` 접두사가 없다는 것이다(2.3.4절에서는 해당 줄이 `global s += v`였다). 그 이유는 이번에는 `s` 변수가 함수 본문에 정의된 로컬 변수이기 때문이다.

이제 k회 원저화 평균을 계산할 수 있는 작동 함수가 생겼다. 이는 실제로 사용할 수도 있다. 함수로 코드를 묶는 과정을 보여주기 위해 2.3.4절 코드를 재사용했다. 그러나 이 구현은 정확성과 성능 측면에서 모두 개선될 수 있다(x나 k에 부적절한 값을 전달했을 때 어떻게 작동할지 생각해보자). 3장에서는 줄리아 프로그램이 작성되는 방식에 대해 자세히 알아본 후 이 코드를 개선할 수 있는 방법에 대해 살펴본다.

2.5 변수 범위 규칙 이해하기

지금까지 줄리아 언어의 기본 구조물들에 대해 알아보았다. 이제 자연스럽게 이런 구조들이 어떻게 변수와 상호작용하는지 궁금할 것이다. 이는 다시 말해 코드의 어떤 영역에서 어떤 변수에 접근할 수 있는지, 그 규칙에 대한 질문이다. 이러한 범위scope 주제는 모든 프로그래머에게 근본적으로 중요하며, 줄리아에서는 범위 규칙이 작동하는 방식이 파이썬 등과 다르기 때문에 여기서 논의할 필요가 있다.

이 절에서는 원저화 평균 함수의 새로운 기능을 개발하지 않을 것이다(이는 3장에서 다시 다룰 예정이다). 하지만 이전 코드에서 이미 암시적으로 변수 범위 규칙에 의존했기 때문에 범위가 어떻게 작동하는지 명시적으로 설명하는 것이 중요하다.

일반적으로 변수 범위 규칙은 가능한 많은 시나리오를 포괄해야 하기에 복잡하다. 이 절에서는 대부분의 상황을 처리하기 충분한 주요 개념에만 집중한다. 자세한 내용을 알고 싶다면 줄리아 매뉴얼(http://mng.bz/Xarp)을 참고하기를 바란다.

코드의 최상위 범위(로컬 범위를 생성하는 함수 등의 구조물의 외부)에서 변수를 정의하면 해당 변수는 **전역 범위**global scope에서 생성된다. 줄리아는 사용자가 전역 변수를 정의할 수 있도록 허용하는데, 이는 특히 줄리아 REPL과 대화형으로 작업할 때 편리하다. 그러나 전역 변수는 코드 실행 속도에 부정적인 영향을 미칠 수 있으므로 사용하지 않는 것이 좋다.

> **전역 변수를 사용하면 코드 실행 속도에 부정적인 영향을 미칠 수 있다.**
>
> 전역 변수를 피하기 위한 호출은 줄리아 매뉴얼 'Performance Tips'(http://mng.bz/epPP) 부분에 나열된 첫 번째 규칙 중 하나이다. 줄리아 1.7까지는 이것이 일반적인 규칙이었다. 하지만 줄리아 1.8부터는 전역 변수의 타입을 고정할 수 있는 기능이 도입되었기 때문에 타입이 지정되지 않은 전역 변수에 한해서만 해당 규칙이 적용된다.
>
> 전역 변수가 코드 실행 속도에 부정적인 영향을 미치는 이유를 설명하고자 한다. 이미 살펴봤듯이 줄리아는 함수를 실행하기 전에 컴파일한다. 또한 2.2절에서 컴파일이 빠른 네이티브 코드를 생성하려면 함수 내부에 사용되는 변수 타입이 안정적이어야 한다고 설명했었다. 마지막으로 줄리아는 동적으로 타입이 지정되므로 모든 타입의 값을 변수에 바인딩할 수 있다는 것도 알고 있을 것이다.
>
> 이제 함수 내에서 전역 변수를 참조한다고 가정해보자. 빠른 코드를 생성하려면 줄리아는 변수 타입을 확실하게 알아야 한다. 그러나 변수가 전역 변수라면 그런 보장은 불가하다. 따라서 줄리아 컴파일러는 전역 변수가 타입이 안정적이지 않다고 가정해야 하며, 결과적으로 코드가 느려진다.
>
> 여기서 중요한 질문은 '줄리아 컴파일러는 왜 함수를 컴파일할 때 전역 변수를 결정할 수 없는가'이다. 질문에 대한 답으로는 '가능은 하지만 해당 타입이 줄리아가 함수를 컴파일한 후에 변경될 수도 있다는 것'이다.
>
> 예제는 다음과 같다. 1장에서 언급했듯이 줄리아는 멀티스레딩을 기본적으로 지원한다. 이 강력한 기능을 사용하면 계산을 수행할 때 CPU의 모든 코어를 사용할 수 있다. 하지만 강력한 성능에는 대가가 따른다. 두 개의 스레드가 병렬로 실행되고 있다고 가정해보자. 첫 번째 스레드에서는 전역 변수를 사용하여 함수를 실행한다. 두 번째 스레드에서는 동일한 전역 변수를 변경하는 다른 함수가 병렬로 실행된다. 따라서 두 번째 스레드에서 실행되는 함수는 첫 번째 스레드에서 실행되는 함수가 컴파일된 후 전역 변수의 타입을 변경할 수 있다.
>
> 함수를 정의할 때 전역 변수 사용 시 발생하는 문제를 피하는 방법을 알고 싶을 것이다. 가장 간단한 해결책은 이런 변수를 함수 인수로 전달하는 것이다.

다음 구조물들을 배우며 이미 새로운 범위(**로컬 범위**local scope)를 생성한 바 있다(책에서 사용하지 않는 고급 구조물 일부는 다음 목록에서 생략했다).

- 함수, 익명 함수, do-end 블록
- for과 while 루프
- try-catch-end 블록(7장에서 배울 예정)
- 컴프리헨션comprehension(4장에서 배울 예정)

특히 if 블록과 begin-end 블록은 새로운 범위를 생성하지 **않는다.** 이런 블록에 정의된 변수는 한 층 상위 범위로 유출된다.

3장에서 설명할 모듈 역시 새로운 전역 범위를 생성한다는 점을 먼저 밝힌다.

이러한 규칙이 실제로 적용되는 몇 가지 예제를 살펴보고자 한다. 새로운 REPL을 시작하고 다음 코드 예제를 따라 입력해보자. 각 예제에서는 범위 동작이 약간 다른 함수를 정의한다. 기본 시나리오부터 시작해보자.

```julia
julia> function fun1()
           x = 1
           return x + 1
       end
fun1 (generic function with 1 method)

julia> fun1()
2

julia> x
ERROR: UndefVarError: x not defined
```

위 예제는 함수(로컬 범위) 내에 정의된 변수는 정의되지 않은 상위 범위로 유출되지 않는다는 것을 보여준다. 다음으로 블록이 새로운 범위를 생성하지 않을 경우 결과를 살펴보고자 한다.

```julia
julia> function fun2()
           if true
               x = 10
           end
           return x
       end
fun2 (generic function with 1 method)

julia> fun2()
10
```

fun2()를 실행하면 x 변수가 if 블록에 정의되어 있음을 알 수 있지만 if 블록은 범위를 생성하지 않기 때문에 x 변수는 블록 외부에서도 볼 수 있다.

if 블록과 달리 루프는 새로운 로컬 범위를 생성한다. 새로운 로컬 범위를 생성하는 루프의 가장 중요한 시나리오는 다음 네 가지 예제에서 볼 수 있다.

```julia
julia> function fun3()
           x = 0
           for i in [1, 2, 3]
               if i == 2
                   x = 2
```

```
                end
            end
            return x
        end
fun3 (generic function with 1 method)

julia> fun3()
2
```

fun3() 호출 결과를 보면 로컬 범위를 중첩하고 x 변수가 외부 로컬 범위에 정의된 경우 내부 로
컬 범위(이 경우 for 루프에 의해 생성됨)에서 재사용됨을 알 수 있다. 위 정의에서 x = 0을 생략하면
함수가 작동하지 않는다.

```
julia> function fun4()
           for i in [1, 2, 3]
               if i == 2
                   x = 2
               end
           end
           return x
       end
fun4 (generic function with 1 method)

julia> fun4()
ERROR: UndefVarError: x not defined
```

fun4() 호출에서 오류가 발생하는 이유는 for 루프가 새로운 로컬 범위를 생성하고 x 변수가
fun4 함수 외부 범위에 정의되어 있지 않아 for 루프 밖으로 유출되지 않았기 때문이다.

또한 앞의 예제에서 x와 같은 루프 로컬 범위 변수는 각 반복마다 새로 정의되므로 다음 코드도
실패한다.

```
julia> function fun5()
           for i in [1, 2, 3]
               if i == 1
                   x = 1
               else
                   x += 1
               end
               println(x)
           end
```

```
       end
fun5 (generic function with 1 method)

julia> fun5()
1
ERROR: UndefVarError: x not defined
```

fun5()를 호출할 때 코드에서 어떤 일이 일어나는지 이해해보자. 루프의 첫 번째 반복에서는 x = 1 할당을 수행하고 1을 출력한다. 두 번째 반복에서는 첫 번째 반복의 x가 버려지므로(매 반복 시 새로 할당됨) x += 1 연산을 시도할 때 해당 값을 사용할 수 없다. 이 문제의 해결 방법은 다음 예제처럼 for 루프 상위 범위에 x 변수를 선언하는 것이다.

예제 2.11 for **루프의 상위 범위에 정의된 로컬 변수 업데이트하기**

```
julia> function fun6()
           x = 0
           for i in [1, 2, 3]
               if i == 1
                   x = 1
               else
                   x += 1
               end
               println(x)
           end
       end
fun6 (generic function with 1 method)

julia> fun6()
1
2
3
```

이제 x 변수가 fun6 함수의 범위에 저장되므로 각 반복에서 새로 할당되지 않는다. 따라서 fun6()을 호출하면 모든 것이 예상대로 작동한다.

---

nothing값

예제 2.11에서 fun6 함수는 return 키워드를 사용하여 값을 반환하지 않는다. 또한 함수 본문의 마지막 부분 역시 값을 생성하지 않는 for 루프이다. 이러한 경우 함수의 반환값은 nothing이며 이는 반환할 값이 없을 때 사용하는 관례다.

이 절을 마치기 전에 여기서 논의한 내용은 줄리아에서 사용하는 단순화된 범위 규칙이라는 점을 강조하고 싶다. 줄리아에서 범위가 작동하는 방식에 대한 모든 세부 사항은 줄리아 매뉴얼(http://mng.bz/Xarp)에서 설계의 근거에 대한 설명과 함께 확인할 수 있다.

요약

- 줄리아의 모든 값에는 타입이 있다. 숫자 타입의 예로는 Int64와 Float64가 있다. 벡터와 같이 컬렉션에는 매개변수가 있는 타입이 있으며 Vector{Float64}는 Float64 숫자를 저장할 수 있는 벡터 타입의 예이다.
- 줄리아는 동적 타이핑 언어이므로 값에만 타입이 있다. 변수 이름은 값에 동적으로 바인딩되며, 이는 일반적으로 변수가 바인딩된 값의 타입을 변경할 수 있음을 의미한다.
- 줄리아는 변수 이름을 매우 유연하게 지정할 수 있다. 또한 줄리아 REPL 및 일반 편집기를 사용하면 LaTeX 완성을 통해 비표준 문자도 쉽게 사용할 수 있다.
- 줄리아는 모든 표준 제어 흐름 구조를 제공한다. 또한 사용자 편의를 위해 삼항 연산자, 단축 평가, 단일 표현식 함수 정의, 익명 함수, do-end 블록 등 코드를 더 쉽게 작성할 수 있는 여러 구문을 도입했다.
- 줄리아에서는 function 키워드 사용, 할당 연산자 = 사용, -> 연산자를 사용한 익명 함수까지 세 가지 방법으로 함수를 정의할 수 있다.
- 줄리아에서 함수와 for 및 while 루프에는 새로운 범위가 생성되지만 if 및 begin-end 블록은 그렇지 않다.

프로젝트 확장을 위한
줄리아의 지원

이 장의 주요 내용

■ 줄리아의 타입 시스템 사용하기

■ 함수에 여러 메서드 정의하기

■ 모듈과 패키지로 작업하기

■ 매크로 사용하기

이 장에서는 대규모 프로젝트를 만들 때 중요한 줄리아 언어의 요소를 배울 것이다. 먼저 줄리아의 타입 시스템부터 살펴보자. 타입 계층구조가 어떻게 작동하는지 이해하는 것은 2.4절에서 논의했던 한 함수에 대해 여러 메서드를 정의하는 방법을 이해하는 데 필수적이다. 마찬가지로 기존 함수를 사용할 때는 어떤 타입의 인수를 허용하는지 확인하는 방법을 알아야 한다. 함수를 호출할 때 잘못된 타입의 인수를 전달해서 예외가 발생하는 것은 가장 흔하게 발생하는 오류다. 이런 문제를 방지하려면 줄리아 타입 시스템이 어떻게 설계되었는지 잘 이해해야 한다.

함수에 메서드를 정의할 때 메서드가 허용하는 인수의 타입을 제한할 수 있다. 이 기능을 사용하면 줄리아 프로그램의 속도가 빨라지고 버그를 더 쉽게 발견할 수 있으며 코드가 어떻게 작동하는지 더 쉽게 이해할 수 있다.

프로젝트의 규모가 커지면 패키지로 제공되는 타사 함수를 사용하거나 소스 코드를 모듈로 구성해야 한다. 이 장에서는 줄리아를 사용하여 이를 수행하는 방법을 살펴볼 것이다.

마지막으로 줄리아 코드를 자동으로 생성하는 것이 편리한 경우도 있다. 이는 줄리아의 매크로를 사용하여 구현할 수 있다. 자신만의 매크로를 작성하는 방법은 고급 주제이므로 이 장에서는 줄리아에서 사용할 수 있는 매크로를 배울 것이다.

이 장에서 소개하는 자료의 실용적인 유용성을 보여주기 위해 2장에서 처음 구현한 `winsorized_mean` 함수를 성능, 코드 안정성 및 가독성 측면에서 개선해볼 것이다.

3.1 타입 시스템 이해하기

2장에서 설명한 것처럼 2.4절에서 구현된 `winsorized_mean` 함수는 전달할 수 있는 모든 인숫값에서 작동하지는 않는다. 어떻게 하면 전달된 다양한 타입의 인수를 올바르게 처리할 수 있을까? 이를 이해하기 위해서는 먼저 줄리아 타입 시스템에 대해 알아볼 필요가 있다.

3.1.1 줄리아에서 함수는 여러 메서드를 가질 수 있다

줄리아를 배울 때 **다중 디스패치**multiple dispatch를 사용한다는 것을 들어보았을 것이다(2.4절에서 언급). 전달된 인수 타입에 따라 서로 다른 구현으로 동일한 함수에 대해 여러 메서드를 정의할 수 있다. `methods` 함수를 사용하여 특정 함수에 정의된 메서드 목록을 가져올 수 있다. 다음은 줄리아 작업 디렉터리를 설정하는 `cd` 함수에 대한 메서드 목록이다.

```
julia> methods(cd)
# 4 methods for generic function "cd":
[1] cd() in Base.Filesystem at file.jl:94
[2] cd(dir::AbstractString) in Base.Filesystem at file.jl:89
[3] cd(f::Function) in Base.Filesystem at file.jl:147
[4] cd(f::Function, dir::AbstractString) in Base.Filesystem at file.jl:107
```

위 결과에서 함수 인수에 타입 애너테이션이 있는 것을 볼 수 있다. 예제의 경우 `::Function`과 `::Abstract String`으로, 주어진 메서드가 허용하는 값의 타입을 제한하고 전달된 값의 타입에 따라 동작을 변경한다.

Function 타입에 집중해보자. 직관적으로 모든 함수는 이 타입을 가져야 하며, 일반적으로 다음과 같은 경우가 이에 해당한다.

```julia
julia> sum isa Function
true
```

그러나 sum 함수의 타입을 확인하면, Function이 아님을 알 수 있다.

```julia
julia> typeof(sum)
typeof(sum) (singleton type of function sum, subtype of Function)

julia> typeof(sum) == Function
false
```

왜 이런 결과가 도출되는지 이해하려면 줄리아에서 타입이 계층구조로 구성되어 있다는 것을 알아야 한다. 이를 통해 함수에 대한 메서드를 정의할 때 여러 타입을 함께 묶을 수 있다. 예를 들어 앞 예제에서 cd 함수는 모든 함수를 인수로 받을 수 있다.

3.1.2 줄리아의 타입은 계층구조로 정렬된다

줄리아에서는 모든 타입이 트리로 배열되며 각 타입에는 부모가 있다. **슈퍼타입**supertype이라고 하는 이 부모는 supertype 함수로 확인할 수 있다.

```julia
julia> supertype(typeof(sum))
Function
```

따라서 실제로 sum 함수의 타입은 Function 타입의 **서브타입**subtype임을 알 수 있다. 타입 트리가 작동하는 방식은 다음 규칙에 따라 결정된다(여기서는 주요 멘털 모델만 다루고 일부 코너 케이스에 대한 설명은 생략한다).

- 트리의 **루트**root 타입을 Any라고 한다. 모든 다른 타입은 Any의 서브타입이다. 2.4절에서와 같이 인수 타입을 지정하지 않고 함수를 정의하는 경우 줄리아는 기본적으로 Any 타입이 허용된다고 가정한다. 즉, 해당 함수에 어떤 값도 전달할 수 있다.

- **리프**leaf 타입만 인스턴스를 가질 수 있다. 인스턴스화할 수 있는 타입을 **구체**concrete 타입이라고 한다. 즉, 값이 있다면 그 타입은 구체 타입 및 리프 타입이라는 것을 확신할 수 있다. 이러한 이유로 타입이 Function인 함수는 존재하지 않는다. 모든 함수에는 Function 타입의 서브타입인 고유한 구체 타입이 존재한다.

- 타입 트리에서 리프가 아닌 타입(예 Any 또는 Function)은 인스턴스화할 수 없다. 이러한 타입은 다른 타입을 논리적으로 그룹화할 수 있는 중간 타입으로만 사용되며 **추상**abstract 타입이라고 한다. 추상 타입에 속하는 서브타입 목록은 subtypes 함수를 호출하여 찾을 수 있다.

구체 타입 vs. 추상 타입

구체 타입만 인스턴스화할 수 있으며, 또한 구체 타입은 서브타입을 가질 수 없다. 주어진 타입이 구체인지 확인하고 싶다면 isconcretetype 함수를 사용하면 된다. 추상 타입은 인스턴스를 가질 수 없지만 서브타입을 가질 수 있다. 주어진 타입이 추상적인지 여부는 isabstracttype 함수를 통해 확인할 수 있다. 따라서 하나의 타입이 추상적이면서 구체적일 수 없다.

그러나 일부 타입은 추상적이지도 구체적이지도 않다. 이러한 타입은 5장 파라메트릭 타입에서 자세히 배우게 될 것이다. 이러한 타입의 예제로는 Vector를 들 수 있다(벡터 타입은 매개변수가 생략되어 있을 때 구체적이지 않다는 점을 유의해야 한다. 2.1절에서 Vector{Int}를 갖는 값의 예제를 보았는데, 이 경우 Int라는 매개변수가 완전히 지정되어 있으므로 구체 타입이다).

3.1.3 타입의 모든 슈퍼타입 찾기

supertype 함수와 subtypes 함수가 실제로 작동하는 모습을 살펴보자. 먼저 이미 알고 있는 Int64 타입부터 시작하여 어떤 슈퍼타입이 있는지 확인하려고 한다. 이를 위해 다음과 같은 재귀 함수를 정의한다.[1]

```
julia> function print_supertypes(T)  ←  ❶ print_supertypes 함수는 타입을 인수로 받는다.
          println(T)
          T == Any || print_supertypes(supertype(T))
          return nothing
       end
print_supertypes (generic function with 1 method)

julia> print_supertypes(Int64)
Int64
```

---

1   옮긴이 사실 이러한 기능을 수행하는 supertypes 함수가 줄리아 1.5부터 제공된다.

```
Signed
Integer
Real
Number
Any
```

보다시피 타입 계층구조가 상당히 깊다. 이를 통해 함수가 허용하는 인수의 타입을 세밀하게 제어할 수 있다.

위 함수에서는 타입 트리를 재귀적으로 순회한다. 위 예제에서는 Int64 타입으로 시작한다. 먼저 해당 타입을 출력한다. 다음으로 이 타입이 Any와 같은지 확인한다. Int64는 Any와 같지 않으므로 || 연산자에 따라 print_supertypes(supertype(T)) 표현식을 실행한다. 이 표현식은 Int64 슈퍼타입인 Signed를 호출한다. 이 프로세스는 타입 트리의 루트인 Any 타입이 print_supertypes에 인수로 전달될 때까지 재귀적으로 반복된다. 전달되었다면 print_supertypes 함수의 재귀 호출을 수행하지 않고 프로세스가 종료된다. 그림 3.1은 결과를 보여준다. 화살표는 서브타입 관계를 나타낸다.

그림 3.1 print_supertypes 함수는 타입을 인수로 받는다.

또한 코드에서 return nothing이라는 줄도 보았을 것이다. 이는 2.4절에서 설명한 목적 즉, 모든 함수가 반환할 값을 명시적으로 지정해야 한다는 권장 사항에 부합하는 것이다. 이 경우 특정값을 반환하고 싶지 않기 때문에 nothing을 반환하여 함수에서 반환할 값이 없음을 알린다. 함수가 nothing을 반환하면 줄리아 REPL은 터미널에서 반환값을 출력하지 않는다. 따라서 이 예제에서는 println(T) 연산으로 반환된 타입만 출력된다.

3.1.4 타입의 모든 서브타입 찾기

이제 반대로 연산을 수행하여 Integer 추상 타입의 모든 서브타입을 출력해볼 것이다. 다음은 해당 연산을 수행하는 코드이다. 이 예제에서는 재귀를 다시 사용한다. 이번에는 타입에 서브타입이 없을 때 재귀가 중지된다.

```
julia> function print_subtypes(T, indent_level=0)
           println(" " ^ indent_level, T)
           for S in subtypes(T)
               print_subtypes(S, indent_level + 2)
           end
           return nothing
       end
print_subtypes (generic function with 2 methods)

julia> print_subtypes(Integer)
Integer
  Bool
  Signed
    BigInt
    Int128
    Int16
    Int32
    Int64
    Int8
  Unsigned
    UInt128
    UInt16
    UInt32
    UInt64
    UInt8
```

Integer 타입에는 Bool, Signed, Unsigned 세 가지 서브타입이 있다는 것을 확인했다. Bool 타입은 서브타입이 없는 반면, Signed 및 Unsigned은 추상 타입으로서, 비트 단위에서 메모리 풋프린트footprint가 다른 다양한 서브타입이 존재한다(타입명 뒤에 붙은 숫자가 비트다. 다양한 숫자 타입의 비트 단위에 대한 설명은 2.1절 참조). 그림 3.2는 이런 타입 계층구조를 보여준다.

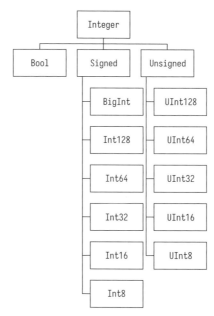

그림 3.2 Integer 타입의 서브타입 계층구조

앞의 코드에서 " " ^ indent_level 표현식이 어떤 의미인지 궁금할 수 있다. 이는 단순히 " " 문자열을 indent_level만큼 반복한다. 줄리아의 문자열 작업에 대해서는 6장에서 자세히 살펴볼 것이다.

3.1.5 타입들의 유니언

추상 타입은 타입 모음을 참조할 때 유용하다. 하지만 타입 트리에 노드(추상 타입)가 없는 타입들의 목록을 지정하고 싶을 수도 있다. 예를 들어 코드에서 부호 있는 정수signed나 부호 없는 정수unsigned만 허용하고 Bool값은 허용하지 않으려면 어떻게 해야 할까? 이럴 때 Union 키워드를 사용할 수 있다. 이 경우 Union{Signed, Unsigned}를 사용하면 Union 키워드 뒤에 오는 중괄호에 포함된 모든 타입을 허용한다고 줄리아에게 전달된다.

데이터 과학 워크플로에서 Union 키워드는 특정 타입과 Missing 타입 간의 유니언을 지정할 때 자주 사용된다. 예를 들어 Union{String, Missing}을 작성하면 값이 반드시 String이어야 하지만 선택적으로 누락될 수 있음을 나타낸다. 결측값(Missing 타입값)에 대해서는 7장에서 자세히 다룰 것이다.

3.1.6 메서드 시그니처에 넣을 타입 제한 결정하기

이제 2.4절의 winsorized_mean 함수로 돌아가보자. 이 함수는 정수 k와 벡터 x 두 개의 인수를 받는다. 이 인수에 대한 적절한 타입 제한은 어떻게 해야 할까? k의 경우에는 쉽다. 앞서 살펴봤던 내용을 생각해보면 k가 Integer여야 한다는 사실은 당연하게 느낄 것이다. 하지만 x는 어떨까? 앞서 정의한 print_supertypes 함수를 사용하여 벡터 [1.0, 2.0, 3.0]과 범위인 1:3의 타입과 슈퍼 타입을 확인해보자.

```julia
julia> print_supertypes(typeof([1.0, 2.0, 3.0]))
Vector{Float64}
DenseVector{Float64}
AbstractVector{Float64}
Any

julia> print_supertypes(typeof(1:3))
UnitRange{Int64}
AbstractUnitRange{Int64}
OrdinalRange{Int64, Int64}
AbstractRange{Int64}
AbstractVector{Int64}
Any
```

위 결과를 살펴보면 타입 계층구조는 약간 깊지만 타입은 AbstractVector 수준에서 만나는 것 같다. 다만 첫 번째 경우에는 Float64을 매개변수로 가지고 있으며, 두 번째 경우에는 Int64을 매개변수로 가지고 있다. 이런 상황에서 직관적이고 올바른 해결책은 매개변수를 삭제하고 x를 AbstractVector로 지정하는 것이다. 이것이 3.2절에서 진행할 할 일이다. AbstractVector가 무엇 인지 살펴보자.

```julia
julia> AbstractVector
AbstractVector (alias for AbstractArray{T, 1} where T)
```

별칭alias에 써 있는 where T는 T가 어떤 타입이든 될 수 있음을 의미한다. [1.0, 2.0, 3.0] 및 1:3 의 올바른 공통 타입을 찾는 다른 방법은 typejoin 함수를 사용하는 것이다.

```julia
julia> typejoin(typeof([1.0, 2.0, 3.0]), typeof(1:3))
AbstractVector (alias for AbstractArray{T, 1} where T)
```

typejoin 함수는 인수로 전달된 타입의 슈퍼타입 중에 가장 좁은narrowest 타입을 찾는다. 이 함수가 자주 필요한 것은 아니지만 추측을 확인할 때는 유용하다.

타입 작업에 대한 주제는 여기서 다룬 것보다 훨씬 복잡하다. 관련 내용은 파라메트릭 타입과 where 키워드를 다루는 5장에서 다시 살펴볼 예정이다. 하지만 이 책에서는 타입과 관련된 많은 개념을 건너뛰었다는 점을 기억하기를 바란다. 데이터 과학을 할 때는 일반적으로 직접 타입을 정의할 필요가 없기 때문에, 직접 타입을 만들고, 생성자를 정의하고, 타입 승격promotion 및 타입 컨벤션을 정의하는 프로세스를 생략했다. 이러한 주제에 대한 확실한 가이드는 줄리아 매뉴얼 (https://docs.julialang.org/en/v1/manual/types/)에서 확인할 수 있다.

3.2 줄리아에서 다중 디스패치 사용하기

이제 함수를 정의하는 방법과 타입 계층구조가 어떻게 작동하는지 알았으니, 다양한 메서드를 가진 함수를 정의하는 방법에 대해 배울 수 있다. 지금까지 배운 내용을 바탕으로 winsorized_mean 함수에 적용해보자.

3.2.1 함수의 메서드 정의 규칙

다행히 줄리아의 타입 시스템이 작동하는 원리를 이해한다면 메서드를 정의하는 것은 비교적 쉽다. :: 뒤에 있는 함수 인수에 타입 제한을 추가하기만 하면 된다. 3.1절에서 설명한 것처럼 타입 지정 부분을 생략하면 줄리아는 Any 타입이 허용된다고 가정한다.

단일 위치 인수를 받아 다음과 같은 조건으로 작동하는 fun 함수를 생성한다고 가정해보자.

- fun 함수에 숫자가 전달되면 a number was passed가 출력되고, Float64 타입의 값이 전달되면 a Float64 value printed가 출력되도록 하고 싶다.
- 그 외의 경우에는 unsupported type을 출력되도록 한다.

다음은 fun 함수에 대해 세 가지 메서드를 정의하여 이 동작을 구현한 예제이다.

```
julia> fun(x) = println("unsupported type")
fun (generic function with 1 method)

julia> fun(x::Number) = println("a number was passed")
fun (generic function with 2 methods)
```

```
julia> fun(x::Float64) = println("a Float64 value")
fun (generic function with 3 methods)

julia> methods(fun)
# 3 methods for generic function "fun":
[1] fun(x::Float64) in Main at REPL[3]:1
[2] fun(x::Number) in Main at REPL[2]:1
[3] fun(x) in Main at REPL[1]:1

julia> fun("hello!")
unsupported type

julia> fun(1)
a number was passed

julia> fun(1.0)
a Float64 value
```

이 예제에서 1은 Number(Int)이지만 Float64는 아니므로 가장 적합한 메서드인 fun(x::Number)가 적용되었다.

3.2.2 메서드 모호성 문제

함수에 대해 여러 메서드를 정의할 때는 메서드 모호성을 피해야 한다. 메서드 모호성은 주어진 인수 집합에 대해 어떤 메서드를 선택해야 하는지 줄리아 컴파일러가 결정할 수 없을 때 발생한다.

예제를 통해 더 쉽게 이해할 수 있다. 두 개의 위치 인수를 받는 bar 함수를 정의한다고 가정해보자. bar 함수는 입력받은 인수가 숫자인지 여부를 알려주어야 한다. 다음은 이 함수를 구현하기 위한 첫 번째 시도이다.

```
julia> bar(x, y) = "no numbers passed"
bar (generic function with 1 method)

julia> bar(x::Number, y) = "first argument is a number"
bar (generic function with 2 methods)

julia> bar(x, y::Number) = "second argument is a number"
bar (generic function with 3 methods)

julia> bar("hello", "world")
"no numbers passed"
```

```
julia> bar(1, "world")
"first argument is a number"

julia> bar("hello", 2)
"second argument is a number"

julia> bar(1, 2)
ERROR: MethodError: bar(::Int64, ::Int64) is ambiguous. Candidates:
  bar(x::Number, y) in Main at REPL[9]:1
  bar(x, y::Number) in Main at REPL[10]:1
Possible fix, define
  bar(::Number, ::Number)
```

보다시피 첫 번째와 두 번째 인수 모두를 숫자로 입력하여 bar을 호출하기 전까지는 모든 것이 잘 작동된다. 이 경우 줄리아는 두 가지 메서드를 선택할 수 있기 때문에 어떤 메서드를 호출해야 하는지 모르겠다고 에러를 반환한다. 다행히 상황을 해결하는 방법에 대한 힌트를 발견할 수 있다. 모호성을 해결하는 추가 메서드를 정의해야 한다.

```
julia> bar(x::Number, y::Number) = "both arguments are numbers"
bar (generic function with 4 methods)

julia> bar(1, 2)
"both arguments are numbers"

julia> methods(bar)
# 4 methods for generic function "bar":
[1] bar(x::Number, y::Number) in Main at REPL[15]:1
[2] bar(x::Number, y) in Main at REPL[9]:1
[3] bar(x, y::Number) in Main at REPL[10]:1
[4] bar(x, y) in Main at REPL[8]:1
```

왜 다중 디스패치는 유용한가?

줄리아에서 메서드가 어떻게 작동하는지 이해하는 것은 필수적이다. 앞의 예제에서 볼 수 있듯이 이런 지식을 통해 사용자는 함수의 위치 인수의 타입에 따라 함수의 동작을 구분할 수 있다. 3.1절에서 설명했던 유연한 타입 계층구조 시스템과 결합된 다중 디스패치를 통해 줄리아 프로그래머는 매우 유연하고 재사용 가능한 코드를 작성할 수 있다.

적절한 추상화 수준에서 타입을 지정하면 사용자는 함수에 전달할 수 있는 모든 가능한 구체 타입을 생각할 필요가 없으며 허용되는 값의 종류에 대한 제어권도 유지할 수 있다. 예를 들어, 임의 정밀도의 십진수 부동소수점 계산을 지원하는 타입이 있는 Decimals.jl 패키지(https://github.com/JuliaMath/Decimals.jl)에서와 같이 고유한 숫자 서브타입을 정의하는 경우 코드를 다시 작성할 필요가 없다. 원래 코드가 이런 사용 사례를 대상으로 특별히 개발되지 않았더라도 모든 것이 새 타입과 함께 잘 작동한다.

3.2.3 윈저화 평균 구현 개선하기

이제 `winsorized_mean` 함수를 개선할 준비가 되었다. 2.4절에서 했던 것보다 더 신중하게 구현할
수 있는 방법은 다음과 같다.

```julia
julia> function winsorized_mean(x::AbstractVector, k::Integer)
           k >= 0 || throw(ArgumentError("k must be non-negative"))
           length(x) > 2 * k || throw(ArgumentError("k is too large"))
           y = sort!(collect(x))
           for i in 1:k
               y[i] = y[k + 1]
               y[end - i + 1] = y[end - k]
           end
           return sum(y) / length(y)
       end
winsorized_mean (generic function with 1 method)
```

먼저 x와 k에 허용되는 타입을 제한했으므로 함수를 호출하려는 경우 인수가 요구되는 타입과 일
치해야 한다.

```julia
julia> winsorized_mean([8, 3, 1, 5, 7], 1)
5.0

julia> winsorized_mean(1:10, 2)
5.5

julia> winsorized_mean(1:10, "a")
ERROR: MethodError: no method matching winsorized_mean(::UnitRange{Int64}, ::String)
Closest candidates are:
  winsorized_mean(::AbstractVector, ::Integer) at REPL[21]:1

julia> winsorized_mean(10, 1)
ERROR: MethodError: no method matching winsorized_mean(::Int64, ::Int64)
Closest candidates are:
  winsorized_mean(::AbstractVector, ::Integer) at REPL[21]:1
```

또한 코드를 더욱 견고하게 만드는 몇 가지 변경점도 확인할 수 있다. 먼저 전달된 인수가 일관성
이 있는지 확인한다. 즉, k가 음수이거나 너무 크면 유효하지 않으며, 이 경우 `ArgumentError`를 인
수로 받는 `throw` 함수를 호출하여 오류를 발생시킨다. 잘못된 k를 전달하면 어떻게 되는지 확인해
보자.

```
julia> winsorized_mean(1:10, -1)
ERROR: ArgumentError: k must be non-negative

julia> winsorized_mean(1:10, 5)
ERROR: ArgumentError: k is too large
```

다음으로, 정렬하기 전에 벡터 x에 저장된 데이터의 복사본을 만든다. 이를 위해 collect 함수를 사용했는데, 이 함수는 반복 가능한 컬렉션을 받아서 Vector 타입의 동일한 값들을 저장하는 객체를 반환한다. 이 벡터를 sort! 함수에 전달하여 제자리에서 정렬한다.

왜 collect 함수를 사용하여 새 Vector를 할당해야 하는지 의문을 가질 수 있다. 그 이유는 예를 들어 1:10과 같은 범위range는 읽기 전용이라서 나중에 y[i] = y[k + 1] 및 y[end - i + 1] = y[end - k] 코드로 y를 업데이트할 수 없기 때문이다. 또한 일반적으로 줄리아는 배열에서 1 기반이 아닌 인덱싱을 지원할 수 있다(https://github.com/JuliaArrays/OffsetArrays.jl). 그러나 Vector 타입은 1 기반 인덱싱을 사용한다. 지금까지 내용을 요약하면, collect 함수를 사용하는 경우 컬렉션이나 일반 AbstractVector는, 가변적이고 1 기반 인덱싱을 사용하는 줄리아 표준 Vector 타입으로 바뀐다.

마지막으로 for 루프를 수동으로 실행하는 대신 더 간단하고 강력한 sum 함수를 사용했다.

메서드에 인수 타입 애너테이션을 추가하면 실행 속도가 빨라지는가?

3.2절에서 함수 인수 타입을 애너테이션에 추가하면 줄리아 코드가 더 읽기 쉽고 안전해진다는 것을 살펴보았다. 그다음 사용자들이 묻는 질문은 이것이 코드 실행 속도도 향상시키는지 여부이다.

함수에 단일 메서드가 있는 경우 타입 애너테이션을 추가해도 코드 실행 속도가 향상되지는 않는다. 그 이유는 함수가 호출될 때 줄리아 컴파일러는 사용자가 전달한 인수 타입을 알고 이 정보를 사용하여 네이티브 머신 코드를 생성하기 때문이다. 즉, 타입 제한 정보는 코드 생성에 영향을 미치지 않는다.

그러나 함수에 여러 메서드가 정의되어 있는 경우에는 상황이 달라진다. 타입 제한이 메서드 디스패치에 영향을 미치기 때문이다. 그러면 각 메서드는 주어진 타입의 값에 최적화된 알고리즘을 사용하여 서로 다른 구현을 가질 수 있다. 다중 디스패치를 사용하면 줄리아 컴파일러가 데이터에 가장 적합한 구현을 선택할 수 있다.

예제로 2장에서 소개한 sort 함수를 생각해보자. methods(sort)를 호출하면 기본 줄리아에 정의된 5개의 메서드가 있다는 것을 알 수 있다(줄리아 패키지를 로드한 경우 더 많을 수 있다). 벡터를 정렬하는 sort(v::AbstractVector; kws...) 일반 메서드와 1:3과 같은 범위를 정렬하는 sort(r::Abstract-UnitRange) 특수 메서드가 있다.

이 특수 메서드를 사용하는 어떤 이점이 있을까? 두 번째 메서드는 sort(r::AbstractUnitRange) = r로 정의된다. AbstractUnitRange 타입의 객체는 이미 정렬되어 있으므로(증분값이 1인 값의 범위) 전달된 값을 반환하기만 하면 된다. 이 경우 메서드 시그니처의 타입 제한을 활용하면 sort 작업 성능을 크게 향상시킬 수 있다. 3.4절에서는 벤치마킹을 통해 실제로 그런지 확인하는 방법에 대해 살펴볼 것이다.

3.3 패키지 및 모듈로 작업하기

줄리아 대규모 프로그램에는 코드를 체계적으로 정리하는 데 도움이 되는 구조가 필요하다. 그러므로 앞서 구현한 `winsorized_mean` 함수 같은 경우 일반적으로 사용되는 통계 방법이기에 누군가가 이미 구현했을 가능성이 높다. 줄리아에서 이런 함수는 패키지를 사용하여 공유된다. 따라서 누군가 같은 함수를 만들었다면 직접 함수를 작성하는 대신 패키지에 정의된 함수를 사용할 수 있다. 줄리아에서 패키지를 사용하는 방법에 대해 알아야 하는 이유이다.

3.3.1 줄리아에서 모듈이란 무엇인가

이 절의 목표는 **모듈**의 개념을 배우고 모듈이 **패키지** 및 **파일**과 어떤 연관이 있는지 이해하는 것이다. 가장 이해하기 쉬운 방법인 여러 개 파일로 작업하는 경우를 가정하여 시작해보자.

코드가 file1.jl, file2.jl, file3.jl 세 파일로 분할되어 있고 이 세 파일을 사용하는 메인 파일(main.jl)을 만들고 싶다고 하자. `include` 함수를 사용하면 이 작업을 수행할 수 있다. main.jl 파일의 소스 코드가 다음과 같다고 가정한다.

```
include("file1.jl")
include("file2.jl")
include("file3.jl")
```

위 코드를 실행하면 마치 file1.jl의 내용을 복사하여 붙여넣고, file2.jl 내용을 복사하여 붙여넣고 file3.jl 내용을 복사하여 붙여넣은 것처럼 작동한다. 보다시피 `include` 함수 로직은 간단하다. 코드를 여러 개의 파일로 분할하여 더 작게 만들 수도 있다.

줄리아에서는 위 패턴이 일반적이다. 최소한의 로직이 포함된 하나의 메인 파일을 생성하고, 이 파일은 대부분 실제 코드가 저장된 다른 파일을 포함하는 장소로 사용된다.

그렇다면 모듈은 무엇인가? **모듈**module은 별도의 변수 네임스페이스를 정의하는 방법이다. 2.4절에서 프로그램에는 하나의 전역 범위global scope가 있다고 설명했다. 이제 각 모듈이 별도의 전역 범위를 정의하기 때문에 전역 범위가 많을 수 있다는 것을 알 수 있다. 줄리아로 작업할 때 기본 전역 범위는 `Main`이라는 모듈이기도 하다(따라서 이 장의 많은 예제에서 함수가 `Main`에 정의된 것을 볼 수 있다).

다음과 같이 module 키워드 인수를 사용하여 example이라는 함수를 정의하는 ExampleModule 모듈을 정의할 수 있다.

```
module ExampleModule

function example()
    println("Hello")
end

end # ExampleModule
```

위 예제에서 두 가지의 스타일이 눈에 보였을 것이다.

- 줄리아의 다른 블록들과 달리 모듈 내부 코드는 컨벤션에 따라 들여쓰기를 하지 않는다. 모듈은 수천 줄의 코드처럼 매우 커질 수 있으므로 모듈 전체 코드에 4칸 들여쓰기를 하는 것은 실용적이지 않다.
- end 키워드 뒤에 모듈 이름이 포함된 주석을 넣는 컨벤션이 있다. 다시 말하지만 모듈에는 일반적으로 수백 또는 수천 줄의 코드가 포함되어 있다. 따라서 end 키워드가 모듈의 정의를 끝내고 있다는 것을 시각적으로 식별하기 어려운 경우가 많다. 그리하여 주석을 사용하여 끝을 명시적으로 표시하는 것이 유용하다.

줄리아로 데이터 과학 프로젝트를 수행할 때 직접 모듈을 정의할 필요는 거의 없을 것이다. 몇 가지 핵심적이고 실용적인 개념을 강조하고자 한다.

- 파이썬과 달리 줄리아의 모듈은 코드가 파일로 나눠지는 방식과는 관계가 없다. 하나의 파일에 많은 모듈을 포함할 수도 있고, 하나의 모듈을 여러 파일에 정의할 수도 있다(include 함수를 사용하여 결합할 수 있다). 모듈은 별도의 변수 네임스페이스와 모듈별 전역 범위를 정의하여 코드의 논리 구조를 부여하는 데만 사용된다.
- 모듈 디자이너는 export 키워드를 사용하여 모듈 사용자에게 어떤 변수와 함수를 노출할지 결정할 수 있다.

작성한 모듈을 다른 줄리아 사용자와 공유하고 싶다면 줄리아 레지스트리(https://github.com/JuliaRegistries/General)에 등록할 수 있다. 이런 모듈은 특별한 구조를 가져야 하며 등록 후에는 **패키지**package로 사용할 수 있게 된다. 패키지 관리에 대한 지침은 부록 A에서 확인할 수 있다.

조금 더 단순화하면 모듈과 패키지를 다음과 같이 생각할 수 있다. 모듈은 코드를 일관된 단위로 구성할 수 있는 기능을 제공한다. 개발자가 모듈에서 제공하는 기능을 다른 줄리아 사용자와 공유하기로 결정하면 해당 모듈에 적절한 메타데이터(예를 들어 버전)를 주석으로 달고 패키지로 등록할 수 있다. 패키지 생성, 개발 및 관리에 대한 자세한 정보는 Pkg.jl 패키지 문서(https://pkgdocs.julialang.org/v1/)에서 확인할 수 있다.

줄리아 표준 라이브러리

일반적으로 패키지를 사용하려면 패키지를 설치해야 한다(설치 방법은 부록 A에 설명한다). 하지만 줄리아는 표준 standard 라이브러리 모듈 세트와 함께 제공된다. 이런 모듈은 일반 줄리아 패키지처럼 작동하지만 설치할 필요는 없다. 이 장에서 사용하는 예제 모듈로는 Statistics이 있다. 모든 표준 라이브러리 모듈에 대한 문서는 줄리아 매뉴얼(https://docs.julialang.org/en/v1/)의 'Standard Library' 부분에서 찾을 수 있다.

3.3.2 줄리아에서 패키지는 어떻게 사용되는가

데이터 과학자에게는 패키지에 번들로 포함된 모듈을 사용하는 법을 아는 것이 중요하다. 설치된 패키지의 기능을 코드에서 사용할 수 있게 만드는 기본적인 방법에는 import를 사용하거나 using 키워드 인수를 사용하는 두 가지 방법이 있다. import를 사용하면 모듈 이름만 코드의 범위로 가져온다. 모듈에서 정의한 변수 및 함수에 액세스하려면 해당 이름 앞에 모듈 이름과 점 하나를 붙여야 한다. 다음은 예제이다.

```julia
julia> import Statistics

julia> x = [1, 2, 3]
3-element Vector{Int64}:
 1
 2
 3

julia> mean(x)
ERROR: MethodError: objects of type Int64 are not callable

julia> Statistics.mean(x)
2.0
```

Statistics 모듈은 줄리아 표준 라이브러리로 제공된다. 이 모듈은 mean(평균), std(표준편차),

var(분산), quantile(사분위수) 같은 기본적인 통계 함수를 정의한다. 보다시피 import를 사용할 때는 함수 이름 앞에 Statistics라는 접두사를 붙여야만 작동했다.

대신 using 키워드를 사용하면 모듈의 모든 내보낸exported 함수를 범위로 가져와 바로 사용할 수 있다. 그러므로 앞 예제에 이어 다음과 같이 사용된다.

```
julia> using Statistics

julia> mean(x)
2.0
```

위 코드는 Statistics 모듈에서 mean 함수를 내보냈기 때문에 작동한다.

이제 코드에서 import나 using 문 중 어느 것을 사용해야 할지 궁금할 수 있다. 사용하려는 함수나 변수만 가져오는 것이 안전하다는 것을 알고 있는 파이썬 사용자들이 자주 묻는 질문이다. 줄리아에서는 그렇지 않다.

대부분의 줄리아 코드에서는 using 문을 안전하게 사용할 수 있으며, 이는 사람들이 일반적으로 사용하는 방식이다. 그 이유는 이미 알고 있을 것이다. 줄리아는 사용하려는 이름이 이미 using 키워드로 도입된 이름과 충돌하는 경우 이를 자동으로 감지할 수 있다. 이런 경우 문제가 있다는 알림을 받게 된다.

이름 충돌 문제가 발생할 수 있는 가장 일반적인 상황을 살펴보자. 첫 번째 예제에서는 나중에 using 문을 사용하여 모듈에서 도입될 이름을 먼저 변수 이름으로 정의해본다. 줄리아 세션을 새로 시작하고 나서 다음 코드를 실행한다.

```
julia> mean = 1
1

julia> using Statistics
WARNING: using Statistics.mean in module Main conflicts with an existing identifier.

julia> mean
1
```

보다시피 이미 mean 변수를 정의했기 때문에 mean 함수를 내보내는 Statistics 모듈을 로드하면 경고가 표시되지만 기존 정의에 영향을 주지는 않는다. 이 모듈에서 mean 함수를 사용하려면 접두사가 붙은 형식, 즉 Statistics.mean을 사용하여 호출해야 한다.

두 번째 시나리오에서는 이미 로드된 모듈 함수와 충돌하는 이름을 가진 변수에 할당을 시도해본다(줄리아 세션을 새로 시작하고 나서 다음 코드를 실행한다).

```julia
julia> using Statistics

julia> mean([1, 2, 3])
2.0

julia> mean = 1
ERROR: cannot assign a value to variable Statistics.mean from module Main
```

이번에는 Statistics 모듈의 mean 함수를 사용한 시점부터 코드에서 해당 함수에 값을 할당할 수 없다는 오류가 발생한다.

마지막 시나리오에서는 먼저 모듈을 로드한 다음 모듈에 정의된 동일한 이름을 사용하기 전에 충돌하는 변수 이름을 정의한다(줄리아 세션을 새로 시작하고 나서 다음 코드를 실행한다).

```julia
julia> using Statistics

julia> mean = 1
1

julia> mean([1, 2, 3])
ERROR: MethodError: objects of type Int64 are not callable
```

이제는 경고 없이 mean 변수를 자유롭게 정의할 수 있다. 나중에 Statistics 모듈에서 mean 함수를 사용하려면 Statistics.mean으로 작성해야 한다. 편의를 위해 이 경우에는 오류나 경고 없이 전역 범위에서 변수를 정의할 수 있다. 로드된 모듈에서 특정 이름을 사용할 계획이 없다면 해당 이름을 범위로 가져오지 않으면 그만이다. 이는 기존에 작성한 코드에 이름이 겹치는 모듈을 추가할 때 유용하다.

이런 시나리오에서는 앞서 작성하던 코드를 변경할 필요 없으며 코드는 이전과 마찬가지로 작동한다. 이를 잘 이해하려면 줄리아가 게으르다lazy는 멘털 모델을 갖추는 게 좋다. 즉 줄리아는 변수를 범위에 일단 도입introduce하고, 처음 사용될 때 비로소 이름을 확인resolve한다.

3.3.3 StatsBase.jl을 사용하여 윈저화 평균 계산하기

이제 `winsorized_mean` 예제로 돌아갈 준비가 되었다. StatsBase.jl 패키지가 설치되어 있다면 이 패키지가 winsor 함수를 제공한다는 것을 알 수 있다. Statistics와 StatsBase를 로드한 후 도움말을 확인할 수 있다. 줄리아 세션을 새로 시작하고 나서 다음 코드를 실행한다.

```
julia> using Statistics

julia> using StatsBase

help?> winsor
search: winsor winsor!

  winsor(x::AbstractVector; prop=0.0, count=0)

  Return an iterator of all elements of x that replaces either count or
  proportion prop of the highest elements with the previous-highest element
  and an equal number of the lowest elements with the next-lowest element.

  The number of replaced elements could be smaller than specified if several
  elements equal the lower or upper bound.

  To compute the Winsorized mean of x use mean(winsor(x)).
```

실제로 직접 작성했던 `winsorized_mean`와 동일한 결과를 생성하는지 확인해보자.

```
julia> mean(winsor([8, 3, 1, 5, 7], count=1))
5.0
```

> **줄리아 세션을 새로 시작하는 이유는 무엇인가?**
>
> 이 절의 몇몇 예제에서, 필자는 줄리아 세션을 새로 시작하라고 명시했다. 현재 줄리아에서는 작업 공간에서 변수나 함수를 정의한 이후에 작업 공간을 완전히 재설정하는 것이 불가능하기 때문이다. 예를 들어 예제에서 확인할 수 있듯이 Statistics 모듈의 mean 함수를 사용한 후에는 mean 이름을 갖는 변수를 만들 수 없었다.
>
> 사용자가 대화형으로 작업할 때 이 기능이 필요한 경우도 많기 때문에 줄리아 개발팀은 향후 줄리아 세션을 다시 시작하지 않고도 작업 영역을 지울 수 있는 기능을 추가할 계획이다.

모듈에 대한 자세한 내용을 알고 싶다면 줄리아 매뉴얼(https://docs.julialang.org/en/v1/manual/modules/)을 참조할 수 있다. 패키지를 생성하는 방법과 줄리아 패키지 관리자의 작동 방식에 대한 자세한 정보는 Pkg.jl 패키지 문서(https://pkgdocs.julialang.org/v1/)에서 확인할 수 있다. 부록 A에서는 줄리아에 패키지를 설치하는 방법과 패키지 기능에 관한 도움말을 제공한다.

모듈과 패키지에 대한 논의를 마무리하면서, 줄리아 커뮤니티가 모듈과 패키지의 기능을 관리하는 관례에 대해서도 살펴볼 필요가 있다. 제공 기능 및 함수의 측면에서 줄리아의 설계는 파이썬의 '배터리 포함' 접근 방식과 유사한 원칙을 따른다.

- 기본적으로 줄리아를 시작할 때 항상 로드되는 Base 모듈에 정의된 매우 제한된 함수 집합에 접근할 수 있다.
- 줄리아에는 줄리아 표준 라이브러리에 포함되어 필요한 경우 로드할 수 있는 사전에 설치된 많은 패키지가 함께 제공된다. 이런 모듈은 문자열 처리, 날짜 및 시간 작업, 멀티스레딩 및 분산 컴퓨팅, I/O, 정렬, 기초통계량, 난수 생성, 선형대수, 줄리아 객체의 직렬화 및 테스트와 같은 기능을 제공한다.

표준 라이브러리에서 사용할 수 없는 기능이 필요한 경우 가장 쉽게 할 수 있는 방법은 패키지에서 해당 기능을 찾는 것이다. JuliaHub(https://juliahub.com/ui/Packages)는 사용 가능한 패키지를 검색할 수 있는 유연한 웹 인터페이스를 제공한다.

Base Julia 용어의 의미

이 책과 줄리아에 관한 다른 리소스에서 종종 **Base Julia**라는 용어를 볼 수 있다. 이는 줄리아가 정의하는 Base 모듈을 의미한다. 이 모듈은 줄리아를 실행할 때 항상 로드되는 정의 집합을 제공한다.

줄리아로 통계 작업하기

줄리아는 표준 라이브러리 일부로 Statistics 모듈을 제공한다. 이 모듈은 데이터의 평균, 분산, 표준편차, 피어슨 상관계수, 공분산, 중앙값 및 사분위수를 계산할 수 있는 기초통계량 기능을 포함하고 있다.

고급 통계 기능은 JuliaStats 컬렉션(https://juliastats.org/)의 패키지를 통해 제공된다. 이 장에서 설명하는 StatsBase.jl 패키지는 JuliaStats의 일부이다. 이 패키지는 데이터의 가중치 통계를 계산할 수 있는 함수를 정의하고 다양한 데이터 샘플링 알고리즘과 함께 순위 및 순위 상관관계와 같은 기능을 제공한다.

JuliaStats의 다른 인기 패키지는 Distributions.jl(다양한 확률분포를 지원), HypothesisTests.jl(일반적으로 사용되는 많은 통계 테스트를 정의), MultivariateStats.jl(주성분 분석과 같은 다변량 통계 분석용), Distances.jl(벡터 간 거리를 효율적으로 계산), KernelDensity.jl(커널 밀도 추정), Clustering.jl(데이터 클러스터링을 위한 알고리즘 제공), GLM.jl(일반화된 선형 모델을 추정)이 있다.

3.4 매크로 사용하기

이 책에서 만나게 될 줄리아의 마지막 중요한 기능은 매크로이다. 데이터 과학자로서 매크로를 직접 정의할 필요는 없겠지만, 이 책 2부에서는 데이터프레임으로 편리하게 작업할 수 있는 DataFramesMeta.jl 패키지에 정의된 도메인 특화 언어domain-specific language, DSL에 대해 설명할 예정이므로 매크로를 자주 사용하게 될 것이다.

이번 절에서는 `@time` 매크로를 사용하여 앞에서 작성했던 `winzorized_mean` 함수의 성능을 StatsBase.jl 패키지에서 제공하는 구현과 비교하고자 한다.

그러면 **매크로**macro는 어떤 기능을 하는가? 매크로는 프로그램 코드를 생성하는 데 사용된다. 매크로는 줄리아 코드의 파싱된 표현을 받아 그 변환을 반환하는 함수라고 생각할 수 있다(엄밀히 말하면 매크로는 **추상 구문 트리**abstract syntax tree 수준에서 작동한다(http://mng.bz/5mKZ)).

매크로는 줄리아 코드가 파싱된 후 컴파일되기 전에 실행된다는 점을 이해하는 것이 중요하다. Lisp 프로그래밍 언어를 알고 있다면 줄리아와 Lisp가 매크로를 지원하는 방식에서 유사하다는 것을 알 수 있다. 줄리아에서 매크로는 소스 코드의 텍스트 조작을 수행하는 C 매크로와 다르다는 점을 유의해야 한다.

매크로 앞에는 항상 @ 문자가 붙기 때문에 코드에서 매크로 호출을 쉽게 알아볼 수 있다. 다음은 매크로 호출의 예제이다.

```
julia> @time 1 + 2
  0.000000 seconds
3
```

위 예제에서는 `@time` 매크로를 사용하여 1 + 2 식을 전달한다. 이 매크로는 전달된 식을 실행하고 실행에 걸린 시간을 출력한다. 보다시피 함수와 달리 매크로는 괄호를 사용하지 않고 호출할 수 있다. 하지만 매크로에 전달된 표현식을 괄호로 묶을 수도 있다.

```
julia> @time(1 + 2)
  0.000000 seconds
3
```

다음은 두 개의 인수를 받는 매크로를 호출하는 예제이다.

```
julia> @assert 1 == 2 "1 is not equal 2"
ERROR: AssertionError: 1 is not equal 2

julia> @assert(1 == 2, "1 is not equal 2")
ERROR: AssertionError: 1 is not equal 2
```

괄호를 사용하지 않는 경우 매크로에 전달되는 표현식은 공백으로 구분해야 한다(이 경우 쉼표를 사용하면 안 된다).

매크로가 어떻게 호출되는지는 알았는데, 그럼 매크로는 어떤 식으로 작동하는 걸까? 앞서 말했듯이 매크로는 코드를 다시 작성하여 새롭고 변형된 코드를 생성한다. 이렇게 재작성된 코드는 @macroexpand 매크로를 사용하면 쉽게 확인할 수 있다. 간단한 @assert 매크로의 예제부터 확인해보자.

```
julia> @macroexpand @assert(1 == 2, "1 is not equal 2")
:(if 1 == 2
      nothing
  else
      Base.throw(Base.AssertionError("1 is not equal 2"))
  end)
```

보다시피 이 경우 생성된 코드는 비교적 간단하다. @assert 매크로는 표현식이 참이면 아무 작업도 수행하지 않고, 표현식이 거짓이면 오류를 발생시키는 if 블록을 생성한다.

물론 일반적으로 매크로는 훨씬 더 복잡한 코드도 생성할 수 있다. 예를 들어 @time 매크로는 전달된 표현식의 실행 시간을 올바르게 측정하기 위해 여러 연산을 수행한다.

```
julia> @macroexpand @time 1 + 2
quote
    #= timing.jl:252 =#
    begin
        #= timing.jl:257 =#
        $(Expr(:meta, :force_compile))
        #= timing.jl:258 =#
        local var"#17#stats" = Base.gc_num()
        #= timing.jl:259 =#
```

```
       local var"#19#elapsedtime" = Base.time_ns()
       #= timing.jl:260 =#
       Base.cumulative_compile_timing(true)
       #= timing.jl:261 =#
       local var"#20#compile_elapsedtimes" = Base.cumulative_compile_time_ns()
       #= timing.jl:262 =#
       local var"#18#val" = $(Expr(:tryfinally, :(1 + 2), quote
   var"#19#elapsedtime" = Base.time_ns() - var"#19#elapsedtime"
   #= timing.jl:264 =#
   Base.cumulative_compile_timing(false)
   #= timing.jl:265 =#
   var"#20#compile_elapsedtimes" = Base.cumulative_compile_time_ns() .- var"#20#compile_
elapsedtimes"
end))
       #= timing.jl:267 =#
       local var"#21#diff" = Base.GC_Diff(Base.gc_num(), var"#17#stats")
       #= timing.jl:268 =#
       local var"#22#_msg" = Base.nothing
       #= timing.jl:269 =#
       local var"#23#has_msg" = !(Base.isnothing(var"#22#_msg"))
       #= timing.jl:270 =#
       var"#23#has_msg" && Base.print(var"#22#_msg", ": ")
       #= timing.jl:271 =#
       Base.time_print(var"#19#elapsedtime", (var"#21#diff").allocd,
(var"#21#diff").total_time, Base.gc_alloc_count(var"#21#diff"),
Base.first(var"#20#compile_elapsedtimes"), Base.last(var"#20#compile_elapsedtimes"),
true, !var"#23#has_msg")
       #= timing.jl:272 =#
       var"#18#val"
    end
end
```

보다시피 실행 시간을 측정하는 간단한 작업은 실제로는 매우 복잡하다.

@time이 왜 함수가 아닌 매크로인지 궁금할 수 있다. time 함수를 정의하고 time(1 + 2)를 작성하면 1 + 2 식이 함수에 전달되기 전에 평가되므로 실행에 걸리는 시간을 측정할 수 없다. 표현식의 실행 시간을 측정하려면 표현식이 실행되기 전에 적절한 코드로 표현식을 보강augment해야 한다. 이는 줄리아 코드를 파싱하는 동안에만 가능하다.

2부에서 DataFramesMeta.jl 패키지를 학습할 때 유용하게 사용할 수 있으므로 @macroexpand 매크로를 기억해두는 것이 좋다.

매크로를 테스트하기 위해, 이번 장에서 계속 다뤘던 winsorized_mean 예제를 사용할 것이다. 직접 작성했던 함수의 성능과 StatsBase.jl의 구현 성능을 비교해보자. 벤치마킹을 위해 BenchmarkTools.jl 패키지의 @benchmark 매크로를 사용한다. 이 매크로는 표현식을 여러 번 실행한 다음 관찰된 실행 시간의 통계를 계산한다는 점에서 @time 매크로와 다르다. 예제 코드에서는 rand(10^6) 표현식 뒤에 세미콜론(;)을 추가하여 해당 값이 터미널에 출력되지 않도록 했다.

winsorized_mean 함수의 벤치마크부터 시작해보자.

```
julia> using BenchmarkTools        ❶ REPL에서 전달된 표현식 끝에 ;을 사용하여
                                      터미널에 값을 출력하지 않도록 한다.
julia> x = rand(10^6);  ◀
                                   ❷ x는 전역 변수이므로 테스트된 코드의 적절한
                                     벤치마킹을 보장하기 위해 $x를 사용한다.
julia> @benchmark winsorized_mean($x, 10^5) ◀
```

결과는 그림 3.3에 제시된 것과 비슷한 시간대가 나올 것이다(정확한 시간은 머신에 따라 약간 다를 수 있다).

```
BenchmarkTools.Trial: 89 samples with 1 evaluation.
Range (min … max):  54.292 ms … 62.020 ms │ GC (min … max): 0.00% … 0.00%
Time   (median):     56.013 ms             │ GC (median):    0.00%
Time   (mean ± σ):   56.421 ms ±  1.454 ms │ GC (mean ± σ):  0.61% ± 1.40%

54.3 ms         Histogram: frequency by time        60.7 ms <

Memory estimate: 7.63 MiB, allocs estimate: 2.
```

그림 3.3 winsorized_mean 함수의 실행 시간 벤치마크

이제 줄리아 통계 생태계의 패키지에서 제공하는 함수를 사용하여 윈저화 평균 계산을 벤치마크해보자.

```
julia> using Statistics

julia> using StatsBase

julia> @benchmark mean(winsor($x; count=10^5))
```

결과로 그림 3.4와 비슷한 시간대가 나올 것이다. 라이브러리 함수를 사용하는 것이 눈에 띄게 빠르다.

```
BenchmarkTools.Trial: 369 samples with 1 evaluation.
 Range (min … max):  12.321 ms …  16.754 ms │ GC (min … max): 0.00% … 14.17%
 Time  (median):     13.292 ms              │ GC (median):    0.00%
 Time  (mean ± σ):   13.543 ms ± 848.854 µs │ GC (mean ± σ):  2.64% ±  5.27%

 12.3 ms            Histogram: frequency by time           15.8 ms <

 Memory estimate: 7.63 MiB, allocs estimate: 2.
```

그림 3.4 winsor 함수 사용 시 실행 시간 벤치마크

이 예제에서는 먼저 rand 함수를 사용하여 [0, 1] 범위에서 100만 개의 임의 부동소수점을 생성한다. 벤치마크 결과에 따르면 라이브러리 함수가 직접 작성한 코드보다 약 4배 빠른 것으로 나타났다. 그 이유는 비교적 쉽게 짐작할 수 있다. 직접 작성한 함수는 전체 벡터를 정렬하지만 일반적으로 k는 벡터 크기에 비해 상대적으로 작기 때문에 대부분의 경우 그렇게 할 필요가 없다. 라이브러리 함수는 partialsort! 함수를 사용한다.

@benchmark 매크로를 사용할 때 가장 중요한 점은 그냥 x가 아닌 $x를 사용한다는 것이다. 이는 표현식의 실행 시간을 정확하게 평가하는 데 필요하다. 일반적으로 벤치마킹하려는 표현식에 사용하는 모든 전역 변수 앞에 $를 붙여야 한다(이는 벤치마킹에만 적용되며 매크로를 사용할 때의 일반적인 규칙은 아니다). 이 요구 사항에 대한 자세한 내용은 BenchmarkTools.jl 패키지 문서(https://github.com/JuliaCI/BenchmarkTools.jl)에서 확인할 수 있다. 간단하게 설명한다면 다음과 같다. x는 전역 변수이므로 이를 사용하는 코드는 타입이 안정적이지 않다. 따라서 @benchmark 매크로가 $x를 발견하면 벤치마크를 실행하기 전에 x를 지역 변수(타입인 안정된 변수)로 변경하라는 지시를 받는다.

BenchmarkTools.jl 패키지는 @benchmark와 동일한 인수를 허용하는 @btime 매크로도 제공한다. @time과 유사하게 그래프 없이 시간만 출력하며, 출력 시간은 벤치마킹 중에 측정된 최소 경과 시간이라는 점만 다르다. 다음은 예제이다.

```
julia> @btime mean(winsor($x; count=10^5))
  13.232 ms (2 allocations: 7.63 MiB)
0.49968280821081607
```

위 예제 결과는 @benchmark mean(winsor($x; count=10^5))에서 도출된 최소 시간과 유사하다.

매크로 적용의 마지막 예제로 줄리아 REPL에 다음 코드를 작성해보자.

```
julia> @edit winsor(x, count=10^5)
```

@edit은 필자가 즐겨 쓰는 매크로다. 소스 코드 편집기에서 사용 중인 함수의 소스 코드를 바로 보여준다(JULIA_EDITOR 환경 변수를 설정하여 사용할 편집기를 지정할 수 있다. http://mng.bz/yaJy 참조). 줄리아를 사용할 때 가장 큰 장점은 이 함수가 줄리아로 작성되었을 가능성이 높기 때문에 구현을 쉽게 검사할 수 있다는 점이다. winsor 함수가 어떻게 구현되었는지 확인하여 개발자가 이 함수를 빠르게 만들기 위해 어떤 트릭을 사용했는지 알아보는 것을 추천한다.

연습 3.1 1에서 10^6까지의 값 범위인 x 변수를 만든다. 다음 collect 함수를 사용하여 x 범위와 동일한 값을 갖는 y 벡터를 만든다. @btime 매크로를 사용하여 sort 함수로 x와 y를 정렬하는 시간을 확인한다. 마지막으로 @edit 매크로를 사용하여 x 범위를 정렬할 때 호출되는 sort 함수의 구현을 확인한다.

이상이 매크로를 사용하기 위해 알아야 하는 모든 것이다. 대부분의 경우 함수를 작성하는 것만으로도 원하는 것을 얻을 수 있으므로 매크로를 직접 작성할 필요는 거의 없다. 그러나 가끔 코드가 실행되기 전에 코드에서 특정 작업이 수행되기를 원할 때가 있다. 이런 경우 매크로를 사용하면 원하는 결과를 얻을 수 있다.

요약

- 변수 타입은 계층적 관계를 가지며 트리를 형성한다. 트리의 루트는 모든 값과 일치하는 Any 타입이다. 서브타입이 있는 타입을 **추상** 타입이라고 하며 인스턴스를 가질 수 없다. 반대로 **구체** 타입은 서브타입을 가질 수 없으며 인스턴스를 가질 수 있다.

- 하나의 함수는 여러 메서드를 가질 수 있다. 각 메서드에는 허용되는 고유한 인수 타입 집합이 있다.

- 줄리아에서 모듈은 별도의 네임스페이스(전역 범위)를 만드는 데 사용된다. 모듈의 가장 일반적인 용도는 패키지 생성이다. 패키지는 줄리아 레지스트리에 등록하여 모든 개발자가 사용하도록 할 수 있다.

- 줄리아의 매크로를 사용하면 코드가 실행되기 전에 코드를 다른 코드로 변환할 수 있다. 매크로는 함수로 원하는 결과를 얻을 수 없을 때 유용하게 사용할 수 있다.

- 줄리아는 '배터리 포함' 상태로 설치된다. 많은 모듈이 표준 라이브러리 일부로 제공되며 실무에서 일반적으로 필요한 필수 기능을 제공한다. JuliaHub에서 줄리아 생태계의 추가 패키지를 살펴볼 수 있다.

줄리아에서
컬렉션 작업하기

이 장의 주요 내용

- 배열로 작업하기
- 딕셔너리를 사용하여 키-값 매핑 처리하기
- 변하지 않는 컬렉션 타입 처리하기: 튜플과 네임드튜플

2장과 3장에서 줄리아 언어의 기본 요소를 배웠다. 모든 예제에서는 주로 숫자와 같은 스칼라scalar 타입을 사용했다. 하지만 데이터 과학에서는 일반적으로 다양한 데이터를 그룹화한 데이터 **컬렉션**collection으로 작업하게 된다. 2장에서 이미 소개한 컬렉션 타입 중 하나는 벡터이다.

이 장에서는 배열, 딕셔너리, 튜플, 네임드튜플 등 실제 업무에서 가장 많이 사용되는 몇 가지 기본 컬렉션을 사용하는 방법에 대해 알아본다.

4.1 배열로 작업하기

이 절에서는 배열 생성, 배열 인덱싱, 배열로 수행할 수 있는 가장 일반적인 작업 등 줄리아에서 배열로 작업하는 기본 사항에 대해 살펴본다. 배열은 데이터 과학에서 일반적으로 사용되는 컬렉션이다. 대부분의 머신러닝 알고리즘은 배열에 저장된 데이터를 입력으로 사용한다. 파이썬과 달리

줄리아에서 배열은 언어 사양의 일부이므로 편리한 구문들을 갖추고 있다. 배열로 작업하려면 규칙 한 세트만 배우면 되며 속도도 빠르다.

줄리아에서 배열로 작업하는 방법을 배우기 위해 앤스컴 콰르텟Anscombe's quartet 데이터(http://mng.bz/69ZZ)를 분석해보자. 이 데이터는 단순한 기술 통계는 동일하지만 매우 다른 분포를 가진 4개의 데이터셋으로 구성되어 있다. 4개의 데이터셋은 각각 11개의 관측치로 구성되며 두 개의 변수가 있다. **특징**(피처)feature x이고, 또 하나는 **목표**(타깃)target y다. 표 4.1은 데이터를 보여준다.

표 4.1 앤스컴 콰르텟 데이터

데이터셋 1		데이터셋 2		데이터셋 3		데이터셋 4	
x	y	x	y	x	y	x	y
10.0	8.04	10.0	9.14	10.0	7.46	8.0	6.58
8.0	6.95	8.0	8.14	8.0	6.77	8.0	5.76
13.0	7.58	13.0	8.74	13.0	12.74	8.0	7.71
9.0	8.81	9.0	8.77	9.0	7.11	8.0	8.84
11.0	8.33	11.0	9.26	11.0	7.81	8.0	8.47
14.0	9.96	14.0	8.10	14.0	8.84	8.0	7.04
6.0	7.24	6.0	6.13	6.0	6.08	8.0	5.25
4.0	4.26	4.0	3.10	4.0	5.39	19.0	12.50
12.0	10.84	12.0	9.13	12.0	8.15	8.0	5.56
7.0	4.82	7.0	7.26	7.0	6.42	8.0	7.91
5.0	5.68	5.0	4.74	5.0	5.73	8.0	6.89

이 절의 목표는 이러한 각 데이터셋에 대해 다음 연산을 수행하는 것이다.

- x와 y 변수의 평균 및 표준편차 계산하기
- x와 y 변수의 피어슨 상관계수 계산하기
- x로 y를 설명하는 선형회귀를 피팅fitting하고 결정계수 R^2 계산하기
- 플롯plot을 사용하여 시각적으로 데이터 조사하기

이 책에서 표 형식의 데이터에 사용된 용어

이 책에서 표 형식의 데이터를 설명할 때는 다음과 같은 용어를 사용한다. 데이터의 행을 관측치observation라고 하고 열을 변수variable라고 한다.

예측 모델의 맥락에서 모델에 의해 설명되는 변수를 **목표**(타깃)target라고 한다(다른 명칭으로는 출력output 또는 종속변수 등이 있다). 예측에 사용되는 변수를 **특징**(피처)feature이라고 한다(다른 이름으로는 입력input 또는 독립변수 등이 있다).

줄리아에서 머신러닝을 하기 위한 인기 툴박스인 MLJ.jl 생태계(https://github.com/alan-turing-institute/MLJ.jl)에서도 동일한 용어를 사용한다.

4.1.1 데이터를 행렬로 가져오기

표 4.1에 저장된 데이터를 분석하려고 한다. 이 표는 8개의 열과 11개의 행으로 구성되어 있다. 각 열은 하나의 변수를 나타낸다. 열 1, 3, 5, 7(홀수 열)은 각각 데이터셋 1, 2, 3, 4의 특징 x다. 마찬가지로 열 2, 4, 6, 8(짝수 열)은 해당 데이터셋의 목표 y다.

1 행렬 생성하기

데이터를 분석하기 전에 컴퓨터의 메모리에 데이터를 저장해야 한다. 데이터는 동질적인 타입(모두 숫자)이므로 컨테이너로 행렬matrix을 사용하는 것이 당연하다. 이 절에서는 행렬을 생성하고 기본 속성을 확인하는 방법을 알아본다.

먼저 다음 예제와 같이 데이터를 저장하는 행렬에 바인딩된 변수를 만드는 것부터 시작한다.

예제 4.1 앤스컴 콰르텟 데이터를 행렬로 정의하기

```julia
julia> aq = [10.0    8.04  10.0   9.14  10.0    7.46   8.0   6.58
              8.0    6.95   8.0   8.14   8.0    6.77   8.0   5.76
             13.0    7.58  13.0   8.74  13.0   12.74   8.0   7.71
              9.0    8.81   9.0   8.77   9.0    7.11   8.0   8.84
             11.0    8.33  11.0   9.26  11.0    7.81   8.0   8.47
             14.0    9.96  14.0   8.1   14.0    8.84   8.0   7.04
              6.0    7.24   6.0   6.13   6.0    6.08   8.0   5.25
              4.0    4.26   4.0   3.1    4.0    5.39  19.0  12.50
             12.0   10.84  12.0   9.13  12.0    8.15   8.0   5.56
              7.0    4.82   7.0   7.26   7.0    6.42   8.0   7.91
              5.0    5.68   5.0   4.74   5.0    5.73   8.0   6.89]
11×8 Matrix{Float64}:
 10.0    8.04  10.0   9.14  10.0   7.46   8.0   6.58
  8.0    6.95   8.0   8.14   8.0   6.77   8.0   5.76
```

```
13.0    7.58   13.0   8.74   13.0   12.74    8.0    7.71
 9.0    8.81    9.0   8.77    9.0    7.11    8.0    8.84
11.0    8.33   11.0   9.26   11.0    7.81    8.0    8.47
14.0    9.96   14.0   8.1    14.0    8.84    8.0    7.04
 6.0    7.24    6.0   6.13    6.0    6.08    8.0    5.25
 4.0    4.26    4.0   3.1     4.0    5.39   19.0   12.5
12.0   10.84   12.0   9.13   12.0    8.15    8.0    5.56
 7.0    4.82    7.0   7.26    7.0    6.42    8.0    7.91
 5.0    5.68    5.0   4.74    5.0    5.73    8.0    6.89
```

aq 변수는 Float64 값을 포함하는 행렬이다. 줄리아에서는 사전 정의된 데이터를 저장하는 행렬을 쉽게 만들 수 있다. 데이터의 각 행을 한 줄의 입력으로 작성하고 공백을 열 구분 기호로 사용하고 모든 항목을 대괄호로 묶기만 하면 된다. 배열을 구성하는 추가 옵션에 대해 알고 싶다면 줄리아 매뉴얼의 'Array literals'(http://mng.bz/M0vo)에서 확인할 수 있다.

예제 4.1의 연산 출력 헤드에서 행렬에 11개의 행과 8개의 열이 있는 것을 볼 수 있다. size 함수를 사용하여 이를 확인할 수 있다.

```
julia> size(aq)
(11, 8)

julia> size(aq, 1)
11

julia> size(aq, 2)
8
```

size 함수는 행렬의 차원 정보가 필요한 경우 하나의 인수에 행렬을 입력할 수 있으며 차원 정보는 튜플로 반환된다. 만약 특정 차원을 확인하고 싶다면 두 번째 인수로 확인하려는 차원(위 예제에서 1은 행을, 2는 열을 나타냄)을 입력할 수 있다.

② 튜플로 작업하기

이 절을 시작하기에 앞서 **튜플**tuple이 무엇인지 간단하게 알아보고자 한다. 튜플은 벡터와 비슷하지만 길이가 고정되어 있고 값을 변경할 수 없다. 또한 벡터는 대괄호로 생성되지만 튜플은 괄호를 사용하여 생성된다. 벡터와 마찬가지로 튜플 또한 요소를 가져올 수는 있지만 튜플은 불변이므로 벡터와 달리 요소를 변경할 수는 없다(그림 4.1 참조). 줄리아의 튜플은 파이썬의 튜플과 유사하며 Tuple 타입이라고 한다.

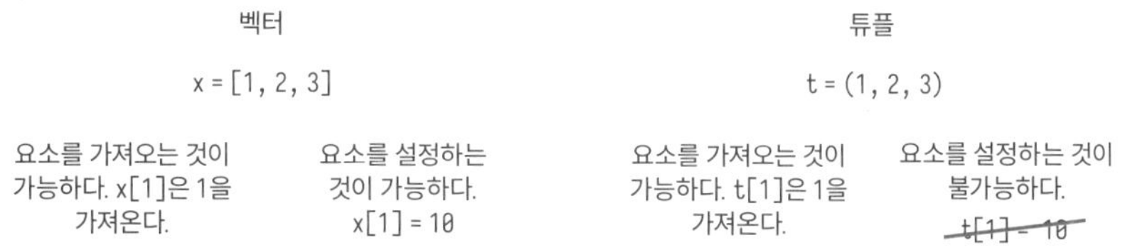

| | 벡터 | | 튜플 | |
| | x = [1, 2, 3] | | t = (1, 2, 3) | |

요소를 가져오는 것이 가능하다. x[1]은 1을 가져온다. / 요소를 설정하는 것이 가능하다. x[1] = 10 / 요소를 가져오는 것이 가능하다. t[1]은 1을 가져온다. / 요소를 설정하는 것이 불가능하다. t[1] = 10

그림 4.1 벡터와 튜플의 비교. 벡터와 튜플의 모두 요소를 가져올 수 있지만 줄리아에서는 벡터의 요소만 변경할 수 있다.

그림 4.1에 표시된 연산을 줄리아 REPL에서 실행하면 다음과 같은 결과를 얻을 수 있다.

```
julia> v = [1, 2, 3]
3-element Vector{Int64}:
 1
 2
 3

julia> t = (1, 2, 3)
(1, 2, 3)

julia> v[1]
1

julia> t[1]
1

julia> v[1] = 10
10

julia> v
3-element Vector{Int64}:
 10
  2
  3

julia> t[1] = 10
ERROR: MethodError: no method matching setindex!(::Tuple{Int64,
Int64, Int64}, ::Int64, ::Int64)
```

위 예제에서 벡터와 튜플 모두 **1 기반 인덱싱**1-based indexing을 사용한다는 점을 유의해야 한다. 즉 2장에서 설명한 것처럼 벡터와 튜플의 첫 번째 요소는 인덱스가 1이다. 이는 R, 포트란, MATLAB에서도 동일하다. 반대로 파이썬, 자바, C++과 같은 프로그래밍 언어는 0 기반 인덱싱을 사용하므로, 특히 해당 언어에 익숙한 사람은 프로그램 작성 시 주의해야 한다.

튜플 vs. 벡터

벡터 대신 튜플을 사용하면 어떤 이점이 있는지 궁금할 수 있다. 고려할 사항은 다음과 같다.

튜플은 불변이므로 코드에서 사용자가 변경할 수 없도록 하려는 경우에는 튜플을 사용하는 것이 더 안전하다.

튜플은 불변이기 때문에 컴파일러가 동적 메모리 할당을 사용하여 작업할 필요가 없고, 원소 타입이 다양하더라도 튜플에 저장된 변수 타입을 알 수 있으므로 속도가 더 빠르다(줄리아 코드의 성능을 보장하는 팁 목록은 줄리아 매뉴얼(http://mng.bz/epPP)에서 확인할 수 있다).

많은 수의 요소를 저장하는 튜플을 생성하는 것은 권장하지 않는다. 작은 컬렉션을 저장하는 데 가장 적합하다. 큰 튜플은 프로그램의 컴파일 시간을 크게 늘릴 수 있다.

줄리아에서 벡터 표현하기

이 절에서는 줄리아에서 사용되는 벡터의 기본 타입인 Vector 타입에 대해 설명한다. 일반적으로 줄리아는 다른 벡터 타입도 지원하며 책 뒷부분에서 몇 가지에 대해 살펴볼 것이다. 특히 기본 Vector 타입과 달리 일부 벡터 타입은 변경이 불가능하거나 1 기반 인덱싱을 사용하지 않는다는 점을 알아두면 유용하다.

기술적인 원리가 더 궁금한 독자들을 위해 줄리아에서는 튜플이 스택stack에 할당되고 일반 배열은 힙heap에 할당된다는 점을 알려주고자 한다. 이러한 메모리 할당 모델에 대해 잘 모른다면 http://mng.bz/o5a2을 참조하라. 줄리아를 효율적으로 사용하기 위해 메모리 관리가 어떻게 처리되는지 자세히 알 필요는 없다. 힙 할당이 스택 할당보다 느리다는 것만 이해해도 충분하다. 또한 힙 할당을 사용하면 **가비지 컬렉션**garbage collection, GC이라는 추가 프로세스를 실행해야 한다. GC는 힙 할당이 완료되어 더 이상 참조되지 않는 메모리를 해제하는 역할을 담당한다.

그림 4.2는 튜플과 벡터를 생성하는 벤치마크를 보여준다. 메모리 예상 사용량(직사각형으로 표시)을 살펴보면 벡터를 생성하는 데는 하나의 메모리 할당이 필요한 반면 튜플을 생성하는 데는 메모리 할당이 필요하지 않음을 알 수 있다. 그러므로 GC(둥근 사각형으로 표시) 또한 튜플 생성 벤치마킹에서는 트리거가 되지 않는 반면, 벡터의 경우 GC가 가끔 실행되는 것을 확인할 수 있다.

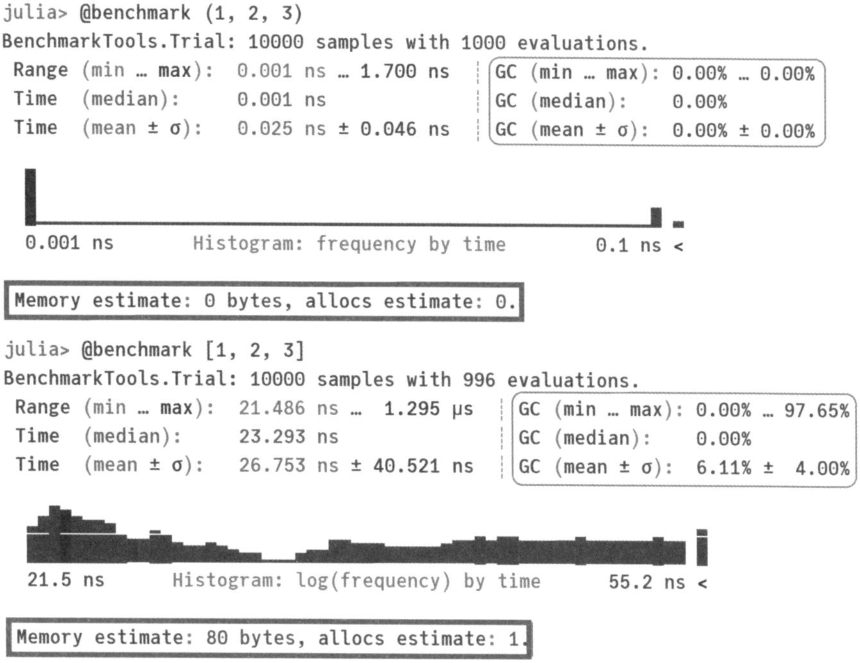

```
julia> @benchmark (1, 2, 3)
BenchmarkTools.Trial: 10000 samples with 1000 evaluations.
 Range (min … max):  0.001 ns … 1.700 ns  ┊ GC (min … max): 0.00% … 0.00%
 Time  (median):     0.001 ns              ┊ GC (median):    0.00%
 Time  (mean ± σ):   0.025 ns ± 0.046 ns   ┊ GC (mean ± σ):  0.00% ± 0.00%


  █                                                           ▐
  0.001 ns         Histogram: frequency by time           0.1 ns <

 Memory estimate: 0 bytes, allocs estimate: 0.

julia> @benchmark [1, 2, 3]
BenchmarkTools.Trial: 10000 samples with 996 evaluations.
 Range (min … max):  21.486 ns …   1.295 µs  ┊ GC (min … max): 0.00% … 97.65%
 Time  (median):     23.293 ns               ┊ GC (median):    0.00%
 Time  (mean ± σ):   26.753 ns ± 40.521 ns   ┊ GC (mean ± σ):  6.11% ±  4.00%

  ▄█▃▁                                                         ▂
  21.5 ns       Histogram: log(frequency) by time          55.2 ns <

 Memory estimate: 80 bytes, allocs estimate: 1.
```

그림 4.2 **튜플과 벡터의 생성 시간을 비교한 벤치마크. 튜플을 생성하는 것이 더 빠르며 힙에 메모리 할당이 발생하지 않는다. 이 그림에 제시된 코드를 실행하기 전에** using BenchmarkTools**를 실행해야 한다.**

벡터와 튜플의 비교를 마무리하기 전에 혼합 타입의 데이터를 전달할 때 벡터와 튜플의 구성에 대해 논의하고자 한다. 대괄호를 사용하여 벡터를 구성하면 줄리아는 전달된 모든 요소를 공통 타입으로 승격시키려고 시도하지만 튜플을 구성하면 이런 변환이 발생하지 않는다. 다음은 예제이다.

```
julia> [1, 2.0]
2-element Vector{Float64}:
 1.0
 2.0

julia> (1, 2.0)
(1, 2.0)
```

코드에서 벡터를 생성할 때 1(정수)과 2.0(부동소수점)을 전달한다. 생성된 벡터에서 정수 1은 부동소수점 1.0으로 변환된다. 튜플을 구성할 때 전달된 값은 변환 없이 튜플에 저장된다.

4.1.2 행렬에 저장된 데이터의 기초통계량 계산하기

이제 aq 행렬에 저장된 변수의 평균과 표준편차를 계산할 준비가 끝났다. Statistics 모듈에 정의된 mean 함수와 std 함수를 사용한다.

```
julia> using Statistics

julia> mean(aq, dims=1)
1×8 Matrix{Float64}:
 9.0  7.50091  9.0  7.50091  9.0  7.5  9.0  7.50091

julia> std(aq, dims=1)
1×8 Matrix{Float64}:
 3.31662  2.03157  3.31662  2.03166  3.31662  2.03042  3.31662  2.03058
```

예제 4.1에서 정의된 aq 행렬에서 열 1, 3, 5, 7은 특징 x를 저장한다. mean 함수와 std 함수의 결과에서도 1, 3, 5, 7번 위치의 값은 동일하다. 이는 이러한 모든 경우에서 특징 x의 평균과 표준편차가 동일함을 의미한다. 목표 y를 저장하는 열 2, 4, 6, 8도 동일한 경우이다.

통계 계산에 필요한 차원값을 전달하기 위해 dims 키워드를 사용했다. 관측치가 행 단위로 저장되어 있기 때문에 aq 행렬의 첫 번째 차원에 대한 통계를 계산하는 데 dims=1을 입력했다. 즉, 분석하려는 변수가 행렬의 열로 저장되기 때문에 aq 행렬의 열 방향으로 통계를 계산하는 것이다.

필요한 통계를 계산하는 두 가지 방법에 대해 이야기해보자. 다음은 첫 번째 방법이다.

```
julia> map(mean, eachcol(aq))
8-element Vector{Float64}:
 9.0
 7.500909090909093
 9.0
 7.500909090909091
 9.0
 7.500000000000001
 9.0
 7.50090909090909

julia> map(std, eachcol(aq))
8-element Vector{Float64}:
 3.3166247903554
 2.031568135925815
 3.3166247903554
```

```
 2.0316567355016177
 3.3166247903554
 2.030423601123667
 3.3166247903554
 2.0305785113876023
```

예제를 자세히 살펴보자. eachcol(aq) 호출은 행렬의 열을 순회하는 컬렉션을 반환한다(참고로 eachrow(aq)는 각 행을 순회한다). 다음으로 각 열에 적절한 함수(mean과 std)를 적용하는 map 함수(2장에서 설명)를 적용한다. 2장 내용을 떠올려보면 map 함수에 다음과 같이 do-end 표기법을 써도 된다.

```
map(eachcol(aq)) do col
    mean(col)
end
```

하지만 위 경우 mean 함수를 map의 첫 번째 위치 인수로 전달하는 것보다 더 장황해진다.

map 함수 대신 컴프리헨션comprehension을 사용해 aq 행렬의 열을 순회하여 벡터를 만들 수 있다.

```
julia> [mean(col) for col in eachcol(aq)]
8-element Vector{Float64}:
 9.0
 7.500909090909093
 9.0
 7.500909090909091
 9.0
 7.500000000000001
 9.0
 7.50090909090909

julia> [std(col) for col in eachcol(aq)]
8-element Vector{Float64}:
 3.3166247903554
 2.031568135925815
 3.3166247903554
 2.0316567355016177
 3.3166247903554
 2.030423601123667
 3.3166247903554
 2.0305785113876023
```

보다시피 컴프리헨션은 for 키워드 인수를 사용하고 그 뒤에 이터레이터iterator(이 경우 eachcol(aq))

가 생성한 값을 저장할 변수(이 경우 col)를 지정한다. 그다음 for 키워드 앞에 평가해야 하는 표현식을 작성하는데, 이 표현식은 col 변수에 따라 달라질 수 있다. 결과적으로 생성된 결과가 수집된 배열을 얻는다. 그림 4.3은 map 함수와 컴프리헨션을 사용할 때를 비교한 것이다.

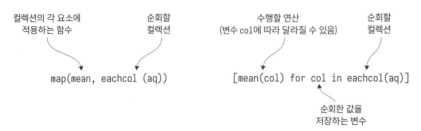

그림 4.3 map 함수와 컴프리헨션으로 작업할 때 사용되는 구문. 컴프리헨션으로 사용할 때는 순회하는 값을 저장하는 데 사용되는 변수(이 경우 col)에 명시적으로 이름을 지정한다.

대부분의 시나리오에서 컴프리헨션과 map 함수 중 선택할 때는 비슷한 성능을 기대할 수 있기에 보통 프로그래머의 편의성과 코드 가독성에 따라 결정된다. 두 방법의 차이점은 동시에 여러 컬렉션에서 작업을 수행하려는 경우에 두드러진다. 예제는 줄리아 매뉴얼(http://mng.bz/aPZo 및 http://mng.bz/gR1x)에서 확인 가능하다. 또 다른 차이점으로는 컴프리헨션은 항상 배열을 생성하는 반면 map 함수는 다른 타입의 값을 생성할 수 있다는 것이다. 다음은 튜플에 저장된 여러 숫자의 절댓값을 구하는 예제이다. 컴프리헨션은 벡터를 생성하는 반면 map은 튜플을 반환한다.

```
julia> x = (-2, -1, 0, 1, 2)
(-2, -1, 0, 1, 2)

julia> [abs(v) for v in x]
5-element Vector{Int64}:
 2
 1
 0
 1
 2

julia> map(abs, x)
(2, 1, 0, 1, 2)
```

4.1.3 배열 인덱싱하기

행렬의 일부를 선택하여 작업을 해야 하는 경우, 인덱싱을 사용하면 쉽게 구현할 수 있다.

aq 행렬에서 열 통계 계산을 지정하는 또 다른 방법을 살펴보며 인덱싱을 알아보자.

```julia
julia> [mean(aq[:, j]) for j in axes(aq, 2)]
8-element Vector{Float64}:
 9.0
 7.500909090909093
 9.0
 7.500909090909091
 9.0
 7.500000000000001
 9.0
 7.50090909090909

julia> [std(aq[:, j]) for j in axes(aq, 2)]
8-element Vector{Float64}:
 3.3166247903554
 2.031568135925815
 3.3166247903554
 2.0316567355016177
 3.3166247903554
 2.030423601123667
 3.3166247903554
 2.0305785113876023
```

이번에는 aq 행렬에서 인덱싱을 사용한다. axes 함수는 앞서 설명한 size 함수와 유사하다. 차이점은 주어진 차원의 길이를 반환하는 대신 주어진 차원에서 유효한 인덱스 범위를 생성한다는 것이다. 이 예제에서는 다음과 같다.

```julia
julia> axes(aq, 2)
Base.OneTo(8)

help?> Base.OneTo
  Base.OneTo(n)

  Define an AbstractUnitRange that behaves like 1:n, with the added distinction that the
lower limit is guaranteed (by the type system) to be 1
```

보다시피 인덱스는 1부터 시작하여 8까지이다. 반환되는 OneTo 객체가 무엇을 나타내는지 정확히 알 수 있도록 해당 객체에 대한 도움말도 출력했다. 실무에서 이 객체를 직접 구성할 일은 없겠지만, 때때로 표준 줄리아 함수에서 반환될 수 있으므로 무엇인지 알아두는 것이 좋다.

OneTo 앞에 Base가 붙는 이유는 무엇인가?

줄리아는 Base.OneTo(8)과 같이 앞에 접두사로 Base를 붙여 OneTo 타입에 대한 정보를 출력한다. 이 출력은 두 가지 정보를 제공한다.

- OneTo 타입은 Base 모듈(줄리아를 시작할 때 항당 로드되는 기본 모듈)에 정의되어 있다.
- 이 타입은 Main 모듈로 내보내지 않는다. 따라서 이름 앞에 해당 타입을 정의하는 모듈의 이름을 붙여야 만 액세스할 수 있다.

3.3절에서는 Base 및 Main 모듈과 내보내기_{export} 작동 방식에 대해 설명한다.

컴프리헨션 코드에서는 행렬의 두 번째 차원에 대한 인덱스를 순회하므로 해당 행렬의 단일 열을 추출해야 한다. 이는 aq[:, j] 표현식을 사용하여 구현한다. 콜론(:)은 aq의 j번째 열의 모든 행을 선택한다는 의미이다.

행렬 인덱싱: 실용적인 가이드

행렬을 사용하는 경우 앞의 예제에서와 같이 두 개의 인덱스(행과 열)를 사용하여 행렬의 요소에 액세스한다. 마찬가지로 벡터를 인덱싱할 때는 단일 인덱스를 사용한다. 일반적으로 줄리아는 고급 코드를 작성할 때 유용한 다른 인덱싱 스타일도 허용하지만, 코드를 가독성 있게 만들고 디버깅하기 쉽도록 **배열의 차원 수만큼의 인덱스를 사용**한다는 기본 규칙을 유지하는 것이 좋다.

aq[:, j] 표현식과 관련된 마지막 참고 사항은 이 표현식이 행렬의 j번째 열을 복사한다는 것이다. 이로 인해 때로는 성능상의 이유로 데이터를 복사하지 않고 대신 aq 행렬의 뷰_{view}를 사용하는 것을 선호할 수 있다. 이런 경우 view 함수 또는 @view 매크로를 사용하여 수행할 수 있다.

```
julia> [mean(view(aq, :, j)) for j in axes(aq, 2)]
8-element Vector{Float64}:
 9.0
 7.500909090909093
 9.0
 7.500909090909091
 9.0
 7.500000000000001
 9.0
 7.50090909090909

julia> [std(@view aq[:, j]) for j in axes(aq, 2)]
8-element Vector{Float64}:
```

```
3.3166247903554
2.031568135925815
3.3166247903554
2.0316567355016177
3.3166247903554
2.030423601123667
3.3166247903554
2.0305785113876023
```

예제의 앞부분은 평균을 계산할 때 view 함수를 사용한다. 이 경우 인덱스를 연속적인 인수로 전달한다. @view 매크로를 사용할 때는 표준 인덱싱 구문을 사용할 수 있다. 예제의 뒷부분은 표준편차를 구하는 데에 매크로를 사용했다. 구문의 차이점을 제외하면 view(aq, :, j)와 @view aq[:, j]를 작성하는 것은 동일하다.

> **뷰view란 무엇인가**
>
> 줄리아에서는 어떤 배열에 대해 뷰를 만들면 해당 배열의 어떠한 데이터도 뷰로 복사되지 않는다. 대신 해당 배열을 게으르게 참조하는 경량의 객체가 생성된다. 즉 배열과 그것의 뷰는 데이터를 저장하는 데에 동일한 메모리를 공유한다. 뷰에 저장된 데이터를 수정하면 이 변경 사항이 배열에도 반영된다.

@view 매크로를 사용할 때 줄리아에서의 매크로 작동 방식의 한 가지 중요한 측면이 다시 생각날 것이다(3장에서 다뤘다). 괄호 없이 매크로를 호출하면 매크로는 그 뒤에 오는 가능한 한 많은 코드를 표현식으로 간주한다.

다음은 이런 이유로 문제가 발생하는 예제이다. 하나의 벡터로 두 가지 뷰를 생성하여 튜플을 만들고 싶다고 가정하고 다음 코드를 실행해보자.

```
julia> x = [1, 2, 3, 4]
4-element Vector{Int64}:
 1
 2
 3
 4

julia> (@view x[1:2], @view x[3:4])
ERROR: LoadError: ArgumentError: Invalid use of @view macro: argument must be a reference
expression A[...].
```

오류의 원인은 무엇인가? 문제는 코드의 x[1:2], @view[3:4] 부분이 첫 번째 @view 매크로 호출에 전달되는 단일 표현식으로 전달된다는 점이다. 이 문제를 해결하기 위해서는 함수를 호출할 때와 마찬가지로 괄호를 사용하는 두 번째 스타일의 매크로 호출을 사용해야 한다.

```julia
julia> (@view(x[1:2]), @view(x[3:4]))
([1, 2], [3, 4])
```

4.1.4 복사 vs. 뷰 생성의 성능 고려 사항

복사하는 것이 작업 성능에 얼마나 영향을 미치는지 궁금할 수 있다. 이 절에서는 복사의 성능과 뷰 생성의 성능을 비교하는 방법에 대해 살펴볼 것이다. aq 행렬은 실제 벤치마크에 사용하는 데이터에 비해 너무 작기 때문에 이를 위해서는 훨씬 큰 데이터셋이 필요하다.

다음은 10,000,000개의 행과 10개의 열로 구성된 행렬에 대한 벤치마크 예제이다.

```julia
julia> using BenchmarkTools

julia> x = ones(10^7, 10)
10000000×10 Matrix{Float64}:
 1.0  1.0  1.0  1.0  1.0  1.0  1.0  1.0  1.0  1.0
 1.0  1.0  1.0  1.0  1.0  1.0  1.0  1.0  1.0  1.0
 1.0  1.0  1.0  1.0  1.0  1.0  1.0  1.0  1.0  1.0
 1.0  1.0  1.0  1.0  1.0  1.0  1.0  1.0  1.0  1.0
 ⋮                        ⋮
 1.0  1.0  1.0  1.0  1.0  1.0  1.0  1.0  1.0  1.0
 1.0  1.0  1.0  1.0  1.0  1.0  1.0  1.0  1.0  1.0
 1.0  1.0  1.0  1.0  1.0  1.0  1.0  1.0  1.0  1.0
 1.0  1.0  1.0  1.0  1.0  1.0  1.0  1.0  1.0  1.0

julia> @btime [mean(@view $x[:, j]) for j in axes($x, 2)];   ←  ❶ 3장에서 배운 대로, x는 전역 변수이기
  16.392 ms (1 allocation: 144 bytes)                              때문에 적절한 벤치마크 결과를
                                                                   얻으려면 $x로 작성해야 한다.
julia> @btime [mean($x[:, j]) for j in axes($x, 2)];
  111.360 ms (21 allocations: 762.94 MiB)

julia> @btime mean($x, dims=1);
  16.297 ms (7 allocations: 688 bytes)
```

먼저 ones 함수를 사용하여 1로 채워진 큰 행렬을 만든다. 벤치마크에서 볼 수 있듯이 뷰를 사용

하면 메모리를 훨씬 적게 사용하고 더 빠르다. 벤치마크에는 mean(x, dims=1) 코드의 결과도 포함했다. ones 함수는 표준 줄리아 배포에 내장되어 있으며 고성능으로 튜닝되어 있다. 벤치마크 결과를 보면 우리가 작성한 코드도 대략 이 정도로 효율적임을 알 수 있다.

4.1.5 변수 간의 상관관계 계산하기

변수 간의 상관관계를 계산하기 위해 배운 내용을 적용해보자. 상관관계 또한 이 책에서 계산하고자 하는 통계 중 하나이다. 평균과 표준편차를 각각 계산하는 예제와의 차이점은 상관관계를 계산할 때 함수에 두 개의 열을 동시에 전달해야 한다는 것이다. 이 절에서는 이를 실행하는 방법에 대해 배울 것이다.

열 1과 2, 3과 4, 5와 6, 7과 8의 상관관계를 계산해보자. 다음 코드는 간단하게 Statistics 모듈의 cor 함수를 사용한다.

```julia
julia> [cor(aq[:, i], aq[:, i+1]) for i in 1:2:7]
4-element Vector{Float64}:
 0.8164205163448398
 0.8162365060002429
 0.8162867394895983
 0.8165214368885028
```

위 예제에서는 cor 함수에 두 개의 벡터(각각 x, y와 관련됨)가 전달된다. 보다시피 상관관계는 비슷하다. 1:2:7 표현식에 대해 살펴보자. start에서 시작하여 end로 끝나는 범위에서 step으로 1씩 증가하는 모든 값을 포함한 start:stop 형식의 범위에 대해 이미 배웠다. start:step:stop 형식은 이 구문을 일반화한 것으로, 매개변수 step을 통해 범위의 간격을 지정할 수 있다(그림 4.4 참조).

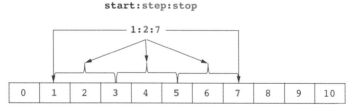

그림 4.4 **사용자 지정 간격을 사용한 범위 구문 해석. 이 예제에서 step의 값은 2이므로 홀수를 반복한다(1, 3, 5, 7).**

3장에서 배운 collect 함수를 사용하여 step 매개변수가 설명한 대로 작동하는지 확인해보자.

```
julia> collect(1:2:7)
4-element Vector{Int64}:
 1
 3
 5
 7
```

[cor(aq[:, i], aq[:, i+1]) for i in 1:2:7] 표현식에서는 일부러 복사 연산을 사용했다. 연습 삼아 뷰를 사용하여 이 코드를 다시 작성해보자.

연습 4.1 뷰(view 함수 또는 @view 매크로)를 사용하여 [cor(aq[:, i], aq[:, i+1]) for i in 1:2:7] 표현식을 다시 작성해보자. BenchmarkTools.jl 패키지의 @benchmark 매크로를 사용하여 두 접근 방식의 성능을 비교해보자.

4.1.6 선형회귀 피팅하기

이제 정규방정식ordinary least squares, OLS[1]을 사용하여 선형회귀를 피팅fitting해보자. 나중에는 GLM. jl 패키지를 사용하여 이런 모델의 매개변수(모수)를 추정하는 더 일반적이고 편리한 API를 사용할 것이지만 지금은 줄리아에서 행렬로 작업하는 방법을 배우기 위해 기초적인 방식만으로 구해보겠다. 우리가 피팅하고자 하는 선형회귀는 $y = a + b \times x + error$ 형식이며, 여기서 a와 b는 추정해야 하는 미지의 계수이다. 모든 관측치에서 **오차항**error term의 제곱합이 최소화되도록 계수를 선택할 것이다.

통계학 입문 수업을 통해 알 수 있듯이 선형회귀의 매개변수를 추정하려면 목표변수를 포함하는 벡터 y와 모델의 특징변수들을 담은 행렬(특징 행렬)이 필요하다. 두 개의 매개변수, 즉 a와 b를 학습하고자 하므로 모델에 두 개의 특징변수가 있다는 점이 매우 중요하다. a 매개변수와 관련된 특징변수를 **상수항**constant term이라고 하며 1로만 구성된 열로 표현되어야 한다. 두 번째 특징변수는 x 변수여야 한다. aq 데이터셋의 인덱스 1과 2에서 x 및 y의 첫 번째 변수 집합을 추출하여 목표 벡터 y와 특징 행렬 X로 구축해보자.

```
julia> y = aq[:, 2]
11-element Vector{Float64}:
  8.04
```

---

1   ᅟ[옮긴이] 위키백과 표제어를 따랐다(https://ko.wikipedia.org/wiki/정규방정식). 최소제곱법에는 가중치를 이용하는 등의 변형이 있지만, 그러한 변형이 아닌 가장 기초적인('평범한') 최소제곱법을 일컫는다. 다음과 같은 글도 참고. https://davidbieber.com/snippets/2020-01-08-ordinary-least-squares/

```
    6.95
    7.58
    8.81
    8.33
    9.96
    7.24
    4.26
   10.84
    4.82
    5.68

julia> X = [ones(11) aq[:, 1]].  ◄── ❶ 데이터에 11개의 관측치가 있다는 것을 알기 때문에 11을 사용한다.
11×2 Matrix{Float64}:
 1.0  10.0
 1.0   8.0
 1.0  13.0
 1.0   9.0
 1.0  11.0
 1.0  14.0
 1.0   6.0
 1.0   4.0
 1.0  12.0
 1.0   7.0
 1.0   5.0
```

[ones(11) aq[:, 1]] 구문을 보고 당황할 수 있다. 하지만 여기서 사용하는 모든 구성 요소는 이미 배웠을 것이다. ones 함수는 11개의 1로 구성된 벡터 하나를 생성한다. 그런 다음 공백으로 열을 구분하고 대괄호로 묶어 열을 병합하는 행렬 구성 방법을 사용한다. 이것은 이 절의 시작 부분에서 사용한 것과 동일한 방식이다. 유일한 차이점은 이제 행렬의 단일 셀이 아닌 전체 벡터를 수평으로 연결한다는 점이다.

줄리아에서 벡터는 항상 열 기반columnar 벡터로 간주되기 때문에 연산은 예상대로 작동한다. 벡터를 정의하는 리터럴인 [1, 2, 3]은 (코드 수직 공간을 절약하기 위해) 시각적으로는 수평으로 작성하지만, 생성되는 객체는 열 벡터다. 이는 벡터를 가로로 출력하는 R과 달리 줄리아는 REPL에서 벡터를 세로로 출력한다는 사실에서도 강조된다.

이제 모델의 매개변수를 추정할 준비가 완료되었다. 백슬래시(\) 연산자를 사용해보자.

```
julia> X \ y
2-element Vector{Float64}:
```

```
3.000090909090909
0.5000909090909093
```

위 예제의 경우 상수항은 대략 3.0으로 추정되며, x 변수의 계수는 0.5로 추정된다.

\ 연산자

A가 행렬인 경우 A \ B의 연산 결과는 행렬의 형태에 따라 달라진다.

A가 정사각형이면 결과 X는 A * X = B가 된다.

A가 정사각형이 아니라면 결과 X는 norm(A * X - B)의 최솟값이며, 여기서 norm은 유클리드 노름Euclidean norm을 계산하는 함수이며 LinearAlgebra 모듈에 정의되어 있다.

선형회귀에서 A가 특징 행렬이고 B가 목표 벡터인 경우 A \ B는 최소제곱추정값least squares estimate 또는 회귀 매개변수regression parameter를 생성한다.

이제 네 가지 모델을 모두 추정할 준비가 완료되었다.

```
julia> [[ones(11) aq[:, i]] \ aq[:, i+1] for i in 1:2:7]
4-element Vector{Vector{Float64}}:
 [3.000090909090909, 0.5000909090909093]
 [3.0009090909090905, 0.5]
 [3.0024545454545457, 0.4997272727272727]
 [3.001727272727271, 0.4999090909090911]
```

다시 말하지만 모든 모델은 거의 동일하다. 이번에는 벡터들을 포함한 벡터를 반환했다. 줄리아에서 배열은 다른 배열들(일반적으로 **중첩 배열**nested array이라고 함)을 포함한 모든 타입의 객체를 저장할 수 있다. 이러한 데이터 구조로 많은 작업을 수행해야 한다면 ArraysOfArrays.jl 패키지에서 제공하는 기능들을 공부하는 것이 좋다.

부동소수점 계산의 정밀도

부동소수점 계산은 제한된 정밀도로 수행된다. 따라서 동일한 줄리아 코드를 다른 하드웨어에서 실행하거나 선형대수 연산을 수행하는 라이브러리의 다른 구현을 사용하면 약간 다른 결과가 나올 수 있다(줄리아에서는 선형대수 라이브러리를 바꿀 수도 있다. https://github.com/JuliaLinearAlgebra/MKL.jl 참조).

이 책에 있는 예제로 작업할 때 이런 경우를 만날 수 있다. 예를 들어 이 절에서 사용한 X \ y 표현식은 이전에 보여준 것과 다른 출력을 생성할 수 있다. 이런 차이는 출력의 최하위 자릿수에서 확인할 수 있다.

이제 R^2 결정계수를 계산할 준비가 완료되었다.

```
julia> function R²(x, y)
           X = [ones(11) x]
           model = X \ y
           prediction = X * model
           error = y - prediction
           SS_res = sum(v -> v ^ 2, error)
           mean_y = mean(y)
           SS_tot = sum(v -> (v - mean_y) ^ 2, y)
           return 1 - SS_res / SS_tot
       end
R² (generic function with 1 method)

julia> [R²(aq[:, i], aq[:, i+1]) for i in 1:2:7]
4-element Vector{Float64}:
 0.6665424595087748
 0.6662420337274844
 0.6663240410665592
 0.6667072568984652
```

먼저 특징변수 x와 목표변수 y를 취하는 R^2 함수를 정의한다. ^{2}를 입력하는 방법이 기억나지 않는다면, ?를 누르고 ^{2}를 붙여넣기하면 도움말을 확인할 수 있다.

```
help?> ²
"²" can be typed by \^2<tab>
```

R^2 함수에서는 방금 설명한 모델 매개변수를 추정하는 단계를 재현한다. 그 후 이 모델을 X * model 표현식과 함께 사용하여 예측을 수행한다. 여기서 줄리아의 곱셈 연산자가 기본적으로 행렬 곱셈을 수행한다는 사실을 알 수 있다. 다음으로 error 변수에 예측오차를 저장한다. 결정계수는 1에서 모델의 오차제곱합과 목표변수의 평균 편차 합계의 비율을 뺀 값으로 정의된다. 이런 계산은 함수의 마지막 부분에서 이루어진다. R^2 함수의 본문에서는 mean 함수를 사용하므로 먼저 Statistics 모듈을 로드하여 계산이 오류 없이 실행되도록 해야 한다.

보다시피 데이터에 R^2 함수를 적용하면 네 개의 데이터셋 모두 거의 같은 값이 나온다. 이것이 이 절에서 수행하고자 했던 마지막 분석이다.

앤스컴 쿼르텟 데이터 시각화하기

이제 앤스컴 쿼르텟 데이터가 왜 그렇게 유명한지 배울 준비가 되었다. 데이터를 시각화plotting하여 네 개의 데이터셋의 분포가 모두 근본적으로 다르다는 것을 알아보자. 그래프를 그리기 위해 Plots.jl 패키지를 사용한다. 먼저 첫 번째 데이터셋을 산점도scatterplot로 그려 워밍업하자.

```julia
julia> using Plots

julia> scatter(aq[:, 1], aq[:, 2]; legend=false)
```

그림 4.5와 같은 결과가 나올 것이다.

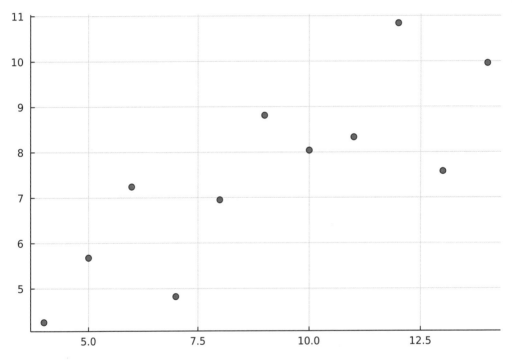

그림 4.5 **앤스컴 쿼르텟에서 첫 번째 데이터셋의 플롯이다. 점들이 흩어져 있지만 대략 선형 추세를 따르는 것처럼 보인다.**

예제 코드를 실행해보면 처음 플롯을 생성하는 데 걸리는 시간이 눈에 띌 것이다. 1.4절에서 설명했듯이 줄리아가 호출하는 함수를 컴파일해야 하기 때문에 이는 정상적인 현상이다. 다행히도 이런 현상은 일회성이며 그 이후로는 빠르게 플롯이 생성된다.

이제 네 개의 플롯을 시각화해보자. Plots.jl을 사용하면 매우 간단하다. plot 함수에 네 개의 scatter 호출을 래핑wrapping하면 된다.

```
julia> plot(scatter(aq[:, 1], aq[:, 2]; legend=false),
            scatter(aq[:, 3], aq[:, 4]; legend=false),
            scatter(aq[:, 5], aq[:, 6]; legend=false),
            scatter(aq[:, 7], aq[:, 8]; legend=false))
```

위 코드는 그림 4.6과 같은 그림을 생성한다. 보다시피 네 개의 데이터셋은 완전히 다르게 보인다.

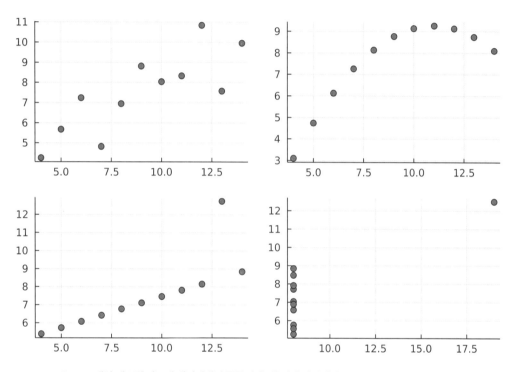

그림 4.6 **4개의 앤스컴 콰르텟 데이터셋의 플롯이다. 네 개의 데이터셋 모두 기초통계량은 동일하지만 각 데이터셋에서 x와 y 변수 간의 관계는 완전히 다르다.**

이 절을 끝내기 전에 마지막으로 플롯을 만드는 다른 방법을 보여주고자 한다. 위 예제 코드에서 불필요한 타이핑이 많다고 생각했을 수 있다. 실제로도 그렇다. 다음은 동일한 결과를 얻기 위해 컴프리헨션을 사용하는 코드이다.

```
julia> plot([scatter(aq[:, i], aq[:, i+1]; legend=false)
             for i in 1:2:7]...)
```

위 예제에서는 한 가지 작은 디테일이 추가되었다. plot 함수는 연속적인 위치 인수로 서브플롯 subplot을 받아들이기 때문에 컴프리헨션으로 생성된 벡터를 전달하면 오류가 발생한다. 함수 호출에서 벡터를 여러 위치 인수로 확장해야 한다.

스플래팅splatting이라고 하는 이 작업은 세 개의 점(...)을 사용하여 수행된다. 위 코드에서는 함수 호출 내부의 컴프리헨션 표현식 바로 뒤에 있다.

배열에 대해 더 자세히 알고 싶다면 줄리아 매뉴얼(https://docs.julialang.org/en/v1/manual/arrays/)을 참조할 수 있다. 또한 JuliaAcademy의 'DataFrames'(http://mng.bz/neYe)에서는 DataFrames.jl을 사용하여 위에서 설명한 문제를 어떻게 해결할 수 있는지 확인할 수 있다. 2부에서는 이 패키지로 작업할 예정이다.

이 시점에서는 벡터와 배열을 만들고, 이를 조작하고, 통계 및 플로팅 함수에 전달하는 방법에 대해 알고 있어야 한다. 배열은 모든 차원을 연속적인 정수 범위로 인덱싱할 수 있는 특수한 타입의 컬렉션이다. 하지만 때로는 인덱싱에 모든 값을 사용할 수 있는 데이터 구조가 필요하다. 이는 다음에 설명한 딕셔너리를 사용하면 가능하다.

4.2 딕셔너리로 키-값 쌍 매핑하기

데이터 과학을 하면서 자주 사용되는 또 다른 타입의 표준 컬렉션은 딕셔너리dictionary이다. 유명한 문제인 시커먼 주사위Sicherman dice 퍼즐을 풀면서 딕셔너리를 소개하고자 한다. 이 절에서는 딕셔너리를 만들고, 키를 추가하고, 값을 검색하고, 딕셔너리를 비교하는 방법에 대해 배울 예정이다.

4.2.1 시커먼 주사위 퍼즐

일반적인 주사위는 6면이 있고, 각 면에 1부터 6까지 번호가 매겨져 있다. 많은 게임에서 플레이어는 두 개의 주사위를 굴려 얻은 결과를 합산한다. 시커먼 주사위 퍼즐에서는 일반 주사위와는 완전히 다른 방식으로 한 쌍의 정육면체의 면에 일반 주사위를 사용할 때와 동일한 확률이 나오도록 번호를 매기는 것이 가능한지 확인한다. 좀 더 수학적으로 표현하자면, 숫자가 반드시 동일하지는 않지만 일반 주사위로 굴린 값의 합에 대해 동일한 확률분포를 갖는 양의 정수 번호가 매겨진 두 개의 6면 주사위 쌍이 존재하는지 확인하고자 하는 것이다.

이 퍼즐을 풀기 위해 딕셔너리를 사용한다. 딕셔너리는 키와 값의 매핑이다. 이 예제에서는 6면이 있는 주사위 두 개를 고려하므로 36개의 서로 다른 주사위 던지기 결과를 가질 수 있다(각 주사위의 면이 6개이므로 가능한 결과 조합은 6 × 6 = 36이다). 따라서 매핑은 주사위를 던진 값의 합이 전체 36개 중 몇 번이나 발생하는지 모든 값에 대해 알려준다.

4.2.2 딕셔너리 생성하기

먼저 일반 주사위 쌍에 대한 분포 딕셔너리를 만들어보자.

```
julia> two_standard = Dict{Int, Int}()
Dict{Int64, Int64}()

julia> for i in [1, 2, 3, 4, 5, 6]
           for j in [1, 2, 3, 4, 5, 6]
               s = i + j
               if haskey(two_standard, s)
                   two_standard[s] += 1
               else
                   two_standard[s] = 1
               end
           end
       end

julia> two_standard
Dict{Int64, Int64} with 11 entries:
  5  => 4
  12 => 1
  8  => 5
  6  => 5
  11 => 2
  9  => 4
  3  => 2
  7  => 6
  4  => 3
  2  => 1
  10 => 3
```

위 코드에서 먼저 비어 있는 `two_standard` 딕셔너리를 생성한다. `Dict{Int, Int}`라고 작성해 타입에 대한 두 개의 매개변수를 지정한다. 첫 번째 매개변수는 허용되는 키 타입이고 두 번째 매개변수는 허용되는 값의 타입이다.

다음으로 이중 중첩 루프를 사용하여 가능한 결과의 36가지 조합을 탐색하고 합산하여 그 합계를 s 변수에 저장한다. 루프 내부에서 haskey 함수를 사용하여 이미 s키에 대한 매핑이 포함되어 있는지 확인한다. 이미 포함되어 있다면 해당 딕셔너리값을 하나씩 추가한다. 포함되어 있지 않다면 주어진 키를 처음 발견한 것이므로 1과 같은 개수를 할당한다. 딕셔너리에서 인덱싱할 때는 배열이나 튜플로 인덱싱할 때와 마찬가지로 대괄호를 사용한다는 점을 유의하자.

딕셔너리의 키와 값 목록을 쉽게 추출할 수 있다.

```
julia> keys(two_standard)
KeySet for a Dict{Int64, Int64} with 11 entries. Keys:
  5
  12
  8
  6
  11
  9
  3
  7
  4
  2
  10

julia> values(two_standard)
ValueIterator for a Dict{Int64, Int64} with 11 entries. Values:
  4
  1
  5
  5
  2
  4
  2
  6
  3
  1
  3
```

위 예제에서 두 값의 타입이 벡터가 아닌 것을 알 수 있다. 둘 다 딕셔너리 내용에 대한 뷰일 뿐이다. 따라서 결괏값 합계의 분포를 시각화하기 위해서는 뷰를 벡터로 구체화하여 collect로 수집해야 한다. 이를 수행하는 방법은 다음과 같다.

```
julia> using Plots
```

```
julia> scatter(collect(keys(two_standard)),
               collect(values(two_standard));
               legend=false, xaxis=2:12)
```

xaxis 키워드 인수를 사용하면 플롯에서 명시적으로 x축 레이블을 설정할 수 있다. 그림 4.7은 출력되어야 하는 결과를 보여준다.

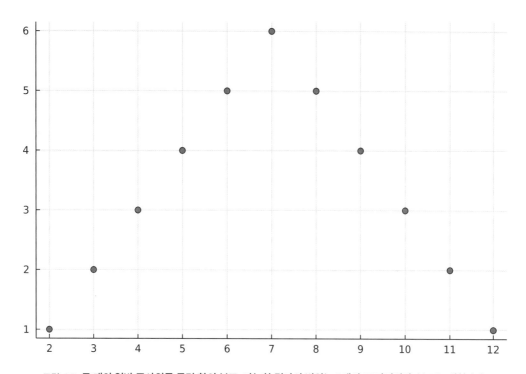

그림 4.7 두 개의 일반 주사위를 굴린 합의 분포. 가능한 결과의 범위는 2에서 12까지이다. 분포는 대칭이다.

앞의 예제에서는 keys와 values 함수의 사용을 보여주고 싶었다. 하지만 Plots.jl을 사용하면 딕셔너리의 내용을 더 쉽게 시각화할 수 있다. scatter(two_standard; legend=false, xaxis=2:12)를 작성하면 동일한 플롯을 얻을 수 있다.

4.2.3 시커먼 주사위 퍼즐 풀기

이제 퍼즐을 풀 준비가 되었다. 2와 같은 최소 합이 한 번만 발생하므로 검색 공간을 줄이려면 두 주사위에 정확히 하 나의 1이 있어야 한다. 마찬가지로 가장 큰 합계는 12이므로 주사위의 최대 수는 11이다. 따라서 우리는 2에서 11까지의 값을 가진 주사위 다섯 면(한 면에는 1을 포함해야 함)에 집중한다. 이러한 경우의 주사위들로 이뤄진 벡터를 생성하고자 한다. 주사위에 표시된 숫자가 감소하지 않는 시퀀스로만 이루어져도 된다는 점을 기억하자.

```julia
julia> all_dice = [[1, x2, x3, x4, x5, x6]
                   for x2 in 2:11
                   for x3 in x2:11
                   for x4 in x3:11
                   for x5 in x4:11
                   for x6 in x5:11]
2002-element Vector{Vector{Int64}}:
 [1, 2, 2, 2, 2, 2]
 [1, 2, 2, 2, 2, 3]
 [1, 2, 2, 2, 2, 4]
 [1, 2, 2, 2, 2, 5]
 ⋮
 [1, 10, 10, 10, 11, 11]
 [1, 10, 10, 11, 11, 11]
 [1, 10, 11, 11, 11, 11]
 [1, 11, 11, 11, 11, 11]
```

위 코드에서는 아직 설명하지 않은 줄리아 컴프리헨션의 멋진 기능을 사용했다. for 루프는 중첩될 수 있으며, 이전 루프 뒤에 오는 루프는 외부 루프에 정의된 변수를 사용할 수 있다. 이러한 중첩 구문은 마치 여러 개의 for 루프를 작성한 것처럼 작동한다.

이제 2,002개의 주사위가 있음을 알 수 있다. 모든 주사위 쌍을 테스트하여 two_standard 분포와 동일한 분포를 갖는 주사위 쌍을 확인할 준비가 완료되었다. 이를 수행하는 방법은 다음과 같다.

```julia
julia> for d1 in all_dice, d2 in all_dice
           test = Dict{Int, Int}()
           for i in d1, j in d2
               s = i + j
               if haskey(test, s)
                   test[s] += 1
               else
                   test[s] = 1
               end
           end
           if test == two_standard
               println(d1, " ", d2)
           end
       end
[1, 2, 2, 3, 3, 4] [1, 3, 4, 5, 6, 8]
```

```
[1, 2, 3, 4, 5, 6] [1, 2, 3, 4, 5, 6]
[1, 3, 4, 5, 6, 8] [1, 2, 2, 3, 3, 4]
```

위 코드에서는 앞서 two_standard 딕셔너리를 만들었던 것과 같은 방식으로 test 딕셔너리를 만든다. 유일한 차이점은 for 루프를 좀 더 짧게 작성했다는 것뿐이다. 예를 들어 for i in d1, j in d2 코드는 d1과 d2값의 **데카르트 곱**Cartesian product을 순회하는 중첩 루프를 생성한다.

또한 == 연산자를 사용하여 두 딕셔너리의 키-값 매핑이 동일한지 확인할 수 있다.

예제는 총 세 쌍의 주사위를 출력한다. 예상대로 하나는 일반 주사위 쌍이다. 나머지 두 쌍은 순서만 다를 뿐, 값은 동일하다. 따라서 시커먼 주사위 퍼즐에 유일한 해법이 있다는 것을 알게 되었다. 놀랍게도 숫자 1, 2, 2, 3, 3, 4가 있는 주사위와 숫자 1, 3, 4, 5, 6, 8이 있는 주사위를 하나씩 던지면 던진 값의 합이 두 개의 일반 주사위 분포와 구별할 수 없다는 사실을 알게 되었다.

위 예제 코드는 **DRY**don't repeat yourself 원칙에 위배된다는 한 가지 단점이 있다. Dict{Int, Int} 딕셔너리를 채우는 데 동일한 코드를 두 번 반복했다. 처음에는 two_standard 딕셔너리를 채우고 다음으로 test 딕셔너리를 채웠다. 이런 상황에서는 보통 반복되는 코드를 함수로 감싼다. 이 작업은 줄리아의 함수 정의 구문을 살펴볼 때 연습 과제로 사용하기 위해 남겨두었다.

연습 4.2 시커먼 퍼즐을 푸는 코드를 다시 작성하여 함수로 감싸보자. 인수로 전달된 두 개의 주사위로 가능한 값 조합의 합이 분포된 딕셔너리를 생성하는 dice_distribution 함수를 작성한다. 그다음 또 다른 함수인 test_dice를 작성한다. 이 함수는 all_dice 변수와 two_standard 변수를 만들고 마지막으로 all_dice 벡터의 모든 주사위 분포를 two_standard 분포와 비교하는 메인 루프를 실행한다.

줄리아의 표준 데이터 컬렉션

이 절에서는 딕셔너리를 사용하는 한 가지 간단한 예제를 보여주었다. Base Julia에서 지원하는 다른 컬렉션 타입에 대해 자세히 알고 싶다면 줄리아 매뉴얼(https://docs.julialang.org/en/v1/base/collections/)에서 확인할 수 있다. 또한 DataStructures.jl 패키지는 코드에 필요한 더 많은 컬렉션 타입을 제공한다. 다음은 실제 가장 필요한 몇 가지 컬렉션 타입이다.

딕셔너리와 관련이 있고 데이터 과학 워크플로에서 사용되기도 하는 데이터 구조는 **집합**set이다. Set 타입은 Base Julia에서 사용할 수 있으며, 딕셔너리처럼 키-값 쌍을 유지하는 대신 고유한 값만 집합의 값으로 유지한다. 집합을 통해 수행할 수 있는 기본 작업은 값 추가, 값 제거, 특정값이 집합에 있는지 빠르게 확인하는 것이다.

Base Julia의 Dict와 Set 타입은 모두 순서를 정의하지 않은 채로 값을 저장한다. 삽입 순서를 보존하는 타입은 DataStructures.jl 패키지에 제공되며 OrderedDict 딕셔너리와 OrderedSet 집합이다.

DataFrames.jl을 사용한 시커먼 주사위 퍼즐의 다른 해결법에 관심이 있다면, 필자가 쓴 블로그 게시물(http://mng.bz/p692)을 읽어보기를 추천한다.

이제 배열과 달리 어떤 타입의 값이라도 인덱스로 사용할 수 있는 딕셔너리 사용법을 알게 되었다. 그러면 자연스럽게 다음과 같은 의문이 들 것이다. 정수 인덱싱과 이름으로 값 선택이 모두 가능한 데이터 구조는 없을까? 물론 줄리아에는 그런 컬렉션이 존재한다. 바로 NamedTuple인데, 다음 절에서 살펴볼 것이다.

4.3 네임드튜플을 사용하여 데이터 구조화하기

4.1절에서 앤스컴 콰르텟 데이터를 분석할 때 데이터에 어떤 구조가 빠져 있다는 느낌을 받았을 것이다. 네임드튜플, 즉 NamedTuple 타입은 코드에 구조를 추가하는 기본적인 방법이다. NamedTuple 은 튜플의 연속된 요소에 이름을 추가하는 방법이라고 생각하면 된다.

이 절에서는 NamedTuple을 생성하고 해당 요소에 액세스하는 방법을 알아볼 것이다. 또한 GLM.jl 패키지를 사용하여 선형모형을 피팅하는 방법도 확인할 수 있다.

NamedTuple 타입을 사용하여 앤스컴 콰르텟 데이터 예제를 다시 작성해보자. 예제 4.1에서 이미 정의한 aq 행렬로 시작한다(편의를 위해 같은 코드를 다시 썼고, 결과는 생략했다).

```
julia> aq = [10.0   8.04  10.0  9.14  10.0   7.46   8.0   6.58
              8.0   6.95   8.0  8.14   8.0   6.77   8.0   5.76
              3.0   7.58  13.0  8.74  13.0  12.74   8.0   7.71
              9.0   8.81   9.0  8.77   9.0   7.11   8.0   8.84
             11.0   8.33  11.0  9.26  11.0   7.81   8.0   8.47
             14.0   9.96  14.0  8.1   14.0   8.84   8.0   7.04
              6.0   7.24   6.0  6.13   6.0   6.08   8.0   5.25
              4.0   4.26   4.0  3.1    4.0   5.39  19.0  12.50
             12.0  10.84  12.0  9.13  12.0   8.15   8.0   5.56
              7.0   4.82   7.0  7.26   7.0   6.42   8.0   7.91
              5.0   5.68   5.0  4.74   5.0   5.73   8.0   6.89]
```

4.3.1 네임드튜플 정의하고 요소 접근하기

먼저, 연습으로 첫 번째 데이터셋에 대한 네임드튜플을 만들어보자.

```
julia> dataset1 = (x=aq[:, 1], y=aq[:, 2])
(x = [10.0, 8.0, 13.0, 9.0, 11.0, 14.0, 6.0, 4.0, 12.0, 7.0, 5.0], y = [8.04, 6.95, 7.58,
8.81, 8.33, 9.96, 7.24, 4.26, 10.84, 4.82, 5.68])
```

보다시피 NamedTuple을 생성하는 것은 쉽다. 요소에 이름을 지정한다는 점을 제외하면 Tuple과 비슷하다. NamedTuple은 Tuple과 마찬가지로 불변이다. 숫자를 사용하여 인덱싱할 수 있지만 점(.) 과 필드field 이름을 사용하여 해당 필드에 액세스할 수도 있다.

```
julia> dataset1[1]
11-element Vector{Float64}:
 10.0
  8.0
 13.0
  9.0
 11.0
 14.0
  6.0
  4.0
 12.0
  7.0
  5.0

julia> dataset1.x
11-element Vector{Float64}:
 10.0
  8.0
 13.0
  9.0
 11.0
 14.0
  6.0
  4.0
 12.0
  7.0
  5.0
```

이제 다음 예제에서 네 개의 데이터셋을 포함하는 중첩된 네임드튜플을 만들어보자.

예제 4.2 앤스컴 콰르텟 데이터를 저장하는 네임드튜플 저장하기

```
julia> data = (set1=(x=aq[:, 1], y=aq[:, 2]),
               set2=(x=aq[:, 3], y=aq[:, 4]),
               set3=(x=aq[:, 5], y=aq[:, 6]),
```

```
                    set4=(x=aq[:, 7], y=aq[:, 8]))
(set1 = (x = [10.0, 8.0, 13.0, 9.0, 11.0, 14.0, 6.0, 4.0, 12.0, 7.0, 5.0], y = [8.04,
6.95, 7.58, 8.81, 8.33, 9.96, 7.24, 4.26, 10.84, 4.82, 5.68]), set2 = (x = [10.0, 8.0,
13.0, 9.0, 11.0, 14.0, 6.0, 4.0, 12.0, 7.0, 5.0], y = [9.14, 8.14, 8.74, 8.77, 9.26, 8.1,
6.13, 3.1, 9.13, 7.26, 4.74]), set3 = (x = [10.0, 8.0, 13.0, 9.0, 11.0, 14.0, 6.0, 4.0,
12.0, 7.0, 5.0], y = [7.46, 6.77, 12.74, 7.11, 7.81, 8.84, 6.08, 5.39, 8.15, 6.42, 5.73]),
set4 = (x = [8.0, 8.0, 8.0, 8.0, 8.0, 8.0, 8.0, 19.0, 8.0, 8.0, 8.0], y = [6.58, 5.76,
7.71, 8.84, 8.47, 7.04, 5.25, 12.5, 5.56, 7.91, 6.89]))
```

이제 컬렉션에서 다음과 같이 단일 데이터셋을 가져올 수 있다.

```
julia> data.set1
(x = [10.0, 8.0, 13.0, 9.0, 11.0, 14.0, 6.0, 4.0, 12.0, 7.0, 5.0], y = [8.04, 6.95, 7.58,
8.81, 8.33, 9.96, 7.24, 4.26, 10.84, 4.82, 5.68])

julia> data.set1.x
11-element Vector{Float64}:
 10.0
  8.0
 13.0
  9.0
 11.0
 14.0
  6.0
  4.0
 12.0
  7.0
  5.0
```

4.3.2 네임드튜플에 저장된 앤스컴 콰르텟 데이터 분석하기

이제 data 변수를 사용하여 4.1절에서 수행했던 분석의 일부를 재현할 준비가 되었다. 먼저 각 세트에 있는 x 변수의 평균을 계산한다.

```
julia> using Statistics

julia> map(s -> mean(s.x), data)
(set1 = 9.0, set2 = 9.0, set3 = 9.0, set4 = 9.0)
```

위 코드는 전달된 NamedTuple에서 x 필드를 추출하고 그 평균을 계산하는 익명 함수 s -> mean(s.x)를 생성한다. 여기서 주목해야 할 흥미로운 특징은 map 함수가 기존 NamedTuple에서 사

용하던 필드 이름을 유지한 NamedTuple을 반환할 수 있을 만큼 똑똑하다는 것이다. 피어슨 상관
관계 계산도 비슷하게 작동한다.

```julia
julia> map(s -> cor(s.x, s.y), data)
(set1 = 0.8164205163448398, set2 = 0.8162365060002429, set3 = 0.8162867394895983, set4 = 0.8165214368885028)
```

마지막으로 GLM.jl 패키지를 사용하여 첫 번째 데이터셋에 대한 선형 모형을 피팅해보자. 이 모델
에서 목표변수는 y이고 하나의 특징변수 x가 있다.

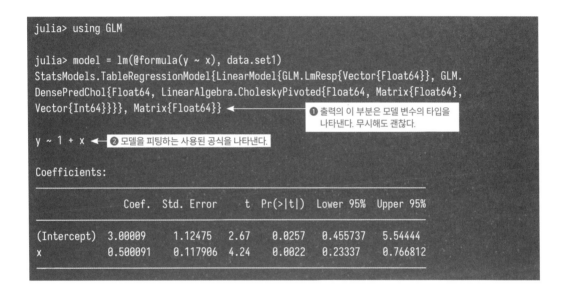

```julia
julia> using GLM

julia> model = lm(@formula(y ~ x), data.set1)
StatsModels.TableRegressionModel{LinearModel{GLM.LmResp{Vector{Float64}}, GLM.
DensePredChol{Float64, LinearAlgebra.CholeskyPivoted{Float64, Matrix{Float64},
Vector{Int64}}}}, Matrix{Float64}}
```
❶ 출력의 이 부분은 모델 변수의 타입을 나타낸다. 무시해도 괜찮다.

`y ~ 1 + x` ❷ 모델을 피팅하는 사용된 공식을 나타낸다.

```
Coefficients:

                 Coef.    Std. Error      t  Pr(>|t|)   Lower 95%   Upper 95%
─────────────────────────────────────────────────────────────────────────────
(Intercept)    3.00009     1.12475     2.67    0.0257    0.455737    5.54444
x              0.500091    0.117906    4.24    0.0022    0.23337     0.766812
```

위 코드에서 몇 가지 특징을 발견할 수 있다.

- NamedTuple의 x 필드가 특징변수이고 y가 목표변수라고 알려주기 위해 @formula(y ~ x) 구
  문을 사용한다. @formula 내부에서 목표변수 이름과 물결표(~), 특징변수 이름을 전달하고 있
  다. 2부에서는 이러한 수식이 어떻게 구성되는지 더 자세히 설명할 것이다. 도메인 특화 언어인
  @formula에 대해 자세히 알고 싶다면, StatsModels.jl 패키지 문서(http://mng.bz/06Qo)에서 확인할
  수 있다.

- lm 함수의 첫 번째 위치 인수는 모델 수식이고, 두 번째 위치 인수는 네임드튜플인 data.set1
  로 표현된 테이블이다. lm 함수는 전달된 테이블에서 데이터를 가져와 전달된 수식으로 지정된
  선형회귀모형에 피팅한다. lm 함수가 반환하는 객체에는 모델의 추정 매개변수에 대한 정보가

저장된다. 이 객체를 REPL에서 출력하면 모델의 요약통계량이 포함된 테이블이 나오며, 이 테이블에서 모델의 x 변수와 절편에는 자동으로 적절한 이름이 붙는다.

보다시피 선형모형에서 얻은 추정치는 4.1절에서 얻은 것과 동일하다. 마지막 예제로 GLM.jl의 r2 함수를 사용하여 모델의 결정계수를 계산해보자.

```julia
julia> r2(model)
0.6665424595087749
```

다시 말하지만 결과는 앞서 살펴본 것과 동일하다. 4.1절에서 했던 것처럼 GLM.jl 패키지를 사용하여 모델을 구축하는 것이 수동으로 하는 것보다 훨씬 더 강력하다. 이제 NamedTuple에 저장된 데이터를 사용하여 그림 4.6(하나의 플롯에 네 개 데이터셋의 분산형 차트를 모두 표시)을 재현할 준비가 되었다.

연습 4.3 예제 4.2에 정의된 네임드튜플 data를 사용하여 그림 4.6을 재현한다.

4.3.3 줄리아의 복합 타입과 값의 가변성 이해하기

이 절을 마무리하기 전에 **복합 구조**composite structure와 값의 **가변성**mutability이라는 두 가지 중요한 개념에 대해 좀 더 깊이 있게 논의해보고자 한다. 해당 주제는 이 장에서 설명하는 배열, 딕셔너리, 네임드튜플 및 기타 타입 간의 차이점을 더 잘 이해하는 데 도움이 될 것이다.

1 복합 타입

4.3.2절에서 작업한 model 변수는 복합 타입, 즉 구조체(struct)인 TableRegressionModel 타입을 가진다. 복합 타입은 기본 연산을 수행할 때 직접 만들 필요는 없지만 패키지의 함수에서 반환되는 경우가 많다.

TableRegressionModel 타입은 StatsModels.jl 패키지에서 다음과 같이 정의된다.

```
struct TableRegressionModel{M,T} <: RegressionModel
    model::M
    mf::ModelFrame
    mm::ModelMatrix{T}
end
```

입문자 수준에서 이 정의의 모든 세부 사항을 이해할 필요는 없다. 중요한 것은 struct가 model, mf, mm 총 3개의 필드를 정의한다는 점이다. 이러한 타입은 NamedTuple과 마찬가지로 점을 사용하여 해당 필드에 쉽게 액세스할 수 있다(점 연산자는 기본적으로 지금 설명하는 방식대로 작동하지만 2부에서는 조금 더 복잡한 작동 방법에 대해서도 살펴볼 것이다).

```
julia> model.mm
ModelMatrix{Matrix{Float64}}([1.0 10.0; 1.0 8.0; … ; 1.0 7.0; 1.0 5.0], [1, 2])
```

이러한 객체는 NamedTuple과 유사하다고 생각할 수 있지만, 타입에 특정 이름(TableRegressionModel)이 있고 NamedTuple처럼 숫자로 인덱싱할 수 없다는 차이점이 있다. 복합 타입 정의에 대한 자세한 내용은 줄리아 매뉴얼(http://mng.bz/YKwK)에서 확인할 수 있다.

❷ 값의 가변성
줄리아는 가변(변경 가능한) 타입과 불변(변경 불가능한) 타입을 구분한다. 이 책에서 지금까지 소개한 타입을 분류하면 다음과 같다.

- **불변 타입** — 정수(Int), 부동소수점(Float64), 문자열(String), 튜플(Tuple), 네임드튜플(NamedTuple), 구조체(Struct)
- **가변 타입** — 배열(Array)(벡터(Vector)와 행렬(Matrix) 포함), 딕셔너리(Dict), mutable 키워드를 추가해서 만든 구조체(Struct)

가변 타입과 불변 타입이 어떻게 다른지 궁금할 수 있다. 여기서 핵심은 가변 타입은 값을 변경할 수 있다는 점이다. 당연하게 들릴 수 있지만 이는 전달되는 함수에 의해서도 값이 변경될 수 있다는 것을 의미한다. 이러한 부작용은 상당히 놀라운 결과를 초래할 수 있다. 따라서 2장에서 설명한 것처럼 인수를 변경하는 함수에는 접미사 느낌표(!)를 붙여 표시하는 것이 매우 중요하다. 또한 2장에서 설명한 것처럼 함수 끝에 !를 추가하는 것은 단지 관례일 뿐이라는 점을 기억해야 한다(이름이 !로 끝나는 함수는 줄리아 컴파일러에서 특별한 의미를 가지진 않으며, 이 관례는 사용자가 인수를 변경할 수 있는 함수를 시각적으로 판단하기 위한 것일 뿐이). 다음은 실제 데이터 변이의 두 가지 예제이다.

첫 번째 예제에서는 벡터에서 unique 함수와 unique! 함수의 차이점을 살펴본다. 둘 다 컬렉션에서 중복을 제거하지만 unique 함수는 새 벡터를 반환하는 반면 unique! 함수는 인수로 받은 벡터를 변환한다.

```
julia> x = [3, 1, 3, 2]
4-element Vector{Int64}:
 3
 1
 3
 2

julia> unique(x)   ❶ unique 함수는 새 벡터를 반환한다. 전달된 벡터를 변경하지 않는다.
3-element Vector{Int64}:
 3
 1
 2

julia> x   ❷ x 벡터는 변경되지 않는다.
4-element Vector{Int64}:
 3
 1
 3
 2

julia> unique!(x)   ❸ unique! 함수는 x 벡터를 제자리에서 변경한다.
3-element Vector{Int64}:
 3
 1
 2

julia> x   ❹ x 벡터가 변경된다.
3-element Vector{Int64}:
 3
 1
 2
```

unique 함수는 전달된 인수를 변경하지 않고 대신 새 벡터를 할당하고 복제를 제거한다. 반면 unique! 함수는 전달된 벡터를 제자리에서 업데이트한다.

두 번째 예제는 데이터 구조가 불변이라 하더라도 함수에 의해 변경될 수 있는 가변 요소가 포함될 수 있음을 보여준다. 이 예제에서는 가변 컬렉션을 인수로 받아 그 안에 저장된 모든 요소를 제자리에서 제거하는 empty! 함수를 사용한다.

```
julia> empty_field!(nt, i) = empty!(nt[i])   ❶ empty_field! 함수는 nt 객체 i 번째
empty_field! (generic function with 1 method)      요소에서 empty! 함수를 호출한다.

julia> nt = (dict = Dict("a" => 1, "b" => 2), int=10)   ❷ 네임드튜플은 첫 번째 요소로 딕셔너리를
                                                             가지며, 딕셔너리는 변경이 가능하다.
```

```
(dict = Dict("b" => 2, "a" => 1), int = 10)

julia> empty_field!(nt, 1)
Dict{String, Int64}()

julia> nt  ◄─── ❸ empty_field! 함수를 실행한 후 네임드튜플 nt에 저장된 딕셔너리는 비어 있다.
(dict = Dict{String, Int64}(), int = 10)
```

위 예제에서는 객체를 받아 위치 i에서 인덱싱을 시도하고 empty! 함수를 사용하여 저장된 값을 제자리에서 비우는 empty_field! 함수를 생성한다. 다음으로 딕셔너리와 정수 두 개의 필드가 있는 NamedTuple을 생성한다. Dict("a" => 1, "b" => 2) 구문은 처음에 딕셔너리를 채우는 데 편리한 접근 방식으로 각 요소 "a" => 1는 단일 키를 단일값에 매핑하는 Pair 객체이다.

여기서 중요한 점은 empty_field!(nt, 1)을 호출하면 비록 nt 변수가 불변의 NamedTuple이지만 nt 변수에 저장된 딕셔너리가 비워진다는 점이다. 해당 필드에는 가변 객체가 포함되어 있다.

지금까지의 내용을 강조하기 위해 요약하자면, 줄리아는 함수에 인수를 전달할 때 데이터를 복사하지 않는다. 객체가 함수에 전달되고 가변 구조(중첩된 구조 포함)를 포함하는 경우 해당 객체는 함수에 의해 변경될 수 있다. 함수에 값을 전달할 때 완전히 독립적인 객체를 생성하여 원본값이 변경되지 않도록 하려면 deepcopy 함수를 사용하여 객체를 생성하면 된다.

요약

- 대부분의 머신러닝 알고리즘이 배열을 입력으로 사용하기 때문에 배열은 줄리아에서 가장 일반적인 컨테이너이다. 줄리아에서 배열은 언어의 핵심 요소이므로 효율적이고 사용하기 쉽다.

- Statistics 모듈과 GLM.jl 패키지를 사용하여 평균, 표준편차, 상관관계, 선형모형의 추정 등 데이터 분석을 쉽게 수행할 수 있다. 이러한 기능을 제공하는 모든 함수는 배열을 입력으로 받는다.

- 줄리아는 R, 포트란, MATLAB과 마찬가지로 기본적으로 배열에 1 기반 인덱싱을 사용한다.

- 줄리아에서 벡터는 항상 열 기반columnar으로 간주된다.

- 줄리아에서 딕셔너리를 사용하여 키-값 매핑을 저장할 수 있다. 줄리아에서 딕셔너리의 키는 모든 타입의 값이 될 수 있다는 점을 기억해야 한다.

- 배열과 딕셔너리는 가변 컨테이너이므로 내용을 변경할 수 있다.

- 튜플과 네임드튜플은 1차원 배열과 유사하지만 불변 컨테이너이다. 생성된 후에는 내용을 변경할 수 없다.
- 네임드튜플은 인덱스가 있는 것 외에 모든 요소에 액세스하는 데 사용할 수 있는 이름도 있다는 점에서 튜플과 다르다.

컬렉션 작업에 대한 고급 주제

이 장의 주요 내용

- 코드 벡터화(브로드캐스팅)하기
- 파라메트릭 타입에 대한 서브타이핑 규칙 이해하기
- 줄리아를 파이썬과 통합하기
- t-SNE 차원축소 수행하기

2장에서 루프, `map` 함수, 컴프리헨션을 사용하여 벡터를 처리하는 방법을 살펴보았다. 이 장에서는 실무에서 일반적으로 사용하는 또 다른 방법인 브로드캐스팅을 소개한다.

5.2절에서는 줄리아를 배우는 사람들이 자주 질문하는 파라메트릭 타입의 서브타이핑 규칙과 관련된 고급 주제에 대해 설명한다. 이 장에서 배우게 되겠지만 배열이나 딕셔너리와 같은 가장 일반적인 컬렉션 타입은 파라메트릭이기 때문에 이 문제는 컬렉션과 밀접하게 연관되어 있다. 따라서 컬렉션을 인수로 허용하는 메서드 시그니처를 올바르게 작성하는 방법을 알고 싶다면 이 주제를 배워야 한다.

5.3절에서는 줄리아와 파이썬의 통합에 대해 다룬다. 줄리아 형식과 파이썬 형식 간의 컬렉션을 변환하는 것은 PyCall.jl 패키지에 의해 자동으로 수행된다는 것을 배우게 된다. 따라서 줄리아 프로젝트에서 데이터 컬렉션 작업을 수행하는 기존 파이썬 코드를 쉽게 사용할 수 있다. 이러

한 통합의 예제로 파이썬의 사이킷런_{scikit-learn} 라이브러리를 사용하여 데이터의 t-SNE 차원 축소
(https://lvdmaaten.github.io/tsne/)를 수행하는 방법을 보여줄 예정이다. PyCall.jl을 사용한 예제를 실행
하려면 컴퓨터에 올바르게 구성된 파이썬이 설치되어 있어야 한다. 따라서 부록 A의 환경 설정 지
침을 반드시 진행하기를 권장한다.

5.1 ❙ 브로드캐스팅을 사용하여 코드 벡터화하기

2장, 3장, 4장에서 살펴본 예제에서는 반복 연산을 수행하는 데 세 가지 방법을 사용했다.

- 컬렉션을 순회하는 `for` 루프
- 컬렉션에 함수를 적용하는 `map` 함수
- 컴프리헨션

이 세 가지 구문도 강력하고 유연하지만, 데이터 과학을 위해 설계된 많은 언어가 브로드캐스팅
이라는 **벡터화된 연산**_{vectorized operation}을 수행하는 방법을 제공한다. 줄리아에서도 **브로드캐스팅**
_{broadcasting}이 지원된다. 이 절에서는 그 사용법에 대해 배울 것이다.

앤스컴 콰르텟 데이터로 돌아가서 브로드캐스팅이 어떻게 작동하는지에 대해 설명하고자 한다. 우
선 몇 가지 작은 예제를 통해 브로드캐스팅에 대해 살펴보자.

5.1.1 ❙ 줄리아에서 브로드캐스팅의 구문과 의미 이해하기

줄리아 언어의 중요한 설계 규칙은 함수의 정의가 수학 규칙을 따른다는 것이다. 이 규칙은 이미 4
장에서 곱셈 연산자 *가 행렬 곱셈 규칙으로 사용된다는 것을 보았다. 따라서 다음 코드는 행렬
곱셈 규칙을 따른다.

```
julia> x = [1 2 3]
1×3 Matrix{Int64}:
 1  2  3

julia> y = [1, 2, 3]
3-element Vector{Int64}:
 1
 2
 3
```

```
julia> x * y
1-element Vector{Int64}:
 14
```

이 연산은 1 x 3 행렬에 바인딩된 x와 3 요소 벡터 y를 곱하는 방식으로 작동하며, 줄리아에서 벡터는 항상 열 기반columnar으로 해석된다.

그렇다면 두 벡터를 요소별로 곱하는 방법, 즉 수학에서 **아다마르 곱**Hadamard product이라고 부르는 연산을 어떻게 해야 하는지 궁금할 것이다. 분명히 이는 표준 행렬 곱셈처럼 * 연산자만으로는 불가능하다.

```
julia> a = [1, 2, 3]
3-element Vector{Int64}:
 1
 2
 3

julia> b = [4, 5, 6]
3-element Vector{Int64}:
 4
 5
 6

julia> a * b
ERROR: MethodError: no method matching *(::Vector{Int64}, ::Vector{Int64})
```

벡터에 벡터를 곱하는 것은 유효한 수학적 연산이 아니므로 오류가 발생한다. 대신 곱셈을 브로드캐스트해야 한다. 줄리아에서는 연산자에 브로드캐스팅을 추가하는 것이 쉽다. 다음과 같이 점을 앞에 붙이기만 하면 된다.

```
julia> a .* b
3-element Vector{Int64}:
  4
 10
 18
```

.*와 같은 브로드캐스트 연산자가 사용되는 경우 줄리아는 전달된 컬렉션(위의 경우 벡터 a와 b)의 요소를 순회하면서 점 뒤에 있는 연산자(위의 경우 *)를 요소별로 적용한다. 따라서 이 경우 브로드

캐스트 결과는 다음 연산으로 생성된 결과와 동일하다.

```
julia> map(*, a, b)
3-element Vector{Int64}:
  4
 10
 18

julia> [a[i] * b[i] for i in eachindex(a, b)]
3-element Vector{Int64}:
  4
 10
 18
```

map 예제에서는 이전의 map 작동 방식을 설명했을 때와 같이 하나의 컬렉션이 아니라 두 개의 컬렉션을 전달한다. 전달된 함수(위의 경우 *)는 컬렉션 중 하나의 소진될 때까지 해당 컬렉션에 요소별로 반복적으로 적용된다.

컴프리헨션 예제에서 사용된 eachindex(a, b) 표현식에 대해 알아보자. 이 표현식은 다음과 같은 결과를 출력한다.

```
julia> eachindex(a, b)
Base.OneTo(3)
```

eachindex 함수는 전달된 인수 a와 b 모두를 인덱싱하는 데 사용할 수 있는 인덱스를 생성한다. 이 경우 인수는 1에서 3사이의 정수이다. 따라서 이 값으로 a와 b 벡터를 모두 인덱싱할 수 있다. 예를 들어, a[1], b[2], a[3]과 같은 인덱싱 표현식은 유효하지만 a[0] 또는 b[4]는 Base.OneTo(3)에 지정된 범위에 속하지 않으므로 유효하지 않다.

a와 b 벡터 크기가 일치하지 않으면 오류가 발생한다.

```
julia> eachindex([1, 2, 3], [4, 5])
ERROR: DimensionMismatch: all inputs to eachindex must have the same indices,
got Base.OneTo(3) and Base.OneTo(2)
```

이는 map 함수와 중요한 차이점이다. map 함수는 내부적으로 eachindex 함수를 사용하지 않고, 앞서 설명한 것처럼 컬렉션 중 하나가 소진될 때까지 컬렉션을 순회한다.

```
julia> map(*, [1, 2, 3], [4, 5])
2-element Vector{Int64}:
  4
 10
```

> **map 사용 시 실질적인 고려 사항**
>
> map 함수에 여러 컬렉션을 전달할 경우 항상 컬렉션의 길이가 동일한지 미리 확인해야 한다. 대부분의 경우 길이가 다른 컬렉션을 map 함수에 사용하면 버그가 발생한다.

eachindex 함수와 마찬가지로 브로드캐스팅은 전달된 객체의 차원이 일치하는지 확인한다.

```
julia> [1, 2, 3] .* [4, 5]
ERROR: DimensionMismatch: arrays could not be broadcast to a common size; got a dimension
with lengths 3 and 2
```

5.1.2 브로드캐스팅에서 길이가 1인 차원 확장하기

브로드캐스팅에서 모든 컬렉션 차원이 일치해야 한다는 규칙에는 한 가지 예외가 있다. 단일 요소에 저장된 값을 되풀이해서 다른 컬렉션의 크기와 일치하도록 단일 요소 차원을 확장expand하는 것이다.

```
julia> [1, 2, 3] .^ [2]
3-element Vector{Int64}:
 1
 4
 9
```

단일 요소 차원이 확장되는 이유가 궁금할 것이다. 그 이유는 실용적이기 때문이다. 대부분의 경우 컬렉션에 차원의 단일 요소가 있는 경우 컬렉션을 확장해야 한다. 다음은 예제이다.

```
julia> [1, 2, 3] .^ 2
3-element Vector{Int64}:
 1
 4
 9
```

위 예제는 벡터 요소의 제곱을 계산한다. 2는 스칼라scalar이므로 각 차원에서 크기가 1인 것으로 해석된다. 이런 경우는 차원 확장이 일어나는 게 자연스럽다. 파이썬과 R 모두 동일한 동작을 지원한다.

이제 두 번째 예제를 살펴보자.

```
julia> [1, 2, 3, 4, 5, 6, 7, 8, 9, 10] .* [1 2 3 4 5 6 7 8 9 10]
10×10 Matrix{Int64}:
  1   2   3   4   5   6   7   8   9   10
  2   4   6   8  10  12  14  16  18   20
  3   6   9  12  15  18  21  24  27   30
  4   8  12  16  20  24  28  32  36   40
  5  10  15  20  25  30  35  40  45   50
  6  12  18  24  30  36  42  48  54   60
  7  14  21  28  35  42  49  56  63   70
  8  16  24  32  40  48  56  64  72   80
  9  18  27  36  45  54  63  72  81   90
 10  20  30  40  50  60  70  80  90  100
```

위 예제에서는 곱셈 테이블을 만들었다. 하나의 열과 10개의 행이 있는 10 요소 벡터와 하나의 행과 10개의 열이 있는 10 요소 행렬이 있기 때문에 지정된 연산이 작동한다. 이 경우 연산의 왼쪽과 오른쪽 모두 차원 확장이 발생한다.

이 방법은 실제로 모든 입력의 **데카르트 곱**을 구하는 데 자주 사용된다. 예를 들어 2부에서는 DataFrames.jl에 "x" => sum을 작성하면 패키지 데이터프레임 열 x에 sum 함수를 적용하도록 요청한다는 것을 배울 것이다. 일반적인 시나리오는 데이터프레임의 여러 열에 여러 함수를 적용하는 것이다. 브로드캐스팅을 사용하면 다음과 같이 간결하게 작성할 수 있다.

```
julia> ["x", "y"] .=> [sum minimum maximum]
2×3 Matrix{Pair{String}}:
 "x"=>sum   "x"=>minimum   "x"=>maximum
 "y"=>sum   "y"=>minimum   "y"=>maximum
```

위 표현식은 열 x와 y의 sum, minimum, maximum을 계산하도록 요청한다. 이 표현식이 예상대로 작동하는 이유는 곱셈표 예제와 동일한 패턴을 사용하기 때문이다. ["x", "y"] 표현식은 두 요소로 구성된 벡터를 생성하고(줄리아의 벡터는 열 기반columnar이며, 이 경우 벡터는 하나의 열과 두 개의 행을 가짐) [sum minimum maximum] 표현식은 하나의 행과 세 개의 열을 가진 행렬을 생성한다.

=> 연산자에 브로드캐스팅을 적용하면 전달된 인수의 데카르트 곱을 얻게 된다. ["x", "y"] 벡터의 단일 열은 [sum minimum maximum] 행렬의 열 수와 일치하도록 세 번 반복된다. 마찬가지로 ["x", "y"] 벡터의 행 수와 일치하도록 [sum minimum maximum] 행렬의 단일 행이 두 번 반복된다. 따라서 ["x", "y"] .=> [sum minimum maximum] 연산은 다음과 같은 장황한 코드와 동일한 결과를 생성한다.

```
julia> left_matrix = ["x" "x" "x"
                      "y" "y" "y"]
2×3 Matrix{String}:
 "x"  "x"  "x"
 "y"  "y"  "y"

julia> right_matrix = [sum minimum maximum
                       sum minimum maximum]
2×3 Matrix{Function}:
 sum  minimum  maximum
 sum  minimum  maximum

julia> left_matrix .=> right_matrix
2×3 Matrix{Pair{String}}:
 "x"=>sum  "x"=>minimum  "x"=>maximum
 "y"=>sum  "y"=>minimum  "y"=>maximum
```

그림 5.1은 ["x", "y"] .=> [sum minimum maximum] 연산을 보여준다.

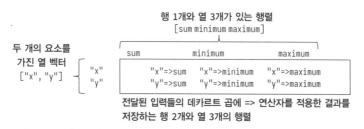

그림 5.1 ["x", "y"] .=> [sum minimum maximum] 연산은 두 요소 벡터와 세 개의 열이 있는 1행 행렬을 인수로 전달하므로 2 × 3 행렬이 된다.

이제 연산자 앞에 점을 추가하여 브로드캐스트할 수 있다는 것을 알았다. 그렇다면 연산자가 아닌 함수는 어떻게 사용할까? 여기에서도 점을 사용하지만 이번에는 함수 이름 뒤에 접미사로 붙인다. 예시는 다음과 같다.

```
julia> abs.([1, -2, 3, -4])
4-element Vector{Int64}:
 1
 2
 3
 4
```

원래는 벡터에 abs 함수를 적용하는 것만으로도 오류가 발생한다.

```
julia> abs([1, -2, 3, -4])
ERROR: MethodError: no method matching abs(::Vector{Int64})
```

그 이유는 이전과 동일하다. 절댓값은 숫자에 대해 수학적으로 정의되어 있지만 벡터에 대해서는 정의되어 있지 않기 때문이다. 물론 여러 인수를 받는 함수에도 편리하게 브로드캐스팅을 적용할 수 있다. 예를 들어 string 함수는 인수를 하나의 문자열로 연결한다.

```
julia> string(1, 2, 3)
"123"
```

이 함수에서 브로드캐스팅을 사용하면 다음과 같은 결과가 도출된다.

```
julia> string.("x", 1:10)
10-element Vector{String}:
 "x1"
 "x2"
 "x3"
 "x4"
 "x5"
 "x6"
 "x7"
 "x8"
 "x9"
 "x10"
```

위 예제에서는 1:10 범위의 길이와 일치하도록 스칼라 x의 차원을 확장한다. 이 작업은 데이터프레임의 열이나 폴더의 파일 이름과 같은 객체 이름을 자동으로 생성하는 경우에 많이 사용된다.

여기서 연산자 앞에 점을 붙이거나 함수 이름 뒤에 점을 붙이는 것은 완전히 일반적으로 적용할 수 있는 방법임을 강조하고 싶다. 이것은 사전 정의된 특정 연산의 하드코딩된 기능이 아니다. 사용자 정의 함수에 대해서도 얼마든지 브로드캐스팅을 사용할 수 있다. 예를 들면 다음과 같다.

```julia
julia> f(i::Int) = string("got integer ", i)
f (generic function with 1 method)

julia> f(s::String) = string("got string ", s)
f (generic function with 2 methods)

julia> f.([1, "1"])
2-element Vector{String}:
 "got integer 1"
 "got string 1"
```

위 예제에서는 f 함수에 대한 두 가지 메서드를 정의한다. 보다시피 f를 작성하면 별도의 정의 없이 자동으로 브로드캐스트가 이루어진다.

5.1.3 컬렉션이 브로드캐스트되지 않도록 보호하기

앤스컴 콰르텟 데이터로 돌아가기 전에 한 가지 일반적인 사례에 대해 이야기하고자 한다. 컬렉션을 브로드캐스트하고 싶지 않지만 스칼라처럼 모든 차원에서 강제로 재사용하고 싶다면 어떻게 해야 할까? 이 사례를 설명하기 위해 먼저 in 함수를 소개한다.

---

in 함수

in 함수는 컬렉션에 특정값이 포함되어 있는지 확인하는 데 사용된다. 예제는 다음과 같다.

```julia
julia> in(1, [1, 2, 3])
true

julia> in(4, [1, 2, 3])
false
```

편의상 in은 중위 표기법도 지원한다.

```julia
julia> 1 in [1, 2, 3]
true

julia> 4 in [1, 2, 3]
false
```

이 표기법은 for 루프에 대한 반복을 정의할 때 사용되므로 이미 알고 있을 것이다. 이런 루프 작동 방식에 대한 설명은 2.3절에서 확인할 수 있다.

이제 긴 값의 벡터가 있고 그 값이 벡터에 포함되어 있는지 확인하고 싶다고 가정해보자. 브로드캐스팅하지 않고 테스트를 시도하면 기대한 대로 작동하지 않는다.

```
julia> in([1, 3, 5, 7, 9], [1, 2, 3, 4])
false
```

문제는 [1, 3, 5, 7, 9] 벡터가 [1, 2, 3, 4] 벡터의 요소가 아니기 때문에 false가 반환된다는 것이다. 참고로 [1, 3, 5, 7, 9] 벡터를 찾는 컬렉션에 넣는 시나리오를 테스트해보자.

```
julia> in([1, 3, 5, 7, 9], [1, 2, 3, 4, [1, 3, 5, 7, 9]])
true
```

이번 in 테스트는 예상대로 true를 반환한다. 원래의 테스트로 돌아간다면 기존 테스트는 브로드캐스팅도 작동하지 않는 것 같다.

```
julia> in.([1, 3, 5, 7, 9], [1, 2, 3, 4])
ERROR: DimensionMismatch: arrays could not be broadcast to a common size; got a dimension
with lengths 5 and 4
```

이 문제를 어떻게 해결해야 할까? 해결책은 재사용하려는 벡터를 전체적으로 Ref로 감싸는 것이다. 이렇게 하면 이 객체가 반복되지 않도록 보호할 수 있다. 대신 Ref에서 래핑을 풀고 마치 스칼라인 것처럼 브로드캐스팅하여 처리하므로 이 값은 다른 컨테이너의 차원과 일치하도록 반복된다.

```
julia> in.([1, 3, 5, 7, 9], Ref([1, 2, 3, 4]))
5-element BitVector:
 1
 1
 0
 0
 0
```

이번에는 기대한 결과를 얻었다.

줄리아에서 Ref란 무엇인가

줄리아에서 r = Ref(x)를 작성하면 x값을 유일한 요소로 저장하는 0차원 컨테이너가 생성된다. r[]를 작성하여 Ref값 r에서 x 객체를 검색할 수 있다(r 객체가 0차원이므로 인덱싱 구문에서 인덱스를 전달하지 않음에 유의해야 한다). 이 타입 이름은 Ref이며, r이 x에 대한 참조라고 생각하면 된다.

Ref 객체는 0차원이고 정확히 하나의 요소를 저장하므로 모든 차원에서 길이가 1이다. 따라서 브로드캐스팅에서 r 객체를 사용하면 5.1.2절에서 설명한 확장 규칙에 따라 해당 객체에 저장된 x값이 필요한 모든 차원에서 사용된다.

반환값에서 불리언 true는 1로 출력되고 불리언 false는 0으로 출력된다는 점을 기억하자. 이런 표기 방식을 선택하면 불리언값이 포함된 큰 행렬을 보다 편리하게 시각적으로 검사할 수 있다. 이 기능이 왜 유용한지 알아보기 위해 5.1.2절에서 생성한 곱셈 테이블의 어떤 항목이 홀수인지 확인하기 위해 isodd 함수를 사용한다고 가정해보자.

```julia
julia> isodd.([1, 2, 3, 4, 5, 6, 7, 8, 9, 10] .* [1 2 3 4 5 6 7 8 9 10])
10×10 BitMatrix:
 1  0  1  0  1  0  1  0  1  0
 0  0  0  0  0  0  0  0  0  0
 1  0  1  0  1  0  1  0  1  0
 0  0  0  0  0  0  0  0  0  0
 1  0  1  0  1  0  1  0  1  0
 0  0  0  0  0  0  0  0  0  0
 1  0  1  0  1  0  1  0  1  0
 0  0  0  0  0  0  0  0  0  0
 1  0  1  0  1  0  1  0  1  0
 0  0  0  0  0  0  0  0  0  0
```

위 예제에서는 연산을 하나의 표현식으로 연결하여 브로드캐스팅할 수 있음을 알 수 있다. 이 경우 곱셈 *과 isodd 함수를 모두 브로드캐스트한다.

간단하게 이 행렬의 요소 타입을 Any로 변경하면 어떻게 표시되는지 살펴보고자 한다(5.2절에서 타입 매개변수에 대한 자세한 내용을 확인할 수 있다).

```julia
julia> Matrix{Any}(isodd.([1, 2, 3, 4, 5, 6, 7, 8, 9, 10] .*
                          [1 2 3 4 5 6 7 8 9 10]))
10×10 Matrix{Any}:
  true  false   true  false   true  false   true  false   true  false
 false  false  false  false  false  false  false  false  false  false
```

```
 true  false   true  false   true  false   true  false   true  false
false  false  false  false  false  false  false  false  false  false
 true  false   true  false   true  false   true  false   true  false
false  false  false  false  false  false  false  false  false  false
 true  false   true  false   true  false   true  false   true  false
false  false  false  false  false  false  false  false  false  false
 true  false   true  false   true  false   true  false   true  false
false  false  false  false  false  false  false  false  false  false
```

이번에는 요소 타입이 Any이므로 이 행렬에 저장될 수 있는 정수 1, 0과의 혼동을 피하기 위해서 true와 false가 출력된다. 그러나 이런 출력을 분석하는 것은 이전보다 훨씬 불편하다.

데이터를 처리할 때 흔히 사용하는 작업으로 배운 내용을 연습해보자.

연습 5.1 parse 함수는 문자열을 숫자로 변환하는 데 사용할 수 있다. 예를 들어 문자열을 정수로 변환하려면 parse (Int, "10")을 입력하고 정수 10을 얻는다. ["1", "2", "3"]의 문자열 벡터가 있다고 가정해보자. 주어진 벡터에 포함된 문자열을 파싱하여 정수의 벡터로 만들어보자.

5.1.4 브로드캐스팅을 사용하여 앤스컴 콰르텟 데이터 분석하기

이제 앤스컴 콰르텟 데이터로 돌아갈 준비가 되었다. 예제 4.1에서 했던 것처럼 aq 변수를 먼저 초기화하자.

```
julia> aq = [10.0   8.04  10.0   9.14  10.0    7.46   8.0   6.58
              8.0    6.95   8.0   8.14   8.0    6.77   8.0   5.76
              3.0    7.58  13.0   8.74  13.0   12.74   8.0   7.71
              9.0    8.81   9.0   8.77   9.0    7.11   8.0   8.84
             11.0    8.33  11.0   9.26  11.0    7.81   8.0   8.47
             14.0    9.96  14.0   8.1   14.0    8.84   8.0   7.04
              6.0    7.24   6.0   6.13   6.0    6.08   8.0   5.25
              4.0    4.26   4.0   3.1    4.0    5.39  19.0  12.50
             12.0   10.84  12.0   9.13  12.0    8.15   8.0   5.56
              7.0    4.82   7.0   7.26   7.0    6.42   8.0   7.91
              5.0    5.68   5.0   4.74   5.0    5.73   8.0   6.89]
11×8 Matrix{Float64}:
 10.0   8.04  10.0   9.14  10.0    7.46   8.0   6.58
  8.0   6.95   8.0   8.14   8.0    6.77   8.0   5.76
  3.0   7.58  13.0   8.74  13.0   12.74   8.0   7.71
  9.0   8.81   9.0   8.77   9.0    7.11   8.0   8.84
 11.0   8.33  11.0   9.26  11.0    7.81   8.0   8.47
 14.0   9.96  14.0   8.1   14.0    8.84   8.0   7.04
  6.0   7.24   6.0   6.13   6.0    6.08   8.0   5.25
  4.0   4.26   4.0   3.1    4.0    5.39  19.0  12.5
```

```
12.0  10.84  12.0  9.13  12.0  8.15  8.0  5.56
 7.0   4.82   7.0  7.26   7.0  6.42  8.0  7.91
 5.0   5.68   5.0  4.74   5.0  5.73  8.0  6.89
```

4.1절에서 수행한 두 가지 작업인 모든 변수의 평균 계산과 결정계수 계산을 브로드캐스팅을 사용하여 재현해볼 것이다.

먼저 aq 행렬의 열 평균을 계산하는 것부터 시작하자. 행렬의 모든 열에 mean 함수를 적용하고자 한다. 이를 수행하는 방법으로 mean 함수를 aq 행렬의 각 열에 브로드캐스트해야 한다는 것을 알 수 있다. 다행히 eachcol 함수가 이러한 컬렉션을 제공한다는 걸 알고 있으므로 다음과 같이 작성할 수 있다.

```
julia> mean.(eachcol(aq))
8-element Vector{Float64}:
 8.090909090909092
 7.500909090909093
 9.0
 7.500909090909091
 9.0
 7.500000000000001
 9.0
 7.50090909090909
```

mean 뒤에 있는 점을 주목하자. 이는 eachcol(aq)에 의해 생성된 컬렉션에 이 함수를 브로드캐스트하고 싶다는 의미이다. 점 쓰는 것을 잊어버리면 다음과 같은 결과를 얻을 수 있다.

```
julia> mean(eachcol(aq))
11-element Vector{Float64}:
  8.6525
  7.4525
  9.22125
  8.56625
  9.35875
 10.492500000000001
  6.3375
  7.03125
  9.71
  6.92625
  5.755000000000001
```

eachcol(aq)는 aq 행렬의 열을 구성하는 8개의 벡터 컬렉션이므로 mean 함수는 이 8개 벡터의 합을 8로 나누어 그 평균을 계산한다. 결과적으로 aq 행렬의 행 평균 벡터(결과에는 aq 행렬의 행 수인 11개의 요소가 반환된다)를 얻게 되지만 원했던 열의 평균은 도출되지 않는다.

두 번째로는 브로드캐스팅을 사용하여 결정계수를 계산하는 함수를 다시 작성해보자. 기존에 사용했던 구현은 다음과 같다.

```
function R²(x, y)
    X = [ones(11) x]
    model = X \ y
    prediction = X * model
    error = y - prediction
    SS_res = sum(v -> v ^ 2, error)
    mean_y = mean(y)
    SS_tot = sum(v -> (v - mean_y) ^ 2, y)
    return 1 - SS_res / SS_tot
end
```

브로드캐스팅을 사용한다면 다음과 같이 정의할 수 있다.

```
function R²(x, y)
    X = [ones(11) x]
    model = X \ y
    prediction = X * model
    SS_res = sum((y .- prediction) .^ 2)
    SS_tot = sum((y .- mean(y)) .^ 2)
    return 1 - SS_res / SS_tot
end
```

두 함수를 비교해보면 SS_res와 SS_tot의 수식이 변경된다. 두 경우 모두 점을 두 번 사용한다. 예를 들어 (y .- prediction) .^ 2에서는 뺄셈과 지수를 모두 브로드캐스팅하고 있다.

줄리아에서 브로드캐스팅의 효율성

줄리아가 R이나 파이썬과 차별화되는 중요한 기능은 하나의 표현식으로 연결된 여러 개의 브로드캐스트 연산을 만나면 중간 객체를 할당하지 않고 한 번에 연산을 수행한다는 점이다. **브로드캐스트 퓨전**broadcast fusion 이라고 하는 이 기능은 복잡한 브로드캐스트 연산의 성능을 크게 향상시킨다.

브로드캐스트 퓨전이 효율적인 이유는 1장에서 설명한 것처럼 줄리아가 프로그램 전체를 컴파일하기 때문에 브로드캐스트 연산이 발생하면 컴파일러가 네이티브 코드를 완전히 최적화하기 때문이다. 이는 브로드캐스트 연산이 일반적으로 C와 같은 언어로 구현되고 제한된 함수 집합으로 사전 정의하여 미리 컴파일된 바이너리에 저장하는 R 또는 파이썬과는 다르다.

줄리아 언어에서 이 기능이 어떻게 작동하는지 자세히 알고 싶다면 맷 바우만_{Matt Bauman}이 쓴 'Extensible broadcast fusion'(http://mng.bz/G10R)을 읽어보는 것을 추천한다.

지금까지 컬렉션 요소에 반복적으로 연산을 적용하는 네 가지 방법을 알게 되었다.

- for 루프 사용하기
- 컴프리헨션 사용하기
- map 함수(및 함수를 인수로 사용하는 기타 유사한 고차 함수_{higher-order function}) 사용하기
- 브로드캐스팅 사용하기

어떤 경우에 어떤 옵션을 사용해야 하는지 궁금할 것이다. 다행히도 이는 대부분 편의성과 코드 가독성 문제이다. 프로젝트에서 가장 사용하기 쉽고 코드 가독성이 높은 옵션을 선택하면 된다. 줄리아의 가장 큰 특징 중 하나는 위 옵션 모두가 빠르다는 것이다. 대부분의 경우 어느 하나를 선택한다고 해서 성능이 저하되는 일은 없다.

'대부분의 경우'라고 말한 이유는 이 규칙에 대한 예외도 존재하기 때문이다. 이 절에서 이미 설명한 차이점 외에도 가장 중요한 예외 중 하나는 for 루프 또는 map 함수를 사용하는 경우 선택적으로 Threads 모듈 또는 ThreadsX.jl 패키지를 사용하여 작업에 프로세서의 모든 코어를 활용할 수 있기 때문이다. 코드의 멀티스레드 실행을 쉽게 지원할 수 있는 기능은 줄리아가 R, 파이썬과 차별화되는 특징이다. 2부에서는 프로젝트에서 멀티스레딩을 활용하는 방법에 대한 예제를 다룰 예정이다.

5.2 파라메트릭 타입으로 메서드 정의하기

이 절에서는 두 벡터의 공분산_{covariance}을 계산하는 함수를 직접 작성할 것이다. 짐작했겠지만 Statistics 모듈의 cov 함수가 이 계산을 수행하지만, 연습용으로 이 함수를 작성해보는 것이 좋다. 이 절의 목표는 실숫값을 가진 두 개의 벡터를 받아 공분산을 반환하는 함수를 작성하는 것이다. 요구 사항에서 중요한 부분은 함수가 실숫값을 갖는 두 개의 벡터를 매개변수로 사용해야 한다는 것이다. 이 절에서는 이러한 제한을 지정하는 방법을 배운다.

타입 제한이 복잡한 함수를 정의하는 것은 어렵다. 다행히 대부분의 코드에서는 직접 메서드를 작성할 필요가 없으므로 이 주제에 대한 깊은 이해가 필요하지 않다. 그러나 줄리아로 작성된 패키지는 이러한 기능을 많이 사용하기 때문에 해당 개념을 알아야 패키지에서 제공하는 함수가 허용하는 인수나 줄리아에서 생성되는 오류 메시지를 이해할 수 있다.

5.2.1 줄리아의 컬렉션 타입 대부분은 파라메트릭이다

3장에서는 줄리아의 타입 시스템과 메서드를 정의하는 방법에 대해 배웠다. 이번 장에서는 컬렉션으로 작업하는 방법을 알려줄 것이다. 대부분 컬렉션 타입들은, 컬렉션에 저장할 수 있는 데이터의 타입을 지정하는 **파라메트릭**parametric이라는 것을 눈치챘을 것이다. 다음은 몇 가지 예제이다.

```
julia> []
Any[]

julia> Dict()
Dict{Any, Any}()
```

위 예제는 빈 벡터와 빈 딕셔너리를 생성한다. 벡터와 딕셔너리는 모든 값을 포함하는 Any 매개변수를 저장할 수 있으므로 파이썬의 리스트와 딕셔너리처럼 작동한다.

벡터의 경우 여는 대괄호 앞에 타입을 붙여서 요소 타입을 지정할 수 있다.

```
julia> Float64[1, 2, 3]
3-element Vector{Float64}:
 1.0
 2.0
 3.0
```

1, 2, 3을 정수로 입력하더라도 Float64로 변환된다. 그 이유는 해당 타입 요소를 가진 벡터를 반환하라고 요청했기 때문이다. 딕셔너리의 경우도 다음과 같이 작성할 수 있다.

```
julia> Dict{UInt8, Float64}(0 => 0, 1 => 1)
Dict{UInt8, Float64} with 2 entries:
  0x00 => 0.0
  0x01 => 1.0
```

보다시피 키와 값 모두를 각각 UInt8과 Float64 타입으로 변환한다. 참고로 줄리아는 0x 접두사가 붙은 부호 없는 정수를 출력하며, 이러한 값은 16진수 표현을 사용하고 있음을 알 수 있다. 예를 들어 Int에서 UInt32로 변환하면 다음과 같다.

```
julia> UInt32(200)
0x000000c8
```

마지막으로 모든 Real값을 저장할 수 있는 벡터를 생성해보자.

```
julia> Real[1, 1.0, 0x3]
3-element Vector{Real}:
    1
    1.0
 0x03
```

3장에서 배운 것처럼 Int, Float64, UInt8 타입은 Real의 서브타입이므로 이번에는 값의 변환이 발생하지 않는다. 이를 확인하고 싶다면 typeof.(Real[1, 1.0, 0x3])을 실행해보자. [Int64, Float64, UInt8] 벡터를 결과로 얻을 수 있다.

다음으로 넘어가기 전에 eltype 함수를 소개하고자 한다. 이 함수를 사용하면 컬렉션이 저장할 수 있는 요소의 타입을 추출할 수 있다. 다음은 몇 가지 예제이다.

```
julia> v1 = Any[1, 2, 3]
3-element Vector{Any}:
 1
 2
 3

julia> eltype(v1)
Any

julia> v2 = Float64[1, 2, 3]
3-element Vector{Float64}:
 1.0
 2.0
 3.0

julia> eltype(v2)
Float64
```

```
julia> d1 = Dict()
Dict{Any, Any}()

julia> eltype(d1)
Pair{Any, Any}

julia> d2 = Dict(1 => 2, 3 => 4)
Dict{Int64, Int64} with 2 entries:
  3 => 4
  1 => 2

julia> eltype(d2)
Pair{Int64, Int64}
```

벡터의 경우 타입만 가져온다. 반면 딕셔너리의 경우 줄리아에서 키-값 조합인 Pair 타입을 갖기 때문에 Pair 타입을 반환한다.

```
julia> p = 1 => 2
1 => 2

julia> typeof(p)
Pair{Int64, Int64}
```

5.2.2 파라메트릭 타입의 서브타이핑 규칙

간단한 예제들을 살펴보았으므로 이제 실숫값을 갖는 두 개의 벡터를 받아 공분산을 반환하는 함수를 정의하는 작업으로 돌아갈 준비가 되었다. 해당 함수는 모든 벡터를 허용해야 한다.

3장 내용을 떠올리면 AbstractVector 타입을 사용해야 한다는 것을 이미 알고 있을 것이다. 또한 함수가 이러한 벡터의 실숫값만 받아야 한다. 마찬가지로 이 벡터의 요소 타입이 Real이어야 한다는 것도 알고 있다.

따라서 첫 번째 가정은 AbstractVector{Real}이 사용하기에 적합한 타입이라는 것이다. 3장에서 설명한 isa 테스트를 통해 이 가정을 검증해보자.

```
julia> [1, 2, 3] isa AbstractVector{Int}
true
```

```
julia> [1, 2, 3] isa AbstractVector{Real}
false
```

예상대로 [1, 2, 3]의 타입은 AbstractVector{Int}의 서브타입이지만, 놀랍게도 Abstract Vector{Real}의 서브타입은 아니라는 것을 알 수 있다. 컴퓨터 과학에서는 이러한 매개변수의 동작을 **불변속성**invariant이라고 하는데 Int가 Real의 서브타입이긴 하지만 AbstractVector{Int}는 AbstractVector{Real}의 서브타입이 아니다. 이 설계에 대한 자세한 내용은 줄리아 매뉴얼의 'Parametric Composite Types'(http://mng.bz/z5EX)에서 확인할 수 있다.

타입이 AbstractVector{Real}의 서브타입인 벡터는 어떤 Real값도 저장할 수 있어야 한다. 5.2.1 절에서 벡터 Real[1, 1.0, 0x3]을 보았고, 실제로 그 요소의 타입이 다르다는 것도 확인했다. 또한 Vector{Real}은 Vector{Int}만큼 효율적으로 메모리에 저장할 수 없다.

이제 요소 타입이 Real의 서브타입인 벡터 타입을 지정하는 방법을 설명하려고 한다. 이 경우 구문은 AbstractVector{<:Real}이다. <: 시퀀스는 벡터의 요소 타입이 Real뿐만 아니라 Real의 모든 서브타입이 될 수 있음을 의미한다. 이와 동일하게 3장에서 이미 설명한 where 키워드를 사용할 수도 있다.

```
julia> AbstractVector{<:Real} == AbstractVector{T} where T<:Real
true
```

AbstractVector{T} where T<:Real 표현식은 자주 접하지는 않지만, 코드 후반부에서 벡터의 요소 타입을 저장하는 변수 T를 참조하려는 경우 유용할 수 있다.

지금까지의 내용을 요약하기 위해 타입과 그 의미에 대한 몇 가지 구체적인 예제를 정리해보자. 이 예제는 Vector 타입을 중심으로 작성되었다.

- Int는 Real의 서브타입이다. 이는 Real이 여러 숫자 타입을 지칭하는 추상적 개념이기 때문이며 마찬가지로 Real은 Any의 서브타입이다.
- Vector{Int}는 Vector{Real}의 서브타입이 아니다. 그 이유는 앞서 살펴본 것처럼 Vector{Int}와 Vector{Real} 모두 인스턴스를 가질 수 있기 때문이다. 하나는 정수만 저장할 수 있는 컨테이너이고 다른 하나는 모든 실숫값을 저장할 수 있는 컨테이너이다. 이 두 개는 모두 구체 타입이며 서로 다른 컨테이너이다. 어느 쪽도 다른 쪽의 서브타입이 아니다.

- Vector{<:Real}나 Vector{T} where T<:Real은 Real값을 저장할 수 있는 모든 컨테이너의 조합을 설명하는 방법이다. Vector{<:Real}은 여러 컨테이너를 나타내는 추상적인 개념이다. Vector{Int}와 Vector{Real}은 모두 Vector{<:Real}의 서브타입이다.

- Vector, Vector{<:Any}, Vector{T} where T은 모두 요소 타입에 제한을 두지 않고 Vector 타입을 가진 모든 컨테이너의 조합을 설명하는 방식이다. 이는 인스턴스를 가질 수 있는 구체 타입 Vector{Any}와 달리 어떤 값이라도 저장할 수 있는 벡터이다. 하지만 Vector{Any}는 Vector{<:Any}의 서브타입이며, 이는 다시 Any의 서브타입이라는 점을 유의해야 한다(줄리아의 모든 타입은 Any의 서브타입이기 때문이다).

그림 5.2는 이러한 관계를 보여준다.

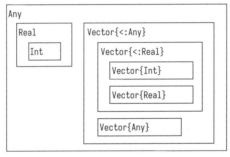

그림 5.2 위 예제에서 상자는 타입을 나타낸다. 어떤 타입이 해당 타입의 서브타입이라면 해당 타입의 박스 안에 넣는다. Int는 Real의 서브타입이지만 Vector{Int}는 Vector{Real}의 서브타입이 아니라는 점도 알 수 있다. 마찬가지로 Real은 Any의 서브타입이긴 하지만 Vector{Real}은 Vector{Any}의 서브타입이 아니다.

5.2.3 서브타이핑 규칙을 사용하여 공분산 함수 정의하기

그렇다면 공분산 함수는 어떻게 정의해야 할까? 전체 방법은 다음과 같다.

```
julia> using Statistics

julia> function ourcov(x::AbstractVector{<:Real},
                       y::AbstractVector{<:Real})
           len = length(x)
           @assert len == length(y) > 0  ◀
           return sum((x .- mean(x)) .* (y .- mean(y))) / (len - 1)
       end
ourcov (generic function with 1 method)
```

❶ 3.4절에서 @assert 매크로의 작동 원리를 살펴보았다. 2.3.1절에서는 여러 논리 조건을 결합하는 방법에 대해 살펴보았다.

앞의 코드에서는 브로드캐스팅을 사용하여 공분산을 계산한다. 먼저 ourcov 함수가 올바르게 작동하는지 확인해보자.

```
julia> ourcov(1:4, [1.0, 3.0, 2.0, 4.0])
1.3333333333333333

julia> cov(1:4, [1.0, 3.0, 2.0, 4.0])
1.3333333333333333
```

정상적으로 작동하는 것 같다. 코드에서는 정수 범위와 부동소수점값의 벡터를 혼합하여 전달했는데 이 경우 올바르게 받아서 처리한다. 그러나 요소 타입이 Real의 서브타입이 아닌 컬렉션을 전달하면 컬렉션에 저장된 특정값을 변경하지 않더라도 함수가 실패한다.

```
julia> ourcov(1:4, Any[1.0, 3.0, 2.0, 4.0])
ERROR: MethodError: no method matching ourcov(::UnitRange{Int64}, ::Vector{Any})
Closest candidates are:
  ourcov(::AbstractVector{<:Real}, ::AbstractVector{<:Real}) at REPL[100]:1
```

이번에는 두 번째 인수가 요소 타입이 Any인 벡터이고 Any는 Real의 서브타입이 아니므로 함수가 실패한다.

이 절을 마무리하기 전에 한 가지 일반적인 질문에 대해 이야기하고자 한다. 요소 타입의 범위가 넓은 컨테이너(예 Any)가 있는데 컬렉션에 저장된 데이터의 요소 타입으로 좁히려면 어떻게 해야 할까? 다행히 이 작업은 쉽다. 컬렉션에 identity 함수를 브로드캐스트하면 된다. 그러면 줄리아가 구현한 브로드캐스팅 메커니즘이 요소 타입에 대한 범위를 좁혀준다. 실제로 작동하는 코드는 다음과 같다.

```
julia> x = Any[1, 2, 3]
3-element Vector{Any}:
 1
 2
 3

julia> identity.(x)
3-element Vector{Int64}:
 1
 2
```

```
 3

julia> y = Any[1, 2.0]
2-element Vector{Any}:
 1
 2.0

julia> identity.(y)
2-element Vector{Real}:
 1
 2.0
```

5.3 파이썬과 통합하기

이 절에서는 컬렉션으로 작업할 때 줄리아와 파이썬을 통합하는 방법에 대해 알아본다. 줄리아와 파이썬에서 컬렉션 타입 간의 변환이 자동으로 수행되는 것을 볼 수 있다. 대규모 프로젝트에서는 두 기술을 모두 사용하여 개발된 구성 요소로 소프트웨어를 빌드해야 할 수 있으므로 줄리아에서 파이썬 코드를 사용하는 방법을 아는 것이 유용하다. 줄리아에서 배열을 작업하고 브로드캐스팅을 사용하는 방법에 대한 이해를 강화하기 위해 다음과 같은 예제를 선택했다.

파이썬은 현재 매우 인기 있는 언어이기 때문에 파이썬과의 통합을 먼저 소개하려고 한다. 10장에서는 줄리아와 R을 통합하는 방법을 배울 것이다. 줄리아에서 C 또는 포트란 코드를 호출하려면 줄리아 매뉴얼(http://mng.bz/091l)을 참조하면 된다. 다른 언어에 대한 바인딩은 패키지를 통해 제공된다. 예를 들어 Cxx.jl 패키지(https://github.com/JuliaInterop/Cxx.jl)를 사용하여 C++에 바인딩하거나 JavaCall.jl 패키지(https://github.com/JuliaInterop/JavaCall.jl)를 사용하여 자바에 바인딩할 수 있다.

5.3.1 t-SNE를 사용하여 차원 축소를 위한 데이터 준비하기

줄리아와 파이썬을 통합한 예제 애플리케이션으로 t-SNE 알고리즘을 사용하여 차원 축소하는 방법을 구현하고자 한다. **t-SNE**t-distributed stochastic neighbor embedding는 고차원 공간에 속하는 각 데이터 포인트에 저차원 공간의 위치를 부여하는 통계적 방법이다(https://lvdmaaten.github.io/tsne/). 이번 예제에서는 플롯으로 쉽게 시각화할 수 있는 2차원 공간을 대상으로 사용한다. t-SNE는 고차원 공간에서 비슷한 객체는 저차원 목표 공간에서 가까운 점으로, 반대의 객체는 먼 점으로 매핑하는 방식으로 진행된다.

나중에 2차원에 삽입하기 위해서 5차원 공간에서 임의의 데이터를 생성하는 것으로 시작한다.

```julia
julia> using Random

julia> Random.seed!(1234);

julia> cluster1 = randn(100, 5) .- 1
100×5 Matrix{Float64}:
 -0.0293437  -0.737544   -0.613869  -1.31815    -2.95335
 -1.97922    -1.02224    -1.74252   -2.33397    -2.00848
 -0.0981391  -1.39129    -1.87533   -1.76821    -1.23108
  ⋮
 -0.814052   -0.0632304  -1.01902   -0.322153   -1.20563
  2.22591    -0.164603   -0.614049  -1.03229    -0.229297
 -1.55273    -1.09341    -0.823972  -3.41422    -2.21394
 -4.40253    -1.62642    -1.01099   -0.926064    0.0914986

julia> cluster2 = randn(100, 5) .+ 1
100×5 Matrix{Float64}:
  0.910428   2.13668    0.852595  -0.450324    0.279842
 -0.203334   0.993725   1.86318    0.410499   -0.0472934
 -0.310062   0.608036  -0.0537928  1.48085     1.51439
  ⋮
 -0.198159  -0.211778  -0.726857   0.194847    2.65386
  1.47109    2.61912    1.80582    1.18953     1.41611
  2.77582    1.53736   -0.805129  -0.315228    1.35773
```

먼저 Random.seed!(1234) 명령을 사용하여 줄리아에서 난수 생성기의 시드seed를 설정한다. 함수 이름 뒤에 !가 붙은 이유는 이 함수가 전역 난수 생성기의 상태를 수정하기 때문이다. 이렇게 하면 동일한 버전의 줄리아를 사용하는 경우 코드 실행 시 위에 예제로 보여준 데이터와 동일한 값을 얻을 수 있다. 이 코드를 실행할 때마다 다른 난수를 생성하고 싶다면 시드 설정을 건너뛰어도 좋다.

다음으로 randn 함수를 사용하여 100개의 행과 5개의 열로 구성된 두 개의 행렬을 생성한다. 이 행렬에 저장된 값은 표준정규분포에서 무작위로 샘플링된다. 브로드캐스팅을 사용하여 cluster1 행렬의 모든 항목에서 1을 빼고 cluster2 행렬의 모든 항목에 1을 더한다. 이러한 방식으로 두 행렬에 저장된 포인트를 분리한다. cluster1의 데이터는 대부분 음수인 반면, cluster2에는 대부분 양수인 항목이 있다.

이제 vcat 함수로 두 행렬을 수직으로 연결하여 200개의 행과 5개의 열로 구성된 단일 행렬을 만든다. 열이 5개이므로 이 행렬을 data5라고 부른다.

```
julia> data5 = vcat(cluster1, cluster2)
200×5 Matrix{Float64}:
 -0.0293437  -0.737544  -0.613869   -1.31815    -2.95335
 -1.97922    -1.02224   -1.74252    -2.33397    -2.00848
 -0.0981391  -1.39129   -1.87533    -1.76821    -1.23108
 -1.0328     -0.972379   0.600607   -0.0713489  -1.16386
     ⋮
  1.2327      2.37472    1.31467    -0.290594    3.00592
 -0.198159   -0.211778  -0.726857    0.194847    2.65386
  1.47109     2.61912    1.80582     1.18953     1.41611
  2.77582     1.53736   -0.805129   -0.315228    1.35773
```

t-SNE 알고리즘을 사용하여 2차원으로 차원 축소를 수행한 후, 이 두 클러스터가 실제로 분리되어 있는지 시각적으로 확인하고자 한다.

5.3.2 줄리아에서 파이썬 호출하기

먼저 PyCall.jl 패키지에서 pyimport 함수를 사용하여 필요한 파이썬 패키지를 로드해야 한다.

```
julia> using PyCall

julia> manifold = pyimport("sklearn.manifold")
```

위 코드의 경우 어떤 컴퓨터에서는 실패할 수도 있다. 실패하는 경우 그 이유는 대부분 파이썬이 제대로 구성되지 않았거나 파이썬의 scikit-learn(구 패키지명 sklearn)이 설치되지 않았기 때문이다. 이 문제를 해결하기 위해 어떤 작업을 수행해야 하는지 알려주는 정보가 표시될 것이다. 파이썬에서 scikit-learn이 제대로 설치되지 않은 경우 다음 코드를 사용하여 표준 방식으로 추가할 수 있다.

```
julia> using Conda

julia> Conda.add("scikit-learn")

julia> manifold = pyimport("sklearn.manifold")
```

하지만 위 코드 또한 일부 운영체제에서는 실패할 수도 있다. 다른 옵션은 다음 박스에서 확인할 수 있다.

PyCall.jl 패키지를 사용하여 파이썬과의 통합 구성하기

PyCall.jl 패키지를 사용하면 줄리아 언어에서 파이썬을 함께 사용할 수 있다. 이 패키지를 사용하면 줄리아에서 파이썬 모듈을 가져오고, 파이썬 함수를 호출(타입 자동 변환 포함)하고, 줄리아에서 파이썬 코드의 전체 코드 블록을 평가할 수도 있다.

Mac 및 윈도우 시스템에서 PyCall.jl을 설치하면 기본적으로 줄리아 전용 최소 파이썬 배포판이 설치된다. GNU/리눅스 시스템에서 패키지는 PATH에서 찾을 수 있는 파이썬이 사용될 것이다. 또는 PyCall.jl 깃허브 페이지(http://mng.bz/vXo1)에 설명된 대로 기본 버전이 아닌 다른 버전의 파이썬을 사용할 수도 있다.

Mac 또는 윈도우를 사용 중이고 파이썬의 기본 구성을 사용하는 경우, Conda.jl 패키지를 사용하여 줄리아 전용 파이썬 배포판에 패키지를 추가할 수 있다. GNU/리눅스를 사용하는 경우 기본적으로 파이썬 설치에 사용되는 표준 도구를 사용하여 패키지를 추가할 수 있다.

안타깝게도 표준 패키지 관리자가 내장되어 있는 줄리아와 달리 파이썬 환경을 올바르게 구성하고 컴퓨터에 패키지를 설치하는 것은 때때로 어려울 수 있다. PyCall.jl 패키지 관리자는 대부분의 경우 이 프로세스가 자동으로 작동되도록 만들기 위해 노력했다. 그럼에도 불구하고 실패하는 경우 PyCall.jl(https://github.com/JuliaPy/PyCall.jl)나 Conda.jl(https://github.com/JuliaPy/Conda.jl) 페이지에서 자세한 해결 방법을 참조하기를 바란다.

파이썬에서 `sklearn.manifold`을 가져온 후 `manifold` 변수에 바인딩하면 t-SNE 알고리즘을 사용할 준비가 된 것이다. 차원 축소 후 결과 행렬이 두 개의 열을 가지므로 결과를 **data2** 변수에 저장한다.[1]

```
julia> tsne = manifold.TSNE(n_components=2, init="random",
                            learning_rate="auto", random_state=1234)
PyObject TSNE(init='random', random_state=1234)

julia> data2 = tsne.fit_transform(data5)
200×2 Matrix{Float32}:
  1.25395   -14.9826
  0.448442  -12.2407
 -2.0488    -10.6652
  2.19538    -3.94876
  ⋮
  6.23544    10.1046
  5.49633     6.37504
 -1.82243    13.8231
  5.05417    13.2529
```

---

1 [옮긴이] 이하 사이킷런 예제는 실행 환경(CPU)과 파이썬 버전에 따라 책과 다른 결과가 나오는 현상이 있었다. 번역 시점에서 최신 버전인 파이썬 3.11.4와 사이킷런 1.3.0에서는 환경과 무관하게 책과 동일한 결과가 나오는 것을 확인했다.

사이킷런 문서(http://mng.bz/K0oZ)에 있는 t-SNE 알고리즘 사용 예제를 참조하면 줄리아에서 파이썬을 사용하는 것이 본질적으로 쉽다는 것을 알 수 있다.

- 파이썬에서 함수를 호출하는 것과 동일한 방식으로 파이썬 함수를 호출할 수 있다. 특히 점을 사용하여 파이썬과 동일한 방식으로 객체를 참조할 수 있다.
- 줄리아와 파이썬 객체 간에 변환은 자동으로 이루어지므로 따로 고려할 필요가 없다.

이 정도 수준의 통합은 줄리아에서 파이썬을 사용하는 데 개발자의 노력이 거의 필요하지 않다는 것을 의미한다. 개인의 경험에 비추어볼 때, 파이썬 코드를 줄리아로 포팅하려는 대부분의 경우 구문 차이만 수정하면 모든 것이 정상적으로 작동한다. 예를 들어 줄리아에서는 문자열 리터럴에 큰따옴표(")가 필요하지만 일반적으로 파이썬에서는 작은따옴표(')가 사용된다.

이 절에서는 줄리아와 파이썬을 통합하는 최소한의 예제만 살펴보았다. 가능한 통합 옵션 등 자세한 내용을 알아보려면 PyCall.jl 패키지 웹사이트(https://github.com/JuliaPy/PyCall.jl)를 참조하기를 바란다.

5.3.3 t-SNE 알고리즘의 결과 시각화하기

분석을 마무리하기 위해 산점도를 사용하여 **data2** 행렬을 그려볼 것이다. cluster1을 나타내는 첫 100개 포인트는 cluster2를 나타내는 마지막 100개 포인트와 다른 색으로 채운다.

```
julia> using Plots

julia> scatter(data2[:, 1], data2[:, 2];
               color=[fill("black", 100); fill("gold", 100)],
               legend=false)
```

위 코드에서 `[fill("black", 100); fill("gold", 100)]` 표현식을 기억하자. 먼저 `fill` 함수를 사용하여 색상을 나타내는 100개의 상숫값을 저장하는 두 개의 벡터를 만든다. 다음으로 대괄호 안에 세미콜론(;)을 사용하여 이 두 벡터를 수직으로 연결하여 200개의 요소로 구성된 벡터를 생성하고, 이 벡터는 `color` 키워드 인수로 `scatter` 함수에 전달되었다.

그림 5.3은 결과 플롯을 보여준다. 예상대로 cluster1과 cluster2의 포인트가 분리되어 있는 것을 볼 수 있다(cluster1의 이상치 1개 제외).

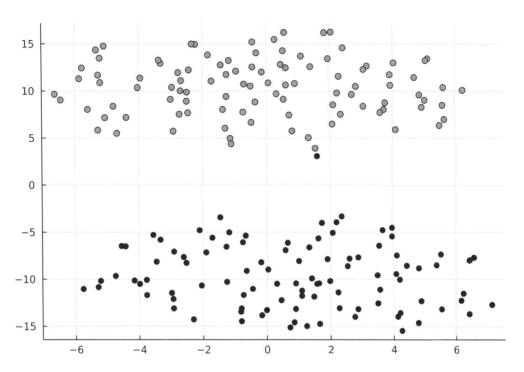

그림 5.3 t-SNE 임베딩 결과의 시각화. cluster1과 cluster2의 데이터(서로 다른 색으로 표시)가 분리되어 있다. 이 알고리즘은 cluster1에서 하나의 이상치를 식별하는 데 도움이 되며, 이는 임베딩된 공간에서 cluster2의 포인트에 더 가까운 곳에 위치한 검은색 포인트이다.

연습 5.2 5.3절에 제시된 분석을 되풀이하되 cluster1과 cluster2에 대한 데이터를 만들 때 1을 더하고 빼는 대신 각각 0.4를 더하고 뺀다. 이렇게 하면 5차원 공간에서 두 클러스터 사이의 간격이 줄어든다. 그 후 t-SNE에 의해 생성된 2차원 공간에서 두 클러스터의 간격이 줄어들었는지 확인해보자.

요약

- 줄리아는 컬렉션을 순회하고 변환하는 네 가지 방법으로 루프, map 함수(및 기타 유사한 고차 함수), 컴프리헨션, 브로드캐스팅을 제공한다. 각 방법마다 데이터 처리 규칙이 조금씩 다르다. 따라서 주어진 상황에서 필요에 따라 선택해 사용하면 된다.

- 줄리아의 대부분 함수는 스칼라에서 작동하도록 정의되어 있다. 컬렉션에서 함수를 요소별로 적용하려면 컬렉션을 순회할 수 있는 메서드 중 하나를 사용해야 한다.

- 줄리아의 브로드캐스팅은 컬렉션의 값에 함수를 적용하는 방법이다(다른 언어에서는 벡터화 vectorization라고도 함). 점을 붙여서 모든 함수(sin 또는 log)를 브로드캐스팅할 수 있다. 마찬가지로 연산자(* 또는 /)를 벡터화하려면 점을 앞에 붙이면 된다.

- 줄리아의 브로드캐스팅은 브로드캐스트 퓨전을 사용하기 때문에 효율적이다. 줄리아는 복잡한 브로드캐스팅 작업을 실행할 때 데이터 처리의 중간 결과를 저장하기 위해 객체를 할당할 필요가 없다.

- 줄리아에서는 R, 파이썬과 마찬가지로 브로드캐스팅 길이가 1인 차원을 자동으로 확장한다. 이 규칙을 잊어버리면 브로드캐스팅 연산 결과에 놀랄 수 있으므로 기억하는 것이 중요하다.

- 스칼라로 처리할 컬렉션을 전달하는 브로드캐스팅 연산이 있는 경우 이 컬렉션을 Ref로 감싸야 한다. 이 접근 방식은 in 함수를 사용하여 참조 테이블에 대한 조회를 수행할 때 자주 사용된다.

- 컬렉션으로 작업할 때는 줄리아의 파라메트릭 타입에 대한 서브타이핑 규칙을 이해해야 한다. Vector{Real}을 작성하면 값이 취할 수 있는 타입이 지정된다. 이 값은 모든 Real을 저장할 수 있는 Vector이다. 반면에 Vector{<:Real}은 요소 타입이 Real의 서브타입인 모든 Vector의 슈퍼타입을 나타낸다. 리프 타입이나 구체 타입이 아니기 때문에 어떤 값도 Vector{<:Real} 타입을 가질 수 없다. 따라서 Vector{Int}는 Vector{<:Real}의 서브타입이지만 Vector{Real}의 서브타입은 아니다(3장에서 어떤 줄리아 타입이 인스턴스를 가질 수 있다면 서브타입을 가질 수 없다고 했던 점을 기억하자).

- PyCall.jl 패키지를 사용하여 줄리아와 파이썬을 통합할 수 있다. 이 통합은 줄리아 프로젝트에서 파이썬 코드를 사용하려는 경우에 종종 필요하다.

- PyCall.jl 패키지가 제공하는 줄리아와 파이썬의 통합을 통해 파이썬에서 호출하는 것과 동일한 방식으로 파이썬 함수를 호출할 수 있으며, 줄리아와 파이썬 간의 컬렉션 자동 변환이 수행된다. 즉, 줄리아에서 파이썬 함수를 쉽게 사용할 수 있으며 줄리아 프로젝트에서 해당 함수를 사용하기 위해서는 파이썬 코드를 최소한으로만 변경하면 된다.

문자열로 작업하기

이 장에서는 줄리아 언어에서 텍스트 데이터를 처리하는 방법을 배울 것이다. 텍스트 데이터는 문자열로 저장된다. **문자열**string은 데이터 과학 프로젝트, 특히 자연어 처리 작업과 관련된 프로젝트를 수행할 때 가장 많이 접하게 되는 데이터 타입 중 하나이다.

문자열 처리의 한 예로 트위터 사용자가 평점을 부여한 영화 장르를 분석해보자. 가장 많이 언급된 영화 장르가 무엇인지, 그리고 이 장르의 상대적 빈도가 영화 연도에 따라 어떻게 변화하는지 파악하고자 한다.

이 분석을 위해 movies.dat(http://mng.bz/9Vao) 파일을 사용한다. 이 파일은 MIT 라이선스에 따라 깃허브 저장소(https://github.com/sidooms/MovieTweetings)에서 공유된다.

이 장에서는 그림 6.1과 같이 다음 단계에 따라 영화 장르 데이터를 분석할 것이다.

1. 웹에서 데이터 가져오기

2. 줄리아에서 데이터 읽기

3. 원본 데이터를 구문 분석하여 각 영화의 연도 및 장르 목록을 추출하기

4. 빈도 테이블frequency table을 만들어 가장 많이 본 영화 장르 찾기

5. 가장 많이 본 장르의 연도별 인기도 플롯 만들기

그림 6.1 분석의 단계: 각 단계에 사용되는 중요한 줄리아 함수와 이를 제공하는 패키지를 나열했다.

위 분석을 통해 줄리아의 문자열이 UTF-8로 인코딩된다는 것이 무엇을 의미하는지, 문자열로 작업할 때 이 사실을 어떻게 고려해야 하는지 배우게 될 것이다.

이 장의 마지막에서는 문자열로 작업할 때 발생하는 성능 문제에 대해 다룬다. 다음 사항에 대해 배울 것이다.

- 텍스트 데이터를 분석할 때 문자열 대신 심벌 사용하기
- InlineStrings.jl 패키지에서 제공하는 고정 너비 문자열 사용하기
- PooledArrays.jl 패키지를 사용하여 문자열 벡터 압축하기

6.1 데이터 가져오고 검사하기

대부분 데이터 과학 워크플로에서 가장 먼저 직면하게 되는 작업은 분석을 시작하기 전에 데이터를 가져와서 읽어오는 것이다. 따라서 이 절에서는 웹에서 파일을 다운로드하고 그 내용을 검사하

는 방법을 배우는 것부터 시작한다(사용자의 편의를 위해 이 책의 소스 코드와 함께 깃허브 저장소에도 파일이 저장되어 있다).

6.1.1 웹에서 파일 다운로드하기

먼저, 아래 예제 코드를 통해 데이터를 다운로드해야 한다.

예제 6.1 깃허브에서 movies.dat 파일 가져오기

```
julia> import Downloads

julia> Downloads.download("https://raw.githubusercontent.com/" *
                          "sidooms/MovieTweetings/" *
                          "44c525d0c766944910686c60697203cda39305d6/" *
                          "snapshots/10K/movies.dat",
                          "movies.dat")
"movies.dat"
```

Downloads 모듈의 download 함수는 가져올 파일의 URL 위치와 저장할 위치 경로라는 두 가지 인수를 받는다. 이 경우 파일을 줄리아의 작업 디렉터리에 movies.dat로 저장한다.

> **줄리아 1.6 이전 버전에서 파일 다운로드하기**
>
> 줄리아 1.6 이전 버전에서는 Downloads 모듈을 사용하지 않고도 download 함수를 사용할 수 있었다. 이 방법은 줄리아 1.7 이후 버전에서도 여전히 사용 가능하지만 더 이상 권장되지 않으므로 Downloads 모듈을 사용하는 것이 좋다.

앞 예제에서 download 함수의 인수가 모두 문자열 리터럴이라는 것을 알 수 있다. 다음 두 가지 중요한 점을 주목해보자.

- 문자열 리터럴은 큰따옴표(")로 묶는다.
- 곱셈 연산자(*)를 사용하여 문자열 리터럴을 연결할 수 있다. 앞 예제에서는 긴 문자열을 여러 줄의 코드로 분할하고 *를 사용하여 연결했다(파이썬에서는 더하기 연산자(+)를 사용하여 문자열을 연결한다).

이제 줄리아 문자열이 지원하는 몇 가지 표준 기능에 대해 간략히 설명하고자 한다.

6.1.2 일반적인 문자열 구성 기법 사용하기

첫 번째 편리한 기능은 문자열 리터럴 안에 $를 사용하여 변수를 문자열로 보간할 수 있다는 것이다. 다음은 예제이다.

```
julia> x = 10
10

julia> "I have $x apples"
"I have 10 apples"
```

위 코드에서는 문자열 리터럴 안에 $x를 작성했기 때문에 x 변수에 바인딩된 값이 문자열에 보간된다. 더 복잡한 표현식도 이런 식으로 보간할 수 있지만 괄호로 묶어야 한다.

```
julia> "I have $(2 * x) apples"
"I have 20 apples"
```

두 번째 기능은 문자열 리터럴 안에 C의 이스케이프 입력(https://en.cppreference.com/w/cpp/language/escape) 형식을 사용할 수 있다는 것이다. 예를 들어 개행이 포함된 문자열을 만들기 위해서는 \n 시퀀스를 사용한다. 따라서 문자열 리터럴 "a\nb"는 a, 개행(\n), b 세 개의 문자로 구성된다.

줄리아는 표준 이스케이프 시퀀스 외에도 두 가지를 추가로 도입했다. $를 작성하려면 \$로 이스케이프해야 한다. 이스케이프되지 않은 $는 앞서 설명한 것처럼 보간에 사용된다. 다음은 $만 사용하면 오류가 발생한다는 것을 보여주는 \$ 이스케이프 시퀀스 예제이다.

```
julia> "I have. \$100."
"I have. \$100.".    ◄── ❶ 줄리아는 이스케이프된 형식을 사용했기 때문에
                              대화형 세션에서 문자열을 표시한다.
julia> "I have. $100."
ERROR: syntax: invalid interpolation syntax: "$1"
```

두 번째 추가 시퀀스는 개행 바로 앞에 붙는 \이다. 이를 사용하면 긴 문자열을 여러 줄로 분할할 수 있다. 따라서 예제 6.1에서 *를 사용하는 대신 다음과 같이 작성하여 동일한 결과를 얻을 수 있다.

```
Downloads.download("https://raw.githubusercontent.com/\
                    sidooms/MovieTweetings/\
                    44c525d0c766944910686c60697203cda39305d6/\
                    snapshots/10K/movies.dat",
                  "movies.dat")
```

이 경우 다음 예제에서 볼 수 있듯이 \ 뒤의 개행과 다음 줄의 선행 공백(일반적으로 코드 들여쓰기에 사용되는)은 무시된다.

```
julia> "a\
        b\
        c"
"abc"
```

때로는 C의 이스케이프 입력 형식에 대한 특수 처리와 보간을 모두 피하고 싶을 수 있다. 문자열 리터럴 앞에 raw 접두사를 사용하면 쉽게 피할 수 있다(이러한 리터럴을 **원시 문자열 리터럴**raw string literal이라고 함). 보통 윈도우에서 작업하면서 경로를 작성해야 할 때 이 기능을 가장 많이 사용한다. 다음이 그러한 예제인데, 표준 문자열 리터럴로 윈도우 경로를 작성하려고 하면 오류가 발생할 가능성이 높다.

```
julia> "C:\my_folder\my_file.txt"
ERROR: syntax: invalid escape sequence
```

이 오류는 줄리아가 \m을 잘못된 이스케이프 시퀀스로 취급하기 때문에 발생한다. raw 접두사를 사용하면 쉽게 해결할 수 있다.

```
julia> raw"C:\my_folder\my_file.txt "
"C:\\my_folder\\my_file.txt"
```

이번에는 잘 작동한다. 문자열은 여전히 표준 문자열로 표기된다. 위 예제에서 각 \ 문자는 표준 문자열에서 \로 해석되는 이스케이프 시퀀스이므로 \\로 표시된다. 문자열에서 이스케이프 시퀀스를 제외한 텍스트 표현을 출력하려면 print 함수를 사용하면 된다.

```
julia> print(raw"C:\my_folder\my_file.txt ")
C:\my_folder\my_file.txt
```

마지막으로 줄리아 코드에서 만날 수 있는 특수 문자열 리터럴은 세 개의 큰따옴표(""")로 묶인 문자열이다. 이러한 리터럴은 여러 줄에 걸쳐 있는 긴 텍스트 블록을 만들 때 사용한다. 이 책에서는 이러한 리터럴을 사용하지는 않지만 자세한 내용이 궁금하다면 줄리아 매뉴얼(http://mng.bz/jAjp)에서 확인할 수 있다.

이제 문자열 리터럴 생성의 기본 사항을 알았으니 디스크에서 문자열을 읽는 방법에 대해 살펴볼 것이다. 먼저 현재 작업 디렉터리에 파일이 있는지 확인하기 위해 `isfile` 함수를 사용하여 `movies.dat` 파일이 다운로드되었는지 확인한다.

```
julia> isfile("movies.dat")
true
```

6.1.3 파일의 내용 읽기

함수가 `true`를 반환하며, 이는 파일이 존재함을 의미한다. 이제 내용을 한 줄씩 읽고 결과를 다음 예제의 movies 변수에 바인딩해보자.

예제 6.2 movies.dat 파일을 벡터로 읽기

```
julia> movies = readlines("movies.dat")
3096-element Vector{String}:
 "0002844::Fantômas - À l'ombre de la guillotine (1913)::Crime|Drama"
 "0007264::The Rink (1916)::Comedy|Short"
 "0008133::The Immigrant (1917)::Short|Comedy|Drama|Romance"
 "0012349::The Kid (1921)::Comedy|Drama|Family"
 ⋮
 "2748368::Neil (2013)::Short|Comedy"
 "2750600::A Different Tree (2013)::Short|Drama|Family"
 "2763252::Broken Night (2013)::Short|Drama"
 "2769592::Kiss Shot Truth or Dare (2013)::Short"
```

`readlines` 함수는 파일에서 모든 줄을 문자열 벡터로 읽는다. 벡터의 각 문자열은 데이터의 한 줄을 나타낸다.

데이터를 보면 영화에 대한 각 항목(파일의 줄)은 다음과 같은 구조를 가진다.

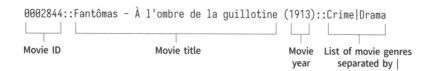

```
0002844::Fantômas - À l'ombre de la guillotine (1913)::Crime|Drama
```

Movie ID   Movie title   Movie year   List of movie genres separated by |

첫 번째 부분은 영화의 숫자 식별자이다. 그 뒤에 :: 구분 기호가 붙어 있고 다음으로 영화 제목이 나온다. 그다음은 괄호 안에 영화 연도이다. 마지막으로 :: 구분 기호 뒤에는 영화의 장르가 나온다. 장르가 여러 개인 경우 파이프(|)로 구분한다.

6.2 문자열 분할하기

보통 분석에 데이터를 사용하기 전에는 전처리를 해야 하며, 이 작업은 종종 어려움에 놓인다. 가장 기본적인 전처리 유형은 여러 정보가 포함된 문자열을 분할하는 것이다. 이 절에서는 해당 기술을 배우게 된다.

예제 문자열에서 각 영화에 대해 장르 목록과 연도를 추출하고자 한다. 하지만 모든 문자열에 대해 이 작업을 수행하기 전에 첫 번째 문자열에서 수행하는 방법을 살펴보자. 다음과 같이 첫 번째 문자열을 추출한다.

```
julia> movie1 = first(movies)
"0002844::Fantômas - À l'ombre de la guillotine (1913)::Crime|Drama"
```

first 함수를 사용하여 벡터 movies의 첫 번째 요소를 가져왔다. 이 문자열로 작업하는 데 사용할 첫 번째 함수는 split이다. 이 함수에는 분할될 문자열과 분할 기준으로 사용될 구분 기호라는 두 가지 인수가 필요하다. 기본적으로 구분 기호는 공백이지만, 여기서는 먼저 ::을 사용한다. split 함수를 사용해보자.

```
julia> movie1_parts = split(movie1, "::")
3-element Vector{SubString{String}}:
 "0002844"
 "Fantômas - À l'ombre de la guillotine (1913)"
 "Crime|Drama"
```

movie1_parts 변수는 예상대로 3개의 문자열로 구성된 벡터를 가진다.

movies 벡터 타입이 Vector{String}인 반면 movie1_parts 벡터 타입은 Vector{SubString{String}}인 것을 눈치챘을 것이다. 이는 줄리아가 split 함수로 문자열을 분할할 때 효율성을 위해 문자열을 복사하지 않고 원본 문자열의 슬라이스인 SubString{String} 객체를 생성하기 때문이다. 줄리아의 문자열은 불변이므로 이러한 방식은 안전하다(4장에서 이미 가변 타입과 불변 타입에 대해 살펴보았다). 따라서 문자열이 생성되면 그 내용은 변경할 수 없다. 그렇기에 문자열의 부분문자열substring 생성은 안전한 것이다. 코드에서 문자열의 SubString{String}을 생성하려면 view 함수나 @view 매크로를 사용하면 된다.

String과 SubString{String}은 모두 문자열이므로 줄리아에서는 문자열에 보다 일반적이고 추상적인 개념이 있어야 한다. 이는 다음과 같다.

```julia
julia> supertype(String)
AbstractString

julia> supertype(SubString{String})
AbstractString
```

지금까지 살펴본 두 문자열 타입은 AbstractString의 서브타입이다. 줄리아에서 AbstractString은 모든 문자열을 나타내는 타입이다(곧 이 장에서 해당 타입의 더 많은 서브타입에 대해 설명할 것이다).

AbstractString은 언제 사용하는가?

함수 인수 타입이 문자열이어야 하는 경우 (String 타입만 요구되는 경우가 아니라면) 애너테이션에 String 대신 AbstractString을 사용하자.
예를 들어 다음과 같이 함수를 정의하는 것이 좋다.

```julia
suffix_bang(s::AbstractString) = s * "!"
```

위 정의에서 AbstractString 대신 String을 사용하는 것을 권장하지 않는데, 그렇게 설정하면 해당 함수는 SubString{String} 인수와는 작동하지 않기 때문이다.

---

split 함수는 Base Julia에서 문자열 작업에 사용할 수 있는 여러 함수 중 하나이다. 모든 함수에 대한 설명은 줄리아 매뉴얼의 'String'(https://docs.julialang.org/en/v1/base/strings/)에서 찾을 수 있다. 다음은 일반적으로 사용되는 몇 가지 함수이다.

- string — print 함수를 사용하여 전달된 값을 문자열로 변환한다.
- join — 반복자의 요소를 문자열로 조인하고 조인된 항목 사이에 지정된 구분기호를 삽입한다.
- occursin — 첫 번째 인수가 두 번째 인수의 부분문자열인지 확인한다.
- contains — 두 번째 인수가 첫 번째 인수의 부분문자열인지 확인한다.
- replace — 지정된 문자열에서 전달된 패턴을 찾아 지정된 값으로 변경한다.
- strip — 문자열에서 선행 및 후행 문자(기본값은 공백)를 스트립한다(선행 및 후행 문자 스트립을 위한 lstrip 및 rstrip도 관련됨).
- startswith — 주어진 문자열이 전달된 접두사로 시작하는지 확인한다.
- endswith — 주어진 문자열이 전달된 접미사로 끝나는지 확인한다.
- uppercase — 문자열을 대문자로 변경한다.
- lowercase — 문자열을 소문자로 변경한다.
- randstring — 랜덤 문자열을 생성한다(Random 모듈에 정의됨).

6.3 정규 표현식을 사용하여 문자열 작업하기

이전 절에서는 데이터가 고정된 문자 시퀀스로 구분될 때 split 함수를 사용하여 문자열에서 정보를 추출했다. 이제는 정규 표현식을 사용하여 보다 일반적인 패턴에 따라 문자열 일부를 추출하는 방법에 대해 살펴볼 것이다.

movie1_parts 변수를 만들었으면 두 번째 요소를 영화 이름과 연도로 분할할 수 있다.

```
julia> movie1_parts[2]
"Fantômas - À l'ombre de la guillotine (1913)"
```

정규 표현식(https://www.regular-expressions.info)을 사용하여 이를 작업해보자.

6.3.1 정규 표현식으로 작업하기

정규 표현식을 작성하는 방법은 너무 광범위하므로 이에 대해 자세히 알고 싶다면 제프리 프리들 Jeffrey E. F. Friedl의 《Mastering Regular Expressions》(O'Reilly, 2006)을 추천한다. 줄리아는 PCRE

라이브러리(http://www.pcre.org)에서 제공하는 Perl 호환 정규 표현식을 지원한다. 이 절에서는 사용할 정규 표현식 리터럴과 줄리아에서 정규 표현식 리터럴을 어떻게 작성하는지 살펴볼 것이다.

```julia
julia> rx = r"(.+) \((\d{4})\)$"
r"(.+) \((\d{4})\)$"
```

정규 표현식 리터럴을 만들려면 문자열 리터럴 앞에 문자 r을 접두사로 붙인다. 이 정규 표현식의 의미는 그림 6.2에 설명되어 있다. 가장 중요한 부분은 괄호를 사용하여 두 개의 **캡처링 그룹** capturing group을 만든다는 것이다. 캡처링 그룹은 정규 표현식과 일치하는 문자열의 일부를 검색하는 방법이다. 이 예제에서는 두 개의 캡처링 그룹을 설계했다. 첫 번째 캡처링 그룹에는 영화 이름이 포함되고 두 번째 캡처링 그룹에는 영화 연도가 포함된다.

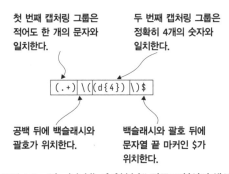

그림 6.2 r"(.+) \((\d{4})\)$" 정규 표현식의 해석

줄리아에서는 match 함수를 사용하여 정규 표현식을 문자열에 쉽게 일치시킬 수 있다.

```julia
julia> m = match(rx, movie1_parts[2])
RegexMatch("Fantômas - À l'ombre de la guillotine (1913)", 1="Fantômas - À l'ombre de la guillotine", 2="1913")
```

m 변수는 rx 정규 표현식을 movie1_parts[2] 문자열에 일치시킨 결과 객체에 바인딩된다. 출력된 객체에서는 예상대로 두 개의 그룹을 캡처한 것을 볼 수 있다. 이러한 그룹은 인덱싱을 사용하여 m 객체에서 쉽게 검색할 수 있다.

```julia
julia> m[1]
"Fantômas - À l'ombre de la guillotine"
```

```
julia> m[2]
"1913"
```

위 접근 방식은 매우 편리하다. 연도를 숫자로 저장하려면 5장에서 설명했던 parse 함수를 사용하여 구문 분석해야 한다.

```
julia> parse(Int, m[2])
1913
```

지금까지 줄리아의 정규 표현식에 대한 간단한 튜토리얼이었다. 정규 표현식 사용법에 대해 더 자세히 알고 싶다면 줄리아 매뉴얼의 'Regular Expressions'(http://mng.bz/WMBw)을 읽어보기를 권장한다.

6.3.2 movies.dat 파일의 한 줄 파서 작성하기

이제 movies.dat 파일의 한 줄 파서를 작성할 준비가 완료되었다. 이 파서를 함수로 정의하는 것이 좋다. 다음 예제는 이를 어떻게 정의할 것인지 보여준다.

예제 6.3 movies.dat 파일의 한 줄을 구문 분석하는 함수

```
function parseline(line::AbstractString)
    parts = split(line, "::")
    m = match(r"(.+) \((\d{4})\)", parts[2])
    return (id=parts[1],
            name=m[1],
            year=parse(Int, m[2]),
            genres=split(parts[3], "|"))
end
```

parseline 함수는 파일에서 한 줄을 가져와 영화 ID, 이름, 연도, 장르 목록이 포함된 NamedTuple을 반환한다. 각 줄 분석에 사용되는 대부분 코드들은 6.1.2와 6.1.3절에서 설명을 찾을 수 있다. 여기서는 split(parts[3], "|")) 표현식이 파이프(|)로 구분된 장르 목록인 parts 벡터의 세 번째 요소를 가져온 후 다시 분할한다는 점만 새롭게 이해하면 된다.

이 함수가 파일의 첫 줄에서 어떻게 작동하는지 살펴보자.

```
julia> record1 = parseline(movie1)
(id = "0002844", name = "Fantômas - À l'ombre de la guillotine", year = 1913, genres =
SubString{String}["Crime", "Drama"])
```

정확히 예상했던 대로 결과가 반환되었다. 예를 들어 첫 번째 영화의 이름이 포함된 문자열을 얻으려면 record1.name을 입력하면 된다.

6.4 인덱싱을 사용하여 문자열에서 부분집합 추출하기

movies.dat 파일에 대한 분석을 진행하기 전에 먼저 줄리아에서 문자열이 인덱싱되는 방식에 대해 알아보자. 문자열 인덱싱은 종종 문자열의 부분집합subset, 즉 부분문자열을 추출하는 데 사용된다.

6.4.1 줄리아에서 문자열의 UTF-8 인코딩

문자열 인덱싱을 이해하려면 UTF-8 인코딩의 기본 사항을 알고 있어야 한다(http://mng.bz/49jD).

UTF-8은 문자열의 개별 문자를 바이트 단위로 표현하는 방법을 설명하는 표준이다. 이 표준의 특징은 문자마다 1, 2, 3, 4바이트를 사용할 수 있다는 것이다. 이 표준은 오늘날 가장 많이 사용되고 있으며(http://mng.bz/QnWR), 특히 줄리아에서는 이 표준을 따르고 있다. codeunits 함수를 사용하여 주어진 문자열의 바이트 순서를 확인할 수 있다. 다음 예제는 하나로 문자로 구성되어 있지만 코드 단위 수가 다른 문자열을 보여준다.

예제 6.4 **바이트 길이가 다른 단일 문자열의 UTF-8 인코딩**

```
julia> codeunits("a")
1-element Base.CodeUnits{UInt8, String}:
 0x61

julia> codeunits("ε")
2-element Base.CodeUnits{UInt8, String}:
 0xce
 0xb5

julia> codeunits("∀")
3-element Base.CodeUnits{UInt8, String}:
 0xe2
 0x88
 0x80
```

단일 문자가 다양한 바이트 수를 사용할 수 있다는 의미를 이해하기 위해서 6.3.2절에서 생성한 record1.name 문자열을 사용해보자. 분석에서 출력을 줄이기 위해 이 문자열의 첫 번째 단어인 Fantômas만 사용할 것이다. 8개의 문자로 구성되어 있으므로 first 함수를 사용하여 문자열에서 문자를 추출한다.

```julia
julia> word = first(record1.name, 8)
"Fantômas"
```

first 함수는 문자열과 문자열 앞부분에서 가져올 문자 수(위 경우 8자) 두 개의 인수를 받는다. 문자열을 문자의 컬렉션으로 취급하고 인덱싱을 사용하여 추출할 수 있는지 다음과 같이 확인해 볼 수 있다.

```julia
julia> record1.name[1:8]
"Fantôma"
```

6.4.2 문자 인덱싱 vs. 바이트 인덱싱

이전 절의 예제는 작동하지만 예기치 않은 결과를 생성한다. 어떤 이유에서인지 줄리아는 이름에서 마지막 글자를 제거했다. 왜 그런 걸까? 줄리아의 문자열 인덱싱은 문자가 아닌 바이트 오프셋을 사용하며, 문자 ô는 2바이트를 사용하여 인코딩되기 때문이다. 5장에서 배웠던 eachindex 함수를 사용하여 이를 확인할 수 있다.

```julia
julia> for i in eachindex(word)
           println(i, ": ", word[i])
       end
1: F
2: a
3: n
4: t
5: ô
7: m
8: a
9: s
```

또는 단일 문자 ô로 구성된 문자열에 codeunits 함수를 사용해도 된다.

```
julia> codeunits("ô")
2-element Base.CodeUnits{UInt8, String}:
 0xc3
 0xb4
```

문자열 Fantômas의 코드 단위를 살펴보자.

```
julia> codeunits("Fantômas")
9-element Base.CodeUnits{UInt8, String}:
 0x46
 0x61
 0x6e
 0x74
 0xc3
 0xb4
 0x6d
 0x61
 0x73
```

실제로 ô의 바이트 인덱스는 5이지만 다음 문자 m의 바이트 인덱스는 7이다. ô는 2바이트를 사용하여 인코딩되기 때문이다. 그림 6.3에서 Fantômas 문자열에 대한 문자, 바이트(코드 단위), 바이트 인덱스, 문자 인덱스의 매핑을 볼 수 있다.

문자 →	F	a	n	t	ô		m	a	s
바이트(코드 유닛) →	0x46	0x61	0x6e	0x74	0xc3	0xb4	0x6d	0x61	0x73
바이트 인덱스 →	1	2	3	4	5	6	7	8	9
문자 인덱스 →	1	2	3	4	5		6	7	8

그림 6.3 Fantômas 문자열에 대한 문자, 바이트(코드 단위), 바이트 인덱스 및 문자 인덱스 매핑

이러한 문자열 인덱싱 방식이 처음에는 상당히 익숙하지 않을 수 있다. 이렇게 작동하는 이유는 콘텍스트에 따라 문자열의 바이트 인덱싱 또는 문자 인덱싱 중 하나를 수행해야 하는데 줄리아는 두 가지 옵션을 모두 제공하기 때문이다. 일반적으로 비표준 입력 데이터(예를 들어 IoT 센서 데이터)를 구문 분석해야 할 때는 바이트 단위로 작업해야 하고, 표준 텍스트를 처리해야 할 때는 문자로 작업해야 한다.

따라서 함수를 사용할 때는 항상 바이트 인덱스로 작동하는지 문자 인덱스로 작동하는지 확인해야 한다. 대괄호를 사용한 인덱싱은 바이트 인덱싱을 사용하고 first 함수는 문자 수를 사용한다

는 것을 이미 보았을 것이다. 문자열로 작업할 때 가장 일반적으로 사용되는 함수와 그 함수가 사용하는 인덱싱의 종류에 대한 용어집은 블로그 글 'The String, or There and Back Again'(http://mng.bz/XaW1)에서 확인할 수 있다.

문자열 연산에서 문자 개수 사용하기

데이터 과학 워크플로에서는 바이트 인덱싱이 아닌 문자 개수를 사용하여 문자열에 접근하는 것이 가장 일반적이다. 따라서 대괄호를 사용하여 문자열로 인덱싱하지 않는 것이 좋다.

복잡한 패턴을 일치시키려면 정규 표현식을 사용해야 한다. 더 간단한 시나리오를 위해 문자열 작업에 문자 개수를 사용하는 가장 유용한 함수 목록과 사용 예제를 소개한다.

- `length("abc")` — 문자열의 문자 개수를 반환한다. 이 경우, 3을 생성한다.
- `chop("abcd", head=1, tail=2)` — 문자열의 머리 또는 꼬리에서 지정된 수의 문자를 제거한다. 이 경우, 머리에서 문자 한 개를 제거하고 꼬리에서 문자 두 개를 제거하여 `'b'`를 생성한다.
- `first("abc", 2)` — 문자열의 처음 문자 2개로 구성된 문자열을 반환한다. 이 경우, `'ab'`를 생성한다.
- `last("abc", 2)` — 문자열의 마지막 문자 2개로 구성된 문자열을 반환한다. 이 경우, `'bc'`를 생성한다.

6.4.3 ASCII 문자열

어떤 경우에는 바이트 인덱싱과 문자 인덱싱이 동일한 결과가 보장된다. 이는 문자열이 ASCII 문자로 구성된 경우이다. ASCII 문자 예시로는 숫자 0~9, 소문자 a~z, 대문자 A~Z, 그리고 !, +, -, *,), (같은 일반적인 기호가 있다. 일반적으로 미국 표준 키보드에서 메타 키를 사용하지 않고 입력할 수 있는 모든 문자는 ASCII 문자이다.

ASCII 문자의 중요한 특징은 UTF-8 인코딩에서 항상 단일 바이트로 표현된다는 것이다. 줄리아에서 isascii 함수를 사용하여 문자열이 ASCII 문자로만 구성되어 있는지 쉽게 확인할 수 있다.

```
julia> isascii("Hello world!")
true

julia> isascii("∀ x: x≥0")
false
```

첫 번째 경우 Hello world! 문자열은 문자, 공백, 느낌표로만 구성되며 모두 ASCII 문자이다. 두 번째 예제에서는 ∀ 및 ≥ 문자가 ASCII가 아니다.

6.4.4 Char 타입

인덱싱에 대한 논의를 마무리하기 전에 한 가지 간단하게 짚고 넘어가고자 한다. 인덱싱을 사용하여 문자열에서 단일 문자를 선택하는 경우 단일 문자열로 반환하는 R, 파이썬과 달리 줄리아에서는 Char라는 별도 문자 타입을 반환한다. 다음은 예제이다.

```julia
julia> word[1]
'F': ASCII/Unicode U+0046 (category Lu: Letter, uppercase)

julia> word[5]
'ô': Unicode U+00F4 (category Ll: Letter, lowercase)
```

이 책에서는 단일 문자로 작업하는 경우가 없으므로 문자 사용 방법에 대한 자세한 내용은 모두 생략한다. 하지만 자연어 처리를 많이 해야 한다면 줄리아 매뉴얼의 'Characters'(http://mng.bz/820B) 부분을 읽어보기를 권장한다.

6.5 movies.dat에서 장르 빈도 분석하기

이제 movies.dat 파일에서 영화 장르를 분석할 준비가 완료되었다. 이 작업을 통해 데이터를 요약하는 데 자주 사용되는 빈도 테이블을 만드는 방법을 배울 것이다.

가장 일반적인 영화 장르를 찾고, 영화 연도에 따라 장르의 상대적 빈도가 어떻게 변하는지 이해하는 두 가지 작업을 수행할 것이다.

6.5.1 일반적인 영화 장르 찾기

예제 6.3에 정의된 parseline 함수를 사용하여 예제 6.2에 정의된 movies 변수인 벡터를 처리한다.

```julia
julia> records = parseline.(movies)
3096-element Vector{NamedTuple{(:id, :name, :year, :genres), Tuple{SubString{String},
SubString{String}, Int64, Vector{SubString{String}}}}}:
 (id = "0002844", name = "Fantômas - À l'ombre de la guillotine", year = 1913, genres =
["Crime", "Drama"])
 (id = "0007264", name = "The Rink", year = 1916, genres = ["Comedy", "Short"])
 (id = "0008133", name = "The Immigrant", year = 1917, genres = ["Short", "Comedy",
"Drama", "Romance"])
 (id = "0012349", name = "The Kid", year = 1921, genres = ["Comedy", "Drama", "Family"])
 ⋮
```

```
 (id = "2748368", name = "Neil", year = 2013, genres = ["Short", "Comedy"])
 (id = "2750600", name = "A Different Tree", year = 2013, genres = ["Short", "Drama",
"Family"])
 (id = "2763252", name = "Broken Night", year = 2013, genres = ["Short", "Drama"])
 (id = "2769592", name = "Kiss Shot Truth or Dare", year = 2013, genres = ["Short"])
```

parseline 함수 뒤에 점을 추가했는데 이는 movies 컬렉션의 모든 요소에 대해 이 함수를 브로드캐스팅한다는 의미이다. 그 결과 분석하려는 영화 데이터를 가진 네임드튜플을 얻게 된다.

먼저 데이터셋에서 가장 빈번한 장르를 찾아볼 것이다. 이 작업은 두 단계로 진행된다.

1. 분석하려는 모든 영화의 장르를 포함한 단일 벡터를 만든다.
2. FreqTables.jl 패키지의 freqtable 함수를 사용하여 이 벡터의 빈도 테이블을 만든다.

첫 번째 단계는 영화 장르의 단일 벡터를 만드는 것이다. 이 작업은 여러 가지 방법으로 수행할 수 있다. 이번에는 하나의 벡터에 다른 벡터를 추가하는 append! 함수를 사용할 것이다. 다음 예제는 문자열을 저장하고 모든 영화의 장르가 포함된 벡터를 연속적으로 추가할 수 있는 빈 벡터로 시작한다. 코드는 다음과 같다.

```
julia> genres = String[]
String[]

julia> for record in records
           append!(genres, record.genres)
       end

julia> genres
8121-element Vector{String}:
 "Crime"
 "Drama"
 "Comedy"
 "Short"
 ⋮
 "Family"
 "Short"
 "Drama"
 "Short"
```

append! 함수는 두 개의 인수를 받는다. 첫 번째는 데이터를 추가할 벡터이고 두 번째는 추가할 데이터가 포함된 벡터이다.

이 코드에서 한 가지 중요한 세부 사항이 있다. genres 변수는 문자열값을 저장하는 벡터이다. 반면에 이미 설명했듯이 record.genres는 SubString{String}값의 컬렉션이다. append! 연산을 수행하면 SubString{String}값은 자동으로 String으로 변환된다. 이로 인해 메모리에 새로운 문자열이 할당된다(split 함수에서 SubString{String}을 사용하는 이유는 이러한 할당을 피하기 위해서이다). 이 경우에는 데이터가 작기 때문에 해당 방식으로 생기는 추가 실행 시간이나 메모리 소비는 무시할 수 있으므로 문제가 되지 않는다고 판단할 수 있다.

이제 빈도 테이블을 만들 준비가 되었다. 이 작업은 세 단계로 수행된다.

1. FreqTables.jl 패키지를 로드한다.
2. freqtable 함수를 사용하여 빈도 테이블을 만든다.
3. sort! 함수를 사용하여 가장 빈도가 낮은 장르와 가장 빈도가 높은 장르를 찾는다.

다음은 위 작업을 수행하는 코드이다.

```
julia> using FreqTables

julia> table = freqtable(genres)
25-element Named Vector{Int64}
Dim1      |
----------|-----
          |    14
Action    |   635
Adventure |   443
⋮
Thriller  |   910
War       |   126
Western   |    35

julia> sort!(table)
25-element Named Vector{Int64}
Dim1      |
----------|-----
News      |     4
Film-Noir |    13
          |    14
⋮
Thriller  |   910
Comedy    |  1001
Drama     |  1583
```

freqtable 함수는 NamedVector 타입의 비표준 배열을 반환한다는 점을 유의해야 한다. 이 타입을 사용하면 인덱스 이름을 사용할 수 있다. 이 예제에서 인덱스 이름은 장르이다. 이 타입은 NamedArrays.jl 패키지에 정의되어 있으며, 작업 방법에 대한 자세한 내용은 https://github.com/davidavdav/NamedArrays.jl에서 확인할 수 있다. names 함수를 사용하여 인덱스 이름에 액세스할 수 있으며, 배열 정렬 시 인덱스가 아닌 값에 대한 정렬이 수행된다는 점만 언급하고 넘어가고자 한다.

6.5.2 수년간의 장르 인기도 변화 이해하기

Drama가 빈번한 장르라는 사실을 알게 되었다. 이제 이 장르가 영화 연도에 따라 얼마나 자주 등장하는지 알아볼 것이다. 다음 단계로 분석을 수행한다.

1. 각 영화의 연도를 벡터로 추출한다.
2. 각 영화에 대해 장르 중 Drama가 있는지 확인한다.
3. 연도별 영화 장르에서 Drama가 차지하는 비율의 빈도 테이블을 만든다.

다음은 위 작업을 수행하는 코드이다.

```julia
julia> years = [record.year for record in records]
3096-element Vector{Int64}:
 1913
 1916
 1917
 1921
    ⋮
 2013
 2013
 2013
 2013

julia> has_drama = ["Drama" in record.genres for record in records]
3096-element Vector{Bool}:
 1
 0
 1
 1
 ⋮
 0
 1
 1
 0
```

```
julia> drama_prop = proptable(years, has_drama, margins=1)
93×2 Named Matrix{Float64}
Dim1 \ Dim2 |     false       true
────────────┼─────────────────────
1913        |       0.0        1.0
1916        |       1.0        0.0
1917        |       0.0        1.0
⋮           |         ⋮          ⋮
2011        |  0.484472   0.515528
2012        |  0.577017   0.422983
2013        |  0.623529   0.376471
```

위 코드에서는 years와 has_drama 벡터를 모두 생성하기 위해 컴프리헨션을 사용한다. Drama가
장르 중 하나인지 확인하기 위해 5장에서 설명한 in 연산자를 사용했다. 마지막으로 비율의 빈도
테이블을 계산하기 위해 FreqTables.jl 패키지의 proptable 함수를 사용한다. 이 함수에 years와
has_drama 변수를 모두 전달하여 교차 표를 만들고, margins=1을 전달하여 첫 번째 차원(즉, 표의
행)에 대한 비율을 계산하도록 요청한다. 위 경우 proptable에 전달된 첫 번째 변수는 years이고
두 번째 변수는 has_drama이므로 각 연도에 대해 비율을 계산한다. proptable이 차원값을 기준
으로 차원을 자동으로 정렬하는 것을 볼 수 있다.

drama_prop 테이블은 분석하기는 쉽지 않다. 다음 예제에서 Drama의 비율에 대한 연도별 플롯을
만들어보자.

예제 6.5 **연도별 드라마 영화 비중 추이**

```
julia> using Plots

julia> plot(names(drama_prop, 1), drama_prop[:, 2]; legend=false,
            xlabel="year", ylabel="Drama Probability")
```

names 함수를 사용하여 drama_prop 행렬의 첫 번째 축에서 연도를 추출한다. 연도별 Drama 비율
을 얻기 위해 drama_prop[:, 2]를 사용하여 두 번째 열을 추출한다. 또한 플롯 범례legend를 표시
하지 않도록 선택하고 x축과 y축에 레이블label을 만든다. 그림 6.4에서 결과를 확인할 수 있다.

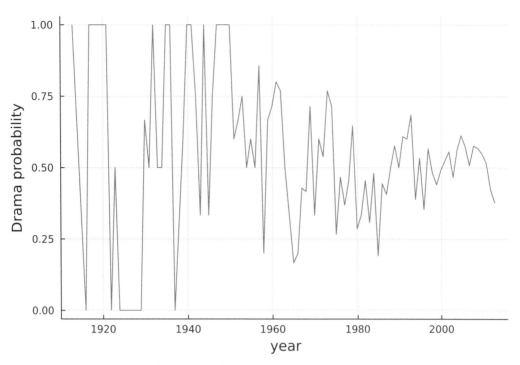

그림 6.4 **Drama** 장르의 비율을 연도별 함수로 표시하면 유의미한 추세가 보이지 않는다.

그림 6.4에서 볼 수 있듯이 강한 추세는 존재하지 않는 것으로 보인다. 따라서 Drama 장르는 수년에 걸쳐 안정적으로 보인다. 하지만 연도에 따라 Drama 장르의 확률 변동성이 감소하는 것을 볼 수 있다. 이는 초창기에 영화 수가 적었기 때문일 가능성이 높다. 이를 연습을 통해 확인해보자.

연습 6.1 years 변수를 사용하여 연도별 영화 개수에 대한 플롯을 만들어보자.

6.6 심벌

일부 데이터 과학 시나리오에서는 문자열을 객체의 레이블이나 태그로 사용하고 싶을 때가 있다 (예를 들어 제품의 색상 표시). 이러한 레이블을 일반적인 방법으로 조작하고 싶지는 않을 것이다. 레이블로 수행하는 연산은 동일성 비교가 전부이며, 그 속도는 매우 빨라야 한다.

줄리아에는 이런 경우에 사용하기 좋은 타입이 있다. 바로 문자열과 유사한 Symbol이라는 특수 타입이다. 이 절에서는 먼저 Symbol 타입의 값을 만드는 방법에 대해 설명한 다음 문자열과 비교하여 장단점을 알아본다.

Symbol 타입으로 작업하는 방법을 설명하기 전에 이러한 객체를 구성하는 방법부터 알아야 한다.
두 가지 방법으로 Symbol 타입의 값을 만들 수 있다.

첫 번째는 Symbol을 호출하여 값 또는 값의 시퀀스를 전달하는 것이다. 다음 예제 코드를 살펴보자.

```julia
julia> s1 = Symbol("x")
:x

julia> s2 = Symbol("hello world!")
Symbol("hello world!")

julia> s3 = Symbol("x", 1)
:x1
```

변수 s1, s2, s3에 바인딩된 세 값은 모두 Symbol 타입이다.

```julia
julia> typeof(s1)
Symbol

julia> typeof(s2)
Symbol

julia> typeof(s3)
Symbol
```

위 예제에서 두 가지 중요한 점에 유의하자. 첫 번째, Symbol("x", 1)에서와 같이 여러 값을
Symbol에 전달하면 해당 문자열 표현이 연결된다.

두 번째, 더 중요한 점은 심벌이 두 가지 스타일을 사용하여 표시된다는 것이다. 첫 번째 스타일은
:x과 :x1이며, 두 번째 스타일은 조금 더 자세한 Symbol("hello world!")이다.

두 스타일이 어떤 기준으로 사용되는지 궁금할 것이다. 첫 번째 짧은 스타일은 Symbol이 유효한
변수 이름을 형성할 수 있는 문자만 포함된 경우 사용된다. 위 예제에서는 hello와 world 사이에
공백을 사용했으며, 변수 이름에 공백은 허용되지 않으므로 자세한 형식으로 출력되었다.

다음은 동일한 규칙이 적용된 또 다른 예제이다.

```
julia> Symbol("1")
Symbol("1")
```

정수 리터럴인 1은 유효한 변수 이름이 아니므로 심벌이 자세한 형식으로 출력된다.

심벌을 만드는 데 사용할 수 있는 두 번째 스타일을 짐작했을 것이다. 바로 Symbol 앞에 콜론(:)을 접두사로 붙이는 것이다. 해당 방법은 Symbol을 나타내는 데 사용할 문자 시퀀스가 유효한 변수 이름인 경우에만 사용할 수 있다. 따라서 다음과 같은 예제도 가능하다.

```
julia> :x
:x

julia> :x1
:x1
```

그러나 문자 시퀀스가 유효한 변수 이름이 아닌 경우 이 구문은 작동하지 않는다. 다음은 예제이다.

```
julia> :hello world
ERROR: syntax: extra token "world" after end of expression
```

위 코드는 오류가 발생한다. 다음은 두 번째 예제이다.

```
julia> :1
1
```

위 코드에서는 오류가 발생하지는 않지만 Symbol을 가져오는 대신 정수 1을 가져온다.

6.6.2 심벌 사용하기

Symbol 타입의 값을 만드는 방법에 대해 살펴보았다. 이제 이를 바탕으로 작업하는 방법을 알아볼 것이다.

앞서 언급했듯이 Symbol 타입은 문자열과 비슷해 보이지만 문자열이 아니다. 슈퍼타입을 테스트하면 확인할 수 있다.

```
julia> supertype(Symbol)
Any
```

위 결과에서 타입은 **AbstractString**이 아닌 **Any**임을 알 수 있다. 즉, 문자열에서 작동하는 함수는 **Symbol** 타입의 값에서는 작동하지 않는다. 일반적인 데이터 과학 워크플로에서 유일하게 심벌이 유용한 연산은 동일성 비교이다. 따라서 다음과 같이 작성할 수 있다.

```
julia> :x == :x
true

julia> :x == :y
false
```

요점은 심벌의 동일성 비교가 문자열의 동일성 비교보다 훨씬 빠르다는 것이다. 다음 예제는 백만 개의 요소로 구성된 벡터에서 값을 찾는 간단한 벤치마크이다.

예제 6.6 문자열과 심벌의 성능 비교하기

```
julia> using BenchmarkTools

julia> str = string.("x", 1:10^6)   ← ❶ 문자열값의 벡터를 생성한다.
1000000-element Vector{String}:
 "x1"
 "x2"
 "x3"
 ⋮
 "x999998"
 "x999999"
 "x1000000"

julia> symb = Symbol.(str)   ← ❷ 심벌값의 벡터를 생성한다.
1000000-element Vector{Symbol}:
 :x1
 :x2
 :x3
 ⋮
 :x999998
 :x999999
 :x1000000

julia> @btime "x" in $str;   ← ❸ 문자열값의 벡터에서 값 조회의 성능을 측정한다.
  2.20 ms (0 allocations: 0 bytes)
```

```
Julia> @btime "x" in $symb;    ◀─ ❹ 심벌값의 벡터에서 값 조회의 성능을 측정한다.
  376.500 μs (0 allocations: 0 bytes)
```

위 예제에는 String로 구성된 str과 Symbol로 구성된 symb라는 두 개의 벡터가 있다. 벤치마크 결과는 이 경우 심벌을 사용한 조회가 문자열을 사용할 때보다 10배 이상 빠르다는 것을 보여준다.

이것이 어떻게 가능한 것인지 궁금할 것이다. 비결은 줄리아가 내부적으로 모든 심벌의 전역 풀을 유지한다는 것이다. 새로운 Symbol을 생성하면 줄리아는 먼저 풀에 해당 심벌이 있는지 확인하고, 심벌이 있다면 재사용한다. 따라서 두 심벌을 비교할 때 내용을 확인할 필요 없이 메모리에서 주소를 비교할 수 있다.

이 동작에는 두 가지의 결론이 도출된다. 첫 번째로는 동일한 심벌 여러 개를 정의해도 동일한 참조를 가리키기 때문에 새 메모리가 할당되지 않는다. 두 번째로는 하나의 Symbol이 전역 풀에 할당되면 줄리아 세션이 끝날 때까지 유지되므로 매우 많은 수의 유니크한 심벌을 생성하는 경우 줄리아 프로그램에서 메모리 누수가 발생하는 것처럼 보일 수 있다.

코드에서 문자열과 심벌 중 선택하기

일반적으로 프로그램에서는 Symbol보다 문자열을 사용하는 것이 좋다. 문자열은 더 유연하고 이를 인수로 받는 함수도 많은 편이다. 그러나 프로그램에서 문자열 같은 값의 비교를 많이 수행해야 하면서 값을 조작할 필요는 없으며 최대 성능이 필요한 경우 Symbol 사용을 고려할 수 있다.

심벌에 대한 논의를 마무리하기 전에, 이 절에서는 심벌이 데이터로 사용되는 경우만을 중점적으로 살펴봤다는 점을 언급하고자 한다. 줄리아에서 심벌을 사용하는 또 다른 용도는 **메타프로그래밍** metaprogramming, 즉 줄리아 코드 자체를 프로그래밍적인 방법으로 조작하는 경우이다. 이 책에서는 고급 주제를 다루지 않지만, 이에 대해 자세히 알아보려면 줄리아 매뉴얼의 'Metaprogramming'(http://mng.bz/E0Dj)을 참조하기를 바란다.

6.7 고정 너비 문자열 타입을 사용하여 성능 개선하기

많은 데이터 과학 워크플로에서 우리는 몇 개의 문자로만 구성된 문자열로 작업한다. 두 글자로 구성된 미국 주 코드나, 다섯 자리로 구성된 표준 미국 우편번호를 생각해보면 알 수 있다. 이러한 문자열로 작업하는 경우 줄리아는 표준 String 또는 Symbol보다 훨씬 효율적인 저장 형식을 제공한다.

사용 가능한 고정 너비 문자열

이러한 고급 문자열 타입은 InlineStrings.jl 패키지에 정의되어 있다. 표준 String 타입과 마찬가지로 이러한 문자열 타입은 UTF-8로 인코딩되지만 두 가지 점에서 표준 String 타입과 다르다.

- 장점은 숫자만큼 빠르게 작업할 수 있다는 점이다(엄밀히 말하면 메모리에 동적으로 할당할 필요가 없다).
- 단점은 최대 크기가 바이트 단위로 고정되어 있다는 점이다.

InlineStrings.jl 패키지는 다음과 같은 8가지 고정 너비 문자열 타입을 제공한다.

- String1 — 최대 1바이트 크기
- String3 — 최대 3바이트 크기
- String7 — 최대 7바이트 크기
- String15 — 최대 15바이트 크기
- String31 — 최대 31바이트 크기
- String63 — 최대 63바이트 크기
- String127 — 최대 127바이트 크기
- String255 — 최대 255바이트 크기

실제로 이러한 문자열을 사용하려는 경우 적절한 타입을 수동으로 선택할 수 있지만 일반적으로는 타입 선택을 자동으로 수행하는 것이 좋다. 문자열에서 InlineString 함수를 호출하면 일치하는 가장 좁은 고정 너비의 문자열로 변환된다. 마찬가지로 문자열 컬렉션에서 Inlinestrings 함수를 호출하면 전달된 모든 문자열에 대해 적절한 공통의 가장 좁은 타입이 자동으로 선택된다. 다음은 이러한 함수가 실제로 사용되는 몇 가지 예제이다.

```julia
julia> using InlineStrings

julia> s1 = InlineString("x")
"x"

julia> typeof(s1)
String1

julia> s2 = InlineString("∀")
```

```
"∀"

julia> typeof(s2)
String3

julia> sv = inlinestrings(["The", "quick", "brown", "fox", "jumps",
                           "over", "the", "lazy", "dog"])
9-element Vector{String7}:
 "The"
 "quick"
 "brown"
 "fox"
 "jumps"
 "over"
 "the"
 "lazy"
 "dog"
```

위 예제에서 "x" 문자열은 UTF-8 인코딩에서 x 문자가 1바이트로 표현되므로 String1로 인코딩할 수 있다. 반면 예제 6.4에서 보았듯이 ∀ 문자는 UTF-8에서 3바이트를 사용하여 표현되므로 "∀"는 String3으로 변환된다. 마지막으로 변수 sv에는 여러 문자열이 있지만 3바이트보다 긴 문자열이 있으며 7바이트 이상을 사용하는 문자열은 없다. 따라서 결과로 String7값의 벡터를 얻었다.

6.7.2 고정 너비 문자열의 성능

InlineStrings.jl 패키지에 정의된 문자열 타입을 사용할 때의 이점을 확인하기 위해 간단한 실험을 수행해보자. String 타입을 사용하는 경우와 고정 너비 문자열을 사용하는 경우인 두 가지 변형으로 문자열 벡터를 생성해볼 것이다.

그런 다음 두 가지 검사를 수행한다. 첫 번째로는 두 벡터에 저장된 객체에 얼마나 많은 메모리가 필요한지 확인한다. 두 번째로는 줄리아가 이러한 벡터를 얼마나 빠르게 정렬할 수 있는지 벤치마킹할 것이다. 다음 예제에서 데이터를 설정하는 과정부터 시작해보자.

예제 6.7 **다양한 문자열 타입의 성능 비교를 위한 데이터 설정하기**

```
julia> using Random

julia> using BenchmarkTools

julia> Random.seed!(1234);  ◀── ❶ 예제의 재현성을 보장하기 위해 난수 생성기 시드를 설정한다.
```

```
julia> s1 = [randstring(3) for i in 1:10^6]  ◄── ❷ 문자열 타입의 무작위 문자열 벡터를 생성한다.
1000000-element Vector{String}:
 "KYD"
 "tLO"
 "xnU"
 ⋮
 "Tt6"
 "19y"
 "GQ7"

julia> s2 = inlinestrings(s1)  ◄── ❸ 문자열 벡터를 String3 타입의 벡터로 변환한다.
1000000-element Vector{String3}:
 "KYD"
 "tLO"
 "xnU"
 ⋮
 "Tt6"
 "19y"
 "GQ7"
```

먼저 필요한 패키지 Random과 BenchmarkTools를 로드한다. 그 후 Random.seed!(1234) 명령으로 줄리아 난수 생성기의 시드를 설정한다. 이 책과 동일한 버전의 줄리아를 사용하는 경우 이 단계를 수행하면 예제 6.7에 표시된 것과 동일한 데이터를 얻을 수 있다.

그런 다음 무작위 문자열을 생성하는 randstring 함수와 컴프리헨션을 사용하여 백만 개의 String 타입으로 구성된 벡터를 생성한다. randstring(3) 호출을 사용하여 세 개의 문자로 구성된 문자열을 생성한다. 마지막으로 inlinestrings 함수를 사용하여 String3 타입의 벡터를 생성하고 이를 s2 변수에 바인딩한다. 모든 문자열이 세 개의 ASCII 문자로 구성되어 있으므로, String3 타입은 inlinestrings 함수에 의해 자동으로 감지된다.

테스트는 Base.summarysize 함수를 사용하여 s1 벡터와 s2 벡터에 저장된 모든 객체가 사용하는 메모리양(바이트)을 비교한다.

```
julia> Base.summarysize(s1)
19000040

julia> Base.summarysize(s2)
4000040
```

이 경우 문자열의 길이가 짧고 균일하기 때문에 s2 벡터는 s1 벡터가 사용하는 메모리의 25%만 사용한다. 두 번째 테스트는 s1 벡터와 s2 벡터를 각각 정렬했을 때 성능을 확인한다.

```
julia> @btime sort($s1);
  171.267 ms (4 allocations: 11.44 MiB)

julia> @btime sort($s2);
  3.463 ms (6 allocations: 7.65 MiB)
```

이 경우 s2 벡터를 정렬하는 것이 s1 벡터보다 약 40배 빠르다는 것을 알 수 있다.

이 책의 2부에서는 줄리아 CSV 리더가 CSV 파일에서 데이터를 가져올 때 표준 `String` 타입 대신 고정 너비 문자열을 사용하는 것이 더 유용한지 자동으로 감지할 수 있다는 점을 배우게 된다. 따라서 실제로는 일반적으로 고정 너비 문자열의 존재와 의미를 인식하는 것만으로도 충분하므로 데이터프레임에서 `String3` 문자열을 만나도 놀라지만 않으면 된다.

연습 6.2 예제 6.7의 s1 벡터를 사용하여 s1 벡터에 포함된 것과 동일한 문자열을 나타내는 심벌로 구성된 s3 벡터를 생성한다. 다음으로 s3 벡터를 얼마나 빨리 정렬할 수 있는지 벤치마킹한다. 마지막으로 `unique` 함수를 사용하여 s1, s2, s3 벡터의 중복을 얼마나 빨리 제거할 수 있는지 벤치마킹한다.

6.8 PooledArrays.jl을 사용하여 문자열 벡터 압축하기

이 장에서 다루고 있는 문자열 저장의 효율성과 관련된 마지막 시나리오는 문자열 벡터를 압축하는 것이다. **압축**compression은 벡터에 저장된 요소 수에 비해 고윳값이 적은 큰 벡터가 있는 경우 메모리를 절약하기 위해 사용된다.

다음 시나리오를 살펴보자. 1936년 영국의 통계학자이자 생물학자인 로널드 피셔Ronald Fisher는 세토사Iris setosa, 버지니카Iris virginica, 버시컬러Iris versicolor 등 세 종의 붓꽃을 연구했다. 머신러닝 모델을 연구한 적이 있다면 이 실험에 대해 들어봤을 것이다. 그렇지 않다면 https://archive.ics.uci.edu/ml/datasets/iris에서 이 데이터셋에 대한 정보를 찾을 수 있다.

이 데이터셋에 대한 분석은 《Practical Data Science with R, Second Edition》(Manning, 2019)[1]을 비롯한 다른 많은 리소스에서 다루므로 이 책에서는 분석하지 않을 것이다. 그러나 꽃의 이름

---

1 [옮긴이] 한국에는 1판만 《R로 배우는 실무 데이터 과학》(제이펍, 2017)으로 번역 출간되었다.

을 사용하여 문자열 압축의 이점을 보여줄 것이다. 추가로 파일에 데이터 쓰는 방법도 배우게 된다. 파일을 생성한 후 문자열 벡터로 다시 읽을 것이며, 그 후 벡터를 압축하고 압축되지 않은 데이터와 압축된 데이터의 메모리 공간을 비교해볼 것이다.

6.8.1 꽃 이름이 포함된 파일 만들기

꽃의 이름으로 파일을 만드는 것부터 시작할 것이다. 그런 다음 이 데이터를 String값의 Vector와 이러한 값의 PooledArray로 다시 읽어 메모리를 얼마나 차지하는지 비교할 것이다. 추가적으로 줄리아에서 텍스트 파일에 데이터 쓰는 방법을 배울 것이다.

다음은 **Iris setosa**, **Iris virginica**, **Iris versicolor**라는 이름을 반복해서 300만 행의 데이터를 쓰는 코드이다. 데이터를 저장하는 파일 이름은 iris.txt로 한다.

예제 6.8 파일에 아이리스 꽃 이름 쓰기

```
julia> open("iris.txt", "w") do io
           for i in 1:10^6
               println(io, "Iris setosa")
               println(io, "Iris virginica")
               println(io, "Iris versicolor")
           end
       end
```

먼저 **open** 함수를 사용하여 iris.txt 파일을 쓰기 용도로 연다. 두 번째 위치 인수로 w를 전달하여 파일에 쓰기를 원한다는 것을 나타낸다. 2장에서 배운 do-end 블록 표기법을 사용한다. 이 표기법에서 io는 열린 파일 디스크립터descriptor가 바인딩된 변수의 이름이다. 그다음 do-end 블록 내에서 파일에 데이터를 쓸 수 있다. do-end 블록 사용은 작업이 완료된 후 파일 디스크립터가 닫히도록 보장된다는 이점이 있다(do-end 블록 내에서 예외가 발생하더라도 보장된다).

이 경우 **println** 함수를 사용하여 파일에 데이터를 쓰는데, 전달된 첫 번째 인수는 작성할 파일 디스크립터이고 두 번째 인수는 기록할 데이터이다. **println** 함수는 파일에 데이터를 쓴 후에 개행 문자를 삽입한다. 개행 문자를 피하고 싶다면 **print** 함수를 사용하면 된다.

계속 진행하기 전에 파일이 실제로 생성되었는지 확인해보자.

```
julia> isfile("iris.txt")
true
```

6.8.2 데이터를 벡터로 읽고 압축하기

이제 이 장에서 이미 배운 readlines 함수를 사용하여 iris.txt 파일을 다시 읽어오자.

```julia
julia> uncompressed = readlines("iris.txt")
3000000-element Vector{String}:
 "Iris setosa"
 "Iris virginica"
 "Iris versicolor"
 ⋮
 "Iris setosa"
 "Iris virginica"
 "Iris versicolor"
```

다음으로는 PooledArrays.jl 패키지의 PooledArray 생성자constructor를 사용하여 벡터를 압축한다.

```julia
julia> using PooledArrays

julia> compressed = PooledArray(uncompressed)
3000000-element PooledVector{String, UInt32, Vector{UInt32}}:
 "Iris setosa"
 "Iris virginica"
 "Iris versicolor"
 ⋮
 "Iris setosa"
 "Iris virginica"
 "Iris versicolor"
```

PooledVector 타입의 벡터를 생성했다. 먼저 compressed 벡터가 uncompressed 벡터보다 실제로 메모리를 적게 사용되는지 확인하기 위해 Base.summarysize 함수를 사용해보자.

```julia
julia> Base.summarysize(uncompressed)
88000040

julia> Base.summarysize(compressed)
12000600
```

압축된 객체의 메모리 크기가 압축되지 않은 객체보다 85% 더 작다는 것을 볼 수 있다. 이 압축이 어떻게 이루어지는지 알아볼 것이다.

6.8.3 PooledArray 내부 설계 이해하기

압축된 벡터가 압축되지 않은 벡터보다 메모리를 적게 사용할 수 있는 이유를 알아보자. 그림 6.5 는 PooledVector{String, UInt32, Vector{UInt32}}가 내부적으로 어떻게 구현되는지를 보여준다.

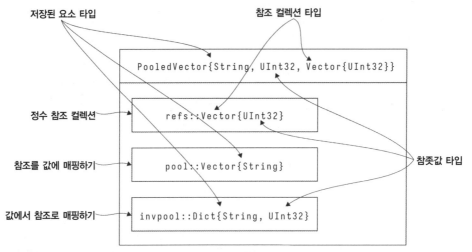

그림 6.5 문자열의 PooledVector는 정수 참조와 두 가지 매핑(문자열값에서 정수 참조로, 정수 참조에서 문자열값으로) 으로 이루어져 있다. fieldnames(PooledArray)를 작성하면 PooledArray의 모든 필드 목록을 얻을 수 있다.

중요한 점은 압축된 풀pooled 벡터가 문자열을 직접 저장하지 않는다는 것이다. 대신 저장하는 각 고유 문자열에 정수 참좃값을 할당한다. invpool 딕셔너리는 저장된 각 고유 문자열에 할당한 번 호를 나타낸다.

```
julia> compressed.invpool
Dict{String, UInt32} with 3 entries:
  "Iris virginica"  => 0x00000002
  "Iris versicolor" => 0x00000003
  "Iris setosa"     => 0x00000001
```

이 경우 "Iris setosa"는 1번, "Iris virginica"는 2번, "Iris versicolor"는 3번으로 할당되었 다.

할당된 숫자가 1부터 시작하는 것을 볼 수 있다. 따라서 벡터를 사용하여 숫자에서 값으로 역매핑 을 쉽게 인코딩할 수 있다. 이것은 pool 필드에서 이루어진다.

```
julia> compressed.pool
3-element Vector{String}:
 "Iris setosa"
 "Iris virginica"
 "Iris versicolor"
```

이제 압축 풀 벡터에서 어떤 문자열이 1번으로 할당되었는지 찾으려면 compressed.pool 벡터의 첫 번째 요소(이 경우 "Iris setosa")를 가져가면 된다.

invpool과 pool의 매핑이 일관성이 있는지 관찰하는 것이 중요하다. 결과적으로 참조 번호 i를 취하면 compressed.invpool[compressed.pool[i]]이 i와 같다는 불변성이 보장된다.

이제 압축이 어떻게 이루어지는지 이해할 준비가 되었다. 문자열에 할당된 정수는 문자열 자체보다 적은 메모리를 사용한다는 점이 중요하다. 따라서 문자열을 저장하는 대신 문자열에 할당된 숫자만 refs 벡터에 저장한다. 그다음 사용자가 compressed 벡터의 요소를 가져오고자 하는 경우 refs 벡터에서 이 요소의 참조 번호를 검색하고 pool 벡터에서 실젯값을 조회한다. 그러므로 다음 두 줄의 코드는 동일하다.

```
julia> compressed[10]
"Iris setosa"

julia> compressed.pool[compressed.refs[10]]
"Iris setosa"
```

위 예제에서 문자열에 할당된 정수 참조 번호는 UInt32 타입이므로 2장에서 설명한 대로 4바이트 메모리를 사용한다. 반면에 문자열은 더 많은 메모리를 사용하여, 이는 Base.summarysize 함수를 사용하여 다시 확인할 수 있는데, 이번에는 compressed.pool 벡터의 요소를 통해 브로드캐스팅한다.

```
julia> Base.summarysize.(compressed.pool)
3-element Vector{Int64}:
 19
 22
 23
```

위 예제에서 각 문자열은 4바이트보다 훨씬 더 많은 메모리를 차지한다는 사실을 알 수 있다. 또한 uncompressed 벡터에 있는 문자열 원시 크기와 별도로 해당 벡터에 대한 포인터를 유지해야 한다는 점도 고려해야 한다. 이 두 가지 요소를 고려하면 compressed 벡터와 uncompressed 벡터의 메모리 사용량이 7배 이상 차이 나는 이유를 알 수 있다.

풀 벡터가 어떻게 구현되는지 설명하는 데 많은 시간을 할애한 이유는 이 데이터 구조가 언제 사용되어야 하는지 이해하는 게 중요하기 때문이다. 원래 컬렉션의 요소 개수에 비해 고윳값이 적은 문자열 컬렉션이 있는 경우 풀 벡터를 사용하는 것이 유용하다. 그렇지 않은 경우 풀 벡터는 데이터만 저장하는 대신 refs, pool, invpool 3개의 객체를 저장해야 하므로 장점을 살릴 수 없다. pool과 invpool은 컬렉션의 고유한 요소 개수에 비례하여 크기가 결정된다는 점에 유의해야 한다. 따라서 고윳값이 적으면 크기가 작지만 고윳값이 많으면 상당히 커진다.

끝으로 5장에서 배운 string 함수를 사용해 모든 고윳값을 포함하는 큰 벡터를 만든 다음, 해당 문자열을 저장하는 일반 벡터와 풀 벡터 크기를 비교해보자.

```julia
julia> v1 = string.("x", 1:10^6)
1000000-element Vector{String}:
 "x1"
 "x2"
 "x3"
 ⋮
 "x999998"
 "x999999"
 "x1000000"

julia> v2 = PooledArray(v1)
1000000-element PooledVector{String, UInt32, Vector{UInt32}}:
 "x1"
 "x2"
 "x3"
 ⋮
 "x999998"
 "x999999"
 "x1000000"

julia> Base.summarysize(v1)
22888936

julia> Base.summarysize(v2)
54152176
```

예상대로 v1과 v2 벡터는 모두 고유한 요소를 가지고 있기 때문에 압축된 v2 벡터는 압축되지 않은 v1보다 2배 이상 많은 메모리를 사용한다.

6.7절에서 설명한 고정 너비 문자열과 비슷한 맥락으로, 2부에서는 줄리아 CSV 리더가 CSV 파일에서 데이터를 가져올 때 저장된 요소 개수와 관련하여 데이터에 존재하는 고윳값 수를 분석한 후 표준 벡터 대신 압축 벡터를 사용할지 자동으로 감지한다는 것을 배우게 된다.

만약 파이썬에서 팬더스를 사용했고 `Categorical` 타입에 대해 알고 있거나 R에서 `factor`를 사용해본 적이 있다면, 이것이 PooledArrays.jl과 어떤 관련이 있는지 궁금할 수 있다. PooledArrays.jl의 목적은 압축 기능만 제공하는 것이다. 데이터 과학에서 범주형categorical 값으로 작업할 수 있는 추가 로직은 제공하지 않는다. 13장에서는 줄리아에서 범주형 값을 세심하게 구현한 CategoricalArrays.jl 패키지에 대해 배우게 된다. PooledArrays.jl과 CategoricalArrays.jl를 간단히 비교하고 싶다면, 블로그 게시글인 'Categorical vs. Pooled Arrays'(http://mng.bz/N547)을 읽어보기를 권장한다.

6.9 문자열 컬렉션에 적합한 저장소 선택하기

이 시점에서 문자열 컬렉션을 저장하기 위해 줄리아가 제공하는 옵션의 수가 너무 많다고 느낄 수 있다. 다행히도 6.7절과 6.8절에서의 CSV 파일을 읽는 리더 예제처럼 대부분 자동으로 올바른 선택을 한다. 그러나 직접 선택하려는 경우 잘 선택할 수 있도록 돕는 가이드를 알고 있으면 유용할 것이다.

- 문자열 컬렉션이 몇 개의 요소로 구성되어 있거나 프로그램에 메모리 성능이 중요하지 않을 것으로 예상되는 경우 표준 `String`을 사용하고 표준 컬렉션 타입(예를 들어 `Vector`)에 저장하는 것이 안전하다.
- 저장할 문자열이 많은 경우 다음과 같은 선택지가 있다.
  - 컬렉션의 요소 개수에 비해 고윳값의 수가 적은 경우에는, 그냥 `String`을 사용하되 PooledArrays.jl 패키지에서 제공하는 `PooledArray`에 저장할 수 있다.
  - 그렇지 않고 문자열 길이가 짧고 길이가 비슷한 경우에는 InlineStrings.jl 패키지에서 제공하는 고정 너비 문자열(`String1`, `String3`, `String7` 등)을 사용하여 표준 컬렉션(예를 들어 `Vector`)에 저장할 수 있다.

– 마지막으로, 고윳값이 많은 문자열이 많고 일부가 상당히 긴 경우 최종 결정을 내려야 한다. 이러한 문자열을 레이블로 취급하고 동일성 여부만 비교하려는 경우에는 `Symbol`을 사용하면 된다. 엄밀히 말하면 심벌은 문자열이 아니지만 비교만 하려는 경우에는 문제가 될 가능성이 낮다. 그렇지 않으면 표준 `String` 타입을 사용한다. 두 경우 모두 표준 컬렉션(예를 들어 `Vector`)을 사용할 수 있다.

요약하는 의미로, 컴퓨터 과학자 도널드 커누스의 명언을 인용하고 싶다. "조기 최적화는 만악의 근원이다." 이 말이 이번 장의 주제와 어떤 연관이 있을까? 일반적으로 줄리아 코드 작성을 시작할 때 CSV.jl과 같은 패키지가 자동으로 최적의 결정을 내리지 않는 한, 문자열을 저장하기 위한 방법으로 `Vector{String}`을 가장 자주 사용한다. 그런 다음 성능이나 메모리 병목현상이 있는지 확인하고(간단한 방법인 `@time` 매크로를 사용하여 확인할 수 있다. 고급 프로파일링 기법은 줄리아 매뉴얼 (https://docs.julialang.org/en/v1/manual/profile/)에 설명되어 있다), 문제가 있다면 사용되는 데이터 타입을 적절히 조정한다.

3장에서 설명한 줄리아의 다중 디스패치의 편리한 기능 덕분에, 데이터 타입을 변경해도 나머지 코드를 다시 작성할 필요가 없다. 구체 데이터 타입을 하드코딩하지 않고 `AbstractString`과 같은 추상 타입을 적절히 사용했다면 줄리아는 사용자가 수행하기로 결정한 문자열 컨테이너의 구체 타입 변경을 자동으로 처리한다.

요약

- 줄리아에서는 Downloads 모듈의 `download` 함수를 사용하여 웹에서 파일을 다운로드할 수 있다. 이 작업은 실제로 자주 수행해야 하는 작업이다.
- `*` 문자를 사용하여 문자열을 연결할 수 있으므로 `"a" * "b"`는 `"ab"`를 생성한다. 이는 문자열에 접두사나 접미사를 추가해야 할 때 유용하다.
- `$` 문자를 사용하여 문자열에 값을 보간할 수 있다. 값 `10`이 바인딩된 `x` 변수가 있는 경우 `"x = $x"`를 입력하면 `"x = 10"`이 된다. 이 기능은 계산의 중간 결과를 표시하는 등 실무에서 자주 사용된다.
- 원시 문자열 리터럴을 사용하면 문자열 리터럴에서 `\` 및 `$`가 특수 처리되지 않도록 할 수 있다. 이 기능은 윈도우에서 경로를 지정할 때 유용하다. `raw"C:\DIR"` 리터럴이 그 예제이며, `raw` 접두사를 생략하면 오류가 발생한다.

- `readlines` 함수는 파일의 내용을 문자열 벡터로 읽는 데 사용할 수 있으며, 결과 벡터의 각 요소는 파일의 한 줄을 나타내는 문자열이다. 대부분의 텍스트 데이터는 나중에 한 줄씩 구문 분석되므로 해당 파일 읽기 방식은 편리하다.

- `split` 함수는 지정된 구분 기호에서 문자열을 여러 문자열로 분할하는 데 사용할 수 있다. 예를 들어 `split("a,b", ",")`은 `["a", "b"]` 벡터를 생성한다. 이러한 종류의 원본 데이터 구문 분석은 실무에서 종종 필요하다.

- 줄리아의 표준 문자열 타입은 `String`이다. 그러나 줄리아의 문자열은 불변이므로 일부 표준 함수는 `String` 타입의 문자열에 적용될 때 `SubString{String}` 타입의 뷰를 반환한다. 이러한 뷰의 장점은 뷰를 저장하기 위한 추가 메모리 할당이 없다는 것이다.

- 문자열을 허용하는 함수를 작성할 때는 함수 정의에 타입 매개변수로 `AbstractString`을 지정하여 사용자가 전달하는 모든 문자열 타입에서 작동되도록 해야 한다. 줄리아에는 다양한 문자열 타입이 있으므로 함수를 일반적인 방식으로 구현해야 한다.

- 줄리아는 문자열 데이터에서 정보를 추출하는 데 유용한 정규 표현식 작업을 지원한다. 문자열 앞에 `r`을 붙여 정규 표현식 리터럴을 만들 수 있다. 예를 들어, `r"a.a"` 패턴은 시작과 끝이 `a`이며 중간에 임의의 문자가 포함된 세 문자 시퀀스와 일치한다. 정규 표현식은 일반적으로 텍스트에서 데이터를 추출하는 데 사용된다.

- `parse` 함수를 사용하여 문자열을 숫자로 변환할 수 있다. 예를 들어, `parse(Int, "10")`은 정수 10을 반환한다. 이 기능은 텍스트 파일에 저장된 숫자 데이터를 처리할 때 자주 필요하다.

- 줄리아의 문자열은 UTF-8 인코딩을 사용하므로 각 문자는 문자열에서 1, 2, 3 또는 4바이트를 차지할 수 있다. ASCII 문자는 이 인코딩에서 항상 1바이트를 사용한다. 따라서 일반적으로 문자열의 문자 수는 해당 문자열의 바이트 수보다 작을 수 있다.

- 문자열을 조작할 때 바이트 또는 문자 수를 사용하여 문자열의 특정 섹션을 참조할 수 있다. ASCII 문자열의 경우 이러한 접근 방식은 동일하지만 일반적으로는 그렇지 않다. 사용하는 함수가 바이트 또는 문자 수에서 작동하는지 항상 확인해야 한다.

- 대괄호로 묶인 문자열 인덱싱(예를 들어 `"abc"[2:3]`)은 바이트 인덱싱을 사용한다. 줄리아의 문자열은 UTF-8로 인코딩되므로 모든 인덱스가 이러한 종류의 인덱싱에 유효한 것은 아니다.

- 문자 인덱싱을 사용하는 일반적인 함수는 `length`, `chop`, `first`, `last`이다.

- FreqTables.jl 패키지는 데이터에서 빈도 테이블을 쉽게 만들 수 있는 `freqtable` 및 `proptable` 함수를 제공한다. 이러한 데이터 요약 방법은 데이터 과학 워크플로에서 일반적으로 사용된다.

- Symbol은 문자열이 아닌 특수 타입으로, 문자열을 레이블로 간주해 비교만 하면 되는 경우, 그 비교를 빠르게 수행해야 하는 경우에 사용한다.

- 유효한 변수 이름 식별자인 심벌은 콜론(:) 접두사를 사용하여 편리하게 만들 수 있다(예를 들어 `:some_symbol`).

- InlineStrings.jl 패키지는 `String1`, `String3`, `String7` 등 몇 가지 고정 너비 문자열 타입을 정의한다. 문자열이 짧고 길이가 균일한 경우 이러한 비표준 문자열 타입은 메모리를 덜 사용하며 정렬과 같은 많은 작업에서 처리 속도가 더 빠르다.

- `open` 함수를 사용하여 파일을 열고 쓸 수 있다. 데이터를 작성할 위치를 지정하기 위한 파일 디스크립터를 첫 번째 인수로 전달하면 `println` 함수 등을 사용하여 해당 파일에 쓸 수 있다.

- 문자열 컬렉션에 고유한 값이 몇 개만 있는 경우 PooledArrays.jl 패키지에서 제공하는 `PooledArray` 타입의 값으로 압축하여 컬렉션의 메모리 사용량을 줄일 수 있다. 이 기능을 사용하면 많은 RAM을 절약할 수 있다.

- 줄리아는 컬렉션에 문자열을 저장하기 위한 몇 가지 옵션을 제공하며, 각 옵션은 성능 및 메모리 사용 프로필이 약간씩 다르다. 이를 활용하면 처리하는 데이터 구조에 따라 코드를 유연하게 최적화할 수 있다. 또한 CSV.jl과 같은 여러 표준 줄리아 패키지는 데이터를 읽을 때 더 효율적이라고 판단되는 경우 비표준 InlineStrings.jl 문자열이나 `PooledVector`를 자동으로 생성한다.

시계열 데이터 및
결측값 처리하기

이 장의 주요 내용

- HTTP 쿼리를 사용하여 데이터 가져오기
- JSON 데이터 구문 분석하기
- 날짜로 작업하기
- 결측값 처리하기
- 결측값이 있는 데이터 플로팅하기
- 결측값 보간하기

이 장은 줄리아 언어에 초점을 맞춘 1부의 마지막 장이다. 이 장에서 다룰 주제에 대한 사용 사례는 금융자산 가격을 다루는 것이다. 특정 주식의 가격이나 두 통화 간의 환율이 시간에 따라 어떻게 변하는지를 분석하고자 한다. 줄리아에서 이런 요청을 처리하려면 시계열 데이터로 작업하는 방법을 알아야 한다. 실제 시계열 데이터의 빈번한 특징은 일부 타임스탬프에 결측값이 포함되어 있다는 것이다. 따라서 이 장의 두 번째 주요 주제는 줄리아에서 결측값을 처리하는 것이다.

이 장에서 다루는 문제는 폴란드 국립은행Narodowy Bank Polski, NBP에서 발표하는 PLN/USD 환율을 분석하는 것이다. 이 데이터는 https://api.nbp.pl/en.html에 설명된 웹 API를 통해 제공된다.

다음 단계를 통해 작업을 수행한다.

1. 웹 API가 노출하는 데이터의 형식을 이해한다.

2. 지정된 날짜 범위에 대한 HTTP GET 요청을 사용하여 데이터를 가져온다.

3. 요청한 데이터를 가져오지 못할 경우 오류를 처리한다.

4. 쿼리 결과에서 PLN/USD 환율을 추출한다.

5. 가져온 데이터에 대한 간단한 통계 분석을 수행한다.

6. 결측값을 적절히 처리하여 가져온 데이터를 시각화한다.

위 단계들을 실행하려면 줄리아에서 결측값을 처리하고, 날짜로 작업하고, HTTP 요청을 사용하여 데이터를 가져오는 방법과 JSON 형식(https://www.json.org/json-en.html)을 사용하여 전달된 정보를 구문 분석하는 방법을 배워야 한다. 이러한 주제를 하나씩 배울 수 있도록 이 장은 4개의 절로 나뉜다.

- 7.1절에서는 NBP가 웹 API를 통해 제공하는 환율 데이터의 JSON 형식에 대해 알아보고, 줄리아에서 HTTP GET 요청을 수행하는 방법과 JSON 데이터를 파싱하는 방법을 살펴본다.

- 7.2절에서는 줄리아에서 결측값을 처리하는 방법을 알아본다. 이는 결측값이 포함된 NBP 웹 API에서 가져온 데이터를 처리하기 위해 필요하다.

- 7.3절에서는 서로 다른 날짜에서 가져온 데이터에 대한 일련의 NBP 웹 API 쿼리를 처리하고 그 결과를 시계열로 처리하는 방법을 살펴본다. 줄리아에서 날짜로 작업하는 방법을 배운다.

- 7.4절에서는 시계열 데이터를 통계적으로 분석하고 시각화한다. 데이터 분석과 시각화 모두에서 결측값을 처리하는 데 특별히 신경 쓸 것이다.

7.1 NBP 웹 API 이해하기

환율 데이터 분석을 시작하기 전에 NBP 웹 API에서 데이터를 가져와야 한다. 곧 보게 되겠지만 NBP 웹 API는 환율에 대한 정보를 JSON 형식으로 노출하므로 이를 파싱하는 방법도 살펴볼 것이다. 이 장에서 JSON을 선택한 이유는 JSON 형식이 많은 실무에서 일반적으로 사용되므로 배울 가치가 있다고 판단했기 때문이다. 또한 실제 데이터 과학 프로젝트에서 다양한 웹 API를 통해 데이터를 가져와야 하는 경우가 많을 것으로 예상할 수 있다.

먼저 NBP 웹 API가 노출하는 데이터를 시각적으로 확인하는 것으로 시작한다. 웹브라우저를 통해 샘플 쿼리를 전달할 것이다. 그런 다음 이 작업을 프로그래밍 방식으로 수행하는 방법을 배운다.

7.1.1 웹브라우저를 통해 데이터 가져오기

웹 API의 전체 사양은 https://api.nbp.pl/en.html에서 확인할 수 있다. API는 웹브라우저와 프로그래밍 방식으로 모두 액세스할 수 있다. 웹브라우저를 사용하여 쿼리하는 것으로 시작한다. 여기서는 한 가지 형식의 요청만 알면 충분하다.

```
https://api.nbp.pl/api/exchangerates/rates/a/usd/YYYY-MM-DD/?format=json
```

위 요청에서는 **YYYY-MM-DD** 부분을 특정 날짜의 연도 4자리, 월 2자리, 일 2자리로 전달해야 한다. 다음은 2020년 6월 1일에 대한 데이터를 가져오는 예제이다.

```
https://api.nbp.pl/api/exchangerates/rates/a/usd/2020-06-01/?format=json
```

웹브라우저에서 이 쿼리를 실행하면 다음과 같은 응답이 표시된다(사용하는 브라우저에 따라 응답의 레이아웃이 약간 다를 수 있다).

```
{
  "table":"A",
  "currency":"dolar amerykański",
  "code":"USD",
  "rates":[
        {
         "no":"105/A/NBP/2020",
         "effectiveDate":"2020-06-01",
         "mid":3.9680
        }
       ]
}
```

결과는 JSON 형식으로 반환된다. 형식 사양은 www.json.org/json-en.html에서 확인할 수 있다. 또한 JSON에 대해 더 자세히 알고 싶다면 iCode Academy의 《JSON for Beginners》(White Flower Publishing, 2017) 책을 읽어보거나 MDN 웹 문서 튜토리얼(http://mng.bz/DDKa)을 살펴보기를 추천한다. 여기서는 위 특정 JSON 구조를 어떻게 해석해야 하는지에 집중해서 설명할 것이다.

그림 7.1에 설명이 있다. 결과는 table, currency, code, rates의 네 가지 필드가 포함된 하나의 객체이다. 이 중 흥미로운 필드는 단일 객체를 담고 있는 배열을 포함한 rates이다. 이 단일 객체에는 no, effectiveDate, mid의 세 가지 필드가 있다. 이 중 중요한 필드는 mid이며, 조회한 날짜의 PLN/USD 환율을 저장한다. 2020년 6월 1일의 환율은 3.960 PLN/USD이다.

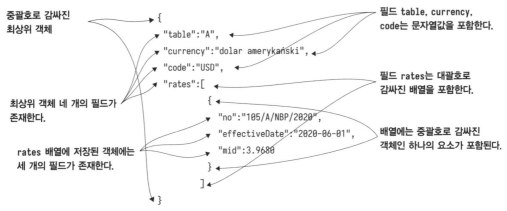

그림 7.1 NBP 웹 API에 대한 요청으로 반환된 이 JSON 데이터에서 키-값 필드는
중괄호로 묶여 있고 배열은 대괄호로 묶여 있다.

7.1.2 줄리아를 사용하여 데이터 가져오기

이제 데이터의 구조를 이해했으니 줄리아로 전환해보자. HTTP.jl 패키지의 HTTP.get 함수를 사용하여 NBP 웹 API에서 데이터를 가져온다. 다음으로, JSON3.jl 패키지의 JSON3.read 함수가 제공하는 JSON 리더를 사용하여 이 응답을 파싱한다. 다음 예제는 이러한 단계의 실행 방법을 보여준다.

예제 7.1 NBP 웹 API 쿼리 실행 및 가져온 JSON 응답 파싱하기

```
julia> using HTTP

julia> using JSON3

julia> query = "https://api.nbp.pl/api/exchangerates/rates/a/usd/" *
               "2020-06-01/?format=json"    ← ❶ 쿼리할 URL이 포함된 문자열을 정의한다.
"https://api.nbp.pl/api/exchangerates/rates/a/usd/2020-06-01/?format=json"

julia> response = HTTP.get(query)    ← ❷ HTTP GET 요청을 NBP 웹 API로 전송한다.
HTTP.Messages.Response:
"""
HTTP/1.1 200 OK
Date: Wed, 24 May 2023 02:56:44 GMT
```

```
Cache-Control: no-cache
Pragma: no-cache
Content-Type: application/json; charset=utf-8
Expires: -1
ETag: "eZHfyJz5mmJlMsnWaqiL19Qj40ZH/82w59q+Y6MIEiY="
Vary: Accept-Encoding
Content-Encoding: gzip
Set-Cookie: ee3la5eizeiY4Eix=Naew5Ohp; path=/
Transfer-Encoding: chunked

{"table":"A","currency":"dolar amerykański","code":"USD","rates":[{"no":"105/A/
NBP/2020","effectiveDate":"2020-06-01","mid":3.9680}]}"""

julia> json = JSON3.read(response.body) ←── ❸ 가져온 응답 데이터를 JSON으로 파싱한다.
JSON3.Object{Vector{UInt8}, Vector{UInt64}} with 4 entries:
  :table    => "A"
  :currency => "dolar amerykański"
  :code     => "USD"
  :rates    => JSON3.Object[{…
```

query 문자열을 HTTP.get 함수에 전달하고 response 객체를 가져온다. 출력된 결과 메시지에서 200 OK 상태 코드를 통해 쿼리가 성공했음을 확인할 수 있다. 응답 메시지 하단에는 웹브라우저를 사용하여 가져온 것과 동일한 JSON 데이터가 표시된다.

response 객체에는 여러 개의 필드가 있으며, 그중 중요한 필드는 가져온 바이트의 벡터를 저장하는 body이다.

```
julia> response.body
134-element Vector{UInt8}:
 0x7b
 0x22
 0x74
  ⋮
 0x7d
 0x5d
 0x7d
```

이 바이트 벡터를 JSON 리더 함수인 JSON3.read에 전달할 것이다. 그 단계를 설명하기 전에 response.body의 내용을 효율적으로 검사하는 방법을 간단하게 알아보자. String 생성자를 사용하면 된다.

```
julia> String(response.body)
"{\"table\":\"A\",\"currency\":\"dolar amerykański\",\"code\":\"USD\",\"rates\":[{\"n
o\":\"105/A/NBP/2020\",\"effectiveDate\":\"2020-06-01\",\"mid\":3.9680}]}"
```

이 방법은 문자열이 전달된 벡터를 감싸고 데이터 복사가 수행되지 않기 때문에 효율적이다. 하지만 한 가지 염두에 두어야 할 부작용도 있다. 바이트 벡터를 사용하여 String 객체를 생성했기 때문에 response.body 벡터가 비워진다.

```
julia> response.body
UInt8[]
```

Vector{UInt8}에서 String 생성자를 호출하면 벡터에 저장된 데이터가 소모된다. 이 방법의 장점은 동작이 매우 빠르다는 것이며, 단점으로는 변환을 한 번만 수행할 수 있다는 것이다. 실행이 끝나면 response.body 벡터가 비어 있으므로 String(response.body)를 다시 호출하면 빈 문자열 ("")이 생성된다.

String 생성자가 전달된 Vector{UInt8} 데이터를 비운다는 것은 줄리아에서 함수 이름에 ! 접미사가 없음에도 전달된 객체를 변경하는 드문 케이스 중 하나이다. 따라서 이 예외를 기억하는 것이 중요하다. 이 예제에서 response.body에 저장된 값을 보존하려면 String(copy(response.body))처럼 String 생성자에 전달하기 전에 복사해야 한다.

이제 response 객체로 작업하는 방법을 이해했으니 JSON3.read(response.body)의 반환값을 바인딩한 json 변수로 넘어간다. JSON3.read 함수의 좋은 기능은 이 함수가 반환하는 객체를 줄리아의 다른 객체처럼 쿼리할 수 있다는 것이다. 따라서 점을 사용하여 해당 필드에 액세스한다.

```
julia> response.body
UInt8[]

julia> json.table
"A"

julia> json.currency
"dolar amerykański"

julia> json.code
"USD"
```

```
julia> json.rates
1-element JSON3.Array{JSON3.Object, Vector{UInt8}, SubArray{UInt64, 1, Vector{UInt64},
Tuple{UnitRange{Int64}}, true}}:
 {
              "no": "105/A/NBP/2020",
   "effectiveDate": "2020-06-01",
             "mid": 3.968
 }
```

마찬가지로 `json.rates` 필드에 저장된 JSON 배열은 줄리아의 다른 벡터처럼 1 기반 인덱싱을 사용하여 액세스할 수 있다. 따라서 `json.rates`에 저장된 첫 번째 객체의 `mid` 필드를 가져오려면 다음과 같이 실행하면 된다.

```
julia> json.rates[1].mid
3.968
```

다음으로, 줄리아 배열에서 데이터를 가져오는 경우 특정 사용 사례의 정확성을 보장할 수 있는 유용한 함수를 소개한다. 배열에 정확히 하나의 요소가 포함되어 있다는 것을 알고 있고 이를 추출하려는 경우 `only` 함수를 사용할 수 있다.

```
julia> only(json.rates).mid
3.968
```

`only` 함수의 중요한 속성은 벡터에 요소가 0개 또는 하나 이상 포함되어 있으면 오류가 발생한다는 것이다.

```
julia> only([])
ERROR: ArgumentError: Collection is empty, must contain exactly 1 element
julia> only([1, 2])
ERROR: ArgumentError: Collection has multiple elements, must contain exactly 1 element
```

`only` 함수는 데이터가 예상했던 형식에 맞지 않는 경우 오류를 반환하여 쉽게 버그를 포착할 수 있게 해주기 때문에 프로덕션 코드를 작성할 때 매우 유용하다.

7.1.3 NBP 웹 API 쿼리 실패 시 처리하기

더 넓은 범위의 날짜에 대한 데이터 가져오기를 진행하기 전에 NBP 웹 API의 기능에 대해 한 가지 더 이야기하고자 한다. 이번 시나리오는 특정 날짜의 PLN/USD 환율에 대한 데이터가 없는 경우이다. 먼저 브라우저에서 다음 쿼리를 실행한다.

```
https://api.nbp.pl/api/exchangerates/rates/a/usd/2020-06-06/?format=json
```

그럼 다음과 같은 응답이 표시된다.

```
04 NotFound - Not Found - Brak danych
```

이 경우 데이터에 2020년 6월 6일에 대한 날짜가 없음을 알 수 있다. 다음 예제에서 프로그래밍 방식으로 쿼리를 실행하려고 할 때 이 시나리오가 어떻게 처리되는지 확인한다.

예제 7.2 예외를 던지는 쿼리 예제

```
julia> query = "https://api.nbp.pl/api/exchangerates/rates/a/usd/" *
               "2020-06-06/?format=json"
"https://api.nbp.pl/api/exchangerates/rates/a/usd/2020-06-06/?format=json"

julia> response = HTTP.get(query)
ERROR: HTTP.Exceptions.StatusError(404, "GET", "/api/exchangerates/rates/a/usd/2020-06-
06/?format=json", HTTP.Messages.Response:
"""
HTTP/1.1 404 Not Found
Date: Wed, 24 May 2023 03:26:11 GMT
Cache-Control: no-cache
Pragma: no-cache
Content-Length: 38
Content-Type: text/plain; charset=utf-8
Expires: -1

404 NotFound - Not Found - Brak danych""")
```

이 경우 `HTTP.get` 함수는 404 에러와 함께 예외를 발생시켜 요청된 페이지를 찾을 수 없음을 알려준다. 이는 아직 경험해보지 못한 새로운 시나리오이다. 이를 처리하는 방법에 대해 알아보자.

예외exception는 쿼리를 실행할 때 예기치 않은 상황이 발생하여 줄리아 프로그램이 결과를 생성하지 않고 즉시 종료되는 것을 의미한다.

예외는 예기치 않은 상황이 발생했을 때 유용하지만, 우리 예제에서는 예상되는 상황을 고려할 수 있다. 적절한 쿼리 결과를 얻지 못했다고 프로그램이 중단되는 것보다는, 특정일에 PLN/USD 환율이 누락되었다면 해당 데이터가 없다는 신호를 받는 게 좋을 것이다. 이러한 값을 줄리아에서는 missing으로 표현하며, 7.2절에서 그 의미와 사용법을 자세히 살펴본다.

원하지 않는 경우 프로그램이 종료되지 않도록 예외를 처리하는 방법을 사용하고자 한다. 이 경우에는 try-catch-end 블록을 사용한다.

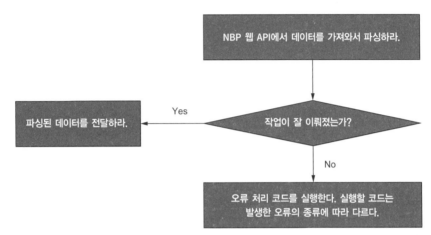

그림 7.2 NBP 웹 API 사용 시 HTTP GET 에러 처리 로직. 원격으로 데이터를 가져올 때는 오류가 자주 발생하므로 이러한 상황에 대비해 코드를 작성해야 한다.

예제 7.3의 코드는 다음을 수행한다(그림 7.2 참조).

- 블록의 try 부분에서 쿼리를 실행하려고 시도한다.
- 쿼리가 성공하면 결과를 반환한다.
- 쿼리가 실패하면 블록의 catch 부분의 내용을 실행한다.

예제 7.3 try-catch-end 블록을 사용하여 예외 처리하기

```
julia> query = "https://api.nbp.pl/api/exchangerates/rates/a/usd/" *
              "2020-06-01/?format=json"
"https://api.nbp.pl/api/exchangerates/rates/a/usd/2020-06-01/?format=json"

julia> try      ❶ try 부분에서는 정상적으로 작동해야 하는 코드를 실행한다.
           response = HTTP.get(query)
           json = JSON3.read(response.body)
           only(json.rates).mid      ❷ 가져온 요청 응답에서 rates 벡터의 유일한 요소인 mid 필드를 추출한다.
```

```
        catch e ←  ❸ 실행하려는 코드에서 에러가 발생하면 에러 정보를 e 변수에 저장한다.
            if e isa HTTP.ExceptionRequest.StatusError
                missing                                    ❹ HTTP 서버의 상태 에러로
            else                                              인한 에러인지 확인하고,
                rethrow(e) ←   ❺ 에러의 원인이 다른 경우, 프로그래머에게      이 경우 missing을 생성한다.
            end              예기치 않은 상황이 발생했음을 알리기
        end                  위해 에러를 반환한다.
3.968

julia> query = "https://api.nbp.pl/api/exchangerates/rates/a/usd/" *
           "2020-06-06/?format=json"
"https://api.nbp.pl/api/exchangerates/rates/a/usd/2020-06-06/?format=json"

julia> try
           response = HTTP.get(query)
           json = JSON3.read(response.body)
           only(json.rates).mid
       catch e
           if e isa HTTP.ExceptionRequest.StatusError
               missing
           else
               rethrow(e)
           end
       end
missing
```

유효한 날짜 2020년 6월 1일의 경우 파싱된 값 **3.968**을 얻고, 유효하지 않은 날짜 2020년 6월 6
일의 경우 missing이 생성되는 것을 알 수 있다.

다음의 의사코드_pseudocode_를 통해 **try-catch-end** 블록의 구조를 요약해보자.

```
try
    <실행하고자 하는 명령>
catch
    <try 부분에서 예외가 날 경우 실행할 명령>
end
```

여기서는 이미 설명한 세 가지 작업, 즉 데이터 가져오기, JSON 형식으로 구문 분석하기, 환율 추
출하기를 수행하려고 한다.

이제 예제 7.3의 catch 부분을 살펴본다. 먼저 catch 키워드 뒤에 있는 e에 주목해보자. 이 구문은
예외 정보를 e라는 변수로 바인딩한다는 것을 의미한다.

다음으로 실제로 HTTP 요청에 문제가 있는지 확인하기 위해 `HTTP.ExceptionRequest.StatusError`를 사용한다. 이것은 예제 7.2에서 보았던 예외의 종류와 정확히 일치한다. HTTP 요청에 문제가 있는 경우 `missing`값을 생성한다. 하지만 해당 예외가 발생하는 경우에만 이 작업이 실행된다. 다른 모든 경우에는 `rethrow` 함수를 사용하여 동일한 예외를 다시 발생시킨다.

왜 이렇게 하는지 궁금할 수 있다. 그 이유는 예를 들어 `only` 함수에서 예외가 발생할 수 있기 때문이다. 이미 알고 있듯이, 이 함수는 정확히 하나의 요소가 없는 배열을 가져올 경우 예외를 발생시킨다. 이 경우 `missing`값을 생성하여 해당 문제를 숨기는 대신 사용자에게 예기치 않은 일이 발생했음을 명시적으로 경고하는 것이 좋다(요소가 하나뿐인 배열을 예상했는데 다른 것을 얻었음).

> ### 코드에서 catch 사용시 맹목적으로 예외를 잡으면 안 된다.
>
> 코드에서 예외를 잡을 때는 항상 예외 타입을 확인하고 처리할 예외만 잡는 것이 좋은 습관이다. 코드 어디서든 발생할 수 있고 조용히 숨겨서는 안 되는 예외 타입(예를 들어 `OutOfMemoryError`)이 많이 있다. 예를 들어 줄리아 프로그램에서 메모리가 부족하면 프로그램이 올바르게 진행되지 않을 가능성이 높다.

이 절에서는 `try-catch-end` 블록의 가장 간단한 사용 사례에 대해서만 설명했다. 물론 예외를 처리하는 방법을 알아야 하지만 이는 예외적인 상황에서만 고려되어야 하기에 일부러 책의 후반부에서 설명했다. 일반적인 상황에서는 예외를 던지지 않는 방식으로 코드를 작성하는 것이 좋다.

이 권장 사항은 두 가지 이유에 근거한다. 첫째, 예외 처리는 상대적으로 느리기 때문에 `try-catch-end` 블록을 많이 사용하는 코드가 있으면 성능이 저하될 수 있다. 둘째, 이러한 코드는 일반적으로 이해하기가 더 어렵다.

예외 처리에 대해 자세히 알아보려면 줄리아 매뉴얼의 'Exception Handling'(http://mng.bz/lR9B)을 참조할 수 있다.

7.2 줄리아에서 결측값으로 작업하기

7.1절의 예제에서는 NBP 웹 API에서 PLN/USD 환율 데이터가 누락된 경우 `missing`을 생성하기로 했다. 이 절에서는 결측값을 정의하고 데이터 과학 프로젝트에서 `missing`값이 사용되는 이유에 대해 설명하려고 한다.

대부분의 실제 데이터에는 품질 문제가 있기 때문에 missing값으로 작업하는 방법을 배우는 것이 중요하다. 실제로 처리해야 하는 가장 일반적인 경우는 분석할 객체의 일부 값이 수집되지 않은 경우이다. 예를 들어 병원에서 환자의 체온에 대한 데이터를 분석한다고 가정해보자. 매시간마다 측정이 이루어질 것으로 예상했지만 때때로 측정이 이루어지지 않거나 기록되지 않을 수 있다. 이러한 경우는 분석할 데이터에 missing으로 표시한다.

7.2.1 결측값 정의하기

줄리아 매뉴얼에서 결측값(https://docs.julialang.org/en/v1/manual/missing/)에 대한 정의부터 살펴보자.

> 줄리아는 통계적 의미의 결측값, 즉 관측치에서 변수에 대해 사용할 수 있는 값이 없지만 이론적으로는 유효한 값이 존재하는 상황을 표현하는 기능을 지원한다.

이런 경우 Missing 타입을 가진 missing값으로 표현한다. 줄리아 언어는 결측값 개념이 기본적으로 설계되어 있다. 이는 R과 유사하지만 파이썬과는 다르다. 코드에서 데이터 부재를 나타내기 위해 센티넬sentinel값[1]을 사용할 필요가 없다. ismissing 함수를 사용하여 값이 누락되었는지 쉽게 확인할 수 있다.

```
julia> ismissing(missing)
true

julia> ismissing(1)
false
```

3장에서 소개한 또 다른 값인 nothing(Nothing 타입)을 떠올려보자. nothing과는 어떻게 다를까? nothing은 객관적으로 값이 없음을 나타내는 데 사용하는 반면, missing은 존재하지만 기록되지 않은 값을 나타낸다.

missing과 nothing의 차이를 명확하게 보기 위해 비기술적인 예제를 살펴보자. 지인이 한 명 있는데, 누가 그 사람의 자동차 브랜드를 묻는다고 가정하자. 세 가지 상황이 있을 수 있다.

- 그 사람이 자동차를 가지고 있고 내가 그 브랜드를 알고 있다면 그냥 알려주면 된다.
- 그 사람이 자동차를 가지고 있다는 것은 알지만 브랜드를 모른다면, 객관적으로 이 브랜드 이

1　옮긴이 https://zetawiki.com/wiki/센티넬_값

름은 존재하지만 알지 못하기 때문에 missing이라고 대답해야 한다.

- 그 사람이 자동차를 가지고 있지 않다는 것을 알고 있다면, 객관적으로 브랜드 이름이 없기 때문에 nothing이라고 대답해야 한다.

실제로 어떤 경우에는 missing과 nothing 사이에 경계가 모호하다. 앞의 예제에서 그 사람이 자동차를 가지고 있는지조차 모른다면 어떻게 해야 할까? 그러나 실무에서는 응용프로그램의 콘텍스트를 고려할 때 missing과 nothing 중 어느 것이 더 적합한지 결정하는 것이 매우 쉽다. 데이터 과학 세계에서 missing은 주로 원본 데이터에서 어떤 이유로 기록이 실패했을 때 발생한다.

7.2.2 결측값으로 작업하기

missing의 정의는 기본적으로 결측값을 지원하는 프로그래밍 언어(예를 들어 줄리아 또는 R)의 설계에 중요한 영향을 미친다. 이 절에서는 missing값 작업 시 가장 중요한 측면을 설명한다.

1 함수에서 결측값 전파

대부분의 함수는 입력에 missing이 있으면 출력에 missing을 반환하는 방식으로 missing을 자동 전파하는 것이 원칙이다. 다음은 몇 가지 예제이다.

```
julia> 1 + missing
missing

julia> sin(missing)
missing
```

missing이 전파되는 중요한 사례 중 하나는 Bool값을 생성해야 하는 테스트의 맥락에서 발생한다.

```
julia> 1 == missing
missing

julia> 1 > missing
missing

julia> 1 < missing
missing
```

논리 연산에서 true, false, missing을 얻을 수 있으므로 이런 동작을 **3치 논리**three-valued-logic (http://mng.bz/o59Z)라고 한다.

3치 논리는 missing값을 처리하는 논리적으로 일관된 방식이다. 하지만 논리 테스트의 맥락에서는 결측값이 있을 수 있으므로 주의해야 한다. 그 이유는 조건문에 missing을 조건으로 전달하면 오류가 발생하기 때문이다.

```julia
julia> if missing
           print("this is not printed")
       end
ERROR: TypeError: non-boolean (Missing) used in boolean context
julia> missing && true
ERROR: TypeError: non-boolean (Missing) used in boolean context
```

줄리아에서 missing을 처리하도록 설계하려면 missing을 true로 처리할지 false로 처리할지 명시적으로 결정해야 한다. 이는 SQL에서도 본 적 있는 coalesce 함수(http://mng.bz/BZ1r)를 통해 이루어진다. 정의는 간단하다. coalesce는 결측값이 아닌 첫 번째 위치 인수를 반환하거나 모든 인수가 missing인 경우 missing을 반환한다.

coalesce는 논리 조건을 처리할 때 가장 일반적으로 사용된다. coalesce(condition, true)를 작성하면 조건이 missing으로 평가되면 이 missing을 true로 처리하고 싶다는 뜻이다. 마찬가지로 coalesce(condition, false)는 missing을 false로 처리하고 싶다는 의미이다. 다음은 예제이다.

```julia
julia> coalesce(missing, true)
true

julia> coalesce(missing, false)
false
```

논리 조건에서의 missing

논리 조건에 사용되는 데이터에 missing값이 포함될 가능성이 있는 경우, 조건에서 missing을 어떻게 처리해야 할지에 따라 coalesce의 두 번째 인수를 true나 false로 넣어서 래핑해야 한다.

---

② 불리언 결과를 보장하는 비교 연산자 사용하기

때로는 3치 논리를 사용하는 것보다는, 다른 값들처럼 비교로 missing값을 처리하는 것이 유용할 수 있다. 필요한 경우 순서를 테스트하는 데는 isless 함수를, 같음을 테스트하는 데는 isequal 함수를 사용할 수 있다. 이 두 함수는 어떤 값을 전달해도 true 또는 false를 반환하도록 보장된다. 다음은 몇 가지 예제이다.

```julia
julia> isequal(1, missing)
false

julia> isequal(missing, missing)
true

julia> isless(1, missing)
true

julia> isless(missing, missing)
false
```

특별한 규칙으로, missing과 숫자를 isless로 비교할 때 missing은 항상 모든 숫자보다 큰 것으로 취급되므로 다음과 같은 규칙이 적용된다.

```julia
julia> isless(Inf, missing)
true
```

isequal 함수는 missing을 비교할 때, 오직 missing과 비교할 때만 true를 반환한다.

줄리아에는 Bool값을 반환하도록 보장하는 isequal 함수 외에도 항상 Bool값을 반환하는 또 다른 방법들을 제공한다. 이는 === 연산자를 사용하여 수행할 수 있다.

isequal 함수와 === 연산자의 차이점은, isequal 함수는 일반적으로 등호 개념을 지원하는 값을 비교하기 위해 구현된 반면, === 연산자는 프로그램이 구별할 수 없을 정도로 두 값이 기술적으로 동일한지만을 테스트한다는 것이다. 내용 비교와 기술 동일성 비교의 차이는 벡터와 같은 가변 컬렉션으로 작업할 때 가장 흔하게 확인할 수 있다. 다음은 예제이다.

```julia
julia> a = [1]
1-element Vector{Int64}:
```

```
                                                          1

julia> b = [1]
1-element Vector{Int64}:
 1

julia> isequal(a, b)
true

julia> a === b
false
```

a 벡터와 b 벡터의 내용이 같으므로 isequal 테스트는 true를 반환한다. 그러나 두 벡터는 메모리 위치가 다르기 때문에 기술적으로 같지 않다. 따라서 === 테스트는 false를 반환한다. 이 책의 2부에서 === 연산자를 사용하는 더 많은 예제를 볼 수 있다. 마지막으로 줄리아에는 항상 ===과 반대되는 결과를 제공하는 !== 연산자가 있다.

===, ==, isequal 사이의 관계

다음은 줄리아에서 === 연산자, == 연산자, isequal 함수가 어떻게 작동하는지 규정하는 규칙이다.

- === 연산자는 항상 Bool값을 반환하며, 어떤 값에 대해서도 동일성을 비교할 수 있다(어떤 프로그램으로도 차이를 구별할 수 없다는 의미에서의 동일성).

- == 연산자는 기본적으로 ===으로 폴백된다. 숫자, 문자열, 배열과 같이 논리적인 의미에서 동등 개념을 지원하는 타입은 == 연산자의 특수 메서드가 정의되어 있다. 예를 들어 숫자는 숫잣값을 기준으로 비교되고 배열은 내용을 기준으로 비교된다. 따라서 == 연산자에 대한 특수 메서드가 구현된다. == 연산자를 사용하여 비교를 수행할 때는 다음과 같은 특수 규칙을 기억해야 한다.

  - ==을 사용하여 missing값과 비교하면 항상 missing을 반환한다.
  - 부동소수점 NaN값과 비교하면 항상 false를 반환한다(이 규칙의 더 많은 예제는 2장 참조).
  - 부동소수점 양의 영(0.0)과 음의 영(-0.0)을 비교하면 true를 반환한다.

- isequal 함수는 항상 Bool값을 반환하고 특수 규칙이 다르게 정의된다는 점을 제외하면 == 연산자처럼 작동한다.

  - isequal를 사용하여 missing값과 비교하면 false를 반환하지만, 두 개의 missing값을 비교하면 true를 반환한다.
  - 부동소수점 NaN값과 비교하면 false를 반환하지만, 두 개의 NaN값이 비교되는 경우에는 true를 반환한다.
  - 부동소수점 양의 영(0.0)과 음의 영(-0.0)을 비교하면 false를 반환한다.

isequal은 딕셔너리에서 키를 비교하는 데 사용된다.

키-값 쌍이 Dict 딕셔너리에 저장될 때 키의 같음은 isequal 함수를 사용하여 결정된다는 점을 기억하는 것이 중요하다. 예를 들어 0.0은 isequal를 사용할 때 -0.0과 같지 않으므로 Dict(0.0 => "zero", -0.0 => "negative zero") 딕셔너리는 두 개의 키-값 쌍을 저장할 수 있으며, 키 중 하나는 0.0이며, 다른 하나는 -0.0이다.

데이터 프레임을 그룹화하고 조인하는 데에도 동일한 규칙이 적용된다(해당 주제는 2부에서 자세히 설명한다).

❸ 컬렉션의 결측값 대체하기

coalesce 함수의 또 다른 일반적인 사용법인 결측값을 대치imputation하는 방법을 살펴볼 것이다. 다음 예제와 같이 missing값이 있는 벡터가 있다고 가정해보자.

예제 7.4 missing값을 포함한 벡터

```julia
julia> x = [1, missing, 3, 4, missing]
5-element Vector{Union{Missing, Int64}}:
 1
  missing
 3
 4
  missing
```

x 벡터는 정수와 missing값을 모두 포함하므로 3장에서 설명한 대로 요소 타입은 Union{Missing, Int64}이다. 여기서 모든 missing값을 0으로 바꾸고 싶다고 가정한다. 이는 coalesce 함수를 브로드캐스팅하면 쉽게 할 수 있다.

```julia
julia> coalesce.(x, 0)
5-element Vector{Int64}:
 1
 0
 3
 4
 0
```

❹ 계산에서 결측값 건너뛰기

예제 7.4의 x 벡터와 같이 missing값이 컬렉션에 숨겨져 있는 경우에는, missing값의 전파가 바람직하지 않을 수도 있다. 예를 들어 sum 함수를 확인해보자.

```
julia> sum(x)
missing
```

논리적으로는 맞는 결과다. 합을 구하려는 값 중에 missing이 있으므로 결과를 알 수 없다. 그러나 일반적으로는 벡터에서 missing을 제외한 값만 더하고 싶을 것이다. 이를 위해서는 skipmissing 함수를 사용하여 x 벡터의 래퍼wrapper를 만든다.

```
julia> y = skipmissing(x)
skipmissing(Union{Missing, Int64}[1, missing, 3, 4, missing])
```

y 변수는 내부에 x 벡터를 저장하는 새 객체지만, y를 순회할 때는 x에 저장된 missing값을 건너뛴다. 이제 y에 sum을 실행하면 예상한 결과를 얻을 수 있다.

```
julia> sum(y)
8
```

하지만 보통은 다음과 같이 쓰는 게 좋다.

```
julia> sum(skipmissing(x))
8
```

줄리아에서는 왜 missing값을 건너뛰는 특수한 객체를 만들어야 하는지 궁금증이 들 수도 있다. R과 같은 다른 언어에서는 일반적으로 함수가 키워드 인수를 받아 사용자가 missing값을 건너뛸지 여부를 결정할 수 있도록 한다.

여기에는 두 가지 고려 사항이 있다. 첫 번째, skipmissing(x)를 작성하는 것이 효율적이다. 이렇게 쓴다고 해서 객체 복사가 일어나는 것은 아니며, 단지 skipmissing(x)를 인수로 받는 함수에 missing값이 전달되지 않는다는 것을 확실하게 하는 방법일 뿐이다. 두 번째 이유는 조합성을 중시하는 설계상의 이유다. skipmissing(x) 객체가 있는 경우, sum, mean, var 등의 함수는 missing값을 명시적으로 처리할 필요가 없다. 하나의 구현만 있으면 되며, 사용자는 적절한 인수를 전달하여 연산할 대상을 선택할 수 있다.

왜 이런 구조가 이점이 될까? 다른 생태계에서는 일부 함수에는 missing값 처리를 위한 적절한 키워드 인수가 있는 반면, 그렇지 않은 함수도 있으며, 후자의 경우 사용자가 수동으로 처리해야 한다. 줄리아에서는 missing값 처리가 상위 수준으로 추상화되어 있다.

5 함수에서 결측값 전파 활성화하기

missing 전파의 마지막 시나리오로, 어떤 설계자가 의도적으로 missing값을 전파하지 않게 작성한 함수에 대해 살펴보자.

```
julia> fun(x::Int, y::Int) = x + y
fun (generic function with 1 method)
```

이 함수는 Int값만 인수로 받으며, missing값을 받으면 오류가 발생한다.

```
julia> fun(1, 2)
3

julia> fun(1, missing)
ERROR: MethodError: no method matching fun(::Int64, ::Missing)
```

그러나 함수의 설계자가 missing을 전달하는 것을 고려하지 않았다고 해도, 우리는 그 함수를 기반으로 missing값을 전파하는 다른 함수를 만들고 싶을 수도 있다. 이 기능은 Missings.jl 패키지의 passmissing 함수에 의해 제공된다. 다음은 그 예제이다.

```
julia> using Missings

julia> fun2 = passmissing(fun)
(::Missings.PassMissing{typeof(fun)}) (generic function with 2 methods)

julia> fun2(1, 2)
3

julia> fun2(1, missing)
missing
```

아이디어는 간단하다. passmissing 함수는 함수를 인수로 받아 새로운 함수를 반환한다. 반환된 함수(이 예에서는 fun2)는 위치 인수 중 하나라도 missing이 있으면 missing을 반환한다. 그렇지 않으면 전달된 인수를 사용하여 fun을 호출한다.

지금까지 missing값을 중심으로 구성된 줄리아 언어의 기본 기능에 대해 살펴보았다. 더 자세히 알아보려면 줄리아 매뉴얼(https://docs.julialang.org/en/v1/manual/missing/) 또는 Missings.jl 패키지 문서 (https://github.com/JuliaData/Missings.jl)를 참조하기를 바란다.

마지막으로 `Vector{Union{Missing, Int}}`와 같이 컬렉션에서 missing값을 허용하는 경우, missing값을 허용하지 않는 동일한 컬렉션 타입인 `Vector{Int}`에 비해 성능 및 메모리 소비 측면에서 작은 오버헤드가 있다는 점은 언급하고자 한다. 하지만 대부분 이 차이는 눈에 띄지 않는다.

연습 7.1 벡터 `v = ["1", "2", missing, "4"]`가 주어지면 문자열이 숫자로 변환되고 missing값은 missing값으로 남도록 구문 분석해보자.

7.3 NBP 웹 API에서 시계열 데이터 가져오기

이제 PLN/USD 환율 분석 문제로 돌아갈 준비가 되었다. 이 예제에서는 2020년 6월의 모든 날짜에 대한 데이터를 가져올 것이다. 7.1절에서 배운 내용을 사용하여 하루의 데이터를 가져오는fetch 함수를 만든 다음 해당 모든 날짜에 적용할 것이다. 하지만 2020년 6월의 모든 날짜를 나열하려면 어떻게 해야 할까?

먼저 줄리아에서 날짜를 다루는 방법을 배워야 한다. 이 작업이 끝나면 다시 주요 작업으로 돌아올 것이다.

데이터 과학 프로젝트에서 시계열 분석은 종종 필요하다. 이러한 데이터를 올바르게 처리하려면 관측치에 타임스탬프를 추가하는 방법을 알아야 한다. 이는 줄리아 표준 라이브러리의 Dates 모듈을 사용하여 편리하게 수행할 수 있다.

7.3.1 날짜로 작업하기

이 절에서는 줄리아에서 날짜를 조작하는 방법을 보여줄 것이다. 날짜에 대한 지원은 Dates 표준 모듈에서 제공한다. 날짜 객체를 생성하는 가장 쉬운 방법은 7.1절에서 본 YYYY-MM-DD 형식의 문자열을 Date 생성자에 전달하는 것이다. 다음은 예제이다.

```
julia> using Dates

julia> d = Date("2020-06-01")
2020-06-01
```

이제 변수 d에 바인딩된 객체를 검사하여 먼저 타입을 확인한 다음 연도, 월, 날짜 부분을 추출할 수 있다.

```
julia> typeof(d)
Date

julia> year(d)
2020

julia> month(d)
6

julia> day(d)
1
```

줄리아는 year, month, day와 같은 기본 함수 외에도 몇 가지 고급 함수를 제공한다. 여기서는 날짜의 요일 번호와 이름을 영어로 쿼리하는 방법을 보여줄 것이다.

```
julia> dayofweek(d)
1

julia> dayname(d)
"Monday"
```

사용 가능한 함수의 전체 목록은 줄리아 매뉴얼의 'API Reference'(http://mng.bz/derv)에서 확인할 수 있다.

YYYY-MM-DD 형식을 따르지 않는 날짜가 포함된 문자열이 있는 경우 DateFormat 객체를 사용하여 사용자 지정 날짜 형식을 지정할 수 있다. 자세한 내용은 줄리아 매뉴얼의 'Constructors'(http://mng.bz/rn6e)에서 확인할 수 있다.

날짜를 구성하는 또 다른 일반적인 방법은 날짜를 구성하는 연도, 월, 일을 나타내는 숫자를 전달하는 것이다.

```
julia> Date(2020, 6, 1)
2020-06-01
```

마지막 생성자는 다음 예제와 같이 브로드캐스팅을 사용하여 2020년 6월의 날짜 벡터를 쉽게 만들 수 있는 방법을 제공한다.

예제 7.5 2020년 6월의 모든 날짜를 가진 벡터 만들기

```
julia> dates = Date.(2020, 6, 1:30)
30-element Vector{Date}:
 2020-06-01
 2020-06-02
 2020-06-03
 ⋮
 2020-06-28
 2020-06-29
 2020-06-30
```

위 방법으로 날짜 객체 시퀀스를 만드는 것은 쉽지만 한 달 이내의 날짜에 대해서만 가능하다. 2020년 5월 20일부터 2020년 7월 5일까지의 날짜를 원한다면 어떻게 해야 할까? 이 문제를 해결하려면 기간을 측정하여 사용해야 한다. 이런 경우 Day 기간 간격을 사용하면 된다. Day(1)은 하루와 같은 시간 간격을 나타내는 객체이다.

```
julia> Day(1)
1 day
```

여기서 중요한 것은 기간과 함께 날짜를 추가하여 새로운 날짜를 얻을 수 있다는 것이다. 예를 들어, 2020년 6월 1일 다음 날을 가져오려면 다음과 같이 작성할 수 있다.

```
julia> d
2020-06-01

julia> d + Day(1)
2020-06-02
```

하루 단위로 나눠진 날짜 범위를 어떻게 작성할 수 있는지 짐작했을 것이다. 범위range를 사용하면 된다. 2020년 5월 20일부터 2020년 7월 5일까지의 모든 날짜를 생성하는 방법은 다음과 같다.

```
julia> Date(2020, 5, 20):Day(1):Date(2020, 7, 5)
Date("2020-05-20"):Day(1):Date("2020-07-05")
```

위 범위에서 collect 함수를 사용하여 Vector로 변환하면 예상되는 값 집합이 생성되는지 확인할 수 있다.

```julia
julia> collect(Date(2020, 5, 20):Day(1):Date(2020, 7, 05))
47-element Vector{Date}:
 2020-05-20
 2020-05-21
 2020-05-22
 ⋮
 2020-07-03
 2020-07-04
 2020-07-05
```

Week나 Year와 같은 다른 기간 측정 방법도 존재한다. 이러한 측정 방법과 날짜 산술 규칙에 대한 자세한 내용은 줄리아 매뉴얼의 'TimeType-Period Arithmetic'(http://mng.bz/VyBW)에서 확인할 수 있다.

마지막으로 줄리아를 사용하면 시간 및 날짜 시간 객체로 작업할 수도 있다. 자세한 내용은 줄리아 매뉴얼의 'Dates'(https://docs.julialang.org/en/v1/stdlib/Dates/)에서 확인할 수 있다.

연습 7.2 2021년의 매월 1일이 포함된 벡터를 만들어보자.

7.3.2 다양한 날짜에 대해 NBP 웹 API에서 데이터 가져오기

예제 7.5에서 PLN/USD 환율 데이터를 가져올 날짜의 날짜 벡터를 만들었으므로, 다음 예제에서 특정 날짜의 데이터를 가져오는 함수를 작성한다. 필요한 모든 날짜에 대한 데이터를 쉽게 수집할 수 있도록 7.1절에서 설명한 단계를 그대로 구현할 것이다.

예제 7.6 특정 날짜의 PLN/USD 환율 데이터를 가져오는 함수

```julia
julia> function get_rate(date::Date)
           query = "https://api.nbp.pl/api/exchangerates/rates/" *
                   "a/usd/$date/?format=json"
           try
               response = HTTP.get(query)
               json = JSON3.read(response.body)
               return only(json.rates).mid
           catch e
               if e isa HTTP.ExceptionRequest.StatusError
                   return missing
```

```
            else
                rethrow(e)
            end
        end
    end
get_rate (generic function with 1 method)
```

위 함수는 7.1절의 코드를 몇 가지 변경하여 수집한다. 먼저, date가 포함된 Date를 인수로 받으므로 사용자가 query 문자열에 보간될 임의의 값으로 get_rate 함수를 호출하지 않도록 해야 한다. 또한 스칼라 Date만 받도록 get_rate 함수를 정의했다. 이는 5장에서 설명한 대로 줄리아에서 함수를 정의할 때 권장되는 스타일이다. 나중에 이 함수를 Dates 벡터에 브로드캐스팅하여 PLN/USD 환율 벡터를 가져올 것이다.

다음으로는 query 문자열을 구성하기 위해 date를 보간한다. 6장에서 설명한 것처럼 보간은 $ 문자 뒤에 보간된 변수의 이름을 사용하여 수행된다. 다음은 예제이다.

```
julia> d
2020-06-01

julia> "d = $d"
"d = 2020-06-01"
```

한 가지 예제를 더 들자면, 예제 7.5에서 정의한 Dates 벡터의 첫 번째 값을 보간하는 방법은 다음과 같다(보간된 부분은 음영 처리함).

```
julia> "https://api.nbp.pl/api/exchangerates/rates/" *
           "a/usd/$(dates[1])/?format=json"
"https://api.nbp.pl/api/exchangerates/rates/a/usd/2020-06-01/?format=json"
```

이번에는 표현식 dates[1]을 보간한다. 다만 표현식이 제대로 보간되도록 하기 위해 괄호로 묶었다. 괄호를 생략하면 전체 Dates 벡터가 보간되고 그 뒤에 [1] 문자 시퀀스가 나오는데, 이는 원하던 결과가 아니다(보간된 부분은 음영 처리함).

```
julia> "https://api.nbp.pl/api/exchangerates/rates/" *
           "a/usd/$dates[1]/?format=json"
"https://api.nbp.pl/api/exchangerates/rates/a/usd/Date(\"2020-06-01\"), Date(\"2020-06-
```

```
02\"), Date(\"2020-06-03\"), Date(\"2020-06-04\"), Date(\"2020-06-05\"), Date(\"2020-
06\"), Date(\"2020-06-07\"), Date(\"2020-06-08\"), Date(\"2020-06-09\"), Date(\"2020-06-
10\"), Date(\"2020-06-11\"), Date(\"2020-06-12\"), Date(\"2020-06-13\"), Date(\"2020-06-
14\"), Date(\"2020-06-15\"), Date(\"2020-06-16\"), Date(\"2020-06-17\"), Date(\"2020-06-
18\"), Date(\"2020-06-19\"), Date(\"2020-06-20\"), Date(\"2020-06-21\"), Date(\"2020-06-
22\"), Date(\"2020-06-23\"), Date(\"2020-06-24\"), Date(\"2020-06-25\"), Date(\"2020-06-
26\"), Date(\"2020-06-27\"), Date(\"2020-06-28\"), Date(\"2020-06-29\"), Date(\"2020-06-
30\")][1]/?format=json"
```

마지막 변경 사항은 2장에서 소개한 규칙에 따라 코드 두 곳에 `return` 키워드를 명시적으로 작성하여 `get_rate` 함수가 반환할 값을 명확하게 볼 수 있도록 하는 것이다.

이제 다음 예제에서 2020년 6월의 PLN/USD 환율을 가져올 준비가 되었다.

예제 7.7 2020년 6월 PLN/USD 환율 가져오기

```
julia> rates = get_rate.(dates)
30-element Vector{Union{Missing, Float64}}:
 3.968
 3.9303
 3.9121
  ⋮
 missing
 3.9656
 3.9806
```

`get_rate` 함수 뒤에 점을 사용하여 Dates 벡터 모든 요소에 적용한다. 또한 결과는 요소 타입이 Union{Float64, Missing}인 벡터가 되므로 결과에서는 missing값과 부동소수점 숫자가 혼합되어 있다.

7.4 NBP 웹 API에서 가져온 데이터 분석하기

예제 7.4에서 dates 변수를 정의하고 예제 7.7에서 rates 변수를 정의했으므로 이제 데이터를 분석하여 그 내용을 이해해보자. 다음을 수행하고자 한다.

- 데이터의 기본 요약통계량 계산하기(rates 벡터의 평균 및 표준편차 계산)
- 벡터에 결측값이 있는 요일 분석하기
- PLN/USD 환율을 플롯에 표시하기

이 절에서는 데이터의 특성과 missing값의 적절한 처리를 고려하면서 분석하는 방법을 습득하는 것이 핵심이다.

7.4.1 요약통계량 계산하기

먼저 예제 7.7에 정의된 rates 벡터의 평균과 표준편차를 계산하려고 한다. 첫 번째 시도는 Statistics 모듈의 mean 함수와 std 함수를 사용한다.

```julia
julia> using Statistics

julia> mean(rates)
missing

julia> std(rates)
missing
```

안타깝게도 위 결과는 기대했던 것과 다르다. 7.2절에서 설명한 대로 skipmissing 함수를 추가로 사용해야 한다.

```julia
julia> mean(skipmissing(rates))
3.9452904761904755

julia> std(skipmissing(rates))
0.022438959529396577
```

분석에 포함된 기간동안 PLN/USD 환율은 약 0.02의 표준편차로 4 PLN/USD에 약간 못 미친다.

7.4.2 결측값이 가장 많은 요일 찾기

7.3절에서 설명한 것처럼, dayname 함수는 주어진 날짜의 영어 이름을 반환한다. 따라서 다음 예제와 같이 6장에서 배운 proptable 함수를 사용하여 dayname.(dates)와 ismissing.(rates)을 교차 표로 작성하여 원하는 결과를 얻을 수 있다.

예제 7.8 rates 벡터에 결측값이 있는 날짜 비율의 빈도 표

```julia
julia> using FreqTables

julia> proptable(dayname.(dates), ismissing.(rates); margins=1)
7×2 Named Matrix{Float64}
```

```
Dim1 \ Dim2 | false    true

Friday      |  1.0     0.0
Monday      |  1.0     0.0
Saturday    |  0.0     1.0
Sunday      |  0.0     1.0
Thursday    |  0.75    0.25
Tuesday     |  1.0     0.0
Wednesday   |  1.0     0.0
```

토요일과 일요일에는 항상 결측값이 있다는 것을 알 수 있다. 목요일을 제외한 다른 모든 날에는 결측값이 없다. 어떤 목요일에 문제가 있는지 찾아보자. 이를 위해 브로드캐스팅을 사용하여 벡터에서 두 조건을 모두 충족하는 인덱스를 찾는 불리언 벡터를 만든다.

```
julia> dayname.(dates) .== "Thursday" .&& ismissing.(rates)
30-element BitVector:
 0
 0
 0
 ⋮
 0
 0
 0
```

다음 예제에서 볼 수 있듯이 이 불리언 벡터를 사용하여 조건이 참인 dates 벡터의 요소를 찾을 수 있다.

예제 7.9 rates 벡터에 결측값이 포함된 목요일 찾기

```
julia> dates[dayname.(dates) .== "Thursday" .&& ismissing.(rates)]
1-element Vector{Date}:
 2020-06-11
```

위 결과에서 딱 하루가 조건을 충족한다는 것을 알 수 있다. 이 날짜가 폴란드의 공휴일이라는 것을 확인할 수 있으므로 결과는 합리적으로 보인다.

이 예제와 관련된 자세한 내용은 2부에서 살펴볼 것이다.

- 예제 7.8에 제시된 표에서 날짜는 알파벳 순으로 정렬되어 있다. 2부에서는 CategoricalArrays. jl 패키지를 사용하여 요일의 표준 순서를 따르도록 행을 정렬할 수 있다는 것을 배우게 된다.

- 예제 7.9에서 사용된 조건은 약간 복잡해 보인다. 2부에서는 dates 벡터와 rates 벡터를 DataFrame에 보관하면 더 쉽게 선택할 수 있다는 것을 배우게 된다.

7.4.3 PLN/USD 환율 플로팅하기

마지막 단계로 PLN/USD 환율의 플롯을 만들어볼 것이다. 가장 간단한 접근 방식으로 시작하여 dates 벡터와 rates 벡터를 plot 함수에 전달한다.

```julia
julia> using Plots

julia> plot(dates, rates;
            xlabel="day", ylabel="PLN/USD", legend=false, marker=:o)
```

결과 플롯은 그림 7.3과 같다. rates 벡터에서 missing값이 있는 곳이 비어 있어 보기에 좋지는 않다.

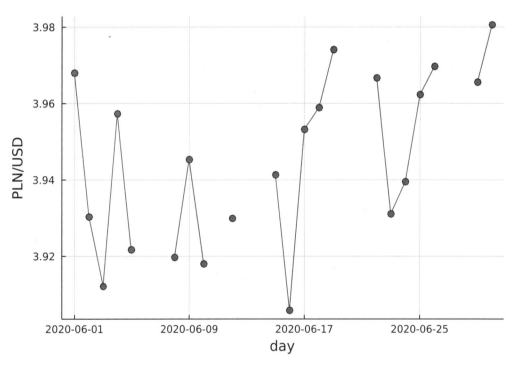

그림 7.3 rates 벡터에 대한 dates의 기본 플롯에서 벡터의 값이 missing인 곳에 간격이 있다.

rates 벡터에서 missing값이 있는 곳에 대해, dates 벡터와 rates 벡터 양쪽 모두 날짜를 건너뛰도록 플롯을 수정한다. 유효한 인덱스를 확인하기 위해 불리언 벡터를 사용할 수 있다. 구문이 약간 까다롭다.

```
julia> rates_ok = .!ismissing.(rates)
30-element BitVector:
 1
 1
 1
 ⋮
 0
 1
 1
```

위 코드를 어떻게 이해해야 할까? 단일값이 전달되면 !ismissing은 ismissing 함수에 의해 생성된 결괏값을 반대로 반환한다. 불리언 부정 연산자(!)앞에 점(.)을 붙여서 브로드캐스팅해야 한다는 것은 이미 알고 있을 텐데, 여기에서는 점(.)을 ismissing 부분에도 접미사로 붙여서 예제 코드가 만들어진 것이다.

따라서 다음 명령을 사용하여 missing값이 생략된 플롯을 생성할 수 있다.

```
julia> plot(dates[rates_ok], rates[rates_ok];
            xlabel="day", ylabel="PLN/USD", legend=false, marker=:o)
```

7.4.2절의 마지막에 언급한 것과 유사하게, 데이터가 DataFrame에 저장되었다면 이 작업을 더 깔끔하게 수행할 수 있었을 것이다. 이 주제는 2부에서 다룰 것이다.

그림 7.4는 예상되는 결과를 보여준다. 플롯의 x축에서 관측치가 날짜에 따라 적절한 간격으로 배치되어 있는 것을 볼 수 있다. 이는 그림 7.4에서 시각적으로 그림 7.3에서 데이터가 누락된 날짜의 값을 **선형 보간**linearly interpolated했음을 의미한다. 즉, 플롯의 점들이 직선으로 연결되어 있다.

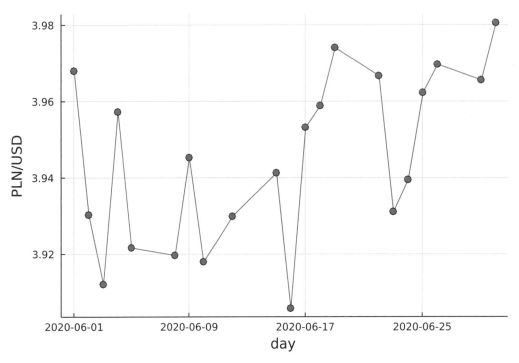

그림 7.4 missing값을 건너뛴 rates 벡터에 대한 dates 플롯. 그림 7.3과 달리 이 플롯은 연속형이다.

Impute.jl 패키지의 Impute.interp 함수를 사용하여 데이터의 선형 보간을 수행할 수 있다. 벡터가 주어지면 이 함수는 선형 보간을 사용하여 두 값 사이의 모든 missing값을 채운다.

```
julia> using Impute

julia> rates_filled = Impute.interp(rates)
30-element Vector{Union{Missing, Float64}}:
 3.968
 3.9303
 3.9121
 ⋮
 3.9669666666666665
 3.9656
 3.9806
```

Impute.jl 패키지에는 결측값을 쉽게 처리할 수 있는 더 많은 기능이 존재한다. 자세한 내용은 패키지 저장소(https://github.com/invenia/Impute.jl)에서 확인할 수 있다.

프로젝트를 마무리하기 위해 그림 7.4의 플롯에 `rates_filled` 벡터에 대한 날짜의 산점도를 추가하여 선형 보간이 실제로 사용되었는지 확인해보자.

```
julia> scatter!(dates, rates_filled, markersize=3)
```

`scatter!` 함수(끝에 ! 포함)를 사용하여 이전 플롯에 데이터를 추가하여 업데이트한다. 그림 7.5는 이 작업의 결과를 보여준다.

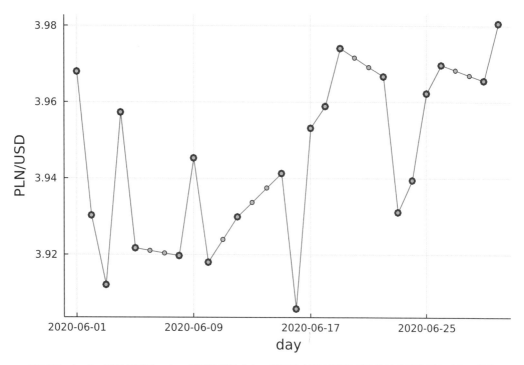

그림 7.5 `missing`값이 생략된 `rates` 벡터에 대한 `dates` 플롯과 선형 보간을 사용하여 추정된 결측값을 포함하는 `rates_filled` 벡터의 산점도를 추가한 차트. 플롯의 모양은 그림 7.4와 동일하다.

Plots.jl 패키지에서 제공하는 plot 함수에 전달할 수 있는 속성attributes에 대해 자세히 알아보려면 해당 문서의 'Attributes'(https://docs.juliaplots.org/stable/attributes/)을 참조하기를 바란다. 예를 들어 그림 7.3~7.5에 표시된 플롯의 경우, 기본적으로 사용되는 것과 다른 간격 또는 표시 형식을 사용하도록 `xticks` 키워드 인수를 사용하여 x축에 사용자 지정 눈금을 정의하는 게 더 유용할 수 있다. 이 기능을 사용하여 결측값이 아닌 데이터가 있는 날짜에 x축 눈금을 사용하여 그림 7.4를 다시 재현해볼 것이다. 그림 7.6은 원하는 결과를 보여준다.

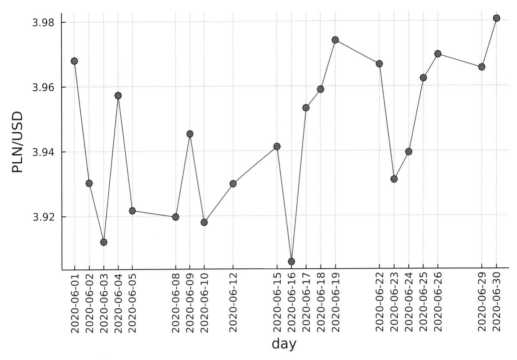

그림 7.6 rates 벡터값이 missing값인 경우를 제외한 dates 데이터를 플롯에 x축 틱으로 추가하기

다음은 그림 7.6을 생성하는 전체 코드이다.[2]

```julia
julia> plot(dates[rates_ok], rates[rates_ok];
            xlabel="day", ylabel="PLN/USD", legend=false, marker=:o,
            xticks=(dates[rates_ok], Dates.format.(dates[rates_ok], "yyyy-mm-dd")),
            xrot=90, bottommargin=5Plots.mm)
```

그림 7.6은 그림 7.4와 비교하여 세 가지 변경 사항이 있다. 첫 번째로 날짜에 x축 틱tick이 생겼다. 이를 위해 xticks=dates[rates_ok] 키워드 인수를 plot 호출에 추가했다. 두 번째로 이제 틱이 많아졌으므로 세로로 인쇄한다. 이는 xrot=90 키워드 인수를 통해 이루어진다. 세 번째로 이제 레이블이 훨씬 더 많은 세로 공간을 차지하므로 bottommargin=5Plots.mm 키워드 인수를 사용하여 플롯의 아래쪽 여백을 늘린다.

5Plots.mm가 무엇을 의미하는지 궁금할 것이다. 이 표현식은 5밀리미터를 나타내는 값을 정의한

---

2   [옮긴이] 원서에는 없지만 yyyy-mm-dd 형식으로 포매팅해주는 옵션도 추가했다.

다. 이 기능은 Measures.jl 패키지에 의해 제공되며 Plots.jl 패키지에서 사용할 수 있다. Plots.jl은 mm 상수를 내보내지 않으므로 Plots. 접두사를 사용해야 한다. 길이의 절대 측정값(이 경우 밀리미터)을 사용하여 Plots.jl에서 플롯의 치수를 정의하는 방법은 프로덕션 품질의 플롯을 만들 때 유용하다.

이 장을 마무리하기 위해 다음의 심화 연습을 해보자.

연습 7.3 NBP 웹 API를 사용하면 특정 날짜에 대한 rates 시퀀스를 가져올 수 있다. 예를 들어, 'https://api.nbp.pl/api/exchangerates/rates/a/usd/2020-06-01/2020-06-30/?format=json' 쿼리는 2020년 6월부터 rate가 없는 경우는 건너뛰고 rate가 있는 날짜에 대한 rate 시퀀스를 반환한다. 풀어야 할 문제는 이 쿼리의 결과와 dates 벡터와 rates 벡터에서 수집한 데이터와 일치하는지 확인하는 것이다.

요약

- JSON은 데이터 교환에 자주 사용되는 저장 형식이다. 객체(키-값 매핑 제공)와 배열(값의 시퀀스 저장)을 모두 포함한 복잡한 데이터 구조를 처리할 수 있다.

- HTTP.jl 패키지의 HTTP.get 함수는 HTTP GET 요청 메시지를 전송하는 데 사용할 수 있다. 요청이 실패하면 이 함수는 HTTP.ExceptionRequest.StatusError 예외를 던진다.

- try-catch-end 블록을 사용하여 줄리아가 던지는 예외를 처리할 수 있다. 이 기능을 주의해서 사용하고 꼭 처리해야 하는 예외만 잡기를 권장한다.

- JSON3.jl 패키지의 JSON3.read 함수를 사용하여 줄리아에서 JSON 데이터를 구문 분석할 수 있다. 객체의 키는 점 구문을 사용하여 검색하고 배열 요소는 인덱싱을 사용하여 검색하는 등 표준 줄리아 구문을 사용하여 결괏값에 액세스할 수 있다.

- 관측치로 사용 가능한 값은 없으나 이론적으로는 유효한 값이 존재하는 경우에 대해, 줄리아는 missing값을 제공한다. 실세계에서는 데이터가 완전한 경우가 드물어 이 특수한 값이 필요한 경우가 많고, 따라서 줄리아에도 도입되었다.

- 많은 표준 줄리아 함수는 missing값을 전파한다. 인수로 missing이 전달되면 결과도 missing이 반환한다. 따라서 이런 함수를 사용하면 결측값을 처리하기 위해 특별한 코드를 추가할 필요가 없다.

- 사용하려는 변수에 missing값이 있는 경우 이에 대한 기본값을 제공하려면 coalesce 함수를 사용한다. 이 함수는 논리 조건을 작성할 때 특히 유용하다. x가 missing인 경우 표현식에서 false를 생성하고, 그렇지 않은 경우 x를 그대로 두려면 coalesce(x, false)를 사용하면 된다.

- `missing`값이 포함된 데이터 컬렉션이 있는 경우 skipmissing 래퍼를 사용하면 데이터를 복사하지 않고도 결측값이 제거된 또 다른 컬렉션을 효율적으로 생성할 수 있다.

- 기본적으로 `missing`값을 허용하지 않는 함수가 있는 경우, passmissing 함수로 래핑하여 `missing`값을 전파하는 함수로 바꿀 수 있다.

- `Dates` 표준 모듈은 날짜, 시간 및 날짜-시간 객체로 작업할 수 있는 기능을 제공한다. 시간 데이터로 작업하는 경우 이 모듈을 사용할 가능성이 높다.

- `Date` 객체를 사용하여 시간의 인스턴스를 날짜로 나타낼 수 있다. 여러 객체(예를 들어 `Day` 또는 `Month`)를 사용하여 기간을 나타낼 수 있다. 이러한 날짜 및 기간을 나타내는 객체에 대해 산술 연산을 수행할 수 있다. 날짜 관련 산술 규칙은 복잡한데, `Dates` 표준 모듈에서 제공하는 기능을 이용하면 직접 구현할 필요가 없어 편리하다.

- 줄리아는 `Date` 객체를 쿼리할 수 있도록 dayofweek와 dayname과 같이 많은 편리한 함수들을 제공한다. 이러한 정보는 시간 데이터를 분석할 때 종종 필요하다.

- Plots.jl 패키지의 plot 함수를 사용하여 데이터를 플로팅할 때 결측값은 건너뛴다. 플롯을 디자인할 때 이 점을 고려해야 한다.

- Plots.jl은 전달된 `Date` 객체를 올바르게 처리하고 플롯의 포인트 간격이 달력의 날짜 간 거리를 따르도록 한다. 플롯의 거리는 날짜 사이의 간격에 비례하므로 이는 중요한 기능이다.

- 시계열 데이터에서 `missing`값의 선형 보간을 수행하려는 경우 Impute.jl 패키지의 Impute.interp 함수를 사용할 수 있다. 이 패키지를 사용하면 보간 코드를 직접 구현하는 수고를 덜 수 있다.

II

데이터 분석을 위한
도구들

1부에서는 벡터, 행렬, 딕셔너리, 네임드튜플과 같은 Base Julia의 일부인 데이터 구조를 사용하여 데이터를 로드하고 분석하는 방법을 배웠다. 이러한 기술은 프로젝트에서 유용하게 사용할 수 있을 것이다. 그러나 CSV 파일에서 데이터를 읽거나 데이터를 집계하는 등 많은 표준 데이터 처리 작업은 반복적으로 필요하다. 이러한 작업을 매번 처음부터 다시 구현하고 싶지 않다면, 쉽고 효율적으로 수행할 수 있도록 설계된 다양한 줄리아 패키지 모음을 사용하면 된다.

2부에서는 DataFrames.jl 및 관련 패키지를 사용하여 복잡한 데이터 분석 파이프라인을 구축하는 방법을 배운다. 데이터 가져오기 및 읽기부터 데이터 변환, 간단한 데이터 분석 모델 및 시각화 구축까지 다양한 주제를 다룰 것이다.

데이터 과학과 프로그래밍 관점에서 점차 난도가 높아질 것이다. 학습 후 데이터 분석 프로젝트를 수행하고 책에서 다루지 않은 패키지를 배우고 사용할 수 있도록 내용을 선택했다.

내용은 다음과 같이 구성된 7개의 장으로 구성되어 있다.

- 8장에서는 CSV 파일에서 데이터프레임을 만들고 데이터프레임에 대한 기본 작업을 수행하는 방법을 설명한다. 또한 Apache Arrow 및 SQLite 데이터베이스에서 데이터를 처리하고, 압축 파일로 작업하고, 기본적인 데이터 시각화를 수행하는 방법을 살펴볼 것이다.
- 9장에서는 데이터프레임에서 행과 열을 선택하는 방법을 설명한다. 또한 LOESS 회귀모형을 구축하고 시각화하는 방법도 배운다.
- 10장에서는 새 데이터프레임을 만들고 기존 데이터프레임을 새 데이터로 채우는 다양한 방법을 다룬다. 이 장에서는 구현 방식과 무관하게 테이블 개념을 추상화한 Tables.jl 인터페이스에 대해 설명한다. 이 장에서는 줄리아를 R과 통합하는 방법과 줄리아 객체를 직렬화하는 방법도 배운다.
- 11장에서는 데이터프레임을 다른 타입의 객체로 변환하는 방법을 설명한다. 기본 타입 중 하나는 그룹화된 데이터프레임이다. 타입 안정 코드와 타입 해적질이라는 중요한 일반 개념도 배운다.
- 12장에서는 데이터프레임 객체의 변환과 변형, 특히 분할-적용-결합 전략을 사용하는 방법에 중점을 둔다. 그래프 데이터로 작업하기 위해 Graphs.jl 패키지를 사용하는 기본 방법도 다룬다.
- 13장에서는 데이터프레임 정렬, 조인, 재구성뿐만 아니라 DataFrames.jl 패키지에서 제공하는 고급 데이터프레임 변환 옵션을 설명한다. 데이터 처리 파이프라인에서 여러 작업을 연결하는 방법도 설명한다. 데이터 과학 관점에서 범주형 데이터로 작업하고 분류 모델을 평가하는 방법을 보여준다.
- 14장에서는 줄리아에서 분석 알고리즘으로 생성된 데이터를 웹 서비스로 제공하는 방법을 보여준다. 또한 몬테카를로 시뮬레이션을 구현하고 줄리아의 멀티스레딩 기능을 활용하여 시뮬레이션을 더 빠르게 실행하는 방법을 보여준다.

PART II

Toolbox for data analysis

## CHAPTER 8

데이터프레임 첫걸음

이 장의 주요 내용

- 압축 파일로 작업하기
- CSV 파일, Apache Arrow 데이터, SQLite 데이터베이스 읽기 및 쓰기
- 데이터프레임에서 열 가져오기
- 데이터프레임 내용의 요약통계량 계산하기
- 히스토그램을 사용하여 데이터 분포 시각화하기

이 장에서는 DataFrames.jl 패키지에서 제공하는 데이터프레임 작업의 기본 원리를 배운다. 데이터프레임 객체data frame object는 표 형식 데이터로 작업할 수 있는 유연한 데이터 구조이다. 1장에서 설명했듯이 데이터프레임은 일반적으로 표 형식 데이터, 특히 셀로 구성된 2차원 구조이다. 각 행은 동일한 수의 셀을 가지며, 각 셀은 데이터의 한 관측치에 대한 정보를 제공한다. 각 열은 동일한 수의 셀을 가지며, 관측치 전반에 걸쳐 동일한 특징에 대한 정보를 저장하고 이름도 갖는다.

1부를 읽고 나면 줄리아를 사용하여 데이터를 분석하는 데 필요한 필수 기술을 습득하게 된다. 이 장부터는 줄리아에서 데이터 분석 작업을 효율적으로 수행하는 방법을 배우게 된다. 대부분의 통계 데이터셋이 표 형식의 형태를 가지고 있기 때문에 해당 데이터에서 작업하는 방법을 설명하는 것부터 시작한다. 따라서 기본적으로 데이터 과학을 수행하는 데 사용되는 모든 생태계는 데이터프레임 타입을 제공한다. 예제는 다음과 같다.

- 모든 관계형 데이터베이스는 하나 이상의 테이블로 데이터를 구성한다.
- R에서 `data.frame` 객체는 언어에 내장된 핵심 개념이다. R의 생태계에서 수년에 걸쳐 이 개념의 대체 구현이 제안되었는데, 가장 인기 있는 두 가지가 `tibble`과 `data.table`이다.
- 파이썬에서는 팬더스 패키지가 매우 인기 있으며, `DataFrame` 타입이 핵심 구성 요소이다.

이 장의 목표는 데이터프레임 작업을 소개하는 것이다. 간단한 데이터 분석 작업을 수행하여 이 목표를 달성할 것이다.

많은 사람이 게임을 좋아한다. 특히 코로나19 팬데믹 기간 동안 온라인으로 체스를 두는 것이 점점 더 인기를 얻고 있다. 넷플릭스의 2020년 드라마 <퀸스 갬빗>이 공개되면서 체스에 대한 관심이 더욱 높아졌다. 최근 체스에 대한 대중들의 관심 증가에 대해 더 자세히 알고 싶다면 Chess.com 블로그의 게시물(http://mng.bz/06Gj)을 확인해보기를 바란다.

많은 사람들이 체스 퍼즐을 풀면서 체스 연습을 한다. 따라서 자연스럽게 '무엇이 좋은 체스 퍼즐을 만들까?' 라는 질문이 떠오를 것이다. 이 장에서는 분석을 통해 이 주제에 대한 통찰력을 얻으려고 노력한다. 특히 퍼즐의 인기와 난이도가 어떤 관련이 있는지 살펴볼 것이다. 사람들은 쉬운 퍼즐을 가장 좋아할 수도 있고, 아니면 반대로 기발한 수를 찾아야 하는 매우 어려운 퍼즐을 가장 매력적으로 느낄 수도 있다. 이 장과 9장에서 이러한 질문에 대한 답을 찾는 방법을 알아보자.

모든 데이터 과학 프로젝트에서와 마찬가지로, 문제에 대한 인사이트를 얻으려면 분석할 수 있는 데이터가 필요하다. 다행히도 퍼즐에 관한 데이터는 웹에서 무료로 구할 수 있다. Lichess(https://lichess.org)는 무료 오픈 소스 체스 서버이다. 이 서버의 기능 중 하나는 사용자가 체스 퍼즐을 풀 수 있도록 하는 옵션이다.

사용 가능한 퍼즐 데이터베이스는 https://database.lichess.org에서 다운로드할 수 있다. 이 데이터는 CCO Creative Commons Zero 라이선스에 따라 배포된다. 퍼즐이 포함된 파일은 bzip2 아카이브(http://mng.bz/YKgj)로 제공된다. 여기에는 특정 퍼즐을 플레이한 횟수, 퍼즐의 난이도, Lichess 사용자가 퍼즐을 얼마나 좋아하는지(인기도), 퍼즐이 어떤 체스 테마로 구성되어 있는지 등 200만 개 이상의 퍼즐에 대한 정보가 포함되어 있다.

최종 목표는 퍼즐의 난이도와 사용자가 퍼즐을 좋아하는지 여부 사이의 관계를 조사하는 것이다. 다만 이 분석은 9장에서 수행할 것이다. 데이터에서 인사이트를 얻으려면 먼저 데이터를 가져와서 로드하고 예비 분석을 수행해야 한다. 이러한 준비 단계가 이 장의 목표이다. 구체적으로 다음 단계를 수행한다.

1. 웹에서 압축된 퍼즐 아카이브를 다운로드한다.
2. 압축을 푼다.
3. 내용을 데이터프레임으로 읽는다.
4. 히스토그램을 사용하여 이 데이터셋에 저장된 몇몇 특징들의 분포를 분석한다.

이러한 모든 작업은 거의 모든 데이터 과학 프로젝트에서 수행해야 한다. 따라서 해당 작업을 효율적으로 수행하는 방법을 배우면 유용하다. 이러한 목표를 달성하기 위해 이 장은 다음과 같이 구성했다.

- 8.1절에서는 줄리아에서 bzip2 압축 데이터로 작업하는 방법을 배운다. 많은 원본 데이터가 일반적으로 저장을 위해 압축되기 때문에 압축된 아카이브를 프로그래밍 방식으로 처리하는 방법을 아는 것은 실무에서 종종 필요하다.
- 8.2절에서는 CSV 파일을 데이터프레임 객체로 읽고 그 내용을 빠르게 검사하는 방법을 살펴볼 것이다.
- 8.3절에서는 데이터프레임에서 데이터를 가져오는 가장 기본적인 방법인 단일 열 선택 방법을 소개한다.

이 장에서 작업하는 원본 데이터는 CSV 형식이다. 다른 표준을 사용하여 저장된 데이터를 읽고 쓰는 방법을 보여주기 위해 8.4절에서는 Apache Arrow 형식과 SQLite 데이터베이스로 작업하는 방법을 배운다.

8.1 데이터 가져오기, 압축 풀기, 검사하기

Lichess에서 제공되는 퍼즐 데이터베이스로 작업하려면 먼저 웹에서 데이터베이스를 다운로드해야 한다. 그런 다음 나중에 `DataFrame`으로 읽을 수 있도록 압축을 해제한다.

이 절에서는 bzip2 아카이브에 저장된 데이터의 압축을 푸는 방법을 보여줄 것이다. 하지만 다른 형식으로 생성된 아카이브의 압축을 푸는 데에도 동일한 접근 방식을 사용할 수 있다. 데이터 압축은 저장 크기나 전송 시간을 줄이기 위해 자주 사용되므로 압축된 데이터를 처리하는 방법을 알면 실무에 유용하다.

NOTE 이번 장과 9장 예제 결과를 재현하기 위해 예제에서 사용할 puzzles.csv.bz2 파일을 책의 깃허브 저장소에 올려두었다(https://github.com/bkamins/JuliaForDataAnalysis/raw/main/puzzles.csv.bz2). Lichess 퍼즐 데이터베이스는 지속적으로 업데이트되므로 책의 깃허브에서 제공되는 버전 대신 최신 버전을 사용하면 약간 다른 결과가 나올 수 있으며 코드에 약간의 변경이 필요할 수 있다. 이러한 이유로 8.1.1절의 파일 다운로드 예제 코드에서는, 이후 사용할 puzzles.csv.bz2 파일을 덮어쓰지 않도록 파일을 new_puzzles.csv.bz2로 저장했다.

8.1.1 웹에서 파일 다운로드하기

다운로드할 파일이 크기 때문에 로컬에 파일이 이미 있는지 확인하는 단계를 추가하여 필요하지 않은 경우 파일을 다시 가져오는 것을 방지한다.

```
julia> if isfile("new_puzzles.csv.bz2")    ← ❶ 파일이 이미 존재하는지 확인한다.
           @info "file already present"     ← ❷ 있다면 안내 문구를 출력한다.
       else
           @info "fetching file"
           Downloads.download("https://database.lichess.org/lichess_db_puzzle.csv.bz2",
                              "new_puzzles.csv.bz2")
                                              ❸ 없다면 사용자에게 웹에서 데이터를
       end                                       가져와야 함을 알린다.
[ Info: file already present
```

@info 매크로를 사용하여 적절한 상태 메시지를 출력한다. 앞의 출력에서는 puzzles.csv.bz2가 작업 디렉터리에 이미 존재한다는 것을 보여주었다. 이 경우 isfile("new_puzzles.csv.bz2")은 true를 생성한다.

줄리아에서 이벤트 로그 생성하기

줄리아에는 계산 진행 상황을 이벤트 로그로 기록할 수 있는 Logging 모듈을 함께 제공한다. @info 매크로는 이 모듈의 일부이며 정보 메시지를 로깅하는 데 사용된다. 다른 일반적인 이벤트 심각도$_{severity}$ 수준도 @debug, @warn, @error 매크로를 통해 지원된다.

Logging 모듈을 사용하면 어떤 이벤트를 어떻게 기록할지 유연하게 결정할 수 있다. 예를 들어 오류 메시지만 기록하여 파일에 기록하도록 결정할 수 있다. 줄리아 프로그램에서 로깅을 구성하는 방법에 대해 자세히 알아보려면 줄리아 매뉴얼의 'Logging'(https://docs.julialang.org/en/v1/stdlib/Logging/)를 참조하기를 바란다.

8.1.2 bzip2 아카이브로 작업하기

이 절에서 사용하는 깃허브 저장소에 저장된 puzzles.csv.bz2 파일은 bz2 파일 확장자로 표시되는 bzip2 알고리즘(www.sourceware.org/bzip2/)을 사용하여 압축되어 있다. 압축을 풀기 위해 CodecBzip2.

jl 패키지를 사용한다. 먼저 파일의 내용을 UInt8값의 벡터로 읽은 다음(단일 UInt8값은 1바이트),
transcode 함수를 사용하여 바이트 벡터로 압축을 해제한다.

```
julia> using CodecBzip2

julia> compressed = read("puzzles.csv.bz2")    ◀── ❶ 압축된 데이터를 바이트 벡터로 읽는다.
94032447-element Vector{UInt8}:
 0x42
 0x5a
 0x68
    ⋮
 0x49
 0x5f
 0x30

julia> plain = transcode(Bzip2Decompressor, compressed)    ◀── ❷ Bzip2Decompressor 코덱을
366020640-element Vector{UInt8}:                                    사용하여 데이터 압축을 해제한다.
 0x30
 0x30
 0x30
    ⋮
 0x32
 0x30
 0x0a
```

압축된 데이터는 94,032,447바이트이며, 압축을 풀면 366,020,640바이트가 된다. 이 데이터셋의
압축 비율은 약 4이다.

```
julia> length(plain) / length(compressed)
3.892492981704496
```

transcode 함수 이해하기

이 예제에서는 transcode 함수를 사용하여 바이트 벡터의 압축을 해제한다. 줄리아에서 이 함수는 문자열 인
코딩 변경과 데이터 스트림 트랜스코딩이라는 두 가지 콘텍스트에서 사용된다.

첫 번째 사용 사례는 유니코드 인코딩 간에 데이터를 변환하는 것이다. 6장에서 배운 것처럼 줄리아의 문자열은
UTF-8로 인코딩된다. 원본 데이터 스트림이 UTF-16 또는 UTF-32로 인코딩된 경우 transcode 함수를 사용
하여 이를 UTF-8로 변환할 수 있다. 마찬가지로 UTF-8로 인코딩된 데이터를 UTF-16 또는 UTF-32로 변환할
수 있다.

transcode 함수의 두 번째 사용 사례는 데이터 스트림을 트랜스코딩하는 것이다. 이 시나리오에서는 이 데이터에 적용할 코덱과 바이트 벡터를 입력으로 제공해야 한다. **코덱**codec은 데이터의 인코딩을 원본 형식에서 다른 대상으로 변경하는 프로그램이다. 트랜스코딩의 가장 일반적인 용도는 데이터 압축, 압축 해제 및 데이터 형식 변경이다. 다음은 사용 가능한 코덱과 이를 제공하는 패키지 목록이다.

- gzip, zlib, deflate 형식 압축 및 압축 해제 — CodecZlib.jl
- bzip2 형식 압축 및 압축 해제 — CodecBzip2.jl
- xz 형식 압축 및 압축 해제 — CodecXz.jl
- zstd 형식 압축 및 압축 해제 — CodecZstd.jl
- base16, base32, base64 디코딩 및 인코딩 — CodecBase.jl

이 책에서는 이러한 모든 형식과 기능에 대한 자세한 내용은 생략할 것이다. transcode 함수의 사용 방법에 대해 자세히 알아보려면 각 패키지의 문서를 참조하기를 바란다.

우리는 주로 압축을 푼 데이터를 사용하게 될 것이다. 따라서 이 데이터를 puzzles.csv 파일에 작성해보자.

puzzles.csv 파일을 저장하는 코드에서는 6장에서 이미 살펴본 do-end 블록과 함께 open 함수와 관련된 패턴을 사용한다. 새로운 점은 write 함수를 사용한다는 것이다. 이 함수는 데이터의 이진 표현을 파일에 쓰는 데 사용된다. 이번 예제에서는 plain은 Vector{UInt8}이므로 원시 내용을 파일에 쓴다. plain 벡터에 저장된 압축 해제된 데이터를 쓰기 전에 println 함수를 사용하여 어떤 문자열을 먼저 파일에 써야 한다. 이렇게 하는 이유는 원본 CSV 데이터에 열 이름이 포함된 헤더가 없기 때문이다. 예제에서는 Lichess 웹사이트(https://database.lichess.org/#puzzles)에서 제공하는 열 이름을 사용했다.

```
julia> open("puzzles.csv", "w") do io
           println(io, "PuzzleId,FEN,Moves,Rating,RatingDeviation," *
                       "Popularity,NbPlays,Themes,GameUrl")   ← ❶ 두 번째로 전달된 인수의 텍스트
           write(io, plain)   ← ❷ 두 번째로 전달된 인수의 이진 표현을 io에 쓴다.       표현을 새 줄로 io에 쓴다.
       end
366020640
```

8.1.3 CSV 파일 검사하기

puzzles.csv 파일의 내용을 빠르게 검사해보자.

```
julia> readlines("puzzles.csv")
```

이 명령을 실행하면 터미널에 다음과 같은 출력이 표시된다.

```
2132990-element Vector{String}:
 "PuzzleId,FEN,Moves,Rating,RatingDeviation,Popularity,NbPlays,Themes,GameUrl"
 "00008,r6k/pp2r2p/4Rp1Q/3p4/8/1N" … 118 bytes … "/lichess.org/787zsVup/black#48"
 "0000D,5rk1/1p3ppp/pq3b2/8/8/1P1" … 88 bytes … "https://lichess.org/F8M8OS71#53"
 "0009B,r2qr1k1/b1p2ppp/pp4n1/P1P" … 113 bytes … "/lichess.org/4MWQCxQ6/black#32"
 "000aY,r4rk1/pp3ppp/2n1b3/q1pp2B" … 108 bytes … "ttps://lichess.org/iihZGl6t#29"
 ⋮
 "zzzTs,r2qrk2/pb1n1ppQ/1p2p3/2pP" … 108 bytes … "/lichess.org/8SAGnBjb/black#32"
 "zzzUZ,r2qk2r/pp2ppbp/2n3pn/1B1p" … 107 bytes … "ttps://lichess.org/0YzF6l5X#19"
 "zzzco,5Q2/pp3R1P/1kpp4/4p3/2P1P" … 108 bytes … "ttps://lichess.org/hZWTYIAT#69"
 "zzzhI,r3kb1r/ppp2ppp/2n5/3q3b/3" … 112 bytes … "/lichess.org/N092KH4f/black#20"
```

실제로 파일은 올바른 형식의 CSV 파일처럼 보인다. 파일 형식은 표 형식의 데이터를 저장하는 데 널리 사용되는 방법으로, 다음과 같이 지정된다.

- 파일의 첫 번째 줄에는 쉼표(,)로 구분된 열 이름이 포함된다.
- 다음 각 줄에는 데이터의 단일 레코드에 대한 정보가 포함된다. 한 줄에서 쉼표는 테이블의 연속된 열을 나타내는 셀을 구분한다. 각 행의 열 수는 데이터의 첫 번째 행에 정의된 열 이름 수와 같아야 한다.

8.2 데이터프레임에 데이터 로드하기

이제 데이터의 압축을 풀었으므로 데이터프레임에 로드할 것이다. Lichess 데이터는 CSV 형식으로 저장되어 있는데, 이 예제를 선택한 이유는 CSV가 실무에서 가장 많이 사용되는 사람이 읽을 수 있는 데이터 형식 중 하나이기 때문이다. 스프레드시트 편집기로도 쉽게 읽고 쓸 수 있다. 따라서 줄리아에서 CSV 파일로 작업하는 방법을 아는 것은 중요하다.

8.2.1 CSV 파일을 데이터프레임으로 읽기

DataFrames.jl 라이브러리에 정의된 `DataFrame` 타입은 줄리아에서 표 형식 데이터를 메모리에 저장하는 데 사용할 수 있는 가장 널리 사용되는 옵션이다. 디스크에서 `DataFrame`으로 puzzles.csv 파일을 읽으려면 CSV.jl 패키지의 `CSV.read` 함수를 사용한다.

```
julia> using CSV

julia> using DataFrames

julia> puzzles = CSV.read("puzzles.csv", DataFrame);
```

마지막 표현식에서는 세미콜론(;)을 사용하여 데이터프레임 내용을 화면에 출력하지 않도록 했다.

CSV.read 함수는 파일의 이름을 문자열로 전달한 경우에도 데이터를 읽을 수 있으며, 읽어야 하는 데이터가 바이트 시퀀스인 경우에도 변수를 직접 전달하여 데이터를 읽을 수 있다. 현재 사용하는 예제에서는 바이너리 벡터가 바인딩된 plain 변수가 있으므로, 다음과 같이 작성하여 데이터프레임을 만들 수도 있다.

```
julia> puzzles2 = CSV.read(plain, DataFrame;
                    header=["PuzzleId", "FEN", "Moves",
                            "Rating", "RatingDeviation",
                            "Popularity", "NbPlays",      ❶ header 키워드 인수를 사용하여
                            "Themes", "GameUrl"]);  ◀──    열 이름을 전달하면서 바이트
                                                           벡터에 데이터를 읽는다.
julia> puzzles == puzzles2  ◀── ❷ puzzles과 puzzles2 데이터프레임이 동일한지 확인한다.
true
```

이 경우 원본 데이터에는 열 이름이 없으므로 header 키워드 인수를 CSV.read 함수에 전달한다. 다음으로 == 연산자를 사용하여 두 데이터프레임이 동일한지 확인한다.

CSV.read가 소스로부터 데이터 읽는 방법 선택하기

이 예제에서는 CSV.read 함수를 통해 header 키워드 인수를 전달하여 생성된 테이블에 열 이름을 제공할 수 있음을 살펴보았다. CSV.jl 문서(https://csv.juliadata.org/stable/reading.html)에서 패키지가 지원하는 모든 옵션 목록을 찾을 수 있다. 가장 자주 사용되는 몇 가지 키워드 인수와 함수를 요약하면 다음과 같다.

- header — 파일 처리 시 열 이름을 제어한다. 기본적으로 열 이름은 입력의 첫 번째 행/줄이라고 가정한다.
- limit — 데이터에서 읽을 행 수를 지정한다. 기본적으로 모든 데이터를 읽는다.
- missingstring — 입력 데이터를 구문 분석할 때 missing을 처리하는 방법을 제어한다. 기본적으로 빈 문자열은 missing을 나타내는 것으로 간주된다.
- delim — 구문 분석 시 입력 데이터 각 행에서 열을 구분하는 기호를 지정한다. 이 인수가 없으면(기본값), 구문 분석 시 입력 데이터의 첫 10행에서 가장 일관된 구분 기호를 감지하려고 시도하며, 다른 구분 기호를 일관되게 감지할 수 없는 경우 단일 쉼표(,)로 폴백한다.

- **ignorerepeated** — 구문 분석에서 열 사이의 연속된 구분 기호를 무시해야 하는 경우 사용한다. 이 옵션은 고정 너비 데이터 입력을 구문 분석하는 데 사용할 수 있다. 기본적으로 이 옵션은 false로 설정되어 있다.
- **dateformat** — 구문 분석에서 데이터 입력의 날짜 및 시간값을 감지하는 방법을 제어한다. 인수가 제공되지 않으면 구문 분석은 시간, 날짜 열을 감지하려고 시도한다.
- **decimal** — 부동소수점값을 구문 분석할 때 부동소수점값의 소수 부분이 시작되는 위치를 나타내는 데 사용된다. 기본적으로 점이 사용된다.
- **stringtype** — 문자열 열의 타입을 제어한다. 기본적으로 좁은 문자열을 저장하는 열에는 6장에서 설명한 InlineString.jl 패키지가 사용되며, 문자열을 저장하는 넓은 열에는 String 타입이 사용된다.
- **pool** — PooledArray로 반환할 열을 제어한다. 이 타입은 6장에서 설명했다. 기본적으로 열이 문자열을 저장하고, 저장된 고윳값의 수가 길이의 20% 미만이며, 고윳값의 수가 500개 미만인 경우 열이 풀링된다.

또한 compressed 변수와 plain 변수에 바인딩된 값은 더 이상 필요하지 않다. 따라서 줄리아가 해당 객체에 할당된 메모리를 확보할 수 있도록 두 변수에 nothing을 바인딩한다.

```
julia> compressed = nothing

julia> plain = nothing
```

큰 객체에 할당된 메모리 해제하기

큰 객체가 줄리아 프로그램에서 도달할 수 있는 변수 이름에 바인딩되어 있는 경우, 해당 객체에 할당된 메모리는 줄리아에서 해제되지 않는다는 점을 기억해야 한다. 줄리아가 이 메모리를 회수할 수 있도록 하려면 해당 객체에 도달할 수 없는지 확인해야 한다.

일반적으로 전역 변수는 대화형 세션에서 생성되는 경우가 많다. 줄리아에서는 변수 이름이 값에 바인딩된 후에는 삭제할 수 없으므로(http://mng.bz/G1GA), 해결책은 변수 이름을 큰 객체에서 nothing으로 바인딩되도록 변경하는 것이다.

8.2.2 데이터프레임의 내용 검사하기

다음 예제에서 puzzles 데이터프레임을 살펴보자.

예제 8.1 샘플 데이터프레임을 화면에 출력하기

```
julia> puzzles
```

예제 8.1의 출력은 다음과 같이 잘려져 있을 것이다.

```
2132989×9 DataFrame
     Row │ PuzzleId  FEN                              Moves               …
         │ String7   String                           String              …
─────────┼──────────────────────────────────────────────────────────────────
       1 │ 00008     r6k/pp2r2p/4Rp1Q/3p4/8/1N1P2R1/P…  f2g3 e6e7 b2b1 b3c1 b1 …
       2 │ 0000D     5rk1/1p3ppp/pq3b2/8/8/1P1Q1N2/P4…  d3d6 f8d8 d6d8 f6d8
       3 │ 0009B     r2qr1k1/b1p2ppp/pp4n1/P1P1p3/4P1…  b6c5 e2g4 h3g4 d1g4
       4 │ 000aY     r4rk1/pp3ppp/2n1b3/q1pp2B1/8/P1Q…  g5e7 a5c3 b2c3 c6e7
       5 │ 000hf     r1bqk2r/pp1nbNp1/2p1p2p/8/2BP4/1…  e8f7 e2e6 f7f8 e6f7
       6 │ 000r0     3R4/8/K7/pB2b3/1p6/1P2k3/3p4/8 w…  a6a5 e5c7 a5b4 c7d8
       7 │ 000tp     4r3/5pk1/1p3np1/3p3p/2qQ4/P4N1P/…  d4b6 f6e4 h1g1 e4f2
       8 │ 00143     r2q1rk1/5ppp/1np5/p1b5/2p1B3/P7/…  d8f6 d1h5 h7h6 h5c5
       ⋮ │    ⋮                     ⋮                            ⋮              ⋱
 2132983 │ zzzLK     rn2k2r/pb3ppp/1p1qpn2/3p4/3P4/2N…  b8d7 c3b5 d6b8 a1c1 e8 …
 2132984 │ zzz0I     8/6p1/8/2pK3p/1k5P/1P4P1/8/8 b -…  g7g6 d5c6 c5c4 b3c4 b4
 2132985 │ zzzRN     4r2k/1NR2Q1p/4P1n1/pp1p4/3P4/4q3…  g1h1 e3e1 f7f1 e1f1
 2132986 │ zzzTs     r2qrk2/pb1n1ppQ/1p2p3/2pP2b1/3P4…  g5c1 d5d6 d7f6 h7h8
 2132987 │ zzzUZ     r2qk2r/pp2ppbp/2n3pn/1B1pP3/3P4/…  d2f3 d8a5 c1d2 a5b5    …
 2132988 │ zzzco     5Q2/pp3R1P/1kpp4/4p3/2P1P3/3PP2P…  f7f2 b2c2 c1b1 e2d1
 2132989 │ zzzhI     r3kb1r/ppp2ppp/2n5/3q3b/3P1B2/5N…  c6d4 f1e1 e8d8 b1c3 d4
                                             7 columns and 2132974 rows omitted
```

잘렸다는 사실은 세 개의 점(…)과 출력 오른쪽 하단에 표시된 메시지로 알 수 있으며, 여기서는 7
개의 열과 2,132,974개의 행이 완전히 출력되지 않았음을 알 수 있다. 컴퓨터에서 이 명령을 실행
할 때 표시되는 출력은 창 크기에 따라 달라진다.

puzzles 데이터프레임이 출력되면 헤더에 표시된 열의 이름과 해당 요소 타입에 대한 정보가 포
함된다. 데이터프레임의 각 행은 하나의 퍼즐에 대한 설명이다. PuzzleId 열은 퍼즐 식별자를 인코
딩하는 데 5개의 문자를 사용한다. CSV.read 함수는 이 사실을 자동으로 감지하고 문자열을 저장
하기 위해 String7 타입을 사용하여 이 열에서 읽는다. 반면에 FEN 및 Moves 열은 더 넓기 때문에
String 타입이 사용된다.

데이터를 읽은 후에는 프로세스가 모든 열에서 예상한 결과를 생성했는지 확인하는 것이 좋다. 데
이터프레임에 대한 요약통계량을 빠르게 보려면 다음 예제와 같이 describe 함수를 사용한다.

예제 8.2 데이터프레임의 열들에 대해 요약통계량 구하기

```
julia> show(describe(puzzles); truncate=14)
```

결과는 다음과 같다.

```
9×7 DataFrame
 Row │ variable         mean      min            median  max                nmissing  eltype
     │ Symbol           Union…    Any            Union…  Any                Int64     DataType
─────┼──────────────────────────────────────────────────────────────────────────────────────
   1 │ PuzzleId                   00008                  zzzhI                     0  String7
   2 │ FEN                        1B1K4/2P5/4k3/…        rrqb2k1/3n2p1/…           0  String
   3 │ Moves                      a1a2 a3a2 b2a2…        h8h7 h6h7 g7h7…           0  String
   4 │ Rating           1533.54   511            1498.0  3001                      0  Int64
   5 │ RatingDeviation  94.9239   49             78.0    500                       0  Int64
   6 │ Popularity       81.7095   -100           89.0    123                       0  Int64
   7 │ NbPlays          891.27    0              246.0   309831                    0  Int64
   8 │ Themes                     advancedPawn a…        opening                   0  String
   9 │ GameUrl                    https://liches…        https://liches…           0  String
```

describe 함수의 결과 전체를 보이기 위해 show 함수를 사용했다. truncate 키워드 인수를 사용하면 잘리기 전에 출력할 열의 최대 표시 너비를 지정할 수 있다(show 함수가 지원하는 다른 키워드 인수는 ?show를 실행하여 확인하면 알 수 있다).

describe 함수는 인수로 받은 데이터프레임의 단일 열 정보를 각 행에 포함하여 새 데이터프레임을 반환한다. 기본적으로 describe 함수는 각 원본 데이터 열에 대해 다음과 같은 통계를 생성한다.

* variable — Symbol로 저장된 이름
* mean — 열에 숫자 데이터가 포함된 경우 값의 평균
* min — 열에 순서를 가질 수 있는 데이터가 포함된 경우 최솟값
* median — 열에 숫자 데이터가 포함된 경우 값의 중앙값
* max — 열에 순서를 가질 수 있는 데이터가 포함된 경우 최댓값
* nmissing — missing값의 수
* eltype — 저장된 값의 타입

describe 함수를 사용하면 계산할 통계를 추가로 지정하고 요약통계량을 계산할 열을 선택할 수 있다. 자세한 내용은 문서(http://mng.bz/09wE)를 참조하기를 바란다.

예제 8.2의 요약통계량에서 제시된 정보가 주어지면 puzzles 데이터프레임에 저장된 열에 대한 해석을 제공할 준비가 된 것이다.

- PuzzleId — 퍼즐의 고유 식별자

- FEN — 퍼즐의 시작 위치 인코딩

- Moves — 퍼즐의 해결책이 되는 움직임

- Rating — 퍼즐의 난이도(레이팅)difficulty

- RatingDeviation — 퍼즐의 난이도에 대한 평가의 정확도

- Popularity — 인기도. 사용자들이 퍼즐을 얼마나 좋아하는지(높을수록 좋음)

- NbPlays — 특정 퍼즐이 플레이된 횟수

- Themes — 퍼즐에 포함된 체스 테마에 대한 설명

- GameUrl — 퍼즐을 가져온 소스 게임의 URL

계속 진행하기 전에 데이터프레임으로 작업할 때 일반적으로 사용되는 세 가지 함수인 ncol, nrow, names 함수에 대해 알아보자.

ncol 함수는 데이터프레임의 열 수를 반환한다.

```
julia> ncol(puzzles)
9
```

nrow 함수는 데이터프레임의 행 수를 반환한다.

```
julia> nrow(puzzles)
2132989
```

마지막으로 names 함수는 데이터프레임의 열 이름 벡터를 반환한다(이 함수에는 더 많은 기능이 있으며 9장에서 자세히 설명할 것이다).

```
julia> names(puzzles)
9-element Vector{String}:
 "PuzzleId"
 "FEN"
 "Moves"
```

```
"Rating"
"RatingDeviation"
"Popularity"
"NbPlays"
"Themes"
"GameUrl"
```

8.2.3 데이터프레임을 CSV 파일로 저장하기

이 절을 마무리하기 전에 데이터프레임을 CSV 파일로 다시 저장하는 방법을 살펴보자. CSV.write 함수는 첫 번째 인수로 저장할 파일 이름, 두 번째 인수로는 저장하려는 테이블을 받는다.

```
julia> CSV.write("puzzles2.csv", puzzles)
"puzzles2.csv"
```

이 코드에서는 puzzles 데이터프레임을 puzzles2.csv 파일에 저장한다.

원본 puzzles.csv 파일과 puzzles2.csv 파일이 동일한지 확인하는 것은 흥미로울 것이다. 이 테스트를 수행하기 위해, 파일을 단일 인수로 전달하면 데이터가 바이트로 변환된 Vector{UInt8}를 반환하는 read 함수를 사용한다. 다음은 예제이다.

```
julia> read("puzzles2.csv")
366020716-element Vector{UInt8}:
 0x50
 0x75
 0x7a
   ⋮
 0x32
 0x30
 0x0a
```

따라서 각 파일의 read 함수의 결과를 비교하여 puzzles.csv와 puzzles2.csv가 동일한지 확인할 수 있다.

```
julia> read("puzzles2.csv") == read("puzzles.csv")
true
```

실제로 두 파일 모두 동일한 데이터를 포함하고 있다.

CSV.write가 데이터를 쓰는 방법 선택하기

CSV.read 함수와 마찬가지로 CSV.write 함수를 사용하면 여러 키워드 인수를 전달하여 CSV 데이터의 작성 방식을 제어할 수 있다. 모든 옵션은 CSV.jl 패키지 문서(https://csv.juliadata.org/stable/writing.html)에서 찾을 수 있다. 다음은 가장 중요한 옵션이다.

- delim — 필드 구분 기호로 출력할 문자 또는 문자열이다. 기본값은 쉼표(,)이다.
- missingstring — missing값에 대해 출력할 문자열이다. 기본적으로 빈 문자열이 사용된다.
- dateformat — 사용할 날짜 형식 문자열이다. 기본값은 Dates 모듈에서 지정한 형식이다.
- append — 기존 파일에 쓰기를 추가할지 여부이다. true이면 열 이름을 쓰지 않으며 기본값은 false이다.
- compress — 표준 gzip 압축을 사용하여 기록된 출력을 압축할지 여부를 제어한다. 기본적으로 false 가 사용된다.
- decimal — 부동소수점 숫자를 쓸 때 소수점으로 사용할 문자이다. 기본값은 점이다.

8.3 데이터프레임에서 열 가져오기

분석을 수행하려면 데이터프레임에서 데이터를 가져오는 방법을 배워야 한다. 이러한 종류의 가장 일반적인 작업은 단일 열을 추출하는 것이다. DataFrames.jl은 이 작업을 수행하는 방법에 대한 몇 가지 옵션을 제공한다. 하나씩 살펴보자.

Lichess 퍼즐 데이터 분석에 집중하기 위해서, puzzles 데이터프레임에서 Rating, Rating Deviation, Popularity, NbPlays 열의 히스토그램을 만들고자 한다.

8.3.1 데이터프레임의 저장 모델 이해하기

내부적으로 DataFrame 객체는 벡터 컬렉션으로 저장한다. 각 벡터는 데이터프레임의 한 열을 나타내며 이름과 번호가 할당된다. 이를 표 8.1에서 시각화해보자.

표 8.1 puzzles 데이터프레임의 구조

열 #	열 이름	열 벡터
1	PuzzleId	["00008", "0000D", "0009B", "000aY", ...]
2	FEN	["r6k/pp2r2p/ ... /7K b - - 0 24", ...]
3	Moves	["f2g3 e6e7 b2b1 b3c1 b1c1 h6c1", ...]
4	Rating	[1765, 1525, 1102, 1320, 1560, 1039, ...]
5	RatingDeviation	[74, 74, 75, 74, 76, 80, 75, ...]
6	Popularity	[93, 97, 85, 92, 88, 85, 80, ...]
7	NbPlays	[493, 9211, 503, 395, 441, 54, ...]
8	Themes	["crushing ... middlegame", ...]
9	GameUrl	["https://lichess.org/.../black#48", ...]

예를 들어, 내부적으로 4번 열은 Rating이라는 이름을 가지며, 퍼즐의 난이도를 나타내는 정수 벡터인 [1765, 1525, 1102, 1320, 1560, ...]를 저장한다.

데이터프레임은, 열에서 연산이 빠르게 수행되도록 하기 위해 이러한 저장소 레이아웃으로 설계되었다. 이 책에서는 이러한 여러 가지 연산에 대해 설명할 것이다. 가장 간단한 작업인 데이터프레임에서 열을 추출하는 것부터 시작한다.

8.3.2 데이터프레임 열을 프로퍼티로 처리하기

4장에서는 NamedTuple 타입과 struct 키워드 인수를 사용하여 생성되는 복합 타입에 대해 배웠다. 필드 이름 뒤에 점을 사용하여 NamedTuple 또는 복합 타입의 필드에 액세스할 수 있다는 것도 이미 알고 있다. 데이터프레임 또한 동일한 구문을 사용하여 열에 액세스할 수 있다.

puzzles 데이터프레임에서 Rating 열을 추출하려는 경우 다음과 같이 작성한다.

```julia
julia> puzzles.Rating
2132989-element Vector{Int64}:
 1765
 1525
 1102
    ⋮
  980
 1783
 2481
```

앞서 5장에서 점을 사용하면 구조체의 필드에 액세스할 수 있다고 설명했었다. 그렇다면 사용자는 어떻게 DataFrame 타입에서 이 구문을 사용하여 해당 열에 액세스할 수 있는 것일까?

그 이유는 줄리아가 struct 객체의 **필드**field와 **프로퍼티**property를 구분하기 때문이다. 점 구문을 사용하면 객체의 프로퍼티에 액세스할 수 있다. 기본적으로 객체의 프로퍼티는 해당 필드와 동일하지만 이 동작을 재정의할 수도 있다(기술적으로는 getproperty 함수에 적절한 메서드를 추가해야 한다. 자세한 내용은 http://mng.bz/K0Bg를 참조하기를 바란다). 이것이 바로 DataFrame 타입에 대해 수행되는 작업이며, 필드를 노출하는 것보다 점 구문을 사용하여 사용자가 열에 액세스할 수 있도록 하는 것이 훨씬 더 유용하다는 사실이 반영된 결과다.

필드 이름은 타입 정의의 일부이므로 이 타입을 가진 모든 값은 동일한 필드를 갖는다. 반대로 타입이 프로퍼티를 재정의하는 경우 동일한 타입을 가진 값 간에 프로퍼티가 다를 수 있다. 예를 들어 DataFrame 타입을 가진 모든 값은 동일한 필드를 갖지만 프로퍼티는 지정된 데이터프레임이 저장하는 열 이름에 따라 달라진다.

fieldnames 함수를 사용하여 DataFrame 타입의 필드 목록을 가져올 수 있다. DataFrames.jl 1.3으로 작업하는 경우 fieldnames(DataFrame)를 호출하면 튜플 (:columns, :colindex)을 얻을 수 있다(DataFrame 객체가 저장하는 필드는 구현 세부 사항이며, DataFrames.jl 버전에 따라 변경될 수 있다). 내부 필드에는 열 이름과 열 번호의 매핑뿐만 아니라 DataFrame 열을 구성하는 벡터가 저장된다. DataFrame 타입의 df 변수에서 필드를 추출하려는 경우 getfield 함수를 사용할 수 있다. 예를 들어 getfield(df, :columns)는 데이터프레임에 저장된 벡터들의 벡터를 반환한다.

그림 8.1은 두 샘플 데이터프레임의 필드와 프로퍼티가 어떻게 연관되어 있는지 보여준다.

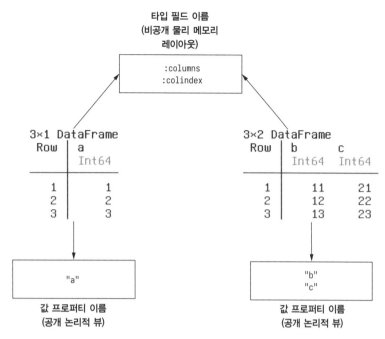

타입 필드 이름
(비공개 물리 메모리
레이아웃)

:columns
:colindex

3×1 DataFrame
| Row | a |
| | Int64 |

1	1
2	2
3	3

3×2 DataFrame
| Row | b | c |
| | Int64 | Int64 |

1	11	21
2	12	22
3	13	23

"a"

값 프로퍼티 이름
(공개 논리적 뷰)

"b"
"c"

값 프로퍼티 이름
(공개 논리적 뷰)

그림 8.1 두 데이터프레임의 타입이 동일하므로 필드 이름도 동일하다. 이러한 필드 이름은 DataFrame 타입 정의의
일부이다. 반대로 두 데이터프레임의 열이 다르기 때문에 프로퍼티 이름도 다르다.
DataFrame 타입 프로퍼티는 지정된 인스턴스의 열 이름에 대응하도록 정의된다.

기술적으로는 가능하지만 데이터프레임에서 필드를 직접 추출해서는 안 된다. DataFrame 타입의
내부 레이아웃은 비공개로 간주되며 향후 변경될 수도 있다. 이 주제는 줄리아에서 필드와 프로퍼
티의 구분을 이해하기 위한 목적으로만 다루었다.

이 절의 주제로 돌아가서 @btime 매크로를 사용하여 데이터프레임에서 열을 가져오는 작업이 얼
마나 빠른지 확인하고자 한다(3장에서 적절한 벤치마크 결과를 얻으려면 전역 변수 puzzles 앞에 $를
붙여야 한다고 했던 것을 기억해두자).

```
julia> using BenchmarkTools

julia> @btime $puzzles.Rating;
  4.750 ns (0 allocations: 0 bytes)
```

실행이 매우 빠르다. 이러한 방식으로 데이터프레임의 열에 액세스하는 것은 데이터를 복사하지
않고 수행되기 때문에 몇 나노초밖에 걸리지 않는다. puzzles.Rating을 작성하면 puzzles 변수가
참조하는 것과 동일한 데이터를 얻을 수 있다. 줄리아가 데이터프레임에서 열을 가져오기 위해 수

행하는 유일한 작업은 :colindex 비공개 필드에서 Rating의 열 번호가 4라는 정보를 검색한 다음 :columns 비공개 필드에서 해당 정보를 추출하는 것뿐이다.

위 방법은 성능에 분명한 이점이 있다. 하지만 만약 벡터의 복사본을 얻으려면 어떻게 해야 할까? 이것은 사소한 질문이 아니다. 실무에서는 원본 벡터의 데이터는 변경하지 않고 사본을 수정해야 할 때가 생기곤 한다.

줄리아에서 객체를 복사하는 확실한 방법은 copy 함수를 호출하는 것이므로 copy(puzzles. Rating)를 작성하면 puzzles 데이터프레임에 저장된 벡터의 복사본을 얻을 수 있다. puzzles. Rating과 copy(puzzles.Rating)를 비교하면 두 함수가 동일하다는 것을 알 수 있다.

```
julia> puzzles.Rating == copy(puzzles.Rating)
true
```

이는 ==을 사용하여 두 벡터의 동일성을 비교할 때 메모리 위치가 아닌 내용을 비교한다는 것을 보여준다. 그렇다면 벡터가 어떤 줄리아 프로그램에서도 구분할 수 없는 수준의 동일한 객체인지 확인하는 방식으로 벡터를 비교할 수 있을까? 실제로 가능하다. 7장에서 설명했던 === 비교를 사용하면 된다.

```
julia> puzzles.Rating === copy(puzzles.Rating)
false
```

두 객체는 동일한 객체가 아님을 알 수 있다(내용은 동일하지만).

===을 사용하여 puzzles.Rating과 puzzles.Rating을 비교하면 이번에는 실제로 동일한 객체이므로 true를 반환한다.

```
julia> puzzles.Rating === puzzles.Rating
true
```

반면에, 예상대로 두 개의 사본은 서로 다르다.

```
julia> copy(puzzles.Rating) === copy(puzzles.Rating)
false
```

데이터프레임에서 열을 가져올 때 점 뒤에 문자열 리터럴을 사용할 수도 있다.

```
julia> puzzles."Rating"
2132989-element Vector{Int64}:
 1765
 1525
 1102
    ⋮
  980
 1783
 2481
```

위 방식의 효과는 puzzles.Rating과 동일하다. 그렇다면 어떤 경우 puzzles."Rating"이 유용한 지 물어볼 수 있다. 이런 구문을 사용하면 데이터프레임 열 이름에 있는 공백과 같은 특수 문자를 쉽게 처리할 수 있다. 그리고 큰따옴표(")를 사용하면 열 이름의 시작과 끝이 모호하지 않게 된다. 다만 puzzles.Rating 대신 puzzles."Rating"을 사용함으로써 발생하는 작은 단점은 데이터프레임 에서 데이터를 가져오기 전에 내부적으로 줄리아가 문자열을 Symbol로 변경해야 한다는 것이다. 이는 성능을 약간 느려지게 하지만, 그래도 여전히 작업은 나노초 단위로 빠르게 수행된다.

연습 8.1 BenchmarkTools.jl 패키지를 사용하여 puzzles."Rating" 구문이 데이터프레임에서 열을 가져올 때의 성능을 측정해보자.

8.3.3 데이터프레임 인덱싱을 사용하여 열 가져오기

데이터프레임의 열을 가져오기 위해 puzzles.Rating과 같은 프로퍼티 액세스를 사용하는 것은 쉽지만 한 가지 단점이 있다. 열 이름이 다음과 같은 변수에 저장되어 있다면 어떻게 될까?

```
julia> col = "Rating"
"Rating"
```

col 변수가 참조하는 puzzles 데이터프레임의 열을 어떻게 가져올 수 있을까? 그리고 데이터프레임에서 이름이 아닌 번호로 열을 얻으려면 어떻게 해야 할까? 두 질문 모두 인덱싱 구문을 사용하여 답을 찾을 수 있다.

데이터프레임에 인덱싱하는 일반적인 형태는 다음과 같다.

```
data_frame_name[selected_rows, selected_columns]
```

보다시피 이는 4장에서 설명한 행렬과 유사하다. 이 장에서는 selected_rows와 selected_columns에 허용되는 값에 대해 다양한 옵션을 설명하지만, 이 절에서는 데이터프레임에서 단일 열을 가져오는 데 사용하는 옵션에 중점을 둘 것이다.

복사를 통해 데이터프레임에서 열을 가져오려면 행 선택자selector로 콜론(:)을 사용하고 열 선택자로 문자열, Symbol, 숫자를 사용한다. 다음은 복사를 사용하여 puzzles 데이터프레임에서 Rating 열을 가져오는 네 가지 방법이다.

```
puzzles[:, "Rating"]  ◀─ ❶ 열 선택자로 문자열 사용
puzzles[:, :Rating]   ◀─ ❷ 열 선택자로 Symbol 사용
puzzles[:, 4]  ◀─ ❸ 열 선택자로 정수 사용
puzzles[:, col]  ◀─ ❹ 열 선택자로 변수 사용(이 경우 문자열 저장)
```

데이터프레임의 열을 참조할 때는 항상 문자열 또는 Symbol을 사용할 수 있다는 점이 중요하다. 사용자 편의를 위해 데이터프레임은 두 가지를 모두 허용하고 동일한 방식으로 처리한다. 둘 중 더 편리한 스타일을 선택하면 된다. 성능이 걱정된다면 Symbol을 사용하는 것이 조금 더 빠르지만 문자열을 사용할 때의 시간 증가는 무시할 수 있다.

마지막 예제인 puzzles[:, col]에서는 "Rating" 문자열이 바인딩된 col 변수를 사용한다. 이런 방식을 허용하는 것은 프로퍼티 액세스보다 인덱싱을 사용하는 것의 이점이다.

마지막으로 어떻게 데이터프레임에서 Rating이 네 번째 열인지 알았는지 궁금할 것이다. 이는 columnindex 함수를 사용하여 쉽게 확인할 수 있다.

```
julia> columnindex(puzzles, "Rating")
4
```

데이터프레임에서 특정 열 이름을 찾을 수 없는 경우, 아래 예제에서와 같이 columnindex 함수는 0을 반환한다.

```
julia> columnindex(puzzles, "Some fancy column name")
0
```

DataFrames.jl에서 열 번호는 표준 배열처럼 1로 시작하므로 columnindex 함수에서 0값을 얻으면 해당 열 이름이 데이터프레임에 없다는 것을 의미한다.

hasproperty 함수를 사용하여 데이터 프레임에 특정 열 이름이 포함되어 있는지 테스트할 수도 있다.

```julia
julia> hasproperty(puzzles, "Rating")
true

julia> hasproperty(puzzles, "Some fancy column name")
false
```

columnindex와 hasproperty 모두에서 원하는 경우 문자열 대신 Symbol을 사용하여 열 이름을 전달할 수 있었다.

데이터프레임에서 복사를 통해 열을 가져오는 것은 복사하지 않는 것보다 비용이 더 많이 든다.

```julia
julia> @btime $puzzles[:,:Rating];
  1.196 ms (2 allocations: 16.27 MiB)
```

이전 puzzles.Rating의 경우 나노초였는데 puzzles[:, :Rating]의 경우 밀리초로 증가했다. 또한 훨씬 더 많은 메모리가 사용되었다.

복사하지 않고 데이터 프레임에서 열을 가져오려면 느낌표(!)를 행 선택자로 사용하고 문자열, Symbol, 숫자를 열 선택자로 사용한다. 다음은 인덱싱을 사용하여 복사하지 않고 puzzles 데이터 프레임에서 Rating 열을 가져오는 네 가지 방법이다.

```
puzzles[!, "Rating"]
puzzles[!, :Rating]
puzzles[!, 4]
puzzles[!, col]
```

puzzles[!, "Rating"]을 쓰는 것은 puzzles.Rating을 사용하는 것과 동일하다. puzzles[:, "Rating"]처럼 !대신 :을 사용하면 Rating 열의 복사본을 얻을 수 있다는 점을 상기하자.

> **데이터프레임 열의 비복사 액세스에 주의해야 한다.**
>
> 많은 애플리케이션에서 사용자는 puzzles.Rating 또는 puzzles[!, "Rating"]과 같은 방식으로 작성하여
> 데이터프레임의 열에 비복사_{noncopying} 액세스를 사용하려는 유혹을 받는다. 이 접근 방식은 액세스가 더 빠르
> 므로 장점이 존재한다. 그러나 비복사 액세스는 벡터를 변경할 경우 심각한 단점이 있다. DataFrames.jl 사용자
> 들의 경험에 따르면 이러한 타입의 액세스는 때때로 잡기 어려운 버그로 이어질 수 있다고 한다.
>
> 따라서 열을 변경하지 않을 것이라고 100% 확신하거나 작업을 매우 빠르게 수행해야 하는 경우(예를 들어 수백
> 만 번 실행되는 루프 내부에 있는 경우)가 아니라면 puzzles[:, "Rating"]처럼 항상 데이터프레임의 열 복사를
> 사용하여 액세스하는 것을 원칙으로 하는 것을 권장한다.

8.3.4 데이터프레임 열에 저장된 데이터 시각화하기

이제 데이터프레임에서 열을 가져오는 방법을 배웠으므로 원하는 플롯을 만들 준비가 되었다. 다
음 코드는 Plots.jl 패키지의 histogram 함수를 사용하여 Rating, RatingDeviation, Popularity,
NbPlays 열의 히스토그램을 4개 생성한다.

```julia
julia> using Plots

julia> plot(histogram(puzzles.Rating; label="Rating"),
            histogram(puzzles.RatingDeviation; label="RatingDeviation"),
            histogram(puzzles.Popularity; label="Popularity"),
            histogram(puzzles.NbPlays; label="NbPlays"))
```

그림 8.2에서 결과를 확인할 수 있다. 위 모든 변수는 상당히 편향되어 있다. 9장에서 이 문제를
처리하고 퍼즐 난이도와 인기도 간의 관계를 분석하는 방법에 대해 설명한다.

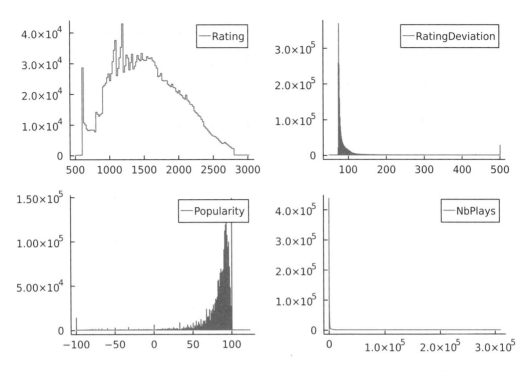

그림 8.2 puzzles 데이터프레임의 Rating, RatingDeviation, Popularity, NbPlays 열의
히스토그램을 보면 분석된 모든 변수가 편향되어 있다.

다음 장으로 넘어가기 전에 연습용으로 다른 방식으로 플롯을 생성하는 코드를 작성해볼 것이다.

```
julia> plot([histogram(puzzles[!, col]; label=col) for
             col in ["Rating", "RatingDeviation", "Popularity", "NbPlays"]]...)
```

코드 끝에 있는 세 개의 점(...)은 4장에서 배운 스플래팅 연산이다. 해당 연산은 plot 함수가 히스토그램들이 연속적인 위치 인수로 전달될 것으로 예상하기 때문에 필요하다. 이 코드는 데이터프레임을 인덱싱할 때 열 이름 대신 변수를 전달할 수 있다는 사실을 어떻게 활용할 수 있는지 보여준다. 이 경우, 추출된 열을 수정하거나 저장하지 않을 것이 확실하기 때문에 데이터에 대한 비복사 액세스(행 선택자로 !를 적용하여)를 사용했다(값은 플롯을 생성하는 데만 사용됨).

8.4 다양한 형식을 사용하여 데이터프레임 읽기 및 쓰기

이 장에서는 줄리아로 CSV 파일을 읽고 쓰는 방법을 배웠다. 하지만 데이터 과학 프로젝트에서는 다른 데이터 저장 형식들도 많이 사용된다. 줄리아에서 데이터프레임으로 작업할 때 종종 다양한 형식들을 사용하고 싶을 것이다.

알파벳 순서대로 몇 가지를 소개하면 다음과 같다. 괄호 안에는 해당 형식을 지원하는 줄리아 패키지 이름을 썼다. Apache Arrow(Arrow.jl), Apache Avro(Avro.jl), Apache Parquet(Parquet.jl), 마이크로소프트 엑셀(XLSX.jl), JSON(JSON3.jl), MySQL(MySQL.jl), PostgreSQL(LibPQ.jl), SQLite(SQLite.jl). 이 절에서는 Arrow.jl와 SQLite.jl 패키지를 살펴볼 것이다.

Apache Arrow 형식은 효율적인 분석 작업을 위해 구성된 언어 독립적인 열 기반 메모리 형식이다. 이 형식은 사용되는 프로그래밍 언어에 관계없이 또한 거의 비용 없이 서로 다른 시스템 간에 데이터를 전송할 수 있기에 인기를 얻고 있다. 이러한 장점 외에도, 이 형식을 선택한 이유는 줄리아에서 네이티브가 아닌 메모리 형식으로 저장된 데이터도 투명하게 처리하는 방법을 보여주기 위해서이다. 이 표준에 대한 자세한 내용은 https://arrow.apache.org/에서 확인할 수 있다.

두 번째 예제로 SQLite 데이터베이스를 사용할 것이다. 개인적인 생각으로 SQLite는 설정하고 사용하기 가장 쉬운 데이터베이스다. 따라서 실제로 가장 많이 사용되는 데이터베이스 중 하나이기도 하며, 1조 개(10^{12}) 이상의 SQLite 데이터베이스가 활발히 사용되고 있는 것으로 보고되고 있다 (www.sqlite.org/mostdeployed.html).

이 장에서 사용하던 `puzzles` 데이터프레임을 두 데이터 형식으로 저장하고 다시 불러오는 방법에 대해 간략하게 소개한다.

8.4.1 Apache Arrow

먼저 데이터프레임을 Apache Arrow 형식으로 저장하는 것으로 시작한다. 1장에서 설명한 것처럼 이 형식은 Apache Parquet, PySpark, Dask와 같은 널리 사용되는 프레임워크에서 지원된다. 저장하려는 파일 이름과 데이터프레임을 전달하고 `Arrow.write` 함수를 사용하기만 하면 비교적 쉽게 저장할 수 있다.

```
julia> using Arrow
```

```
julia> Arrow.write("puzzles.arrow", puzzles)
"puzzles.arrow"
```

좀 더 흥미로운 부분은 Apache Arrow 형식으로 저장된 데이터를 읽는 과정에 있다. 먼저 `Arrow.Table` 객체를 생성한 다음 `DataFrame` 생성자에 전달해야 한다. 다음 코드에서는 다시 읽어온 객체가 원래 puzzles 데이터프레임과 동일한지 확인한다.

```
julia> arrow_table = Arrow.Table("puzzles.arrow")   ◄── ❶ 디스크의 원본 데이터를 참조한
Arrow.Table with 2132989 rows, 9 columns, and schema:      Arrow.Table 객체를 생성한다.
 :PuzzleId          String
 :FEN               String
 :Moves             String
 :Rating            Int64
 :RatingDeviation   Int64
 :Popularity        Int64
 :NbPlays           Int64
 :Themes            String
 :GameUrl           String

julia> puzzles_arrow = DataFrame(arrow_table);   ◄── ❷ Arrow.Table로부터
                                                      데이터프레임을 생성한다.

julia> puzzles_arrow == puzzles   ◄── ❸ 생성한 데이터프레임이 사용한 원본 데이터프레임과
true                                   동일한 내용을 가지고 있는지 확인한다.
```

`Arrow.Table` 객체의 특징은 저장하는 열이 Apache Arrow 형식을 사용한다는 것이다. 또한 중요한 점은 `Arrow.Table`의 열이 기본 arrow 메모리에 대한 뷰라는 점이다.

이것은 상당한 이점이 있다. `Arrow.Table` 객체를 만들 때 운영체제는 실제로 전체 파일 내용을 동시에 RAM에 로드하지 않는다. 대신 파일의 다른 영역이 요청될 때마다 파일을 부분적으로 RAM으로 스왑한다. 따라서 사용 가능한 RAM보다 큰 Apache Arrow 데이터도 작업을 할 수 있다. 또한 원본 테이블의 일부만 처리해야 하는 경우 필요한 데이터만 가져오기 때문에 읽기 프로세스가 훨씬 빨라진다.

그러나 이 설계에는 한 가지 단점이 있는데, 바로 Apache Arrow 데이터 형식의 열이 읽기 전용이라는 것이다. 다음은 예제이다.

```
julia> puzzles_arrow.PuzzleId
2132989-element Arrow.List{String, Int32, Vector{UInt8}}:
```

```
 "00008"
 "0000D"
 "0009B"
 ⋮
 "zzzUZ"
 "zzzco"
 "zzzhI"

julia> puzzles_arrow.PuzzleId[1] = "newID"
ERROR: CanonicalIndexError: setindex! not defined for Arrow.List{String, Int32,
Vector{UInt8}}
```

puzzles_arrow.PuzzleId 열은 Vector 타입이 아닌 비표준 Arrow.List 타입이다. 이 비표준 벡터 타입은 읽기 전용이다. 이러한 벡터의 요소를 변경하려고 시도하면 오류가 발생한다.

많은 애플리케이션에서 원본 데이터 프레임의 열이 읽기 전용인 것은 문제가 되지 않는다. 그러나 때로는 Apache Arrow 원본에서 생성된 데이터프레임에 저장된 벡터를 변경해야 할 수도 있다.

이러한 경우, 간단하게 데이터프레임을 copy하면 된다. 이렇게 하면 RAM에서 Apache Arrow 열을 구체화하고 해당 타입을 변경 가능한 표준 줄리아 타입으로 변경할 수 있다. 다음은 예제이다.

```
julia> puzzles_arrow = copy(puzzles_arrow);

julia> puzzles_arrow.PuzzleId
2132989-element Vector{String}:
 "00008"
 "0000D"
 "0009B"
 ⋮
 "zzzUZ"
 "zzzco"
 "zzzhI"
```

데이터프레임의 copy 작업을 수행한 후, :PuzzleId 열은 표준 Vector 타입을 가진다.

8.4.2 SQLite

전체 과정은 이렇다. 먼저 디스크에 SQLite 데이터베이스를 생성한다. 그다음 puzzles 데이터프레임을 저장한다. 마지막으로 SQL SELECT 쿼리를 사용하여 다시 읽는다.

첫 번째로 디스크에 파일로 백업되는 SQLite 데이터베이스를 생성해보자. SQLite.DB 함수를 사용하여 파일 이름을 인수로 전달한다.

```julia
julia> using SQLite

julia> db = SQLite.DB("puzzles.db")
SQLite.DB("puzzles.db")
```

다음으로 SQLite.load! 함수를 사용하여 puzzles 데이터프레임을 저장한다. 저장할 데이터 테이블, 저장할 데이터베이스에 대한 연결, 데이터베이스에서 사용할 테이블 이름까지 세 개를 위치 인수로 전달한다.

```julia
julia> SQLite.load!(puzzles, db, "puzzles")
"puzzles"
```

데이터베이스에 테이블을 성공적으로 생성했는지 확인해보자. 먼저 SQLite.tables 함수를 사용하여 데이터베이스에 저장된 모든 테이블을 나열한 다음 SQLite.columns 함수를 사용하여 특정 테이블에 저장된 열에 대한 자세한 정보를 얻는다.

```julia
julia> SQLite.tables(db)
1-element Vector{SQLite.DBTable}:
 SQLite.DBTable("puzzles", Tables.Schema:
 :PuzzleId          Union{Missing, String}
 :FEN               Union{Missing, String}
 :Moves             Union{Missing, String}
 :Rating            Union{Missing, Int64}
 :RatingDeviation   Union{Missing, Int64}
 :Popularity        Union{Missing, Int64}
 :NbPlays           Union{Missing, Int64}
 :Themes            Union{Missing, String}
 :GameUrl           Union{Missing, String})

julia> SQLite.columns(db, "puzzles")
(cid = [0, 1, 2, 3, 4, 5, 6, 7, 8], name = ["PuzzleId", "FEN", "Moves", "Rating",
"RatingDeviation", "Popularity", "NbPlays", "Themes", "GameUrl"], type = ["TEXT", "TEXT",
"TEXT", "INT", "INT", "INT", "INT", "TEXT", "TEXT"], notnull = [1, 1, 1, 1, 1, 1, 1, 1, 1],
dflt_value = [missing, missing, missing, missing, missing, missing, missing, missing,
missing], pk = [0, 0, 0, 0, 0, 0, 0, 0, 0])
```

이제 데이터베이스에 하나의 puzzles 테이블이 있음을 알 수 있다. 이 테이블의 열에 대한 메타데이터는 원본 puzzles 데이터프레임의 구조와 일치한다.

마지막으로, puzzles 테이블을 데이터프레임으로 다시 읽는다. 중요한 첫 단계로 쿼리를 만들어야 한다. 여기에는 데이터베이스에 대한 연결과 실행하려는 SQL 쿼리가 포함된 문자열을 전달하는 DBInterface.execute 함수를 사용한다. 중요한 것은 이 작업이 게으른lazy 작업이므로 쿼리가 바로 실행되는 게 아니라는 점이다. 데이터를 필요할 때에 비로소 가져온다. 우리 예제에서는, 쿼리 결과로 데이터프레임을 생성함으로써 쿼리를 실제로 실행하게 된다.

또한 SQLite 전용이 아닌 일반 execute 함수를 사용하고 있다는 것을 강조하고 싶다. 이 함수는 SQLite.jl에 의해 자동으로 로드되는 인터페이스 패키지 DBInterface.jl에 정의되어 있다. 다른 데이터베이스 백엔드를 사용하는 경우에도 동일한 방식으로 DBInterface.execute를 사용하여 SQL 쿼리를 실행할 수 있다. 데이터프레임을 생성한 후, 얻은 결과가 puzzles 데이터프레임과 동일한지 확인한다.

```
julia> query = DBInterface.execute(db, "SELECT * FROM puzzles")
SQLite.Query{false}(SQLite.Stmt(SQLite.DB("puzzles.db"), Base.RefValue{Ptr{SQLite.
C.sqlite3_stmt}}(Ptr{SQLite.C.sqlite3_stmt} @0x000000015044a410), Dict{Int64, Any}
()), Base.RefValue{Int32}(100), [:PuzzleId, :FEN, :Moves, :Rating, :RatingDeviation,
:Popularity, :NbPlays, :Themes, :GameUrl], Type[Union{Missing, String}, Union{Missing,
String}, Union{Missing, String}, Union{Missing, Int64}, Union{Missing, Int64},
Union{Missing, Int64}, Union{Missing, Int64}, Union{Missing, String}, Union{Missing,
String}], Dict(:NbPlays => 7, :Themes => 8, :GameUrl => 9, :Moves => 3, :RatingDeviation
=> 5, :FEN => 2, :Rating => 4, :PuzzleId => 1, :Popularity => 6), Base.RefValue{Int64}(0))

julia> puzzles_db = DataFrame(query);

julia> puzzles_db == puzzles
true
```

이번에는 Apache Arrow와 달리 데이터프레임의 열이 표준 줄리아 벡터이다. :PuzzleId 열을 확인해보자.

```
julia> puzzles_db.PuzzleId
2132989-element Vector{String}:
 "00008"
 "0000D"
 ⋮
```

```
"zzzco"
"zzzhI"
```

SQLite 데이터베이스 사용이 끝나면 데이터베이스를 닫는다.

```
julia> close(db)
```

이 절에서 설명한 Arrow.jl 및 SQLite.jl 패키지로 작업하는 방법에 대해 자세히 알고 싶다면 해당 저장소(https://github.com/apache/arrow-julia와 https://github.com/JuliaDatabases/SQLite.jl)를 방문하기를 추천한다.

요약

- DataFrames.jl은 줄리아에서 표 형식 데이터로 작업할 수 있는 패키지이다. 이 패키지가 정의하는 가장 중요한 타입은 행이 관측치를 나타내고 열이 해당 관측치의 특징을 나타내는 DataFrame이다.

- CodecBzip2.jl 패키지를 사용하여 bzip2 아카이브의 압축을 풀 수 있다. 실제 애플리케이션에서는 압축된 데이터로 작업해야 하는 경우가 많기 때문에 다른 압축 형식과 마찬가지로 줄리아에서도 유사한 기능을 사용할 수 있다.

- CSV.jl 패키지의 CSV.read 함수를 사용하면 CSV 파일에 저장된 데이터를 DataFrame으로 읽을 수 있다. 마찬가지로 CSV.write 함수를 사용하여 테이블 형식의 데이터를 CSV 파일에 저장할 수 있다. CSV 형식은 사람이 읽을 수 있는 형식 중에서 가장 범용적이어서, 데이터 분석을 수행할 때 자주 사용된다.

- describe 함수를 사용하여 데이터프레임에 대한 요약 정보를 얻을 수 있다. 이렇게 하면 데이터프레임에 저장된 데이터가 예상과 일치하는지 빠르게 검사할 수 있다.

- nrow 및 ncol 함수는 데이터프레임의 행과 열 수에 대한 정보를 제공한다. 이러한 함수는 값을 반환하므로 데이터프레임 객체에서 작동하는 코드를 작성할 때 자주 사용된다.

- names 함수는 데이터프레임의 열 이름 목록을 가져오는 데 사용할 수 있으며, 추가로 열 선택자 인수를 받아 가져오려는 열 이름을 지정하는 조건을 전달할 수 있다. 이 기능은 수천 개의 열이 있는 매우 넓은 데이터프레임으로 작업할 때 특히 유용하다.

- 내부적으로 `DataFrame` 객체는 데이터를 열에 저장한다. 데이터프레임의 모든 열은 벡터이다. 따라서 데이터프레임에서 열을 추출하는 속도가 매우 빠르다.

- 프로퍼티 액세스 구문을 사용하여 데이터프레임에서 열을 가져올 수 있다(예를 들어 `puzzles.Rating`은 Rating 열을 반환). 이 작업은 타이핑과 읽기가 편리하기 때문에 가장 많이 수행되는 작업 중 하나이다.

- 데이터프레임의 열을 참조할 때는 문자열 또는 심벌을 사용할 수 있으므로 `puzzles."Rating"`과 `puzzles.Rating`가 모두 유효하다. 문자열 사용의 경우 보통 공백과 같이 줄리아의 식별자로 허용되지 않는 문자가 열 이름에 포함된 경우 특히 유용하다.

- Plots.jl 패키지의 `histogram` 함수를 사용하여 데이터의 히스토그램을 그릴 수 있다. 이는 데이터의 분포를 검사하는 데 유용한 방법이다.

- Arrow.jl 패키지를 사용하면 Apache Arrow 형식으로 저장된 데이터로 작업할 수 있다. 이 패키지는 서로 다른 데이터 분석 생태계 간에 데이터를 교환하거나 RAM에 넣기에는 너무 큰 데이터로 작업하려는 경우에 유용하다.

- SQLite.jl 패키지는 SQLite 데이터베이스 엔진에 대한 인터페이스를 제공한다. SQLite 데이터베이스는 데이터를 저장, 공유 및 보관하는 데 가장 널리 사용되는 형식 중 하나이다.

데이터프레임에서
데이터 가져오기

이 장의 주요 내용

- 데이터프레임의 행 부분집합subset 취하기
- 데이터프레임의 열 선택하기
- LOESSlocally estimated scatterplot smoothing 모델 만들기
- LOESS 예측 시각화하기

8장에서는 DataFrames.jl 패키지가 제공하는 데이터프레임으로 작업하는 기본 원리를 배웠고, Lichess 체스 퍼즐 데이터를 분석하기 시작했다. 최종 목표는 퍼즐 난이도와 인기도 사이의 관계를 파악하는 것이었음을 기억하자.

8.3절에서는 최종 분석을 수행하기 전에 편향된 원본 데이터를 정리해야 한다는 결론을 내리고 조사를 중단했다(그림 9.1에서는 8장에서 사용한 히스토그램을 재현하여 원본 데이터가 상당히 편향되어 있다는 것을 다시 보일 것이다). 가장 간단한 형태의 데이터 정리는 원하지 않는 관측치를 제거하는 것이다. 따라서 이 장에서는 데이터프레임의 행의 부분집합을 취하거나 열을 선택하여 데이터를 가져오는 방법을 배울 것이다.

이 장의 목표는 퍼즐 난이도와 사용자가 퍼즐을 얼마나 좋아하는지 사이의 관계를 확인하는 것이다. 이 분석을 수행하기 위해 다음 단계를 수행한다.

1. 나중에 분석하려는 열과 행에만 집중하도록 데이터셋을 부분집합으로 만든다.

2. 퍼즐 난이도와 인기도 사이의 관계에 대한 데이터를 데이터프레임에 집계하여 플롯한다.

3. 데이터에 존재하는 관계에 대한 더 나은 요약 정보를 얻기 위해 LOESS를 구축한다.

이 장에서 학습한 후 얻을 수 있는 핵심 기술은 데이터프레임을 인덱싱하는 다양한 방법을 익히는 것이다.

데이터프레임의 일부 열을 선택하거나 행의 부분집합을 가져오는 데이터프레임 **인덱싱**은 실무에서 가장 필요한 작업 중 하나이다. 따라서 데이터프레임으로 인덱싱하는 방법을 배우는 것은 DataFrames.jl을 사용하는 여정에서 좋은 출발점이 된다.

위 목표를 달성하는 동시에 Lichess 퍼즐 분석을 수행하는 방법을 보여주기 위해 이 장은 다음과 같이 구성했다.

- 9.1절에서는 행의 부분집합을 취하거나 열을 선택하여 데이터프레임으로 인덱싱하는 여러 가지 방법에 대해 자세히 설명한다.
- 심화 학습을 위해 9.2절에서는 새로운 개념을 소개하지 않고 8장과 9.1절에서 소개한 지식을 보다 복잡한 시나리오에서 어떻게 결합할 수 있는지 살펴본다. 이 절의 마지막 단계로 Lichess 데이터베이스에서 퍼즐 난이도와 인기도 사이의 관계를 이해하기 위한 LOESS 모델을 구축한다.

9.1 고급 데이터프레임 인덱싱

이 절에서는 데이터프레임에서 열을 선택하거나 행 부분집합을 취하는 방법을 살펴본다. 이는 데이터프레임으로 작업할 때 가장 일반적으로 사용하는 방법 중 하나이다.

편의를 위해 여기서 그림 9.1로 재현한 그림 8.2는 현재 작업 중인 데이터가 상당히 편향되어 있음을 보여준다.

Rating 및 Popularity 열의 관계에 대한 분석을 계속하기 전에 다음 조건을 데이터프레임에 적용하여 이후 분석에 사용할 새 데이터프레임을 만들어보자.

- 분석에 필요한 열은 Rating 및 Popularity 열뿐이므로 이 열만 유지하려고 한다.
- puzzles 데이터 중에 분석에 포함되지 않는 행을 삭제하려고 한다.

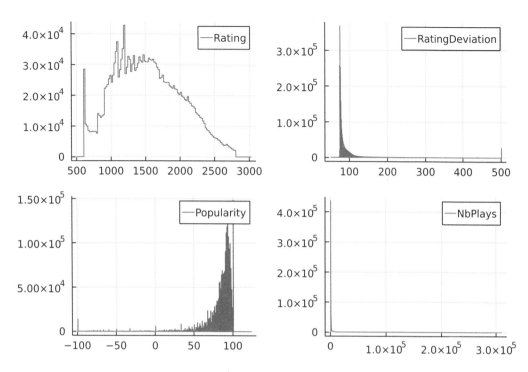

그림 9.1 puzzles 데이터프레임의 Rating, RatingDeviation, Popularity, NbPlays 열의 히스토그램을 보면 분석된 모든 변수가 편향되어 있음을 알 수 있다.

이제 퍼즐이 분석에 포함되기 위해 충족해야 하는 조건에 대해 논의해볼 것이다.

첫 번째 조건으로 충분히 플레이된 퍼즐만을 유지하고자 한다. 따라서 플레이 횟수인 NbPlays가 해당 열의 중앙값보다 큰 퍼즐에만 집중한다. 이 조건은 퍼즐의 50%를 제거한다. 이러한 방식으로 많이 플레이되지 않은 퍼즐은 난이도나 인기도가 안정적이지 않을 수 있으므로 제거한다.

두 번째 조건으로 난이도가 매우 낮거나 매우 높은 퍼즐을 삭제하려고 한다. 이를 통해 경험이 부족한 플레이어가 평가할 가능성이 높은 쉬운 퍼즐과 일반 플레이어가 공정하게 평가하기에 충분한 경험이 없는 매우 어려운 퍼즐을 제거한다. 이 경우 1500 미만인 퍼즐은 너무 쉬운 것으로 간주하여 포함하지 않는다. 1500을 기준으로 정한 이유는 이것이 모든 퍼즐의 시작 난이도이기 때문이다. 예제 8.2에서 난이도의 중앙값과 평균이 약 1500임을 알 수 있다. 매우 높은 난이도를 표시하기 위해 99번째 백분위수를 사용한다(가장 어려운 퍼즐 상위 1%를 제외한다).

이 절은 다음과 같이 구성되어 있다. 9.1.1절에서는 Lichess 퍼즐 데이터를 분석하기 위해 수행하고자 하는 정확한 연산을 수행하는 방법을 살펴본다. 이를 통해 이러한 연산이 어떻게 작동하는지에 대한 아이디어를 얻을 수 있다. 다음으로 9.1.2절에서는 허용되는 열 선택자의 전체 목록을 살펴보고, 9.1.3절에서는 허용되는 행 부분집합 옵션의 전체 목록을 설명할 것이다.

> **NOTE** 이 장의 코드로 작업하기 전에 8.1절의 지침에 따라 작업 디렉터리에 puzzles.csv 파일이 있는지 확인해야 한다.

시작하기 전에 라이브러리를 로드하고 8장에서 만든 puzzles.csv 파일에서 **puzzles** 데이터프레임 객체를 만들어야 한다.

```julia
julia> using DataFrames

julia> using CSV

julia> using Plots

julia> puzzles = CSV.read("puzzles.csv", DataFrame);
```

9.1.1 축소된 퍼즐 데이터프레임 만들기

이 절에서는 데이터프레임의 열을 선택하고 행의 부분집합을 취하는 방법을 배운다. 처리된 데이터프레임을 얻으려면 적절한 열 선택자와 행 선택자를 정의해야 한다.

이 경우처럼 열 선택자부터 시작하면 간단하다. ["Rating", "Popularity"]과 같이 열 이름의 벡터를 전달하면 된다. 그 외에도 열 이름을 [:Rating, :Popularity]와 같은 심벌로 전달하거나, 정수 [4, 6]으로 전달할 수도 있다(columnindex 함수를 사용하면 열 번호를 쉽게 확인할 수 있다). 9.1.2절에서 DataFrames.jl이 제공하는 더 많은 열 선택자 옵션에 대해 알아볼 것이다.

적절한 행 부분집합 연산을 정의하기 위해 **지표 벡터**indicator vector를 사용한다. 이 벡터에는 데이터프레임에 있는 행 수만큼의 요소가 있어야 하며 Bool값을 포함해야 한다. 지표 벡터에서 **true**값에 해당하는 행은 유지되고 **false**값은 삭제된다.

먼저 Statistics 모듈의 median 함수를 사용하여 플레이 횟수가 중앙값보다 작은 행의 지표 벡터를 만든다.

```julia
julia> using Statistics

julia> plays_lo = median(puzzles.NbPlays)
```

```
246.0

julia> puzzles.NbPlays .> plays_lo
2132989-element BitVector:
 1
 1
 1
 ⋮
 1
 1
 0
```

.>를 작성할 때 브로드캐스팅을 사용하여 NbPlays 열을 계산된 중앙값의 스칼라값과 비교한다는 점에 유의해야 한다. 점을 생략하면 다음과 같은 오류가 발생한다.

```
julia> puzzles.NbPlays > plays_lo
ERROR: MethodError: no method matching isless(::Float64, ::Vector{Int64})
```

비슷한 방식으로 난이도가 1500에서 99번째 백분위수 사이인 퍼즐의 지표 벡터를 만들어보자. 두 번째 조건에는 Statistics 모듈의 quantile 함수를 사용한다.

```
julia> rating_lo = 1500
1500

julia> rating_hi = quantile(puzzles.Rating, 0.99)
2658.0

julia> rating_lo .< puzzles.Rating .< rating_hi
2132989-element BitVector:
 1
 1
 0
 ⋮
 0
 1
 1
```

원하는 결과를 얻기 위해 다시 브로드캐스팅을 사용했다. 마지막으로 브로드캐스팅된 && 연산자를 사용하여 두 조건을 결합한다.

```
julia> row_selector = (puzzles.NbPlays .> plays_lo) .&&
                      (rating_lo .< puzzles.Rating .< rating_hi)
2132989-element BitVector:
 1
 1
 0
 ⋮
 0
 1
 0
```

이 표현식에서는 괄호를 생략할 수도 있지만, 복잡한 조건으로 작업할 때는 항상 연산을 어떻게 그룹화해야 하는지 명시적으로 표시하는 것을 개인적으로 선호한다.

얼마나 많은 행을 선택했는지 확인해보자. sum 함수 또는 count 함수를 사용할 수 있다.

```
julia> sum(row_selector)
513357

julia> count(row_selector)
513357
```

sum 함수와 count 함수의 차이점은 count는 전달된 데이터가 불리언값이어야 하고 true의 개수를 계산하는 반면, sum은 덧셈이 의미 있게 정의된 데이터를 처리한다는 점이다. 줄리아에서는 2장에서 배운 대로 Bool값을 숫자로 취급하므로 sum 함수를 사용할 수 있으며, 이런 경우 true는 1로 간주되고 false는 0으로 간주된다.

다음 예제에서 원하는 데이터프레임을 만들 준비가 되었다. 이 프레임을 good이라고 부를 것이다.

```
julia> good = puzzles[row_selector, ["Rating", "Popularity"]]
513357×2 DataFrame
    Row │ Rating  Popularity
        │ Int64   Int64
────────┼────────────────────
      1 │   1765          93
      2 │   1525          97
      3 │   1560          88
      ⋮ │     ⋮           ⋮
 513356 │   2069          92
 513357 │   1783          90
            513299 rows omitted
```

good 데이터프레임에는 예상대로 513,357개의 행과 2개의 열이 있음을 알 수 있다. 이제 선택한 열의 히스토그램을 생성하여(그림 9.2) 분포가 나아졌는지 확인해보자.

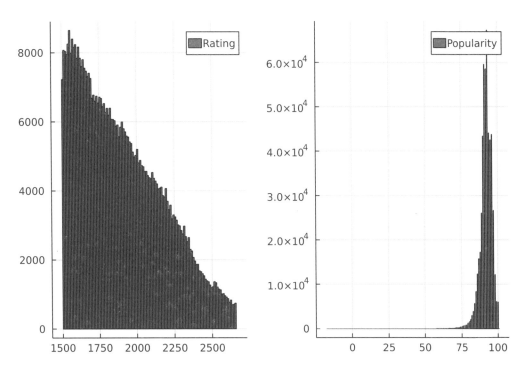

그림 9.2 good 데이터프레임의 Rating과 Popularity 열 히스토그램을 보면
두 변수는 우리 예상대로 분포되어 있으므로, 이후 분석에서 이 데이터를 사용할 것이다.

난이도 분포는 대략적으로 감소하고 있으며, 쉬운 퍼즐보다 어려운 퍼즐이 더 적다. 인기도 분포의 경우, 그림 8.2와 달리 -100과 100에 정점peak이 보이지 않는데, 이들은 거의 플레이하지 않은 퍼즐에 의해 발생했을 가능성이 크다. 이 가설을 확인하는 것은 연습 문제로 남겨둔다.

연습 9.1 두 가지 조건에서 NbPlays 열의 요약통계량을 계산해보자. 첫 번째 조건에서는 인기도가 100인 퍼즐만 선택하고, 두 번째 조건에서는 인기도가 -100인 퍼즐만 선택한다. 벡터의 요약통계량을 계산하려면 StatsBase.jl 패키지의 summarystats 함수를 사용한다.

9.1.2 허용되는 열 선택자에 대한 개요

실제 환경에서는 원하지 않는 열을 제외한 모든 열을 유지하거나 이름이 특정 패턴과 일치하는 모든 열을 유지하는 등 다양한 조건을 사용하여 데이터 프레임의 열을 선택해야 하는 상황이 발생한다. 이 절에서는 이러한 작업을 쉽게 수행할 수 있는 다양한 열 선택자 집합을 DataFrames.jl에서 제공한다는 것을 배운다.

8.3절에서 문자열, Symbol, 정수를 열 선택자로 전달하면 데이터프레임에서 열을 추출한다는 것을 배웠다. 이 세 가지 열 선택자를 **단일 열 선택자**single-column selector라고 한다. 얻어진 결과의 타입은 사용된 행 선택자에 따라 다르다. 단일 정수인 경우 데이터프레임의 셀에 저장된 값을 가져온다.

```julia
julia> puzzles[1, "Rating"]
1765
```

행 선택자가 여러 행을 선택하면 벡터를 얻는다. 8.3절에서 이미 보았던 예제를 반복해보자.

```julia
julia> puzzles[:, "Rating"]
2132989-element Vector{Int64}:
 1765
 1525
 1102
    ⋮
  980
 1783
 2481
```

이하 살펴볼 나머지 모든 선택자는 여러 열을 선택한다. 얻어진 결과 타입은 다시, 행 선택자row-subsetting value에 따라 달라진다. 단일 행을 사용하면 DataFrameRow라는 객체를 얻는다.

```julia
julia> row1 = puzzles[1, ["Rating", "Popularity"]]
DataFrameRow
 Row │ Rating  Popularity
     │ Int64   Int64
─────┼────────────────────
   1 │   1765          93
```

DataFrameRow은 선택된 셀을 포함하는 NamedTuple로 생각할 수 있다. 유일한 차이점은 DataFrameRow의 경우 가져온 데이터프레임에 대한 링크를 유지한다는 것이다. 엄밀히 말하면 뷰이다. 따라서 데이터프레임이 업데이트되면 DataFrameRow에 반영된다. 반대로, DataFrameRow을 업데이트하면 기본 데이터프레임도 업데이트된다(데이터프레임 변경에 대해서는 12장에서 자세히 설명한다).

일반적인 인덱싱을 사용했는데 뷰가 생성된다는 사실에 놀랐을 수도 있다. 이는 열띤 토론 끝에, 데이터프레임에서 한 행을 취하는 작업이 빠르게 수행되는 것을 보장하기 위해 내려진 설계 결정이다. 통상적으로 우리는 루프에서 데이터프레임의 여러 연속되는 행을 선택하고 데이터를 읽기만 하기 때문이다.

앞서 말했듯이 DataFrameRow는 1차원 객체라고 생각하면 된다. 따라서 데이터프레임과 똑같이 데이터를 가져올 수 있지만 인덱싱을 사용하는 경우 단일 인덱스만 사용하면 된다. row1 객체에서 Rating값을 가져오는 방법은 다음과 같다.

```julia
julia> row1["Rating"]
1765

julia> row1[:Rating]
1765

julia> row1[1]
1765

julia> row1.Rating
1765

julia> row1."Rating"
1765
```

반면에 여러 행과 여러 열을 선택하면 데이터프레임을 얻게 된다. 예제 9.1에서 이미 이러한 종류의 예제들을 보았을 것이다.

```julia
julia> good = puzzles[row_selector, ["Rating", "Popularity"]]
513357×2 DataFrame
    Row │ Rating  Popularity
        │ Int64   Int64
────────┼────────────────────
      1 │  1765          93
      2 │  1525          97
      3 │  1560          88
      ⋮ │   ⋮          ⋮
 513356 │  2069          92
 513357 │  1783          90
           513299 rows omitted
```

표 9.1에는 데이터프레임 인덱싱의 가능한 출력 유형이 요약되어 있다.

표 9.1 행 선택자 및 열 선택자에 따른 데이터프레임 인덱싱의 출력 유형

	단일-열 선택자	다중-열 선택자
단일-행 부분집합	good[1, "Rating"] 셀에 저장된 값	good[1, :] DataFrameRow
다중-행 부분집합	good[:, "Rating"] 벡터	good[:, :] DataFrame

이제 다양한 열 선택자가 주어졌을 때 예상할 수 있는 출력 유형을 알았으니 사용 가능한 여러 열 선택자에 대해 자세히 알아볼 준비가 되었다. 열을 선택하는 데는 많은 규칙이 존재한다. puzzles 데이터프레임을 참조하여 예제와 함께 하나씩 나열해보자.

우선 한눈에 볼 수 있도록 사용 가능한 옵션 목록을 나열하겠다. 이후 각 옵션으로 선택된 열이 무엇인지 names 함수를 사용해 확인하며 설명할 것이다.

- 문자열, Symbol, 정숫값의 벡터 — 이 스타일은 이미 8.3절에서 ["Rating", "Popularity"], [:Rating, :Popularity], [4, 6]으로 살펴보았다.
- 데이터프레임의 열 수와 길이가 같은 불리언값의 벡터 — 여기서 Rating과 Popularity 열만을 선택하기 위해 사용할 적절한 벡터는 다음과 같다(길이가 9이고 위치 4와 6에 true값이 있음).

```
julia> [false, false, false, true, false, true, false, false, false]
9-element Vector{Bool}:
 0
 0
 0
 1
 0
 1
 0
 0
 0
```

- 정규 표현식 — 전달된 정규 표현식과 일치하는 열을 선택한다(6장에서 정규 표현식을 살펴보았다). 예를 들어 r"Rating" 정규 표현식을 전달하면 Rating과 RatingDeviation 열이 선택된다.
- Not 표현식 — 전달된 선택자를 무효화한다. 예를 들어 Not([4, 6])은 열 4와 6을 제외한 모

든 열을 선택하며, 유사하게 Not(r"Rating")은 r"Rating" 정규 표현식과 일치하는 Rating과 RatingDeviation을 제외한 모든 열을 선택한다.

- Between 표현식 — 예를 들어 Between("Rating", "Popularity")은 Rating에서 시작하여 Popularity로 끝나는 연속 열을 가져오므로 이 경우 Rating, RatingDeviation, Popularity 가 선택된다.

- 콜론(:) 또는 All() 선택자 — 모든 열을 선택한다.

- Cols 선택자 — 여기에는 두 가지 형태가 있다. 첫 번째 형식에서는 여러 선택자를 인수로 전달하고 그 조합을 선택할 수 있다. 예를 들어, Cols(r"Rating", "NbPlays")는 열 Rating, RatingDeviation, NbPlays를 선택한다. 두 번째 형식에서는 함수를 Cols의 인수로 전달한다. 전달된 함수는 열의 이름인 문자열을 받아 불리언값을 반환해야 한다. 결과적으로 전달된 함수가 true를 반환하는 열의 목록을 얻을 수 있다. 예를 들어, Cols(startswith ("P")) 선택자를 사용하는 경우 puzzles 데이터프레임에서 이름이 P로 시작하는 열인 PuzzleId과 Popularity 열을 가져온다.

모든 선택자를 나열하자니 벌써 피곤한 것 같다. 다행히도 앞서 힌트를 줬던 것처럼 이 모든 예제를 쉽게 테스트할 수 있는 방법이 있다.

8.2절에서 설명한 names 함수를 기억하는가? 이 함수는 데이터프레임에 저장된 열을 반환한다. 데이터프레임 인덱싱을 수행하지 않고 데이터프레임에서 열 이름을 선택해야 하는 경우가 종종 있다. names 함수의 좋은 점은 모든 열 선택자를 두 번째 인수로 사용할 수 있고 선택한 열의 이름을 반환한다는 것이다. 위 목록에 있는 모든 예제를 통해 names 함수를 사용해보자.

```julia
julia> names(puzzles, ["Rating", "Popularity"])
2-element Vector{String}:
 "Rating"
 "Popularity"

julia> names(puzzles, [:Rating, :Popularity])
2-element Vector{String}:
 "Rating"
 "Popularity"

julia> names(puzzles, [4, 6])
2-element Vector{String}:
 "Rating"
 "Popularity"
```

```
julia> names(puzzles,
             [false, false, false, true, false, true, false, false, false])
2-element Vector{String}:
 "Rating"
 "Popularity"

julia> names(puzzles, r"Rating")
2-element Vector{String}:
 "Rating"
 "RatingDeviation"

julia> names(puzzles, Not([4, 6]))
7-element Vector{String}:
 "PuzzleId"
 "FEN"
 "Moves"
 "RatingDeviation"
 "NbPlays"
 "Themes"
 "GameUrl"

julia> names(puzzles, Not(r"Rating"))
7-element Vector{String}:
 "PuzzleId"
 "FEN"
 "Moves"
 "Popularity"
 "NbPlays"
 "Themes"
 "GameUrl"

julia> names(puzzles, Between("Rating", "Popularity"))
3-element Vector{String}:
 "Rating"
 "RatingDeviation"
 "Popularity"

julia> names(puzzles, :)
9-element Vector{String}:
 "PuzzleId"
 "FEN"
 "Moves"
 "Rating"
 "RatingDeviation"
 "Popularity"
 "NbPlays"
 "Themes"
```

```
  "GameUrl"

julia> names(puzzles, All())
9-element Vector{String}:
 "PuzzleId"
 "FEN"
 "Moves"
 "Rating"
 "RatingDeviation"
 "Popularity"
 "NbPlays"
 "Themes"
 "GameUrl"

julia> names(puzzles, Cols(r"Rating", "NbPlays"))
3-element Vector{String}:
 "Rating"
 "RatingDeviation"
 "NbPlays"

julia> names(puzzles, Cols(startswith("P")))
2-element Vector{String}:
 "PuzzleId"
 "Popularity"
```

이것이 names 함수의 전부는 아니다.

먼저, names(puzzles, Cols(startswith("P")))를 작성하는 대신 Cols 래퍼를 생략할 수 있다. 문자열을 받아 불리언값을 반환하는 함수를 전달하는 names(puzzles, startswith("P")) 호출도 동일한 결과를 생성한다.

마지막 기능은 타입을 names 함수의 두 번째 인수로 전달할 수 있다는 것이다. 결과로는 전달된 타입의 서브타입에 해당하는 열들을 가져올 것이다. 예를 들어 puzzles 데이터프레임에 실수를 저장하는 모든 열을 가져오려면 다음과 같이 작성할 수 있다.

```
julia> names(puzzles, Real)
4-element Vector{String}:
 "Rating"
 "RatingDeviation"
 "Popularity"
 "NbPlays"
```

그리고 문자열을 포함하는 모든 열을 얻으려면 다음과 같이 작성한다.

```
julia> names(puzzles, AbstractString)
5-element Vector{String}:
 "PuzzleId"
 "FEN"
 "Moves"
 "Themes"
 "GameUrl"
```

names에 허용되는 마지막 두 가지 형식(함수 전달 및 타입 전달)은 인덱싱에서 허용되지 않는다. 따라서 puzzles 데이터프레임에서 실수를 저장하는 모든 열을 선택하려면 puzzles[:, names(puzzles, Real)]를 작성한다.

이제 데이터프레임 열을 유연하게 선택할 수 있는 힘을 얻었다. 이제 좀 더 간단한 행 선택자로 넘어가보자.

9.1.3 허용되는 행 선택자에 대한 개요

이 절에서는 데이터프레임의 행 부분집합을 취하는 옵션에 대해 살펴본다. 9.1.2절에서는 단일 정수를 행 선택자로 전달하는 방법을 설명했었다. 단일 열 선택자를 사용하는 경우에는 단일 셀의 값을 얻으며, 다중 열 선택자를 사용하는 경우에는 DataFrameRow을 얻는다.

여러 행을 선택하면 단일 열을 선택한 경우 벡터를 반환하며, 여러 열을 선택한 경우 데이터프레임을 반환한다. 어떤 다중 행 선택자가 허용되는가? 다음은 전체 목록이다.

- 정수 벡터 — 예를 들어 [1, 2, 3]은 전달된 숫자에 해당하는 행을 선택한다.
- 불리언값의 벡터 — 그 길이는 데이터프레임의 행 수와 같아야 하며, 결과에서 벡터에 true가 포함된 행만을 얻는다. 8.3절에서 이 선택자를 보았다. 예를 들어 예제 9.1의 puzzles[row_selector, ["Rating", "Popularity"]] 표현식에서 row_selector는 불리언 벡터이다.
- Not 표현식 — 열과 동일한 방식으로 작동한다. Not([1, 2, 3])을 작성하면 행 1, 2, 3을 제외한 모든 행이 선택된다.
- 콜론(:) — 복사와 함께 데이터프레임의 모든 행을 선택한다.
- 느낌표(!) — 복사하지 않고 데이터 프레임의 모든 행을 선택한다(이 옵션은 잡기 어려운 버그를 유발할 수 있으므로 주의해서 사용해야 한다는 8.2절의 경고를 기억하자).

먼저 작은 데이터프레임에서 정수, 불리언, Not 선택자를 비교해볼 것이다. 이 예제에서는 먼저 1~4 범위의 값을 가진 :id라는 단일 열을 가진 **df_small** 데이터프레임을 만들 것이다(이런 데이터프레임을 만드는 다른 방법에 대해서는 10장에서 자세히 다룬다). 다음으로 다양한 행 선택자를 사용하여 이 데이터프레임의 부분집합들을 만든다.

```
julia> df_small = DataFrame(id=1:4)
4×1 DataFrame
 Row │ id
     │ Int64
─────┼───────
   1 │     1
   2 │     2
   3 │     3
   4 │     4

julia> df_small[[1, 3], :]
2×1 DataFrame
 Row │ id
     │ Int64
─────┼───────
   1 │     1
   2 │     3

julia> df_small[[true, false, true, false], :]
2×1 DataFrame
 Row │ id
     │ Int64
─────┼───────
   1 │     1
   2 │     3

julia> df_small[Not([2, 4]), :]
2×1 DataFrame
 Row │ id
     │ Int64
─────┼───────
   1 │     1
   2 │     3

julia> df_small[Not([false, true, false, true]), :]
2×1 DataFrame
 Row │ id
     │ Int64
─────┼───────
   1 │     1
   2 │     3
```

이 예제에서 모든 인덱싱 작업은 **df_small** 데이터프레임에서 1과 3번 행을 유지한다.

다음으로 : 행 선택자와 ! 행 선택자를 비교하는 예제를 살펴볼 것이다. 다음 연산을 비교한다.

```
julia> df1 = puzzles[:, ["Rating", "Popularity"]];

julia> df2 = puzzles[!, ["Rating", "Popularity"]];
```

df1과 **df2**는 모두 **puzzles** 데이터프레임에서 모든 행과 두 개의 열을 선택한다. 동일한 데이터를 저장하는지 확인할 수 있다.

```
julia> df1 == df2
true
```

df1과 **df2**는 동일한 내용을 공유하지만 완전히 동일하지는 않다. 차이점은 **df1**은 Rating과 Popularity 열을 복사한 반면, **df2**는 **puzzles** 데이터프레임의 Rating과 Popularity 열을 재사용한다는 것이다. === 비교를 사용하면 쉽게 확인할 수 있다.

```
julia> df1.Rating === puzzles.Rating
false

julia> df1.Popularity === puzzles.Popularity
false

julia> df2.Rating === puzzles.Rating
true

julia> df2.Popularity === puzzles.Popularity
true
```

그러므로 나중에 **df2** 데이터프레임을 변경하면 **puzzles** 데이터프레임에 저장된 데이터에 영향을 줄 수 있다. 이는 안전하지 않다. 다시 말하지만 다음 벤치마크에서 볼 수 있듯이 : 대신 !를 사용할 때의 이점은 속도와 메모리 소비이다.

```
julia> using BenchmarkTools

julia> @btime $puzzles[:, ["Rating", "Popularity"]];
```

```
  2.390 ms (26 allocations: 32.55 MiB)

julia> @btime $puzzles[!, ["Rating", "Popularity"]];
  928.278 ns (22 allocations: 1.77 KiB)
```

마무리로, 사용 가능한 옵션을 다시 한번 요약해보자. 1과 같은 정수를 전달하면 단일 행 또는 열이 선택되고, [1]과 같이 벡터를 래핑하여 전달하면 여러 행 또는 열(이 경우 1)이 선택된다는 것을 기억해야 한다. 그러므로 데이터프레임에 인덱싱하는 데는 네 가지 옵션이 있으며, 각 옵션마다 얻는 결과가 다르다.

- 행 및 열 인덱스 모두에 대해 단일 요소 선택자를 전달하면 데이터프레임의 단일 셀의 내용이 반환된다.

```
julia> puzzles[1, 1]
"00008"
```

- 다중 행 선택자와 단일 열 선택자를 전달하면 벡터가 반환된다.

```
julia> puzzles[[1], 1]
1-element Vector{String7}:
 "00008
```

- 단일 행 선택자와 다중 열 선택자를 전달하면 DataFrameRow가 반환된다.

```
julia> puzzles[1, [1]]
DataFrameRow
 Row │ PuzzleId
     │ String7
─────┼─────────
   1 │ 00008
```

- 다중 행 선택자와 다중 열 선택자를 전달하면 DataFrame이 반환된다.

```
julia> puzzles[[1], [1]]
1×1 DataFrame
 Row │ PuzzleId
     │ String7
─────┼─────────
   1 │ 00008
```

> **데이터프레임 행 이름**
>
> DataFrames.jl이 DataFrame 객체의 행 이름 제공을 지원하지 않는다는 것을 눈치챘을 것이다. 데이터프레임의 행을 참조하는 유일한 방법은 번호뿐이다.
>
> 그러나 행 이름을 저장하는 열을 데이터프레임에 추가하는 것은 쉽다. 행 이름은 다른 생태계에서 행을 빠르게 조회할 수 있는 방법을 제공하기 위해 자주 사용된다. 11장, 12장, 13장에서는 DataFrames.jl이 groupby 함수에 기반한 접근 방식을 사용하여 이 기능을 제공한다는 것을 배울 것이다.

`9.1.4` 데이터프레임 객체의 뷰 만들기

4장에서는 `@view` 매크로를 사용하여 데이터 복사 없이 배열로 뷰를 만들 수 있다는 것을 배웠다. 동일한 메커니즘이 DataFrames.jl에서도 지원된다. 표현식을 `@view` 매크로에 전달하면 뷰가 생성된다.

뷰를 만들면 일반적으로 9.1.3절에서 설명한 표준 인덱싱보다 더 빠르고 메모리를 적게 사용한다는 이점이 있다. 그러나 이러한 이점에는 대가가 따른다. 뷰는 상위 객체와 데이터를 공유하므로 특히 뷰가 참조하는 데이터를 수정하는 경우 코드에서 잡기 어려운 버그가 발생할 수 있다.

9.1.3절에서 설명한 대로 행 및 열 선택자가 하나의 행을 선택하는지 여러 행을 선택하는지에 따라 데이터프레임의 뷰를 만드는 데 네 가지 방법으로 나뉜다.

- 행 및 열 인덱스 모두에 대해 단일 요소 선택자를 전달하면 데이터프레임의 단일 셀 내용에 대한 뷰가 반환된다(기술적으로는 0차원 객체로 간주되므로, 이에 대해 자세히 알아보려면 줄리아 매뉴얼의 'Frequently Asked Questions'(http://mng.bz/9VKq)을 참조하기를 바란다).

```
julia> @view puzzles[1, 1]
0-dimensional view(::Vector{String7}, 1) with eltype String7:
 "00008"
```

- 다중 행 선택자와 단일 열 선택자를 전달하면 뷰가 벡터로 반환된다.

```
julia> @view puzzles[[1], 1]
1-element view(::Vector{String7}, [1]) with eltype String7:
 "00008"
```

- 단일 행 선택자와 다중 열 선택자를 전달하면 `DataFrameRow`가 반환된다(일반 인덱싱은 이미 뷰

를 생성하므로 puzzles[1, [1]]와 차이가 없다. 앞서 9.1.2에서 논의했다).

```
julia> puzzles[1, [1]]
DataFrameRow
 Row │ PuzzleId
     │ String7
─────┼──────────
   1 │ 00008
```

• 다중 행 및 다중 열 선택자를 전달하면 SubDataFrame이 반환된다.

```
julia> @view puzzles[[1], [1]]
1×1 SubDataFrame
 Row │ PuzzleId
     │ String7
─────┼──────────
   1 │ 00008
```

위 방법 중에서 가장 자주 사용되는 것은 SubDataFrame을 만드는 방법이다. 메모리와 시간을 절약하고 싶을 때 데이터프레임의 뷰를 사용하며, 결과 객체가 부모 객체와 함께 메모리를 재사용하는 것을 수락한다.

예를 들어, 예제 9.1에서 수행한 puzzles[row_selector, ["Rating", "Popularity"]] 연산과 뷰를 만드는 동일한 연산의 성능을 비교해보자.

```
julia> @btime $puzzles[$row_selector, ["Rating", "Popularity"]];
  1.710 ms (23 allocations: 11.75 MiB)

julia> @btime @view $puzzles[$row_selector, ["Rating", "Popularity"]];
  651.250 µs (12 allocations: 3.92 MiB)
```

뷰를 만드는 것이 더 빠르고 메모리 사용량도 적다. 데이터프레임의 뷰를 만들 때 가장 많이 할당되는 부분은 선택한 행과 열에 대한 정보를 저장하는 것이다. parentindices 함수를 사용하여 SubDataFrame에서 선택한 원본 데이터프레임의 인덱스를 검색할 수 있다.

```
julia> parentindices(@view puzzles[row_selector, ["Rating", "Popularity"]])
([1, 2, 5, 8, 9, 16, 26, 36, 41, 48  …  2132963, 2132965, 2132968, 2132970, 2132978,
2132980, 2132982, 2132983, 2132984, 2132988], [4, 6])
```

> **데이터프레임이란 무엇인가**
>
> 이제 DataFrames.jl이 DataFrame과 SubDataFrame 타입을 정의한다는 것을 배웠다. 이 두 타입에는 공통된 슈퍼타입이 있다. 바로 AbstractDataFrame이다. AbstractDataFrame은 메모리에서의 기본 표현과는 무관하게 DataFrames.jl의 데이터프레임의 일반적인 개념을 나타낸다.
>
> DataFrames.jl의 대부분의 함수는 AbstractDataFrame 객체와 함께 작동하므로, 이 경우 DataFrame과 SubDataFrame 타입을 모두 허용한다. 이 책에서는 데이터프레임으로 작업한다고 통칭할 것이다. 이 장에서 사용한 인덱싱은 모든 데이터프레임에 대해 동일한 방식으로 작동한다.
>
> 그러나 어떤 경우에는 구체적인 타입으로 작업하는 것이 중요하기도 하다. 예를 들어, DataFrame 생성자는 항상 DataFrame을 반환한다. 또한 11장에서는 push! 함수를 사용하여 DataFrame의 행에 값을 추가하는 방법에 대해 설명한다. 이 작업은 뷰인 SubDataFrame 객체에서는 사용할 수 없다.

9.2 퍼즐 난이도와 인기도 사이의 관계 분석하기

이 장의 소개에서 약속한 대로, 이 절에서는 지금까지 습득한 기술을 좀 더 복잡한 맥락에서 사용해볼 것이다. 퍼즐 난이도와 인기도 사이의 관계를 살펴볼 것이며, 다음 두 단계로 진행한다. 9.2.1절에서는 퍼즐의 평균 인기도를 난이도별로 계산해볼 것이다. 다음으로 9.2.2절에서는 이 데이터에 LOESS 회귀를 적용할 것이다.

9.2.1 난이도를 기준으로 퍼즐 인기도의 평균 계산하기

이 절에서는 Base Julia의 기능을 사용하여 데이터프레임에서 데이터를 집계하는 방법을 배운다. 집계aggregation는 데이터 분석에 필요한 가장 일반적인 작업 중 하나이다.

여기서는 예제 9.1에서 만든 good 데이터프레임을 사용할 것이다. 이 절에서 사용하는 방식은 데이터프레임에 인덱싱 사용법을 보여주기 위함이다. 그러나 이 방식이 분석을 수행하는 가장 효율적인 방법은 아니다. 이 장의 마지막에는 groupby 함수와 같이 필요한 작업을 더 빠르게 수행하지만 데이터프레임의 고급 기능을 학습해야 하는 코드를 보여줄 것이다(11장, 12장, 13장에서 논의). 먼저 good 데이터프레임의 내용을 다시 확인해보자.

```
julia> describe(good)
2×7 DataFrame
 Row │ variable    mean      min    median   max    nmissing  eltype
     │ Symbol      Float64   Int64  Float64  Int64  Int64     DataType
─────┼─────────────────────────────────────────────────────────────────
```

1	Rating	1900.03	1501	1854.0	2657		0	Int64
2	Popularity	91.9069	-17	92.0	100		0	Int64

Rating 열의 각 고윳값에 대해 Popularity 열의 평균을 계산해보자. 이 작업은 두 단계로 수행한다.

1. 주어진 난이도값을 데이터프레임에서 찾을 수 있도록 행 벡터에 매핑하는 딕셔너리를 만든다.
2. 이 딕셔너리를 사용하여 각 고유 난이도당 평균 인기도를 계산한다.

첫 번째 작업인 딕셔너리를 만들고 난이도를 찾을 수 있도록 데이터프레임 행에 매핑하는 작업부터 시작한다.

```julia
julia> rating_mapping = Dict{Int, Vector{Int}}()      ❶ 매핑을 저장하는 데 사용할 빈 딕셔너리를 만든다.
Dict{Int64, Vector{Int64}}()

julia> for (i, rating) in enumerate(good.Rating)      ❷ good.Rating 벡터의 모든 요소를 순회하고 순회한
                                                          요소의 인덱스와 값을 모두 추적한다.
           if haskey(rating_mapping, rating)          ❸ 주어진 난이도값이 이미 나왔는지 확인한다.
               push!(rating_mapping[rating], i)        ❹ 주어진 난이도값이 나왔다면 딕셔너리의
           else                                           기존 항목에 해당 인덱스를 추가한다.
               rating_mapping[rating] = [i]            ❺ 주어진 난이도값이 처음이라면
           end                                            딕셔너리에 새 항목을 생성한다.
       end

julia> rating_mapping
Dict{Int64, Vector{Int64}} with 1157 entries:
  2108 => [225, 6037, 6254, 7024, 8113, 8679, 8887, 13131, 13291, 14227  …  500840, 502503…
  2261 => [361, 2462, 5276, 6006, 6409, 6420, 9089, 10129, 12555, 13391  …  479364, 482227…
  1953 => [655, 984, 1290, 1699, 2525, 2553, 3195, 3883, 5046, 5136  …  505368, 506239, 50…
  2288 => [864, 1023, 2019, 3475, 4164, 9424, 9972, 12368, 14745, 15355  …  494534, 498447…
  1703 => [68, 464, 472, 826, 1097, 1393, 2042, 2110, 4251, 4923  …  504595, 505571, 50710…
  2493 => [10, 853, 2795, 4887, 8400, 23267, 31375, 34203, 43640, 47174  …  472243, 472699…
  1956 => [712, 2716, 3523, 4473, 5321, 5483, 7546, 9133, 10575, 12070  …  503416, 503759…
  1546 => [1707, 1922, 3086, 3361, 4666, 4800, 5064, 5358, 5805, 6826  …  503668, 503828,…
  2350 => [1850, 6161, 10732, 15720, 17971, 22698, 22724, 26402, 33497, 36798  …  493768,…
  1812 => [352, 1348, 1404, 4447, 4749, 6404, 7520, 8192, 8328, 9430  …  508740, 508948, 5…
  ⋮    => ⋮
```

위 코드의 중요한 부분들을 살펴보자. for 루프에서 사용되는 enumerate(good.Rating) 표현식은 (i, rating) 튜플을 반환하며, i는 1부터 시작하는 카운터이고 rating은 good.Rating 벡터의 i 번째 값이다. enumerate는 현재 순회 중인 난이도의 값뿐만 아니라 현재까지의 순회 횟수도 알고

싶을 때 유용하다.

다음으로, 선택된 rating이 이전에 나왔는지 확인한다. rating_mapping 딕셔너리에 이미 있는 경우, 해당 난이도값에 매핑된 인덱스 벡터를 검색하고 이 벡터 끝에 push! 함수를 사용하여 행 번호 i를 추가한다. 반면 선택된 rating이 이전에 나오지 않았다면, rating을 단일 정수 i가 포함된 벡터에 매핑하는 항목을 딕셔너리에 생성한다.

난이도가 2108일 경우 rating_mapping 딕셔너리에 저장된 인덱스에 따른 good 데이터프레임의 행을 가져오면 다음과 같다.

```
julia> good[rating_mapping[2108], :]
457×2 DataFrame
 Row │ Rating  Popularity
     │ Int64   Int64
─────┼────────────────────
   1 │   2108          95
   2 │   2108          90
   3 │   2108          90
  ⋮  │    ⋮         ⋮
 456 │   2108          91
 457 │   2108          92
            399 rows omitted
```

위 결과는 2108 난이도의 행만 가져온 것으로 보인다. unique 함수를 사용하여 2108의 행만 가져왔는지 확인할 수 있다.

```
julia> unique(good[rating_mapping[2108], :].Rating)
1-element Vector{Int64}:
 2108
```

실제로 선택 항목의 Rating 열에는 2108만 있다.

연습 9.2 rating_mapping 딕셔너리에 저장된 값이 합산되어 good 데이터프레임의 모든 행 인덱스를 나타내는지 확인해보자. 이를 위해 벡터의 길이 합이 good 데이터프레임 행 수와 같은지 확인한다.

이제 2108 난이도에 대한 Popularity 열의 평균을 쉽게 계산할 수 있다.

```
julia> using Statistics

julia> mean(good[rating_mapping[2108], "Popularity"])
91.64989059080963
```

이제 퍼즐의 난이도와 인기도 사이의 관계를 보여주는 플롯을 만들 준비가 모두 끝났다. 먼저 unique 함수를 다시 사용하여 고유한 난이도값의 벡터를 만든다.

```
julia> ratings = unique(good.Rating)
1157-element Vector{Int64}:
 1765
 1525
 1560
    ⋮
 2616
 2619
 2631
```

다음으로 고유한 난이도별 평균 인기도를 계산한다.

```
julia> mean_popularities = map(ratings) do rating
           indices = rating_mapping[rating]
           popularities = good[indices, "Popularity"]
           return mean(popularities)
       end
1157-element Vector{Float64}:
 92.6219512195122
 91.7780580075662
 91.79565772669221
    ⋮
 88.87323943661971
 89.56140350877193
 89.34782608695652
```

map 함수가 do-end 블록과 함께 작동하는 방식을 다시 한번 이해하고 싶다면 2장을 참조하기를 바란다. 원하는 결과를 얻기 위해서는 map 함수 대신 다음 표현식과 같은 컴프리헨션을 사용할 수도 있었다.

```
[mean(good[rating_mapping[rating], "Popularity"]) for rating in ratings]
```

하지만 개인적으로 코드 이해를 좀 더 쉽게 하기 위해 `map` 함수를 사용하는 것을 더 선호한다.

마지막으로 원하는 플롯을 만들 수 있다.

```julia
julia> using Plots

julia> scatter(ratings, mean_popularities;
               xlabel="rating", ylabel="mean popularity", legend=false)
```

그림 9.3은 결과를 보여준다.

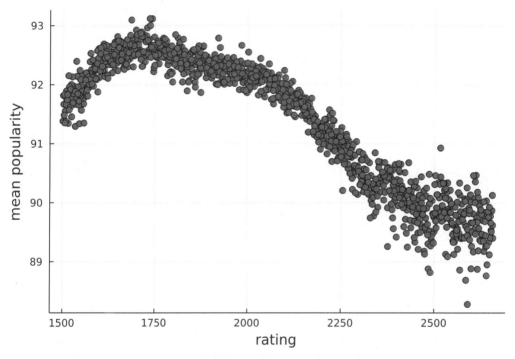

그림 9.3 퍼즐 난이도와 인기도 사이의 관계를 플롯하면 난이도가 약 1750점인 퍼즐의 평균 인기도가
가장 높다는 것을 알 수 있다.

9.2.2 LOESS 모델 피팅하기

이 절에서는 데이터에 LOESS 모델을 피팅하는 방법과 해당 모델을 사용하여 예측하는 방법을 배운다.

그림 9.3에서의 결과는 약간의 노이즈가 있음을 보여준다. 난이도와 평균 인기도 사이의 평활화된 관계를 보여주는 플롯을 만들어볼 것이다. 이를 위해 LOESS라는 널리 사용되는 국소선형회귀모형을 사용한다.

LOESS 회귀

국소가중산점도평활locally estimated scatterplot smoothing을 뜻하는 LOESS 모델은 원래 산점도 평활화를 위해 개발되었다. 이 방법에 대한 자세한 내용은 윌리엄 S. 클리블랜드William S. Cleveland와 E. 그로스E. Grosse의 'Computational Methods for Local Regression'(https://doi.org/10.1007/BF01890836)에서 확인할 수 있다.

줄리아에서는 Loess.jl 패키지를 사용하여 LOESS 모델을 구축할 수 있다.

LOESS 모델을 만들고, 이를 사용하여 예측을 하고, 플롯에 선을 추가할 것이다. 먼저 예측을 준비한다.

```julia
julia> using Loess

julia> model = loess(ratings, mean_popularities);

julia> ratings_predict = float(sort(ratings))
1157-element Vector{Float64}:
 1501.0
 1502.0
 1503.0
    ⋮
 2655.0
 2656.0
 2657.0

julia> popularity_predict = predict(model, ratings_predict)
1157-element Vector{Float64}:
 91.82891447788218
 91.83375168950549
 91.83857259259382
    ⋮
 89.4953239271569
 89.493600938324
 89.49188497099473
```

예측을 하기 위해 먼저 sort 함수를 사용하여 난이도를 정렬한다. 이는 최종 플롯을 보기 좋게 만들기 위해 점들을 x축에 정렬되도록 수행하는 것이다(데이터를 정렬하는 대신 serisetype=:line 키워드 인수를 plot 함수에 전달하는 방법도 있다). 또한 결과 벡터에 float 함수를 사용한다. 그 이유는 predict 함수가 부동소수점 숫자만 허용하고, 원래 ratings 벡터에는 부동소수점이 아닌 정수만 포함되어 있기 때문이다.

predict 함수가 어떤 인수를 받는지 확인하려면 predict를 인수로 하는 methods 함수를 실행하면 된다.

```
julia> methods(predict)
# 3 methods for generic function "predict":
[1] predict(model::Loess.LoessModel, zs::AbstractMatrix) in Loess at …
[2] predict(model::Loess.LoessModel, zs::AbstractVector) in Loess at …
[3] predict(model::Loess.LoessModel{T}, z::Number) where T in Loess at …
```

보다시피 predict 함수에는 세 가지 방법이 있다. 각각은 학습된 모델을 첫 번째 인수로 받고, 두 번째 인수는 스칼라, 벡터, 행렬이 될 수 있다. 세 가지 방법 모두 두 번째 인수는 AbstractFloat의 서브타입이어야 한다는 제한이 있다.

이제 플롯에 평활선을 추가할 준비가 되었다.

```
julia> plot!(ratings_predict, popularity_predict; width=5, color="black")
```

이미 존재하는 플롯에 선을 하나 추가하기 위해 plot!을 사용한다는 점을 기억하자. 결과는 그림 9.4와 같다.

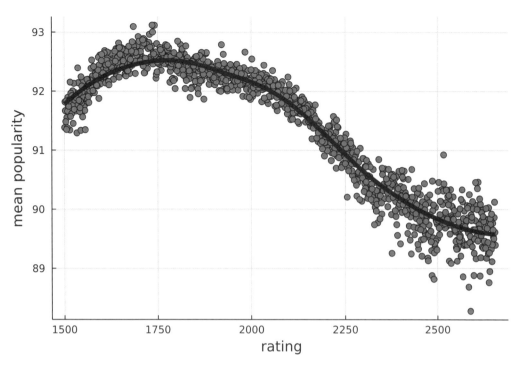

그림 9.4 퍼즐 난이도와 인기도 사이의 관계에 국소회귀 플롯을 추가하면 평균 인기도가
가장 높은 퍼즐의 난이도가 약 1750임을 확인할 수 있다.

그림 9.4에서 가장 인기 있는 퍼즐의 난이도가 약 1750점임을 알 수 있으므로 퍼즐이 너무 쉽거나
너무 어렵다면 인기가 낮다는 것을 알 수 있다.

물론 데이터 과학의 관점에서 보면 이 분석은 약간 단순화되어 있다.

- 난이도 측정에 불확실성이 있다는 점을 무시했다(RatingDeviation 열에서 이를 측정한다).
- 인기도 역시 사용자 응답의 샘플만을 기반으로 한다.
- 난이도에 따라 퍼즐의 개수가 다르다.
- LOESS 모델에서 평탄화를 최적화하지 않았다(Loess.loess 함수의 span 키워드 인수를 사용하여
  수행할 수 있다. https://github.com/JuliaStats/Loess.jl 참조).

좀 더 신중하게 분석하면 이러한 모든 요소를 고려해야 하지만, 예제를 단순하게 유지하고 이 장
에서 다루는 인덱싱이라는 주제에 집중하기 위해 이러한 분석을 생략했다.

연습 9.3 loess 함수에서 span 키워드 인수의 값을 변경한 후 결과를 확인해보자. 기본적으로 이 인수의 값은 0.75이
다. 이를 0.25로 설정하고 그림 9.4의 플롯에 다른 예측 선을 추가한다. 선의 너비는 5로 하고 노란색으로 만든다.

이 장의 마지막 예제로, DataFrames.jl의 고급 기능을 사용하여 분석에 필요한 데이터를 집계하고 난이도별 인기도를 얻는 방법을 살펴볼 것이다.

```
julia> combine(groupby(good, :Rating), :Popularity => mean)
1157×2 DataFrame
  Row │ Rating  Popularity_mean
      │ Int64   Float64
──────┼─────────────────────────
    1 │   1501          91.3822
    2 │   1502          91.8164
    3 │   1503          91.6671
   ⋮  │   ⋮             ⋮
 1156 │   2656          89.6162
 1157 │   2657          89.398
             1152 rows omitted
```

이 코드의 의미와 실행에 대한 정확한 규칙은 11장, 12장, 13장에서 설명할 것이다. 다만 9.2.1절의 딕셔너리를 사용한 계산이 DataFrames.jl에서 데이터 집계를 수행하는 일반적인 방법이 아니라는 점을 분명히 하기 위해 이 예제를 먼저 공개했다. 그럼에도 앞에서 저수준 접근 방식을 소개한 이유는 루프, 딕셔너리, 데이터프레임 인덱싱을 사용하여 더 복잡한 데이터 처리 코드를 작성하는 방법을 더 잘 설명할 수 있기 때문이다. 때로는 그러한 저수준 코드를 작성해야 하는 경우를 만나기도 한다.

요약

- 데이터프레임으로 인덱싱하려면 항상 행 선택자와 열 선택자를 모두 전달해야 하며, 일반적인 형식인 data_frame[row_selector, column_selector]를 사용한다. 이 접근 방식을 사용하면 코드를 읽는 사람이 예상되는 출력을 즉시 확인할 수 있다.

- DataFrames.jl은 정수, 문자열, 심벌, 벡터, 정규 표현식, : 표현식, Not 표현식, Between 표현식, Cols 표현식, All 표현식 등 광범위한 열 선택자를 허용하도록 정의한다. 사용자가 열 선택에 복잡한 패턴을 사용하려는 경우가 많으므로 이러한 유연성이 필요하다. 1과 [1] 선택자는 동일하지 않다. 둘 다 첫 번째 열을 참조하지만, 첫 번째는 데이터프레임에서 열을 추출하는 반면 두 번째는 이 단일 열로 데이터프레임을 만든다.

- 데이터프레임의 행을 선택하려면 정수, 벡터, Not 표현식, : 표현식, ! 표현식을 사용할 수 있다.

마찬가지로 열 선택자 1과 [1]은 동일하지 않다. 첫 번째는 `DataFrameRow`를 생성하고 두 번째는 데이터프레임을 생성한다.

- :과 ! 모두 데이터프레임에서 행을 선택한다. 차이점은 :는 데이터프레임에 저장된 벡터를 복사하는 반면 !는 원본 데이터 프레임에 저장된 벡터를 재사용한다는 것이다. !를 사용하면 메모리도 덜 사용하고 더 빠르지만 잡기 어려운 버그가 발생할 수 있으므로 사용자가 성능에 민감한 경우가 아니라면 사용하지 않는 편이 좋다.

- 배열과 같이 `@view` 매크로를 사용하여 `DataFrame` 객체의 뷰를 만들 수 있다. 뷰는 부모 객체와 메모리를 공유한다는 점이 중요하니 기억해두자. 따라서 생성 속도가 빠르고 메모리를 많이 사용하지 않지만 동시에 내용을 변경할 때 주의해야 한다. 특히 데이터프레임의 단일 행과 여러 열을 선택하면 데이터프레임의 단일 행에 대한 뷰인 `DataFrameRow` 객체를 반환한다.

- `==` 연산자는 벡터나 데이터프레임과 같은 컨테이너의 내용을 비교한다. `===` 연산자를 사용하여 비교한 객체가 동일한지 확인할 수 있다(가변 컨테이너의 가장 일반적인 경우 동일한 메모리 위치에 저장되어 있는지 확인한다).

- 데이터 집계를 위해 딕셔너리를 사용할 수 있다. 이 접근법은 저장하는 유형에 상관없이 데이터를 처리할 수 있게 해준다. 그러나 DataFrames.jl을 사용하고 있다면 `groupby` 함수를 사용하여 같은 결과를 얻을 수도 있다. 이 기능의 세부 사항은 11, 12, 13장에서 설명할 것이다.

- Loess.jl 패키지는 국소회귀모형을 구축하는 데 사용할 수 있다. 이 모델은 데이터에서 특징변수와 목표변수 간에 비선형 관계가 있는 경우에 사용된다.

10

CHAPTER

데이터프레임 객체 만들기

이 장의 주요 내용

- 데이터프레임 만들기
- RCall.jl을 사용하여 R 언어와 통합하기
- Tables.jl 인터페이스 이해하기
- 상관관계 행렬 플로팅하기
- 행을 반복 추가하며 데이터프레임 구축하기
- 줄리아 객체 직렬화하기

8장에서는 CSV 파일에서 로드한 샘플 데이터를 사용하여 데이터프레임으로 작업하는 방법을 소개했다. 이 장에서는 다양한 타입의 값을 DataFrame 객체로 변환하는 더 다양한 방법을 살펴볼 것이다. 이러한 기본 지식이 있어야 DataFrames.jl 패키지를 효율적으로 사용할 수 있다. 원본 데이터가 다양한 형식으로 제공될 것에 대비해야 하며, 해당 데이터를 DataFrame으로 변환하는 방법을 알아야 한다.

DataFrame 객체를 만드는 주제 자체는 광범위하기 때문에 이 장에서는 배운 개념을 적용하는 몇 가지 작은 예제를 사용할 것이다. 8장과 9장의 Lichess 퍼즐 데이터와 같이 복잡한 예제를 따라가다 보면 실제로 유용한 옵션을 모두 살펴보지 못할 수 있다. 이 장에서는 데이터프레임 만드는 방법을 알려주는 것 외에도, 데이터 분석에 유용한 방법인 데이터프레임에 저장된 데이터의 상관관계 행렬 플롯을 만드는 과정도 다룬다.

사용 가능한 옵션을 쉽게 탐색하고 일상 업무에서 가장 관련성이 높은 시나리오에 집중할 수 있도록 이 장을 두 절로 나누었다.

- 10.1절에서는 원본 데이터를 담고 있는 다른 타입의 객체에서 데이터프레임을 만드는 다양한 방법을 배운다. 데이터프레임에 저장하려는 데이터가 이미 있는 경우 이러한 작업을 수행한다.
- 10.2절에서는 데이터프레임에 새 행을 추가하여 반복적으로 데이터프레임을 만드는 방법을 배운다. 시뮬레이션 실험 결과를 수집하는 경우와 같이 프로그램이 실행 중일 때 데이터프레임에 저장하려는 데이터가 생성되는 경우, 이 접근 방식으로 데이터프레임 객체를 생성할 수 있다.

10.1.2절에서는 Julia와 R 간의 통합을 제공하는 RCall.jl 패키지를 사용한다. 이 절의 예제를 실행하려면 컴퓨터에 올바르게 구성된 R이 설치되어 있어야 한다. 따라서 부록 A의 환경 설정 가이드를 반드시 따라야 한다.

10.1 데이터프레임을 만드는 가장 중요한 방법들 살펴보기

이 섹션에서는 DataFrame과 다른 형식의 원본 데이터에서 데이터프레임을 만드는 가장 일반적인 세 가지 방법을 알아본다. 원본의 형식이 다양할 수 있으므로 이 방법은 숙달해야 하는 필수 기술이다. 그러나 DataFrames.jl 패키지가 제공하는 기능을 사용하려면 먼저 DataFrame 타입의 객체를 만들어야 한다.

이 절에서는 4장에서 작업한 앤스컴 콰르텟 데이터를 사용하여 가장 일반적인 시나리오를 설명한다. 이 시나리오에서는 다음을 통해 데이터프레임을 만든다.

- 행렬
- 벡터 컬렉션
- Tables.jl 인터페이스

또한 RCall.jl을 사용하여 줄리아를 R 언어와 통합하는 방법과 데이터프레임에 저장된 데이터의 상관관계 행렬을 플롯으로 만드는 방법을 배운다. 데이터프레임 객체를 생성하기 전에 4장에서 사용한 앤스컴 콰르텟 데이터로 aq 행렬을 다시 만들어야 한다.

```
julia> aq = [10.0    8.04   10.0    9.14   10.0    7.46    8.0    6.58
              8.0    6.95    8.0    8.14    8.0    6.77    8.0    5.76
             13.0    7.58   13.0    8.74   13.0   12.74    8.0    7.71
              9.0    8.81    9.0    8.77    9.0    7.11    8.0    8.84
             11.0    8.33   11.0    9.26   11.0    7.81    8.0    8.47
             14.0    9.96   14.0    8.1    14.0    8.84    8.0    7.04
              6.0    7.24    6.0    6.13    6.0    6.08    8.0    5.25
              4.0    4.26    4.0    3.1     4.0    5.39   19.0   12.50
             12.0   10.84   12.0    9.13   12.0    8.15    8.0    5.56
              7.0    4.82    7.0    7.26    7.0    6.42    8.0    7.91
              5.0    5.68    5.0    4.74    5.0    5.73    8.0    6.89];
```

물론 DataFrames.jl 패키지도 로드해둬야 한다.

```
julia> using DataFrames
```

10.1.1 행렬에서 데이터프레임 만들기

행렬은 일반적으로 분석하려는 데이터를 저장하는 데 사용되므로 이 절에서는 행렬로 데이터 프레임을 만드는 방법을 배운다.

줄리아에서 `Matrix`와 `DataFrame`의 차이점 중 하나는 `Matrix`은 열 이름을 지원하지 않는다는 것이다. 따라서 `DataFrame` 생성자에 `Matrix`를 전달할 때는 열 이름을 같이 제공해야 한다. 이러한 이름은 보통 문자열 벡터나 심벌 벡터로 지정할 수 있다. 다음 예제에는 두 가지 옵션이 모두 포함되어 있다.

예제 10.1 aq1 데이터프레임 만들기

```
julia> aq1 = DataFrame(aq, ["x1", "y1", "x2", "y2", "x3", "y3", "x4", "y4"])  ◀── ❶ 열 이름으로
11×8 DataFrame                                                                      문자열 벡터를
 Row │ x1       y1       x2       y2       x3       y3       x4       y4            사용한다.
     │ Float64  Float64  Float64  Float64  Float64  Float64  Float64  Float64
─────┼────────────────────────────────────────────────────────────────────────
   1 │    10.0     8.04     10.0     9.14     10.0     7.46      8.0     6.58
   2 │     8.0     6.95      8.0     8.14      8.0     6.77      8.0     5.76
   3 │    13.0     7.58     13.0     8.74     13.0    12.74      8.0     7.71
   4 │     9.0     8.81      9.0     8.77      9.0     7.11      8.0     8.84
   5 │    11.0     8.33     11.0     9.26     11.0     7.81      8.0     8.47
   6 │    14.0     9.96     14.0     8.1      14.0     8.84      8.0     7.04
   7 │     6.0     7.24      6.0     6.13      6.0     6.08      8.0     5.25
   8 │     4.0     4.26      4.0     3.1       4.0     5.39     19.0    12.5
```

```
  9 │  12.0    10.84    12.0     9.13    12.0     8.15     8.0     5.56
 10 │   7.0     4.82     7.0     7.26     7.0     6.42     8.0     7.91
 11 │   5.0     5.68     5.0     4.74     5.0     5.73     8.0     6.89

julia> DataFrame(aq, [:x1, :y1, :x2, :y2, :x3, :y3, :x4, :y4])   ◀── ❷ 열 이름으로 심벌 벡터를 사용한다.
11×8 DataFrame
 Row │ x1       y1       x2       y2       x3       y3       x4       y4
     │ Float64  Float64  Float64  Float64  Float64  Float64  Float64  Float64
─────┼────────────────────────────────────────────────────────────────────────
   1 │  10.0     8.04    10.0     9.14    10.0     7.46     8.0     6.58
   2 │   8.0     6.95     8.0     8.14     8.0     6.77     8.0     5.76
   3 │  13.0     7.58    13.0     8.74    13.0    12.74     8.0     7.71
   4 │   9.0     8.81     9.0     8.77     9.0     7.11     8.0     8.84
   5 │  11.0     8.33    11.0     9.26    11.0     7.81     8.0     8.47
   6 │  14.0     9.96    14.0     8.1     14.0     8.84     8.0     7.04
   7 │   6.0     7.24     6.0     6.13     6.0     6.08     8.0     5.25
   8 │   4.0     4.26     4.0     3.1      4.0     5.39    19.0    12.5
   9 │  12.0    10.84    12.0     9.13    12.0     8.15     8.0     5.56
  10 │   7.0     4.82     7.0     7.26     7.0     6.42     8.0     7.91
  11 │   5.0     5.68     5.0     4.74     5.0     5.73     8.0     6.89
```

Matrix을 DataFrame으로 변환하면 Matrix의 열이 DataFrame의 열이 된다. 편의를 위해 열 이름의 벡터 대신 :auto 인수를 전달하여 열 이름을 자동으로 생성하도록 DataFrame 생성자에 요청할 수 있다.

```
julia> DataFrame(aq, :auto)
11×8 DataFrame
 Row │ x1       x2       x3       x4       x5       x6       x7       x8
     │ Float64  Float64  Float64  Float64  Float64  Float64  Float64  Float64
─────┼────────────────────────────────────────────────────────────────────────
   1 │  10.0     8.04    10.0     9.14    10.0     7.46     8.0     6.58
   2 │   8.0     6.95     8.0     8.14     8.0     6.77     8.0     5.76
   3 │  13.0     7.58    13.0     8.74    13.0    12.74     8.0     7.71
   4 │   9.0     8.81     9.0     8.77     9.0     7.11     8.0     8.84
   5 │  11.0     8.33    11.0     9.26    11.0     7.81     8.0     8.47
   6 │  14.0     9.96    14.0     8.1     14.0     8.84     8.0     7.04
   7 │   6.0     7.24     6.0     6.13     6.0     6.08     8.0     5.25
   8 │   4.0     4.26     4.0     3.1      4.0     5.39    19.0    12.5
   9 │  12.0    10.84    12.0     9.13    12.0     8.15     8.0     5.56
  10 │   7.0     4.82     7.0     7.26     7.0     6.42     8.0     7.91
  11 │   5.0     5.68     5.0     4.74     5.0     5.73     8.0     6.89
```

:auto 옵션을 사용하자 x 뒤에 열 번호가 붙은 열 이름들이 자동으로 생성되었다.

Matrix 인수와 유사하게 DataFrame 생성자는 첫 번째 인수로 벡터의 Vector를 받고, 두 번째 인수로 열 이름을 받는다. 먼저 aq 행렬에서 벡터의 Vector를 만들 것이다(4장에서 살펴봤던 collect 함수와 eachcol 함수를 기억하자).

```julia
julia> aq_vec = collect(eachcol(aq))
8-element Vector{SubArray{Float64, 1, Matrix{Float64}, Tuple{Base.Slice{Base.OneTo{Int64}},
Int64}, true}}:
 [10.0, 8.0, 13.0, 9.0, 11.0, 14.0, 6.0, 4.0, 12.0, 7.0, 5.0]
 [8.04, 6.95, 7.58, 8.81, 8.33, 9.96, 7.24, 4.26, 10.84, 4.82, 5.68]
 [10.0, 8.0, 13.0, 9.0, 11.0, 14.0, 6.0, 4.0, 12.0, 7.0, 5.0]
 [9.14, 8.14, 8.74, 8.77, 9.26, 8.1, 6.13, 3.1, 9.13, 7.26, 4.74]
 [10.0, 8.0, 13.0, 9.0, 11.0, 14.0, 6.0, 4.0, 12.0, 7.0, 5.0]
 [7.46, 6.77, 12.74, 7.11, 7.81, 8.84, 6.08, 5.39, 8.15, 6.42, 5.73]
 [8.0, 8.0, 8.0, 8.0, 8.0, 8.0, 8.0, 19.0, 8.0, 8.0, 8.0]
 [6.58, 5.76, 7.71, 8.84, 8.47, 7.04, 5.25, 12.5, 5.56, 7.91, 6.89]
```

aq_vec 객체에서 DataFrame을 생성하는 방법은 두 가지다. 먼저 열 이름을 두 번째 인수로 전달하는 방식은 다음과 같다.

```julia
julia> DataFrame(aq_vec, ["x1", "y1", "x2", "y2", "x3", "y3", "x4", "y4"])
11×8 DataFrame
```

Row	x1 Float64	y1 Float64	x2 Float64	y2 Float64	x3 Float64	y3 Float64	x4 Float64	y4 Float64
1	10.0	8.04	10.0	9.14	10.0	7.46	8.0	6.58
2	8.0	6.95	8.0	8.14	8.0	6.77	8.0	5.76
3	13.0	7.58	13.0	8.74	13.0	12.74	8.0	7.71
4	9.0	8.81	9.0	8.77	9.0	7.11	8.0	8.84
5	11.0	8.33	11.0	9.26	11.0	7.81	8.0	8.47
6	14.0	9.96	14.0	8.1	14.0	8.84	8.0	7.04
7	6.0	7.24	6.0	6.13	6.0	6.08	8.0	5.25
8	4.0	4.26	4.0	3.1	4.0	5.39	19.0	12.5
9	12.0	10.84	12.0	9.13	12.0	8.15	8.0	5.56
10	7.0	4.82	7.0	7.26	7.0	6.42	8.0	7.91
11	5.0	5.68	5.0	4.74	5.0	5.73	8.0	6.89

또는 다음과 같이 두 번째 인수로 :auto 키워드 인수를 전달할 수도 있다.

```julia
julia> DataFrame(aq_vec, :auto)
11×8 DataFrame
```

Row	x1	x2	x3	x4	x5	x6	x7	x8

	Float64	Float64	Float64	Float64	Float64	Float64	Float64	Float64
1	10.0	8.04	10.0	9.14	10.0	7.46	8.0	6.58
2	8.0	6.95	8.0	8.14	8.0	6.77	8.0	5.76
3	13.0	7.58	13.0	8.74	13.0	12.74	8.0	7.71
4	9.0	8.81	9.0	8.77	9.0	7.11	8.0	8.84
5	11.0	8.33	11.0	9.26	11.0	7.81	8.0	8.47
6	14.0	9.96	14.0	8.1	14.0	8.84	8.0	7.04
7	6.0	7.24	6.0	6.13	6.0	6.08	8.0	5.25
8	4.0	4.26	4.0	3.1	4.0	5.39	19.0	12.5
9	12.0	10.84	12.0	9.13	12.0	8.15	8.0	5.56
10	7.0	4.82	7.0	7.26	7.0	6.42	8.0	7.91
11	5.0	5.68	5.0	4.74	5.0	5.73	8.0	6.89

10.1.2 벡터에서 데이터프레임 만들기

열을 벡터로 저장한 객체를 DataFrame으로 변환하고 싶을 때가 종종 있다. 10.1.1절에서 설명한 행렬과 같은 벡터는 원본 데이터가 저장될 수 있는 일반적인 형식이다. 예를 들어, 예제 4.2에서는 다음과 같은 NamedTuple을 사용하여 앤스컴 콰르텟 데이터를 저장했다.

```julia
julia> data = (set1=(x=aq[:, 1], y=aq[:, 2]),
               set2=(x=aq[:, 3], y=aq[:, 4]),
               set3=(x=aq[:, 5], y=aq[:, 6]),
               set4=(x=aq[:, 7], y=aq[:, 8]));
```

data라는 NamedTuple에 데이터프레임의 열을 벡터로 저장했다. 이렇게 하면 가령 4장에서처럼 set1 데이터셋에서 x 열을 검색할 수 있다. 코드는 다음과 같다.

```julia
julia> data.set1.x
11-element Vector{Float64}:
 10.0
  8.0
 13.0
  9.0
 11.0
 14.0
  6.0
  4.0
 12.0
  7.0
  5.0
```

① 키워드 인수를 사용한 생성자

DataFrame 생성자에 벡터를 전달할 수 있는 방법은 두 가지가 있다. 첫 번째는 키워드 인수를 사용하는 것이다.

```
julia> DataFrame(x1=data.set1.x, y1=data.set1.y,
                 x2=data.set2.x, y2=data.set2.y,
                 x3=data.set3.x, y3=data.set3.y,
                 x4=data.set4.x, y4=data.set4.y)
11×8 DataFrame
 Row │ x1       y1       x2       y2       x3       y3       x4       y4
     │ Float64  Float64  Float64  Float64  Float64  Float64  Float64  Float64
─────┼────────────────────────────────────────────────────────────────────────
   1 │    10.0     8.04     10.0     9.14     10.0     7.46      8.0     6.58
   2 │     8.0     6.95      8.0     8.14      8.0     6.77      8.0     5.76
   3 │    13.0     7.58     13.0     8.74     13.0    12.74      8.0     7.71
   4 │     9.0     8.81      9.0     8.77      9.0     7.11      8.0     8.84
   5 │    11.0     8.33     11.0     9.26     11.0     7.81      8.0     8.47
   6 │    14.0     9.96     14.0      8.1     14.0     8.84      8.0     7.04
   7 │     6.0     7.24      6.0     6.13      6.0     6.08      8.0     5.25
   8 │     4.0     4.26      4.0      3.1      4.0     5.39     19.0    12.5
   9 │    12.0    10.84     12.0     9.13     12.0     8.15      8.0     5.56
  10 │     7.0     4.82      7.0     7.26      7.0     6.42      8.0     7.91
  11 │     5.0     5.68      5.0     4.74      5.0     5.73      8.0     6.89
```

이 스타일을 사용하면 열 이름 뒤에 이 열에 저장할 벡터를 전달한다. 줄리아의 키워드 인수에는 Symbol의 : 접두사 같은 추가적인 데커레이터가 필요하지 않다는 점을 활용했다(2.4절의 키워드 인수에 대한 설명 참조).

위 예제에서는 4개의 데이터셋을 보유한 data 객체의 중첩을 해제하여 8개의 열로 만들었다. 10.1.3절에서는 Tables.jl 인터페이스를 사용해 data 객체를 데이터프레임으로 변환하는 방법을 살펴볼 것이다.

② Pair를 사용한 생성자

동일한 데이터프레임을 만들 수 있는 또 다른 방법은 column_name => column_data같이 Pair 표기법을 위치 인수로 사용하는 것이다.

```
julia> DataFrame(:x1 => data.set1.x, :y1 => data.set1.y,
                 :x2 => data.set2.x, :y2 => data.set2.y,
                 :x3 => data.set3.x, :y3 => data.set3.y,
```

```
                   :x4 => data.set4.x, :y4 => data.set4.y)
11×8 DataFrame
 Row │ x1       y1       x2       y2       x3       y3       x4       y4
     │ Float64  Float64  Float64  Float64  Float64  Float64  Float64  Float64
─────┼────────────────────────────────────────────────────────────────────────
   1 │    10.0     8.04     10.0     9.14     10.0     7.46      8.0     6.58
   2 │     8.0     6.95      8.0     8.14      8.0     6.77      8.0     5.76
   3 │    13.0     7.58     13.0     8.74     13.0    12.74      8.0     7.71
   4 │     9.0     8.81      9.0     8.77      9.0     7.11      8.0     8.84
   5 │    11.0     8.33     11.0     9.26     11.0     7.81      8.0     8.47
   6 │    14.0     9.96     14.0      8.1     14.0     8.84      8.0     7.04
   7 │     6.0     7.24      6.0     6.13      6.0     6.08      8.0     5.25
   8 │     4.0     4.26      4.0      3.1      4.0     5.39     19.0    12.5
   9 │    12.0    10.84     12.0     9.13     12.0     8.15      8.0     5.56
  10 │     7.0     4.82      7.0     7.26      7.0     6.42      8.0     7.91
  11 │     5.0     5.68      5.0     4.74      5.0     5.73      8.0     6.89
```

다시 강조하지만 심벌 대신 문자열을 사용할 수도 있으며, 문자열은 열에 공백과 같은 비표준 문자를 포함하려는 경우 유용하다.

Pair 표기법의 또 다른 특징은 여러 위치 인수를 각각 전달하는 대신 벡터로 묶어 전달해도 동일한 결과를 얻는다는 것이다(출력은 앞의 예제와 동일하므로 생략한다).

```julia
julia> DataFrame([:x1 => data.set1.x, :y1 => data.set1.y,
                  :x2 => data.set2.x, :y2 => data.set2.y,
                  :x3 => data.set3.x, :y3 => data.set3.y,
                  :x4 => data.set4.x, :y4 => data.set4.y]);
```

이런 방식의 장점이 무엇인지 의문이 들 수 있지만, data NamedTuple을 컴프리헨션으로 탐색하기 쉽다는 장점이 있다. 이 작업을 단계별로 해보자. 먼저 데이터셋 번호인 1에서 4와 열인 :x와 :y를 순회하는 벡터를 만든다.

```julia
julia> [(i, v) for i in 1:4 for v in [:x, :y]]
8-element Vector{Tuple{Int64, Symbol}}:
 (1, :x)
 (1, :y)
 (2, :x)
 (2, :y)
 (3, :x)
 (3, :y)
 (4, :x)
 (4, :y)
```

위 컴프리헨션에서는 튜플 벡터를 생성하는 이중 for 루프를 사용한다. 다음으로 전달된 인수를 문자열로 합치는 string 함수를 사용하여 값을 열 이름으로 변환한다.

```
julia> [string(i, v) for i in 1:4 for v in [:x, :y]]
8-element Vector{String}:
 "1x"
 "1y"
 "2x"
 "2y"
 "3x"
 "3y"
 "4x"
 "4y
```

이제 거의 다 끝났다. 다음으로 컴프리헨션을 사용하여 각 열 이름을 data 객체의 열 값에 매핑하는 Pair 벡터를 만든다.

```
julia> [string(v, i) => getproperty(data[i], v)
          for i in 1:4 for v in [:x, :y]]
8-element Vector{Pair{String, Vector{Float64}}}:
 "x1" => [10.0, 8.0, 13.0, 9.0, 11.0, 14.0, 6.0, 4.0, 12.0, 7.0, 5.0]
 "y1" => [8.04, 6.95, 7.58, 8.81, 8.33, 9.96, 7.24, 4.26, 10.84, 4.82, 5.68]
 "x2" => [10.0, 8.0, 13.0, 9.0, 11.0, 14.0, 6.0, 4.0, 12.0, 7.0, 5.0]
 "y2" => [9.14, 8.14, 8.74, 8.77, 9.26, 8.1, 6.13, 3.1, 9.13, 7.26, 4.74]
 "x3" => [10.0, 8.0, 13.0, 9.0, 11.0, 14.0, 6.0, 4.0, 12.0, 7.0, 5.0]
 "y3" => [7.46, 6.77, 12.74, 7.11, 7.81, 8.84, 6.08, 5.39, 8.15, 6.42, 5.73]
 "x4" => [8.0, 8.0, 8.0, 8.0, 8.0, 8.0, 8.0, 19.0, 8.0, 8.0, 8.0]
 "y4" => [6.58, 5.76, 7.71, 8.84, 8.47, 7.04, 5.25, 12.5, 5.56, 7.91, 6.89]
```

위 코드에서 getproperty 함수에 대한 호출을 확인할 수 있다. 이 함수를 사용함으로써 변수를 사용하여 NamedTuple의 프로퍼티를 가져올 수 있다. 따라서 data.set1을 작성하는 것은 getproperty(data, :set1)를 작성하는 것과 동일하다.

이제 열 이름과 열 값으로 구성된 Pair 벡터를 얻었으므로 이를 DataFrame 생성자에 전달할 수 있다(앞의 경우와 동일하므로 출력은 생략한다).

```
julia> DataFrame([string(v, i) => getproperty(data[i], v)
                    for i in 1:4 for v in [:x, :y]]);
```

❸ 딕셔너리를 사용한 생성자

줄리아에서 collect 함수를 사용해 딕셔너리를 생성하면 해당 키를 값에 매핑하는 Pair 벡터를 얻는다. 다음은 예제이다.

```
julia> data_dict = Dict([string(v, i) => getproperty(data[i], v)
                          for i in 1:4 for v in [:x, :y]])
Dict{String, Vector{Float64}} with 8 entries:
  "y3" => [7.46, 6.77, 12.74, 7.11, 7.81, 8.84, 6.08, 5.39, 8.15, 6.42, 5.73]
  "x1" => [10.0, 8.0, 13.0, 9.0, 11.0, 14.0, 6.0, 4.0, 12.0, 7.0, 5.0]
  "y1" => [8.04, 6.95, 7.58, 8.81, 8.33, 9.96, 7.24, 4.26, 10.84, 4.82, 5.68]
  "y4" => [6.58, 5.76, 7.71, 8.84, 8.47, 7.04, 5.25, 12.5, 5.56, 7.91, 6.89]
  "x4" => [8.0, 8.0, 8.0, 8.0, 8.0, 8.0, 8.0, 19.0, 8.0, 8.0, 8.0]
  "x2" => [10.0, 8.0, 13.0, 9.0, 11.0, 14.0, 6.0, 4.0, 12.0, 7.0, 5.0]
  "y2" => [9.14, 8.14, 8.74, 8.77, 9.26, 8.1, 6.13, 3.1, 9.13, 7.26, 4.74]
  "x3" => [10.0, 8.0, 13.0, 9.0, 11.0, 14.0, 6.0, 4.0, 12.0, 7.0, 5.0]

julia> collect(data_dict)
8-element Vector{Pair{String, Vector{Float64}}}:
  "y3" => [7.46, 6.77, 12.74, 7.11, 7.81, 8.84, 6.08, 5.39, 8.15, 6.42, 5.73]
  "x1" => [10.0, 8.0, 13.0, 9.0, 11.0, 14.0, 6.0, 4.0, 12.0, 7.0, 5.0]
  "y1" => [8.04, 6.95, 7.58, 8.81, 8.33, 9.96, 7.24, 4.26, 10.84, 4.82, 5.68]
  "y4" => [6.58, 5.76, 7.71, 8.84, 8.47, 7.04, 5.25, 12.5, 5.56, 7.91, 6.89]
  "x4" => [8.0, 8.0, 8.0, 8.0, 8.0, 8.0, 8.0, 19.0, 8.0, 8.0, 8.0]
  "x2" => [10.0, 8.0, 13.0, 9.0, 11.0, 14.0, 6.0, 4.0, 12.0, 7.0, 5.0]
  "y2" => [9.14, 8.14, 8.74, 8.77, 9.26, 8.1, 6.13, 3.1, 9.13, 7.26, 4.74]
  "x3" => [10.0, 8.0, 13.0, 9.0, 11.0, 14.0, 6.0, 4.0, 12.0, 7.0, 5.0]
```

DataFrame(collect(data_dict))을 작성하여 data_dict 딕셔너리에서 데이터프레임을 생성할 수 있다. 그러나 이 경우에는 불필요하다. DataFrame 생성자가 자동으로 처리하므로 데이터프레임을 얻기 위해 딕셔너리를 전달하기만 하면 된다.

```
julia> DataFrame(data_dict)
11×8 DataFrame
 Row │ x1       x2       x3       x4       y1       y2       y3       y4
     │ Float64  Float64  Float64  Float64  Float64  Float64  Float64  Float64
─────┼────────────────────────────────────────────────────────────────────────
   1 │    10.0     10.0     10.0      8.0     8.04     9.14     7.46     6.58
   2 │     8.0      8.0      8.0      8.0     6.95     8.14     6.77     5.76
   3 │    13.0     13.0     13.0      8.0     7.58     8.74    12.74     7.71
   4 │     9.0      9.0      9.0      8.0     8.81     8.77     7.11     8.84
   5 │    11.0     11.0     11.0      8.0     8.33     9.26     7.81     8.47
   6 │    14.0     14.0     14.0      8.0     9.96     8.1      8.84     7.04
```

```
   7 |     6.0      6.0      6.0     8.0     7.24     6.13     6.08     5.25
   8 |     4.0      4.0      4.0    19.0     4.26      3.1     5.39     12.5
   9 |    12.0     12.0     12.0     8.0    10.84     9.13     8.15     5.56
  10 |     7.0      7.0      7.0     8.0     4.82     7.26     6.42     7.91
  11 |     5.0      5.0      5.0     8.0     5.68     4.74     5.73     6.89
```

일반적인 `Dict` 딕셔너리의 경우, 데이터프레임의 열은 예제 결과와 같이 이름에 따라 정렬되는데, `Dict`에는 반복 순서가 정의되어 있지 않기 때문이다(이 주제에 대한 논의는 4장 참조).

데이터프레임을 만들 때 중요한 고려 사항은 메모리 관리이다. 여기에는 두 가지 옵션이 있다.

- `DataFrame` 생성자가 전달된 데이터를 복사하여 데이터프레임의 열이 새로 할당되도록 한다.
- 데이터프레임의 열이 할당되지 않도록 `DataFrame` 생성자가 전달된 데이터를 재사용하도록 한다.

❹ copycols 키워드 인수

기본적으로 `DataFrame` 생성자는 데이터를 복사한다. 이는 오류가 덜 발생하는 코드를 생성하는 안전한 접근 방식이다. 그러나 메모리 사용량이나 성능이 염려되는 경우 `DataFrame` 생성자에 `copycols=false` 키워드 인수를 전달하여 복사를 해제할 수 있다.

이 두 가지 옵션을 비교해볼 것이다. 먼저 열이 기본적으로 복사되는지 확인한다.

```
julia> df1 = DataFrame(x1=data.set1.x)
11×1 DataFrame
 Row │ x1
     │ Float64
─────┼─────────
   1 │    10.0
   2 │     8.0
   3 │    13.0
   4 │     9.0
   5 │    11.0
   6 │    14.0
   7 │     6.0
   8 │     4.0
   9 │    12.0
  10 │     7.0
  11 │     5.0

julia> df1.x1 === data.set1.x
false
```

이제 열이 복사되지 않을 때를 살펴보자.

```julia
julia> df2 = DataFrame(x1=data.set1.x, copycols=false)
11×1 DataFrame
 Row │ x1
     │ Float64
─────┼─────────
   1 │    10.0
   2 │     8.0
   3 │    13.0
   4 │     9.0
   5 │    11.0
   6 │    14.0
   7 │     6.0
   8 │     4.0
   9 │    12.0
  10 │     7.0
  11 │     5.0

julia> df2.x1 === data.set1.x
true
```

연습 10.1 백만 개의 요소로 구성된 단일 무작위 벡터로 데이터프레임을 만들 때, 원본 벡터를 복사하는 경우와 복사하지 않는 경우로 성능을 비교해보자. 위 벡터는 rand(10^6) 명령을 사용하여 생성할 수 있다.

5 비표준 인수 처리 규칙들

벡터로 DataFrame을 만드는 것에 대한 논의를 마무리하기 전에, DataFrame 생성자의 편리한 기능에 대해 설명하려고 한다. 5장에서 본 것처럼, 기본적으로 줄리아는 코드를 암시적으로 벡터화하지 않는다. 대신 명시적으로 브로드캐스팅을 해야 한다.

DataFrames.jl에서는 사용자 편의를 위해 이 규칙에 대한 예외가 만들어졌다. DataFrame 생성자에 숫자나 문자열 같은 스칼라를 전달하면 생성자에 전달된 벡터의 길이만큼 해당 스칼라가 자동으로 반복된다. 이 동작을 **의사 브로드캐스팅**pseudo broadcasting이라고 한다. 다음은 예제이다.

```julia
julia> df = DataFrame(x=1:3, y=1)
3×2 DataFrame
 Row │ x      y
     │ Int64  Int64
─────┼──────────────
   1 │     1      1
```

```
 2 |     2      1
 3 |     3      1
```

스칼라 1은 1:3 범위의 길이와 일치하도록 세 번 반복된다.

또 다른 편리한 기능은 DataFrame 생성자가 앞의 예제에서 전달된 1:3과 같은 범위를 항상 Vector로 수집한다는 것이다. 다음과 같이 작성하면 확인할 수 있다.

```
julia> df.x
3-element Vector{Int64}:
 1
 2
 3
```

이러한 규칙의 근거는 대부분 DataFrame에 열을 저장하는 경우 해당 열에 요소를 추가하거나 값을 변경할 수 있도록 하려는 경우가 많기 때문이다. 반면에 범위는 읽기 전용 객체이다. 이것이 바로 DataFrame 생성자가 항상 Vector로 변환하는 이유이다.

마지막으로 의사 브로드캐스팅은 스칼라에만 적용된다. 길이가 다른 벡터를 DataFrame 생성자에 전달하면 오류가 발생한다.

```
julia> DataFrame(x=[1], y=[1, 2, 3])
ERROR: DimensionMismatch: column :x has length 1 and column :y has length 3
```

R 사용자에게는 놀랄 일일 수도 있다. R에서는 벡터들이 서로 길이가 다르더라도 그 길이들의 최소공배수가 길이가 가장 긴 벡터의 길이와 같다면 데이터프레임 생성자에 전달할 수 있기 때문이다. 예를 들어 길이가 6, 2, 3인 벡터를 사용하는 경우 행이 6개인 데이터프레임을 얻게 된다.

⑥ 줄리아와 R의 통합

실제로 R에서 결과가 어떻게 나오는지 보기 위해 RCall.jl 패키지를 사용하여 R 데이터프레임 객체를 DataFrames.jl의 DataFrame 객체로 변환하는 방법을 살펴보겠다. 이미 R로 작성된 코드를 줄리아 프로그램의 일부로 실행하고 싶을 수 있기 때문에 RCall.jl 패키지를 사용하는 방법을 알아두면 유용하다.[1]

---

1   (옮긴이) 코드를 실행하기 전에 R이 설치되었는지 확인한다. 설치되어 있지 않다면 에러가 반환된다.

```
julia> using RCall

julia> r_df = R"data.frame(a=1:6, b=1:2, c=1:3)"     ❶ R 코드가 포함된 문자열 앞에 R 문자를
RObject{VecSxp}                                         접두사로 붙여 R 명령을 실행한다.
  a b c
1 1 1 1
2 2 2 2
3 3 1 3
4 4 2 1
5 5 1 2
6 6 2 3


julia> julia_df = rcopy(r_df)    ❷ rcopy 함수를 사용하여 R 데이터프레임을 DataFrame으로 변환한다.
6×3 DataFrame
 Row │ a      b      c
     │ Int64  Int64  Int64
─────┼─────────────────────
   1 │     1      1      1
   2 │     2      2      2
   3 │     3      1      3
   4 │     4      2      1
   5 │     5      1      2
   6 │     6      2      3
```

RCall.jl 패키지를 로드한 후, 먼저 R 데이터프레임인 r_df 객체를 생성한다. R 명령을 실행하는 방법 중 하나는 R 문자가 접두사로 붙은 문자열로 코드를 작성하는 것이다. 그다음 rcopy 함수를 사용하여 R 데이터프레임을 DataFrames.jl에 정의된 DataFrame 객체로 변환한다.

이 예제를 통해 R에서는 데이터프레임을 만들 때 1:2 벡터와 1:3 벡터를 재활용하여 길이가 1:6 인 벡터와 길이를 일치시킨다는 것을 알 수 있다. 앞서 언급했듯, 이러한 동작은 프로덕션 코드에서 잡기 어려운 버그를 유발할 수 있으므로 DataFrames.jl에서는 허용되지 않는다.

> **RCall.jl 패키지**
>
> 이 절에서는 RCall.jl 패키지로 줄리아와 R을 같이 사용하는 최소한의 예제를 살펴보았다. 사용 가능한 기능에 대해 자세히 알아보려면 패키지 문서(https://juliainterop.github.io/RCall.jl/stable/)를 참조하기를 바란다. 여기서는 RCall.jl 패키지 사용의 가장 중요한 측면만 다룰 것이다.
>
> 먼저, 이 패키지를 사용하려면 R이 설치되어 있어야 한다. 일부 컴퓨팅 환경에서는 RCall.jl 패키지를 설치해도 R 설치가 자동으로 감지되지 않을 수 있다. 이 경우 RCall.jl 설치 문서(http://mng.bz/jAy8)에서 문제 해결 방법을 찾아봐야 한다.

예제 코드에서는 R 문자가 접두사로 붙은 문자열을 사용하여 R 코드를 실행했다. 이 밖에도 RCall.jl 패키지는 터미널에서 직접 R 코드를 실행할 수 있는 R REPL 모드를 제공한다. 줄리아 REPL에서 $(달러) 키를 누르면 프롬 프트가 julia>에서 R>로 전환되고 R 모드가 활성화된다. 백스페이스 키를 누르면 이 모드를 종료할 수 있다. R REPL 모드는 대화형 세션에서 유용하다.

R REPL 모드를 사용하는 방법에 대한 자세한 설명과 여기에 설명하지 않은 RCall.jl 패키지의 추가 기능에 대한 설명은 패키지 문서의 'Getting Started'(http://mng.bz/WM7l)에서 찾을 수 있다.

10.1.3 Tables.jl 인터페이스를 사용하여 데이터프레임 만들기

이번 절에서는 행에 저장된 관측치와 열에 저장된 변수를 가진 모든 종류의 **표 형식 데이터**로 작업 할 수 있는 Tables.jl 패키지에 대해 설명할 것이다. Tables.jl 패키지는 간단하면서도 강력한 인터페 이스 함수를 제공한다. 많은 분석 작업에서 `DataFrame`이 아닌 테이블과 유사한 객체를 얻기 때문 에 Tables.jl 패키지가 필요하다.

예를 들어 DifferentialEquations.jl 패키지를 사용하여 미분방정식을 푸는 경우, 패키지 문서 (http://mng.bz/82l5)에 나와 있는 것처럼 해를 데이터프레임으로 저장하고 싶을 수 있다. 중요한 점은 DifferentialEquations.jl이 이러한 변환을 가능하게 하는 적절한 인터페이스를 구현하기만 하면 되며, 꼭 DataFrames.jl이 디펜던시로 필요한 것은 아니라는 점이다. 1장에서 설명한 것처럼 이러한 조합성은 줄리아의 강점 중 하나이다.

`DataFrame`은 Tables.jl 패키지에서 제공하는 테이블 인터페이스를 지원하는 타입의 예제이다. Tables.jl 인터페이스를 지원하는 객체가 있는 경우 이를 `DataFrame` 생성자에 단일 인수로 전달하 고 그 결과로 `DataFrame`을 얻을 수 있다.

Tables.jl과의 통합을 지원하는 패키지 목록은 광범위하다(http://mng.bz/E0xX). 이 절에서는 해당 인 터페이스를 지원하고 Base Julia에 정의된 가장 일반적인 두 가지 객체 타입에 집중할 것이다.

- 벡터의 `NamedTuple`
- `NamedTuple` 객체의 이터레이터

줄리아에서의 이터레이터

4장에서 줄리아가 지원하는 다양한 컬렉션 타입에 대해 살펴보았다. 여기에는 배열, 튜플, 네임드튜플, 딕셔너리가 포함된다.

대부분의 줄리아 컬렉션은 순회할 수 있다. 이를 다음과 같이 생각할 수 있다. 컬렉션 c가 반복 가능한 경우 다음과 같이 for 루프를 작성하여 이 루프에서 컬렉션 c의 모든 요소를 순차적으로 검색할 수 있다(다음 코드는 실행 가능하지 않은 코드이다).

```
for v in c
    # 루프 본문
end
```

또한 map과 같은 많은 함수는 컬렉션이 반복 가능하다는 점에 의존한다. 이러한 형태의 사용을 지원하는 타입을 **이터레이션**iteration 인터페이스라고 한다. 이 인터페이스를 지원하고자 하는 타입을 직접 정의하고자 경우 줄리아 매뉴얼(http://mng.bz/82w2)을 확인하여 방법을 배울 수 있다.

이터레이션 인터페이스를 지원하는 표준 줄리아 컬렉션 목록은 줄리아 매뉴얼 'Iteration'(http://mng.bz/N5xv)에서 찾을 수 있다.

첫 번째 타입인 벡터의 NamedTuple의 경우 해석이 직관적이다. NamedTuple의 필드 이름은 데이터프레임의 열 이름이 되고, 벡터는 그 열이 된다. 연산이 작동하려면 이러한 벡터의 길이가 같아야 한다. 다음은 data.set1 NamedTuple을 사용한 예제이다.

```
julia> data.set1
(x = [10.0, 8.0, 13.0, 9.0, 11.0, 14.0, 6.0, 4.0, 12.0, 7.0, 5.0], y = [8.04, 6.95, 7.58,
8.81, 8.33, 9.96, 7.24, 4.26, 10.84, 4.82, 5.68])

julia> DataFrame(data.set1)
11×2 DataFrame
 Row │ x        y
     │ Float64  Float64
─────┼──────────────────
   1 │    10.0     8.04
   2 │     8.0     6.95
   3 │    13.0     7.58
   4 │     9.0     8.81
   5 │    11.0     8.33
   6 │    14.0     9.96
   7 │     6.0     7.24
   8 │     4.0     4.26
   9 │    12.0    10.84
  10 │     7.0     4.82
  11 │     5.0     5.68
```

두 번째 시나리오는 NamedTuple 객체의 이터레이터가 전달될 때 발생한다. NamedTuple에 동일한 필드 집합이 있고(첫 번째 NamedTuple의 필드 이름이 사용됨), 각 NamedTuple이 하나의 데이터 행을 생성하는 데 사용된다고 가정한다.

위에서 설명한 규칙을 명확히 이해했는지 확인하기 위해 최소한의 예제부터 시작하고, data NamedTuple의 고급 사례로 넘어갈 것이다.

```julia
julia> DataFrame([(a=1, b=2), (a=3, b=4), (a=5, b=6)])
3×2 DataFrame
 Row │ a      b
     │ Int64  Int64
─────┼──────────────
   1 │     1      2
   2 │     3      4
   3 │     5      6
```

위 경우 반복 가능한 벡터를 DataFrame 생성자에 전달한다. 이 벡터는 세 개의 요소를 포함하며, 각 요소는 필드 a와 b를 가진 NamedTuple이다. 따라서 결과적으로 세 개의 행과 a와 b 두 개의 열을 가진 데이터프레임을 반환한다.

이제 data 객체를 살펴보자. 이 객체는 NamedTuple 객체의 NamedTuple이다.

```julia
julia> data
(set1 = (x = [10.0, 8.0, 13.0, 9.0, 11.0, 14.0, 6.0, 4.0, 12.0, 7.0, 5.0], y = [8.04,
6.95, 7.58, 8.81, 8.33, 9.96, 7.24, 4.26, 10.84, 4.82, 5.68]), set2 = (x = [10.0, 8.0,
13.0, 9.0, 11.0, 14.0, 6.0, 4.0, 12.0, 7.0, 5.0], y = [9.14, 8.14, 8.74, 8.77, 9.26, 8.1,
6.13, 3.1, 9.13, 7.26, 4.74]), set3 = (x = [10.0, 8.0, 13.0, 9.0, 11.0, 14.0, 6.0, 4.0,
12.0, 7.0, 5.0], y = [7.46, 6.77, 12.74, 7.11, 7.81, 8.84, 6.08, 5.39, 8.15, 6.42, 5.73]),
set4 = (x = [8.0, 8.0, 8.0, 8.0, 8.0, 8.0, 8.0, 19.0, 8.0, 8.0, 8.0], y = [6.58, 5.76,
7.71, 8.84, 8.47, 7.04, 5.25, 12.5, 5.56, 7.91, 6.89]))
```

data가 벡터의 NamedTuple이라면, 열이 set1, set2, set3, set4인 데이터프레임을 얻을 수 있다. 그러나 이 NamedTuple은 네임드튜플을 저장하므로 이 규칙이 적용되지 않는다. NamedTuple은 반복 가능하고 네임드튜플을 저장하기 때문에 생성된 DataFrame에서 각 값은 행으로 취급된다. 내부에 있는 네임드튜플에 필드 x와 y가 포함되어 있으므로, 작업하는 네 개의 데이터셋을 나타내는 4개의 행과 두 개의 열 x와 y를 가진 DataFrame을 얻게 된다. 다음 예제를 통해 위 내용이 사실인지 확인해본다.

```
julia> aq2 = DataFrame(data)
4×2 DataFrame
 Row │ x                                y
     │ Array…                           Array…
─────┼──────────────────────────────────────────────────────────────
   1 │ [10.0, 8.0, 13.0, 9.0, 11.0, 14.…  [8.04, 6.95, 7.58, 8.81, 8.33, 9.…
   2 │ [10.0, 8.0, 13.0, 9.0, 11.0, 14.…  [9.14, 8.14, 8.74, 8.77, 9.26, 8.…
   3 │ [10.0, 8.0, 13.0, 9.0, 11.0, 14.…  [7.46, 6.77, 12.74, 7.11, 7.81, …
   4 │ [8.0, 8.0, 8.0, 8.0, 8.0, 8.0, 8.…  [6.58, 5.76, 7.71, 8.84, 8.47, 7.…
```

열 x와 y 각각에서 4개의 벡터를 얻는다. 예제 10.2에서 `Dataframe`의 열은 모든 객체를 저장할 수 있으며, 이 경우 열은 벡터를 저장한다는 것을 알 수 있다.

10.1.4 데이터프레임에 저장된 데이터의 상관관계 행렬 플로팅하기

이 절에서는 10.1절에서 생성한 **aq1** 데이터프레임에 저장된 데이터의 상관관계 행렬을 플로팅할 것이다. 해당 데이터프레임은 앤스컴 콰르텟 데이터를 저장한다는 것을 잊지 말자.

```
julia> aq1
11×8 DataFrame
 Row │ x1       y1       x2       y2       x3       y3       x4       y4
     │ Float64  Float64  Float64  Float64  Float64  Float64  Float64  Float64
─────┼────────────────────────────────────────────────────────────────────
   1 │    10.0     8.04     10.0     9.14     10.0     7.46      8.0     6.58
   2 │     8.0     6.95      8.0     8.14      8.0     6.77      8.0     5.76
   3 │    13.0     7.58     13.0     8.74     13.0    12.74      8.0     7.71
   4 │     9.0     8.81      9.0     8.77      9.0     7.11      8.0     8.84
   5 │    11.0     8.33     11.0     9.26     11.0     7.81      8.0     8.47
   6 │    14.0     9.96     14.0      8.1     14.0     8.84      8.0     7.04
   7 │     6.0     7.24      6.0     6.13      6.0     6.08      8.0     5.25
   8 │     4.0     4.26      4.0      3.1      4.0     5.39     19.0    12.5
   9 │    12.0    10.84     12.0     9.13     12.0     8.15      8.0     5.56
  10 │     7.0     4.82      7.0     7.26      7.0     6.42      8.0     7.91
  11 │     5.0     5.68      5.0     4.74      5.0     5.73      8.0     6.89
```

먼저, 이 데이터프레임의 열에 대한 상관관계 행렬을 만든 다음 플로팅한다. 상관관계 행렬을 계산하기 위해 StatsBase.jl 패키지의 `pairwise` 함수를 사용한다.

이 함수는 두 개의 인수를 받는다. 첫 번째 인수는 적용하려는 함수(이 경우 피어슨 상관관계를 계산하는 Statistics 모듈의 cor 함수)이다. 두 번째 인수는 상관관계를 계산할 벡터 컬렉션이다. 데이터
가 데이터프레임에 저장되어 있으므로 eachcol 함수를 사용하여 이 컬렉션을 가져온다.

```
julia> using Statistics

julia> using StatsBase

julia> cor_mat = pairwise(cor, eachcol(aq1))
8×8 Matrix{Float64}:
  1.0        0.816421   1.0        0.816237   1.0        0.816287  -0.5       -0.314047
  0.816421   1.0        0.816421   0.750005   0.816421   0.468717  -0.529093  -0.489116
  1.0        0.816421   1.0        0.816237   1.0        0.816287  -0.5       -0.314047
  0.816237   0.750005   0.816237   1.0        0.816237   0.587919  -0.718437  -0.478095
  1.0        0.816421   1.0        0.816237   1.0        0.816287  -0.5       -0.314047
  0.816287   0.468717   0.816287   0.587919   0.816287   1.0       -0.344661  -0.155472
 -0.5       -0.529093  -0.5       -0.718437  -0.5       -0.344661   1.0        0.816521
 -0.314047  -0.489116  -0.314047  -0.478095  -0.314047  -0.155472   0.816521   1.0
```

다음으로 Plots.jl의 heatmap 함수를 사용하여 cor_mat 행렬을 플로팅한다. 이 함수의 첫 번째와
두 번째 인수로는 names(aq1) 호출을 사용하여 얻은 변수 이름을 전달한다. 세 번째 인수는 cor_
mat 상관관계 행렬이다.

상관관계 행렬의 각 셀이 정사각형이 되도록 하기 위해 aspect_ratio=:equal와 size=(400,400)
키워드 인수를 추가로 전달한다. 이 키워드 인수를 전달하지 않으면 상관관계 행렬이 정사각형
이 아니라 가로가 더 넓어진다. 또한 색상 막대의 주석이 잘리지 않도록 하기 위해 rightmargin=
5Plots.mm을 전달한다. 7장에서 그림 7.6을 그릴 때 패딩을 추가하는 것에 대해 이미 살펴보았다.

```
julia> heatmap(names(aq1), names(aq1), cor_mat;
               aspect_ratio=:equal, size=(400, 400),
               rightmargin=5Plots.mm)
```

그림 10.1은 결과 플롯을 보여준다. 일치하는 변수 쌍인 (:x1, :y1), (:x2, :y2), (:x3, :y3),
(:x4, :y4)의 피어슨 상관계수가 비슷하다는 것을 알 수 있다.

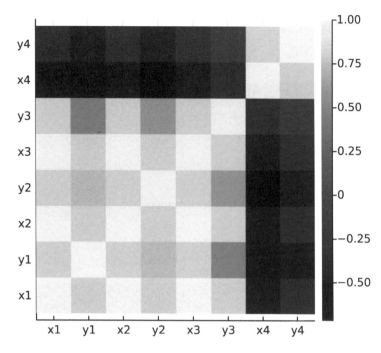

그림 10.1 aq1 데이터프레임의 상관관계 행렬을 그릴 때 밝은 사각형은 양의 상관관계를 나타내고
어두운 사각형은 음의 상관관계를 나타낸다.

10.2 데이터프레임 증분 생성

많은 경우, 기존 데이터프레임에 새 데이터 행을 추가하는 등 데이터프레임을 증분incrementally 생성하고 싶을 것이다. 이 기능이 유용한 가장 일반적인 시나리오는 프로그램에서 데이터를 생성하고 이를 데이터프레임에 저장하려는 경우이다. 10.2.3절에서 예제를 보여줄 것이며, 이후 2차원 랜덤 워크 시뮬레이션에 대해 논의할 것이다.

이 절에서는 데이터프레임에 행을 추가할 수 있는 가장 일반적인 세 가지 작업을 다룬다.

- 여러 데이터프레임을 하나의 새로운 데이터프레임으로 수직 연결하기
- 기존 데이터프레임에 데이터프레임 추가하기
- 기존 데이터프레임에 새 행을 바로 추가하기

10.2.1 데이터프레임 수직 연결하기

이 절에서는 여러 데이터프레임을 수직으로 연결하여 하나로 결합하는 방법을 알아본다. 이 작업은 여러 원본에서 가져온 데이터가 있지만 하나의 데이터프레임에 저장하려는 경우에 종종 필요하다.

먼저 수직으로 연결할 여러 데이터프레임을 만든다. 10.1절에서 `DataFrame(data.set1)`을 작성하면 벡터의 `NamedTuple`로 데이터프레임을 만들 수 있다는 것을 배웠다. 이 절에서는 `data` 객체에 포함된 4개의 데이터셋 각각에 대해 4개의 데이터프레임을 만드는 것으로 시작해보자. 다음 이 4개의 데이터프레임을 수직으로 연결한다.

다음 예제에서는 `map` 함수를 사용하여 `data` `NamedTuple`의 네 필드에서 네 개의 원본 데이터프레임을 만든다.

예제 10.3 `map` 함수를 사용하여 여러 개의 데이터프레임 만들기

```
julia> data_dfs = map(DataFrame, data)
(set1 = 11×2 DataFrame
 Row │ x        y
     │ Float64  Float64

   1 │    10.0     8.04
   2 │     8.0     6.95
   3 │    13.0     7.58
   4 │     9.0     8.81
   5 │    11.0     8.33
   6 │    14.0     9.96
   7 │     6.0     7.24
   8 │     4.0     4.26
   9 │    12.0    10.84
  10 │     7.0     4.82
  11 │     5.0     5.68, set2 = 11×2 DataFrame
 Row │ x        y
     │ Float64  Float64

   1 │    10.0     9.14
   2 │     8.0     8.14
   3 │    13.0     8.74
   4 │     9.0     8.77
   5 │    11.0     9.26
   6 │    14.0     8.1
   7 │     6.0     6.13
   8 │     4.0     3.1
   9 │    12.0     9.13
  10 │     7.0     7.26
```

```
  11 │      5.0      4.74, set3 = 11×2 DataFrame
 Row │ x        y
     │ Float64  Float64
─────┼──────────────────
   1 │     10.0     7.46
   2 │      8.0     6.77
   3 │     13.0    12.74
   4 │      9.0     7.11
   5 │     11.0     7.81
   6 │     14.0     8.84
   7 │      6.0     6.08
   8 │      4.0     5.39
   9 │     12.0     8.15
  10 │      7.0     6.42
  11 │      5.0      5.73, set4 = 11×2 DataFrame
 Row │ x        y
     │ Float64  Float64
─────┼──────────────────
   1 │      8.0     6.58
   2 │      8.0     5.76
   3 │      8.0     7.71
   4 │      8.0     8.84
   5 │      8.0     8.47
   6 │      8.0     7.04
   7 │      8.0     5.25
   8 │     19.0    12.5
   9 │      8.0     5.56
  10 │      8.0     7.91
  11 │      8.0     6.89)
```

data 객체의 4개의 데이터셋에 해당하는 4개의 데이터프레임을 저장한 data_dfs NamedTuple을 생성한다. 이제 이 데이터프레임을 수직으로 연결(스택)할 것이다. 줄리아에서는 vcat 함수를 사용하여 이 작업을 수행할 수 있다.

```
julia> vcat(data_dfs.set1, data_dfs.set2, data_dfs.set3, data_dfs.set4)
44×2 DataFrame
 Row │ x        y
     │ Float64  Float64
─────┼──────────────────
   1 │     10.0     8.04
   2 │      8.0     6.95
   3 │     13.0     7.58
  ⋮  │    ⋮        ⋮
  42 │      8.0     5.56
```

```
43 |    8.0    7.91
44 |    8.0    6.89
        38 rows omitted
```

결과는 원본 데이터프레임이 서로 겹쳐진 단일 데이터프레임이다. 유일한 문제는 어떤 행이 어떤 원본 데이터프레임에서 왔는지 알 수 없다는 것이다. source 키워드 인수를 vcat에 전달하면 이 문제를 해결할 수 있다. 열 이름을 source로 전달하면 이 열에 주어진 행이 시작된 데이터프레임의 번호가 저장된다.

```
julia> vcat(data_dfs.set1, data_dfs.set2, data_dfs.set3, data_dfs.set4;
            source="source_id")
44×3 DataFrame
 Row │ x        y        source_id
     │ Float64  Float64  Int64
─────┼───────────────────────────────
   1 │    10.0     8.04          1
   2 │     8.0     6.95          1
   3 │    13.0     7.58          1
  ⋮  │    ⋮        ⋮           ⋮
  42 │     8.0     5.56          4
  43 │     8.0     7.91          4
  44 │     8.0     6.89          4
                 38 rows omitted
```

source_id 열에는 주어진 행이 어떤 원본 데이터프레임에서 가져온 것인지를 나타내는 1부터 4까지의 숫자가 포함된다. 원본 데이터프레임에 사용자 지정 이름을 사용하려면 source 키워드 인수로 원본 열 이름과 전달된 데이터프레임에 할당된 식별자가 포함된 Pair를 전달한다. 다음은 예제이다.

```
julia> vcat(data_dfs.set1, data_dfs.set2, data_dfs.set3, data_dfs.set4;
            source="source_id"=>string.("set",1:4))
44×3 DataFrame
 Row │ x        y        source_id
     │ Float64  Float64  String
─────┼──────────────────────────────
   1 │    10.0     8.04  set1
   2 │     8.0     6.95  set1
   3 │    13.0     7.58  set1
  ⋮  │    ⋮        ⋮     ⋮
  42 │     8.0     5.56  set4
```

```
 43 │    8.0    7.91  set4
 44 │    8.0    6.89  set4
                 38 rows omitted
```

벡터에 저장된 데이터프레임이 많으면 vcat 호출에서 하나씩 나열하는 것이 불편할 수 있다. 이 경우 reduce 함수를 사용하여 첫 번째 인수로 vcat을 전달하고, 데이터프레임의 벡터와 적절한 키워드 인수를 전달할 수 있다. 이 예제의 경우에는 이러한 패턴을 사용할 수 있도록 collect 함수를 사용하여 data_dfs NamedTuple을 데이터프레임 객체의 벡터로 바꿀 수 있다. 다음은 예제이다.

```
julia> reduce(vcat, collect(data_dfs);
              source="source_id"=>string.("set", 1:4))
44×3 DataFrame
 Row │ x        y        source_id
     │ Float64  Float64  String
─────┼───────────────────────────────
   1 │    10.0     8.04  set1
   2 │     8.0     6.95  set1
   3 │    13.0     7.58  set1
   ⋮ │     ⋮        ⋮         ⋮
  42 │     8.0     5.56  set4
  43 │     8.0     7.91  set4
  44 │     8.0     6.89  set4
                 38 rows omitted
```

> ### reduce 함수
>
> reduce 함수는 DataFrames.jl에만 국한되지 않는다. 일반적으로 reduce(op, collection)를 작성하면 주어진 연산자 op을 사용하여 전달된 collection을 축소하는 작업이 수행된다. 자세한 내용은 줄리아 매뉴얼(tinyurl.com/3pbhaw84)을 참조하기를 바란다.
>
> 예를 들어 reduce(*, [2, 3, 4])를 작성하면 벡터 [2, 3, 4]에 저장된 숫자의 곱이기 때문에 24가 반환된다.

지금까지 살펴봤던 수직 연결 작업에서는 모든 데이터프레임의 열 이름이 동일하다. 하지만 실제로는 이 조건을 충족하지 않는 데이터프레임을 수직으로 연결해야 하는 경우도 발생한다. cols=:union 키워드 인수를 사용하면 전달된 데이터프레임에서 열의 합집합을 만든다. 일부 데이터프레임에 존재하지 않는 열은 필요한 경우 missing으로 채워진다. 다음 예제에서 확인해보자.

예제 10.4 열 이름이 일치하지 않는 데이터프레임을 수직으로 연결하기

```
julia> df1 = DataFrame(a=1:3, b=11:13)
3×2 DataFrame
 Row │ a      b
     │ Int64  Int64
─────┼──────────────
   1 │     1     11
   2 │     2     12
   3 │     3     13

julia> df2 = DataFrame(a=4:6, c=24:26)
3×2 DataFrame
 Row │ a      c
     │ Int64  Int64
─────┼──────────────
   1 │     4     24
   2 │     5     25
   3 │     6     26

julia> vcat(df1, df2)
ERROR: ArgumentError: column(s) c are missing from argument(s) 1, and column(s) b are
missing from argument(s) 2

julia> vcat(df1, df2, cols=:union)
6×3 DataFrame
 Row │ a      b        c
     │ Int64  Int64?   Int64?
─────┼─────────────────────────
   1 │     1       11  missing
   2 │     2       12  missing
   3 │     3       13  missing
   4 │     4  missing       24
   5 │     5  missing       25
   6 │     6  missing       26
```

전달된 데이터프레임에 일치하지 않는 열 이름이 있기 때문에 vcat(df1, df2)은 오류가 발생한다. 반면에 vcat(df1, df2; cols= :union)은 잘 작동하며 원본 데이터프레임에서 전달된 열의 합집합을 유지한다. 열 c는 df1에 존재하지 않으므로 결과 데이터프레임에서 처음 세 요소가 missing으로 채워진다. 마찬가지로 열 b는 df2에 존재하지 않으므로 마지막 세 요소는 결과 데이터프레임에서 missing으로 채워진다.

> **vcat의 cols 키워드 인수에 대한 옵션**
>
> vcat의 cols 키워드 인수는 다음과 같은 값을 사용할 수 있다.
>
> - :setequal - 순서에 관계없이 모든 데이터프레임의 열 이름이 동일해야 한다. 순서가 다른 경우 처음 제 공된 데이터프레임의 순서가 사용된다.
> - :orderequal - 모든 데이터프레임의 열 이름이 같고 순서가 같아야 한다.
> - :intersect - 전달된 모든 데이터프레임에 존재하는 열만 유지된다. 교집합이 비어 있으면 빈 데이터프 레임이 반환된다.
> - :union - 전달된 데이터프레임 중 하나 이상에 있는 열만 유지된다. 일부 데이터프레임에 존재하지 않는 열은 필요한 경우 missing으로 채워진다.
>
> 기본적으로 cols 키워드 인수는 :setequal값을 사용한다.

연습 10.2 데이터프레임 df1=DataFrame(a=1, b=2)과 df2=DataFrame(b=2, a=1)에 대한 vcat 결과를 확인한다. 다음으로 cols=:orderequal 키워드 인수를 추가하면 어떤 결과가 반환되는지 확인한다.

10.2.2 데이터프레임에 테이블 추가하기

10.2.1절에서는 여러 원본 데이터프레임으로 새 데이터프레임을 만들었다. 이번에는 새로 만드는 게 아니라 기존 데이터프레임을 업데이트하는 작업에 대해 알아볼 것이다. 기존 데이터프레임에 표 형식의 데이터를 추가하는 방법을 살펴볼 텐데, 데이터를 추가해도 새 데이터프레임이 만들어 지는 대신 기존 데이터프레임이 변경된다.

append! 함수를 사용하여 기존 데이터프레임에 데이터를 추가할 수 있다. 예제부터 시작해보자. 다음 예제에 표시된 것처럼 빈 데이터프레임을 만든 다음 여기에 data_dfs.set1와 data_dfs. set2 데이터프레임을 추가한다.

예제 10.5 데이터프레임에 데이터프레임 추가하기

```julia
julia> df_agg = DataFrame()
0×0 DataFrame

julia> append!(df_agg, data_dfs.set1)
11×2 DataFrame
 Row │ x        y
     │ Float64  Float64
─────┼──────────────────
   1 │    10.0     8.04
   2 │     8.0     6.95
```

```
   3  |    13.0      7.58
   4  |     9.0      8.81
   5  |    11.0      8.33
   6  |    14.0      9.96
   7  |     6.0      7.24
   8  |     4.0      4.26
   9  |    12.0     10.84
  10  |     7.0      4.82
  11  |     5.0      5.68

julia> append!(df_agg, data_dfs.set2)
22×2 DataFrame
 Row |  x        y
     |  Float64  Float64
─────────────────────────────
   1  |    10.0      8.04
   2  |     8.0      6.95
   3  |    13.0      7.58
   4  |     9.0      8.81
   5  |    11.0      8.33
   6  |    14.0      9.96
   7  |     6.0      7.24
   8  |     4.0      4.26
   9  |    12.0     10.84
  10  |     7.0      4.82
  11  |     5.0      5.68
  12  |    10.0      9.14
  13  |     8.0      8.14
  14  |    13.0      8.74
  15  |     9.0      8.77
  16  |    11.0      9.26
  17  |    14.0      8.1
  18  |     6.0      6.13
  19  |     4.0      3.1
  20  |    12.0      9.13
  21  |     7.0      7.26
  22  |     5.0      4.74
```

전달된 데이터프레임을 제자리에서 업데이트하는 것 외에도, append! 함수는 다음과 같은 차이점을 제외하고는 vcat과 유사한 메커니즘을 가지고 있다.

• Tables.jl 인터페이스를 따르는 모든 테이블을 데이터프레임에 추가할 수 있다(vcat은 모든 인수가 데이터프레임이어야 함).

- append!는 source 키워드 인수를 지원하지 않는다. append!를 사용할 때 특정 행의 출처를 나타내는 열이 필요하다면, 원본 데이터프레임에 그 열을 먼저 추가해둬야 한다.

- append!는 vcat처럼 cols 키워드 인수를 지원한다. 이 인수의 :setequal, :orderequal, :union값의 경우 동작은 동일하다. :intersect값의 경우 동작이 약간 다르다. 추가될 테이블에 대상 데이터프레임보다 더 많은 열이 포함되어도 되지만, 대상 데이터프레임에 있는 모든 열 이름이 있어야 하며 오직 해당 열들만 사용된다. 추가적으로 :intersect처럼 작동하는 :subset값도 지원되지만 추가될 데이터프레임에서 열이 결측일 경우 missing값들이 해당 열의 대상 데이터프레임으로 추가된다. 예제 10.5에서 보았듯 cols 키워드 인수와 상관없이 항상 열이 없는 데이터프레임(DataFrame() 객체)에 데이터를 추가할 수 있으며, 마찬가지로 DataFrame()도 언제나 추가될 수 있다.

- append!는 vcat에서는 필요하지 않은 promote 키워드 인수를 지원한다. 이 인수는 추가된 데이터프레임에 저장된 값을 대상 데이터프레임의 열에 저장할 수 없는 경우 어떻게 해야 하는지를 결정한다. promote=false이면 오류가 발생한다. promote=true이면 대상 데이터프레임에서 열 타입이 변경되어 append! 작업을 성공적으로 완료할 수 있다. 기본적으로 promote=false는 cols 키워드 인수가 :union 또는 :subset인 경우를 제외하고는 promote=true이다.

위의 목록에서 첫 번째와 마지막 요점의 예제를 살펴보면 append!와 vcat의 가장 큰 차이점을 알 수 있다.

데이터프레임이 아닌 Tables.jl 테이블을 데이터프레임에 추가하는 방법을 살펴보는 것으로 시작한다. 10.1절에서 설명한 것처럼 벡터의 NamedTuple은 Tables.jl 테이블이다. 따라서 data.set1과 data.set2는 테이블이다. 결과적으로 다음 코드는 예제 10.5의 결과와 동일한 결과를 생성한다(공간 절약을 위해 출력은 생략했다)

```
df_agg = DataFrame()
append!(df_agg, data.set1)
append!(df_agg, data.set2)
```

append! 함수의 promote 키워드는 missing값이 포함될 가능성이 있는 데이터가 있을 때 가장 자주 사용한다. 다음 예제를 살펴보자.

```
julia> df1 = DataFrame(a=1:3, b=11:13)
3×2 DataFrame
```

```
 Row │ a      b
     │ Int64  Int64
─────┼──────────────
   1 │     1     11
   2 │     2     12
   3 │     3     13

julia> df2 = DataFrame(a=4:6, b=[14, missing, 16])
3×2 DataFrame
 Row │ a      b
     │ Int64  Int64?
─────┼─────────────────
   1 │     4        14
   2 │     5   missing
   3 │     6        16

julia> append!(df1, df2)
┌ Error: Error adding value to column :b.
```

df1 데이터프레임의 열 b에 missing값을 저장할 수 없기 때문에 오류가 발생했다. 이 문제를 해결하려면 append!에 promote=true 키워드 인수를 전달하면 된다.

```
julia> append!(df1, df2; promote=true)
6×2 DataFrame
 Row │ a      b
     │ Int64  Int64?
─────┼─────────────────
   1 │     1        11
   2 │     2        12
   3 │     3        13
   4 │     4        14
   5 │     5   missing
   6 │     6        16
```

이번에는 실행에 성공하고 b 열 요소 타입이 Union{Int, Missing}으로 승격되어 해당 요소 타입이 Int64로 표시된다.

10.2.3 기존 데이터프레임에 새 행 추가하기

append! 함수는 데이터프레임에 테이블을 추가한다. 그러니 데이터프레임에 단일 행을 추가해야 하는 경우가 종종 발생한다. 이 작업은 push! 함수를 사용하여 수행할 수 있다. 이 함수는 키워드 인수를 포함하여 append! 함수와 완전히 동일한 방식으로 작동한다. 유일한 차이점은 push!가 전체 테이블을 허용하는 것이 아니라 단일 행만을 허용한다는 것이다. 다음 타입의 값은 유효한 행이다.

- DataFrameRow, NamedTuple, 딕셔너리 — 추가된 행에 포함된 열 이름을 확인하고 cols 키워드 인수 규칙에 따른 대상 데이터프레임과 일치된다.
- AbstractArray, Tuple — 추가되는 컬렉션에는 대상 데이터프레임에 있는 열과 동일한 개수의 요소가 있어야 한다.

두 옵션에 대한 두 가지 최소한의 예제를 살펴본 다음 이 기능의 실제 사례로 전환한다.

먼저 행으로 NamedTuples를 사용하여 열 이름이 정의된 데이터를 추가하는 예제부터 살펴볼 것이다.

```
julia> df = DataFrame()
0×0 DataFrame

julia> push!(df, (a=1, b=2))
1×2 DataFrame
 Row │ a      b
     │ Int64  Int64
─────┼──────────────
   1 │     1      2

julia> push!(df, (a=3, b=4))
2×2 DataFrame
 Row │ a      b
     │ Int64  Int64
─────┼──────────────
   1 │     1      2
   2 │     3      4
```

다음으로 벡터를 데이터프레임에 추가한다.

```
julia> df = DataFrame(a=Int[], b=Int[])
0×2 DataFrame
 Row │ a      b
     │ Int64  Int64
─────┴──────────────

julia> push!(df, [1, 2])
1×2 DataFrame
```

```
Row │ a       b
    │ Int64   Int64
────┼───────────────
  1 │     1       2

julia> push!(df, [3, 4])
2×2 DataFrame
Row │ a       b
    │ Int64   Int64
────┼───────────────
  1 │     1       2
  2 │     3       4
```

이 경우 벡터에 열 이름에 대한 정보가 없기 때문에 행을 추가하기 전에 데이터프레임의 열을
DataFrame(a=Int[], b=Int[])으로 초기화해야 한다는 점에 유의해야 한다. 반면 데이터프레
임에 NamedTuples을 추가하는 경우, 추가된 NamedTuples에서 열 이름을 유추할 수 있으므로
DataFrame()으로 초기화해도 충분하다.

10.2.4 시뮬레이션 결과를 데이터프레임에 저장하기

행을 데이터프레임에 추가하는 것은 컴퓨터 시뮬레이션 연구를 수행할 때 유용하다. 데이터프레
임이 시뮬레이션 결과를 저장하기에 좋은 객체인 이유는 두 가지이다. 첫째, 시뮬레이션은 일반적
으로 고정된 구조를 가진 데이터를 생성하므로 연속된 시뮬레이션 결과를 데이터프레임에 행으로
쉽게 저장할 수 있다. 둘째, 시뮬레이션을 마친 후에는 일반적으로 생성된 데이터를 분석하고 싶은
데 DataFrames.jl은 이 작업을 쉽게 할 수 있는 많은 함수를 제공한다.

이 절에서는 랜덤 워크 시뮬레이션의 예제를 사용하여 이 작업이 어떻게 수행되는지 살펴볼 것이다.

❶ 2차원 랜덤 워크 정의

2차원 랜덤 워크의 간단한 시뮬레이션을 만들어보자(http://mng.bz/E0ZI). 첫 번째 차원을 x, 두 번째
차원을 y라고 부를 것이다.

물체가 점 (0, 0)에서 여행을 시작하고 한 걸음에 왼쪽(x 위치 1만큼 감소), 오른쪽(x 위치 1만큼 증
가), 아래(y 위치 1만큼 감소), 위(y 위치 1만큼 증가)로 이동할 수 있다고 가정한다. 각 방향은 동일한
확률로 무작위로 선택된다. 이 시뮬레이션의 10단계 샘플을 시각화해보자. 그림 10.2는 이 과정의
한 단계를 보여준다.

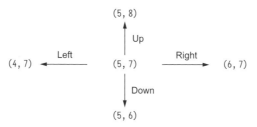

그림 10.2 **2차원 랜덤 워크의 한 단계에서 점의 좌표가 변경될 수 있는 가능성. 각 방향은 동일한 확률로 선택된다.**

이 책에서 예제로 사용하는 구현은 해당 시뮬레이션을 수행하는 가장 효율적인 방법은 아니다. 그보다는 데이터프레임으로 작업하는 방법을 배우는 것을 목표로 한다.

먼저 시뮬레이션의 무작위 단계를 하나 생성하는 함수를 만든다.

```
julia> function sim_step(current)
           dx, dy = rand(((1,0), (-1,0), (0,1), (0,-1)))  ←  ❶ 허용된 네 가지 방향 중 하나를
           return (x=current.x + dx, y=current.y + dy)          무작위로 샘플링한다.
       end
                                                           ❷ 업데이트된 위치가 포함된
sim_step (generic function with 1 method)                    NamedTuple을 반환한다.
```

step 함수는 전달된 current값에 각각 1차원과 2차원의 객체 위치 정보를 제공하는 x 및 y 프로퍼티가 있다고 가정한다. 이 함수는 객체의 위치가 업데이트된 NamedTuple을 반환한다.

rand(((1,0), (-1,0), (0,1), (0,-1))) 연산에 주목할 필요가 있다. rand 함수는 4개의 튜플 ((1,0), (-1,0), (0,1), (0,-1))을 포함하는 튜플을 전달받는다. 이 튜플은 4개의 요소로 구성된 컬렉션이므로 rand 함수는 동일한 확률로 선택된 요소 중 하나를 반환한다. 이 구문의 중요한 특징은 튜플을 사용하기 때문에 수행하기 위해 메모리를 할당하지 않는다는 것이다(튜플과 벡터의 차이점에 대한 설명은 4장 참조). 따라서 빠르다.

```
julia> using BenchmarkTools

julia> @btime rand(((1,0), (-1,0), (0,1), (0,-1)));
  3.042 ns (0 allocations: 0 bytes)
```

다음으로 dx, dy = ... 구문은 **이터레이터의 구조 분해**iterator destructuring를 수행한다는 점을 유의해야 한다. 예를 들어 rand 함수가 반환하는 튜플의 첫 번째 요소는 dx에 할당되고 두 번째 요소는 dy 변수에 할당된다.

```
julia> dx, dy = (10, 20)
(10, 20)

julia> dx
10

julia> dy
20
```

계속 진행하기 전에 시뮬레이션을 통해 rand(((1,0), (-1,0), (0,1), (0,-1))) 연산이 1000만
(10^7) 번의 무작위 추첨을 실행하여 4개의 튜플 각각을 동일한 확률로 반환하는지 빠르게 확인해
보자. 코드의 경우 for _ in 1:10^7에 대한 표현식에서 변수 이름으로 _를 사용했다. 줄리아 구문
상 변수 이름은 필요하지만 실제로 해당 변수의 값을 사용할 필요는 없는 경우에 이런 방식을 사
용한다.

```
julia> using FreqTables

julia> using Random

julia> Random.seed!(1234);

julia> proptable([rand(((1,0), (-1,0), (0,1), (0,-1))) for _ in 1:10^7])
4-element Named Vector{Float64}
Dim1    │
────────┼─────────
(-1, 0) │ 0.249893
(0, -1) │ 0.250115
(0, 1)  │ 0.250009
(1, 0)  │ 0.249983
```

네 값 모두 예상대로 관찰될 확률이 대략 4분의 1이라는 것을 알 수 있다. 위 코드에서 Random.
seed!와 proptable 함수는 이미 6장에서 사용했었다.

❷ 간단한 랜덤 워크 시뮬레이터
이제 다음 예제에서 시뮬레이션을 실행할 준비가 되었다.

예제 10.6 2차원 랜덤 워크의 샘플 시뮬레이션

```
julia> using Random
```

```
julia> Random.seed!(6);

julia> walk = DataFrame(x=0, y=0)    ◄── ❶ 시뮬레이션의 시작점으로 데이터프레임을 초기화한다.
1×2 DataFrame
 Row │ x      y
     │ Int64  Int64
─────┼──────────────         ❷ 나중에 필요하지 않으므로 밑줄(_)을
   1 │     0      0             반복을 위한 변수 이름으로 사용한다.

Julia> for _ in 1:10  ◄──                ❸ 물체의 현재 위치를 walk 데이터프레임의 마지막
         current = walk[end, :]  ◄──          행을 나타내는 DataFrameRow로 가져온다.
         push!(walk, sim_step(current))  ◄── ❹ walk 데이터프레임의 끝에 새 행을 추가한다.
       end

julia> walk
11×2 DataFrame
 Row │ x      y
     │ Int64  Int64
─────┼──────────────
   1 │     0      0   ◄── ❺ 인스턴스 1에서 객체는 (0, 0) 지점에 있다.
   2 │     0      1
   3 │     0      2
   4 │     0      3
   5 │     1      3
   6 │     1      4
   7 │     1      5
   8 │     1      6
   9 │     0      6
  10 │     0      7
  11 │     0      8   ◄── ❻ 인스턴스 11에서는 10번 이동한 후 물체가 점 (0, 8)에 있다.
```

시뮬레이션 결과를 시각화해보자.

```
julia> using Plots

julia> plot(walk.x, walk.y;
         legend=false,
         series_annotations=1:11,  ◄── ❶ 플롯의 데이터 요소에 텍스트 애너테이션을 추가한다.
         xticks=range(extrema(walk.x)...),
         yticks=range(extrema(walk.y)...))  ◄── ❷ 관측치 범위의 정수로 플롯에 틱(tick)을 만든다.
```

그림 10.3은 시뮬레이션 결과를 보여준다.

그림 10.3 walk 데이터프레임의 시각화에서 플롯의 각 숫자는 물체가 주어진 위치에 있었던 인스턴스를 나타낸다. 이 시뮬레이션 실행 시 그리드의 점은 한 번씩만 방문된다.

물체는 인스턴스 1에서 (0, 0) 지점에 있다가 10번 이동했고, 인스턴스 11에서 (0, 8) 위치에 도달했다.

이 예는 plot 함수에서 사용할 수 있는 몇 가지 고급 옵션을 보여준다.

- series_annotations 키워드 인수를 사용하면 그려진 점에 텍스트 애너테이션으로 사용할 레이블을 전달할 수 있다.
- xticks과 yticks 키워드 인수는 x축과 y축 틱의 위치를 지정한다.

틱의 경우 walk 데이터프레임의 지정된 차원에 존재하는 정숫값 범위가 되기를 원했다. range (extrema(walk .y)...)) 표현식이 어떻게 작동하는지 단계별로 살펴보자. 먼저 extrema 함수부터 실행한다.

```
julia> extrema(walk.y)
(0, 8)
```

walk.y 벡터에서 관찰된 최솟값과 최댓값을 가진 튜플을 생성한다. 다음으로 range 함수를 사용하여 단계가 1인 최솟값부터 최댓값까지의 값 범위를 생성한다. 일반적으로 range 함수는 두 개의 위치 인수를 기대한다.

```
julia> range(1, 5)
1:5
```

extrema 함수는 두 개의 요소로 구성된 튜플을 반환하므로 ... 표기법을 사용하여 분할해야 한다.

3 시뮬레이션 결과 분석

그림 10.3으로 돌아가보자. 이 그림에서 주목할 점은 그림의 모든 점이 고유하다는 것이다. 1부터 11까지 각 경우마다 점의 위치가 다르다. 놀라운 결과다(필자는 해당 결과를 얻기 위해 난수 생성기의 시드를 신중하게 선택했다).

인스턴스 1과 3의 위치가 다를 확률은 3/4이다. 그 이유는 인스턴스 1에서 인스턴스 2로 어떻게 이동하든 인스턴스 3에서 인스턴스 1의 위치로 돌아갈 수 있는 방법은 정확히 한 가지뿐이기 때문이다. 따라서 돌아가지 못할 확률은 3/4이다(가능한 네 방향 중 한 방향만 이 이벤트를 지원한다). 인스턴스 2와 4, 3과 5, ..., 마지막으로 인스턴스 9와 11(총 9개의 이벤트, 각각 3/4 확률로 발생) 에도 비슷한 추론이 적용된다. 9개의 이벤트는 모두 독립적이므로 확률 법칙에 따라 모두 고유한 지점을 가질 확률은 기껏해야 개별 확률 9개의 곱이다.

```
julia> (3/4)^9
0.07508468627929688
```

앞의 계산에서는 같은 지점을 두 걸음만 앞선다고 가정했고, 일반적으로 (0, 1), (1, 0), (0, -1), (-1, 0)의 순서로 이동한 후 인스턴스 3에서 방문하지 않고 인스턴스 5에서 인스턴스 1에 있던 위치로 돌아갈 수 있기 때문에 실제로는 이 확률이 더 작을 것으로 예상한다.

시뮬레이션을 사용하여 모든 고유한 지점을 가질 확률을 대략적으로 계산해보자.

예제 10.7 **모든 고유한 지점을 가진 산책이 있을 확률을 확인하는 코드**

```
julia> function walk_unique()  ←  ❶ 전체 시뮬레이션을 한 번 실행하는 함수를 정의한다.
           walk = DataFrame(x=0, y=0)
           for _ in 1:10
               current = walk[end, :]
               push!(walk, sim_step(current))
           end
```

```
                 return nrow(unique(walk)) == nrow(walk)  ◄─❷ walk 데이터프레임의 모든 행이 고유한지 확인한다.
       end
walk_unique (generic function with 1 method)

julia> Random.seed!(2);

julia> proptable([walk_unique() for _ in 1:10^5])
2-element Named Vector{Float64}
Dim1  │
──────┼───────
false │ 0.9577
true  │ 0.0423
```

10단계 걷기가 모두 고유한 지점으로 구성될 확률은 4.2%로 예상대로 7.5%보다 낮다는 것을 확인할 수 있었다.

예제 10.6 코드와 비교했을 때 walk_unique 함수의 새로운 요소는 nrow(unique(walk)) == nrow(walk) 표현식이다. 이는 기존 walk 데이터프레임과 unique(walk) 데이터프레임의 행 수를 비교한다. unique 함수를 데이터프레임 객체에 적용하면 그 안에 저장된 고유 행만 유지된다.

---

unique 함수

unique 함수를 사용하면 데이터프레임의 데이터프레임의 행을 중복 없이 만들 수 있다. 또한, 데이터프레임에 의해 허용되는 어떤 열 선택자도 선택적으로 두 번째 위치 인수로 전달할 수 있다(선택자는 9장에서 설명했다). 이 경우 선택된 열에 대해서만 중복 제거가 수행된다. 예를 들어, unique(walk, "x")는 walk 데이터프레임의 x 열에 중복이 없는지 확인한다.

중복을 제거할 때 새 데이터프레임을 할당하지 않으려는 경우 두 가지 옵션이 있다. 첫째, unique 함수에 view=true 키워드 인수를 전달할 수 있다. 새 데이터프레임을 할당하는 대신 원본 데이터프레임의 뷰가 반환된다. 둘째, unique 함수와 동일하게 작동하지만 전달된 데이터프레임의 행을 제자리에서 삭제하는 unique! 함수를 대신 사용할 수 있다.

unique 함수는 데이터프레임에 대해 정의될 뿐만 아니라 패키지를 로드하지 않고도 사용할 수 있으며, isequal 함수에 의해 결정된 컬렉션의 고윳값을 포함하는 배열을 반환한다. unique 함수에 대해서는 이미 4장에서도 한번 살펴봤었다.

연습 10.3 랜덤 워크가 같은 지점을 다시 방문할 경우 두 단계 앞의 검증만 수행하도록 예제 10.7의 코드를 변경한다. 이러한 정의 아래에서 같은 지점을 다시 방문하지 않은 확률이 약 7.5%인지 확인한다.

⁴ 줄리아 객체의 직렬화

11장에서는 이 절에서 만든 **walk** 데이터프레임을 사용할 것이다. 따라서 마무리하기 전에 디스크에 저장해두자. 8장에서 배운 것처럼 CSV.jl 패키지를 사용할 수 있지만 줄리아가 제공하는 또 다른 영구 저장 옵션을 보여주고자 한다.

Serialization 모듈은 줄리아 객체를 바이너리 형식으로 디스크에 저장하는 기능을 제공한다. 파이썬의 **pickle**이나 R의 **save** 및 **load** 함수와 유사한 기능이다. 여기서 사용할 두 가지 함수는 객체를 디스크에 쓰는 **serialize**와 디스크에서 메모리로 객체를 읽는 **deserialize**이다.

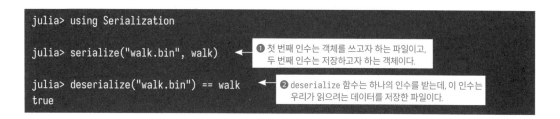

```
julia> using Serialization

julia> serialize("walk.bin", walk)          ❶ 첫 번째 인수는 객체를 쓰고자 하는 파일이고,
                                                두 번째 인수는 저장하고자 하는 객체이다.

julia> deserialize("walk.bin") == walk       ❷ deserialize 함수는 하나의 인수를 받는데, 이 인수는
true                                            우리가 읽으려는 데이터를 저장한 파일이다.
```

코드에서 **walk** 데이터프레임을 직렬화하거나 역직렬화해도 동일한 값이 생성되는 것을 확인했다. 11장에서 사용할 것이므로 생성한 walk.bin 파일을 지우면 안 된다.

객체 직렬화의 한계

줄리아 객체의 직렬화는 단기 저장을 위한 기능으로 설계되었다. 따라서 직렬화 및 역직렬화는 동일한 버전의 패키지가 로드된 동일한 버전의 줄리아에서만 안전하게 수행할 수 있다.

요약

- 행렬, 벡터의 벡터, 벡터의 NamedTuple, 네임드튜플의 이터레이터, 벡터를 키로하는 딕셔너리 등 다양한 원본 데이터값으로 DataFrame 객체를 구성할 수 있다. Tables.jl 패키지에 정의된 테이블 인터페이스를 지원하는 모든 객체를 DataFrame 생성자에 전달할 수 있다. 이러한 유연성 덕분에 코드에서 DataFrame 객체를 쉽게 생성할 수 있다.
- 행렬에서 데이터프레임을 구성할 때는 열 이름을 두 번째 인수로 전달하거나 열 이름 자동 생성 기능을 이용해야 한다. 열의 정확한 이름이 상관없는 경우에는, 이 간단한 방법을 통해 구성된 데이터프레임을 완전히 제어할 수 있다.

- `DataFrame` 생성자에 열 이름과 열 값을 전달하여 데이터프레임을 구성할 수 있다. 이것은 데이터프레임을 구성하는 데 가장 자주 사용되는 방법 중 하나이다.
- Tables.jl 인터페이스를 지원하는 모든 객체를 데이터프레임으로 쉽게 변환할 수 있다. 수십 개의 줄리아 패키지가 Tables.jl 인터페이스를 지원하는 타입을 정의하므로 코드가 상당히 간소화되는 경우가 많다.
- `DataFrame` 생성자는 불리언값에 따라 전달된 데이터 복사 여부를 결정할 수 있는 `copycols` 키워드 인수를 지원한다. 이러한 제어 기능은 실제로 유용하다. 기본적으로 데이터가 복사되므로 코드 전체에 데이터 별칭alias이 퍼질 위험이 없다. 그러나 성능이 필요하거나 계산에 사용할 메모리에 제한되어 있는 경우 `copycols=false`를 사용하여 복사를 피할 수 있다.
- RCall.jl 패키지를 사용하여 줄리아와 R을 통합할 수 있다. 컴퓨터에 R이 설치되어 있고 줄리아 프로젝트에서 R 코드를 사용하고자 할 때 유용하다.
- StatsBase.jl의 `pairwise` 함수는 전달된 컬렉션의 가능한 모든 항목 쌍을 취하여 함수의 값을 계산하는 데 사용할 수 있다. 이는 데이터프레임 열의 상관관계 행렬을 만드는 데 자주 사용되며, 이 경우 `cor` 함수가 사용된다. `eachcol` 함수를 사용하여 데이터프레임 열의 컬렉션을 얻는다.
- Plots.jl 패키지의 `heatmap` 함수를 사용하여 행렬의 히트맵을 그릴 수 있다. 이 함수는 상관관계 행렬을 표시하는 데 자주 사용된다.
- `vcat` 함수를 사용하여 데이터프레임을 수직으로 연결할 수 있다. 이 작업은 실무에서 여러 원본 데이터프레임을 하나로 결합하려는 경우 자주 필요하다.
- 데이터를 증분 수집하는 경우, append! 및 push! 함수를 사용하여 데이터프레임에 행을 동적으로 추가할 수 있다. append! 함수는 데이터프레임에 전체 테이블을 추가하고, push! 함수는 단일 행을 추가한다. 이러한 함수는 시뮬레이션 결과를 데이터프레임에 저장하려는 경우에 자주 사용된다.
- 때로는 열이 서로 다르거나 열의 값 타입이 다른 데이터를 결합하고 싶을 때가 있다. 이러한 이유로 vcat, append!, push! 함수는 일치하는 열이 없는 상황을 어떻게 처리해야 하는지를 규정하는 `cols` 키워드 인수를 지원한다. 또한, append! 및 push! 함수는 대상 데이터프레임의 열 요소 타입과 일치하는 타입이 없는 일부 데이터를 데이터프레임에 추가하려는 경우 열 타입 승격을 수행할 수 있는 `promote` 키워드 인수를 받는다. 이러한 옵션은 품질이 낮고 정리가 필요한 실세 데이터로 작업할 때 자주 사용된다.
- `unique` 함수를 사용하여 데이터프레임의 행 중복을 제거할 수 있다. 이 함수는 데이터를 정리할 때 자주 사용된다.

- Serialization 모듈을 사용하여 줄리아 객체를 직렬화 및 역직렬화할 수 있다. 이는 줄리아 객체를 단기간 디스크에 저장할 때 편리한 방법이다.

11
CHAPTER

데이터프레임 변환 및
그룹화하기

∴∴

이 장의 주요 내용

- 데이터프레임을 다른 줄리아 타입으로 변환하기
- 타입이 안정적인 코드 작성하기
- 타입 해적질 이해하기
- 데이터프레임 객체 그룹화하기
- 그룹화된 데이터프레임으로 작업하기

∴∴

10장에서는 다양한 데이터 원본에서 `DataFrame` 객체를 구성할 수 있는 방법들을 살펴보았다. 이 장에서는 그 반대 프로세스에 대해 설명하고 데이터프레임에서 다른 객체를 만드는 방법을 배울 것이다(9장에서 데이터프레임은 `DataFrame` 또는 뷰, 즉 `SubDataFrame`이 될 수 있음을 배웠다). 두 가지 시나리오에서 이러한 작업을 수행할 수 있다.

첫 번째 시나리오는 데이터프레임을 입력으로 받지 않고 다른 타입만을 받는 함수에서 분석 작업을 해야 하는 상황을 가정한다. 작업을 하기 위해서는 데이터프레임을 목표하는 타입으로 변환해야 한다. 예를 들어 데이터프레임을 선형대수 연산에 사용하기 위해 행렬로 변환해야 하는 경우를 들 수 있다.

두 번째 시나리오는 데이터프레임에 저장된 데이터가 해석되는 방식을 변경해야 하는 상황이다. 이 경우 가장 중요한 작업은 데이터프레임을 그룹화하는 것이다. 데이터프레임에 groupby 함수를 사용하여 GroupedDataFrame 객체를 생성하면 데이터프레임을 그룹화할 수 있다. R의 dplyr와 파이썬의 팬더스에도 그룹화 기능이 있다. 그룹화된 객체의 가장 중요한 용도는 사용자가 분할-적용-결합 변환을 수행할 수 있도록 한다는 것이다(www.jstatsoft.org/article/view/v040i01 참조). 해당 데이터 분석 작업은 자주 수행된다. 나머지 장에서 이런 작업에 대해 설명할 것이다.

하지만 GroupedDataFrame 객체는 단순히 분할-적용-결합을 지원하는 것 이상의 다른 기능도 제공한다. 그룹 반복, 조회, 재정렬, 부분집합과 같은 작업을 효율적으로 수행할 수 있게 해준다. 이러한 모든 작업은 실제로 자주 수행된다. 몇 가지 예제를 살펴보자.

한 대학교에 대규모 학생 데이터베이스가 있다고 가정한다. 학생들을 전공 분야별로 그룹화한 후 다음 작업을 효율적으로 수행하려고 한다(여기서 **효율적으로** 수행한다는 의미는 원본 데이터가 클 수 있으므로 스캔하거나 이동할 필요가 없어야 한다는 것이다).

- 전체 테이블 스캔을 수행하지 않고 수학 전공의 모든 학생 찾기

- 원본 데이터프레임을 정렬하지 않고 등록한 학생 수에 따라 전공 분야 정렬하기

- 원본 데이터프레임을 변경하지 않고 학생 수가 10명 미만인 모든 전공 분야를 제거하기

이러한 작업은 GroupedDataFrame 객체를 사용하여 수행할 수 있다. 이 장에서는 위 작업을 수행하는 방법에 대해 설명한다. 이 장은 두 개의 절로 나누었다.

- 11.1절에서는 데이터프레임을 줄리아에서 자주 사용되는 다른 타입의 값으로 변환하는 방법을 보여준다.

- 11.2절에서는 groupby 함수를 사용하여 원본 데이터프레임에서 GroupedDataFrame을 생성하는 방법과 작업하는 방법을 설명한다.

데이터프레임 객체를 다른 타입으로 변환하는 방법을 논의하면서 줄리아로 작업할 때 배워야 할 두 가지 중요한 개념, 즉 코드의 **타입 안정성**type stability과 **타입 해적질**type piracy에 대해 살펴본다. 11.1절에서 두 가지 주제에 대해 설명한다.

데이터프레임을 다른 값 타입으로 변환하기

이 절에서는 데이터프레임을 다른 값 타입으로 변환하는 방법을 알아본다. 이 작업은 데이터프레임을 인수로 받지 않는 함수가 있지만 이 함수에 전달하려는 데이터가 데이터프레임에 저장되어 있는 경우에 종종 필요하다.

데이터프레임 객체 변환이 가장 자주 발생하는 대상 타입은 다음과 같다.

- 행렬
- 벡터의 NamedTuple
- NamedTuple의 Vector
- 데이터프레임 열의 이터레이터
- 데이터프레임 행의 이터레이터

변환 예제에서는 10장에서 만든 **walk** 데이터프레임을 사용할 것이다. 따라서 먼저 deserialize 함수를 사용하여 walk.bin 파일에서 이를 읽어야 한다.

```julia
julia> using DataFrames

julia> using Serialization

julia> walk = deserialize("walk.bin");
```

줄리아에서 변환의 의미에 대한 참고 사항

이 장에서는 **변환**conversion이라는 단어를 한 타입의 객체를 가져와서 다른 타입의 객체를 생성하는 것이라는 의미로 여러 번 사용했다. 예를 들어, 데이터프레임을 벡터의 NamedTuple로 변환한다고 하는 식이다. 이 의미는 단어에 대한 직관적인 이해와 일치하며 실제로 자주 접하게 될 것이다. 그래서 이 단어를 사용하기로 결정했다.

그러나 줄리아에서 **변환**은 더 좁은 의미로 사용된다. 줄리아는 convert 함수를 정의하며, 줄리아 언어 순수주의자들은 이 함수를 명시적으로 또는 암시적으로 사용하는 경우에만 변환이 발생한다고 주장할 수 있다. convert 함수의 암시적 사용은 배열에 값을 할당할 때 발생한다. 다음 연산을 고려해보자.

```julia
julia> x = [1.5]
1-element Vector{Float64}:
 1.5

julia> x[1] = 1
```

```
1

julia> x
1-element Vector{Float64}:
 1.0
```

x 변수는 Float64의 벡터이다. 그러나 x[1] = 1 연산에서는 이 벡터의 첫 번째 요소에 정수를 할당한다. 보다시피, 1 정수는 요청하지 않아도 암시적으로 1.0 부동소수점으로 변환된다.

따라서 엄밀히 말하면 객체를 타입으로 변환하는 것은 해당 타입의 값을 구성construction하는 것과는 다르다. 변환과 구성의 차이에 대한 자세한 내용은 줄리아 매뉴얼(http://mng.bz/K0Z4)을 참조하기를 바란다.

이 책에서는 모호함을 유발하지 않는 선에서 편의를 위해 **변환**이라는 용어를 느슨한 의미로 사용한다(convert 메서드를 호출하거나 타입 생성자를 사용하여 특정 타입의 새 객체를 생성한다는 의미).

11.1.1 행렬로의 변환

이 절에서는 데이터프레임을 행렬로 변환하는 방법을 배운다. 예를 들어 데이터프레임에 숫잣값만 포함되어 있고 선형대수 함수를 사용하여 행렬의 열이 선형적으로 독립적인지 확인하기 위해 이를 처리하려는 경우 변환을 수행해야 한다.

데이터프레임을 행렬로 변환하려면 Matrix 생성자에 데이터프레임을 전달한다.

```
julia> Matrix(walk)
11×2 Matrix{Int64}:
 0  0
 0  1
 0  2
 0  3
 1  3
 1  4
 1  5
 1  6
 0  6
 0  7
 0  8
```

결과 행렬에서는 적절한 요소 타입이 자동으로 감지되었다. 선택적으로 생성자에 매개변수로 전달하여 직접 지정할 수도 있다.

```
julia> Matrix{Any}(walk)
11×2 Matrix{Any}:
 0  0
 0  1
 0  2
 0  3
 1  3
 1  4
 1  5
 1  6
 0  6
 0  7
 0  8
```

행렬의 요소 타입을 전달할 수는 있지만, 필요한 경우는 거의 없다. 일반적으로 연산의 성공을 보장하는 자동 타입 감지에 의존하는 것이 좋다. 생성자에 잘못된 요소 타입을 전달하면 오류가 발생한다.

```
julia> Matrix{String}(walk)
ERROR: MethodError: Cannot `convert` an object of type Int64 to an object of type String
```

행렬로 변환하면 결과 행렬에 새 메모리가 할당되지만, 이 점과는 별개로 매우 빠르다. 이런 작업은 분석에서 함수에 행렬을 전달해야 할 때 유용하다. 예를 들어보자. Plots.jl에서 **plot** 함수에 행렬을 전달하면 단일 플롯에 여러 개의 선을 그린다. 그러나 데이터프레임을 플롯 함수에 전달하는 것은 지원되지 않는다.

```
julia> using Plots

julia> plot(walk)
ERROR: Cannot convert DataFrame to series data for plotting
```

대신 **Matrix(walk)**는 그릴 수 있다.

```
julia> plot(Matrix(walk); labels=["x" "y"] , legend=:topleft)
```

그림 11.1은 결과 플롯을 보여준다. 두 개의 데이터 시리즈가 그려졌다.

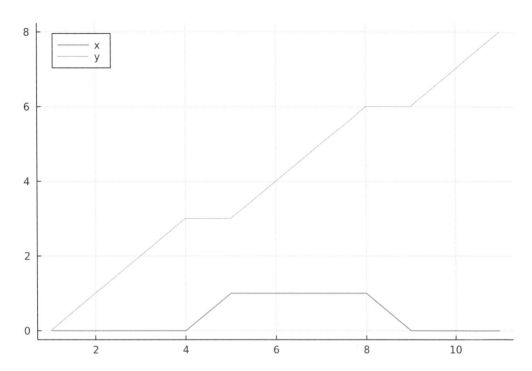

그림 11.1 두 개의 데이터 시리즈를 사용한 walk 데이터프레임의 시각화. 범례를 플롯의 왼쪽 상단 모서리로 이동했다 (기본적으로 범례는 오른쪽 상단 모서리에 표시되며 그래프와 겹친다).

여기서 plot 함수에는 두 개의 키워드 인수가 사용되었다. 첫 번째는 labels로 시리즈 레이블의 한 행 행렬(이 경우 ["x" "y"])을 전달했다. 해당 행렬은 벡터가 아니라는 점에 유의해야 한다(벡터는 ["x", "y"]로 작성된다). 코드에서는 "x"와 "y" 사이에 공백만을 넣었다. 두 번째 키워드 인수는 범례 위치를 지정할 수 있는 legend이다. 이 경우에는 플롯의 왼쪽 상단 모서리에 범례를 배치하도록 선택했다.

11.1.2 네임드튜플 벡터로의 변환

이 절에서는 데이터프레임을 벡터의 네임드튜플로 변환하는 방법을 배운다. 이 작업은 코드의 성능을 향상시킬 수 있기 때문에 실제로 종종 사용된다. 이 절에서는 해당 작업이 도움이 될 수 있는 경우에 대한 예제들을 볼 수 있다. 또한 이러한 변환은 비용도 저렴하다.

변환 자체는 간단하다. 다음을 호출하기만 하면 된다.

```
julia> Tables.columntable(walk)
(x = [0, 0, 0, 0, 1, 1, 1, 1, 0, 0, 0], y = [0, 1, 2, 3, 3, 4, 5, 6, 6, 7, 8])
```

위 연산은 원본 데이터프레임에 저장된 벡터를 복사하지 않고 열 이름을 유지한다. 11.1.1절에서 설명한 행렬로 변환하면 원본 데이터프레임 열 이름 정보가 손실되고 새 메모리가 할당된다는 점을 기억하기를 바란다.

이 시점에서 `DataFrame`과 벡터의 `NamedTuple`이 비슷해 보이는 것을 알 수 있다. 둘 다 데이터를 열에 저장하고 열 이름을 지원한다. 둘 다 유용한 이유와 언제 사용해야 하는지에 대해 논의해보자. 이 주제를 이해하는 것은 줄리아에서 표 형식 데이터로 작업하는 데 필요한 고급 지식의 기본 요소 중 하나이다. 이는 `DataFrame`과 벡터의 `NamedTuple`을 구분하는 두 가지 주요 기능과 관련이 있다.

- `DataFrame`은 타입이 불안정한 객체이지만 벡터의 `NamedTuple`은 타입이 안정적이다. 이 차이는 두 컨테이너 타입의 성능과 관련이 있다.
- `DataFrame`은 DataFrames.jl 패키지에 정의된 타입인 반면, `NamedTuple` 타입은 패키지를 로드하지 않고 줄리아에서 정의된다. DataFrames.jl 패키지 관리자는 `DataFrame` 객체의 동작을 훨씬 더 유연하게 정의할 수 있다. 이러한 차이는 타입 해적질과 관련이 있다.

다음으로 타입 안정성 문제를 먼저 살펴본 다음 타입 해적질 문제로 넘어갈 것이다.

■ 줄리아의 타입 안정성

줄리아가 컴파일 시점에 해당 코드에 사용된 모든 변수의 타입을 확인할 수 있는 경우 일부 줄리아 코드는 **타입이 안정적**이라고 한다. 이 조건이 충족되면 줄리아 코드는 빠르게 실행될 수 있다. 그렇지 않으면 느려질 수 있다.

타입 안정성이 이 책의 핵심 주제이므로 데이터프레임 객체를 예로 들어 타입 안정성 결과를 설명한다. 관련 성능 고려 사항에 대해 자세히 알아보려면 줄리아 매뉴얼의 'Performance Tips'(http://mng.bz/9Vda)을 참조하기를 바란다.

줄리아 컴파일러 관점에서 보면 `DataFrame`의 모든 열은 `AbstractVector`이다. 데이터프레임에서 열을 추출하는 경우 컴파일러는 구체적인 타입을 유추할 수 없다. 결과적으로 해당 열에 대한 작업이 느려진다.

다음은 예제이다. 데이터프레임의 단일 열에 있는 요소의 합계를 수동으로 계산하려고 한다. 예제에서 `1_000_000` 리터럴을 작성할 때 줄리아는 밑줄을 무시하므로 이 숫자를 더 쉽게 읽을 수 있다.

```
julia> using BenchmarkTools

julia> function mysum(table)
           s = 0  ←── ❶ 정수를 합산한다고 가정한다.
           for v in table.x  ←── ❷ 테이블에 열로 프로퍼티 x가 있다고 가정한다.
               s += v
           end
           return s
       end
mysum (generic function with 1 method)

julia> df = DataFrame(x=1:1_000_000);

julia> @btime mysum($df)
  54.408 ms (3998948 allocations: 76.28 MiB)
500000500000
```

위 작업의 메모리 할당 규모가 크다는 것은 알 수 있지만, 걸린 시간이 좋은지 나쁜지 평가하는 것은 어렵다. 그러므로 df 데이터프레임에서 벡터의 NamedTuple을 생성하고 그 성능을 벤치마킹 해보자.

```
julia> tab = Tables.columntable(df);

julia> @btime mysum($tab)
  157.291 μs (0 allocations: 0 bytes)
500000500000
```

위 코드는 메모리 할당도 없고 실행 시간도 훨씬 빠르기 때문에 이 작업을 df 데이터프레임에서 실행하는 것은 성능 측면에서 좋은 선택이 아니다.

df 객체와 tab 객체의 차이점은 무엇일까? 앞서 말했듯 컴파일러는 DataFrame의 모든 열을 AbstractVector로 간주한다. AbstractVector는 추상 컨테이너이므로 줄리아 컴파일러는 이 타입을 가진 값의 실제 메모리 레이아웃을 알지 못한다(3장에서 추상 타입과 구체 타입의 차이를 설명했다). 따라서 컴파일러는 이를 처리하기 위해 비교적 느린 일반 코드를 사용해야 한다. tab 객체에서 줄리아 컴파일러는 열 x의 타입이 Vector{Int64}라는 것을 알고 있다. 이는 구체 타입이므로 줄리아는 계산을 수행하기 위한 최적의 기계 코드를 생성할 수 있다.

이는 mysum(df) 함수 호출 시 @code_warntype 매크로를 실행하여 확인할 수 있다.

```
julia> @code_warntype mysum(df)
MethodInstance for mysum(::DataFrame)
  from mysum(table) in Main at REPL[436]:1
Arguments
  #self#::Core.Const(mysum)
  table::DataFrame
Locals
  @_3::Any
  s::Any
  v::Any
Body::Any
1 ─       (s = 0)
│   %2  = Base.getproperty(table, :x)::AbstractVector
│         (@_3 = Base.iterate(%2))
│   %4  = (@_3 === nothing)::Bool
│   %5  = Base.not_int(%4)::Bool
└──       goto #4 if not %5
2 ┄ %7  = @_3::Any
│         (v = Core.getfield(%7, 1))
│   %9  = Core.getfield(%7, 2)::Any
│         (s = s + v)
│         (@_3 = Base.iterate(%2, %9))
│   %12 = (@_3 === nothing)::Bool
│   %13 = Base.not_int(%12)::Bool
└──       goto #4 if not %13
3 ─       goto #2
4 ─       return s
```

@code_warntype 매크로는 컴파일러가 함수 호출을 어떻게 보는지 알려준다. 이 출력의 모든 세부 사항을 이해할 필요는 없다. 컴파일러가 처리 중인 데이터 타입을 제대로 파악하고 있는지 확인하는 것으로 충분하다. 일반적으로 문제가 있는 경우 빨간색으로 강조 표시된다(책에서는 음영을 넣었다). 데이터프레임의 열 x가 빨간색의 AbstractVector로 표시되고 여러 개의 Any값도 빨간색으로 출력된 것을 확인할 수 있다. 이것은 코드가 빠르게 실행되지 않는다는 신호이다.

mysum(tab) 객체에서 @code_warntype 매크로 호출을 확인해보자.

```
julia> @code_warntype mysum(tab)
MethodInstance for mysum(::NamedTuple{(:x,), Tuple{Vector{Int64}}})
  from mysum(table) in Main at REPL[436]:1
Arguments
  #self#::Core.Const(mysum)
  table::NamedTuple{(:x,), Tuple{Vector{Int64}}}
Locals
  @_3::Union{Nothing, Tuple{Int64, Int64}}
```

```
    s::Int64
    v::Int64
Body::Int64
1 ─        (s = 0)
│   %2   = Base.getproperty(table, :x)::Vector{Int64}
│          (@_3 = Base.iterate(%2))
│   %4   = (@_3 === nothing)::Bool
│   %5   = Base.not_int(%4)::Bool
└──        goto #4 if not %5
2 ┄ %7   = @_3::Tuple{Int64, Int64}
│          (v = Core.getfield(%7, 1))
│   %9   = Core.getfield(%7, 2)::Int64
│          (s = s + v)
│          (@_3 = Base.iterate(%2, %9))
│   %12  = (@_3 === nothing)::Bool
│   %13  = Base.not_int(%12)::Bool
└──        goto #4 if not %13
3 ─        goto #2
4 ┄        return s
```

이번에는 아무것도 빨간색으로 출력되지 않고, 줄리아가 모든 값의 타입을 식별하는 것을 볼 수 있다. 즉, `mysum(tab)`이 빠르게 실행될 것으로 예상된다.

줄리아가 `tab` 객체에 대해 적절한 타입 추론을 할 수 있는 이유는 무엇일까? 그 이유는 내부에 저장된 열의 이름과 타입이 특정 타입으로 인코딩되어 있기 때문이다.

```
julia> typeof(tab)
NamedTuple{(:x,), Tuple{Vector{Int64}}}
```

`tab` 객체로 작업하는 것이 빠르다는 이점을 방금 확인했다. 그러나 DataFrames.jl 개발자가 DataFrame 객체 타입을 안정적으로 만들지 않기로 결정하게 만든 단점도 존재한다. 단점은 다음과 같다.

- 열 이름과 타입은 `tab` 객체 타입 정의의 일부이므로 동적으로 변경할 수 없다. 벡터의 `NamedTuple` 열은 추가, 삭제, 타입 변경, 이름 변경 모두 불가하다(4장에서 배웠듯 `NamedTuple`은 불변이다).

- 많은 열을 포함한 벡터의 `NamedTuple`을 컴파일하는 것은 비용이 많이 든다. 경험상 1,000개 이상의 열은 문제가 되므로 해당 연산을 피해야 한다.

행 1개와 열 10,000개로 구성된 데이터프레임을 만드는 데 필요한 시간을 측정한다. 코드 ones(1, 10_000)를 사용하여 자동으로 열 이름이 생성된 행렬을 사용하면 된다. 다음으로 해당 데이터프레임에서 벡터의 NamedTuple을 생성하는 데 필요한 시간을 측정한다.

위와 같은 이유를 살펴보니 DataFrame 객체의 설계가 이해되기 시작한다. DataFrame 객체는 벡터의 NamedTuple보다 훨씬 더 유연하고 줄리아 컴파일러 친화적이다. 다만 DataFrame 타입을 가진 객체의 타입 불안정성을 어떻게 극복할 것인가 하는 문제는 아직 남아 있다.

이를 위해 **함수-장벽**function-barrier **기법**(http://mng.bz/jAXy)이라는 간단한 트릭을 사용할 수 있다. 함수 내의 데이터프레임에서 열을 추출하는 것은 느리지만, 이렇게 추출한 열을 바로 다른 함수로 전달하면 컴파일러가 이 내부 함수에서의 열 타입을 올바르게 식별하므로 작업이 빨라진다.

함수에 진입할 때마다 컴파일러가 해당 인수의 타입 검사를 수행한다고 생각하면 된다. 다음은 mysum 함수의 타입 불안정성 문제를 해결하는 예제이다.

```
julia> function barrier_mysum2(x)
           s = 0
           for v in x
               s += v
           end
           return s
       end
barrier_mysum2 (generic function with 1 method)

julia> mysum2(table) = barrier_mysum2(table.x)
mysum2 (generic function with 1 method)

julia> @btime mysum2($df)
  157.041 µs (1 allocation: 16 bytes)
500000500000
```

이제 mysum(tab)처럼 실행 시간이 매우 빨라졌다. 메모리 할당도 하나만 표시된다. 이는 타입이 불안정한 table.x 연산과 관련이 있다. 그러나 일단 barrier_mysum2 함수 내부에 들어가면 줄리아 컴파일러가 인수 x의 타입을 올바르게 식별하기 때문에 모든 것이 안정적이다. table.x의 타입은 mysum2 함수에서는 알 수 없지만, 일단 barrier_mysum2 함수로 전달되면 내부에서 알 수 있다는 점을 이해하는 것이 중요하다.

보다시피 해결책은 비교적 간단하다. 나머지 장에서 설명할 많은 연산에 대해 DataFrames.jl은 이러한 커널 함수를 자동으로 생성하므로, 실제로 대부분의 경우에는 생각할 필요조차 없다.

지금까지의 내용을 요약해보자. DataFrame 객체의 설계와 DataFrames.jl에 내장된 기능을 결합하면 DataFrame 객체의 유연성, 낮은 컴파일 비용뿐만 아니라 함수-장벽 기법을 사용하여 빠른 계산 실행 시간도 얻을 수 있다.

그럼에도 불구하고 때로는 DataFrames.jl의 표준 메서드가 기대한 성능을 제공하지 못하는 경우가 있다(경험상 이런 경우는 드물었다). 열이 몇 개만 있는 데이터프레임이 있고 이를 변경하지 않으려는 경우, 데이터 분석을 위해 벡터의 임시 NamedTuple을 생성할 수 있다.

❷ 줄리아의 타입 해적질
특별한 DataFrame 타입이 필요한 두 번째 이유는 **타입 해적질**과 관련이 있다.

NOTE 이 주제는 조금 더 고급 주제이므로, 이 책을 처음 읽을 때는 해당 절을 건너뛰어도 좋다. 그러나 나중에 직접 줄리아 패키지를 개발하려면 타입 해적질을 이해하는 것이 필수적이다.

줄리아 매뉴얼에서 정의한 **타입 해적질**이란 "사용자가 정의하지 않은 타입에 대해 Base 또는 다른 패키지의 메서드를 확장하거나 재정의하는 행위"이다(http://mng.bz/WMEx). 예제를 통해 이것이 의미하는 바와 잠재적인 결과를 설명한다.

이 장에서 살펴본 바와 같이 DataFrame 타입은 push!, append!, vcat, unique, unique! 등 Base Julia에 정의된 많은 표준 함수를 지원한다. DataFrames.jl에 정의된 DataFrame 타입에 대하여, 개발자는 표준 함수에 대한 메서드를 안전하게 정의할 수 있다. 사용자 정의로 인해 기존 코드가 손상될 위험도 없다.

이제 벡터의 NamedTuple에 대한 unique 특수 메서드를 정의한다고 가정해보자. 데이터프레임 객체에서 unique 메서드를 실행하면 행의 중복이 제거된다.

```
julia> df = DataFrame(a=[1, 1, 2], b=[1, 1, 2])
3×2 DataFrame
 Row │ a      b
     │ Int64  Int64
─────┼──────────────
   1 │     1      1
   2 │     1      1
   3 │     2      2
```

```
julia> unique(df)
2×2 DataFrame
 Row │ a      b
     │ Int64  Int64
─────┼──────────────
   1 │     1      1
   2 │     2      2
```

다음으로는 벡터의 NamedTuple에서 unique를 실행하면 어떻게 되는지 확인해보자.

```
julia> tab = Tables.columntable(df)
(a = [1, 1, 2], b = [1, 1, 2])

julia> unique(tab)
1-element Vector{Vector{Int64}}:
 [1, 1, 2]
```

행의 중복을 제거하는 것이 아니라 tab의 고윳값을 반환했다. 이것은 Base Julia에 내장된 NamedTuple에 대한 unique의 기본 동작이다. 따라서 벡터의 NamedTuple에 대한 사용자 정의 unique를 생성하고 싶어도 하면 안 된다. 그 이유는 NamedTuple 객체에서 unique가 작동하는 기존 코드를 손상시킬 수 있기 때문이다.

결론은 다음과 같다. 만약 우리가 자체적으로 DataFrame 타입을 정의했다면 함수가 작동하는 방식을 자유롭게 정의할 수 있다(Base Julia의 함수도 포함). 반면 Base Julia에 정의된 타입과 함수의 경우, 타입 해적질에 해당하므로 정의하면 안 된다. DataFrames.jl 개발자는 Base Julia에 정의된 기본 동작의 제약을 받지 않고 DataFrame 타입의 동작을 사용자 친화적인 방식으로 정의할 수 있다.

타입이 안정적인 테이블형 객체를 제공하는 선별된 패키지

줄리아 생태계에는 DataFrames.jl에 정의된 DataFrame 타입과 달리 타입이 안정적인 테이블과 유사한 타입의 구현이 여러 개 있다. 다음은 이러한 기능을 제공하는 선별된 패키지 목록이다.

TypedTables.jl 패키지는 Table 타입을 제공한다. 사용자에게 Table은 네임드튜플의 배열로 표시된다. 테이블의 각 행은 NamedTuple로 표시된다. 내부적으로 Table은 네임드튜플의 배열을 저장하며 표 형식 데이터의 열 기반 저장에 편리한 구조이다.

또 다른 유사한 패키지로 TupleVectors.jl이 있는데, 이 패키지는 TupleVector 타입을 정의한다. 이 역시 사용자에게는 네임드튜플의 배열로 보이지만 내부적으로는 벡터의 NamedTuple로 저장된다. 이 패키지의 흥미로운 기능은 열 중첩을 지원한다는 점이다(자세한 내용은 https://github.com/cscherrer/TupleVectors.jl 참조).

마지막으로 StructArrays.jl 패키지는 StructArray 타입을 제공한다. 이 타입은 NamedTuple과 같이 struct 객체를 요소로 하는 AbstractArray이다(struct 타입에 대한 설명은 4장 참조). 그러나 내부 메모리 레이아웃은 열 기반이다(구조체의 각 필드는 별도의 Array에 저장된다).

데이터 분석을 위해 어떤 패키지를 선택해야 할까? 개인적인 경험으로는 DataFrames.jl이 가장 좋은 선택일 것이다. 현재 가장 기능이 풍부한 패키지이기 때문이다. 또한 DataFrame은 타입이 불안정하기 때문에 매우 넓은 테이블을 손쉽게 처리할 수 있고 테이블을 제자리에서 변경할 수 있다는 장점이 있다. 그러나 DataFrames.jl로 작업할 때 성능 병목현상이 발생할 수도 있다. 예를 들어 행과 열이 매우 적은 수백만 개의 테이블을 처리할 때 이러한 문제가 발생할 수 있다. 이러한 경우 벡터의 NamedTuple(데이터프레임과 Tables.columntable을 사용하여 생성 가능)을 사용하거나, 나열한 패키지 중 하나(TypedTables.jl, TupleVectors.jl, StructArrays.jl)를 사용하여 코드의 실행 속도를 개선할 수 있다.

11.1.3 기타 일반적인 변환

실무에서 자주 사용되는 몇 가지 일반적인 변환을 요약하면서 이 절을 마무리한다. 이미 설명한 Matrix와 벡터의 NamedTuple로 변환하는 것 외에도 표 11.1에 나열된 다른 일반적인 변환 방법도 존재한다. 다음으로 이러한 변환에 대해 설명하면서 언제, 왜 사용해야 하는지에 대해서도 알아볼 것이다. 예제에서는 이 절의 시작 부분에서 역직렬화했던 walk 데이터프레임을 계속 사용한다.

표 11.1 데이터프레임 객체의 변환 방법(일부). df가 데이터프레임이라고 가정한다.

출력값	의미	예제 코드	메모리 할당	타입 안정성
Matrix	행렬의 열은 데이터의 열이다.	Matrix(df)	예	예/아니요
벡터의 NamedTuple	네임드튜플의 각 요소는 데이터 열이다.	Tables.columntable(df)	아니요	예
NamedTuple의 Vector	벡터의 각 요소는 하나의 데이터 행이다.	Tables.rowtable(df)	아니요	예
NamedTuple의 이터레이터	반복되는 각 요소는 하나의 데이터 행이다.	Tables.namedtupleiterator(df)	아니요	예
DataFrameRow의 컬렉션	컬렉션의 각 요소는 하나의 데이터 행이다.	eachrow(df)	아니요	아니요
데이터프레임 열의 컬렉션	컬렉션의 각 요소는 하나의 데이터 열이다.	eachcol(df)	아니요	아니요
데이터프레임 열의 벡터	벡터의 각 요소는 하나의 데이터 열이다.	identity.(eachcol(df))	아니요	예/아니요

❶ NamedTuple의 Vector

NamedTuple의 Vector를 만드는 것으로 시작한다. 이 변환은 나중에 데이터를 행 단위로 처리하려는 경우에 유용하다.

```
julia> Tables.rowtable(walk)
11-element Vector{NamedTuple{(:x, :y), Tuple{Int64, Int64}}}:
 (x = 0, y = 0)
 (x = 0, y = 1)
 (x = 0, y = 2)
 (x = 0, y = 3)
 (x = 1, y = 3)
 (x = 1, y = 4)
 (x = 1, y = 5)
 (x = 1, y = 6)
 (x = 0, y = 6)
 (x = 0, y = 7)
 (x = 0, y = 8)
```

이 객체의 장점은 타입이 안정적이며 다른 벡터들처럼 나중에 작업할 수 있다는 것이다. 단점으로는 넓은 테이블의 경우 컴파일과 메모리 할당에 많은 비용이 든다는 것이다.

❷ NamedTuple의 이터레이터

메모리 할당을 피하고 싶다면 NamedTuple의 이터레이터를 사용하면 된다. 단점은 이 객체는 벡터처럼 조작할 수 없다는 점이다. 다음 예제와 같이 순회만 할 수 있다.

```
julia> nti = Tables.namedtupleiterator(walk)
Tables.NamedTupleIterator{Tables.Schema{(:x, :y), Tuple{Int64, Int64}}, Tables.
RowIterator{NamedTuple{(:x, :y), Tuple{Vector{Int64}, Vector{Int64}}}}}(Tables.
RowIterator{NamedTuple{(:x, :y), Tuple{Vector{Int64}, Vector{Int64}}}}((x = [0, 0, 0, 0, 1,
1, 1, 1, 0, 0, 0], y = [0, 1, 2, 3, 3, 4, 5, 6, 6, 7, 8]), 11))

julia> for v in nti
           println(v)
       end
(x = 0, y = 0)
(x = 0, y = 1)
(x = 0, y = 2)
(x = 0, y = 3)
(x = 1, y = 3)
(x = 1, y = 4)
(x = 1, y = 5)
```

```
(x = 1, y = 6)
(x = 0, y = 6)
(x = 0, y = 7)
(x = 0, y = 8)
```

③ 데이터프레임의 행과 열에 대한 타입이 불안정한 이터레이터

타입이 불안정한 컬렉션으로 작업해도 괜찮다면, eachrow와 eachcol을 호출하여 반복 가능하고 인덱싱 가능한 객체를 사용할 수 있다. 해당 객체는 원본 데이터프레임에서 행(DataFrameRow)과 열 (벡터)을 생성한다.

```
julia> er = eachrow(walk)
11×2 DataFrameRows
 Row │ x      y
     │ Int64  Int64
─────┼──────────────
   1 │     0      0
   2 │     0      1
   3 │     0      2
   4 │     0      3
   5 │     1      3
   6 │     1      4
   7 │     1      5
   8 │     1      6
   9 │     0      6
  10 │     0      7
  11 │     0      8

julia> er[1]
DataFrameRow
 Row │ x      y
     │ Int64  Int64
─────┼──────────────
   1 │     0      0

julia> er[end]
DataFrameRow
 Row │ x      y
     │ Int64  Int64
─────┼──────────────
  11 │     0      8

julia> ec = eachcol(walk)
11×2 DataFrameColumns
 Row │ x      y
```

```
     │ Int64  Int64
─────┼──────────────
   1 │   0      0
   2 │   0      1
   3 │   0      2
   4 │   0      3
   5 │   1      3
   6 │   1      4
   7 │   1      5
   8 │   1      6
   9 │   0      6
  10 │   0      7
  11 │   0      8

julia> ec[1]
11-element Vector{Int64}:
 0
 0
 0
 0
 1
 1
 1
 1
 0
 0
 0

julia> ec[end]
11-element Vector{Int64}:
 0
 1
 2
 3
 3
 4
 5
 6
 6
 7
 8
```

데이터프레임 인수로 호출되는 eachrow와 eachcol에 의해 생성되는 컬렉션은 데이터를 복사하지 않으며, 컴파일 비용이 낮다. 대신 컴파일러가 작업할 때 최적의 코드를 생성할 수 없기 때문에 속도가 느리다. 이 문제는 수백만 개의 행이 있는 데이터프레임으로 작업할 때 eachrow에서 특히 중요하다. 이러한 경우를 효율적으로 처리하기 위해 비할당 Tables.namedtupleiterator 함수가 도입되었다(컴파일 비용이 매우 높아지므로 매우 넓은 테이블은 이 함수에 전달하지 않도록 주의해야 한다).

4 벡터의 벡터

마지막으로 논의할 변환 옵션은 표 11.1에 표시된 것처럼 `identity.(eachcol(df))`로 생성된 데이터프레임 열의 벡터이다. 왜 데이터프레임의 열에 `identity` 함수를 브로드캐스팅하는지 궁금할 것이다. 이 연산은 두 가지 목표를 달성한다. `eachcol` 함수가 반환한 `DataFrameColumns` 컬렉션을 `Vector`로 변경하며, 전달된 데이터프레임의 열이 동일한 타입을 갖는 경우 이 타입을 반환된 벡터의 요소 타입으로 올바르게 식별한다. 따라서 일반적으로 외부 벡터를 할당하는 데 드는 비용이 낮기에 반환된 값 또한 작업이 빠르다.

```julia
julia> identity.(eachcol(walk))
2-element Vector{Vector{Int64}}:
 [0, 0, 0, 0, 1, 1, 1, 1, 0, 0, 0]
 [0, 1, 2, 3, 3, 4, 5, 6, 6, 7, 8]
```

이 경우 전달된 데이터프레임의 모든 열이 동일한 타입을 가지므로 생성된 벡터의 요소 타입이 `Vector{Int64}`로 올바르게 식별되는 것을 볼 수 있다.

열 타입이 다양한 데이터프레임을 전달한 경우에는 이러한 결과가 유지되지 않는다.

```julia
julia> df = DataFrame(x=1:2, b=["a", "b"])
2×2 DataFrame
 Row │ x      b
     │ Int64  String
─────┼───────────────
   1 │     1  a
   2 │     2  b

julia> identity.(eachcol(df))
2-element Vector{Vector}:
 [1, 2]
 ["a", "b"]
```

위에서 생성된 벡터의 요소 타입이 `Vector`이며, 5장에서 설명했던 구체 타입이 아니다. 따라서 나중에 `Vector{Vector}` 타입의 값으로 작동하는 코드는 타입 안정성이 떨어진다. 이러한 이유로 표 11.1은 원본 데이터프레임에 저장된 열이 어떤 타입인지에 따라 `identity.(eachcol(df))`의 타입 안정성 여부가 결정된다.

11.2 데이터프레임 객체 그룹화하기

이 절에서는 데이터프레임에서 GroupedDataFrame 객체를 만들고 작업하는 방법에 대해 설명한다. GroupedDataFrame 객체는 원본 데이터프레임을 감싸는 래퍼로, 데이터 작업을 그룹으로 수행하려는 경우에 유용하다.

이 장의 소개에서 설명한 대로, 데이터를 그룹화하는 것은 분할-적용-결합 변환을 수행하는 첫 번째 단계이다. 이러한 변환은 그룹 조회 또는 그룹 재정렬과 같은 작업을 수행하여 그룹화된 데이터로 작업하려는 경우에 유용하다. 이 절에서는 GroupedDataFrame 객체로 직접 작업하는 방법을 집중적으로 다루고, 나머지 장에서는 이를 사용하여 분할-적용-결합 변환을 수행하는 방법을 배운다.

11.2.1 원본 데이터프레임 준비하기

이 절에서는 데이터프레임 그룹화 예제에서 사용할 데이터프레임을 만들 것이다. 데이터는 JuliaAcademy DataFrames.jl 강좌(https://github.com/JuliaAcademy/DataFrames)에서 사용하는 데이터셋을 선택했다. 이 데이터셋은 2020년 며칠 동안 두 마을의 강우량을 보여준다. 행이 10개분이므로 우리가 수행하는 작업의 결과를 더 쉽게 이해할 수 있다. 먼저 데이터를 DataFrame으로 읽어오자.

```
julia> using CSV

julia> raw_data = """
       city,date,rainfall
       Olecko,2020-11-16,2.9
       Olecko,2020-11-17,4.1
       Olecko,2020-11-19,4.3
       Olecko,2020-11-20,2.0
       Olecko,2020-11-21,0.6
       Olecko,2020-11-22,1.0
       Ełk,2020-11-16,3.9
       Ełk,2020-11-19,1.2
       Ełk,2020-11-20,2.0
       Ełk,2020-11-22,2.0
       """;

julia> rainfall_df = CSV.read(IOBuffer(raw_data), DataFrame)
10×3 DataFrame
 Row │ city    date        rainfall
     │ String7 Date        Float64
─────┼─────────────────────────────
   1 │ Olecko  2020-11-16       2.9
```

```
 2 │ Olecko   2020-11-17    4.1
 3 │ Olecko   2020-11-19    4.3
 4 │ Olecko   2020-11-20    2.0
 5 │ Olecko   2020-11-21    0.6
 6 │ Olecko   2020-11-22    1.0
 7 │ Ełk      2020-11-16    3.9
 8 │ Ełk      2020-11-19    1.2
 9 │ Ełk      2020-11-20    2.0
10 │ Ełk      2020-11-22    2.0
```

이번에는 원본 CSV 데이터를 `raw_data` 문자열에 저장한다. 그다음 `IOBuffer` 함수를 사용하여 `CSV.read` 함수가 읽을 수 있는 인메모리 파일과 유사한 객체를 생성한다. `CSV.read` 함수에 첫 번째 인수로 문자열을 전달했다면, 함수는 해당 문자열을 파일 이름으로 취급하게 된다. 이는 원하던 동작이 아니다.

생성한 `rainfall_df` 데이터프레임은 2020년 11월 며칠 동안 두 도시(Olecko 및 Ełk)의 강우량(밀리미터)에 대한 정보를 저장한다.

11.2.2 데이터프레임 그룹화하기

이 절에서는 `groupby` 함수를 사용하여 데이터프레임을 그룹화하는 방법을 알아본다. 도시 이름별로 데이터를 그룹화하고 그 결과를 `gdf_city`라는 GroupedDataFrame에 저장하는 것으로 분석을 시작한다.

```
julia> gdf_city = groupby(rainfall_df, "city")
GroupedDataFrame with 2 groups based on key: city
First Group (6 rows): city = "Olecko"
 Row │ city    date        rainfall
     │ String7 Date        Float64
─────┼─────────────────────────────
   1 │ Olecko  2020-11-16       2.9
   2 │ Olecko  2020-11-17       4.1
   3 │ Olecko  2020-11-19       4.3
   4 │ Olecko  2020-11-20       2.0
   5 │ Olecko  2020-11-21       0.6
   6 │ Olecko  2020-11-22       1.0
 ⋮
Last Group (4 rows): city = "Ełk"
 Row │ city    date        rainfall
     │ String7 Date        Float64
─────┼─────────────────────────────
   1 │ Ełk     2020-11-16       3.9
```

```
 2 | Ełk    2020-11-19    1.2
 3 | Ełk    2020-11-20    2.0
 4 | Ełk    2020-11-22    2.0
```

`gdf_city` 객체를 출력하면 먼저 두 개의 그룹으로 구성되어 있고, 그룹화 키가 `city` 열이라는 정보를 얻을 수 있다. 그런 다음 첫 번째 그룹과 마지막 그룹의 내용이 표시된다.

열 선택자(9장에서 설명함)를 전달하여 데이터프레임을 그룹화하는 데 사용되는 열을 지정할 수 있다. 예를 들어 `rainfall_df` 데이터프레임을 `rainfall`을 제외한 모든 열로 그룹화하려면 다음과 같이 작성한다.

```
julia> gdf_city_date = groupby(rainfall_df, Not("rainfall"))
GroupedDataFrame with 10 groups based on keys: city, date
First Group (1 row): city = "Olecko", date = 2020-11-16
 Row │ city     date         rainfall
     │ String7  Date         Float64
─────┼──────────────────────────────────
   1 │ Olecko   2020-11-16        2.9
⋮
Last Group (1 row): city = "Ełk", date = 2020-11-22
 Row │ city     date         rainfall
     │ String7  Date         Float64
─────┼──────────────────────────────────
   1 │ Ełk      2020-11-22        2.0
```

이번에는 `city` 및 `date` 열에 저장된 값의 고유한 조합에 따라 데이터가 10개의 그룹으로 나뉜다.

데이터프레임을 그룹화하는 데 사용 가능한 옵션

`groupby` 함수에는 `sort`와 `skipmissing`이라는 두 가지 키워드 인수가 있으며, 이를 선택적으로 전달하여 `GroupedDataFrame`인 결과가 생성되는 방식을 변경할 수 있다.

`sort` 키워드 인수는 반환된 `GroupedDataFrame`에서 그룹의 순서를 정의한다. (`sort=nothing`)이 기본값이며, 순서는 정의되지 않는다. 이 경우 지원되는 가장 빠른 알고리즘을 사용하여 데이터를 그룹화하도록 `groupby`에 요청한다. 큰 데이터프레임으로 작업할 때 그룹화 작업 속도가 중요한 경우 해당 옵션을 사용한다. `sort=true`를 전달하면 그룹화하는 데 사용되는 열값에 따라 그룹이 정렬된다. `sort=false`를 전달하면 원본 데이터프레임에 나타나는 순서대로 그룹이 생성된다.

`skipmissing` 키워드 인수는 불리언값을 받는다. 기본값은 `false`로 설정되어 있으므로 원본 데이터프레임에 있는 모든 그룹이 결과에 반영된다. `skipmissing=true`를 전달하면 그룹화 열 중 하나에 `missing`값이 있는 그룹이 결과에서 삭제된다.

11.2.3 그룹화된 데이터프레임의 그룹 키 가져오기

이 절에서는 GroupedDataFrame의 그룹 키를 확인하는 방법을 알아본다. 이 정보는 Grouped DataFrame이 어떤 그룹을 저장하는지 알고 싶을 때 유용하다.

큰 GroupedDataFrame 객체로 작업할 때 어떤 그룹이 저장되어 있는지 파악하기 어려운 경우가 종종 있다. 예를 들어 gdf_city_date에 10개의 그룹이 있다는 것을 알고 있지만 너무 많은 공간을 차지하기 때문에 모든 그룹을 볼 수는 없다. 이 정보를 얻으려면 keys 함수를 사용하면 된다.

```
julia> keys(gdf_city_date)
10-element DataFrames.GroupKeys{GroupedDataFrame{DataFrame}}:
 GroupKey: (city = String7("Olecko"), date = Date("2020-11-16"))
 GroupKey: (city = String7("Olecko"), date = Date("2020-11-17"))
 GroupKey: (city = String7("Olecko"), date = Date("2020-11-19"))
 GroupKey: (city = String7("Olecko"), date = Date("2020-11-20"))
 GroupKey: (city = String7("Olecko"), date = Date("2020-11-21"))
 GroupKey: (city = String7("Olecko"), date = Date("2020-11-22"))
 GroupKey: (city = String7("Ełk"), date = Date("2020-11-16"))
 GroupKey: (city = String7("Ełk"), date = Date("2020-11-19"))
 GroupKey: (city = String7("Ełk"), date = Date("2020-11-20"))
 GroupKey: (city = String7("Ełk"), date = Date("2020-11-22"))
```

keys 함수는 GroupKey 객체를 저장한 벡터를 반환한다. GroupKey 객체는 주어진 그룹에 대해 그룹화 열값을 포함하고 네임드튜플처럼 작동한다. 나중에 코드에서 이러한 객체를 사용하려는 경우 GroupKey 객체를 튜플, 네임드튜플, 딕셔너리로 쉽게 변환할 수 있다. 다음은 첫 번째 그룹에 대한 이러한 변환의 예제이다.

```
julia> gk1 = keys(gdf_city_date)[1]
GroupKey: (city = String7("Olecko"), date = Date("2020-11-16"))

julia> g1_t = Tuple(gk1)
(String7("Olecko"), Date("2020-11-16"))

julia> g1_nt = NamedTuple(gk1)
(city = String7("Olecko"), date = Date("2020-11-16"))

julia> g1_dict = Dict(gk1)
Dict{Symbol, Any} with 2 entries:
  :date => Date("2020-11-16")
  :city => String7("Olecko")
```

11.2.4 단일값으로 그룹화된 데이터프레임 인덱싱하기

이 절에서는 인덱싱을 사용하여 그룹화된 데이터프레임에서 단일 그룹을 가져오는 방법을 배운다. 이는 GroupedDataFrame 객체로 작업하기 위해 배워야 하는 기본적인 작업이다.

이제 GroupedDataFrame의 그룹 키에 대한 정보를 얻는 방법을 알았다. 이제 그룹에 저장된 데이터를 가져오자. 다행히도 GroupedDataFrame 객체는 벡터와 마찬가지로 인덱싱을 지원하므로 이 작업은 쉽다.

정수 기반 일반 벡터 인덱싱을 사용하여 GroupedDataFrame을 인덱싱할 수 있지만, GroupKey, Tuple, NamedTuple, 딕셔너리를 사용하여 원하는 그룹을 선택할 수도 있다.

예제를 살펴보자. 다음은 gdf_city_date 객체에서 첫 번째 그룹을 추출하는 동일한 방법이다.

```
julia> gdf_city_date[1]        ◄── ❶ 정수를 사용한 조회하기
1×3 SubDataFrame
 Row │ city     date        rainfall
     │ String7  Date        Float64
─────┼───────────────────────────────
   1 │ Olecko   2020-11-16       2.9

julia> gdf_city_date[gk1]       ◄── ❷ GroupKey를 사용한 조회하기
1×3 SubDataFrame
 Row │ city     date        rainfall
     │ String7  Date        Float64
─────┼───────────────────────────────
   1 │ Olecko   2020-11-16       2.9

julia> gdf_city_date[g1_t]      ◄── ❸ 튜플을 사용한 조회하기
1×3 SubDataFrame
 Row │ city     date        rainfall
     │ String7  Date        Float64
─────┼───────────────────────────────
   1 │ Olecko   2020-11-16       2.9

julia> gdf_city_date[g1_nt]     ◄── ❹ 네임드튜플을 사용한 조회하기
1×3 SubDataFrame
 Row │ city     date        rainfall
     │ String7  Date        Float64
─────┼───────────────────────────────
   1 │ Olecko   2020-11-16       2.9

julia> gdf_city_date[g1_dict]   ◄── ❺ 딕셔너리를 사용한 조회하기
```

```
1×3 SubDataFrame
 Row │ city     date        rainfall
     │ String7  Date        Float64
─────┼───────────────────────────────
   1 │ Olecko   2020-11-16       2.9
```

위에서 살펴본 다섯 가지 인덱싱 시나리오 모두 rainfall_df 데이터프레임에서 행을 저장하는 데이터프레임을 반환한다. 반환된 객체는 9장에서 배운대로 SubDataFrame이며, 이는 이것이 뷰라는 것을 의미한다. 이러한 설계는 원본 데이터를 복사하지 않기 때문에 GroupedDataFrame에서 단일 그룹을 빠르게 가져올 수 있다.

그룹 조회의 한 가지 예제를 더 살펴보기 위해 gdf_city 객체에서 도시 Olecko에 해당하는 그룹을 추출해볼 것이다(gdf_city는 city라는 단일 열로 그룹화되어 있다).

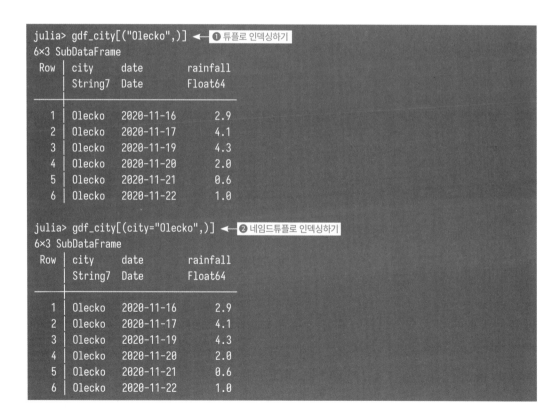

```
julia> gdf_city[("Olecko",)]    ◀── ❶ 튜플로 인덱싱하기
6×3 SubDataFrame
 Row │ city     date        rainfall
     │ String7  Date        Float64
─────┼───────────────────────────────
   1 │ Olecko   2020-11-16       2.9
   2 │ Olecko   2020-11-17       4.1
   3 │ Olecko   2020-11-19       4.3
   4 │ Olecko   2020-11-20       2.0
   5 │ Olecko   2020-11-21       0.6
   6 │ Olecko   2020-11-22       1.0

julia> gdf_city[(city="Olecko",)]    ◀── ❷ 네임드튜플로 인덱싱하기
6×3 SubDataFrame
 Row │ city     date        rainfall
     │ String7  Date        Float64
─────┼───────────────────────────────
   1 │ Olecko   2020-11-16       2.9
   2 │ Olecko   2020-11-17       4.1
   3 │ Olecko   2020-11-19       4.3
   4 │ Olecko   2020-11-20       2.0
   5 │ Olecko   2020-11-21       0.6
   6 │ Olecko   2020-11-22       1.0
```

보다시피, 관심 있는 키값을 알면 구체적인 그룹을 쉽게 조회할 수 있다.

Tuple 또는 NamedTuple과 같은 컬렉션에서 그룹을 식별하는 값을 전달해야 하는 이유가 궁금할 수 있다. 일반적으로 데이터프레임을 여러 열로 그룹화할 수 있으므로 DataFrames.jl은 그룹을 식별하기 위해 값 컬렉션을 허용해야 한다. 앞서 설명한 것처럼 유일한 예외는 정수를 인덱스로 전달하는 경우이며, 이 경우 정수는 그룹 번호로 해석된다.

11.2.5 인덱싱 방법의 성능 비교하기

이 절에서는 11.2.4절에서 설명한 인덱싱 방법의 속도를 비교한다. 계속 진행하기 전에 그룹화된 대규모 데이터프레임에서 조회 속도를 비교하는 간단한 벤치마크를 살펴보자. 다음 예제 코드에서는 시간 결과를 좀 더 쉽게 보기 위해 반환되는 값의 출력을 억제했다.

> **경고**
>
> 이 테스트는 32GB RAM이 장착된 컴퓨터에서 실행되었다. RAM이 더 작은 상황에서 이 테스트를 재현하려면 bench_df 데이터프레임의 행 수를 10^7와 같이 줄여서 진행해야 한다.[1]

```
julia> using BenchmarkTools

julia> bench_df = DataFrame(id=1:10^7);

julia> bench_gdf = groupby(bench_df, :id);

julia> @btime groupby($bench_df, :id);   ◀━❶ 그룹화된 데이터프레임의 생성 소요 시간
  15.610 ms (79 allocations: 85.83 MiB)

julia> bench_i = 1_000_000;

julia> bench_gk = keys(bench_gdf)[bench_i];

julia> bench_t = Tuple(bench_gk);

julia> bench_nt = NamedTuple(bench_gk);

julia> bench_dict = Dict(bench_gk);

julia> @btime $bench_gdf[$bench_i];   ◀━❷ 정수를 사용한 조회 소요 시간
  321.528 ns (6 allocations: 144 bytes)
```

---

1 [옮긴이] 원서의 코드 및 결과는 10^8 기준이었는데 옮긴이의 컴퓨터 RAM도 16GB로 10^8으로 실행하면 메모리 부족이 발생해 10^7으로 고쳐 실행했다. 다음 페이지 본문의 '1억 행'은 원서 표현 그대로 두었다.

```
julia> @btime $bench_gdf[$bench_gk];        ◀── ❸ GroupKey를 사용한 조회 소요 시간
  371.377 ns (8 allocations: 176 bytes)

julia> @btime $bench_gdf[$bench_t];         ◀── ❹ 튜플을 사용한 조회 소요 시간
  452.020 ns (9 allocations: 192 bytes)

julia> @btime $bench_gdf[$bench_nt];        ◀── ❺ 네임드튜플을 사용한 조회 소요 시간
  549.603 ns (11 allocations: 224 bytes)

julia> @btime $bench_gdf[$bench_dict];      ◀── ❻ 딕셔너리를 사용한 조회 소요 시간
  669.603 ns (14 allocations: 272 bytes)
```

위 벤치마크에 대해 다음과 같이 이야기할 수 있다.

- 정수 열을 기준으로 그룹화할 때 1억 행에 대한 groupby 작업은 수백 밀리초 만에 수행되므로 빠르다고 생각한다.

- 모든 인덱싱 작업은 수백 나노초 단위로 수행되며, 대부분의 실제 애플리케이션에서 충분히 빠르다.

- 정수 인덱싱이 가장 빠르며, GroupKey 인덱싱과 Tuple 인덱싱이 그 뒤를 잇는다. 그다음으로 NamedTuple 인덱싱이 있다. NamedTuple 인덱싱은 열 이름을 추가로 검사하기 때문에 튜플 인덱싱보다 비용이 더 많이 든다. 딕셔너리 인덱싱은 딕셔너리가 변경 가능하기 때문에 가장 느리다. 일반적으로 줄리아에서 가변 객체로 작업하는 것은 불변 객체를 사용하는 것보다 느리다.

- 이 벤치마크에는 표시되지 않지만 Tuple, NamedTuple, 딕셔너리 인덱싱을 사용하는 경우 처음 조회를 수행할 때가 연이은 작업보다 더 속도가 느리다. Tuple, NamedTuple, 딕셔너리 조회의 소요 비용을 낮추기 위해 DataFrames.jl은 GroupedDataFrame 객체 내에 헬퍼 데이터 구조를 느리게 생성한다. 이 작업이 느리게 수행되는 이유는 정수 또는 GroupKeys만 사용하여 조회를 수행하는 상황에서는 이러한 헬퍼 데이터 구조가 필요하지 않으므로 DataFrames.jl이 기본적으로 생성을 피하기 때문이다.

11.2.6 여러 값으로 그룹화된 데이터프레임 인덱싱하기

이 절에서는 인덱싱을 사용하여 GroupDataFrame에서 여러 그룹을 선택한다.

이제 GroupDataFrame 객체에서 단일 그룹 조회를 수행하려면 단일값으로 인덱싱을 생성해야 한다는 것을 알았다. 이 규칙의 자연스러운 확장으로 GroupedDataFrame을 인덱싱할 때 여러 값을 전달하면 선택한 그룹만 유지된 GroupedDataFrame을 얻을 수 있다. 다음은 두 가지 예제이다.

```
julia> gdf_city[[2, 1]]    ◄── ❶ gdf_city 그룹화된 데이터프레임의 그룹 순서를 변경한다.
GroupedDataFrame with 2 groups based on key: city
First Group (4 rows): city = "Ełk"
 Row │ city     date        rainfall
     │ String7  Date        Float64
─────┼──────────────────────────────
   1 │ Ełk      2020-11-16       3.9
   2 │ Ełk      2020-11-19       1.2
   3 │ Ełk      2020-11-20       2.0
   4 │ Ełk      2020-11-22       2.0
⋮
Last Group (6 rows): city = "Olecko"
 Row │ city     date        rainfall
     │ String7  Date        Float64
─────┼──────────────────────────────
   1 │ Olecko   2020-11-16       2.9
   2 │ Olecko   2020-11-17       4.1
   3 │ Olecko   2020-11-19       4.3
   4 │ Olecko   2020-11-20       2.0
   5 │ Olecko   2020-11-21       0.6
   6 │ Olecko   2020-11-22       1.0

julia> gdf_city[[1]]    ◄── ❷ 단일 그룹을 갖는 그룹화된 데이터프레임을 생성한다.
GroupedDataFrame with 1 group based on key: city
First Group (6 rows): city = "Olecko"
 Row │ city     date        rainfall
     │ String7  Date        Float64
─────┼──────────────────────────────
   1 │ Olecko   2020-11-16       2.9
   2 │ Olecko   2020-11-17       4.1
   3 │ Olecko   2020-11-19       4.3
   4 │ Olecko   2020-11-20       2.0
   5 │ Olecko   2020-11-21       0.6
   6 │ Olecko   2020-11-22       1.0
```

보다시피 인덱싱 규칙은 줄리아에서 사용하는 일반적인 인덱싱 규칙과 동일하다. 예를 들어, gdf_
city[[1]] 표현식에서 하나의 요소 벡터를 인덱스로 전달하면 단일 그룹을 가진 그룹화된 데이
터프레임이 반환된다. 이 예제에서는 정수를 사용하여 그룹화된 데이터프레임을 인덱싱하지만
GroupKey, Tuple, NamedTuple, 딕셔너리의 벡터를 사용할 수도 있다.

여기서 다시 한번 강조하고 싶은 것은 GroupedDataFrame 인덱싱에는 rainfall_df 데이터프레임
원본 데이터의 복사가 포함되지 않으므로 이러한 모든 작업이 빠르다는 것이다.

요약하면 다음과 같다. GroupedDataFrame 인덱싱을 사용하면 추가 조작을 위해 데이터를 준비할 때 유용한 다음 세 가지 작업을 쉽게 수행할 수 있다.

- 그룹을 조회하거나 인덱싱할 때 단일 그룹 인덱스를 전달하면 데이터프레임을 반환한다.
- 그룹을 재정렬하거나 인덱싱할 때 그룹 인덱스의 순열을 전달하면 그룹화된 데이터프레임을 반환한다.
- 그룹의 부분집합을 구하거나 인덱싱할 때 그룹 인덱스 부분집합의 벡터를 전달하면 그룹화된 데이터프레임을 반환한다.

11.2.7 그룹화된 데이터프레임 순회하기

이 절에서는 GroupedDataFrame의 그룹을 순회하는 방법을 살펴본다. 이 작업은 GroupedDataFrame 의 모든 그룹에 대해 동일한 작업을 수행하려는 경우 유용하다.

GroupedDataFrame 객체는 인덱싱을 지원하므로 10장에서 설명한 이터레이션 인터페이스를 따를 것이라고 예상할 수 있고, 실제로 그렇다. 이때 이터레이션은 연속된 그룹들을 나타내는 데이터프레임을 생성한다. 따라서 컴프리헨션에서도 사용할 수 있다. 다음 예제는 그룹화된 데이터프레임 gdf_city의 각 그룹에 있는 행 수를 판별하는 방법을 보여준다.

```julia
julia> [nrow(df) for df in gdf_city]
2-element Vector{Int64}:
 6
 4
```

이 이터레이션은 종종 유용하지만 한 가지 문제가 있다. 값을 순회할 때 해당 값의 키를 확인할 수 없다. 이 문제는 gdf_city 객체를 pairs 함수로 래핑하여 해결할 수 있다. 이 함수는 GroupKey와 데이터프레임 쌍의 이터레이터를 반환한다. 다음은 이러한 쌍을 출력하는 간단한 예제이다.

```julia
julia> for p in pairs(gdf_city)
           println(p)
       end
GroupKey: (city = String7("Olecko"),) => 6×3 SubDataFrame
 Row │ city     date        rainfall
     │ String7  Date        Float64
─────┼─────────────────────────────────
   1 │ Olecko   2020-11-16       2.9
```

```
  2 │ Olecko   2020-11-17        4.1
  3 │ Olecko   2020-11-19        4.3
  4 │ Olecko   2020-11-20        2.0
  5 │ Olecko   2020-11-21        0.6
  6 │ Olecko   2020-11-22        1.0
GroupKey: (city = String7("Ełk"),) => 4×3 SubDataFrame
 Row │ city     date        rainfall
     │ String7  Date        Float64
─────┼──────────────────────────────────
   1 │ Ełk      2020-11-16       3.9
   2 │ Ełk      2020-11-19       1.2
   3 │ Ełk      2020-11-20       2.0
   4 │ Ełk      2020-11-22       2.0
```

이제 pairs 함수를 사용하여 각 도시 이름을 해당 도시에 대한 관측치 행의 개수과 매핑하는 딕셔너리를 만들어보자.

```
julia> Dict(key.city => nrow(df) for (key, df) in pairs(gdf_city))
Dict{String7, Int64} with 2 entries:
  "Ełk"    => 4
  "Olecko" => 6
```

이번에는 코드가 조금 더 복잡하므로 단계별로 설명한다(필요한 구문은 1부에서 모두 배웠다). 코드의 (key, df) in pairs(gdf_city)는 Pair 객체의 분해를 수행하며, 각 이터레이션에서 첫 번째 요소인 GroupKey를 key 변수에 할당하고 두 번째 요소인 데이터프레임을 df 변수에 할당한다. key.city 부분은 GroupKey 객체에서 도시 이름을 추출한다.

nrow(df) 함수는 주어진 그룹을 나타내는 데이터프레임의 행 수를 생성한다. 마지막으로 key.city => nrow(df) 쌍의 이터레이터를 딕셔너리 생성자에 제공한다.

---

pairs 함수

이 절에서는 GroupedDataFrame 객체를 순회할 때 key => value 쌍을 생성하기 위해 pairs 함수를 사용했다.

pairs 함수는 다른 컬렉션에도 사용할 수 있다. 예를 들어 벡터를 전달하면 element index => element value 쌍의 이터레이터를 얻을 수 있다. 일반적으로 pairs 함수는 키 집합을 값 집합에 매핑하는 모든 컬렉션에 대해 key => value 쌍에 대한 이터레이터를 반환한다.

이제 그룹화된 데이터프레임 작업과 관련된 모든 기본 개념을 이해했다. 남은 장에서는 그룹화된 데이터프레임을 사용하여 분할-적용-결합 연산을 수행하는 방법을 배운다. 하지만 그룹별 관측치 개수를 계산하는 예제는 간단한 분할-적용-결합 연산이므로 combine 함수를 사용하여 이 연산을 수행하는 방법도 살펴볼 것이다(이후 장에서 자세히 설명한다).

```
julia> combine(gdf_city, nrow)
2×2 DataFrame
 Row │ city    nrow
     │ String7 Int64
─────┼──────────────
   1 │ Olecko     6
   2 │ Ełk        4
```

개인적으로 이 코드는 이전에 살펴봤던 딕셔너리를 통해 그룹화된 데이터프레임을 수동 집계하는 방식에 비해 다음과 같은 장점이 있는 것 같다.

- 더 짧고 읽기 쉽다.

- 데이터프레임을 생성하므로 데이터를 추가로 처리하려는 경우 DataFrames.jl 패키지의 다른 기능을 사용할 수 있다.

연습 11.2 그룹화된 데이터프레임 gdf_city를 데이터프레임을 사용하여 Statistics 모듈의 mean 함수로 각 도시의 평균 기온을 계산한다. 결과는 키가 도시 이름이고 값이 해당 평균 기온인 딕셔너리로 저장한다. 결과를 다음 호출의 출력과 비교한다. combine(gdf_city, :rainfall => mean). 이러한 표현식의 정확한 구문은 12장, 13장에서 설명한다.

요약

- 데이터프레임을 다양한 다른 타입으로 쉽게 변환할 수 있다. 가장 일반적인 변환은 Matrix, 벡터의 NamedTuple, NamedTuple의 Vector로의 변환이다. 이러한 변환은 일반적으로 데이터프레임을 받지 않고 다른 타입의 값을 입력으로 요구하는 함수가 있을 때 필요하다.

- 줄리아가 컴파일 중에 사용된 모든 변수의 타입을 유추할 수 있는 경우 줄리아 코드 타입을 안정적이라고 한다. 타입이 안정적인 코드는 일반적으로 타입이 불안정한 코드보다 빠르다.

- 데이터프레임에서 eachrow 함수와 eachcol 함수로 반환된 객체와 DataFrame 객체는 타입이 안정적이지 않다. 이는 상당한 컴파일 시간이 필요하지 않고 데이터프레임의 열을 변경할 수 있다는 장점이 있다. 하지만 저장된 데이터에 대한 연산 속도를 보장하기 위해 함수-장벽 기법

을 사용해야 한다는 단점도 있다.

- 줄리아의 타입 해적질은 정의하지 않은 타입에 대해 Base Julia 또는 다른 패키지에서 메서드를 확장하거나 재정의할 때 발생한다. 타입 도용을 수행하는 코드를 작성하면 기존 코드가 손상될 수 있으므로 권장하지 않는다.

- eachcol 함수를 사용하여 데이터프레임 열의 이터레이터를 만들 수 있다. 이 함수는 데이터프레임의 연속된 열에 대해 반복적으로 작업을 수행하려는 경우에 사용된다.

- eachrow 함수 또는 Tables.namedtupleiterator 함수를 사용하여 데이터 프레임 행의 이터레이터를 만들 수 있다. 데이터프레임의 연속된 행에 대해 반복적으로 작업을 수행하려는 경우에 사용된다.

- groupby 함수를 사용하여 데이터프레임에서 GroupedDataFrame 객체를 만들 수 있다. 그룹화된 데이터프레임은 하나 이상의 열에 저장된 값으로 그룹화된 데이터프레임을 처리하려는 경우에 유용하다. 이러한 데이터 처리는 분할-적용-결합 작업을 수행할 때와 같이 실제로 필요한 경우가 많다.

- GroupedDataFrame 객체는 인덱싱 및 반복이 가능하다. 그룹화된 데이터프레임에서 그룹 조회, 그룹 재정렬, 그룹 부분집합을 쉽게 수행할 수 있다. 이러한 작업은 GroupedDataFrame에 저장된 데이터를 분석할 때 필요하다.

- 정숫값, GroupKey, Tuple, NamedTuple, 딕셔너리를 사용하여 GroupedDataFrame 객체를 인덱싱할 수 있다. 이렇게 다양한 옵션이 있다는 것은 필요에 가장 적합한 것을 선택할 수 있다는 점에서 유용하다.

- 이러한 작업을 수행할 때 원본 데이터프레임에 저장된 원본 데이터가 복사되지 않기 때문에 GroupedDataFrame 객체의 인덱싱이 빠르다. 따라서 그룹 수가 매우 많은 그룹화된 데이터프레임도 효율적으로 작업할 수 있다.

CHAPTER 12

데이터프레임 변형 및
변환하기

이 장의 주요 내용

- ZIP 아카이브에서 데이터 추출하기
- 데이터프레임의 열 추가 및 변형하기
- 데이 프레임의 분할-적용-결합 변환 수행하기
- 그래프 작업 및 그래프 프로퍼티 분석하기
- 복잡한 플롯 만들기

8~11장에서는 데이터프레임을 만들고 데이터프레임에서 데이터를 추출하는 방법을 살펴보았다. 이제 데이터프레임을 변형(조작)하는 방법에 대해 논의할 차례이다. **데이터프레임 변형**data frame mutation이란 기존 열의 데이터를 사용하여 새 열을 만드는 것을 의미한다. 예를 들어 데이터프레임에 날짜 열이 있고 이 날짜에서 추출한 연도를 저장하는 새 열을 만들고자 할 수 있다. DataFrames.jl에서는 두 가지 방법으로 이 목표를 달성할 수 있다.

- 새 열을 추가하여 원본 데이터프레임을 제자리에서 업데이트한다.
- 나중에 데이터 분석 파이프라인에 필요한 열만 저장하는 새 데이터프레임을 만든다.

이 장에서는 두 가지 접근 방식을 모두 다룬다. 데이터프레임 변형은 모든 데이터 과학 프로젝트의 기본 단계이다. 1장에서 설명한 대로, 원본 데이터를 수집한 후에는 인사이트를 얻기 위한 분석을 진행하기 전에 데이터를 준비해야 한다. 이 데이터 준비 프로세스에는 일반적으로 데이터 정리 및 변환transformation과 같은 작업이 포함되며, 일반적으로 데이터프레임의 기존 열을 변형하여 수행한다.

이 장에서 해결하는 문제는 깃허브 개발자의 분류classification이다. 사용할 데이터는 베네데크 로젬베르츠키Benedek Rozemberczki의 'Multi-Scale Attributed Node Embedding'(https://github.com/benedekrozemberczki/MUSAE)에 제시된 작업에서 가져온다. 이 데이터셋의 라이선스는 GPL-3.0이다.

깃허브 개발자를 분류하는 작업은 복잡한 네트워크 마이닝 분야의 전형적인 데이터 과학 프로젝트이다. 이러한 기법을 실제로 비즈니스에 적용하는 예제로는 친구들이 구매한 제품을 조사하여 고객이 구매에 관심을 가질 만한 제품 유형을 예측하는 것 등이 있다.

원본 데이터에서 각 개발자는 웹 또는 머신러닝 전문가로 분류된다. 또한 어떤 개발자가 연결되어 있는지에 대한 정보도 있다. 두 개발자가 깃허브에서 서로 팔로하면 서로 **연결된 것**으로 정의된다.

웹 개발자는 대부분 다른 웹 개발자와 연결되어 있다고 가정하는 것이 자연스러우며, 마찬가지로 머신러닝 개발자도 다른 머신러닝 개발자와 함께 작업하고 있을 것이다. 이 장의 목표는 원본 데이터가 이러한 가설을 뒷받침하는지 확인하는 것이다.

이 책에서는 늘 그렇듯이 데이터 과학 프로젝트의 전체 예제를 제시한다. 따라서 이 장의 핵심 주제인 데이터프레임 변형 외에도 데이터 가져오기, 변환, 분석 등 데이터 분석의 모든 영역에서 새로운 것을 배우게 될 것이다. 표 형식의 데이터로 작업할 수 있게 해주는 DataFrames.jl와 그래프 데이터를 분석하는 데 사용할 수 있는 기능을 제공하는 Graphs.jl를 통합하는 방법에 대해서 설명한다. 이런 통합의 핵심은 일부 데이터 변환은 데이터가 테이블 형식일 때 더 자연스럽게 표현되는 반면, 다른 데이터 변환은 그래프 구조를 사용하여 데이터를 표현할 때 더 쉽게 수행할 수 있다는 것이다.

12.1 깃허브 개발자 데이터셋 가져오기 및 로드하기

이 절에서는 ZIP 아카이브에서 깃허브 개발자 데이터셋을 다운로드하여 추출한다. 개발자 정보를 두 개의 데이터프레임에 저장하고, 추가로 데이터프레임의 열을 업데이트하는 방법도 배운다. 이러한 작업은 모든 데이터 분석 프로젝트를 진행할 때 일반적으로 사용된다.

깃허브 개발자 데이터셋은 스탠퍼드 대학교의 Large Network Dataset Collection 웹사이트 (https://snap.stanford.edu/data/github-social.html)에서 다운로드할 수 있다. 이 데이터셋에는 깃허브 개발자의 소셜 네트워크에 대한 정보가 포함되어 있다. 이 데이터의 관측 단위는 깃허브 개발자이며, 각 개발자의 전문 분야(머신러닝 또는 웹 개발)에 대한 정보가 있다. 또한 개발자가 서로 팔로하는지 여부도 알 수 있다. 데이터 과학에서는 이러한 종류의 데이터 구조를 **그래프**graph라고 한다.

12.1.1 그래프 이해하기

이 절에서는 그래프가 무엇인지, 또한 그래프를 사용하여 깃허브 개발자 데이터를 어떻게 표현하는지 알아본다. **그래프**는 **노드**node의 집합이며, 일부 노드 쌍은 **방향이 없는 간선**undirected edge으로 연결될 수 있다. 우리의 예제 데이터에서는 한 명의 깃허브 개발자가 노드이고, 두 개발자 간의 연결이 간선이다. 시각화할 때 일반적으로 노드는 점으로 표시하며, 간선은 점을 연결하는 선으로 표시한다. 그림 12.1은 깃허브 개발자 소셜 네트워크에서 가져온 5명의 개발자를 나타내는 작은 그래프를 보여준다.

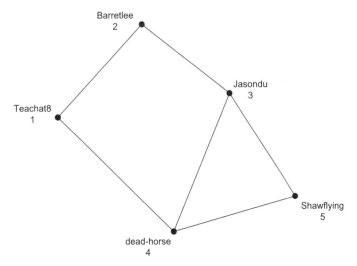

그림 12.1 **5명의 깃허브 개발자로 구성된 이 그래프에서 각 개발자는 번호가 매겨진 노드이고, 개발자 간의 연결은 간선이다.**

위 그래프는 5개의 노드로 구성되어 있으며, 각 노드마다 개발자의 깃허브 이름이 표시되어 있다. Graphs.jl 패키지에서는 노드에 번호가 할당된다. 줄리아에서는 1 기반 인덱싱을 사용하므로 노드는 1부터 5까지의 번호가 매겨진다(자세한 내용은 4장 참조).

그래프의 노드는 간선으로 연결된다. 이 예제에서 간선은 노드와 노드를 연결하는 선으로 그려져 있다. 일반적으로 간선은 연결된 노드를 나타내는 한 쌍의 숫자로 표현한다. 예를 들어 간선 (1, 2)는 노드 1과 2가 간선으로 연결되어 있음을 의미한다. 그래프에는 (1, 2), (1, 4), (2, 3), (3, 4), (3, 5), (4, 5) 총 6개의 간선이 있다.

그래프를 분석할 때는 특정 노드의 이웃 노드 집합을 주로 살펴본다. 여기서 **이웃**neighbor 노드는 분석 대상 노드와 간선으로 연결된 노드로 정의된다. 예를 들어, 그림 12.1에서 노드 4는 노드 1, 3, 5와 간선으로 연결되어 있으므로 {1, 3, 5} 집합이 노드 4의 이웃이다. 또한 각 노드에 대해 연결된 간선의 개수로 **차수**degree를 정의한다. 이 경우 노드 4의 차수는 3이다.

깃허브 개발자 그래프와 관련된 문제로 돌아와서, 한 노드(깃허브 개발자)의 이웃을 조사하여 이 개발자가 머신러닝 전문가인지 웹 전문가인지 예측을 시도해보자. 예를 들어 그림 12.1에서 노드 4(dead-horse 깃허브 개발자)는 그 이웃인 노드 1(Teachat8), 노드 3(Jasondu), 노드 5(Shawflying)와 연결되어 있다. 노드 1, 3, 5가 웹 개발자인지 아니면 머신러닝 개발자인지 학습하여 노드 4의 유형을 예측할 수 있는지 확인해볼 것이다.

방금 설명한 문제는 그래프 마이닝 작업 중 하나인 **노드 분류**node classification이다. 이 장에서는 해당 문제에 대한 간단한 분석 방법을 살펴볼 것이며, 주로 DataFrames.jl을 사용한 데이터 처리에 중점을 두고 설명할 것이다. 그래프 데이터 분석에 대해 더 자세히 알아보려면 나와 파베우 프라와트, 프랑수아 테베르주가 공동 집필한 《Mining Complex Networks》(CRC Press, 2021)를 확인하기를 바란다. 책의 모든 예제 코드는 줄리아와 파이썬으로 작성되어 있다.

12.1.2 웹에서 깃허브 개발자 데이터 가져오기

이 절에서는 깃허브 개발자 데이터를 다운로드하고, 올바른 파일을 다운로드했는지 확인한다. 이번에는 소스 파일(https://snap.stanford.edu/data/git_web_ml.zip)이 ZIP 아카이브이므로 해당 파일 유형으로 작업하는 방법도 배운다. ZIP 아카이브는 바이너리 파일이므로 보안상의 이유로 SHA-256 해시hash값을 검증하여 올바른 파일을 가져왔는지 확인한다(SHA-256 해시값은 뒷부분에서 설명).

다음 예제에서는 6장에서 설명했던 함수를 사용하여 데이터를 다운로드한다.

```julia
julia> import Downloads
julia> using SHA
```

```
julia> git_zip = "git_web_ml.zip"
"git_web_ml.zip"

julia> if !isfile(git_zip)  ◄─── ❶ 현재 작업 디렉터리에 파일이 없는 경우에만 다운로드한다.
           Downloads.download("https://snap.stanford.edu/data/git_web_ml.zip", git_zip)
       end
"git_web_ml.zip"

julia> isfile(git_zip)  ◄─── ❷ 파일이 성공적으로 다운로드되었는지 확인한다.
true

julia> open(sha256, git_zip) == [0x56, 0xc0, 0xc1, 0xc2,
                                 0xc4, 0x60, 0xdc, 0x4c,
                                 0x7b, 0xf8, 0x93, 0x57,         ❸ 다운로드한 파일에 sha256 함수를
                                 0xb1, 0xfe, 0xc0, 0x20,           적용하여 SHA-256 해시를 계산하고
                                 0xf4, 0x5e, 0x2e, 0xce,           내 컴퓨터에서 계산한 참조 벡터와
                                 0xba, 0xb8, 0x1d, 0x13,           비교한다.
                                 0x1d, 0x07, 0x3b, 0x10,
                                 0xe2, 0x8e, 0xc0, 0x31]
true
```

open(sha256, git_zip) 코드를 분석해보자. 짧은 코드 조각이지만 그 안에는 많은 기능이 있다.
이 패턴에서는 open 함수에 두 개의 인수를 전달한다. 첫 번째는 파일에 적용하려는 함수이고, 두
번째는 작업하려는 파일의 이름이다. 그림 12.2에는 이 작업을 실행할 때 줄리아가 수행하는 단계
가 나열되어 있다.

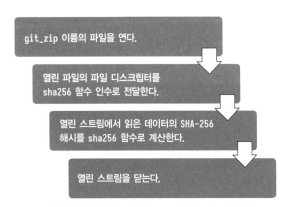

그림 12.2 open(sha256, git_zip) 작업을 수행하는 단계. open 함수는 첫 번째 인수로 sha256 함수를 전달받은 경우
작업 완료 후 열린 스트림을 닫고 sha256 함수가 생성한 값을 반환하도록 보장한다.

open 함수에 첫 번째 인수로 전달된 함수는 새로 열린 파일에 대한 핸들만을 유일한 인수로 받아
야 한다. sha256 함수는 이 파일 핸들을 전달받으면 파일에서 읽은 데이터에 대해 SHA-256 해시

값을 계산한다. 특히 이 계산은 전체 파일을 RAM으로 읽을 필요 없이 수행되므로 크기가 매우 큰 파일도 처리할 수 있다. 또한 open 함수가 첫 번째 인수로 함수를 받는 경우, open 함수는 해당 함수에 의해 생성된 결괏값을 반환하고, 열었던 스트림을 자동으로 닫는다는 사실을 알아두기를 바란다. 이 동작은 프로그래머가 스트림을 수동으로 닫을 필요가 없어지므로 아주 유용하다.

SHA-256 해시

SHA-256은 미국 국가안보국에서 설계한 암호화 해시 함수이다. SHA-256 알고리즘은 바이트 스트림을 가져와 256비트 표현으로 반환한다. 두 개의 서로 다른 소스 스트림이 있는 경우 동일한 SHA-256 표현을 가질 가능성은 거의 없다. 또한 이 알고리즘은 단방향이므로 256비트 데이터 표현이 있는 경우 SHA-256 해시가 일치하는 입력 데이터를 찾기가 어렵다. 이 주제에 대해 자세히 알아보려면 데이비드 웡의 《리얼월드 암호학》(제이펍, 2023)을 참조하기를 바란다.

SHA-256 해시의 일반적인 용도 중 하나는 웹에서 올바른 데이터를 다운로드했는지 확인하는 것이다. 데이터의 예상 SHA-256 해시값과 가져온 데이터로 계산한 해시값이 일치하면 데이터가 손상되지 않았을 가능성이 높다.

줄리아에서 SHA 모듈의 sha256 함수는 전달된 데이터에 SHA-256 알고리즘을 적용한 결과를 포함하는 32 요소 Vector{UInt8}을 반환한다.

12.1.3 ZIP 파일에서 데이터를 추출하는 함수 구현하기

이제 git_web_ml.zip 아카이브를 다운로드했으므로 작업할 데이터를 데이터프레임으로 읽어와야 한다. 이 절에서는 해당 작업을 수행하는 함수를 만들 것이다.

첫 번째 단계로 ZipFile.jl 패키지를 사용하여 ZIP 아카이브를 연다.

```
julia> import ZipFile

julia> git_archive = ZipFile.Reader(git_zip)
ZipFile.Reader for IOStream(<file git_web_ml.zip>) containing 6 files:

uncompressedsize method  mtime            name
-----------------------------------------------
            0 Store   2019-10-03 21-49  git_web_ml/
      3306139 Deflate 2019-09-20 22-39  git_web_ml/musae_git_edges.csv
      4380176 Deflate 2019-09-20 22-39  git_web_ml/musae_git_features.json
       676528 Deflate 2019-09-20 22-39  git_web_ml/musae_git_target.csv
          485 Deflate 2019-10-03 21-44  git_web_ml/citing.txt
          881 Deflate 2019-10-03 21-49  git_web_ml/README.txt
```

git_archive 변수는 아카이브에서 데이터를 읽을 수 있는 객체에 바인딩되어 있다. 아카이브에는 총 5개의 파일이 있다. 그중 musae_git_edges.csv와 musae_git_target.csv을 사용할 것이다. 해당 파일들은 CSV 파일이므로 CSV.jl 패키지를 사용하여 읽을 것이다.

넘어가기 전에 ZipFile.Reader의 구조를 살펴보자. 모든 ZipFile.Reader 객체는 저장된 파일의 Vector인 files 프로퍼티를 가지고 있다. git_archive 변수에서 해당 프로퍼티를 확인해보자.

```
julia> git_archive.files
6-element Vector{ZipFile.ReadableFile}:
 ZipFile.ReadableFile(name=git_web_ml/, method=Store, uncompresssedsize=0,
compressedsize=0, mtime=1.57010694e9)
 ZipFile.ReadableFile(name=git_web_ml/musae_git_edges.csv, method=Deflate,
uncompresssedsize=3306139, compressedsize=1089598, mtime=1.568986784e9)
 ZipFile.ReadableFile(name=git_web_ml/musae_git_features.json, method=Deflate,
uncompresssedsize=4380176, compressedsize=961155, mtime=1.568986784e9)
 ZipFile.ReadableFile(name=git_web_ml/musae_git_target.csv, method=Deflate,
uncompresssedsize=676528, compressedsize=343259, mtime=1.568986784e9)
 ZipFile.ReadableFile(name=git_web_ml/citing.txt, method=Deflate, uncompresssedsize=485,
compressedsize=302, mtime=1.57010668e9)
 ZipFile.ReadableFile(name=git_web_ml/README.txt, method=Deflate, uncompresssedsize=881,
compressedsize=479, mtime=1.57010694e9)
```

위 경우 디렉터리 1개와 파일 5개로 구성되어 있다. 저장된 각 파일에는 여러 프로퍼티가 있다. 이 중 파일 이름을 저장하는 name 프로퍼티를 확인해볼 것이다. 다음 코드를 통해 git_archive에 저 장된 두 번째 파일의 이름을 확인해보자.

```
julia> git_archive.files[2].name
"git_web_ml/musae_git_edges.csv"
```

먼저 아카이브에 저장된 CSV 파일에서 DataFrame을 생성하는 헬퍼 함수를 작성한다. 예제 12.2 에서 ingest_to_df 함수는 두 개의 인수를 받는다. 첫 번째 인수는 archive로, git_archive 변수 에 바인딩된 것과 마찬가지로 열려 있는 ZipFile.Reader 객체여야 한다. 두 번째 인수는 filename 으로, 아카이브에서 추출하려는 파일의 이름이어야 한다. 해당 이름에는 파일의 전체 경로가 포함 되어 있으므로 아카이브의 모든 파일을 고유하게 식별할 수 있다.

```julia
julia> function ingest_to_df(archive::ZipFile.Reader, filename::AbstractString)
           idx = only(findall(x -> x.name == filename, archive.files))
           return CSV.read(read(archive.files[idx]), DataFrame)
       end
ingest_to_df (generic function with 1 method)
```

위 함수가 하는 일을 단계별로 살펴보자. `findall(x -> x.name == filename, archive.files)` 호출은 이름이 `filename` 변수와 일치하는 모든 파일을 찾아 벡터로 반환한다. `findall` 함수는 두 개의 인수를 받는다. 첫 번째 인수는 확인하려는 조건을 지정하는 함수이다. 위 경우 파일 이름이 `filename`과 일치하는지 여부를 확인한다. 두 번째 인수는 컬렉션이며, 해당 컬렉션에서 첫 번째 인수로 전달된 함수가 `true`를 반환하는 요소를 찾는다.

`findall` 함수는 확인된 조건이 충족되는 컬렉션에 대한 인덱스 벡터를 반환한다. 다음은 `findall` 호출의 두 가지 예제이다.

```julia
julia> findall(x -> x.name == "git_web_ml/musae_git_edges.csv",
                     git_archive.files)
1-element Vector{Int64}:
 2

julia> findall(x -> x.name == "", git_archive.files)
Int64[]
```

첫 번째 `findall` 예제를 통해 인덱스 2에 이름이 `git_web_ml/musae_git_edges.csv`인 파일이 있다는 것을 알게 되었다. 두 번째 예제에서는 `""`와 일치하는 이름을 가진 파일이 없다는 것을 알 수 있다.

`ingest_to_df` 함수에서는 전달된 `filename`이 아카이브에 있는 파일 한 개와 정확히 일치할 것으로 예상한다. 따라서 이 파일의 인덱스를 정수로 가져오는 `only` 함수를 사용한다. 정확히 하나의 파일과 일치하지 않는다면 오류가 발생한다.

```julia
julia> only(findall(x -> x.name == "git_web_ml/musae_git_edges.csv",
                    git_archive.files))
2
```

```
julia> only(findall(x -> x.name == "", git_archive.files))
ERROR: ArgumentError: Collection is empty, must contain exactly 1 element
```

only를 findall과 함께 사용하는 패턴은 특정 조건을 충족하는 요소가 정확히 1개인지 확인하는 안전한 방법이다.

ingest_to_df 함수에서 찾은 파일의 인덱스를 idx 변수에 저장한다. 그다음 read(archive. files[idx])을 호출하여 파일을 Vector{UInt8} 객체로 압축 해제한다. 아카이브에서 데이터를 읽으면 데이터가 소모된다는 점을 기억하는 것이 중요하다. 이미 읽었던 동일한 파일 객체에 대해 read 함수를 호출하면 빈 벡터 UInt8[]을 얻게 된다. 이는 7장에서 HTTP.get 쿼리의 결과를 String으로 변환할 때 설명한 것과 동일한 패턴이다.

다음으로, 해당 Vector{UInt8} 객체는 데이터를 CSV로 파싱하고 데이터프레임을 반환하는 CSV. read 함수에 전달된다. 앞서 CSV.read 함수에는 구문 분석할 파일 이름이 포함된 문자열을 전달했지만, 이번에는 바이트 벡터를 직접 전달한다. 이 방식은 압축을 푼 CSV 파일을 데이터프레임으로 읽기 전에 디스크에 저장할 필요가 없으므로 유용하다.

12.1.4 깃허브 개발자 데이터를 데이터프레임으로 읽기

이 절에서는 예제 12.2에 정의된 ingest_to_df 함수를 사용하여 데이터를 데이터프레임으로 읽어 올 것이다.

1 데이터프레임 만들기

예제 12.3에서 두 개의 데이터프레임을 생성한다. 첫 번째는 edges_df이다. summary 함수와 describe 함수를 호출하면 이 데이터프레임에 289,003개의 행과 2개의 열(id_1, id_2)이 있다는 것을 확인할 수 있다. 해당 데이터프레임의 행은 깃허브 개발자 그래프에서 간선을 나타낸다. 두 번째 데이터프레임은 classes_df이다. 이 데이터프레임에는 37,700개의 행과 3개의 열(id, name, ml_ target)이 있다. 해당 데이터프레임의 한 행은 개발자 한 명에 대한 정보를 나타낸다.

핵심 노드 특징은 ml_target 열에 저장된다. 이 열은 0과 1의 두 가지 값이 있으며, 0은 웹 개발자를 나타내고 1은 머신러닝 개발자를 나타낸다. 데이터셋의 개발자 중 약 25%만이 머신러닝 전문가라는 것을 알 수 있다.

예제 12.3 **간선 및 노드 속성 데이터프레임 구성하기**

```
julia> using CSV

julia> using DataFrames

julia> edges_df = ingest_to_df(git_archive,  ◀─ ❶ 깃허브 개발자 그래프의 간선을 포함하는 데이터프레임
                     "git_web_ml/musae_git_edges.csv");

julia> classes_df = ingest_to_df(git_archive,  ◀─ ❷ 분류 문제의 목표를 포함하는 데이터프레임
                     "git_web_ml/musae_git_target.csv");

julia> close(git_archive)  ◀─ ❸ 데이터 가져오기를 마친 후 ZipFile.Reader 객체를 닫는다.

julia> summary(edges_df)
"289003×2 DataFrame"

julia> describe(edges_df, :min, :max, :mean, :nmissing, :eltype)  ◀─ ❹ 관심 있는 요약통계량
2×6 DataFrame                                                          목록을 전달한다.
 Row │ variable  min    max    mean     nmissing  eltype
     │ Symbol    Int64  Int64  Float64  Int64     DataType
─────┼──────────────────────────────────────────────────────
   1 │ id_1          0  37694  14812.6         0  Int64
   2 │ id_2         16  37699  23778.8         0  Int64

julia> summary(classes_df)
"37700×3 DataFrame"

julia> describe(classes_df, :min, :max, :mean, :nmissing, :eltype)
3×6 DataFrame
 Row │ variable  min           max      mean      nmissing  eltype
     │ Symbol    Any           Any      Union…    Int64     DataType
─────┼─────────────────────────────────────────────────────────────
   1 │ id        0             37699    18849.5          0  Int64
   2 │ name      007arunwilson timqian                   0  String31
   3 │ ml_target 0             1        0.258329         0  Int64
```

분석을 계속하기 전에 describe 호출을 살펴보자. 8장에서 이 함수를 소개했는데, 여기서 데이터
프레임을 설명하기 위해 사용한 것보다 더 많은 인수를 전달할 수 있다는 것을 배웠다. 이 예제에
서는 최솟값, 최댓값, 평균, 결측값 개수, 열 요소 타입으로만 제한했다. 모든 기본 열 통계를 보고
싶다면 describe(edges_df)나 describe(classes_df)로 호출하면 된다.

깃허브 계정이 있는 경우 분석 대상 데이터베이스에 자신이 포함되어 있는지 궁금할 수 있다.
이 장에서 앞서 사용한 findall 함수를 사용하여 확인할 수 있다. 여기서는 깃허브 계정 이름인
bkamins를 사용한다.

```
julia> findall(n -> n == "bkamins", classes_df.name)
Int64[]
```

반환된 벡터는 비어 있으며, 이는 이름이 해당 데이터에 포함되어 있지 않다는 것을 의미한다. 이 제 줄리아 언어의 개발자 중 한 명인 StefanKarpinski를 찾아보자.

```
julia> findall(n -> n == "StefanKarpinski", classes_df.name)
1-element Vector{Int64}:
 1359

julia> classes_df[findall(n -> n == "StefanKarpinski", classes_df.name), :]
1×3 DataFrame
 Row │ id     name             ml_target
     │ Int64  String31         Int64
─────┼──────────────────────────────────────
   1 │  1358  StefanKarpinski          1
```

이번에는 찾는 데 성공했다. StefanKarpinski의 id는 1358이지만 데이터프레임에서는 행 번호가 1359이다. 이 문제를 하나씩 해결해보자.

❷ 브로드캐스팅을 사용하여 데이터프레임 내용 업데이트하기

예제 12.3에서 알 수 있는 중요한 특징 중 하나는 개발자 식별자(edges_df의 열 id_1, id_2와 classes_df의 열 id)가 0으로 인덱싱을 시작한다는 것이다. 모든 인덱스가 1부터 시작하도록 1씩 증가시켜보자. 이는 12.2절에서 간선을 사용하여 Graphs.jl 패키지로 그래프를 만들기 위해서는 필요한 작업이다. 해당 패키지에서 그래프의 노드는 줄리아의 표준 배열과 마찬가지로 1 기반 인덱싱을 사용하기 때문이다. 브로드캐스팅을 사용하여 업데이트를 수행한다.

```
julia> edges_df .+= 1
289003×2 DataFrame
    Row │ id_1    id_2
        │ Int64   Int64
────────┼────────────────
      1 │     1   23978
      2 │     2   34527
      3 │     2    2371
      ⋮ │   ⋮       ⋮
 289001 │ 37645    2348
 289002 │ 25880    2348
 289003 │ 25617    2348
      288997 rows omitted
```

```
julia> classes_df.id .+= 1
37700-element Vector{Int64}:
     1
     2
     3
     :
 37698
 37699
 37700
```

edges_df .+= 1 예제는 데이터프레임을 전체적으로 브로드캐스팅할 때 2차원 객체로 취급한다는 것을 보여준다. 따라서 이 경우 연산은 행렬이 있을 때와 동일한 결과를 제공한다. 즉, 데이터프레임의 각 셀을 1씩 증가시킨다.

classes_df.id .+= 1 예제는 데이터프레임에서 단일 열을 가져오는 경우 벡터를 업데이트하는 것과 동일한 결과를 제공한다. 즉 모든 요소를 1씩 증가시켜 업데이트할 수 있음을 보여준다.

기억해야 할 규칙으로는 데이터프레임을 브로드캐스팅하는 것은 다른 배열과 동일한 방식으로 작동한다는 것이다. 따라서 5장에서 다룬 줄리아의 일반적인 브로드캐스팅 관련 모든 내용은 데이터프레임 객체에도 적용된다.

시각적으로 따라 하기 쉽도록 더 작은 df 데이터프레임을 사용하여 몇 가지 예제를 더 살펴보자. 다음 예제는 깃허브 예제와는 관련이 없다.

```
julia> df = DataFrame(a=1:3, b=[4, missing, 5])  ← ❶ 데이터프레임을 만든다.
3×2 DataFrame
 Row │ a      b
     │ Int64  Int64?
─────┼───────────────
   1 │     1        4
   2 │     2  missing
   3 │     3        5

julia> df .^ 2  ← ❷ 데이터프레임의 모든 요소를 제곱한다.
3×2 DataFrame
 Row │ a      b
     │ Int64  Int64?
─────┼───────────────
   1 │     1       16
   2 │     4  missing
   3 │     9       25
```

```
julia> coalesce.(df)        ◄── ❸ 데이터프레임의 모든 결측값 요소를 0으로 바꾼다(coalesce 함수는 5장에서 설명).
3×2 DataFrame
 Row │ a      b
     │ Int64  Int64?
─────┼───────────────
   1 │     1       4
   2 │     2  missing
   3 │     3       5

julia> df .+ [10, 11, 12]   ◄── ❹ 데이터프레임의 각 열에 벡터 [10, 11, 12]를 추가한다.
3×2 DataFrame
 Row │ a      b
     │ Int64  Int64?
─────┼───────────────
   1 │    11      14
   2 │    13  missing
   3 │    15      17

julia> df .+ [10 11]        ◄── ❺ 데이터 프레임의 각 행에 1행 행렬 [10 11]을 추가한다.
3×2 DataFrame
 Row │ a      b
     │ Int64  Int64?
─────┼───────────────
   1 │    11      15
   2 │    12  missing
   3 │    13      16
```

깃허브 예제로 돌아가서, 이제 개발자 식별자는 1부터 시작한다. 이 외에도 더 많은 것들이 있다. 모든 개발자는 고유 번호를 가지며, classes_df 데이터프레임은 개발자 1부터 개발자 37700까지 정렬된 순서로 저장한다. 4장에서 배운 axes 함수를 사용하면 이를 쉽게 확인할 수 있다.

```
julia> classes_df.id == axes(classes_df, 1)
 true
```

이전 classes_df.id .+= 1 예제에서는 브로드캐스팅을 사용하여 데이터프레임의 기존 열을 업데이트하는 방법을 살펴보았다. 그러나 classes_df.id를 사용하는 대신 classes_df[:, :id] .+= 1 또는 classes_df[!, :id] .+= 1로 작성할 수도 있다. 여기에 :id 대신 "id"를 사용할 수도 있다. 예제 코드를 자세히 보다 보면 행 선택자로 :과 !를 사용하는 것 사이에 차이가 있는지 궁금할 수 있다. 실제로 미묘한 차이가 있다. classes_df[:, :id] .+= 1 연산은 특정 행의 :id 열을 직접 업데이트하는 반면, classes_df[!, :id] .+= 1은 데이터프레임에 새 열을 할당한다.

이러한 차이가 문제가 되는 경우가 혹시 궁금하다면 다음의 별도의 예제를 보자. 결과를 쉽게 확인하기 위해 이번에도 깃허브 사례와 관련 없는 작은 df 데이터프레임을 사용한다.

```julia
julia> df[!, :a] .= "x"
3-element Vector{String}:
 "x"
 "x"
 "x"

julia> df[:, :b] .= "x"
ERROR: MethodError: Cannot `convert` an object of type String to an object of type Int64

julia> df
3×2 DataFrame
 Row │ a       b
     │ String  Int64
─────┼───────────────
   1 │ x           1
   2 │ x           2
   3 │ x           3
```

위 예제에서 df[!, :a] .= "x"는 열을 새로운 데이터로 바꾸기 때문에 제대로 작동한다(df.a .= "x" 호출도 이와 동일하다). 그러나 df[:, :a] .= "x"는 기존 열을 제자리에서 업데이트하려고 시도하며, 정수 벡터에 문자열을 할당할 수 없기 때문에 실패한다.

데이터프레임의 열에 .= 연산자로 할당을 브로드캐스팅할 때와 같은 패턴이 기존 열에 = 연산자로 표준 할당할 때도 적용된다. 다음은 예제이다.

```julia
julia> df = DataFrame(a=1:3, b=1:3, c=1:3)
3×3 DataFrame
 Row │ a      b      c
     │ Int64  Int64  Int64
─────┼─────────────────────
   1 │     1      1      1
   2 │     2      2      2
   3 │     3      3      3

julia> df[!, :a] = ["x", "y", "z"]
3-element Vector{String}:
 "x"
 "y"
 "z"
```

```
julia> df[:, :b] = ["x", "y", "z"]
ERROR: MethodError: Cannot `convert` an object of type String to an object of type Int64

julia> df[:, :c] = [11, 12, 13]
3-element Vector{Int64}:
 11
 12
 13

julia> df
3×3 DataFrame
 Row │ a       b       c
     │ String  Int64   Int64
─────┼───────────────────────
   1 │ x            1      11
   2 │ y            2      12
   3 │ z            3      13
```

위 예제에서 df[!, :a] = ["x", "y", "z"](또는 df.a = ["x", "y", "z"])은 열을 대체하기 때문에 잘 작동한다. df[:, :b] = ["x", "y", "z"]의 경우 기존 열을 직접 수정하며 문자열을 정수로 변환할 수 없기 때문에 실패한다. 그러나 df[:, :c] = [11, 12, 13]은 정수의 벡터를 c 열에 할당하기에 잘 작동한다.

12.2 추가적인 노드 특징 계산하기

이 절에서는 Graphs.jl 패키지에 정의된 SimpleGraph 타입을 사용하여 데이터프레임에 저장된 표형식의 데이터를 그래프와 통합하는 방법에 대해 알아본다. edges_df 데이터프레임에 저장된 간선 목록으로 그래프를 만들 것이다. 다음으로 Graphs.jl 패키지를 사용하여 그래프 노드의 여러 특징을 계산하고, 이를 classes_df 데이터프레임에 새 열로 추가한다. 소셜 미디어 데이터로 작업할 일이 있다면 Graphs.jl 패키지를 사용하여 데이터를 분석하는 방법을 아는 것이 유용할 것이다.

Graphs.jl 패키지

이 절에서는 Graphs.jl 패키지에서 제공하는 제한된 기능만 소개한다. 줄리아에서의 그래프 작업에 대해 자세히 알아보려면 패키지 문서(https://juliagraphs.org/Graphs.jl/dev/)를 참조하기를 바란다. 여기서는 그래프 순회 traversal, 노드 거리 계산, 중심성centrality 측정 등 그래프로 작업할 때 유용한 일반적인 기능을 지원한다는 점만 살펴볼 것이다.

12.2.1 SimpleGraph 객체 생성하기

이 절에서는 Graph 객체를 만들 것이다. 이 객체는 Graphs.jl 패키지가 제공하는 여러 기능을 사용할 수 있기에 유용하다. Graphs.jl 패키지는 그래프에서 특정 노드의 이웃과 같은 해당 객체의 프로퍼티에 대해 효율적으로 쿼리할 수 있는 여러 함수를 제공한다.

예제 12.4에서는 Graphs.jl 패키지를 사용하여 그래프 작업을 한다. 먼저 SimpleGraph 함수를 사용하여 빈 그래프를 만든 다음 add_edge! 함수를 사용하여 edges_df 데이터프레임의 행을 순회하여 그래프에 간선을 추가한다. 다음으로 그래프의 간선과 노드 수를 확인한다. 예상대로 각각의 개수는 edges_df 및 classes_df 데이터프레임의 행 수와 일치한다. Graphs.jl에서 노드는 항상 1로 시작하는 연속된 정수로 번호가 매겨진다.

예제 12.4 **간선 목록으로 그래프 만들기**

```
julia> using Graphs

julia> gh = SimpleGraph(nrow(classes_df))    ◄─ ❶ 노드가 37,700개이고 간선이 없는 그래프를 생성한다.
{37700, 0} undirected simple Int64 graph

julia> for (srt, dst) in eachrow(edges_df)    ◄─ ❷ edges_df 데이터프레임의 행을
           add_edge!(gh, srt, dst)                  순회하여 그래프에 간선을 추가한다.
       end

julia> gh
{37700, 289003} undirected simple Int64 graph

julia> ne(gh)    ◄─ ❸ 그래프의 간선 수를 가져온다.
289003

julia> nv(gh)    ◄─ ❹ 그래프의 노드 수를 가져온다.
37700
```

for (src, dst) in eachrow(edges_df) 표현식을 살펴보자. edges_df에는 두 개의 열이 있다. 즉, 이 데이터프레임의 각 행은 두 개의 요소를 가진 DataFrameRow이다(9장에서 설명). 이 객체를 순회할 때 튜플 구문을 사용하여 자동으로 두 개의 변수로 구조 분해할 수 있었다(10장에서 설명). 이 경우 해당 변수는 src와 dst이다(괄호로 묶어야 함). 코드에서 변수 이름으로 src와 dst을 사용한 이유는 이 변수들이 Graphs.jl 패키지에서 내부적으로 사용되기 때문이다. 하지만 예제의 그래프는 방향이 없으므로 간선에 방향이 적용되지 않는다는 점에 유의해야 한다.

참고로 다음 예제와 같이 순회 시 데이터프레임 대신 행렬을 사용할 수도 있다.

```
julia> mat = [1 2; 3 4; 5 6]
3×2 Matrix{Int64}:
 1  2
 3  4
 5  6

julia> for (x1, x2) in eachrow(mat)
           @show x1, x2
       end
(x1, x2) = (1, 2)
(x1, x2) = (3, 4)
(x1, x2) = (5, 6)
```

실제로 x1, x2 변수가 행렬의 반복 행의 첫 번째, 두 번째 요소를 가져오는 것을 알 수 있다. 이 예제에서는 전달된 표현식과 그 값을 출력해줘 디버깅에 유용한 @show 매크로를 사용했다.

12.2.2 Graphs.jl 패키지를 사용하여 노드의 특징 계산하기

이 절에서는 Graphs.jl 라이브러리의 기능을 사용하여 gh 그래프 노드의 일부 특징을 계산해볼 것이다. degree 함수를 사용하여 얻을 수 있는 노드 차수부터 시작해보자.

```
julia> degree(gh)
37700-element Vector{Int64}:
 1
 8
 1
 ⋮
 4
 3
 4
```

첫 번째 노드에는 1개의 이웃이 있고, 두 번째 노드에는 8개의 이웃이 있고, 이하도 마찬가지다. 이 노드 차수 정보를 저장하는 deg 열을 classes_df 데이터프레임에 만들어보자.

```
julia> classes_df.deg = degree(gh)
37700-element Vector{Int64}:
 1
 8
 1
 ⋮
 4
```

이렇게 할당할 수 있는 이유는 `classes_df` 데이터프레임이 개발자를 1부터 37700까지 증가하는 순서로 저장한다는 것을 확신하기 때문이다. 그렇지 않다면 개발자와 특징을 일치시키기 위해 조인 작업을 수행해야 한다. 조인에 대해서는 13장에서 설명한다.

열을 생성하는 구문은 기존에 열을 업데이트하는 구문과 동일하다. 따라서 데이터프레임에 열을 추가하기 위해 `classes_df[!, :deg] = degree(gh)` 또는 `classes_df[:, :deg] = degree(gh)`로도 작성할 수도 있다. 열을 업데이트하는 것과 마찬가지로 행 선택자를 `!` 또는 `:`로 사용하는 것도 차이가 있다. `!` 행 선택자는 열 업데이트 시와 마찬가지로 전달된 벡터를 복사하지 않고 데이터프레임에 저장한다. 반면, `:` 행 선택자는 전달된 벡터의 복사본을 만든다. 다음은 해당 차이를 보여주는 예제이다.

```julia
julia> df = DataFrame()
0×0 DataFrame

julia> x = [1, 2, 3]
3-element Vector{Int64}:
 1
 2
 3

julia> df[!, :x1] = x
3-element Vector{Int64}:
 1
 2
 3

julia> df[:, :x2] = x
3-element Vector{Int64}:
 1
 2
 3

julia> df
3×2 DataFrame
 Row │ x1     x2
     │ Int64  Int64
─────┼──────────────
   1 │     1      1
```

```
    2 |      2        2
    3 |      3        3

julia> df.x1 === x
true

julia> df.x2 === x
false

julia> df.x2 == x
true
```

x1열은 복사하지 않고 생성되므로 x 벡터와 동일한 벡터를 저장한다. x2열은 복사를 통해 생성되므로 내용은 같지만 메모리 내 위치가 다른 벡터를 저장한다. 따라서 나중에 x 벡터의 내용을 변경하면 x1열의 내용은 변경되지만 x2열의 내용은 영향을 받지 않는다.

설명을 완벽하게 마무리하기 위해 할당을 브로드캐스팅하여 열을 생성할 수 있다는 점도 다시 언급한다. 다음은 앞의 예제에서 생성한 **df** 데이터프레임을 사용한 예제이다.

```
julia> df.x3 .= 1
3-element Vector{Int64}:
 1
 1
 1

julia> df
3×3 DataFrame
 Row │ x1     x2     x3
     │ Int64  Int64  Int64
─────┼─────────────────────
   1 │     1      1      1
   2 │     2      2      1
   3 │     3      3      1
```

12.2.3 노드의 웹 이웃과 머신러닝 이웃 수 계산하기

이 절에서는 깃허브 개발자 데이터프레임의 두 가지 특징을 더 계산해볼 것이다. 한 노드의 웹 개발자 이웃 수와 머신러닝 개발자 이웃 수를 계산하고자 한다. 이 작업은 이전까지 책에서 했던 것보다 약간 더 복잡하며, 이미 살펴봤던 줄리아의 많은 기능들을 사용한다.

❶ 그래프의 간선 순회하기

이 작업을 수행하기 전에 그래프 간선의 이터레이터를 반환하는 Graphs.jl 라이브러리의 **edges** 함수를 살펴보자.

```julia
julia> edges(gh)
SimpleEdgeIter 289003
```

첫 번째 요소를 살펴보자.

```julia
julia> e1 = first(edges(gh))
Edge 1 => 23978

julia> dump(e1)
Graphs.SimpleGraphs.SimpleEdge{Int64}
  src: Int64 1
  dst: Int64 23978

julia> e1.src
1

julia> e1.dst
23978
```

e1 객체가 그래프에서 하나의 간선을 나타낸다는 것을 알 수 있다. dump 함수를 사용하여 구조를 검사하고 두 개의 필드인 src와 dst가 있다는 것을 알아낸 다음, 프로퍼티 액세스 구문을 사용하여 이 필드에 액세스할 수 있는지 확인한다.

이제 gh 그래프의 간선을 다루는 방법을 알았으니 노드의 웹 개발자 이웃 수와 머신러닝 개발자 이웃 수를 계산하는 함수를 만들어보자.

❷ 노드의 이웃 수를 계산하는 함수 정의하기

예제 12.5에서 deg_class 함수는 gh 그래프와 개발자가 머신러닝을 사용하는지 웹을 사용하는지를 나타내는 0-1 벡터 class인 두 가지 인수를 받는다.

zeros 함수를 사용하여 각각 머신러닝과 웹 개발자인 이웃의 수를 저장할 벡터를 만든다. 이러한 벡터는 Int 인수로 표시되는 정수 0으로 초기화되며, 데이터에 있는 개발자 수와 같은 길이, 즉 class 벡터의 길이를 갖는다.

다음으로 그래프의 간선을 순회한다. 하나의 간선에 대해 해당 간선의 양쪽 끝인 개발자에게 할당된 번호를 a와 b 변수에 저장한다. 다음으로 class[b] == 1 조건을 사용하여 b 개발자가 머신러닝을 사용하고 있는지 확인한다. 머신러닝 개발자라면 a 개발자의 머신러닝 이웃 수를 하나씩 늘리고, 그렇지 않다면 a 개발자의 웹 이웃 수를 하나씩 늘린다. 그런 다음 동일한 작업을 수행하되 a 개발자의 유형을 확인하고 b 개발자의 이웃 수 정보를 업데이트한다. 마지막으로 만들어진 두 벡터로 구성된 튜플을 반환한다.

예제 12.5 **노드의 이웃 수를 계산하는 함수**

```
julia> function deg_class(gh, class)
           deg_ml = zeros(Int, length(class))      ◀── ❶ 벡터를 정수 0으로 초기화한다.
           deg_web = zeros(Int, length(class))
           for edge in edges(gh)     ◀── ❷ 그래프의 간선을 순회한다.
               a, b = edge.src, edge.dst    ◀── ❸ 순회한 간선의 양쪽 끝을 a와 b 변수에 할당한다.
               if class[b] == 1
                   deg_ml[a] += 1            ◀── ❹ 노드 a의 이웃 수를 업데이트한다.
               else
                   deg_web[a] += 1
               end
               if class[a] == 1
                   deg_ml[b] += 1            ◀── ❺ 노드 b의 이웃 개수를 업데이트한다.
               else
                   deg_web[b] += 1
               end
           end
           return (deg_ml, deg_web)
       end
deg_class (generic function with 1 method)
```

deg_class 함수가 실제로 작동하는 모습을 살펴보자.

```
julia> classes_df.deg_ml, classes_df.deg_web =
           deg_class(gh, classes_df.ml_target)
([0, 0, 0, 3, 1, 0, 0, 0, 1, 2 … 2, 0, 12, 1, 0, 1, 0, 0, 1, 0], [1, 8, 1, 2, 1, 1, 6,
8, 7, 5 … 213, 3, 46, 3, 20, 0, 2, 4, 2, 4])
```

하나의 할당에서 한 번의 작업으로 classes_df 데이터프레임에 두 개의 열을 추가한다. 앞서 설명한 것처럼 줄리아에서는 할당의 오른쪽(이 경우 deg_class 함수가 반환하는 튜플)에서 왼쪽에 전달된 여러 변수로 이터레이터를 분해할 수 있다.

❸ 함수-장벽 기법 적용하기

deg_class 함수의 또 한 가지 중요한 특징은 속도가 빠르다는 점이다. 여기에서는 11장에서 배운
함수-장벽 기법을 사용하여 classes_df.ml_target 벡터를 전달한다. 따라서 classes_df 데이터
프레임은 deg_class 함수 내에서 타입이 안정적이지 않지만 줄리아는 모든 변수의 타입을 식별할
수 있으므로 효율적인 코드를 생성하여 실행할 수 있다. @time 및 @code_warntype 매크로를 사용
하여 deg_class 함수가 효율적인지 확인해보자.

```julia
julia> @time deg_class(gh, classes_df.ml_target);
  0.007377 seconds (5 allocations: 589.250 KiB)

julia> @code_warntype deg_class(gh, classes_df.ml_target)
MethodInstance for deg_class(::SimpleGraph{Int64}, ::Vector{Int64})
  from deg_class(gh, class) in Main at REPL[87]:1
Arguments
  #self#::Core.Const(deg_class)
  gh::SimpleGraph{Int64}
  class::Vector{Int64}
Locals
  @_4::Union{Nothing, Tuple{Graphs.SimpleGraphs.SimpleEdge{Int64}, Tuple{Int64, Int64}}}
  deg_web::Vector{Int64}
  deg_ml::Vector{Int64}
  edge::Graphs.SimpleGraphs.SimpleEdge{Int64}
  b::Int64
  a::Int64
Body::Tuple{Vector{Int64}, Vector{Int64}}
  ⋮
```

@time 매크로의 결과에서 가장 중요한 정보는 코드가 5번의 메모리 할당을 수행한다는 것이다.
할당 횟수는 함수의 for edge in edges(gh) 루프에서 반복된 횟수에 비례하여 증가하지 않는다
(그래프에는 거의 30만 개의 간선이 있다). 이는 함수의 타입이 안정적이라는 것을 간접적으로 나타내
는 좋은 신호이다.

@code_warntype 매크로의 출력을 검사하면 안정성을 확인할 수 있다. 출력이 상당히 길기 때문에
위 예제에서는 잘라냈지만 빨간색으로 표시된 타입은 없으며 모두 구체 타입이다(5장에서 구체 타
입에 대해 설명했다).

작업에 걸리는 시간을 보면 그래프의 모든 개발자가 간선으로 연결된 경우에도(완전한 그래프) 몇
초 안에 처리할 수 있다는 것을 알 수 있다. 물론 시간 기준은 각자 노트북 사양에 따라 달라질 수

있다. 이러한 그래프는 710,626,150개의 간선을 가지므로 상당히 커질 것이다(원소가 n개인 집합에 대해 원소가 2개인 부분집합의 수는 $n(n-1)/2$로 구할 수 있다).

연습 12.1 complete_graph(37700) 호출을 사용하여 37,700개의 노드(gh 그래프에 있는 노드 수)에 대한 완전한 그래프를 만든다. 이 연습은 메모리를 많이 사용하므로 컴퓨터의 RAM이 32GB 미만인 경우 더 작은 그래프 크기를 사용해야 한다. 다음으로, Base.summarysize 함수를 사용하여 이 그래프가 얼마나 많은 메모리를 차지하는지 확인한다. 마지막으로, @time 함수와 개발자 유형 벡터로 classes_df.ml_target 벡터를 사용하여 이 그래프에서 deg_class 함수가 완료되는 데 걸리는 시간을 확인한다.

④ 분석 결과 해석하기

그래프 특징을 나타낸 열을 추가한 후 classes_df 데이터프레임의 요약통계량을 확인해보자.

```
julia> describe(classes_df, :min, :max, :mean, :std)
6×5 DataFrame
 Row │ variable    min            max      mean      std
     │ Symbol      Any            Any      Union…    Union…
─────┼──────────────────────────────────────────────────────
   1 │ id          1              37700    18850.5   10883.2
   2 │ name        007arunwilson  timqian
   3 │ ml_target   0              1        0.258329  0.437722
   4 │ deg         1              9458     15.3317   80.7881
   5 │ deg_ml      0              1620     2.22981   13.935
   6 │ deg_web     0              8194     13.1019   69.9712
```

그래프의 노드 평균 차수가 15를 약간 넘는 것을 확인할 수 있다. ne 함수와 nv 함수를 사용하여 이 값을 교차 확인할 수 있다. 각 간선은 두 노드의 차수에 기여하므로 전체 그래프에서 노드의 평균 차수는 그래프의 간선 수를 그래프의 노드 수로 나눈 값의 두 배가 되어야 한다.

```
julia> 2 * ne(gh) / nv(gh)
15.331724137931035
```

예상대로 개별 노드의 차수를 평균 낸 것과 동일한 값이 나온다.

또한 평균적으로 개발자는 머신러닝 개발자보다 웹 개발자와 더 많은 링크를 가지고 있다. 이는 놀라운 일이 아니며, 그래프에서도 거의 75%의 노드가 웹 개발자임을 확인할 수 있다. 요약통계량에서 최댓값과 표준편차를 통해 그래프의 노드가 상당한 변동성을 가진다는 사실도 알 수 있다(나중에 데이터 분석 시 이런 관측치를 고려해야 한다).

계속 진행하기 전에 각 노드에 대해 노드의 이웃 수의 합이 노드의 총 차수와 동일한지 확인해보자. 노드의 각 이웃은 웹 또는 머신러닝 개발자이다.

```
julia> classes_df.deg_ml + classes_df.deg_web == classes_df.deg
true
```

실제로도 동일하다.

⑤ DataFrames.jl에서 객체 일관성 검사하기

데이터 일관성consistency을 검사하는 것은 복잡한 솔루션을 개발할 때 매우 중요하다. 예를 들어 DataFrames.jl에서는 `DataFrame` 객체에 대해 특정 작업을 실행할 때 데이터프레임 객체의 일관성 검사가 실행된다. 다음은 이러한 일관성 검사가 트리거trigger되는 시점의 예제이다.

```
julia> df = DataFrame(a=1, b=11)
1×2 DataFrame
 Row │ a      b
     │ Int64  Int64
─────┼──────────────
   1 │     1     11

julia> push!(df.a, 2)
2-element Vector{Int64}:
 1
 2

julia> df
Error showing value of type DataFrame:
ERROR: AssertionError: Data frame is corrupt: length of column :b (1) does not match
length of column 1 (2). The column vector has likely been resized unintentionally (either
directly or because it is shared with another data frame).
```

위 코드는 하나의 행과 두 개의 열로 구성된 데이터프레임을 생성한다. 다음으로 push!(df.a, 2)를 사용하여 열 중 하나에만 요소를 추가한다(데이터프레임에 행을 추가하려면 push!를 사용해야 한다고 10장에서 설명했다). 다음 이 데이터프레임을 호출하면 데이터프레임에 모든 열에 요소 개수가 일치하지 않으므로 데이터프레임이 손상되었다는 오류를 반환한다. 손상된 데이터프레임으로 작업을 진행하면 안 된다. 대신 문제를 일으킨 코드를 찾아서 수정해야 한다.

12.3 분할-적용-결합을 사용하여 개발자 유형 예측하기

이 절에서는 웹과 머신러닝 이웃의 수를 학습하여 노드의 유형을 예측할 수 있는지 확인한다. 직관적으로 머신러닝 개발자는 다른 머신러닝 개발자와의 관계가 더 많을 것으로 예상할 수 있다. 마찬가지로 웹 개발자 또한 웹 개발자와 연결될 것으로 예상된다. DataFrames.jl에서 분할-적용-결합 전략을 적용하고, Plots.jl을 사용하여 복잡한 플롯을 만들고, GLM.jl을 사용하여 로지스틱 회귀를 피팅하는 방법을 배우게 될 것이다.

12.3.1 웹 및 머신러닝 개발자 특징에 대해 요약통계량 계산하기

이 절에서는 웹과 머신러닝 개발자를 구분하여 `deg_ml`과 `deg_web` 변수의 평균을 확인한다.

① 인덱싱을 사용한 접근 방식

먼저 9장에서 배운 인덱싱 구문을 사용하여 계산을 수행한다.

```
julia> using Statistics

julia> for type in [0, 1], col in ["deg_ml", "deg_web"]
           println((type, col,
                       mean(classes_df[classes_df.ml_target .== type, col])))
           end
(0, "deg_ml", 1.5985122134401488)
(0, "deg_web", 16.066878866993314)
(1, "deg_ml", 4.042304138001848)
(1, "deg_web", 4.589382893520895)
```

위 루프에서 개발자 유형(0 또는 1)과 열 이름(deg_ml 또는 deg_web)을 순회하고 조건부 평균을 출력한다. 웹 개발자(0으로 인코딩)가 평균적으로 머신러닝 개발자보다 웹 개발자 이웃 수가 훨씬 많다는 것을 알 수 있다. 머신러닝 개발자의 경우 각 이웃 수가 비슷하다.

위 코드는 작동은 하지만 장황하고 가독성이 떨어지며 결과를 화면으로만 출력한다. 이런 계산을 수행하는 더 좋은 방법이 있을 것이다. 실제로 분할-적용-결합 패턴이 있다.

해들리 위컴Hadley Wickham의 <The Split-Apply-Combine Strategy for Data Analysis>(www.jstatsoft.org/article/view/v040i01)에 설명된 이 패턴은 데이터프레임 연산을 지원하는 여러 프레임워크에 구현되어 있다. 파이썬의 팬더스나 R의 dplyr를 알고 있다면 이 개념이 익숙할 것이다. 그림 12.3은 이 방식을 보여준다.

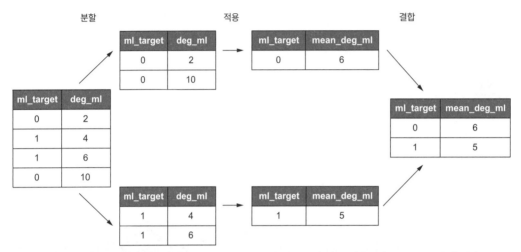

그림 12.3 분할-적용-결합 전략에서는 원본 데이터프레임을 ml_target 열에 의해 두 그룹으로 분할하고, deg_ml 열에 평균 함수를 적용한 다음, 그 결과를 다시 단일 데이터프레임으로 결합한다.

❷ 연산 지정 구문

이 절에서는 DataFrames.jl의 분할-적용-결합 패턴을 예제를 통해 설명한다. 13장에서는 이 주제에 대한 자세한 내용을 다룬다.

DataFrames.jl에서 그룹별로 데이터를 집계하려면 두 가지 함수를 사용해야 한다.

- groupby — 데이터프레임을 분할한다. 이 함수는 11장에서 배웠다.
- combine — GroupedDataFrame 객체를 가져와서 집계한다.

먼저 ml_target 열을 기준으로 classes_ml 데이터프레임을 그룹화한 다음 그룹별로 deg_ml, deg_web 열의 평균을 계산한다.

```
julia> gdf = groupby(classes_df, :ml_target)
GroupedDataFrame with 2 groups based on key: ml_target
First Group (27961 rows): ml_target = 0
  Row │ id     name        ml_target  deg    deg_ml  deg_web
```

	Int64	String31	Int64	Int64	Int64	Int64
1	1	Eiryyy	0	1	0	1
2	2	shawflying	0	8	0	8
3	4	SuhwanCha	0	5	3	2
4	6	j6montoya	0	1	0	1
5	7	sfate	0	6	0	6
6	8	amituuush	0	8	0	8
⋮	⋮	⋮	⋮	⋮	⋮	⋮
27956	37692	bblu	0	3	0	3
27957	37693	mubaris	0	58	12	46
27958	37695	alFReD-NSH	0	20	0	20
27959	37697	kris-ipeh	0	2	0	2
27960	37698	qpautrat	0	4	0	4
27961	37700	caseycavanagh	0	4	0	4

27949 rows omitted

⋮

Last Group (9739 rows): ml_target = 1

Row	id	name	ml_target	deg	deg_ml	deg_web
	Int64	String31	Int64	Int64	Int64	Int64
1	3	JpMCarrilho	1	1	0	1
2	5	sunilangadi2	1	2	1	1
3	33	city292	1	2	2	0
4	34	riverphoenix	1	2	1	1
5	35	AnqiYang	1	4	2	2
6	38	ariepratama	1	1	0	1
⋮	⋮	⋮	⋮	⋮	⋮	⋮
9735	37683	charlesq34	1	119	101	18
9736	37689	Demfier	1	8	3	5
9737	37694	chengzhongkai	1	4	1	3
9738	37696	shawnwanderson	1	1	1	0
9739	37699	Injabie3	1	3	1	2

9728 rows omitted

예상대로 gdf 객체에는 두 개의 그룹이 있다. 첫 번째 그룹은 ml_target 열의 값이 0(웹 개발자)이며, 두 번째 그룹은 1(머신러닝 개발자)이다. GroupedDataFrame 객체를 combine 함수에 전달하면 그룹별로 데이터 집계 작업을 수행한다. 구문은 다음과 같다.

```
julia> combine(gdf,
               :deg_ml => mean => :mean_deg_ml,
               :deg_web => mean => :mean_deg_web)
2×3 DataFrame
 Row | ml_target  mean_deg_ml  mean_deg_web
```

❶ combine 함수의 연산 지정 구문은 => 연산자로 연결되며, 원본 열 이름, 해당 열에 적용해야 하는 함수, 목표 열 이름 등 세 부분으로 구성된다.

	Int64	Float64	Float64
1	0	1.59851	16.0669
2	1	4.0423	4.58938

combine 함수의 결과로 첫 번째 열이 gdf 데이터프레임을 그룹화한 변수(ml_target)이고, 다음 열이 수행한 집계 결과인 데이터프레임을 얻는다. 결과의 숫자가 이전 for 루프로 얻은 결과와 동일하다는 것을 알 수 있다.

위 예제에서 이해해야 할 중요한 요소는 combine 함수가 받는 연산 지정 구문operation specification syntax이다. :deg_ml => mean => :mean_deg_ml 연산에 집중해보자. 이 구문은 combine 함수에 :deg_ml 열을 가져와 mean 함수에 전달하고 그 결과를 :mean_deg_ml 열에 저장해야 함을 나타낸다. combine 함수에 GroupedDataFrame 객체를 전달하기 때문에 이런 연산은 그룹별로 적용된다. 그림 12.4는 이 구문에 대해 자세히 설명한다.

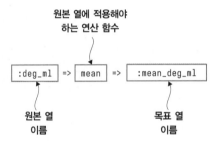

그림 12.4 combine 함수가 허용하는 연산 구문에서는 계산을 위한 원본 데이터, 적용해야 하는 연산, 계산 결과를 저장하는 목표 열 이름을 전달한다.

이러한 연산 지정 구문은 프로그래밍적으로 유연하고 쉽게 사용할 수 있도록 설계되었다(즉, 연산 지정의 어떤 구성 요소든 변수로 전달될 수 있다). 13장에서는 이 구문이 제공하는 더 많은 옵션에 대해 설명한다.

❸ DataFramesMeta.jl 도메인 특화 언어
R의 dplyr 사용자라면 할당 구문을 사용하여 동일한 결과를 얻을 수 있는지 궁금할 것이다. DataFramesMeta.jl 패키지를 사용하면 가능하다.

```
julia> using DataFramesMeta

julia> @combine(gdf,
                :mean_deg_ml = mean(:deg_ml),
                :mean_deg_web = mean(:deg_web))
2×3 DataFrame
 Row │ ml_target  mean_deg_ml  mean_deg_web
     │ Int64      Float64      Float64
─────┼──────────────────────────────────────
   1 │        0      1.59851       16.0669
   2 │        1      4.0423         4.58938
```

이 구문에서는 combine 대신 @combine으로 작성한 후 할당으로 연산을 지정했다. 연산에서 데이터프레임의 열 이름 참조에 심벌을 사용하기 위해 이름 앞에 : 접두사를 사용했다. 편리한 면이 있지만 :mean_deg_ml = mean(:deg_ml) 표현식은 유효한 줄리아 코드는 아니다. 컴퓨터 과학 용어로 이러한 코드를 **도메인 특화 언어**domain-specific language라고 한다. 이러한 이유로 DataFrames.jl 생태계에서는 연산을 지정하기 위한 두 가지 상위 수준 API가 제공된다.

- DataFrames.jl에서 제공하는 표준 평가 API — 그림 12.4에 설명된 => 구문을 사용한다. 이 구문은 더 장황하지만 프로그래밍 방식으로 사용하기 쉬우며 유효한 줄리아 코드이다.

- DataFramesMeta.jl 패키지에서 제공하는 비표준 평가 API — 할당 연산자를 사용한다. 이 구문은 비표준 코드 평가에 의존하는 대가로 코드 길이가 짧다. 데이터프레임으로 대화형 작업을 할 때 사용자가 선호하는 경우가 많다.

12.3.2 웹 및 머신러닝 이웃 수 간의 관계 시각화하기

이제 개발자의 유형과 해당 개발자의 웹 및 머신러닝 이웃 수 사이의 종합적인 관계를 조사했으므로 이를 시각적으로 더 자세히 분석할 수 있다. 그림 12.5에 표시된 플롯부터 시작하자.

```
julia> using Plots

julia> scatter(classes_df.deg_ml, classes_df.deg_web;
               color=[x == 1 ? "black" : "yellow"
                      for x in classes_df.ml_target],
               xlabel="degree ml", ylabel="degree web", labels=false)
```

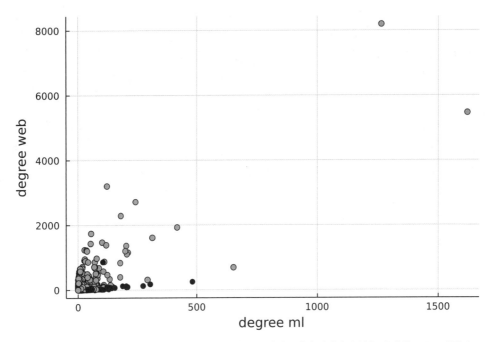

그림 12.5 노드의 웹 및 머신러닝 이웃 수를 나타내는 위 산점도에서 개발자 유형은 점 색상으로 표시된다. 검은색은 머신러닝 개발자이며 노란색(인쇄본에서는 갈색)은 웹 개발자를 나타낸다.

안타깝게도 위 플롯은 다음과 같은 이유로 그다지 도움이 되지 않는다.

- 이웃 수의 분포가 매우 왜곡되어 있다(데이터 요약통계량을 계산할 때 이미 이 사실을 확인했다).
- 많은 개발자가 동일한 수의 웹 및 머신러닝 이웃을 가지고 있으므로 해당 데이터를 나타내는 점이 겹친다.

다음 기법을 사용하여 이러한 문제를 해결해보자.

- 개발자의 웹 및 머신러닝 이웃 수를 결합하여 집계된 데이터를 플로팅한다. 이렇게 하면 값의 단일 결합에 대해 플롯에 단일 지점을 갖게 된다.
- 플롯의 축을 로그 스케일logarithmic scale로 수동 변경한다. 이렇게 하면 플롯의 낮은 차수 부분을 더 자세히 볼 수 있다.
- 표시된 데이터에 지터jitter(무작위 노이즈)를 추가하여 플롯의 많은 점으로 인해 발생하는 문제를 줄인다.

데이터 집계부터 시작한다. 우리가 원하는 것은 `deg_ml`과 `deg_web` 열에 저장된 값의 고유한 결합에 대해 웹 개발자 일부에 대한 정보를 제공하는 데이터프레임을 얻는 것이다.

```
julia> agg_df = combine(groupby(classes_df, [:deg_ml, :deg_web]),
                        :ml_target => (x -> 1 - mean(x)) => :web_mean)
2103×3 DataFrame
  Row │ deg_ml  deg_web  web_mean
      │ Int64   Int64    Float64
──────┼──────────────────────────────
    1 │      0        1  0.755143
    2 │      0        8  0.952104
    3 │      3        2  0.148148
   ⋮  │   ⋮        ⋮        ⋮
 2101 │     41       14  0.0
 2102 │    101       18  0.0
 2103 │      2      213  1.0
                 2097 rows omitted
```

이 코드에서는 데이터를 한 번에 그룹화하고 집계한다. 두 변수에서 조건부로 데이터를 집계하고 싶기 때문에 두 개의 요소를 가진 벡터 [:deg_ml, :deg_web]를 groupby에 전달한다. 위 경우 집계를 수행하는 익명 함수 x -> 1 - mean(x)를 정의해야 한다. 왜냐하면 일반 mean(x)의 경우 머신 러닝 개발자가 1이고 웹 개발자가 0이라서 웹 개발자 평균 계산이 불가하기 때문이다.

익명 함수를 사용할 때는 괄호로 묶어야 한다는 점을 꼭 기억해야 한다.

```
julia> :ml_target => (x -> 1 - mean(x)) => :web_mean
:ml_target => (var"#21#22"() => :web_mean)
```

만약 괄호를 생략하면 다음과 같은 결과가 반환된다.

```
julia> :ml_target => x -> 1 - mean(x) => :web_mean
:ml_target => var"#23#24"()
```

보다시피 줄리아 연산자 우선순위 규칙으로 인해 목표 열 이름이 익명 함수 정의의 일부로 해석되며, 이는 의도한 바와 다르다.

계속 진행하기 전에 동일한 연산에 대해 DataFramesMeta.jl 구문도 살펴보자.

```
julia> @combine(groupby(classes_df, [:deg_ml, :deg_web]),
                :web_mean = 1 - mean(:ml_target))
2103×3 DataFrame
  Row │ deg_ml  deg_web  web_mean
```

```
     │ Int64   Int64    Float64
─────┼──────────────────────────
    1│     0       1   0.755143
    2│     0       8   0.952104
    3│     3       2   0.148148
  ⋮  │  ⋮       ⋮       ⋮
 2101│    41      14   0.0
 2102│   101      18   0.0
 2103│     2     213   1.0
              2097 rows omitted
```

개인적으로는 => 연산자를 사용하는 구문보다 위 구문이 더 읽기 쉽다고 생각한다. 이제 집계된 데이터를 얻었으니 요약통계량을 확인해보자.

```
julia> describe(agg_df)
3×7 DataFrame
 Row │ variable   mean       min    median   max    nmissing   eltype
     │ Symbol     Float64    Real   Float64  Real   Int64      DataType
─────┼───────────────────────────────────────────────────────────────
   1 │ deg_ml     19.1992    0          9.0  1620          0   Int64
   2 │ deg_web    98.0314    0         48.0  8194          0   Int64
   3 │ web_mean    0.740227  0.0        1.0   1.0          0   Float64
```

플롯에서 가장 중요한 점은 각 축의 최솟값이 0과 같아야 한다는 것이다. 현재는 축의 표준 로그 스케일을 적용할 수 없다(Plots.jl에서 xscale=:log 및 yscale=:log 키워드 인수를 사용하여 수행할 수 있다). 그러므로 log1p 함수를 사용하여 사용자 지정 축 변환을 구현한다. 이 함수는 인수에 1을 더한 값의 자연로그값을 계산한다. 따라서 0을 전달하면 0을 반환한다.

```
julia> log1p(0)
0.0
```

예제 12.6에서는 데이터에 log1p 변환을 적용하고, 지터도 적용하며, 수행된 변환과 일치하도록 플롯 축에 대한 사용자 지정 틱을 정의한다. gen_ticks 함수는 틱으로 사용하기 위한 0과 2의 거듭제곱으로 표시되는 최대 반올림값을 정의하며, 틱 위치와 틱 레이블로 구성된 튜플을 반환한다.

예제 12.6 집계된 웹 개발자 데이터 산점도 그리기

```julia
julia> function gen_ticks(maxv)    ◀─ ❶ 플롯에 대한 사용자 지정 틱을 생성하는 함수
           max2 = round(Int, log2(maxv))
           tick = [0; 2 .^ (0:max2)]
           return (log1p.(tick), tick)
       end
gen_ticks (generic function with 1 method)

julia> log1pjitter(x) = log1p(x) - 0.05 + rand() / 10    ◀─ ❷ 값에 log1p 변환을 적용하고 [-0.05,0.05]
log1pjitter (generic function with 1 method)                    범위에서 임의의 지터를 추가

julia> using Random

julia> Random.seed!(1234);    ◀─ ❸ 결과의 재현성을 보장하기 위해 난수 생성기 시드를 설정

julia> scatter(log1pjitter.(agg_df.deg_ml),
               log1pjitter.(agg_df.deg_web);
               zcolor=agg_df.web_mean,    ◀─ ❹ 산점도에 표시되는 각 점에 웹 개발자 비율에 해당하는 색상을 부여
               xlabel="degree ml", ylabel="degree web",
               markersize=2,    ◀─ ❺ 각 점의 크기 설정
               markerstrokewidth=0.5,    ◀─ ❻ 각 점의 획 너비 설정
               markeralpha=0.8,    ◀─ ❼ 각 점의 투명도 설정
               legend=:topleft, labels="fraction web",
               xticks=gen_ticks(maximum(classes_df.deg_ml)),    ◀─ ❽ 플롯에 대한 사용자 지정 틱을
               yticks=gen_ticks(maximum(classes_df.deg_web)))          설정하여 각 축의 최댓값까지
                                                                       표시되도록 설정
```

그림 12.6은 결과 플롯을 보여주며, 몇 가지 관계를 확인할 수 있다. 일반적으로 노드에 대한 웹 이웃 수가 증가하면 이웃이 웹 개발자일 확률이 증가한다. 마찬가지로 노드의 머신러닝 이웃 수가 증가하면 이웃이 머신러닝 개발자일 확률도 증가한다.

또한 그래프의 각 노드가 양의 차수를 가지므로 (0, 0) 좌표에는 점이 없다는 것을 알 수 있다. 마지막으로, 일반적으로 노드의 웹과 머신러닝 이웃의 수 사이에는 양의 상관관계가 존재하는 것으로 보인다. 개발자에게 웹 이웃이 많으면 머신러닝 이웃도 많을 가능성이 높아진다. 이 관계는 특히 높은 차수의 개발자에게서 두드러진다.

이제 그림 12.6과 이를 생성하는 코드의 기술적인 측면을 살펴보자. 첫 번째, 이 플롯에서는 지터가 실제로 유용하다. 지터를 생략하면 머신러닝 정도가 0인 점들이 모두 한 줄에 표시되며 겹칠 가능성이 높다. 두 번째, gen_ticks 함수는 축에 플로팅하려는 최댓값을 하나의 인수로 받는다. 그런 다음, round(Int, log2(maxv))을 사용하여 이 숫자에 가장 가까운 2의 거듭제곱을 계산한다.

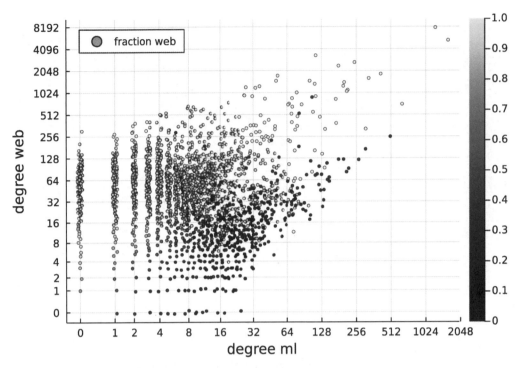

그림 12.6 노드의 머신러닝 및 웹 이웃의 비율을 나타내는 이 산점도에서 점 색상이 어두울수록
주어진 이웃 수에 대한 웹 개발자의 비율이 낮다.

플롯에는 설정한 조건들이 잘 반영되었다. x축의 경우 가장 큰 머신러닝 차수가 1620이므로 1024
가 아닌 2048에서 멈춘다. y축의 경우 가장 큰 웹 차수가 8194이므로 16384가 아닌 8192에서 멈
춘다. 다음으로 [0; 2 .^ (0:max2)]을 통해 0부터 시작하여 연속적인 2의 거듭제곱으로 틱을 생
성한다. 마지막으로 (log1p.(tick), tick)을 사용하여 log1p 함수와 틱 레이블로 변환된 틱 위치
튜플을 반환한다.

그림 12.6과 같은 플롯을 만드는 것은 유익한 정보를 더 제공하려고 할수록 시간이 많이 소요될
수 있다. Plots.jl 패키지의 가장 큰 장점은 플롯을 사용자 정의할 수 있는 다양한 옵션을 제공한
다는 것이다. Plots.jl 문서(https://docs.juliaplots.org/stable/attributes/)에서 다양한 플롯 옵션을 찾을
수 있다.

연습 12.2 그림 12.6의 플롯에서 지터를 제거하면 플롯이 어떻게 보이는지 확인해보자.

12.3.3 개발자 유형을 예측하는 로지스틱 회귀모형 피팅하기

이 절에서는 로지스틱 회귀모형을 생성하여 ml_target 변수와 deg_ml, deg_web 변수 간의 관계를 확인한다. 로지스틱 회귀모형을 처음 알게 되었다면 http://mng.bz/G1ZV에서 정보를 찾을 수 있다.

GLM.jl 패키지를 사용하여 모델 매개변수를 추정하고, 실무에 유용한 GLM.jl 기능 중 일부를 살펴볼 것이다.

```
julia> using GLM

julia> glm(@formula(ml_target~log1p(deg_ml)+log1p(deg_web)),
           classes_df, Binomial(), LogitLink())
StatsModels.TableRegressionModel{GeneralizedLinearModel{GLM.GlmResp{Vector{Float64},
Binomial{Float64}, LogitLink}, GLM.DensePredChol{Float64, LinearAlgebra.
CholeskyPivoted{Float64, Matrix{Float64}, Vector{Int64}}}}, Matrix{Float64}}

ml_target ~ 1 + :(log1p(deg_ml)) + :(log1p(deg_web))

Coefficients:
──────────────────────────────────────────────────────────────────────
                   Coef.   Std. Error       z  Pr(>|z|)  Lower 95%  Upper 95%
──────────────────────────────────────────────────────────────────────
(Intercept)      0.30205    0.0288865   10.46    <1e-24   0.245433   0.358666
log1p(deg_ml)    1.80476    0.0224022   80.56    <1e-99   1.76085    1.84866
log1p(deg_web)  -1.63877    0.0208776  -78.49    <1e-99  -1.67969   -1.59785
──────────────────────────────────────────────────────────────────────
```

얻은 결과를 해석해보자. 모든 추정된 계수는 매우 유의미하며, 이는 출력의 Pr(>|z|) 열의 숫자가 매우 작은 값으로 표시된다. log1p(deg_ml) 계수가 양수라는 것은 해당 노드의 머신러닝 이웃수가 증가할수록 해당 노드가 머신러닝 개발자라고 예측할 확률이 높아진다는 것을 의미한다. 마찬가지로 log1p(deg_web) 계수는 음수이므로 해당 노드의 웹 이웃 수가 증가할수록 해당 노드가 머신러닝 개발자라고 예측할 확률이 낮아진다고 결론 낼 수 있다. 13장에서는 이러한 모델을 사용하여 새로운 데이터를 예측하는 방법을 설명한다.

이제 모델을 구현해보자. 로지스틱 회귀모형을 피팅하기 위해 glm 함수를 사용한다. 이 예제에서는 네 개의 인수를 전달한다. 첫 번째는 모델 공식model formula이다. 여기서 주요한 점은 공식 내에서 변수 변환을 편리하게 전달할 수 있다는 것이다. 이 예제의 경우 데이터의 오른쪽 왜곡이 크기 때문에 log1p 함수를 사용하여 변환된 특징으로 모델을 피팅한다. @formula 매크로는 이런 값을 전달하면 자동으로 식별하여 적절한 익명 함수를 생성한다.

```
julia> @formula(ml_target~log1p(deg_ml)+log1p(deg_web))
FormulaTerm
Response:
  ml_target(unknown)
Predictors:
  (deg_ml)->log1p(deg_ml)
  (deg_web)->log1p(deg_web)
```

두 번째로 로지스틱 회귀를 피팅하려면 Binomial() 인수를 전달하여 대상 특징이 이항분포를 따른다는 것을 glm에 알려야 한다. 마지막으로 이진 데이터는 여러 개의 모델을 피팅할 수도 있으므로 LogitLink() 인수를 통해 로지스틱 회귀모형을 선택한다. 예를 들어, 만약 프로빗 모형probit model(www.econometrics-with-r.org/11.2-palr.html)을 피팅하려면 ProbitLink()를 대신 사용해야 한다.

연습 12.3 로짓 모형logit model 대신 프로빗 모형을 사용하여 ml_target 변수를 예측해보자. glm 함수에 ProbitLink() 인수를 사용한다.

이 장에서는 GLM.jl 패키지를 사용하여 예측 모델을 피팅하는 방법의 예제를 보여주었다. 이 패키지 기능에 대한 자세한 설명은 패키지 문서(https://juliastats.org/GLM.jl/stable/)를 참조하기를 바란다.

12.4 데이터프레임 변형 작업 복습하기

데이터프레임 변형을 위해 DataFrames.jl이 제공하는 주요 옵션은 다음과 같다.

- 할당 또는 브로드캐스트 할당을 사용하는 저수준 API — 이 API를 사용하는 작업의 예제는 브로드캐스트 할당을 사용하여 열 x를 1로 설정하는 df.x .= 1이다. 이 API는 연산 수행 방식을 명시적으로 지정하기 때문에 명령형imperative이라고도 한다.

- 데이터프레임 변형 함수를 사용하는 고수준 API — 해당 API는 수행하려는 연산만 지정하고 가장 효율적으로 실행할 방법을 DataFrames.jl에 위임하기 때문에 선언형declarative이라고도 한다. 고수준 API는 분할-적용-결합 연산을 수행하려는 경우에 유용하다. 고수준 API에는 두 가지 버전이 있다.

  - 표준 평가 사용 — DataFrames.jl에서 제공하며, 쌍(=>) 표기법을 사용하여 지정된 연산에 의존한다. 해당 API를 지원하는 combine 함수에 대해 살펴보았다.

  - 비표준 평가 사용 — DataFramesMeta.jl 패키지에서 제공하며 할당(=) 표기법을 사용할 수 있다. 해당 API를 지원하는 @combine 매크로를 살펴보았다.

이 절에서는 저수준(명령형) API의 작동 방식을 설명하는 데 중점을 두었다. 13장에서는 고수준(선언형) API에 대해 더 자세히 설명한다.

DataFrames.jl 생태계는 개발자마다 코드 구조화에 대한 선호도가 다르기 때문에 데이터프레임 객체 작업을 위한 세 가지 옵션을 제공한다. 이 책에서는 세 가지 옵션을 모두 설명하므로 필요에 따라 가장 적합한 방법을 선택할 수 있다.

12.4.1 저수준 API 작업 수행하기

저수준 API를 사용하여 다음과 같은 7가지 방법으로 데이터프레임의 열을 업데이트할 수 있다.

- 복사하지 않고 데이터프레임에 새로운 열을 생성한다.
- 복사를 통해 데이터프레임에 새로운 열을 생성한다.
- 브로드캐스팅을 사용하여 데이터프레임에 새로운 열을 생성한다.
- 데이터프레임의 기존 열을 교체하여 업데이트한다.
- 데이터프레임의 기존 열 교체 없이 제자리에서 업데이트한다.
- 브로드캐스팅을 사용하여 데이터프레임의 기존 열을 교체하여 업데이트한다.
- 브로드캐스팅을 사용하여 데이터프레임의 기존 열 교체 없이 제자리에서 업데이트한다.

각 옵션을 살펴보자.

1 복사하지 않고 데이터프레임에 새로운 열을 생성

복사하지 않고 데이터프레임 df의 새로운 열 a에 벡터 v를 할당하려면 다음 중 하나를 작성한다.

```
df.a = v
df[!, "a"] = v
```

2 복사를 통해 데이터프레임에 새로운 열을 생성

벡터 v를 데이터프레임 df의 새로운 열 a에 복사하려면 다음과 같이 작성한다.

```
df[:, "a"] = v
```

❸ 브로드캐스팅을 사용하여 데이터프레임에 새로운 열을 생성

데이터프레임 df의 새로운 열 a에 스칼라 또는 벡터 s를 브로드캐스팅하려면 다음 중 하나로 작성한다.

```
df.a .= s
df[!, "a"] .= s
df[:, "a"] .= s
```

❹ 데이터프레임의 기존 열을 교체하여 업데이트

데이터프레임 df의 기존 열 a에 벡터 v를 복사하지 않고 기존 열을 교체하여 할당하려면 다음 중 하나로 작성한다.

```
df.a = v
df[!, "a"] = v
```

❺ 데이터프레임의 기존 열 교체 없이 제자리에서 업데이트

데이터프레임 df의 기존 열 a에 내부 데이터를 업데이트하여 벡터 v를 할당하려면 다음과 같이 작성한다.

```
df[:, "a"] = v
```

동일한 규칙을 사용하여 데이터프레임에서 선택된 행 r만 업데이트할 수 있다(참고로 :는 특수한 종류의 행 선택자이다).

```
df[r, "a"] = v
```

❻ 브로드캐스팅을 사용하여 데이터프레임의 기존 열을 교체하여 업데이트

브로드캐스팅을 사용하여 데이터프레임 df의 기존 열 a에 스칼라 또는 벡터 s를 할당하려면 다음과 같이 작성한다.

```
df[!, "a"] .= s
```

7 브로드캐스팅을 사용하여 데이터프레임의 기존 열 교체 없이 제자리에서 업데이트

데이터프레임 df의 기존 열 a에 스칼라 또는 벡터 s로 브로드캐스팅을 사용하여 기존 열 데이터를 업데이트하려면 다음과 같이 작성한다.

```
df[:, "a"] .= s
```

동일한 규칙을 사용하여 데이터프레임에서 선택된 행 r만 업데이트할 수 있다(이러한 선택자의 예제는 1:3 범위가 있다. :는 특수한 종류의 행 선택자일 뿐이다).

```
df[r, "a"] .= s
```

앞의 옵션에는 가장 많이 사용되는 연산만 포함했다. 저수준 API에서 지원하는 전체 연산 목록은 DataFrames.jl 문서(http://mng.bz/z58r)에서 확인할 수 있다. 목록이 매우 방대하므로 외우기 어렵다는 점을 미리 경고한다. 경험상 다음과 같이 가정해도 된다.

- 대부분의 경우 위에 나열된 연산만으로 충분할 것이다.
- DataFrames.jl API는 데이터 복사 또는 복사 방지와 관련된 동작 측면에서 사용자가 원하는 모든 종류의 연산을 지원하도록 설계되었다.

따라서 나중에 이 책에서 다루지 않은 특수한 연산을 수행해야 하는 경우 해당 문서를 참조하자.

! 행 선택자와 : 행 선택자 동작 비교

! 행 선택자와 : 행 선택자가 작동하는 방식의 차이점을 이해하면 유용하다. 데이터프레임 df에 열 a가 있다고 가정한다.

먼저 데이터프레임에서 데이터를 읽어오는 것부터 시작해보자. 데이터프레임에서 열 a를 가져오기 위해 df[!, "a"]를 사용하는 경우 해당 연산은 복사본을 만들지 않고 열을 반환하는 반면, df[:, "a"]는 열의 복사본을 반환한다.

다른 상황은 할당 왼쪽에 동일한 구문을 사용하는 경우이다. 이 경우 df[:, "a"] = v 또는 df[:, "a"] .= s를 작성하면 오른쪽 데이터가 기존 열에 기록된다. 반면 df[!, "a"]= v를 작성하면 열 a는 복사 없이 벡터 v로 대체된다. 마지막으로 df[!, "a"] .= s를 작성하면 새 벡터가 할당되고 열 a가 이 벡터로 대체된다.

빈 데이터프레임을 생성한다. 여기에 복사 없이 값 1, 2, 3을 저장하는 열 a를 추가한다. 다음으로 데이터프레임에 복사 없이 열 a와 동일한 벡터인 열 b를 하나 더 추가한다. 열 a와 열 b가 동일한 벡터를 저장하는 확인한다. 데이터프레임에 두 개의 동일한 열을 저장하는 것은 안전하지 않으므로 열 b에 복사본을 저장한다. 이제 열 a와 b가 동일한 값을 저장하지만 다른 객체인지 확인한다. 열 a의 앞 두 개의 요소를 10으로 제자리에서 업데이트한다.

12.4.2 insertcols! 함수를 사용하여 데이터프레임 변형하기

이 절에서는 데이터프레임 변형 작업에 대한 내용을 마치기 전에 insertcols! 함수에 대해 알아본다. 이 함수는 데이터프레임에 새 열을 삽입하는 데 사용된다. 이 함수는 데이터프레임에 열을 삽입하기 위해 column_name => value 쌍을 전달하는 DataFrame 생성자와 구문이 비슷하다.

insertcols! 함수의 특별한 기능은 데이터프레임의 어느 위치에나 열을 삽입할 수 있고, 전달된 열 이름이 해당 데이터프레임에 이미 존재하는지 여부를 확인하여 열을 실수로 덮어쓰는 것을 방지한다는 것이다. insertcols! 함수에 대한 자세한 내용은 DataFrames.jl 문서(http://mng.bz/09Gm)에서 확인할 수 있다.

여기서는 작동 방식에 대한 몇 가지 예제만을 살펴볼 것이다. 가장 기본적인 패턴인 데이터프레임 끝에 열을 삽입하는 것부터 시작하자.

```
julia> df = DataFrame(x=1:2)
2×1 DataFrame
 Row │ x
     │ Int64
─────┼───────
   1 │     1
   2 │     2

julia> insertcols!(df, :y => 4:5)   ◀─❶ 데이터프레임 끝에 새 열을 삽입한다.
2×2 DataFrame
 Row │ x      y
     │ Int64  Int64
─────┼──────────────
   1 │     1      4
   2 │     2      5

julia> insertcols!(df, :y => 4:5)   ◀─❷ 중복 열 이름을 삽입하려고 하면 오류가 발생한다.
ERROR: ArgumentError: Column y is already present in the data frame which is not allowed
when `makeunique=true`

julia> insertcols!(df, :z => 1)   ◀─❸ 스칼라는 DataFrame 생성자에서와 같이 자동으로 브로드캐스팅된다.
2×3 DataFrame
 Row │ x      y      z
```

```
    | Int64  Int64  Int64
 1 |   1      4      1
 2 |   2      5      1
```

다음으로는 데이터프레임의 특정 위치에 새 열을 삽입하는 예제를 살펴보자. 이를 위해 열을 삽입할 위치를 지정하는 두 번째 인수를 전달한다.

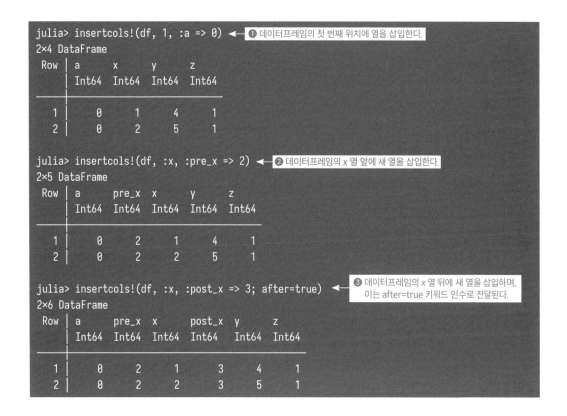

```
julia> insertcols!(df, 1, :a => 0)  ← ❶ 데이터프레임의 첫 번째 위치에 열을 삽입한다.
2×4 DataFrame
 Row | a      x      y      z
     | Int64  Int64  Int64  Int64
─────┼──────────────────────────────
   1 |   0      1      4      1
   2 |   0      2      5      1

julia> insertcols!(df, :x, :pre_x => 2)  ← ❷ 데이터프레임의 x 열 앞에 새 열을 삽입한다.
2×5 DataFrame
 Row | a      pre_x  x      y      z
     | Int64  Int64  Int64  Int64  Int64
─────┼─────────────────────────────────────
   1 |   0      2      1      4      1
   2 |   0      2      2      5      1

julia> insertcols!(df, :x, :post_x => 3; after=true)  ← ❸ 데이터프레임의 x 열 뒤에 새 열을 삽입하며,
2×6 DataFrame                                              이는 after=true 키워드 인수로 전달된다.
 Row | a      pre_x  x      post_x y      z
     | Int64  Int64  Int64  Int64  Int64  Int64
─────┼────────────────────────────────────────────
   1 |   0      2      1      3      4      1
   2 |   0      2      2      3      5      1
```

DataFrames.jl에서 => 연산자 사용

=> 연산자는 DataFrames.jl에서 혼동해서는 안 되는 두 가지 콘텍스트에 사용된다.

첫 번째 콘텍스트는 DataFrame 생성자 및 insertcols! 함수이며, 구문은 column_name => value 형식이다. 이 형식은 데이터 조작을 포함하지 않는다. 새 데이터를 데이터프레임에 넣는 데 사용된다. 이는 줄리아에서 딕셔너리가 채워지는 방식과 일치한다.

두 번째 콘텍스트는 combine 함수가 지원하는 연산구문이다(13장에서는 select, select!, transform, transform!, subset, subset!과 같은 다른 함수도 동일한 연산이 지원된다는 것을 배울 것이다). 연산 구문은 데이터프레임에 이미 존재하는 데이터를 조작하는 데 사용된다. 그림 12.4에 설명된 일반적인 구조는 source_column => operation_function => target_column_name이다.

요약

- 그래프는 노드와 노드를 연결하는 간선으로 구성된 데이터 구조이다. 줄리아에서 그래프 작업은 Graphs.jl 패키지를 사용하여 할 수 있다. 트위터나 페이스북과 같은 소셜 미디어의 데이터를 분석하는 경우 사용자를 나타내는 노드와 그들의 관계를 나타내는 간선으로 구성된 그래프로 작업해야 한다.

- SHA 모듈은 작업하는 데이터의 해시값을 계산할 수 있는 함수를 제공한다. 자주 사용되는 알고리즘 중 하나는 sha256 함수를 통해 사용할 수 있는 SHA-256이다. 이 함수를 사용하여 웹에서 다운로드한 데이터가 손상되지 않았는지 확인할 수 있다.

- ZipFile.jl 패키지는 ZIP 아카이브 작업을 위한 도구를 제공한다. 데이터 과학 프로젝트에서 자주 사용되는데, 대부분의 경우 데이터 원본이 이 형식으로 압축되기 때문이다.

- 행렬에서와 마찬가지로 데이터프레임 객체에서도 브로드캐스팅 연산을 수행할 수 있다. 브로드캐스팅을 사용하면 데이터프레임에 저장된 값을 편리하게 변환할 수 있다.

- DataFrames.jl은 인덱싱 구문을 기반으로 데이터프레임의 내용을 변경할 수 있는 저수준 API를 제공한다. 이러한 연산은 할당(= 연산자) 구문과 브로드캐스트 할당 (.= 연산자) 구문을 모두 사용할 수 있다. 일반적으로 `df[:, column] =` 형식의 연산은 기존 열의 데이터가 변경되며, `df[!, column] =` 또는 `df.column =` 열을 교체하는 형식의 연산이 수행된다. 이 API는 개발자가 연산 수행 방식으로 완전히 제어할 수 있도록 설계되었다.

- Graphs.jl 패키지는 줄리아에서 그래프를 표현하는 데 사용할 수 있는 `SimpleGraph` 타입과 그래프의 프로퍼티를 분석할 수 있는 여러 함수(예제: 노드의 이웃 목록)를 정의한다. 이 패키지에는 네트워크 구조를 가진 데이터를 분석할 때 유용하다.

- `SimpleGraph` 타입에서 그래프 노드는 1로 시작하는 연속된 정수로 표시되며, 그래프 간선은 연결되는 노드를 나타내는 정수 쌍으로 표시된다. 이 표현 방법 덕분에 데이터프레임처럼 1 기반 인덱싱을 사용하는 줄리아 컬렉션에서 노드 메타데이터를 쉽게 유지할 수 있다.

- 데이터프레임 객체에 대한 분할-적용-결합 연산을 수행하려면 DataFrames.jl의 고수준 API의 일부인 `groupby` 및 `combine` 함수를 사용하면 된다(관련 함수는 13장에서 자세히 설명한다). `combine` 함수는 그룹별로 집계 연산을 수행하는 데 사용된다. 분할-적용-결합 연산은 데이터를 요약할 때 유용한 경우가 많다.

- `combine` 함수는 전달된 연산 지정 구문을 바탕으로 데이터 집계를 수행한다. `combine` 함수의 일반적인 구조는 `source_ column => operation_function => target_column_name`이다. 예를 들어, `:a => mean => :a_mean`은 :a 열의 데이터를 mean 함수에 전달하고 계산 결과를 :a_mean

열에 저장해야 함을 나타낸다. 연산 지정 구문은 유효한 줄리아 코드로 구성되므로 프로그래밍적으로 사용할 때 특히 편리하다.

- @combine 매크로의 집계 연산 지정을 단순화하기 위해 DataFramesMeta.jl 패키지를 사용할 수 있다. 이 구문에서는 할당 형식을 사용하여 연산을 작성한다. 예를 들어, :a_mean = mean(:a) 형식은 표준 연산 지정 구문에서의 :a => mean => :a_mean과 동일하다. @combine에서 허용하는 구문은 쓰기 및 읽기가 더 편리하지만 비표준 평가에 의존한다.

- Plots.jl 패키지는 사용자가 플롯의 모양을 지정할 수 있는 다양한 옵션 목록을 제공한다. 사용 가능한 플롯 속성 목록은 https://docs.juliaplots.org/stable/attributes/에서 확인할 수 있다. 실제로 데이터 과학 프로젝트에서 데이터의 중요한 측면을 강조하는 플롯을 만드는 것이 성공 핵심 요소인 경우가 많다.

- GLM.jl 패키지를 사용하면 로지스틱 또는 프로빗 회귀를 피팅할 수 있다. 이러한 모델은 대상 변수가 이진 데이터인 경우에 사용된다.

- insertcols! 함수를 사용하여 데이터프레임에 열을 추가할 수 있다. 이 함수를 사용하면 원본 데이터프레임의 어느 위치에나 열을 추가할 수 있다.

13 CHAPTER

데이터프레임 고급 변환

12장에서는 combine 함수와 연산 지정 구문을 사용하여 데이터프레임의 기본 변환을 수행하는 방법을 살펴보았다. 이 장에서는 해당 구문을 사용하는 select, select!, transform, transform!, subset, subset! 함수의 고급 변환 시나리오를 배울 것이다. 이러한 함수를 사용하면 열에 필요한 작업을 편리하게 수행할 수 있고, 속도도 빠르며, 선택적으로 멀티스레딩을 사용할 수도 있다. 12장에서와 마찬가지로 DataFramesMeta.jl 도메인 특화 언어를 사용하여 이런 변환을 지정하는 방법도 배울 것이다.

이 장에서는 조인join 연산을 사용하여 여러 테이블을 결합conbine하는 방법도 배운다. Data Frames.jl에는 내부 조인inner join, 왼쪽 조인left join, 오른쪽 조인right join, 외부 조인outer join, 안티 조인anti join, 세미 조인semi join, 교차 조인cross join이 효율적으로 구현되어 있다. 마찬가지로 stack 함수와 unstack 함수를 사용하여 데이터프레임을 재구성하는 방법도 살펴본다.

데이터 고급 변환 기능과 데이터프레임 조인 및 재구성의 결합으로 DataFrames.jl은 복잡한 데이터 분석 파이프라인을 만들기 위한 완벽한 생태계가 되었다. 이러한 파이프라인을 만드는 것은 여러 작업을 함께 연결할 수 있는 기능 덕분에 크게 간소화된다. 이 장에서 배우게 될 @chain 매크로를 사용하면 이 작업을 수행할 수 있다. 또한 범주형 데이터(R 사용자에게는 **팩터**factor로 알려져 있음)로 작업하는 방법은 CategoricalArrays.jl 패키지를 사용하여 배울 것이다. 이 기능은 데이터 통계 분석을 할 때 종종 필요하다.

계속 그래왔듯이, 이 책에서는 모든 개념을 실제 데이터셋에 적용하여 설명한다. 이번에는 ODC-By 라이선스에 따라 제공되는 스탠퍼드 오픈 치안 프로젝트Stanford Open Policing Project 데이터를 사용할 것이다. 이 데이터셋에서 각 관측치는 경찰이 정차를 1회 시켰을 때 해당 상황의 여러 특성을 정보로 담고 있다. 분석 목표는 켄터키주 오웬스보로Owensboro에서 경찰이 정차시키는 동안 어떤 특징이 체포가 이루어질 가능성에 영향을 미치는지 파악하는 것이다. DataFrames.jl을 사용하여 예측 모델을 만드는 데 사용할 수 있는 데이터를 준비함으로써 특징 엔지니어링을 수행하는 과정에 집중할 것이다.

책의 마지막에 가까워지고 있으므로 이 장의 내용은 이전 장보다 더 발전된 내용이 될 것으로 예상한다. 이 장에서는 DataFrames.jl의 많은 기능을 다루기 때문에 비교적 긴 분량이다. 따라서 각 절에서는 새로운 내용을 중점적으로 설명한다.

13.1 경찰 정차 데이터셋을 가져오고 전처리하기

이 절에서는 분석을 위한 준비 작업을 진행한다. 필요한 자료는 웹에서 ZIP 아카이브를 가져오고, SHA를 확인하고, 아카이브에서 CSV 파일을 추출하고, 그 내용을 데이터프레임에 로드하는 단계를 거치므로 12장에서 본 것과 동일하다.

차이점은 @chain 매크로를 사용하여 여러 작업을 연결하는 방법이 추가된다는 것이다. 여러 연산을 결합하는 파이프라인을 만드는 것은 많은 데이터 과학자, 특히 R에서 %>% 연산자를 사용해본 경험이 있는 데이터 과학자가 자주 사용하는 기능이다. 이 절의 마지막에서는 select! 함수를 사용하여 데이터프레임에서 바로 특정 열을 삭제하는 방법을 살펴볼 것이다.

13.1.1 필요한 패키지 로드하기

줄리아의 일반적인 관행은 분석을 시작할 때 프로젝트에 사용할 모든 패키지를 로드하는 것이다. 이 책에서 아직 사용하지 않았던 패키지는 설명을 추가했다.

```
julia> using CSV

julia> using CategoricalArrays    ← ❶ 범주형 데이터(R의 팩터)로 작업할 수 있는 패키지

julia> using DataFrames

julia> using DataFramesMeta

julia> using Dates

julia> using Distributions    ← ❷ 다양한 통계 분포 작업을 지원하는 패키지

julia> import Downloads

julia> using FreqTables

julia> using GLM

julia> using Plots

julia> using Random

julia> using ROCAnalysis    ← ❸ 분류 모델 평가 기능을 제공하는 패키지

julia> using SHA

julia> using Statistics

julia> import ZipFile
```

13.1.2 @chain 매크로 소개하기

@chain 매크로는 R의 파이프(%>%) 연산자와 유사한 기능을 제공한다. 이전 절에서 DataFramesMeta. jl 패키지를 사용하여 가져왔다(정확히는 Chain.jl 패키지에서 제공되고 DataFramesMeta.jl에서 다시 내보낸다). @chain 매크로를 사용하면 데이터의 여러 단계 처리를 편리하게 수행할 수 있다.

> **@chain 매크로의 작동 방식에 대한 기본 규칙**
>
> @chain 매크로는 시작값과 begin-end 블록을 사용하며, 일반적으로 하나의 표현식은 한 줄의 코드이다. 이 매크로가 작동하는 기본 규칙은 다음과 같다.
>
> - 기본적으로 이전 표현식의 결과가 현재 표현식의 첫 번째 인수로 사용되며, 현재 표현식을 지정하면 이 인수가 생략된다.
> - 예외적으로 현재 표현식에 밑줄(_)이 하나 이상 있는 경우 첫 번째 규칙이 적용되지 않는다. 대신 모든 밑줄이 이전 표현식 결과로 대체된다.

@chain 매크로의 전체 규칙 목록은 Chain.jl의 깃허브 페이지(https://github.com/jkrumbiegel/Chain.jl)에서 확인할 수 있다. 다음은 매크로를 사용하는 몇 가지 코드 예제이다. 다음 표현식으로 시작한다.

```
julia> sqrt(sum(1:8))
6.0
```

이는 @chain 매크로를 사용하여 다음과 같이 동일하게 작성할 수 있다.

```
julia> @chain 1:8 begin
           sum
           sqrt
       end
6.0
```

위 예제에서는 sum 함수와 sqrt 함수가 하나의 인수를 사용하므로 밑줄을 사용하여 이전 표현식 결과의 위치를 나타낼 필요가 없으며 함수 뒤에 괄호를 생략할 수 있다. 1:8의 시작값은 sum 함수에 전달되고, 그 결과는 sqrt 함수에 전달된다. 그림 13.1은 이 과정을 보여준다. var1과 var2 변수 이름은 설명을 위한 것이며, 실제로 @chain 매크로는 기존 식별자와 충돌하지 않는 변수 이름을 생성한다.

그림 13.1 @chain 매크로에서 각 연산의 하나의 인수를 받는 함수이다.
화살표는 매크로 호출의 각 부분이 임시 변수를 사용하여 어떻게 재작성되는지 보여준다.

명시적으로 _를 사용하려면 다음과 같이 예제 코드를 작성하면 된다.

```
julia> @chain 1:8 begin
          sum(_)
          sqrt(_)
       end
6.0
```

이제 좀 더 복잡한 예제를 살펴보자.

```
julia> string(3, string(1, 2))
"312"
```

이는 다음과 같이 동일하게 작성할 수 있다.

```
julia> @chain 1 begin
          string(2)
          string(3, _)
       end
"312"
```

위 경우 string(2) 표현식에는 밑줄이 없기 때문에 첫 번째 인수로 1이 전송되어 string(1, 2) 호출을 생성한다. 해당 연산 결과인 "12" 문자열이 string(3, _) 표현식으로 전달된다. 이 표현식에는 밑줄이 있으므로 string(3, "12")로 바뀌고 그 결과로 "312"가 생성된다. 그림 13.2는 이 과정을 보여준다.

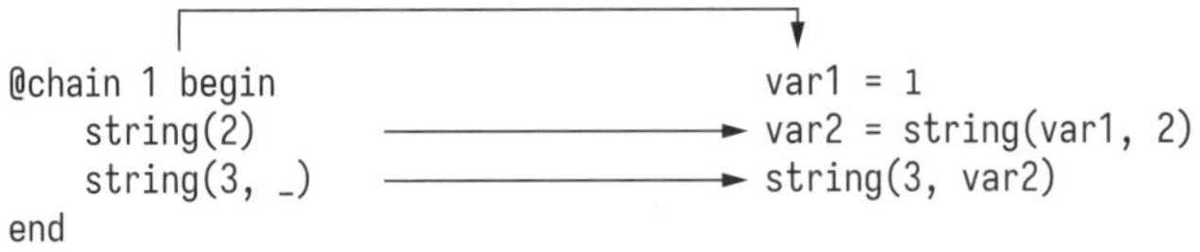

```
@chain 1 begin                    var1 = 1
    string(2)      ─────────────▶  var2 = string(var1, 2)
    string(3, _)   ─────────────▶  string(3, var2)
end
```

그림 13.2 각 연산이 두 개의 인수를 받는 함수일 때 @chain 매크로 평가하기

13.1.3 경찰의 정차 데이터셋 가져오기

이제 켄터키주 오웬스보로의 경찰 정차 데이터를 다운로드하고 압축을 풀고 데이터프레임에 로드할 준비가 되었다. 이 과정에서 13.1.2절에서 배운 @chain 매크로를 사용한다.

```
julia> url_zip = "https://stacks.stanford.edu/file/druid:yg821jf8611/" *
                 "yg821jf8611_ky_owensboro_2020_04_01.csv.zip";
```
❶ 가져오려는 파일의 URL을 정의한다.

```
julia> local_zip = "owensboro.zip";
```
❷ 로컬에 저장할 파일 이름을 정의한다.

```
julia> isfile(local_zip) || Downloads.download(url_zip, local_zip)
"owensboro.zip"
```
❸ 파일이 아직 없는 경우에만 파일을 가져오고, 파일이 이미 있으면 true를 출력한다.

```
julia> isfile(local_zip)
true
```
❹ 파일이 실제로 존재하는지 확인한다.

```
julia> open(sha256, local_zip) == [0x14, 0x3b, 0x7d, 0x74,
                                   0xbc, 0x15, 0x74, 0xc5,
                                   0xf8, 0x42, 0xe0, 0x3f,
                                   0x8f, 0x08, 0x88, 0xd5,
                                   0xe2, 0xa8, 0x13, 0x24,
                                   0xfd, 0x4e, 0xab, 0xde,
                                   0x02, 0x89, 0xdd, 0x74,
                                   0x3c, 0xb3, 0x5d, 0x56]

true
```
❺ SHA-256을 확인하여 파일의 내용이 올바른지 확인한다.

```
julia> archive = ZipFile.Reader(local_zip)
ZipFile.Reader for IOStream(<file owensboro.zip>) containing 1 files:

uncompressedsize method  mtime            name
------------------------------------------------
      1595853 Deflate 2020-04-01 07-58 ky_owensboro_2020_04_01.csv


julia> owensboro = @chain archive begin
           only(_.files)
           read
           CSV.read(DataFrame; missingstring="NA")
       end;
julia> close(archive)
```
❻ ZIP 아카이브를 열고 내용을 육안으로 검사한다.

❼ 아카이브에서 CSV 파일을 추출하여 데이터프레임에 로드하고, @chain 매크로를 사용하여 NA값이 누락된 것으로 처리한다.

❽ 읽기가 끝나면 ZIP 아카이브를 닫는다.

위 예제에서 **@chain** 매크로를 사용하는 표현식은 다음 코드와 동일하다.

```
CSV.read(read(only(archive.files)), DataFrame; missingstring="NA");
```

개인적으로 **@chain** 매크로를 사용한 코드가 더 쉽게 읽고 수정할 수 있다고 생각한다.

owensboro 데이터프레임을 만들었으며, 데이터 내용이 크기 때문에 출력은 하지 않았다. 대신 12 장에서 사용한 summary 함수와 describe 함수를 사용하여 요약 정보를 확인하자.

```
julia> summary(owensboro)
"6921×18 DataFrame"

julia> describe(owensboro, :nunique, :nmissing, :eltype)
18×4 DataFrame
 Row │ variable                  nunique  nmissing  eltype
     │ Symbol                    Union…   Int64     Type
─────┼──────────────────────────────────────────────────────────────────
   1 │ raw_row_number                            0  Int64
   2 │ date                      726             0  Date
   3 │ time                      1352            0  Time
   4 │ location                  4481            0  String
   5 │ lat                                       0  Float64
   6 │ lng                                       9  Union{Missing, Float64}
   7 │ sector                    10             10  Union{Missing, String15}
   8 │ subject_age                               3  Union{Missing, Int64}
   9 │ subject_race              4              18  Union{Missing, String31}
  10 │ subject_sex               2               0  String7
  11 │ officer_id_hash           87              0  String15
  12 │ type                      2              42  Union{Missing, String15}
  13 │ violation                 1979            0  String
  14 │ arrest_made                               0  Bool
  15 │ citation_issued                           0  Bool
  16 │ outcome                   2               0  String15
  17 │ vehicle_registration_state 35            55  Union{Missing, String3}
  18 │ raw_race                  4              18  Union{Missing, String31}
```

위 데이터셋은 거의 7,000개의 관측치와 18개의 열로 구성되어 있다. 텍스트 열의 고윳값 수, 기록된 결측값 수, 각 열의 요소 타입에 대한 정보도 확인했다. 이 장에서는 데이터프레임의 모든 열에 대해 작업하지 않으며, 다음 특징에 대해서만 집중한다.

- date — 이벤트가 발생한 시점에 대한 정보를 제공한다.
- type — 경찰에 의해 정지된 사람(차량 또는 보행자)을 나타낸다. 이 열에는 42개의 결측값이 존재한다.
- arrest_made — 체포가 이루어졌는지 여부를 표시한다. 이것이 우리의 목표 열이다.
- violation — 기록된 위반 유형에 대한 텍스트 설명을 제공한다.

다음 절에서 이러한 열에 포함된 데이터를 더 자세히 살펴볼 것이다. 먼저 다음 예제에서 select! 함수를 사용하여 필요 없는 열을 삭제한다.

예제 13.1 필요 없는 열을 제자리에서 삭제하는 방법

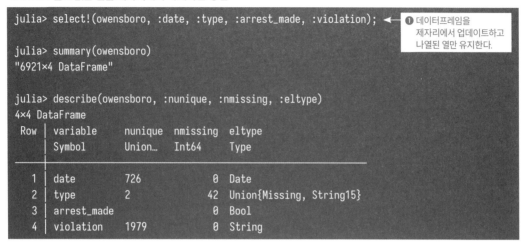

```
julia> select!(owensboro, :date, :type, :arrest_made, :violation);    ← ❶ 데이터프레임을
                                                                          제자리에서 업데이트하고
julia> summary(owensboro)                                                 나열된 열만 유지한다.
"6921×4 DataFrame"

julia> describe(owensboro, :nunique, :nmissing, :eltype)
4×4 DataFrame
 Row │ variable     nunique   nmissing  eltype
     │ Symbol       Union…    Int64     Type
─────┼──────────────────────────────────────────────────────
   1 │ date         726              0  Date
   2 │ type         2               42  Union{Missing, String15}
   3 │ arrest_made                   0  Bool
   4 │ violation    1979             0  String
```

13.1.4 열에 연산을 수행하는 함수 비교하기

예제 13.1에서는 데이터프레임 열에 연산을 수행하기 위해 DataFrames.jl에서 제공하는 다섯 가지 함수 중 하나인 select! 함수를 사용했다. 또 다른 함수인 combine 함수는 이미 12장에서 GroupedDataFrame 객체로 작업할 때 살펴본 바 있다. 이제 사용 가능한 모든 함수를 살펴보자.

- combine — 연산 지정 구문에 따라 열 변환을 수행하여 원본의 행 수를 변경할 수 있다. 일반적으로 여러 행을 하나의 행으로 결합하는 집계에 많이 사용된다.
- select — 연산 지정 구문에 따라 열 변환을 수행하지만 결과의 행 수가 원본과 동일해야 하고 순서가 같아야 한다는 제한이 있다.
- select! — select와 동일하지만 원본 데이터를 제자리에서 업데이트한다.
- transform — select와 동일하지만 원본의 모든 열을 유지한다.
- transform! — transform과 동일하지만 원본 데이터를 제자리에서 업데이트한다.

예제 13.1에서는 select! 함수를 사용하므로 이름이 전달된 열만 유지하여 owensboro 데이터프레임 원본을 제자리에서 업데이트한다.

예제 13.1에 표시된 것처럼 위에 나열한 모든 함수는 한 번의 호출로 여러 연산 지정을 전달할 수 있다. 또한 모든 함수는 데이터프레임과 그룹화된 데이터프레임에서 작동한다. 그룹화된 데이터프레임의 경우, 위 함수는 12장에서 combine에 대해 배운 것처럼 데이터를 그룹별로 처리한다. select, select!, transform, transform! 함수를 GroupedDataFrame에 적용하는 경우에도 동일한 규칙이 적용된다. 즉, 결과는 원본과 동일한 행 수와 동일한 순서를 가져야 한다.

예제 13.2는 최소한의 예제로 combine과 transform을 비교한 것이다. 그림 13.3과 그림 13.4에서도 해당 함수에 대한 설명을 확인할 수 있으며, 옵션 간의 차이점을 기억하는 것이 중요하다.

예제 13.2 combine, select, transform **연산 비교하기**

```
julia> df = DataFrame(id=[1, 2, 1, 2], v=1:4)
4×2 DataFrame
 Row │ id     v
     │ Int64  Int64
─────┼──────────────
   1 │     1      1
   2 │     2      2
   3 │     1      3
   4 │     2      4

julia> combine(df, :v => sum => :sum)   ◄── ❶ df의 Row는 열 v의 합인 단일값 10으로 결합된다.
1×1 DataFrame
 Row │ sum
     │ Int64
─────┼───────
   1 │    10
```

❷ transform은 원본 열을 유지한다. 원본의 모든 행이 유지되므로 값 10은 모든 행에 의사 브로드캐스팅된다(의사 브로드캐스팅에 대한 설명은 10장 참조).

```
julia> transform(df, :v => sum => :sum)   ◄──
4×3 DataFrame
 Row │ id     v      sum
     │ Int64  Int64  Int64
─────┼─────────────────────
   1 │     1      1     10
   2 │     2      2     10
   3 │     1      3     10
   4 │     2      4     10

julia> select(df, :v => sum => :sum)   ◄── ❸ transform과 동일하지만 원본 데이터프레임의 df 열은 유지되지 않는다.
4×1 DataFrame
 Row │ sum
     │ Int64
─────┼───────
   1 │    10
```

```
   2 |     10
   3 |     10
   4 |     10

julia> gdf = groupby(df, :id)
GroupedDataFrame with 2 groups based on key: id
First Group (2 rows): id = 1
 Row │ id      v
     │ Int64   Int64
─────┼─────────────────
   1 │     1       1
   2 │     1       3
⋮
Last Group (2 rows): id = 2
 Row │ id      v
     │ Int64   Int64
─────┼─────────────────
   1 │     2       2
   2 │     2       4

julia> combine(gdf, :v => sum => :sum)   ◄──   ❹ 합이 그룹별로 적용된다. 그룹별 행이 결합되어 그룹당
2×2 DataFrame                                    단일값이 생성되며, 결과는 그룹 순서대로 저장된다.
 Row │ id      sum
     │ Int64   Int64
─────┼─────────────────
   1 │     1       4
   2 │     2       6

julia> transform(gdf, :v => sum => :sum)  ◄──  ❺ 합이 그룹별로 적용되며 변환은 원본 열을 유지한다.
4×3 DataFrame                                    원본의 모든 행이 원래 순서대로 유지되므로 값 4와 6은
                                                 그룹에 해당하는 행 위치에 의사 브로드캐스팅된다.
 Row │ id      v       sum
     │ Int64   Int64   Int64
─────┼─────────────────────────
   1 │     1       1       4
   2 │     2       2       6
   3 │     1       3       4
   4 │     2       4       6

julia> select(gdf, :v => sum => :sum)   ◄──   ❻ transform과 동일하지만 열 v는 유지되지 않는다.
4×2 DataFrame                                    열 ID는 데이터를 그룹화하는 기준 열이므로 유지된다.
 Row │ id      sum
     │ Int64   Int64
─────┼─────────────────
   1 │     1       4
   2 │     2       6
   3 │     1       4
   4 │     2       6
```

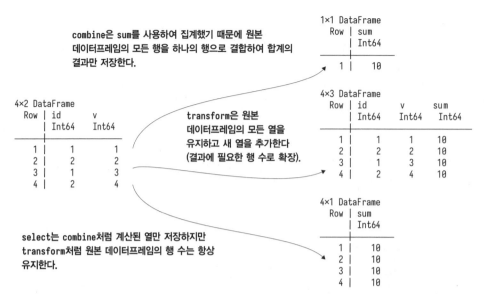

그림 13.3 combine, transform, select 함수를 사용하여 데이터프레임에
:v => sum => :sum 연산을 수행한 결과이다. transform 함수는 원본의 모든 열을 항상 유지하는 유일한 함수이다.
combine 함수는 원본 데이터프레임과 비교하여 결과의 행 수를 변경할 수 있는 유일한 함수이다.

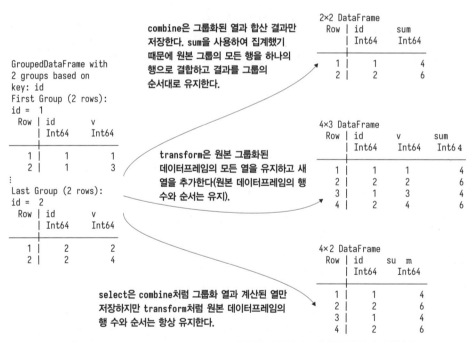

그림 13.4 combine, transform, select 함수를 사용하여 그룹화된 데이터프레임에
:v => sum => :sum 연산을 수행한 결과이다. transform 함수는 원본의 모든 열을 항상 유지하는 유일한 함수이다.
combine 함수는 원본 데이터프레임과 비교하여 결과의 행 수를 변경할 수 있는 유일한 함수이다.

요약하면 예제 13.2에서 transform과 select이 작동하는 방식에 대해 이해해야 할 중요한 점은 원본 데이터프레임 df의 모든 행이 결과에 유지되고 그 순서가 변경되지 않도록 보장한다는 것이다. 연산이 스칼라를 반환하는 경우 필요한 모든 행을 채우기 위해 의사 브로드캐스팅이 된다(의사 브로드캐스팅에 대한 설명은 10장 참조). select과 transform의 차이점은 transform이 원본 데이터프레임의 모든 열을 유지한다는 것이다.

13.1.5 짧은 형식의 연산 지정 구문 사용하기

예제 13.1에서 주목해야 할 또 다른 부분은 select! 함수를 사용할 때 유지하려는 열 이름만 전달한다는 것이다. 12장에서 연산 지정 구문은 source_column => operation_function => target_column_name 형식의 일반적인 패턴을 사용한다는 사실을 배웠다.

예제 13.1에서 :date 열 이름을 변경하지 않고 이 구문을 사용하려면 :date => identity => :date로 작성해야 한다고 생각할 수 있다. 하지만 연산 지정 구문에서 operation_function과 target_column_name 부분은 선택 사항이므로 길게 작성할 필요가 없다. 다음 예제는 예제 13.2에서 정의했던 df 데이터프레임에 대해 연산 지정 구문의 2, 3번째 요소를 생략했을 때 결과를 보여준다.

예제 13.3 **연산 지정 구문의 짧은 버전**

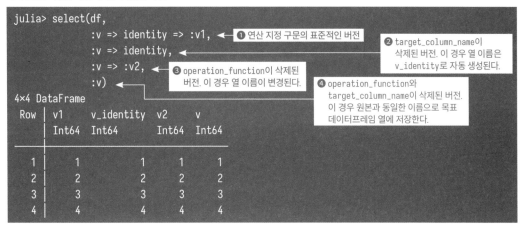

여기서 네 가지 연산은 모두 동일한 벡터를 생성하지만 열에 다른 이름을 부여한다. 연산 지정 구문에서 operation_function과 target_column_name 부분을 삭제할 수 있다는 점을 기억하자. operation_function을 삭제하는 것은 열의 변환을 수행하지 않도록 요청하는 것과 동일하며, target_column_name을 삭제하면 대상 열 이름이 자동으로 생성된다.

예제 13.1에서는 `owensboro` 데이터프레임에서 원하지 않는 열을 삭제했다. 이제 해당 열을 변환해보자.

13.2 violation 열 조사하기

`:violation` 열을 조사하는 것부터 시작한다. 이 열은 텍스트 열이므로 내용을 이해하려면 텍스트처리를 수행해야 한다. 이 절에서는 그 방법을 배운다. 텍스트 데이터를 저장하는 데이터프레임 열의 내용을 분석하는 것은 일반적인 작업이므로 연습해보는 것이 좋다.

13.2.1 가장 빈번한 위반 사항 찾기

먼저 `:violation` 열의 내용을 간단히 살펴보자.

```
julia> owensboro.violation
6921-element Vector{String}:
 "POSS CONT SUB 1ST DEG, 1ST OFF " ⋯ 18 bytes ⋯ " DRUG PARAPHERLIA - BUY/POSSESS"
 "FAILURE TO ILLUMITE HEAD LAMPS;" ⋯ 20 bytes ⋯ "LICENSE; NO REGISTRATION PLATES"
 "NO TAIL LAMPS; OPER MTR VEHICLE" ⋯ 136 bytes ⋯ "EC, 1ST OFF; VIOLATION UNKNOWN"
 "OPER MTR VEH U/INFLU ALC/DRUGS/" ⋯ 49 bytes ⋯ " LICENSE - 1ST OFF (AGG CIRCUM)"
 "OPERATING ON SUS OR REV OPER LICENSE"
 ⋮
 "SPEEDING 10 MPH OVER LIMIT; FAILURE TO WEAR SEAT BELTS"
 "SPEEDING 11 MPH OVER LIMIT; NO REGISTRATION RECEIPT"
 "SPEEDING 17 MPH OVER LIMIT; FAI" ⋯ 127 bytes ⋯ "LATES; NO REGISTRATION RECEIPT"
 "SPEEDING 13 MPH OVER LIMIT"
 "FAILURE OF NON-OWNER OPERATOR T" ⋯ 37 bytes ⋯ "THER STATE REGISTRATION RECEIPT"
```

위반 유형이 표준 텍스트로 코드화되어 있고, 여러 위반이 발생하는 경우 해당 위반에 대한 설명이 세미콜론(;)으로 구분되어 있는 것을 볼 수 있다.

이 데이터를 구조화하기 위해 해당 열에서 가장 자주 발생하는 위반 지표를 추출하려고 한다. 이 분석에서 속도 위반의 경우 제한 속도 보다 시속 몇 마일(mph)만 차이가 나는 것을 알 수 있으므로 모든 속도 위반을 하나의 유형으로 집계한다.

해당 목표를 달성하려면 먼저 표 13.1의 단계에 따라 가장 빈번하게 발생하는 위반 유형을 학습해야 한다.

표 13.1 가장 빈번한 위반 사항을 찾기 위한 단계

#	단계별 설명	간단한 예제 출력
	데이터를 입력한다.	["a1; b;c ","b; a2","a3"]
1	;을 구분기호로 각 관측치를 분리하고 선행 및 후행 공백 문자를 제거한다.	[["a1","b","c"],["b","a2"],["a3"]]
2	모든 개별 관측치 벡터를 하나의 벡터로 수직 연결한다.	["a1","b","c","b","a2","a3"]
3	부분문자열 "a"가 포함된 모든 요소를 문자열 "a"로 변경한다(예제 데이터의 경우 해당 문자열은 "SPEEDING"이다).	["a","b","c","b","a","a"]
4	벡터에서 각 문자열의 발생 횟수를 계산하여 빈도별로 내림차순으로 정렬 후 표시한다.	"a" | 3 "b" | 2 "c" | 1

다음 예제는 1부에서 배운 함수를 사용하여 DataFrames.jl 없이 위 단계를 구현한 것이다.

예제 13.4 Base Julia를 사용하여 가장 빈번한 위반 사항 찾기

```
julia> violation_list = [strip.(split(x, ";"))
                            for x in owensboro.violation]    ❶ 각 위반 설명을 벡터로 분할하고 선행
6921-element Vector{Vector{SubString{String}}}:               및 후행 공백을 제거한다.
 ["POSS CONT SUB 1ST DEG, 1ST OFF (METHAMPHETAMINE)", "DRUG PARAPHERLIA - BUY/POSSESS"]
 ⋮
 ["SPEEDING 13 MPH OVER LIMIT"]
 ["FAILURE OF NON-OWNER OPERATOR TO MAINTAIN REQ INS/SEC, 1ST OFF", "NO OTHER STATE
REGISTRATION RECEIPT"]


julia> violation_flat = reduce(vcat, violation_list)        ❷ reduce 함수를 사용하여 모든 개별 벡터를
13555-element Vector{SubString{String}}:                      하나의 벡터로 수직 연결한다(해당 함수에
 "POSS CONT SUB 1ST DEG, 1ST OFF (METHAMPHETAMINE)"           대한 설명은 10장 참조).
 "DRUG PARAPHERLIA - BUY/POSSESS"
 ⋮
 "SPEEDING 13 MPH OVER LIMIT"
 "FAILURE OF NON-OWNER OPERATOR TO MAINTAIN REQ INS/SEC, 1ST OFF"
 "NO OTHER STATE REGISTRATION RECEIPT"


julia> violation_flat_clean = [contains(x, "SPEEDING") ?     ❸ 텍스트에
                        "SPEEDING" : x for x in violation_flat]  "SPEEDING"이
13555-element Vector{AbstractString}:                          포함된 모든 위반을
 "POSS CONT SUB 1ST DEG, 1ST OFF (METHAMPHETAMINE)"           "SPEEDING"으로
 "DRUG PARAPHERLIA - BUY/POSSESS"                             변경한다.
 ⋮
 "SPEEDING"
 "FAILURE TO WEAR SEAT BELTS"
```

```
"LICENSE TO BE IN POSSESSION"

julia> sort(freqtable(violation_flat_clean), rev=true)  ◀──  ❹ 다양한 위반 횟수를 찾아서 rev=true를
245-element Named Vector{Int64}                                사용하여 내림차순으로 정렬한다.
Dim1                                                                        |

FAILURE TO WEAR SEAT BELTS                                                  | 2689
NO REGISTRATION PLATES                                                      | 1667
FAILURE TO PRODUCE INSURANCE CARD                                          | 1324
SPEEDING                                                                    | 1067
    ⋮                                                                      | ⋮
WANTON ENDANGERMENT-1ST DEGREE-POLICE OFFICER                              | 1
WANTON ENDANGERMENT-2ND DEGREE-POLICE OFFICER                             | 1
```

결과에서 가장 빈번한 위반은 다음과 같다.

- 안전벨트 미착용(FAILURE TO WEAR SEAT BELTS)

- 등록 번호판 미부착(NO REGISTRATION PLATES)

- 보험증 미제출(FAILURE TO PRODUCE INSURANCE CARD)

- 과속(SPEEDING)

나중에 이러한 위반 유형이 체포될 확률에 어떤 영향을 미치는지 조사할 것이다. 예제 13.4의 분석에서는 첫 번째 인수로 전달된 문자열에 두 번째 인수로 전달된 문자열이 포함되어 있는지 여부를 검사하는 contains 함수를 사용했다.

이제 DataFrames.jl과 파이핑piping을 사용하여 이 코드를 다시 작성해보자. 결과는 표 13.1에 설명된 단계를 따르며, 다음 예제와 같다.

예제 13.5 DataFrames.jl을 사용하여 가장 빈번한 위반 내용 찾기

```
julia> agg_violation = @chain owensboro begin
           select(:violation =>
               ByRow(x -> strip.(split(x, ";"))) =>
               :v)  ◀──  ❶ 각 위반 설명을 벡터로 분할하고, 벡터에서 선행 및 후행 공백을 제거한 후 결과를 :v 열에 저장한다.
           flatten(:v)  ◀──  ❷ :v 열 데이터프레임을 평평하게 하여 포함된 벡터를 데이터프레임의 연속된 행으로 변환한다.
           select(:v =>
               ByRow(x -> contains(x, "SPEEDING") ? "SPEEDING" : x) =>
               :v)  ◀──  ❸ 텍스트에 "SPEEDING"이 포함된 모든 위반을 "SPEEDING"으로 변경한다.
           groupby(:v)              ❹ 데이터를 :v 열로 그룹화하여 생성된 모든
           combine(nrow => :count)      그룹의 행 수를 가져와 :count 열에 저장한나.
           sort(:count, rev=true)  ◀──  ❺ rev=true를 사용하여 위반을 내림차순으로 정렬한다.
```

```
                end
245×2 DataFrame
 Row │ v                                count
     │ Abstract…                        Int64
─────┼──────────────────────────────────────
   1 │ FAILURE TO WEAR SEAT BELTS       2689
   2 │ NO REGISTRATION PLATES           1667
   3 │ FAILURE TO PRODUCE INSURANCE CARD 1324
   4 │ SPEEDING                         1067
   ⋮ │           ⋮                         ⋮
 242 │ IMPROPER USE OF RED LIGHTS          1
 243 │ DISPLAY OF ILLEGAL/ALTERED REGIS…   1
 244 │ TRAFF IN CONT SUB, 2ND DEGREE, 1…   1
 245 │ UUTHORIZED USE OF MOTOR VEHICLE-…   1
                        237 rows omitted
```

다음 절에서 설명하는 DataFrames.jl의 더 많은 기능을 살펴보기 위해 위 예제를 선택했다.

13.2.2 ByRow 래퍼를 사용하여 함수 벡터화하기

예제 13.5에서 select 연산에서는 연산 함수에 ByRow 래퍼를 사용한다. 예를 들어, ByRow(x -> strip.(split(x, ";")))는 익명 함수를 감싸는 래퍼이다.

일반 함수를 벡터화된 함수로 변환하여 컬렉션의 각 요소에 쉽게 적용할 수 있도록 하는 것이 ByRow의 목적이다. DataFrames.jl의 경우 이러한 요소는 데이터프레임 객체의 행이므로 이름도 행이다. 다음은 ByRow가 어떻게 작동하는지 보여주는 최소한의 예제이다.

```
Julia> sqrt(4)          ◀── ❶ sqrt는 스칼라에서 작동한다.
2.0

julia> sqrt([4, 9, 16])   ◀── ❷ sqrt는 벡터에서 작동하지 않는다.
ERROR: MethodError: no method matching sqrt(::Vector{Int64})

julia> ByRow(sqrt)([4, 9, 16])   ◀── ❸ ByRow(sqrt)는 벡터에서 작동하는 sqrt의 벡터화된 버전이다.
3-element Vector{Float64}:
 2.0
 3.0
 4.0

julia> f = ByRow(sqrt)    ◀── ❹ 벡터화된 새로운 호출 가능한 객체 f를 생성한다.
(::ByRow{typeof(sqrt)}) (generic function with 4 methods)

julia> f([4, 9, 16])    ◀── ❺ f 뒤에 점을 쓰지 않고 호출하여 벡터화된 연산을 수행할 수 있다.
```

```
3-element Vector{Float64}:
 2.0
 3.0
 4.0
```

ByRow(sqrt)([4, 9, 16])는 sqrt.([4, 9, 16])를 브로드캐스팅하는 것과 같은 효과를 낸다. 그렇다면 왜 브로드캐스팅이 필요한지 의문이 들 수 있다. 브로드캐스팅은 함수 호출을 즉시 지정해야 하는 반면, ByRow(sqrt)는 호출 가능한 객체를 새로 생성한다. 따라서 ByRow는 함수에 인수를 전달한 후 나중에 함수가 브로드캐스팅되기를 원한다는 지연 신호로 생각할 수 있다. 예제에서 호출 가능한 객체 f를 정의하면 이를 확인할 수 있다.

13.2.3 데이터프레임 평탄화하기

예제 13.5에서 flatten 함수도 소개했다. 이 함수의 목적은 벡터를 저장하는 열을 데이터프레임 여러 행으로 확장하는 것이다. 다음은 간단한 예제이다.

```
Julia> df = DataFrame(id=1:2, v=[[11, 12], [13, 14, 15]])
2×2 DataFrame
 Row │ id     v
     │ Int64  Array…
─────┼──────────────────
   1 │     1  [11, 12]
   2 │     2  [13, 14, 15]

julia> flatten(df, :v)
5×2 DataFrame
 Row │ id     v
     │ Int64  Int64
─────┼──────────────
   1 │     1     11
   2 │     1     12
   3 │     2     13
   4 │     2     14
   5 │     2     15
```

위 코드에서는 v 열에 저장된 벡터를 데이터프레임의 여러 행으로 확장한다. Id 열에 저장된 값이 적절하게 반복된다.

예제 13.5의 combine 호출에 있는 nrow => :count 연산 지정 구문이 지금까지 배운 규칙과 일치하지 않아 놀랐을 것이다. 이 경우는 예외이다. 데이터프레임 또는 데이터프레임의 각 그룹에 있는 행 수를 구하는 것은 일반적인 연산이기 때문이다. 또한 이 연산의 결과는 원본 열을 전달할 필요가 없다(모든 원본 열에 대해 동일할 것이다).

따라서 더 간단한 구문으로 이 경우를 지원하기 위해 두 가지 특수한 형식, 즉 nrow만 전달하거나 nrow => target_column_name을 전달하는 것이 허용된다. 첫 번째의 경우 기본값인 :nrow 열 이름이 사용되며, 두 번째의 경우에는 사용자가 데이터를 저장하려는 열의 이름을 전달한다. 다음은 위 두 가지 구문을 보여주는 예제이다.

```
Julia> @chain DataFrame(id=[1, 1, 2, 2, 2]) begin
           groupby(:id)
           combine(nrow, nrow => :rows)
       end
2×3 DataFrame
 Row │ id     nrow   rows
     │ Int64  Int64  Int64
─────┼─────────────────────
   1 │     1      2      2
   2 │     2      3      3
```

위 예제에서 원본 데이터프레임에는 5개의 행이 있다. :id 열에 두 개의 행에는 값 1이 있고, 세 개의 행에는 값 2가 있다. Nrow를 전달하면 이 숫자를 포함하는 :nrow라는 열을 얻게 된다. Nrow => :rows를 전달하면 동일한 값이 생성되지만 :rows 열 이름으로 생성된다.

예제 13.5는 sort 함수를 사용하여 데이터프레임 행을 정렬한다. 데이터프레임에는 많은 열이 포함될 수 있으므로 정렬을 수행해야 하는 열 목록을 전달한다(여러 열을 전달할 때는 사전 순으로 정렬이 수행된다). 다음은 데이터프레임을 정렬하는 몇 가지 예제이다.

```
Julia> df = DataFrame(a=[2, 1, 2, 1, 2], b=5:-1:1)
5×2 DataFrame
 Row │ a      b
     │ Int64  Int64
```

```
     |
  1  |    2      5
  2  |    1      4
  3  |    2      3
  4  |    1      2
  5  |    2      1

julia> sort(df, :b) ◄── ❶ 데이터프레임은 열 :b를 기준으로 오름차순 정렬된다.
5×2 DataFrame
 Row │ a      b
     │ Int64  Int64
─────┼──────────────
  1  │    2      1
  2  │    1      2
  3  │    2      3
  4  │    1      4
  5  │    2      5

julia> sort(df, [:a, :b]) ◄── ❷ 데이터프레임이 열 :a와 :b를 기준 사전 순으로 오름차순 정렬된다.
5×2 DataFrame
 Row │ a      b
     │ Int64  Int64
─────┼──────────────
  1  │    1      2
  2  │    1      4
  3  │    2      1
  4  │    2      3
  5  │    2      5
```

13.2.6 DataFramesMeta.jl의 고급 기능 사용하기

예제 13.5는 작동하지만 ByRow와 익명 함수를 사용해야 하기 때문에 약간 장황하다. 간단한 변환의 경우, ByRow만 사용하는 것이 매우 편리하고 가독성이 좋다. 다음은 예제이다.

```
Julia> df = DataFrame(x=[4, 9, 16])
3×1 DataFrame
 Row │ x
     │ Int64
─────┼───────
  1  │    4
  2  │    9
  3  │   16

julia> transform(df, :x => ByRow(sqrt))
```

```
3×2 DataFrame
 Row │ x      x_sqrt
     │ Int64  Float64
─────┼────────────────
   1 │     4      2.0
   2 │     9      3.0
   3 │    16      4.0
```

그러나 예제 13.5에서는 매우 긴 표현식을 다루고 있다. 이러한 경우 DataFramesMeta.jl 도메인 특화 언어를 사용하여 변환을 수행하는 것이 더 쉽다. DataFramesMeta.jl을 사용하여 select 함수 호출을 대체하는 예제 13.5의 코드를 다시 재작성해보자.

```
@chain owensboro begin
    @rselect(:v=strip.(split(:violation, ";")))         ─────────── ❶ @rselect 매크로는
    flatten(:v)                                                      DataFramesMeta.jl
    @rselect(:v=contains(:v, "SPEEDING") ? "SPEEDING" : :v) ◄────── 패키지에 정의되어 있다.
    groupby(:v)
    combine(nrow => :count)
    sort(:count, rev=true)
end
```

이제 코드가 더 읽기 쉬워졌다. 앞에 @가 붙기 때문에 DataFramesMeta.jl 매크로를 시각적으로 쉽게 구분할 수 있다. 12장에서 설명한 대로 DataFramesMeta.jl 매크로는 DataFrames.jl에서 지원하는 연산 지정 구문 대신 할당 구문을 따르는 도메인 특화 언어를 사용한다.

이 예제에서는 DataFramesMeta.jl 패키지의 @rselect 매크로를 볼 수 있다. 이 매크로는 select 함수와 동일하지만, 그 앞에 있는 r은 모든 연산을 행별로 수행해야 함을, 다시 말해 ByRow로 래핑해야 함을 나타낸다. 또한 @select 매크로는 데이터프레임의 전체 열에서 select 함수처럼 작동한다. 데이터프레임에서 열의 제곱근을 계산하는 연산을 수행하여 두 매크로를 비교해보자.

```
Julia> df = DataFrame(x=[4, 9, 16])
3×1 DataFrame
 Row │ x
     │ Int64
─────┼───────
   1 │     4
   2 │     9
   3 │    16
```

```
julia> @select(df, :s = sqrt.(:x))
3×1 DataFrame
 Row │ s
     │ Float64
─────┼─────────
   1 │     2.0
   2 │     3.0
   3 │     4.0

julia> @rselect(df, :s = sqrt(:x))
3×1 DataFrame
 Row │ s
     │ Float64
─────┼─────────
   1 │     2.0
   2 │     3.0
   3 │     4.0

julia> select(df, :x => ByRow(sqrt) => :s)
3×1 DataFrame
 Row │ s
     │ Float64
─────┼─────────
   1 │     2.0
   2 │     3.0
   3 │     4.0
```

이 예제에서는 모든 코드들이 동일한 결과를 반환한다. @rselect와 @select의 차이점은 후자의 경우 sqrt 함수 뒤에 점을 추가해야 한다는 것이다.

표 13.2는 DataFramesMeta.jl이 제공하는 매크로가 DataFrames.jl 함수에 매핑된 목록이다(12장에서 @combine에 대해 배웠다).

표 13.2 DataFramesMeta.jl의 매크로와 DataFrames.jl 함수를 매핑한 목록

DataFramsMeta.jl	DataFrames.jl
@combine	combine
@select	select
@select!	Select!
@transform	transform
@transform!	Transform!
@rselect	ByRow가 자동으로 적용된 select

DataFramsMeta.jl	DataFrames.jl
@rselect!	ByRow가 자동으로 적용된 select!
@rtransform	ByRow가 자동으로 적용된 transform
@rtransform!	ByRow가 자동으로 적용된 transform!

위 목록은 매우 길어 보이지만 배우기는 간단하다. 알아야 할 기본 함수는 combine, select, transform이다. 매크로 호출 이름을 구성할 때 이름 뒤에 !를 추가하여 원본 데이터에 바로 연산이 되게끔 배치하고, 이름 앞에 r을 추가하여 모든 연산을 ByRow로 자동 래핑(즉, 벡터화)할 수 있다는 점을 기억하자.

13.3 예측을 위한 데이터 준비하기

13.2절에서는 경찰 정차 데이터셋에서 가장 일반적인 위반 유형을 추출했다. 이제 체포 확률을 예측하는 데 사용할 데이터를 준비해보자.

이 절에서는 데이터프레임 객체의 복잡한 변환을 수행하는 방법과 조인 및 재구성하는 방법을 배운다. 이러한 모든 작업은 모델링을 위해 데이터를 준비할 때 종종 사용된다.

13.3.1 데이터의 초기 변환 수행하기

체포 확률을 예측하는 모델을 피팅하는 데 사용할 수 있도록 데이터를 준비하기 위해 다음과 같은 구조의 데이터프레임을 만들고자 한다.

- 체포 여부를 나타내는 arrest라는 이름의 불리언 열
- 사건이 발생한 요일을 나타내는 day라는 이름의 열
- 경찰이 누구를 체포했는지 알려주는 type이라는 열
- 경찰에 의해 제지된 가장 일반적인 네 가지 이유를 나타내는 네 개의 불리언 열(v1, v2, v3, v4). 출력의 가로 공간을 절약하기 위해 짧은 열 이름을 사용한다.

다음 예제는 요청된 데이터프레임을 생성하는 변환 구문을 보여준다.

```
julia> owensboro2 = select(owensboro,
           :arrest_made => :arrest,         ① 열 이름을 변경한다.
           :date => ByRow(dayofweek) => :day,    ② Dates 모듈에서 dayofweek 함수를
                                                      사용하여 요일 번호를 추출한다.
           :type,       ③ 변환 없이 열을 선택한다.
           [:violation =>                      ④ 네 가지 연산 지정의
           ByRow(x -> contains(x, agg_violation.v[i])) =>      벡터를 프로그래밍
           "v$i" for i in 1:4])               방식으로 생성한다.
6921×7 DataFrame
 Row │ arrest  day    type        v1     v2     v3     v4
     │ Bool    Int64  String15?   Bool   Bool   Bool   Bool
─────┼──────────────────────────────────────────────────────
    1 │ true      4    pedestrian  false  false  false  false
    2 │ false     7    vehicular   false  true   false  false
    3 │ true      7    vehicular   false  false  false  false
    4 │ true      2    vehicular   false  false  false  false
   ⋮ │   ⋮       ⋮        ⋮          ⋮      ⋮      ⋮      ⋮
 6918 │ false     3    vehicular   false  false  false  true
 6919 │ false     3    vehicular   true   true   false  true
 6920 │ false     3    vehicular   false  false  false  true
 6921 │ false     3    vehicular   false  false  false  false
                                         6913 rows omitted
```

위 코드에서 가장 중요한 부분은 마지막 부분으로 연산 지정도 벡터로 전달할 수 있음을 보여준다. 이 예제에서 연산 벡터는 다음과 같다.

```
Julia> [:violation =>
        ByRow(x -> contains(x, agg_violation.v[i])) =>
        "v$i" for i in 1:4]
4-element Vector{Pair{Symbol, Pair{ByRow{var"#48#50"{Int64}}, String}}}:
 :violation => (ByRow{var"#48#50"{Int64}}(var"#48#50"{Int64}(1)) => "v1")
  ⋮
 :violation => (ByRow{var"#48#50"{Int64}}(var"#48#50"{Int64}(4)) => "v4")
```

이 함수는 `agg_violation` 데이터프레임에서 식별한 가장 일반적인 네 가지 위반 유형에 대해 `violation` 열에서 조회를 수행하는 것을 볼 수 있다. 다음으로 `select` 함수는 이 객체를 네 가지의 연산 지정 요청을 포함하는 벡터로 적절하게 처리한다.

프로그래밍 방식으로 생성된 변환 예제를 하나 더 살펴보자. `wensboro` 데이터프레임의 `date` 및 `arrest_made` 열에서 최소 요소와 최대 요소를 추출해야 한다고 가정한다. 이 작업은 다음과 같이 표현할 수 있다.

```
Julia> combine(owensboro, [:date :arrest_made] .=> [minimum, maximum])
1×4 DataFrame
 Row │ date_minimum  date_maximum  arrest_made_minimum  arrest_made_maximum
     │ Date          Date          Bool                 Bool
─────┼──────────────────────────────────────────────────────────────────────
   1 │ 2015-09-01    2017-09-01                  false                 true
```

위 코드는 열 벡터를 사용하여 하나의 행렬을 브로드캐스팅하는 변환을 지정했기 때문에 정상 작동한다(이러한 종류의 브로드캐스팅 적용은 5장에서 설명했다).

```
Julia> [:date :arrest_made] .=> [minimum, maximum]
2×2 Matrix{Pair{Symbol}}:
 :date=>minimum   :arrest_made=>minimum
 :date=>maximum   :arrest_made=>maximum
```

또한 combine 함수의 출력을 보면, 자동 생성된 열 이름은 수행된 작업 결과를 잘 설명한다.

연습 13.1 DataFramesMeta.jl의 @rselect 매크로를 사용하여 예제 13.6의 코드를 다시 작성해보자.

데이터프레임의 열 이름 변경하기

연산 지정 구문을 사용하면 :old_column_name => :new_column_name 형식을 통해 데이터프레임 열 이름을 변경할 수 있다.

열 이름 변경은 꽤 자주 사용된다. 그렇기에 DataFrames.jl은 이 작업을 전담하는 두 가지 함수인 rename과 rename!을 제공한다. 두 함수의 차이점으로는 rename의 경우 새 데이터프레임을 생성하는 반면, rename!의 경우 전달된 원본 데이터프레임을 제자리에서 변경한다는 것이다.

기본 구문은 연산 지정과 동일하다. 즉, rename(df, :old_column_name => :new_column_name)로 작성하면 데이터프레임 df에서 :old_column_name 열의 이름이 :new_column_name으로 변경된다. 이 두 함수는 여러 방식의 열 이름 변경을 지원하며, 자세한 내용은 패키지 문서(http://mng.bz/m2jW)에서 확인할 수 있다.

일반적으로 데이터프레임의 열 이름만 변경하려면 rename 함수를 사용한다. 데이터프레임의 열에 이름 변경뿐만 아니라 다른 조작도 필요한 경우에는 select 함수를 사용한다.

13.3.2 범주형 데이터로 작업하기

이번 절에서는 범주형 데이터로 작업하기 위한 CategoricalArrays.jl 패키지를 사용하는 방법을 살펴본다.

현재 owensboro2 데이터프레임 day 열의 경우 월요일은 1, 화요일은 2, ⋯, 일요일은 7로 표현되어 있다. 분석에서는 숫자 대신 요일 이름을 사용하는 것이 직관적일 것이다. 따라서 월요일을 첫 번째 날로 보고 일요일을 마지막 날로 보는 등 요일 이름이 올바른 순서로 표시되기를 원한다. 하지만 줄리아는 데이터를 정렬할 때 알파벳 순서를 사용하므로 요일 이름을 문자열로 저장할 수는 없다. 알파벳 순으로는 금요일이 첫 번째이며 수요일이 마지막이다.

미리 정의된 값 집합에 대해 사용자 지정 순서를 지정할 수 있는 기능은 다른 생태계에서는 팩터나 범주형 열로 제공된다. 이 기능은 줄리아에서도 사용할 수 있으며, CategoricalArrays.jl 패키지로 제공된다.

범주형 값

범주형 변수는 정렬되지 않은 범주(명목 변수) 또는 정렬된 범주(순서 변수)일 수 있다.

명목 변수nominal variable의 예로는 파란색, 검은색, 녹색과 같은 자동차 색상이 있다.

순서 변수ordinal variable의 예제로는 미국의 전통적인 학업 성적을 들 수 있다. A+, A, A-, B+, B, B-, C+, C, C-, D+, D, D-, F로, A+가 가장 높고 F가 가장 낮다.

CategoricalArrays.jl 패키지는 줄리아에서 범주형 값으로 작업할 수 있도록 지원한다. 이 패키지가 정의하고 있으며, 학습해야 하는 가장 중요한 네 가지 함수는 다음과 같다.

* categorical — 범주형 값의 배열을 생성한다.
* levels — 범주형 배열에 저장된 값의 레벨을 확인한다.
* levels! — 범주형 배열에서 레벨과 순서를 설정한다.
* isordered — 범주형 배열이 정렬되어 있는지(순서값) 또는 정렬되지 않았는지(명목값) 확인한다.

다음 예제와 같이 요일 번호와 요일 이름 간의 매핑을 저장하는 참조 데이터프레임을 만들 때 위와 같은 함수를 사용한다.

예제 13.7 요일 이름의 참조 데이터프레임 생성하기

```
julia> weekdays = DataFrame(day=1:7,
                     dayname=categorical(dayname.(1:7);
                                    ordered=true))
7×2 DataFrame
 Row │ day     dayname
```

```
  |   Int64   Cat…
──┼─────────────────────
1 |      1   Monday
2 |      2   Tuesday
3 |      3   Wednesday
4 |      4   Thursday
5 |      5   Friday
6 |      6   Saturday
7 |      7   Sunday

julia> isordered(weekdays.dayname)
true

julia> levels(weekdays.dayname)
7-element Vector{String}:
 "Friday"
 "Monday"
 "Saturday"
 "Sunday"
 "Thursday"
 "Tuesday"
 "Wednesday"

julia> levels!(weekdays.dayname, weekdays.dayname)
7-element CategoricalArray{String,1,UInt32}:
 "Monday"
 "Tuesday"
 "Wednesday"
 "Thursday"
 "Friday"
 "Saturday"
 "Sunday"
```

먼저 요일 번호와 요일 이름 간의 매핑을 저장하는 weekdays 데이터프레임을 생성한다. 주어진 요일 번호의 텍스트 이름을 반환하는 dayname 함수를 사용하여 요일 이름 열을 만든다. 그다음 categorical 함수를 사용하여 해당 열을 범주형으로 변경하고 ordered=true 키워드 인수를 전달하여 열을 정렬한다. 열이 정렬되었는지 확인하고 레벨을 검사한다. 보다시피 기본적으로 레벨은 알파벳순으로 정렬된다. 이 문제를 해결하기 위해 levels! 함수를 사용하여 일의 순서를 요일 번호의 순서와 동일하게 설정한다. 이 함수는 첫 번째 인수로 범주형 배열을, 두 번째 인수로 새로운 레벨 순서를 포함하는 벡터를 받는다.

요일 이름에 범주형 배열을 사용하면 어떤 이점이 있는지 물어볼 수 있다. 한 가지 이점은 열에 허용되는 값을 닫힌 집합 형태로 사용자에게 명확하게 알려준다는 것이다. 하지만 더 중요한 이점이 있다. 나중에 sort와 같이 값 순서에 민감한 함수를 사용하면 범주형 벡터에 설정한 순서를 존중한다.

13.3.3 데이터프레임 조인하기

이 절에서는 여러 데이터프레임을 조인할 수 있는 DataFrames.jl의 함수를 배운다.

요일 번호와 범주형 요일 이름의 매칭이 있는데, 이것을 어떻게 owensboro2 데이터프레임에 넣을 수 있을까? 이 작업은 owensboro2 데이터프레임을 weekdays 데이터프레임과 조인하여 수행할 수 있다. 이 경우, 왼쪽 조인을 수행해야 한다. 즉, owensboro2 데이터프레임에 열을 추가해야 한다. 이 작업을 수행하는 함수는 leftjoin!이며, 여기서 조인을 수행할 열 이름(조인이 수행될 키를 저장하는 열)을 지정하는 on 키워드 인수를 전달한다. 연산 결과 owensboro2 데이터프레임에는 예제 13.6에서 입력한 모든 열(arrest, day, type, v1, v2, v3, v4)이 포함되며, 조인된 weekdays 데이터프레임에서 추가된 dayname 열이 추가된다.

```
julia> leftjoin!(owensboro2, weekdays; on=:day)
6921×8 DataFrame
  Row │ arrest   day   type        v1      v2     v3      v4     dayname
      │ Bool    Int64  String15?   Bool    Bool   Bool    Bool   Cat…?
──────┼────────────────────────────────────────────────────────────────────
    1 │ true       4   pedestrian  false   false  false   false  Thursday
    2 │ false      7   vehicular   false   true   false   false  Sunday
    3 │ true       7   vehicular   false   false  false   false  Sunday
    4 │ true       2   vehicular   false   false  false   false  Tuesday
    ⋮ │   ⋮        ⋮       ⋮          ⋮       ⋮      ⋮       ⋮        ⋮
 6918 │ false      3   vehicular   false   false  false   true   Wednesday
 6919 │ false      3   vehicular   true    true   false   true   Wednesday
 6920 │ false      3   vehicular   false   false  false   true   Wednesday
 6921 │ false      3   vehicular   false   false  false   false  Wednesday
                                                     6913 rows omitted
```

leftjoin! 외에도 DataFrames.jl에서 제공하는 가장 자주 사용되는 조인 함수는 전달된 원본 데이터프레임에서 새 데이터프레임을 만든다. 이러한 함수는 다음과 같다.

- innerjoin — 전달된 모든 데이터프레임에서 일치하는 키가 있는 행을 포함한다.
- leftjoin — 왼쪽 데이터프레임의 모든 행과 오른쪽 데이터프레임의 일치 행을 포함한다.

- rightjoin — 오른쪽 데이터프레임의 모든 행과 왼쪽 데이터프레임의 일치 행을 포함한다.
- outerjoin — 전달된 데이터프레임에 나타나는 키가 있는 행을 포함한다.

사용 가능한 조인 함수와 옵션에 대한 자세한 내용은 DataFrames.jl 문서(http://mng.bz/wyz2) 또는 관련 함수의 문서에서 확인할 수 있다.

연습 13.2 조인을 수행하지 않고 바로 dayname 열이 있는 owensboro2 데이터프레임을 select 연산을 통해 생성해보자.

13.3.4 데이터프레임 재구성하기

이 절에서는 stack 함수와 unstack 함수를 사용하여 데이터프레임을 재구성하는 방법을 배운다. 계속 진행하기 전에 다음 예제에서 owensoboro2의 요일 번호와 이름의 매핑이 올바른지 확인해보자.

예제 13.8 **세로형 형식으로 요일 번호를 요일 이름에 매핑하기**

```
julia> @chain owensboro2 begin
           groupby([:day, :dayname]; sort=true)
           combine(nrow)
       end
7×3 DataFrame
 Row │ day    dayname    nrow
     │ Int64  Cat…?      Int64
─────┼───────────────────────────
   1 │     1  Monday       913
   2 │     2  Tuesday     1040
   3 │     3  Wednesday   1197
   4 │     4  Thursday    1104
   5 │     5  Friday      1160
   6 │     6  Saturday     850
   7 │     7  Sunday       657
```

올바르게 매핑된 것 같다. 또한 일요일에 가장 적은 수의 경찰 정차가 발생한다는 사실도 알 수 있다. 매핑을 확인하는 또 다른 방법은 빈도 테이블을 작성하는 것이다.

```
julia> freqtable(owensboro2, :dayname, :day)
7×7 Named Matrix{Int64}
dayname ╲ day │   1    2    3    4    5    6    7
──────────────┼─────────────────────────────────
Monday        │ 913    0    0    0    0    0    0
```

```
Tuesday     |    0  1040    0     0     0     0     0
Wednesday   |    0     0  1197    0     0     0     0
Thursday    |    0     0     0  1104    0     0     0
Friday      |    0     0     0     0  1160    0     0
Saturday    |    0     0     0     0     0   850    0
Sunday      |    0     0     0     0     0     0   657
```

위 빈도 테이블은 행렬이며, 주대각선에만 값이 저장되어 있음을 보여준다. 이 장에서는 데이터프레임으로 작업하고 있으므로 데이터프레임을 사용하여 비슷한 결과를 생성할 수 있는지 궁금할 수 있다. 실제로 다음 예제처럼 unstack 함수를 사용하면 가능하다.

예제 13.9 요일 번호를 요일 이름에 가로형 형식으로 매핑하기

```
julia> @chain owensboro2 begin
           groupby([:day, :dayname]; sort=true)
           combine(nrow)
           unstack(:dayname, :day, :nrow; fill=0)
       end
7×8 DataFrame
 Row │ dayname     1      2      3      4      5      6      7
     │ Cat…?       Int64  Int64  Int64  Int64  Int64  Int64  Int64
─────┼──────────────────────────────────────────────────────────────
   1 │ Monday       913      0      0      0      0      0      0
   2 │ Tuesday        0   1040      0      0      0      0      0
   3 │ Wednesday      0      0   1197      0      0      0      0
   4 │ Thursday       0      0      0   1104      0      0      0
   5 │ Friday         0      0      0      0   1160      0      0
   6 │ Saturday       0      0      0      0      0    850      0
   7 │ Sunday         0      0      0      0      0      0    657
```

보다시피 동일한 결과를 얻을 수 있지만 데이터프레임으로 표시된다. unstack 함수는 세 개의 위치 인수를 받는다. 첫 번째 인수는 행 키를 지정하는 데 사용하는 데이터(위 예제는 dayname)이고, 두 번째 인수는 열 키를 지정하는 데 사용해야 하는 열(위 예제는 day)이며, 마지막 인수는 행 키-열키 조합의 값을 지정하는 데 사용해야 하는 열(위 예제는 nrow)이다. 또한 fill=0 인수를 추가로 전달하여 키 조합이 결측값인 경우 해당 값을 사용하라고 요청한다(기본값이 missing).

데이터 분석은 데이터를 표현하는 데 가로형 형식wide format과 세로형 형식long format 두 가지 접근 방식을 사용한다(www.statology.org/long-vs-wide-data/).

가로형 형식으로 저장된 데이터(**unstacked**라고도 함)의 경우 각 엔티티가 하나의 데이터 행으로 표시되고 각 속성이 데이터의 열로 표시된다고 가정한다. 예제 13.9는 이러한 매핑의 예제로 요일 이름은 엔티티로서 각 행이 하나의 요일이름을 나타내며, 요일 번호는 속성으로서 1에서 7까지의 열로 처리된다.

세로형 형식의 데이터(**stacked**라고도 함)의 경우 단일 행은 엔티티-속성 조합에서 할당된 값으로의 매핑을 나타낸다. 예제 13.8은 이러한 매핑의 예제인데 엔티티 이름은 dayname 열에 저장되고 속성 이름은 day 열에 저장되며 값은 nrow 열에 저장된다.

DataFrames.jl에서는 stack 함수를 사용하여 데이터프레임을 가로형 형식에서 세로형 형식으로, unstack 함수를 사용하여 세로형 형식에서 가로형 형식으로 재구성할 수 있다.

관련 연산은 데이터프레임의 전치transposition이며, permutedims 함수로 지원된다.

패키지 문서(http://mng.bz/QnR1)에서 이러한 함수의 사용 예제를 확인할 수 있다. 참고로 다음 그림은 stack 함수와 unstack 함수의 관계를 보여준다.

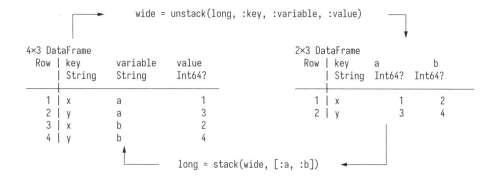

stack 함수는 가로형 형식의 데이터를 받아 세로형 형식으로 변환한다. 열 선택자 [:a, :b]는
어떤 열을 변수값의 쌍으로 변환할지 나타낸다. unstack 함수는 그 반대의 작업을 수행한다.
unstack 함수에는 행을 식별해야 하는 열(위 예제에서는 key), 열 이름을 포함하는 열(위 예제에서는 variable),
행-열 조합에 넣을 값을 포함하는 열(위 예제에서는 value)과 같은 정보를 전달한다.

13.3.5 결측값이 있는 데이터프레임 행 삭제하기

모델링을 위한 데이터 준비의 마지막 단계는 missing과 관련된 것이다. 예제 13.1에서 type 열에 결측값이 42개가 있는 것을 볼 수 있다. 분석 전에 owensboro2 데이터프레임에서 이러한 요소를 제거하려고 한다고 가정하자. 해당 작업은 dropmissing! 함수를 사용하여 바로 적용할 수 있다.

```
julia> dropmissing!(owensboro2)
6879×8 DataFrame
 Row │ arrest  day    type       v1     v2     v3     v4     dayname
     │ Bool    Int64  String15   Bool   Bool   Bool   Bool   Cat…
─────┼──────────────────────────────────────────────────────────────
   1 │  true      4   pedestrian  false  false  false  false  Thursday
   2 │ false      7   vehicular   false   true  false  false  Sunday
   3 │  true      7   vehicular   false  false  false  false  Sunday
   4 │  true      2   vehicular   false  false  false  false  Tuesday
   ⋮ │   ⋮      ⋮        ⋮          ⋮      ⋮      ⋮      ⋮        ⋮
6876 │ false      3   vehicular   false  false  false   true  Wednesday
6877 │ false      3   vehicular    true   true  false   true  Wednesday
6878 │ false      3   vehicular   false  false  false   true  Wednesday
6879 │ false      3   vehicular   false  false  false  false  Wednesday
                                              6871 rows omitted
```

❶ 모든 요소 타입에는 끝 부분에 ?가 없는데, 이는 결측값이 포함된 열이 없음을 나타낸다.

해당 연산은 원본 데이터프레임을 제자리에서 변경한다. 결측값이 삭제된 새 데이터프레임을 만들려면 dropmissing 함수를 사용하면 된다. 이제 데이터프레임의 행 수가 6,879개가 되었으며, 예상대로 원래 행 수인 6,921개보다 42개 줄어든 것을 알 수 있다.

또한 결측값을 포함하는 열이 없는지 시각적으로 쉽게 확인할 수 있다. 예제 13.6을 보면 type 열의 요소 타입이 String15?이었으나 이제는 String15인 것을 알 수 있다. 타입에 추가된 물음표는 열에 결측값이 있다는 것을 나타낸다. 이제 물음표가 사라졌으므로 dropmissing! 연산 후 데이터프레임에 결측값이 없음을 의미한다.

연습 13.3 이 절에서 배운 연산을 연습하기 위해 다음 두 가지 분석을 진행해보자. 먼저 dayname 열에 대한 체포 확률을 계산한다. 두 번째로 체포 확률을 다시 계산하되 이번에는 dayname 열과 type 열별로 결과를 가로형 형식으로 표시한다. 여기서 dayname 레벨은 행이고 type 레벨은 열을 형성한다.

계속 진행하기 전에, 추가 분석에서는 day 열이 필요하지 않으므로 owensboro2에서 삭제하자.

```
julia> select!(owensboro2, Not(:day))
6879×7 DataFrame
 Row │ arrest  type        v1     v2     v3     v4     dayname
     │ Bool    String15    Bool   Bool   Bool   Bool   Cat…
─────┼───────────────────────────────────────────────────────────
   1 │  true   pedestrian  false  false  false  false  Thursday
   2 │ false   vehicular   false   true  false  false  Sunday
   ⋮ │   ⋮        ⋮          ⋮      ⋮      ⋮      ⋮        ⋮
6878 │ false   vehicular   false  false  false   true  Wednesday
6879 │ false   vehicular   false  false  false  false  Wednesday
                                         6875 rows omitted
```

13.4 체포 확률 예측 모델 구축하기

이 절에서는 체포 확률 예측 모델을 구축한다. 이전 장에서 소개한 방법과 비교하여 좀 더 고급 기능을 사용한다. 데이터를 훈련 데이터셋과 테스트 데이터셋으로 무작위 분할하여 모델이 과적합overfitting되지 않았는지 확인한다(www.ibm.com/cloud/learn/overfitting). 모델이 과적합되었는지 확인하는 것은 대부분의 과학 워크플로에서 표준 절차이므로, DataFrames.jl을 사용하여 이 작업을 수행하는 방법을 알아두면 유용하다.

13.4.1 데이터를 훈련 및 테스트 데이터셋으로 분할하기

먼저 지표 변수 train을 추가하여 owensboro2 데이터프레임의 행이 훈련 데이터셋으로 갈지 테스트 데이터셋으로 갈지 나타낸다. 이 두 세트는 70 대 30 분할을 수행한다고 가정한다.

예제 13.10 데이터에 대한 지표 열 무작위로 생성하기

```
julia> Random.seed!(1234);    ←  ❶ 실험 재현성을 위해 난수 생성기의 시드를 설정한다.

julia> owensboro2.train = rand(Bernoulli(0.7), nrow(owensboro2));   ←  ❷ 베르누이 분포에서 0.7의
                                                                          성공 확률로 난수를 뽑는다.
julia> mean(owensboro2.train)
0.702427678441634
```

약 70%의 경우 train 열에 true값이 있어 행이 훈련 데이터셋임을 나타내는 것을 볼 수 있다. false값이 있으면 행은 테스트 데이터셋이다. train 열을 생성할 때 0.7의 성공 확률로 베르누이 분포(http://mng.bz/Xaql)에서 true값과 false값을 샘플링한다. 베르누이(Bernoulli) 타입은 Distributions.jl 패키지에 정의되어 있다. 이 패키지는 일변량univariate(베타(Beta) 또는 이항(Binomial) 등) 및 다변량multivariate(다항(Multinomial) 또는 디리클레(Dirichlet) 등) 모두에서 사용할 수 있는 광범위한 분포를 제공한다. 자세한 내용은 패키지 문서에서 확인할 수 있다(https://juliastats.org/Distributions.jl/stable/).

이 패키지는 조합성이 높다. 예를 들어 분포에서 무작위 샘플을 추출하려면 표준 rand 함수에 첫 번째 인수로 전달한다. 예제 13.10에서는 owensboro2 데이터프레임의 행 수와 동일한 횟수만큼 베르누이 분포에서 표본을 추출하기 위해 rand(Bernoulli(0.7), nrow(owensboro2))로 작성했다.

다음 예제는 각각 true값과 false값에 따라 owensboro2 데이터프레임의 행을 포함하는 train 및 test 데이터프레임을 생성한다.

예제 13.11 훈련 및 테스트 데이터프레임 생성하기

```julia
julia> train = subset(owensboro2, :train)
4832×8 DataFrame
  Row │ arrest  type        v1      v2     v3     v4     dayname    train
      │ Bool    String15    Bool    Bool   Bool   Bool   Cat…       Bool
──────┼──────────────────────────────────────────────────────────────────
    1 │  true   pedestrian  false   false  false  false  Thursday    true
    2 │ false   vehicular   false   true   false  false  Sunday      true
    ⋮ │   ⋮         ⋮         ⋮       ⋮      ⋮      ⋮        ⋮          ⋮
 4831 │ false   vehicular    true   true   false   true  Wednesday   true
 4832 │ false   vehicular   false   false  false   true  Wednesday   true
                                                         4828 rows omitted

julia> test = subset(owensboro2, :train => ByRow(!))
2047×8 DataFrame
  Row │ arrest  type        v1      v2     v3     v4     dayname    train
      │ Bool    String15    Bool    Bool   Bool   Bool   Cat…       Bool
──────┼──────────────────────────────────────────────────────────────────
    1 │  true   vehicular   false   false  false  false  Tuesday    false
    2 │  true   vehicular   false   false  false  false  Sunday     false
    ⋮ │   ⋮         ⋮         ⋮       ⋮      ⋮      ⋮        ⋮          ⋮
 2046 │ false   vehicular   false   false  true   false  Friday     false
 2047 │ false   vehicular   false   false  false  false  Wednesday  false
                                                         2043 rows omitted
```

train 데이터프레임의 train 열에는 true값만 포함되고 test 데이터프레임에는 false값만 포함된다. 행 부분집합을 취하기 위해 이번에는 전달된 조건에 따라 새 데이터프레임을 생성하는 subset 함수를 사용한다. subset! 함수는 동일하게 작동하지만 원본 데이터프레임을 제자리에서 변경한다. subset 함수는 combine이나 select처럼 연산 지정 구문을 허용한다. 유일한 차이점은 열을 만드는 것이 아니라 행 부분집합을 취하는 것이므로 목표 열 이름을 지정하지 않는 형식이 사용된다는 점이다. 또한 행 부분집합의 조건으로 사용하므로 연산 결과는 당연히 불리언이어야 한다.

연산 지정 구문을 허용하는 다른 함수에 대해서는, DataFramesMeta.jl은 @subset, @subset!, @rsubset, @rsubset! 편의 매크로를 제공한다. 접두사 r은 전달된 연산을 행별로 수행한다는 의미이며, 접미사 !는 새 데이터프레임을 생성하는 것이 아니라 원본 데이터프레임을 제자리에서 업데이트한다는 의미이다. 연습용으로 @rsubset 매크로를 사용하여 test 데이터프레임을 다시 만들어보자.

```julia
julia> @rsubset(owensboro2, !(:train))
2047×8 DataFrame
  Row │ arrest  type        v1      v2     v3     v4     dayname    train
```

```
     │  Bool    String15    Bool    Bool    Bool    Bool    Cat…          Bool
─────┼───────────────────────────────────────────────────────────────────────────
   1 │  true    vehicular   false   false   false   false   Tuesday       false
   2 │  true    vehicular   false   false   false   false   Sunday        false
   ⋮ │   ⋮          ⋮          ⋮       ⋮       ⋮       ⋮          ⋮            ⋮
2046 │  false   vehicular   false   false   true    false   Friday        false
2047 │  false   vehicular   false   false   false   false   Wednesday     false
                                                            2043 rows omitted
```

연습 13.4 (a) 데이터프레임 인덱싱 구문과 (b) groupby 함수를 사용하여 train 데이터프레임과 test 데이터프레임을 생성해보자.

13.4.2 로지스틱 회귀모형 피팅하기

이제 모델을 구축할 준비가 되었다. 이전 장에서 배운 GLM.jl 패키지를 사용할 것이다. train 데이터셋을 사용하여 모델을 구축한 다음 train 데이터셋과 test 데이터셋 간의 예측 정도를 비교할 것이다.

```
julia> model = glm(@formula(arrest~dayname+type+v1+v2+v3+v4),
                train, Binomial(), LogitLink())
StatsModels.TableRegressionModel{GeneralizedLinearModel{GLM.GlmResp{Vector{Float64},
Binomial{Float64}, LogitLink}, GLM.DensePredChol{Float64, LinearAlgebra.
CholeskyPivoted{Float64, Matrix{Float64}, Vector{Int64}}}}, Matrix{Float64}}

arrest ~ 1 + dayname + type + v1 + v2 + v3 + v4

Coefficients:
─────────────────────────────────────────────────────────────────────────────────
                     Coef.    Std. Error      z    Pr(>|z|)  Lower 95%   Upper 95%
─────────────────────────────────────────────────────────────────────────────────
(Intercept)        0.287625    0.215229     1.34    0.1814   -0.134216    0.709465
dayname: Tuesday   0.132235    0.216134     0.61    0.5407   -0.291381    0.55585
dayname: Wednesday 0.0792927   0.21675      0.37    0.7145   -0.34553     0.504116
dayname: Thursday  -0.034439   0.218522    -0.16    0.8748   -0.462734    0.393856
dayname: Friday    0.194343    0.202768     0.96    0.3378   -0.203075    0.591762
dayname: Saturday  0.59492     0.204298     2.91    0.0036    0.194504    0.995337
dayname: Sunday    1.02347     0.205539     4.98    <1e-06    0.620622    1.42632
type: vehicular    -1.34187    0.16969     -7.91    <1e-14   -1.67445    -1.00928
v1                 -2.40105    0.147432    -16.29    <1e-58   -2.69001    -2.11208
v2                 -2.46956    0.18695     -13.21    <1e-39   -2.83598    -2.10315
v3                 -0.550708   0.149679     -3.68    0.0002   -0.844072   -0.257343
v4                 -2.96624    0.289665    -10.24    <1e-23   -3.53397    -2.3985
─────────────────────────────────────────────────────────────────────────────────
```

이 모델 결과를 보면 일요일에 체포 확률이 가장 높다는 것을 알 수 있다. 정차 유형이 차량인 경우에는 체포 확률이 낮아진다. 또한 위반 유형인 v1, v2, v3, v4의 경우 체포 확률이 낮아진다. 앞의 위반 유형은 안전벨트 미착용, 번호판 미부착, 보험증 미제출, 과속이기 때문에 이는 어느 정도 예상할 수 있는 결과이다. 일반적으로 체포로 이어질 만큼 심각한 위반은 없는 것처럼 보인다.

위 결과 중에 한 가지 프로퍼티에 주목해보자. dayname 변수의 경우 Monday가 기준 레벨로 선택되어 있고(그렇기에 요약에 나타나지 않음) 나머지 레벨은 적절하게 정렬되어 있다. 이는 dayname 열이 범주형이기 때문에 가능한 것이므로 glm 함수는 이 변수의 레벨 순서를 존중한다.

이제 모델의 예측 품질을 평가해보자. predict 함수를 사용하여 각각의 예측을 train 데이터프레임과 test 데이터프레임에 저장하는 것으로 시작한다.

```
julia> train.predict = predict(model)     ❶ 기본적으로 predict 함수는 모델을 구축하는 데
4832-element Vector{Float64}:                사용된 데이터셋에 대한 예측을 반환한다.
 0.5629604404770923
 0.07583480306410262
 ⋮
 0.00014894383671078636
 0.019055034096545406

julia> test.predict = predict(model, test)   ❷ predict 함수에 두 번째 인수로 데이터셋을 전달하면
2047-element Vector{Union{Missing, Float64}}:    새 데이터에 대한 예측을 얻을 수 있다.
 0.2845489586270871
 0.49230772577853815
 ⋮
 0.19613838972815217
 0.2738950194527159
```

13.4.3 모델 예측 품질 평가하기

arrest 열의 값으로 정의된 그룹의 모델 예측을 히스토그램을 사용하여 비교해보자. 히스토그램이 많이 겹치지 않을 것으로 예상되는데, 이는 모델이 체포와 미체포를 비교적 잘 구분한다는 것을 의미한다.

```
julia> test_groups = groupby(test, :arrest);

julia> histogram(test_groups[(false,)].predict;
                 bins=10, normalize=:probability,
                 fillstyle= :/, label="false")
```

```
julia> histogram!(test_groups[(true,)].predict;
                  bins=10, normalize=:probability,
                  fillalpha=0.5, label="true")
```

arrest 열을 기준으로 test 데이터프레임을 그룹화한다. 그다음 히스토그램을 생성하기 위해 그룹화된 데이터프레임에서 arrest 열의 값이 false인 첫 번째 그룹을 추출하고, 그다음에 값이 true인 그룹을 추출한다. GroupedDataFrame 인덱싱에 대해 다시 살펴보고 싶다면 11장에서 관련 내용을 찾을 수 있다.

첫 번째 그룹에 histogram 함수를 사용한다. 두 번째 그룹에는 동일한 플롯에 히스토그램만 추가하기 위해 histogram! 함수를 사용한다. 두 히스토그램 모두 10개의 구간으로 그려지며, 표시된 값은 구간의 확률이다. fillalpha=0.5 키워드 인수로 두 번째 히스토그램은 반투명하게 그렸다. fillstyle=:/ 키워드 인수는 첫 번째 히스토그램에 빗금을 추가하여 흑백으로 인쇄할 때 쉽게 구분할 수 있도록 한다. 그림 13.5는 이 작업의 결과를 보여준다.

그림 13.5를 보면 arrest가 false일 때 예측이 낮고, true이면 예측이 높다는 것을 확인할 수 있다.

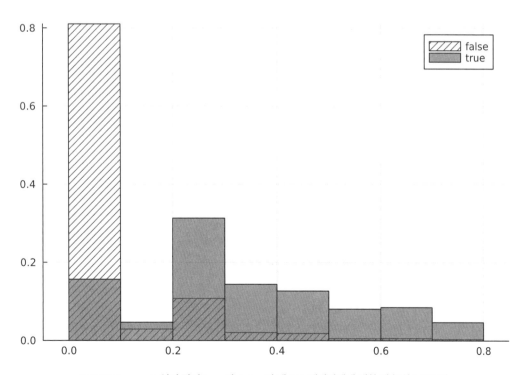

그림 13.5 arrest 열의 값이 true와 false인 테스트 데이터셋에 대한 예측 히스토그램.
모델이 관측치를 비교적 잘 분리하고 있음을 알 수 있다.

이제 다음 실험으로 넘어가보자. 특정 임곗값(예를 들어 0.15를 선택)을 설정하고 예측값이 0.15보다 작거나 같은 모든 관측치를 false로, 0.15보다 큰 관측치를 true로 분류하기로 결정했다고 가정한다. 이러한 분류를 수행하면 true인 관측치를 true로, false인 관측치를 false로 예측하는 올바른 결정을 내릴 때도 있으며, true인 관측치를 false로, false인 관측치를 true로 예측하는 실수를 할 때도 있다. 다음 코드는 이러한 결과를 요약한 표를 생성한다.

```
julia> @chain test begin
           @rselect(:predicted=:predict > 0.15, :observed=:arrest)
           proptable(:predicted, :observed; margins=2)
       end
2×2 Named Matrix{Float64}
predicted \ observed │    false     true

false                │ 0.811154  0.169492
true                 │ 0.188846  0.830508
```

위 표는 일반적으로 **혼동 행렬**confusion matrix이라고 한다(http://mng.bz/yaZ7). FreqTables.jl 패키지의 proptable 함수를 사용하여 해당 표를 생성하며, margins=2 키워드 인수를 전달했으므로 열의 값들을 더하면 1이 된다.

예를 들어 혼동 행렬의 2행 1열에 있는 0.188846은 선택된 임곗값에 대해 관측치 false를 true로 잘못 분류할 확률이 18.88%임을 알려준다. 이를 **오경보 확률**probability of false alarm, pfa이라고 부른다. 마찬가지로 혼동 행렬의 1행 2열에 있는 0.169492는 선택한 임곗값에 대해 관측치 true를 false로 잘못 분류할 확률이 16.95%임을 알려준다. 이를 **미스 확률**probability of miss, pmiss이라고 부른다. 그림 13.6은 이러한 관계를 보여준다.

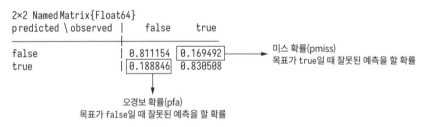

그림 13.6 혼동 행렬의 열에 있는 요소를 더하면 1이 된다.
이 모델은 두 가지 종류의 오류를 발생시키며, 그 확률은 각각 pmiss와 pfa이다.

pfa와 pmiss가 낮을수록 모델의 품질이 더 좋다고 할 수 있다. 그러나 예제에서는 분류 임곗값을 임의로 0.15를 선택하여 계산했다. 이 문제를 해결하기 위한 자연스러운 접근 방법은 가능한 모든 임곗값에 따라 pfa와 pmiss의 관계가 어떻게 변하는지 플로팅해보는 것이다. 이 기능은 ROCAnalysis.jl 패키지에서 제공한다.

이제 x축의 pfa와 y축의 pmiss 사이의 관계를 보여주는 플롯을 만들어보자. 또한 true 레이블을 가진 임의의 관측치가 false 레이블의 임의 관측치보다 예측이 낮을 확률을 계산한다. 이 확률이 0%에 가까워야 좋은 분류기classifier라고 할 수 있다. 전혀 유용한 예측을 하지 못하는 무작위 모델이라면 50%일 것이다. 이 값을 pfa-pmiss의 **곡선밑면적**area under the curve, AUC이라고 한다. 지금까지의 정의에 따르면, AUC가 낮을수록 더 좋은 모델이다.

ROCAnalysis.jl 패키지를 사용하여 모델의 test 및 train 데이터셋 예측에 대한 pfa-pmiss 곡선을 그리고 다음 예제에서 AUC 메트릭을 계산해보자.

예제 13.12 모델 평가를 위한 pfa-pmiss 곡선 그리기

```julia
julia> test_roc = roc(test; score=:predict, target=:arrest)
ROC curve with 62 points, of which 14 on the convex hull

julia> plot(test_roc.pfa, test_roc.pmiss;
            color="black", lw=3,
            label="test (AUC=$(round(100*auc(test_roc), digits=2))%)",
            xlabel="pfa", ylabel="pmiss")

julia> train_roc = roc(train, score=:predict, target=:arrest)
ROC curve with 73 points, of which 16 on the convex hull

julia> plot!(train_roc.pfa, train_roc.pmiss;
             color="gold", lw=3,
             label="train (AUC=$(round(100*auc(train_roc), digits=2))%)")
```

먼저 ROCAnalysis.jl 패키지의 roc 함수를 사용한다. 이 함수는 데이터프레임을 인수로 받고, score 키워드 인수와 target 키워드 인수를 통해 예측을 저장한 열의 이름과 true 레이블을 가진 열의 이름을 전달한다. 생성된 객체에는 pfa와 pmiss 두 가지의 프로퍼티가 있다. 이들은 서로 다른 임곗값에 대해 pfa 및 pmiss 메트릭 값에 대한 정보를 저장하므로 플롯을 생성할 때 사용된다. 마지막으로 auc 함수를 사용하여 pfa-pmiss 곡선밑면적을 계산한다. 이 작업은 test와 train 데이터프레임 모두에 대해 수행되어 얻은 결과가 유사한지 확인한다.

그림 13.7은 예제 13.12에서 생성된 결과를 보여준다. test 모델과 train 모델의 pfa-pmiss 곡선이 거의 동일한 것을 알 수 있으므로 과적합이 아니라는 결론을 내릴 수 있다. AUC는 15% 미만으로, 모델의 예측력이 비교적 우수하다는 것을 보여준다.

이 장에서 설명하는 내용을 지나치게 복잡해지는 것을 막고자 의도적으로 모델을 단순하게 사용했다. 이 모델을 실제로 사용하려면 더 많은 특징을 추가하고 상호작용을 허용하는 것이 좋다. 또한 줄리아 생태계에서는 일반화된 선형모형 외에도 다양한 예측 모형을 사용할 수 있다. MLJ.jl 패키지 문서(http://mng.bz/M09E)에서 예제 목록을 확인할 수 있다.

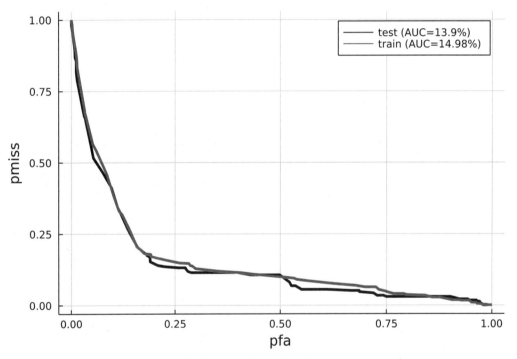

그림 13.7 test와 train 데이터셋의 모델 예측에 대한 pfa-pmiss 곡선이 거의 동일하며, 이는 모델 과적합 문제가 없음을 보여준다.

ROCAnalysis.jl 패키지는 pfa-pmiss 곡선밑면적을 분석하는 컨벤션을 사용한다. ROC 곡선 및 AUC를 설명한 문서(http://mng.bz/aPmx)와 같이 일부 다른 문서에서는 pmiss 메트릭이 1-pmiss 측정값으로 대체된다. 그다음 곡선의 y축에 목표가 **true**일 때 올바른 결정을 내릴 확률을 표시한다. 이러한 상황에서 곡선밑면적이 최대화되며(위 예제처럼 최소화되지 않음), 1에서 auc 함수의 반환값을 뺀 값으로 계산할 수 있다.

줄리아로 머신러닝 수행하기

이 장에서는 간단한 예측 모델을 수동으로 생성하고 평가했다. 좀 더 복잡한 머신러닝 워크플로를 만들고 싶다면 MLJ 프레임워크(https://github.com/alan-turing-institute/MLJ.jl)를 학습하는 것이 좋다.

MLJ는 160개 이상의 머신러닝 모델을 선택, 튜닝, 평가, 구성, 비교하기 위한 공통 인터페이스와 메타 알고리즘을 제공하는 툴박스이다.

또한 부록 C에는 단순한 데이터 분석을 넘어 고급 데이터 과학 프로젝트를 시작하려는 경우 유용하게 사용할 수 있는 다양한 패키지가 포함되어 있다.

13.5 DataFrames.jl에서 제공하는 기능 복습하기

이 장에서는 DataFrames.jl에서 제공하는 많은 기능을 살펴보았다. 결론적으로, 2부에서 설명한 함수를 간략하게 참조할 수 있도록 함수의 개요를 정리해보자.

- 데이터프레임 구성하기 — DataFrame, copy

- 요약 정보 제공하기 — describe, summary, ncol, nrow

- 열 이름 작업하기 — names, rename, rename!

- 데이터프레임 행 추가하기 — append!, push!, vcat

- 인덱싱 — getindex, setindex!

- 순회하기 — eachrow, eachcol

- 열 추가하기 — insertcols!

- 열 변환하기 — combine, select, select!, transform, transform!, flatten

- 그룹화하기 — groupby

- 행 부분집합화하기 — subset, subset!, dropmissing, dropmissing!

- 재구성하기 — stack, unstack, permutedims

- 정렬하기 — sort, sort!

- 조인하기 — innerjoin, leftjoin, leftjoin!, rightjoin, outerjoin

위 목록은 꽤 길다. 2부에서 소개된 함수만 나열했다. 사용 가능한 함수 전체 목록은 DataFrames.jl 문서(http://mng.bz/gR7Z)에서 확인할 수 있다. 이 책에서 다룬 함수 설명의 경우 제공하는 기능 중 일부는 생략하고 가장 많이 사용되는 기능에만 집중했다. 이 문서에는 DataFrames.jl에서 제공하는 모든 함수에 대한 전체 설명과 사용 예제를 확인할 수 있다.

combine, select, select!, transform, transform!, subset, subset! 등에서 지원하는 연산 지정 구문에도 이 책에서 다룬 내용보다 더 많은 기능이 있다. 가장 많이 사용되는 패턴만 책에서 다루었다. 사용 가능한 모든 기능에 대한 설명은 패키지 문서(http://mng.bz/epow)에서 확인할 수 있다. 또한 블로그 게시글 'DataFrames.jl Minilanguage Explained'(http://mng.bz/p6pE)에서도 연산 지정 구문에 대한 리뷰를 볼 수 있다.

DataFrames.jl의 많은 사용자가 특히 @chain 매크로와 함께 DataFramesMeta.jl 도메인 특화 언어를 사용하는 것을 좋아한다. 해당 패키지는 이 책에서 다룬 것보다 더 많은 기능이 있으며, 자세한 내용은 해당 공식 문서(http://mng.bz/06Z2)에서 확인할 수 있다. 블로그 게시물 'Welcome to DataFramesMeta.jl'(http://mng.bz/YK7e)에서도 이 패키지가 제공하는 것 중에 가장 많이 사용되는 매크로에 대한 짧은 가이드가 마련되어 있다.

요약해보면, DataFrames.jl은 성숙한 패키지라고 할 수 있다. 이 패키지는 10년 동안 개발되었으며, 제공되는 방대한 기능에는 이 기간 동안 사용자의 다양한 요구 사항이 반영되어 있다.

추가적으로 이 패키지는 1.0 릴리스가 지났기 때문에 2.0 릴리스(조만간 출시될 것으로 예상되지는 않음)가 출시될 때까지 큰 변경 사항을 도입하지 않겠다는 약속을 제공한다. 경험상 이런 약속은 프로덕션 환경에서 사용을 고려하는 사용자에게 가장 필요하다.

DataFrames.jl의 프로덕션 사용과 관련된 또 다른 중요한 설계 측면은, 올바른 결과를 생성하거나 아니면 예외를 발생시키도록 설계되었다는 것이다. 이 책 어디에도 경고 메시지가 인쇄되어 있지 않다는 것을 눈치챘을 것이다. 이는 의도적인 것이다. 프로덕션 환경에서 코드를 실행할 때 경고는 자동으로 무시되는 경우가 많다. DataFrames.jl의 많은 함수에서는 대신 오류를 허용된 동작으로 전환할 수 있는 키워드 인수를 제공한다. 한 가지 예제를 살펴보자.

R에서는 중복된 열 이름으로 데이터프레임을 만들면 자동으로 수락되고 열 이름 변경이 수행된다. 아래는 R 코드이다.

```
> data.frame(a=1,a=2)
  a a.1
1 1   2
```

DataFrames.jl에서는 기본적으로 중복 열 이름을 허용하지 않으며, 대부분의 경우 코드가 잘못되었으므로 수정해야 한다.

```
julia> DataFrame(:a=>1, :a=>2)
ERROR: ArgumentError: Duplicate variable names: :a. Pass makeunique=true to make them
unique using a suffix automatically.
```

그러나 원하는 경우에는 `makeunique=true` 키워드 인수를 전달하여 중복 열 이름을 허용하도록 선택할 수 있다.

```
julia> DataFrame(:a=>1, :a=>2; makeunique=true)
1×2 DataFrame
 Row │ a      a_1
     │ Int64  Int64
─────┼──────────────
   1 │     1      2
```

요약

- `@chain` 매크로를 사용하여 데이터 파이프라인을 생성할 수 있다. DataFrames.jl 및 DataFramesMeta.jl에서 제공하는 함수와 매크로는 일반적으로 입력 데이터프레임 또는 그룹화된 데이터프레임을 첫 번째 인수로 받아 데이터프레임을 반환하므로 해당 매크로와 잘 통합된다.

- DataFrames.jl은 데이터프레임 또는 그룹화된 데이터프레임의 열에 대한 작업을 수행할 수 있는 다섯 가지 함수인 combine, select, select!, transform, transform!을 정의한다. 접미사 ! 가 붙은 함수는 전달된 객체를 제자리에서 변경하고 접미사가 없는 함수는 새 반환값을 할당한다.

- combine 함수는 원본 객체에서 행을 결합(집계)하는 데 사용된다. select 함수와 transform 함수는 원본 객체에 있는 행의 수와 순서를 그대로 유지한다. select 함수는 지정한 열만 유지하는 반면 transform 함수는 원본 객체의 모든 열을 추가로 유지한다는 차이점이 있다.

- 스칼라에서 작동하는 함수가 있는 경우 이를 ByRow 객체로 래핑하면 벡터화된 데이터 컬렉션으로 변경되며, 함수를 요소별로 적용한다.

- 열에 대한 연산 함수는 일반적인 연산 지정 구문을 사용한다. 해당 함수는 source_column =>

operation_function => target_column_name 패턴을 사용하지만, 예제 13,3에 표시된 것처럼 특정 요소들은 삭제될 수 있다. 가장 일반적인 세 가지 변형은 다음과 같다. (1) source_column 을 전달하면 수정 없이 결과에 저장된다. (2) source_column => operation_function을 전달하면 목표 열 이름이 자동으로 생성된다. (3) source_column => target_column_name을 전달하면 열 이름이 변경된다.

- DataFramesMeta.jl는 DataFrames.jl에서 제공하는 모든 열 변환 함수에 대한 매크로를 제공한다. 중요한 규칙은 매크로 이름 앞에 접두사 r를 붙일 수 있다는 것이다. 이 접두사는 매크로에 지정된 연산이 자동으로 벡터화(행 단위로 수행)되어야 함을 나타낸다. 예를 들어 @select 및 @rselect 매크로는 select 함수와 동일하다. 차이점은 @select의 연산은 열 전체에 대해 작동하는 반면 @rselect의 연산은 단일 요소에 대해 작동한다는 점이다.

- CategoricalArrays.jl은 범주형 배열을 지원한다. 이는 통계적 의미에서의 명목형nominal 또는 순서형ordinal 데이터를 처리할 때 유용하다.

- DataFrames.jl은 여러 테이블의 모든 표준 조인 작업을 수행하는 함수를 제공한다. 이러한 함수는 여러 원본 데이터프레임의 데이터를 결합하려는 경우에 사용된다.

- stack 함수와 unstack 함수를 사용하면 가로형 형식과 세로형 형식 간의 데이터프레임을 재구성할 수 있다. 이러한 작업은 데이터를 분석할 때 종종 필요하다.

- subset 함수와 subset! 함수를 사용하면 데이터프레임의 행의 부분집합을 취할 수 있다. 이 함수는 combine 함수나 select 함수와 같은 형식의 연산 지정 구문을 사용한다. DataFramesMeta.jl은 이 두 함수와 동등한 매크로를 제공한다. 데이터프레임 인덱싱과 같은 함수들을 사용하면 @chain 연산에서 쉽게 사용할 수 있다는 이점이 있다.

- ROCAnalysis.jl 패키지는 분류기의 예측력을 평가할 수 있는 여러 기능을 제공한다. 이 기능은 기본적으로 이진 목표변수로 모델을 구축할 때 필요하다.

14

데이터 분석 결과를 공유하는 웹 서비스 만들기

이 장의 주요 내용

- 몬테카를로 시뮬레이션 구현하기
- 계산에 멀티스레딩 사용하기
- 줄리아에서 웹 서비스 생성 및 실행하기

1장에서 타임라인 사례에 대해 설명했다. 타임라인 회사에서 재무 설계사와 은퇴 계획을 돕는 웹 애플리케이션을 제공했다는 사실을 기억해보자. 이 애플리케이션은 빠른 응답 시간을 유지하면서 많은 계산들을 수행해야 한다. 이 장에서는 단순화된 설정에서 유사한 목적을 가진 웹 서비스를 만들어볼 것이다.

고객에게 금융자산 평가 서비스를 제공하는 회사에서 일하고 있다고 가정해보자. **아시아 옵션**Asian option의 가격을 책정하는 웹 서비스를 만들어달라는 요청이 들어왔다. 아시아 옵션은 특정 기간 동안 주식과 같은 기초 자산의 평균 가격에 따라 가격이 결정되는 금융 상품으로, 14.1절에서 이 옵션이 어떻게 정의되는지 자세히 설명할 것이다.

아시아 옵션은 복잡한 금융상품이므로 그 가치에 대한 간단한 공식이 없다. 따라서 이 값의 근사 치를 구하려면 몬테카를로 시뮬레이션을 수행해야 한다. 몬테카를로 시뮬레이션을 할 때 기초자 산 가격의 변화를 여러 번 무작위로 샘플링한다. 그다음 각 가격 경로에 대해 아시아 옵션의 수익을 계산하고 평균 수익을 사용하여 옵션의 가치를 추정한다.

몬테카를로 시뮬레이션은 많은 컴퓨팅 리소스가 필요하다. 따라서 이 장에서는 줄리아의 멀티스레딩 지원을 통해 CPU의 여러 코어를 사용하여 원하는 결과를 최대한 빨리 생성하는 방법을 살펴본다.

엔지니어링 측면에서의 요구 사항은 웹 서비스가 POST 요청에서 JSON 페이로드를 받고 응답도 JSON 형식으로 반환해야 한다는 것이다. 이 경우 POST 요청은 평가하려는 아시아 옵션의 매개변수 데이터를 서버로 전송한다. 이러한 매개변수는 JSON 형식으로 서버에 전달되며, 이렇게 전달된 정보를 흔히 **JSON 페이로드**JSON payload라고 한다. Genie.jl 패키지를 사용하여 이러한 웹 서비스를 만드는 방법을 배울 것이다.

생성된 웹 서비스를 테스트하기 위해 아시아 옵션의 평가가 매개변수에 따라 어떻게 변하는지 분석하는 클라이언트 프로그램을 작성한다.

이 장은 다음과 같은 주제로 나뉜다.

- 14.1절에서는 몬테카를로 시뮬레이션을 사용하여 아시아 옵션 가격 책정 이론을 설명한다.
- 14.2절에서는 줄리아가 제공하는 멀티스레딩 지원을 활용하여 시뮬레이션을 구현한다.
- 14.3절에서는 Genie.jl 패키지를 사용하여 아시아 옵션 가치 평가 요청에 응답할 수 있는 웹 서비스를 생성한다.
- 14.4절에서는 생성된 웹 서비스에 요청을 보내고 반환된 응답을 가져오는 클라이언트를 작성하여 웹 서비스를 테스트한다.

14.1 몬테카를로 시뮬레이션을 이용한 금융 옵션 가격 책정하기

이 절에서는 몬테카를로 시뮬레이션을 사용하여 아시아 옵션 가격 책정 이론을 배운다. 이러한 가격 책정 모델은 금융 업계에서 일반적으로 사용되므로 작동 원리를 자세히 알아두면 유용하다. 이 예제는 배리 넬슨Barry L. Nelson의 《Foundations and Methods of Stochastic Simulation》(Springer, 2013)에서 발췌한 것이다.

14.1.1 아시아 옵션 정의의 수익률 계산하기

먼저 아시아 옵션에 대한 정의를 내려보자. 이러한 옵션의 수익payoff은 기초 금융 상품에 따라 달라진다. 이 기초 상품이 주식이라고 가정한다. 일정 기간 동안 주식의 가격을 관찰한다. 아시아 옵션은 주식의 평균 가격이 **행사 가격**strike price이라고 하는 값보다 높으면 투자자에게 수익을 제공한다. 이 경우 아시아 옵션의 수익은 주식의 평균 가격에서 행사 가격을 뺀 값과 같다. 이제 수익이 계산되는 방식을 수식으로 표현해보겠다.

주식이 시장에서 거래되고 있다고 가정한다. 시간 t의 가격을 나타내기 위해 $X(t)$를 사용한다. 간단하게 $t = 0$ 시점이므로 주식의 가격은 $X(0)$이라고 가정한다. $t = 0$에서 $t = T$까지의 기간 동안 이 주식의 평균 가격을 알고 싶다고 하자. 이 기간에 주식가격은 m번 변경된다. 따라서 해당 주식의 가격은 $0, T/m, 2T/m, ..., (m-2)T/m, (m-1)T/m, T$ 시각에 볼 수 있다. $m + 1$ 시점에 대한 주식의 평균 가격을 나타내기 위해 Y를 사용한다.

아시아 옵션은 다음과 같은 평가 규칙을 따른다. 시점 T에서 주식 Y의 평균 가격을 계산한다. 이 값이 행사 가격인 값 K보다 크면 $Y - K$의 수익을 받고 그렇지 않으면 아무런 수익을 받지 못한다. 공식으로 표현하면 $\max(Y - K, 0)$이다. 머신러닝을 해본 경험이 있다면 이런 함수를 종종 **ReLU**rectified linear unit라고 부른다는 것을 알 것이다.

계속 진행하기 전에 이러한 가격 책정의 예제를 고려해보자. $T = 1.0$, $m = 4$, $K = 1.05$라고 가정한다. 현재는 시간 T에 있으며 1.0, 1.1, 1.3, 1.2, 1.2의 가격 X를 보았다. 따라서 Y는 1.16과 같으므로 수익은 $\max(Y - K, 0) = 0.11$이다. 다음 코드를 통해 해당 예제를 시각화한다.

```julia
julia> using Plots

julia> using Statistics

julia> X = [1.0, 1.1, 1.3, 1.2, 1.2]
5-element Vector{Float64}:
 1.0
 1.1
 1.3
 1.2
 1.2

julia> T = 1.0
1.0
```

```
julia> m = 4
4

julia> Y = mean(X)
1.1600000000000001

julia> K = 1.05
1.05

julia> plot(range(0.0, T; length=m+1), X;
                xlabel="T", legend=false, color="black")

julia> hline!([Y], color="gray", lw=3, ls=:dash)

julia> hline!([K], color="gray", lw=3, ls=:dot)

julia> annotate!([(T, Y + 0.01, "Y"),
                (T, K + 0.01, "K"),
                (T, X[end] + 0.01, "X")])
```

위 예제에서는 세 가지의 새로운 함수를 사용했다. range 함수는 전달된 첫 번째 위치 인수부터 두 번째 위치 인수까지 동일한 가격의 값 벡터를 생성하며, length 키워드 인수는 원하는 포인트 수를 지정한다. hline! 함수는 플롯에 가로줄을 추가하고, annotate! 함수는 텍스트 주석을 추가한다. annotate! 함수는 x 위치, y 위치, 표시할 텍스트값의 튜플을 요소로 가진 벡터를 받는다.

그림 14.1은 위 코드의 결과를 보여준다.

14.1.2 아시아 옵션의 가치 계산하기

다음 과제는 0 시점에서 아시아 옵션의 가치를 계산하는 것이다. 현재 상황에서는 Y를 알 수 없다. 그렇다면 아시아 옵션의 적당한 가치는 얼마일까?

이러한 옵션을 여러 번 매수하고 옵션의 기초가 되는 주가의 변화를 관찰할 수 있다고 상상해보자. 옵션의 가치는 이러한 실험에서 기대할 수 있는 평균 수익으로 정의된다. 공식적으로 확률이론의 언어를 사용하면 $E(\max(Y - K, 0))$를 통해 기댓값을 계산한다고 말할 수 있다. 하지만 한 가지 추가 요소를 고려해야 한다. 수익은 시간 T에 수집되고 현재는 시간 0에 있으므로 이를 감가해야 한다. r은 무위험 이자율이고 연속 복리를 사용한다고 가정한다(이는 재무 계산에서 일반적으로 사용되는 가정이며, 자세한 내용은 http://mng.bz/AV87에서 확인할 수 있다). 따라서 수익의 기댓값에 **감가율**discount factor인 $\exp(-rT)$를 곱해야 한다. 요약하면 0 시점의 옵션 가치는 $\exp(-rT) \cdot E(\max(Y - K, 0))$이다.

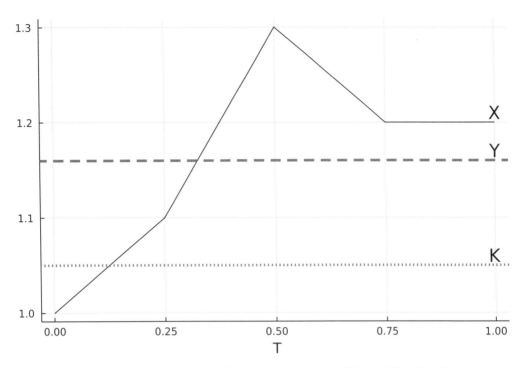

그림 14.1 Y가 K보다 높기 때문에 아시아 옵션은 주가 X에 대해 양의 수익을 제공한다.

요청된 값을 계산할 때 어려운 점은 0 시점에 Y값을 알 수 없다는 것이다. 0과 T 사이 기간에 주식가격이 기하 브라운 운동geometric Brownian motion, GBM(http://mng.bz/ZpRa)을 따른다고 가정하겠다. 이 확률 프로세스는 금융자산의 가격을 모델링하는 데 자주 사용된다.

14.1.3 GBM 이해하기

일반적으로 GBMgeometric Brownian motion 프로세스는 **확률미분방정식**stochastic differential equation의 해법으로 소개되지만, 여기서는 직관적으로 이해하는 것만으로 충분하다. 아이디어는 다음과 같다. 주식가격을 나타내는 확률 프로세스 $X(t)$가 있는 경우, t_1과 t_2(단, $t_1 < t_2$) 사이의 가격 비율 로그가 정규분포를 따르기를 원한다. 해당 비율은 $\log(X(t_2)/X(t_1))$ 공식을 사용하여 표현할 수 있으며 이를 **로그 수익률**log return이라고 한다(http://mng.bz/Rvm0). 로그 수익률이 정규분포를 따른다고 가정하므로 이 분포의 평균과 분산을 지정해야 한다.

주식가격의 로그 수익률 분포의 분산부터 살펴보자. GBM 모델에서 분산이 $s^2(t_2 - t_1)$와 같다고 가정하며, 여기서 s는 매개변수이다. 보다시피 분산은 t_1과 t_2의 차이에 비례한다. 이 가정이 왜 당연한지 이해하려면 $t_1 < t_2 < t_3$의 세 기간을 고려해보자. GBM 모델에서 가정하는 것은 기간 t_1와

t_2, t_2와 t_3 사이의 로그 수익률이 각각 독립적이라는 것이다. 로그의 성질에 따라 $\log(X(t_2)/X(t_1))$ + $\log(X(t_3)/X(t_2))$ = $\log(X(t_3)/X(t_1))$이다. GBM 모델이 일관성을 유지하기 위해서는 해당 방정식의 왼쪽에 있는 두 항의 분산 합계가 오른쪽에 있는 항의 분산과 같아야 한다. 실제로 $s^2(t_2 - t_1)$+ $s^2(t_3 - t_2) = s^2(t_3 - t_1)$이므로 이는 사실이다.

요약하면, GBM 모델에서는 주식가격의 로그 수익률 $\log(X(t_2)/X(t_1))$이 평균$(r - s^2/2)$ $(t_2 - t_1)$과 표준편차 $s^2(t_3 - t_1)$를 갖는 정규분포를 따른다고 가정한다. 이 가정을 구현에서 사용하는 매개변수로 변환해보자. 주식가격은 0, T/m, $2T/m$, $\cdots$, $(m - 2)T/m$, $(m - 1)T/m$, T 시간에 측정된다고 가정한다. 이러한 가정하에서 비율 $X((I + 1)T/m)/X(iT/m)$의 값은 확률변수 $\exp((r - s^2/2)T/m + s^2(T/m) - Z(i))$이며, 여기서 $Z(0)$, $Z(1)$, $\cdots$, $Z(m - 2)$, $Z(m - 1)$은 평균 0, 표준편차 1의 정규분포를 갖는 독립적이고 동일하게 분포된 확률변수이다. 해당 공식에서 r은 무위험 이자율이며, s는 주식가격의 변동성을 나타내는 척도이다.

계속 진행하기 전에 GBM 프로세스의 단일 샘플을 생성하는 최소한의 예제를 살펴보자. 계산에서는 $X(0)$ = 1.0, T = 2.0, s = 0.2, r = 0.1, m = 4를 사용한다.

아래 코드는 시뮬레이션된 주식가격 X와 시간 t라는 두 개의 열이 있는 데이터프레임에 GBM 프로세스의 단일 샘플 시뮬레이션 결과를 수집한다. 다음으로 연속된 두 기간 사이의 주식가격 로그 수익률을 반복적으로 샘플링한다. 이를 사용하여 업데이트된 주식가격을 계산하고 push! 함수를 사용하여 gbm 데이터프레임의 새 행으로 저장한다.

```
julia> using DataFrames

julia> using Random

julia> Random.seed!(1234);     ← ❶ 예제의 재현성을 보장하기 위해 난수 생성기의 시드를 설정한다.

julia> X0, T, s, r, m = 1.0, 2.0, 0.2, 0.1, 4     ← ❷ 단일 표현식을 사용하여 쉼표로
(1.0, 2.0, 0.2, 0.1, 4)                                구분된 여러 변수에 값을 할당한다.

julia> gbm = DataFrame(X=X0, t=0.0)     ← ❸ 시뮬레이션 결과를 저장할 gbm 데이터프레임을 초기화한다.
 Row │ X        t
     │ Float64  Float64
─────┼──────────────────
   1 │     1.0      0.0

julia> for i in 1:m
```

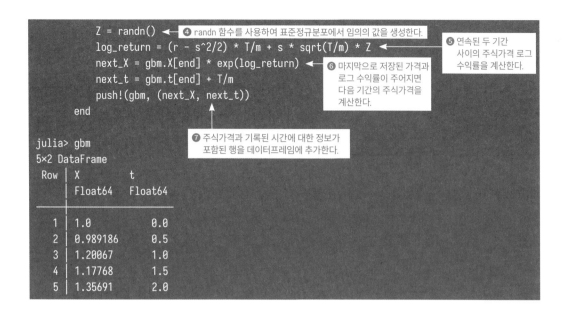

```
          Z = randn()       ❹ randn 함수를 사용하여 표준정규분포에서 임의의 값을 생성한다.
          log_return = (r - s^2/2) * T/m + s * sqrt(T/m) * Z      ❺ 연속된 두 기간
          next_X = gbm.X[end] * exp(log_return)                      사이의 주식가격 로그
          next_t = gbm.t[end] + T/m            ❻ 마지막으로 저장된 가격과   수익률을 계산한다.
          push!(gbm, (next_X, next_t))            로그 수익률이 주어지면
      end                                         다음 기간의 주식가격을
                                                  계산한다.
julia> gbm                          ❼ 주식가격과 기록된 시간에 대한 정보가
5×2 DataFrame                          포함된 행을 데이터프레임에 추가한다.
 Row │ X           t
     │ Float64     Float64
─────┼──────────────────────
   1 │ 1.0         0.0
   2 │ 0.989186    0.5
   3 │ 1.20067     1.0
   4 │ 1.17768     1.5
   5 │ 1.35691     2.0
```

예제에서 `gbm` 데이터프레임의 `X` 열에 저장된 주식가격은 기간마다 무작위로 변경되는데, 이는 `log_return` 변수를 계산할 때 `Z` 변수로 표시되는 무작위 요소가 있기 때문이다.

14.1.4 수치 접근 방식을 사용하여 아시아 옵션값 계산하기

GBM 프로세스를 설명하는 공식은 복잡해 보인다. 이는 간단하게 아시아 옵션값을 계산할 수 있는 방법이 없다는 것을 의미한다. 값이 $\exp(-rT){\cdot}E(\max(Y - K, 0))$로 정의된다는 점만 기억하자. 실제로 이 경우 닫힌 형태closed-form 공식으로는 나타낼 수 없다. 그럼 이 값을 어떻게 계산해야 할까? 바로 몬테카를로 시뮬레이션을 사용하여 근사치를 구하는 것이다. 몬테카를로 시뮬레이션의 알고리즘은 다음과 같다.

몬테카를로 시뮬레이션의 단일 단계에서 GBM 프로세스의 단일 실현에 대한 아시아 옵션의 수익을 계산해야 한다. 따라서 다음 연산을 수행해야 한다.

1. 독립적인 무작위 값 $Z(0), Z(1), \cdots, Z(m - 2), Z(m - 1)$을 표준정규분포에서 추출한다.
2. 주식가격 $X(0), X(T/m), \cdots, X((m - 1)/T), X(T)$를 생성된 무작위 값을 사용하여 계산한다.
3. 계산된 주식가격의 평균 Y를 계산한다.
4. $V = \exp(-rT){\cdot}\max(Y - K, 0)$를 계산한다.

몬테카를로 시뮬레이션에서는 프로세스의 단일 단계를 독립적으로 여러 번 반복한다. n은 단일 단계를 수행하는 횟수를 나타낸다. 즉 $V(1)$, $V(2)$, $\cdots$, $V(n-1)$, $V(n)$을 수집한다. 이 값들의 평균은 아시아 옵션 $\exp(-rT) \cdot E(\max(Y - K, 0))$의 값에 가까워진다. 그러나 위 프로세스는 무작위이기에 값이 정확하지는 않다. 이러한 상황에서는 일반적으로 불확실성을 정량화하기 위해 노력한다. 이 책에서는 아시아 옵션 가격의 95% 신뢰구간을 계산해볼 것이다.

95% 신뢰구간이란, 시뮬레이션을 여러 번 실행하고 계산했을 때 구간의 95%가 참값을 포함하는 범위를 말한다(www.simplypsychology.org/confidence-interval.html). 평균이 m이고 표준편차가 sd인 서로 독립인 n개 관측치로 이뤄진 집합에 대해, 이 장에서 사용할 95% 신뢰구간 근사치 공식은 $[m - 1.96sd/\sqrt{n},\ m + 1.96sd/\sqrt{n}]$이다.

알고리즘을 구현하기 전에 이를 계산하기 위해 알아야 할 매개변수를 요약해보자.

- 시간대 T
- 주식 시작가 $X(0)$
- 행사 가격 K
- 무위험 이자율 r
- 주식가격 변동성 s
- 주식가격 변동 횟수 m

아시아 옵션의 가치 평가를 요청하는 사용자가 이러한 매개변수를 모두 알고 있다고 가정한다.

추가적인 기술적 매개변수는 시뮬레이션 반복 횟수인 n이다. 이 매개변수는 아시아 옵션 가격을 계산하는 정밀도precision에 영향을 미친다.

이제 아시아 옵션의 대략적인 값과 95% 신뢰구간을 계산하는 코드를 작성할 준비가 되었다. 또한 구현에서 옵션의 수익이 0이 될 확률을 결정하려고 한다.

14.2 옵션 가격 책정 시뮬레이터 구현하기

이 절에서는 14.1절의 마지막 부분에서 설명한 내용에 따라 아시아 옵션 가격을 책정하는 시뮬레이터를 구현할 것이다. 먼저 단일 주식가격 샘플에 대한 옵션의 수익을 계산하는 함수를 만들 것이다. 다음으로 몬테카를로 시뮬레이션을 사용하여 옵션의 대략적인 가격을 계산하는 함수를 만들 것이다.

이 과정에서 멀티스레딩을 사용하여 계산 결과를 빠르게 얻을 수 있다. 멀티스레딩 코드를 작성하는 것은 CPU 코어를 효율적으로 사용할 수 있고 계산 결과를 더 빨리 제공할 수 있으므로 유용하다.

14.2.1 줄리아로 멀티스레딩 시작하기

이 절에서는 멀티스레딩으로 줄리아를 시작하는 방법을 알아본다. 이 방법은 계산에서 CPU의 성능을 최대한 활용하고 싶을 때 유용하다.

계산을 위해 멀티스레딩을 사용하고자 하므로 4개의 스레드로 줄리아를 시작한다. 이것은 -t4 스위치를 전달하여 수행된다. 터미널에서 작업하는 경우 이 책과 관련된 코드 저장소가 있는 디렉터리에 위치해야 한다. 다음을 입력한다.

```
julia --project -t4
```

Visual Studio Code(부록 A 참조)를 사용하는 경우 줄리아 확장 설정에서 줄리아 세션이 사용하는 스레드 수를 설정할 수 있다.

사용하고 있는 컴퓨터의 프로세서에 물리적 코어가 4개 이상 있다고 가정한다. 프로세서가 이 요구 사항을 충족하지 않는 경우에도 코드는 정상 작동하지만, 성능 개선 효과는 없을 수 있다.

4개의 스레드를 사용하여 줄리아 세션을 시작하면 먼저 제대로 설정되었는지 확인한다. `Threads.nthreads` 함수는 줄리아 프로세스에서 사용할 수 있는 스레드 수를 반환한다.

```
julia> Threads.nthreads()
4
```

예상대로 4가 나왔는데, 이는 멀티스레딩을 사용하는 코드가 CPU의 4개 코어를 사용할 수 있다는 의미이다.

줄리아 시작하기

줄리아 프로세스를 시작할 때 여러 옵션 중에 선택할 수 있다. 터미널에서 julia --help를 입력하거나 줄리아 매뉴얼(https://docs.julialang.org/en/v1/manual/command-line-interface/)의 'Command-Line Interface'를 확인하여 이러한 옵션 목록을 확인할 수 있다.

다음은 사용 가능한 스위치 목록이다.

- -tN(N은 숫자) — 줄리아에서 사용할 스레드 수를 N으로 설정한다. Visual Studio Code의 경우 줄리아 확장 설정에서 N의 값을 설정할 수 있다.

- --project — 현재 작업 디렉터리를 홈 프로젝트로 설정한다(설명은 부록 A 참조). 터미널을 사용하는 경우 이 책에 제시된 모든 코드를 사용하기 위해 줄리아를 시작할 때 이 옵션을 사용해야 한다. Visual Studio Code에서 이 옵션은 줄리아 세션을 시작할 때 Project.toml 및 Manifest.toml 파일이 코드 저장소에 있는 디렉터리를 연 경우 기본적으로 사용된다.

- -pN(N은 숫자) — 컴퓨터에서 줄리아가 실행할 워커 프로세스의 수를 설정한다(이 옵션은 분산 컴퓨팅과 함께 사용되며, 이 책에서는 이 주제에 대해 설명하지 않는다. 자세한 내용은 줄리아 매뉴얼의 'Multi-processing and Distributed Computing'(http://mng.bz/19Jn)에서 확인할 수 있다).

- --machine-file <file> — <file>에 나열된 호스트에서 워커 프로세스를 시작한다(이 옵션도 분산 컴퓨팅 시 사용된다).

- --depwarn={yes|no|error} — 일반적으로 사용 중단되어 향후 제거되거나 변경될 수 있는 일부 패키지 기능을 사용할 때 발생하는 경고를 출력할지 여부를 결정한다. 기본적으로 해당 경고는 출력되지 않으며, 이 옵션을 error로 설정하면 모든 경고가 오류로 전환된다.

- -ON(N은 0에서 3 사이의 숫자) — 컴파일러의 최적화 수준을 설정한다. 기본값은 2이다(최적화 수준이 높을수록 컴파일러가 더 많은 최적화를 수행한다).

14.2.2 단일 주식가격 샘플에 대한 옵션 수익률 계산하기

이 절에서는 이 장에서 고려한 단일 주식가격 샘플에 대한 아시아 옵션의 수익을 계산하는 함수를 구현할 것이다. 또한 멀티스레딩을 사용하여 수익 계산 코드의 실행 속도를 높일 수 있는지 확인해본다.

작성할 코드는 14.1절에 제시된 정의를 따른다. X 변수에는 주식의 현재 가격으로 유지하고, sumX 변수에는 관찰된 모든 가격의 합계를 유지한다. 그리고 X와 sumX 변수를 m회 업데이트한다. X 변수는 반복적으로 $\exp((r - s^2/2)T/m + s^2(T/m)Z(i))$ 표현식의 샘플을 곱한다. $Z(i)$는 평균이 0이고 표준편차가 1인 정규분포라는 것을 기억하자. 줄리아에서 randn 함수를 사용하여 이 값을 샘플링 할 수 있다. 예제 14.1은 주식가격 변동의 한 샘플에 대한 옵션의 수익을 계산하는 payoff_asian_sample 함수의 완전한 구현을 보여준다.

예제 14.1에서 `payoff_asian_sample(T, X0, K, r, s, m)` 시그니처 뒤에 `::Float64` 타입 애너테이션을 추가했음을 주목해보자. 이렇게 하면 해당 함수의 반환값이 Float64값으로 변환되도록 할 수 있다. 즉, 이 함수는 항상 Float64 타입의 숫자를 반환한다.

이 애너테이션은 선택 사항이지만 때때로 유용하다. 첫 번째, 함수 개발자의 의도를 명시적으로 알려주므로 문서화할 때 유용하다. 두 번째, 실수로 이 함수에서 Float64로 변환할 수 없는 값을 반환하려고 하며 오류가 발생하므로 잠재적인 버그를 더 빨리 발견할 수 있다. 마지막으로 이 함수가 Float64를 반환한다는 것을 알기 때문에 이 함수를 사용하는 코드를 작성하는 것이 조금 더 간단해진다. 예를 들어 반환된 값을 저장할 컬렉션을 미리 할당하려는 경우 해당 요소 타입을 Float64로 안전하게 선언할 수 있다.

예제 14.1 주식가격 변동 샘플에 대한 아시아 옵션 수익률 계산하기

```julia
julia> function payoff_asian_sample(T, X0, K, r, s, m)::Float64
           X = X0          ❶ X 변수는 현재 주식가격을 추적한다.
           sumX = X        ❷ sumX 변수는 관찰된 모든 주식가격을 누적 합산한다.
           d = T / m       ❸ d 변수는 주식가격 측정 사이의 시간 차이와 같은 값을 가진다.
           for i in 1:m                                         ❹ GBM 공식에 따라 계산된
               X *= exp((r - s^2 / 2) * d + s * sqrt(d) * randn())    로그 수익률을 사용하여
               sumX += X                                             주식가격을 변경한다.
           end
           Y = sumX / (m + 1)   ❺ Y 변수는 해당 기간의 평균 주식가격을 저장한다.
           return exp(-r * T) * max(Y - K, 0)
       end
payoff_asian_sample (generic function with 1 method)
```

`payoff_asian_sample` 함수를 실행하면 난수 생성이 포함되므로 여러 번 실행하면 다른 결과가 생성된다. 예를 들어 T=1.0, X0=50.0, K=55.0, r=0.05, s=0.3, m=200의 매개변수로 확인해보면 아래와 같다.

```julia
julia> payoff_asian_sample(1.0, 50.0, 55.0, 0.05, 0.3, 200)
0.0

julia> payoff_asian_sample(1.0, 50.0, 55.0, 0.05, 0.3, 200)
12.800893602152772

julia> payoff_asian_sample(1.0, 50.0, 55.0, 0.05, 0.3, 200)
3.2723136437918123
```

위 예제를 실행하면 난수 생성기의 시드를 설정하지 않았기 때문에 다른 결과가 나올 것이다.

14.1절에서 설명한 것처럼 아시아 옵션의 값을 추정하기 위해 payoff_asian_sample을 여러 번 실행하려고 한다. 이 예제에서는 해당 함수는 10,000회 실행하고 새로 할당된 벡터에 결과를 수집하는 데 걸리는 시간을 벤치마킹한다.

```
julia> using BenchmarkTools

julia> @btime map(i -> payoff_asian_sample(1.0, 50.0, 55.0, 0.05, 0.3, 200),
                   1:10_000);
  10.624 ms (2 allocations: 78.17 KiB)
```

이 시뮬레이션을 좀 더 빠르게 실행할 수는 없을까? 멀티스레딩을 사용하는 것이 방법 중 하나이다. 여기서는 ThreadsX.jl 패키지의 map 함수를 사용한다. 이는 멀티스레딩 버전의 map 함수로, 줄리아 세션에서 사용 가능한 모든 스레드를 사용하기 위해 병렬로 실행되는 여러 **작업**task(독립적으로 실행할 수 있는 코드의 일부)을 생성한다.

```
julia> using ThreadsX

julia> @btime ThreadsX.map(i -> payoff_asian_sample(1.0, 50.0, 55.0, 0.05,
                           0.3, 200), 1:10_000);
  2.832 ms (162 allocations: 527.09 KiB)
```

위 코드는 거의 4배 빠르게 실행되므로 이 경우 멀티스레딩을 사용하는 것이 좋다.

숙련된 프로그래머라면 병렬 버전의 map 함수를 사용하기 시작할 때 한 가지 문제를 고려해야 한다는 것을 눈치챘을 것이다. payoff_asian_sample 함수는 randn 함수를 호출할 때 난수 생성기를 사용한다. 난수를 생성할 때 생성기의 내부 상태를 업데이트하기 때문에 잠재적으로 **경쟁 상태**race condition(http://mng.bz/PoRv)가 발생할 수 있으므로 함수를 병렬로 실행하는 것이 안전한지 확인이 필요하다. 하지만 줄리아의 각 작업은 난수 생성기의 별도 인스턴스를 사용하므로 작업이 서로 간섭하지 않아 위의 문제가 발생하지 않는다.

> ### ThreadsX.jl 패키지
>
> ThreadsX.jl 패키지는 Base Julia에서 사용할 수 있는 함수의 병렬 버전을 제공한다. `any`, `all`, `map`, `prod`, `reduce`, `collect`, `sort`, `minimum`, `maximum`, `sum`, `unique`는 함수가 구현되어 있다. 자세한 내용은 패키지 문서 (https://github.com/tkf/ThreadsX.jl)에서 확인할 수 있다.
>
> 함수를 인수로 받을 수 있는 함수를 사용할 때는 경쟁 상태 버그가 발생하지 않는지 확인해야 한다는 점을 꼭 기억해야 한다.
>
> 좀 더 고급 주제를 이야기해보면 ThreadsX.jl 패키지에 정의된 함수는 서로 다른 수의 스레드를 사용하는 세션에서도 생성된 결과의 재현성을 지원하도록 설계되었다는 것이다. 이러한 재현성을 보장하려면 각 작업에서 처리할 입력 요소의 수를 지정하는 `basesize` 키워드 인수를 사용하면 된다.

14.2.3 옵션값 계산하기

이 절에서는 아시아 옵션값의 근사치를 구하는 함수를 구현한다. 또한 이 함수는 값의 95% 신뢰구간을 계산하여 결과의 불확실성에 대한 평가를 반환하고 옵션의 수익이 0일 확률을 계산한다.

❶ 아시아 옵션 평가 함수 구현하기

14.1절에서 아시아 옵션의 가치를 근사화하기 위해 몬테카를로 시뮬레이션을 사용했다. 따라서 예제 14.1에 정의된 `payoff_asian_sample` 함수를 여러 번 실행해야 한다. 하지만 이 작업을 몇 번 실행해야 할까? 이 절에서는 다음과 같은 방식을 사용할 것이다. 14.1절의 수식에 주어진 반복 횟수 n을 지정하는 대신 사용자가 시뮬레이션을 실행할 수 있는 시간을 지정하도록 하고, 해당 시간 내에 가능한 한 많은 반복을 할 수 있도록 한다.

계산 시간에 제한을 두는 이유는 나중에 웹 서비스에서 이 함수를 사용할 텐데, 잠재적인 사용자가 결과를 오래 기다리지 않도록 웹 서비스의 응답 시간을 제어할 필요가 있기 때문이다. 1장 타임라인 사례 연구에서 웹 애플리케이션의 긴 응답 시간 때문에 회사가 줄리아로 전환하기로 결정했다는 점을 기억하자.

최대 계산 시간을 제어할 수 있도록 14.2.2절에서와 마찬가지로 `ThreadsX.map` 함수를 사용하여 사용자가 전달한 계산 시간에 도달할 때까지 10,000개씩 일괄적으로 `payoff_asian_sample` 함수를 실행한다. `ThreadsX.map` 함수의 결과는 단일 컬렉션에 반복해서 추가된다. 14.1절에 주어진 공식을 사용하여 계산을 마친 후에는 옵션값의 근사치, 가격의 95% 신뢰구간, 옵션이 0 수익을 제공할 확률을 계산한다. 해당 단계는 다음 예제의 `asian_value` 함수에서 구현된다.

```julia
julia> using Statistics

julia> function asian_value(T, X0, K, r, s, m, max_time)
           result = Float64[]        ← ❶ result 변수에는 10,000개 요소의 배치로 시뮬레이션 된 수익이 저장된다.
           start_time = time()       ← ❷ 시뮬레이션을 시작하는 시간을 기록한다.
           while time() - start_time < max_time
               append!(result, ThreadsX.map(i -> payoff_asian_sample(T, X0, K,
                                                                      r, s, m),
                            1:10_000))
           end
           n = length(result)
           mv = mean(result)
           sdv = std(result)
           lo95 = mv - 1.96 * sdv / sqrt(n)
           hi95 = mv + 1.96 * sdv / sqrt(n)
           zero = mean(==(0), result)     ← ❹ ==(0) 구문은 x -> x == 0 익명 함수의 약식 구문이다.
           return (; n, mv, lo95, hi95, zero)   ← ❺ (; n, mv, lo95, hi95, zero) 구문은
       end                                           (n=n, mv=mv, lo95=lo95, hi95=hi95,
asian_value (generic function with 1 method)          zero=zero)의 약식 구문이다.
```

❸ 최대 시간 계산을 초과하지 않을 때까지 10,000개 요소의 시뮬레이션 배치를 추가한다.

`asian_value` 함수에 전달된 `max_time` 인수는 초 단위로 입력한다. 이 함수에서는 `time` 함수를 사용하여 현재 시간을 초 단위로 측정하여 가져온다. 이 측정값은 마이크로초 단위로 해석이 가능하다. 특히 `time() - start_time` 표현식은 함수 본문에 있는 `while` 루프가 시작된 이후의 시간을 초 단위로 측정한다.

`while` 루프에서는 시뮬레이션된 아시아 옵션의 수익을 10,000개의 요소로 일괄 계산한다. 우리는 14.2.2절을 통해 각 배치를 계산하는 데 4개의 스레드를 사용하여 약 3ms가 걸린다는 것을 알고 있다. `append!` 함수를 사용하여 10,000개의 요소 배치를 결과 벡터에 추가한다.

루프가 완료된 후 14.1절의 공식을 사용하여 평균 수익, 95% 신뢰구간, 수익이 0일 확률 등의 통계를 계산한다.

`mean(==(0), result)` 표현식에서는 4장에서 배운 `sum` 함수와 동일한 패턴을 사용한다. `mean` 함수는 첫 번째 인수로 함수를, 두 번째 인수로 컬렉션을 받는다. 그런 다음 전달된 함수에 의해 값을 변환한 후 컬렉션에 저장된 값의 평균을 효율적으로 계산한다. 다음은 이 패턴이 실제 사용되는 간단한 예세이다.

```
julia> mean(x -> x ^ 2, 1:5)
11.0
```

1에서 5까지의 정수 제곱의 평균, 즉 (1^2 + 2^2 + 3^2 + 4^2 + 5^2) / 5를 계산하기 때문에 연산 결과는 11.0이다.

❷ 부분 함수 적용 구문

주목해야 할 또 다른 표현식은 ==(0)이다. 일반적으로 == 연산자는 두 개의 인수가 필요하고 그 인수들의 동일성을 확인한다. ==(0)는 **부분 함수 적용**partial function application 연산이다(http://mng.bz/ JVda). 이 연산은 == 연산자의 오른쪽으로 0과 같도록 수정한다.

==(0)의 결과는 하나의 인수를 예상하고 == 연산자를 사용하여 0과 비교하는 함수이다. 따라서 ==(0)은 연산의 오른쪽을 0으로 고정하는 익명 함수 x -> x == 0을 정의하는 것과 같다고 생각하 면 된다. 다음은 ==(0)을 반환하는 함수를 사용하는 예제이다.

```
julia> eq0 = ==(0)
(::Base.Fix2{typeof(==), Int64}) (generic function with 1 method)

julia> eq0(1)
false

julia> eq0(0)
true
```

부분 함수 적용을 지원하는 연산

부분 함수 적용은 익명 함수를 사용할 때보다 코드 가독성을 높여주기 때문에 매우 편리하다.

또한 익명 함수를 반복적으로 정의하면 매번 새로운 함수가 생성되므로 매번 컴파일해야 한다(이 부분은 고급 주제이다). 반면에 부분 함수 적용은 정의를 한 번만 생성하므로 컴파일 지연 시간 측면에서도 선호된다.

따라서 == 외에도 >, >=, <, <=, isequal과 같은 일반적인 연산도 부분 함수 적용 패턴을 지원한다.

연습 14.1 @time 매크로를 사용하여 <(0) 및 x -> x < 0 함수로 변환된 -10^6:10^6 범위의 값의 mean을 계산하는 시 간을 비교한다. 또한 lt0(x) = x < 0 함수를 미리 정의할 때의 타이밍도 확인한다. 각 연산을 세 번 실행한다.

❸ 편의 구문을 사용하여 네임드튜플 생성하기

예제 14.2에서 마지막으로 배운 새로운 요소는 변수에서 네임드튜플을 간단하게 생성할 수 있는
표기법이다. 괄호 안 세미콜론(;) 뒤에 쉼표로 구분된 변수 목록을 넣으면, 줄리아는 필드 이름이
사용한 변수의 이름이고 값이 변수의 값으로 구성된 NamedTuple을 생성한다. 다음은 예제이다.

```julia
julia> val1 = 10
10

julia> val2 = "x"
"x"

julia> (; val1, val2)
(val1 = 10, val2 = "x")
```

결과는 (val1=val1, val2=val2)와 동일하지만 길이도 더 짧고 읽기와 쓰기도 더 편리하다. 이 패
턴은 일반적으로 함수에서 NamedTuple을 반환하고 함수 내에서 계산한 일부 변수를 저장하려는
경우에 사용된다. asian_value 함수가 바로 그런 경우이다.

❹ 아시아 옵션 평가 함수 테스트하기

계속 진행하기에 앞서 계산 시간을 0.25초로 하고 다른 모든 매개변수의 값을 14.2.2절 테스트에
서와 동일하게 유지하면서 asian_value 함수를 테스트해보자.

```julia
julia> @time asian_value(1.0, 50.0, 55.0, 0.05, 0.3, 200, 0.25)
  0.251794 seconds (21.51 k allocations: 42.762 MiB, 24.67% compilation time)
(n = 630000, mv = 2.03802720609336, lo95 = 2.026990635217449, hi95 = 2.04906377769692714,
zero = 0.6930587301587302)

julia> @time asian_value(1.0, 50.0, 55.0, 0.05, 0.3, 200, 0.25)
  0.253182 seconds (13.87 k allocations: 52.035 MiB)
(n = 820000, mv = 2.028054220075263, lo95 = 2.018374528505906, hi95 = 2.03773391164462,
zero = 0.6939841463414634)

julia> @time asian_value(1.0, 50.0, 55.0, 0.05, 0.3, 200, 0.25)
  0.250873 seconds (13.71 k allocations: 51.520 MiB, 2.19% gc time)
(n = 810000, mv = 2.0403754934842775, lo95 = 2.0305925384211254, hi95 = 2.0501584485474296,
zero = 0.6927469135802469)
```

매번 함수 실행 시간은 0.25초가 조금 넘는다. 첫 번째 실행에서는 630,000단계의 시뮬레이션을 실행한 반면, 두 번째와 세 번째 실행에서는 각각 820,000와 810,000단계를 실행했다. 첫 번째 실행 중에는 줄리아가 코드 컴파일을 추가로 수행해야 하기에 이런 차이가 발생한다.

계산적인 관점에서 보면 세 번의 시뮬레이션 실행 모두에서 얻은 결과가 비슷하다는 것을 알 수 있다. 0.25초의 시간 예산으로 95% 신뢰구간의 폭은 약 0.03이다. 이 장의 목적상 최종 사용자의 관점에서 이 정도는 허용된다고 가정한다.

줄리아의 멀티스레딩

이 절에서는 멀티스레딩을 사용하여 일반적인 작업을 편리하게 수행할 수 있도록 고수준 API를 제공하는 ThreadsX.jl 패키지에 대해 알아보았다.

또한 Base Julia에는 멀티스레딩 코드를 작성할 수 있는 저수준 API를 제공하는 Threads 모듈이 있다. 이 API의 핵심 요소는 작업을 생성하고 사용 가능한 스레드에서 실행되도록 예약하는 Threads.@spawn 매크로 (http://mng.bz/wyja)이다.

Threads 모듈을 사용하면 lock(http://mng.bz/qoj6)을 사용할 수 있어 경쟁 상태 문제를 피하고 스레드에 안전한 원자적atomic 연산(http://mng.bz/5mo8)을 지원할 수 있다.

많은 줄리아 패키지가 멀티스레딩을 지원한다. 예를 들어 DataFrames.jl에서 일부 고비용 연산을 선택하면 멀티스레딩을 활용할 수 있다. 관련 정보는 패키지 문서(http://mng.bz/69np)에서 확인할 수 있다.

Threads 모듈 기능에 대한 자세한 내용은 줄리아 매뉴얼의 'Multithreading'(http://mng.bz/o5ry)에서 확인할 수 있다.

14.3 아시아 옵션 평가를 제공하는 웹 서비스 만들기

이 절에서는 HTTPHypertext Transfer Protocol를 통해 아시아 옵션 평가액을 제공할 수 있는 웹 서비스를 구축할 것이다. 다시 한번 복습이 필요한 분은 MDN 웹 문서 사이트의 'An Overview of HTTP'(http://mng.bz/ne1V)를 추천한다.

웹 서비스는 현재 애플리케이션이 메시지를 교환할 수 있는 가장 인기 있는 방법이다. 웹 서비스는 소프트웨어 프로그램을 만드는 데 사용된 프로그래밍 언어나 실행되는 플랫폼에 관계없이 네트워크를 통해 소프트웨어 프로그램 간에 통신할 수 있기 때문에 클라우드 컴퓨팅이 대중화되면서 특히 널리 사용되었다.

웹 서비스가 다음과 같이 작동하기를 원한다. 클라이언트 애플리케이션과 서버에서 실행되는 웹 서비스가 있다고 가정한다. 클라이언트 애플리케이션이 서버에 아시아 옵션의 가격을 요청하는 요청을 보낼 수 있도록 허용하며, 이에 대한 응답으로 서버는 계산된 가격에 대한 정보를 반환한다. 통신은 HTTP 프로토콜을 사용하여 인터넷을 통해 이루어진다. 그림 14.2는 이 프로세스의 개략적인 모습을 보여준다.

그림 14.2 클라이언트 애플리케이션과 서버에서 실행되는 웹 서비스 간의 통신은 **HTTP를 통해 이루어진다.**

클라이언트는 어떻게 서버에 요청을 보낼 수 있을까? 줄리아에서 해당 작업을 수행하기 위해 이 절에서는 HTTP의 POST 메서드를 사용하는 방법을 살펴볼 것이다. 이러한 요청을 보내려면 다음 정보를 전달해야 한다.

- 요청을 보낼 주소. 이 장에서는 Genie.jl의 기본값이며 현재 장치(**로컬호스트**)와 포트 8000을 가리키는 http://127.0.0.1:8000을 사용한다.
- 요청 헤더(요청 메타데이터)
- 요청 본문body(요청 데이터)

웹 서비스가 JSON 형식의 데이터 요청을 수락하기를 원하며(7장에서 JSON 형식에 대해 살펴보았다), 요청 형식은 클라이언트가 관심 있는 아시아 옵션의 매개변수를 전달할 수 있어야 한다. 간단하게 설명하기 위해 14.1절에서 설명한 모든 매개변수 중에서 행사 가격 K값을 사용자가 전달할 수 있도록 허용해볼 것이다. 추가로 전송할 기술 매개변수는 서버가 응답을 반환하기 전에 요청을 처리할 수 있도록 허용하는 시간이다. 이러한 쿼리를 웹 서비스로 보내려면 요청 헤더에 `Content-Type` 메타데이터를 `application/json`으로 설정해야 한다. 또한 요청 본문은 K값과 예상 응답 시간을 지정하는 JSON 형식의 데이터여야 한다.

이에 대한 응답으로 웹 서비스는 14.2절에 정의된 `asian_value` 함수에 의해 생성된 값, 즉 사용된

몬테카를로 샘플 수, 아시아 옵션 가격의 근사치, 이 가격의 95% 신뢰구간, 옵션값이 0이 될 확률 등을 반환해야 한다. 이 모든 값은 JSON 형식을 사용하여 전송해야 한다. 이미 7장에서 해당 응답 유형을 살펴보았다.

웹 서비스를 생성하기 위해 Genie.jl 패키지를 사용할 것이다. 이 풀스택full-stack 웹 프레임워크에는 웹 애플리케이션을 개발하는 데 필요한 모든 구성 요소가 있다. 이 절에서는 Genie.jl의 제한적이고 단순화된 기능 모음을 사용한다. 이 패키지에 대해 자세히 알아보려면 해당 문서(http://mng.bz/qomJ)를 확인하기를 추천한다.

줄리아에서의 웹 개발

이 장에서는 웹 서비스만 빌드하려고 한다. 하지만 일반적으로 줄리아는 프로덕션 웹 애플리케이션을 구축하는 데 필요한 모든 도구를 제공한다. Genie 프레임워크의 세 가지 주요 구성 요소는 다음과 같다.

- **Genie.jl** — 유연한 요청 라우터, 웹 소켓 지원, 템플릿 및 인증 등의 기능을 갖춘 웹 프레임워크이다.
- **SearchLight.jl** — 객체 관계 매핑 레이어를 제공하여 PostgreSQL, MySQL, SQLite 데이터베이스에 연결할 수 있다.
- **Stipple.jl** — 대화형 데이터 애플리케이션을 구축하기 위한 반응형 UI 라이브러리

Genie 프레임워크에 대해 자세히 알아보려면 https://geniframework.com을 방문하기를 추천한다.

14.3.2 Genie.jl을 사용하여 웹 서비스 만들기

간단한 웹 서비스를 설정하려면 다음 단계를 따라 해보자.

1. Genie.jl 패키지를 로드한다.
2. `Genie.config.run_as_server`를 `true`로 설정하여 나중에 Genie.jl 서버가 동기식으로 시작되도록 한다. 줄리아 프로세스는 서버가 시작된 후에만 서버 작업을 처리한다. 즉 서버를 시작하는 데 사용되는 `Genie.Server.up` 함수는 리턴을 하지 않는다.
3. 요청을 수신할 때 클라이언트에 응답을 다시 보내기 위해 호출해야 하는 URL과 줄리아 함수 간의 매핑을 정의한다. 이 작업은 `Genie.Router.route` 함수를 사용하여 수행한다.
4. `Genie.Server.up()`을 호출하여 서버를 시작한다.

이 절차에서 중요한 요소는 POST 요청을 처리할 함수를 정의하는 방법을 이해하는 것이다. 이 절에서는 웹 서비스가 JSON POST 페이로드를 허용하고 웹 서비스 클라이언트가 요청 본문에 JSON 형식의 데이터를 전송할 수 있도록 하려고 한다. 또한 생성된 응답이 JSON 형식이기를 원한다.

application/json POST 요청을 처리하려면 Genie.Requests.jsonpayload 함수를 사용하면 된다. 그다음 반환된 객체를 인덱싱하여 특정 필드를 가져올 수 있다. JSON 구문 분석에 실패하면 Genie.Requests.jsonpayload는 nothing을 반환한다.

application/json 컨텐츠 타입을 가진 응답을 생성하려면 Genie.Renderer.Json.json 함수를 사용한다. NamedTuple값을 전달하면 메시지 본문이 편리하게 JSON으로 변환되고 적절한 메시지 헤더가 추가된다. 다음은 예제이다.

```
julia> using Genie

julia> Genie.Renderer.Json.json((firstname="Bogumił", lastname="Kamiński"))
HTTP.Messages.Response:
"""
HTTP/1.1 200 OK
Content-Type: application/json; charset=utf-8

{"firstname":"Bogumił","lastname":"Kamiński"}"""
```

이제 웹 서비스를 만드는 데 필요한 모든 것을 알았다. 필요한 코드를 별도의 ch14_server.jl 파일로 만들어 깃허브 저장소에 저장했다. 웹 서비스 코드는 예제 14.3에도 나와 있다. 유일하게 새로운 것은 웹 서비스 처리 부분이다. payoff_asian_sample 함수와 asian_value 함수는 14.2절에서 정의한 것과 동일하다.

코드에서 POST 페이로드를 수락하는 루트("/")에 대한 경로를 설정한다. Genie.jl의 기본 설정을 사용하므로 http://127.0.0.1:8000 주소로 POST 요청을 보낼 수 있다. 해당 경로의 경우 먼저 수신된 JSON 페이로드를 메시지 변수에 저장한다. 그다음 메시지에서 데이터를 가져와 asian_value 함수에 전달하려고 시도하는 try-catch-end 블록이 있다. 단순화를 위해 웹 서비스가 asian_value 함수의 K와 max_time 매개변수만 허용한다고 가정한다.

float 함수를 사용하여 asian_value에 전달된 K와 max_time이 모두 부동소수점 숫자인지 확인한다. JSON 요청을 받고 시뮬레이션을 실행하는 프로세스가 성공하면 OK 상태의 메시지와 asian_value 함수가 반환한 값을 반환한다. 매개변수 K가 전달되지 않았거나 숫자가 아닌 경우 등의 문제가 있다면 예외가 발생하고, 블록의 catch 부분에서 ERROR 상태와 빈 문자열을 값으로 반환한다.

```julia
using Genie
using Statistics
using ThreadsX

function payoff_asian_sample(T, X0, K, r, s, m)::Float64
    X = X0
    sumX = X
    d = T / m
    for i in 1:m
        X *= exp((r - s^2 / 2) * d + s * sqrt(d) * randn())
        sumX += X
    end
    Y = sumX / (m + 1)
    return exp(-r * T) * max(Y - K, 0)
end

function asian_value(T, X0, K, r, s, m, max_time)
    result = Float64[]
    start_time = time()
    while time() - start_time < max_time
        append!(result,
                ThreadsX.map(i -> payoff_asian_sample(T, X0, K, r, s, m),
                             1:10_000))
    end
    n = length(result)
    mv = mean(result)
    sdv = std(result)
    lo95 = mv - 1.96 * sdv / sqrt(n)
    hi95 = mv + 1.96 * sdv / sqrt(n)
    zero = mean(==(0), result)
    return (; n, mv, lo95, hi95, zero)
end
```

```julia
Genie.config.run_as_server = true
```
❶ 웹 서비스를 동기식으로 시작하도록 Genie.jl을 구성한다.

```julia
Genie.Router.route("/", method=POST) do
```
❷ do-end 블록을 사용하여 사용자가 웹 서비스를 사용할 수 있는 주소의 루트로 POST 요청을 전달할 경우 호출될 익명 함수를 정의한다.

```julia
  message = Genie.Requests.jsonpayload()
```
❸ POST 요청으로 전송된 JSON 페이로드를 파싱한다.

```julia
  return try
      K = float(message["K"])
      max_time = float(message["max_time"])
      value = asian_value(1.0, 50.0, K, 0.05, 0.3, 200, max_time)
      Genie.Renderer.Json.json((status="OK", value=value))
  catch
      Genie.Renderer.Json.json((status="ERROR", value=""))
  end
```
❹ 매개변수를 가져와 아시아 옵션의 가치를 계산하고, 성공 시 OK를 상태와 값으로 반환하고 그렇지 않으면 ERROR를 상태로 반환한다.

```
end

Genie.Server.up() ◄— ❺ 웹 서비스를 시작한다.
```

14.3.3 웹 서비스 실행하기

이제 웹 서비스를 시작할 준비가 완료되었다. 새 터미널 창을 열고 깃허브 저장소를 복제한 폴더로
전환한 다음 `julia --project -t4 ch14_server.jl` 명령을 실행한다. 다음과 같은 출력이 표시되
어야 한다.

```
$ julia --project -t4 ch14_server.jl
┌ Info:
└ Web Server starting at http://127.0.0.1:8000 - press Ctrl/Cmd+C to stop the server.
```

이제 실행 중인 서버가 있으므로 서버에 연결할 수 있다. `-t4` 스위치를 사용하여 4개의 스레드로
시작했다는 점을 유의하자. 이 터미널 창을 닫으면 안 된다.

계속 진행하기 전에 한 가지 설명을 추가하고자 한다. 예제 14.3에서는 잘못된 요청을 받았을 때
에도 `Genie.Renderer.Json.json((status="ERROR", value=""))` 표현식을 사용하여 클라이언
트에 `200 OK` 상태의 응답을 보낸다. 이 상황을 처리하는 다른 방법은 `400 Bad Request` 응답을 반
환하는 것이다. 이 상태 코드로 응답하고 싶다면 예제 14.3의 `catch` 부분에 `Genie.Responses.`
`setstatus(400)` 표현식을 대신 넣어야 한다. HTTP 상태 코드에 대해 더 자세히 알고 싶다면
'HTTP Status Code Registry'(http://mng.bz/4965)를 참조하기를 바란다.

14.4 아시아 옵션 가격 책정 웹 서비스 사용하기

이 절에서는 웹 서비스에 요청을 보내고 받은 응답을 구문 분석하는 방법을 살펴본다. 프로그램에
서 타사 웹 서비스를 사용해야 하는 경우가 많으므로 이 방법을 배워두면 유용하다. 이를 위해 7
장에서 배운 HTTP.jl 패키지와 JSON3.jl 패키지를 사용한다.

예를 들어, 다른 모든 매개변수는 14.3절에서 고정한 값으로 유지하면서 행사 가격 K를 30~80 범
위로 변경할 때 아시아 옵션의 가치가 어떻게 변하는지 확인하고자 한다. 이 절은 다음과 같이 구
성된다.

1. 먼저 웹 서비스에 단일 POST 요청을 보내는 방법에 대해 설명한다.

2. 여러 POST 요청의 결과를 데이터프레임에 수집한다.

3. 수집된 결과는 하나의 열에 여러 값을 저장하는 복잡한 구조를 가지고 있다. 데이터 작업을 용이하게 하기 위해 각 열을 여러 열로 중첩을 해제한다.

4. 계산 결과를 시각화하여 행사 가격 K를 높이면 아시아 옵션의 가치가 감소하고 수익이 0이 될 확률이 높아지는 것을 확인한다.

14.4.1 웹 서비스에 단일 요청 보내기

새 줄리아 세션을 시작한다(웹 서비스를 실행 중인 세션을 종료하지 않도록 주의해야 한다).

웹 서비스에 POST 요청을 보내는 것으로 시작한다. http://127.0.0.1:8000을 사용할 수 있다는 것을 기억하자. 14.2절에서 이미 사용한 값이므로 K=55.0과 max_time=0.25에 대한 응답을 가져와 볼 것이다. 그림 14.2는 클라이언트와 웹 서비스 간의 통신 과정을 시각화한 것이다.

```julia
julia> using HTTP

julia> using JSON3

julia> req = HTTP.post("http://127.0.0.1:8000",
                       ["Content-Type" => "application/json"],
                       JSON3.write((K=55.0, max_time=0.25)))
HTTP.Messages.Response:
"""
HTTP/1.1 200 OK
Content-Type: application/json; charset=utf-8
Server: Genie/Julia/1.8.5
Transfer-Encoding: chunked

{"status":"OK","value":{"n":200000,"mv":2.043880975745064,"lo95":2.0242487307270425,"hi95"
:2.0635132207630855,"zero":0.693195}}"""

julia> JSON3.read(req.body)
JSON3.Object{Vector{UInt8}, Vector{UInt64}} with 2 entries:
  :status => "OK"
  :value  => {...
```

7장에서 이미 JSON3.read 함수를 사용했으며, 이 함수가 JSON 데이터를 구문 분석하여 데이터를 가져올 수 있는 JSON 객체로 변환한다는 것을 알고 있을 것이다. 코드에서도 사용하는 JSON3.

write 함수는 역방향 연산을 수행하며, 줄리아 객체를 가져와 JSON 형식의 문자열로 변환한다. JSON3.write((K=55.0, max_ time=0.25))가 실제로 올바른 형식의 JSON 데이터인지 확인하기 위해 무엇을 생성하는지 확인해보자.

```
julia> JSON3.write((K=55.0, max_time=0.25))
"{\"K\":55.0,\"max_time\":0.25}"
```

7장에서는 HTTP.get 함수만을 사용했기 때문에 HTTP.post 함수는 아직 사용해본 적이 없다. 두 함수의 차이점은 다음과 같다. POST 요청을 전송할 때는 HTTP.post 함수를 사용하고, GET 요청을 전송할 때는 HTTP.get 함수를 사용한다. 웹 서비스에는 **JSON 페이로드**라고 하는 JSON 데이터를 전달해야 하므로 POST 요청을 기대한다(GET 요청은 요청 페이로드에 데이터 전송을 지원하지 않는다). 다양한 HTTP 요청 방법에 대한 개요는 W3Schools 웹사이트(www.w3schools.com/tags/ref_httpmethods.asp)에서 확인할 수 있다.

HTTP.post 메서드에서 다음 인수를 전달한다.

- 쿼리하려는 URL(이 경우 http://127.0.0.1:8000)
- 헤더 메타데이터. 콘텐츠가 application/json이므로 "Content-Type" => "application/json" 쌍을 전달하며, 헤더에 더 많은 메타데이터를 전달할 수 있으므로 벡터로 감싼다.
- JSON 형식의 요청 본문

이제 웹 서비스가 실행 중인 터미널로 잠시 전환해보자. POST 요청이 성공적으로 처리되었다는 메시지가 출력되는 것을 확인할 수 있다.

```
[ Info: POST / 200
```

이제 웹 서비스에 잘못된 요청을 보내면 어떻게 되는지 확인해보자.

```
julia> HTTP.post("http://127.0.0.1:8000",
                 ["Content-Type" => "application/json"],
                 JSON3.write((K="", max_time=0.25)))
HTTP.Messages.Response:
"""
HTTP/1.1 200 OK
Content-Type: application/json; charset=utf-8
```

```
Server: Genie/Julia/1.8.5
Transfer-Encoding: chunked

{"status":"ERROR","value":""}"""
```

이번에는 K 매개변수로 숫자 대신 빈 문자열을 전송했기 때문에 상태에는 ERROR가, 값에는 빈 문자열이 표시된다. 따라서 웹 서비스에서 오류 처리가 올바르게 작동하는 것 같다.

연습 14.2 단일 요소 n이 정수인 JSON 페이로드를 받아들이는 웹 서비스를 생성해보자. 해당 서비스는 rand 함수를 사용하여 생성된 n개의 난수 벡터를 JSON 형식으로 반환해야 한다. 전달된 요청이 올바르지 않으면 400 Bad Request 응답을 생성해야 한다. 로컬 컴퓨터에서 이 웹서버를 실행하고 예상대로 작동하는지 테스트한다.

14.4.2 웹 서비스의 여러 요청에 대한 응답을 데이터프레임으로 수집하기

이제 K가 30부터 80까지 다양한 경우의 아시아 옵션값을 다양하게 수집할 수 있다. 다음에 제시된 코드에서는 먼저 각 행에 확인하려는 K의 값을 저장하는 데이터프레임을 만든다. 또한 이 데이터프레임에는 사용하려는 max_time을 저장한다(예제에서는 0.25로 고정되어 있다).

다음으로, 데이터프레임의 각 행에 대해 이 절에서 설명한 HTTP.post 함수를 실행한다. 이를 위해 map 함수를 사용하여 순회할 컬렉션으로 데이터프레임의 K 및 max_time 열을 전달한다. 웹 서비스에서 가져온 결과를 data 열에 저장한다.

결과를 얻는 과정은 시간이 많이 걸리므로 @show K 매크로 호출을 사용하여 처리한 K값을 출력한다. 이렇게 하면 계산의 진행 상황을 쉽게 확인할 수 있다. 또한 웹 서비스가 응답을 생성하는 데 걸린 시간도 출력하여 실제로 약 0.25초가 걸리는지 확인한다.

```
julia> using DataFrames

julia> df = DataFrame(K=30:2:80, max_time=0.25)  ◄── ❶ 아시아 옵션의 가치를 계산할 행사 가격
26×2 DataFrame                                        K의 값과 각 실행에 허용되는 최대 계산
 Row │ K      max_time                                 시간으로 처음에 데이터프레임을 채운다.
     │ Int64  Float64
─────┼─────────────────
   1 │    30      0.25
   2 │    32      0.25
   3 │    34      0.25
   ⋮ │    ⋮         ⋮
  24 │    76      0.25
  25 │    78      0.25
```

```
  26 │   80      0.25
      20 rows omitted
```

❷ map 함수를 사용하여 각 행사 가격 K와 계산 시간 쌍에 대해 웹 서비스에 POST 요청을 보내고, 그 결과를 데이터프레임의 data 열에 저장한다.

```
julia> df.data = map(df.K, df.max_time) do K, max_time   ◄
          @show K
          @time req = HTTP.post("http://127.0.0.1:8000",
                                ["Content-Type" => "application/json"],
                                JSON3.write((;K, max_time)))
          return JSON3.read(req.body)
      end;
K = 30
  0.530268 seconds (979.30 k allocations: 51.512 MiB, 10.40% gc time, 59.67% compilation
time: 96% of which was recompilation)
K = 32
  0.264785 seconds (188 allocations: 10.555 KiB)
K = 34 .
  0.263770 seconds (191 allocations: 10.617 KiB)
...
K = 76
  0.264810 seconds (189 allocations: 10.586 KiB)
K = 78
  0.263875 seconds (189 allocations: 10.586 KiB)
K = 80
  0.266324 seconds (189 allocations: 10.586 KiB)
```

이제 df 데이터프레임에는 K, max_time, data 세 개의 열이 있다. 마지막 열에는 웹 서비스에서 반환된 데이터로 구성된 JSON3 객체가 저장된다.

```
julia> df
26×3 DataFrame
 Row │ K      max_time  data
     │ Int64  Float64   Object…

   1 │    30      0.25  {\n   "status": "OK",\n   "valu…
   2 │    32      0.25  {\n   "status": "OK",\n   "valu…
   3 │    34      0.25  {\n   "status": "OK",\n   "valu…
   :  │    :        :                    :
  23 │    74      0.25  {\n   "status": "OK",\n   "valu…
  24 │    76      0.25  {\n   "status": "OK",\n   "valu…
  25 │    78      0.25  {\n   "status": "OK",\n   "valu…
  26 │    80      0.25  {\n   "status": "OK",\n   "valu…
                                         20 rows omitted
```

먼저, 모든 경우에 요청의 OK 상태가 표시되는지 확인하여 웹 서비스가 문제없이 요청을 처리했음을 표시한다. 이를 위해 all 함수를 사용하며, 이 함수에 두 개의 위치 인수를 전달한다. 첫 번째 인수는 상태가 OK인지 확인하는 익명 함수이다. 두 번째 인수는 true인지 확인하려는 요소들의 컬렉션이다. 다음은 검사를 수행하는 코드이다.

```
julia> all(x -> x.status == "OK", df.data)
true
```

확인 결과, 모든 쿼리에 대해 OK 상태의 응답을 받았다.

14.4.3 데이터프레임의 열 중첩 해제하기

df 데이터프레임의 data 열에 저장된 정보는 중첩되어 있기 때문에 작업하기가 불편하다. df.data 벡터의 각 요소에는 내부 구조가 있다. data 열에 저장된 벡터의 각 항목에는 value 요소가 존재한다. 14.3절에서 각 value 요소는 내부적으로 n, mv, lo95, hi95, zero의 다섯 가지 하위요소sub-element를 저장했다는 것을 기억하자. 이 다섯 개의 하위요소에서 추출한 데이터를 사용하여 데이터프레임에 다섯 개의 새로운 열을 생성하고자 한다. 이 프로세스를 일반적으로 **중첩 해제**unnesting라고 한다.

그림 14.3은 중첩 해제의 예제를 보여준다. 원본 데이터프레임에는 단일 열 x가 있다. 이 열의 각 요소는 필드 a와 b가 있는 NamedTuple이다. 이러한 열의 중첩을 해제하면 목표 데이터프레임에 열 x의 네임드튜플 필드였던 a와 b가 새 열로 생성된다.

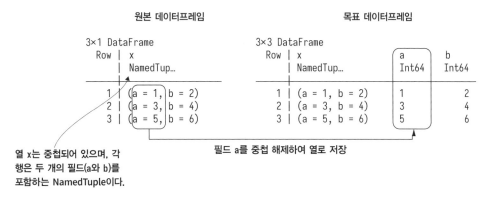

그림 14.3 원본 데이터프레임의 x 열이 목표 데이터프레임의 a 및 b 열에 중첩 해제되어 있다. 중첩을 해제하면 저장된 데이터로 작업하기가 더 쉬워지는 경우가 많다.

13장에서 이미 다뤘던 select 함수를 사용하여 중첩 해제를 할 수 있다. 하지만 이 작업을 수행하려면 연산 지정 구문의 새로운 요소를 배워야 한다.

12장과 13장에서 다뤘던 구문의 일반적인 구조는 source_column => operation_function => target_column_name이었다. 예를 들어, :a => sum => :sum_a를 작성하면 원본 데이터프레임에서 a 열을 가져와서 sum 함수를 적용한 다음 목표 데이터프레임의 sum_a 열에 저장한다.

이미 설명했듯이 저장된 JSON 객체의 value 요소에는 n, mv, lo95, hi95, zero의 다섯 가지 하위요소가 있다. 그러므로 예를 들어 n 요소를 추출하려면 다음과 같은 변환 지정을 작성할 수 있다(13장에서 ByRow에 대해 설명했다. 스칼라를 받아들이는 함수를 벡터화된 함수로 변환한다는 점을 기억하자).

```
:data => ByRow(x -> x.value.n) => :n
```

value 요소의 하위요소 5개를 모두 추출하고 싶다고 하자. 이러한 변환 지정 연산을 다섯 개 작성할 수도 있지만, 더 쉬운 방법이 있다. 연산 지정 구문에서 target_column_name은 일반적으로 열의 이름이지만, 특수한 AsTable 표현식을 target_column_name으로 전달할 수도 있다. 이렇게 하면 DataFrames.jl이 연산 함수의 반환값에 저장된 요소를 여러 열로 추출하려고 시도한다. 열의 이름은 중첩되지 않은 요소의 이름을 사용하여 자동으로 생성된다. 이 작업은 예제로 설명하는 것이 이해하기 가장 쉽다. 그림 14.3에 따라 x 열에 프로퍼티 a와 b를 가진 네임드튜플이 저장된 데이터프레임이 있다고 가정한다.

```
julia> small_df = DataFrame(x=[(a=1, b=2), (a=3, b=4), (a=5, b=6)])
3×1 DataFrame
 Row │ x
     │ NamedTup…
─────┼───────────────
   1 │ (a = 1, b = 2)
   2 │ (a = 3, b = 4)
   3 │ (a = 5, b = 6)
```

이제 프로퍼티 :a와 :b를 새 열로 중첩을 해제하려고 한다. 다음과 같이 작성할 수 있다.

```
julia> transform(small_df, :x => identity => AsTable)
3×3 DataFrame
 Row │ x               a    b
```

```
      |  NamedTup…        Int64   Int64
    ──┼──────────────────────────────────
    1 │  (a = 1, b = 2)      1       2
    2 │  (a = 3, b = 4)      3       4
    3 │  (a = 5, b = 6)      5       6
```

또는 13장에서 설명한 것처럼 연산 함수가 필요하지 않은 경우엔 생략하고 다음과 같이 작성할 수 있다.

```
julia> transform(small_df, :x => AsTable)
3×3 DataFrame
 Row │ x                a      b
     │ NamedTup…        Int64  Int64
─────┼─────────────────────────────────
   1 │ (a = 1, b = 2)       1      2
   2 │ (a = 3, b = 4)       3      4
   3 │ (a = 5, b = 6)       5      6
```

이제 AsTable을 target_column_name으로 사용하여 df 데이터프레임의 data 열에 포함된 JSON 객체에서 value 요소에 저장된 데이터를 중첩해제 할 수 있다는 것을 알았다. 또한 어떤 행이 행사 가격의 어떤 값을 나타내는지에 대한 정보를 갖기 위해 K 열을 유지하려고 한다. 다음은 필요한 작업을 수행하는 코드이다.

```
julia> df2 = select(df, :K, :data => ByRow(x -> x.value) => AsTable)
26×6 DataFrame
 Row │ K      n       mv         lo95       hi95       zero
     │ Int64  Int64   Float64    Float64    Float64    Float64
─────┼───────────────────────────────────────────────────────────
   1 │    30  830000  20.2416    20.2231    20.26      0.000766265
   2 │    32  830000  18.3383    18.3199    18.3567    0.0029012
   3 │    34  540000  16.4299    16.4071    16.4527    0.00903148
   ⋮ │   ⋮      ⋮         ⋮          ⋮          ⋮            ⋮
  24 │    76  820000   0.0550671  0.0534596  0.0566747  0.989009
  25 │    78  840000   0.037813   0.0365224  0.0391037  0.992433
  26 │    80  820000   0.0256246  0.024566   0.0266832  0.994818
                                                    20 rows omitted
```

14.4.4 아시아 옵션 가격 책정 결과 플로팅하기

얻은 결과를 시각화하기 위해 두 개의 플롯을 만들어보자. 첫 번째 플롯에서는 아시아 옵션의 가치를 행사 가격의 함수로 표시하고자 한다. 두 번째는 행사 가격의 함수로서 이 옵션의 수익이 0일 확률을 시각화한다. 행사 가격이 커질수록 옵션의 가치는 떨어지고 수익이 0일 확률을 커질 것으로 예상된다. 다음 코드를 사용하여 플롯을 생성한다.

```
julia> using Plots

julia> plot(plot(df2.K, df2.mv; legend=false,
               xlabel="K", ylabel="expected value"),
          plot(df2.K, df2.zero; legend=false,
               xlabel="K", ylabel="probability of zero"))
```

그림 14.4는 결과를 보여준다.

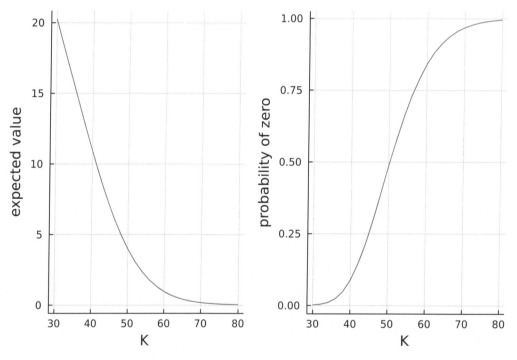

그림 14.4 아시아 옵션의 근사치와 옵션의 수익이 0일 확률을 K 함수로 표시.
옵션의 수익이 0일 확률이 높을수록 그 값은 낮아진다.

작업을 완료하기 전에 웹 서비스를 종료하는 것을 잊지 말자. 웹 서비스가 실행 중인 터미널 창으로 이동하여 Ctrl-C(윈도우 및 리눅스의 경우) 또는 Cmd-C(Mac의 경우)를 누른다. 이제 터미널에 웹 서비스가 종료되었음을 나타내는 시스템 프롬프트가 표시되어야 한다.

요약

- 아시아 옵션은 복잡한 금융상품이다. 아시아 옵션에는 가치를 계산할 수 있는 닫힌 형식의 공식이 없는 경우가 많다. 이러한 상황에서는 몬테카를로 시뮬레이션을 사용하여 이 값을 근사화할 수 있다. 몬테카를로 시뮬레이션에서는 아시아 옵션의 기초가 되는 주식가격 변동을 여러 번 무작위로 샘플링하고 각 샘플에 대해 옵션의 수익을 계산한다. 이러한 수익률의 평균을 통해 아시아 옵션의 대략적인 가치를 계산할 수 있다.

- 몬테카를로 시뮬레이션을 사용하여 금융자산의 가격을 책정하는 것은 컴퓨팅 리소스가 많이 필요하다. 줄리아는 빠른 언어이므로 이 작업에 적합한 언어이다.

- 줄리아는 기본적으로 멀티스레딩을 지원한다. 줄리아 프로세스가 여러 스레드를 사용하도록 허용하려면 프로세스를 시작할 때 -tN 옵션을 전달해야 한다. 여기서 N은 원하는 스레드 수이다. 멀티스레딩에 대한 기본 지원은 R, 파이썬과 줄리아를 구별하는 기능 중 하나이다. 이 기능을 사용하면 줄리아가 실행되는 여러 CPU 코어를 활용할 수 있으므로 프로그램을 더 빠르게 실행할 수 있다.

- Threads 모듈은 줄리아에서 멀티스레딩 코드를 작성하기 위한 저수준 API를 제공한다. 멀티스레딩을 사용하여 고급 코드를 작성하는 데 필요한 모든 표준 구성 요소(예를 들어 spawning tasks, atomics, locks)를 제공한다.

- ThreadsX.jl 패키지는 멀티스레딩을 사용하는 map 함수와 같이 표준 함수를 쉽게 실행할 수 있는 고수준의 API를 제공한다.

- Threads 모듈과 ThreadsX.jl 패키지의 기능을 함께 사용하면 전문가가 아니더라도 간단한 작업을 줄리아에서 쉽게 병렬화할 수 있다. 또한 복잡한 멀티스레딩 코드를 작성할 수 있으며, 전문가는 사용 가능한 CPU에서 최대한의 성능을 이끌어낼 수 있다.

- 계산에 사용할 수 있는 시간 예산이 제한되어 있는 코드를 작성하면서도 멀티스레딩을 사용하려는 경우 유용한 패턴은 데이터를 일괄 처리하는 것이다. 배치 크기는 멀티스레딩의 이점을 누릴 수 있을 만큼 충분히 커야 하지만, 단일 배치에 대한 계산을 수행하는 데 사용 가능한 시간 예산보다 적게 소요될 정도로 충분히 작아야 한다. 이 방식은 데이터를 대화형으로 제공하는

애플리케이션을 작성하고 사용자가 결과를 기다릴 수 있는 시간을 결정할 수 있도록 해야 할 때 유용하다.

- 줄리아의 ==, >, < 등의 여러 연산자는 부분 함수 적용을 허용한다. 따라서 ==(0)을 작성하면 익명 함수 x -> x == 0을 정의하는 것과 동일한 효과가 있다. 부분 함수 적용 패턴을 사용하면 익명 함수를 사용하는 것보다 컴파일이 덜 필요하고 가독성이 높은 코드를 작성할 수 있다.

- Genie.jl 패키지는 복잡한 웹 애플리케이션을 만들 수 있는 풀스택 웹 프레임워크이다. Genie.jl을 사용하는 데이터 과학 워크플로에서는 웹 서비스를 쉽게 생성할 수 있으며, 이를 통해 HTTP를 사용하여 분석 결과를 제공할 수 있다.

- 웹 서비스를 설계할 때 클라이언트 애플리케이션이 요청 본문에 데이터를 서버로 전송할 수 있도록 HTTP POST 요청 메서드를 사용할 수 있다. 서버는 요청의 Content-Type 헤더값을 통해 데이터의 형식을 알 수 있다.

- Genie.jl을 사용하면 사용자 요청의 매개변수를 지정하는 JSON 페이로드가 포함된 POST 요청을 수락하고 응답도 JSON 형식으로 반환하도록 웹 서비스를 설계할 수 있다. 이 웹 서비스 디자인을 사용하면 HTTP와 JSON 형식이 웹 서비스의 구현 세부 사항을 추상화하므로, 다른 프로그래밍 언어로 작성된 코드와 줄리아 코드를 쉽게 통합할 수 있다.

- 네임드튜플이나 JSON 객체와 같이 복잡한 구조가 포함된 데이터프레임의 열을 연산 지정 구문에서 목표 열 이름으로 AsTable을 사용하면 쉽게 중첩을 해제할 수 있다. 이 기능은 계층적으로 구성된 데이터로 작업할 때 유용하며, 예를 들어 데이터가 JSON 형식으로 저장된 경우에 많이 사용된다.

APPENDIX A

줄리아 첫걸음

이 부록에서는 다음 내용을 다룬다.

- 줄리아 설치 및 설정하기
- 줄리아에서 도움말 얻기
- 줄리아에서 도움을 찾을 수 있는 곳
- 줄리아에서 패키지 관리하기
- 줄리아로 작업하는 표준 방법에 대한 개요

A.1 줄리아 설치 및 설정하기

이 절에서는 줄리아 환경을 다운로드, 설치 및 구성하는 방법을 설명한다. 먼저 'Download Julia' (https://julialang.org/downloads/) 페이지를 방문하여 사용 중인 운영체제에 적합한 줄리아 버전을 다운로드한다.

이 책은 줄리아 1.8로 작성 및 테스트되었다. 이 책을 읽는 독자는 더 최신 버전의 줄리아를 사용할 수도 있을 것이다. 이는 문제가 되지 않는다. 이 책에서 사용하는 코드는 최신 1.x 버전의 줄리아에서도 작동한다. 그러나 줄리아가 출력을 표시하는 방식 등에 약간의 차이가 있을 수 있다. 이 책을 작성할 때 사용한 버전과 일치하는 줄리아 버전을 사용하려면 'Older Unmaintained

Releases'(https://julialang.org/downloads/oldreleases/) 페이지에서 줄리아 1.8 버전을 찾을 수 있다.

사용 중인 운영체제에 적합한 줄리아 버전을 다운로드한 후 'Platform Specific Instructions for Official Binaries'(https://julialang.org/downloads/platform/) 페이지로 이동하여 운영체제에 맞는 설치 지침을 확인한다. 특히, 줄리아 실행 파일을 시스템에서 쉽게 실행할 수 있도록 PATH 환경 변수에 줄리아를 추가해야 한다(지침은 운영체제별로 다르며 웹사이트에 나와 있다). 이 과정이 끝나면 터미널을 열고 julia 명령을 입력하면 줄리아를 시작할 수 있다.

다음은 터미널에서 실행한 최소한의 줄리아 세션을 열어보자. 예제를 실행하기 전에 컴퓨터에서 터미널을 연다. 터미널에서 보이는 $ 기호는 컴퓨터의 운영체제 프롬프트이다.

먼저 julia 명령을 입력하여 줄리아를 시작한다. 그러면 줄리아 배너와 julia> 프롬프트가 표시되어 이제 줄리아 명령을 실행할 수 있음을 나타낸다. 줄리아를 종료하려면 exit() 명령을 입력하면 되며, $ 프롬프트가 표시되는 운영체제로 돌아간다.

```
$ julia  ◄─── ❶ 운영체제 프롬프트에서 julia 명령으로 Julia를 시작한다.

               _
   _       _ _(_)_     |  Documentation: https://docs.julialang.org
  (_)     | (_) (_)    |
   _ _   _| |_  __ _   |  Type "?" for help, "]?" for Pkg help.
  | | | | | | |/ _` |  |
  | | |_| | | | (_| |  |  Version 1.8.5 (2023-01-08)
 _/ |\__'_|_|_|\__'_|  |  Official https://julialang.org/ release
|__/                   |

julia> exit()  ◄─────────────────  ❷ julia> 프롬프트가 표시된다. 해당 프롬프트는 현재 줄리아 세션에
$  ◄─── ❸ 줄리아를 종료하면 운영체제 프롬프트로 돌아온다.          있음을 보여준다. exit() 함수를 실행하면 줄리아가 종료된다.
```

이 책에서는 일관되게 해당 스타일의 결과물을 제시한다. 줄리아에게 보내야 하는 모든 명령은 julia> 프롬프트 뒤에 주어진다. 표시된 나머지 텍스트는 터미널에 자동으로 출력되는 내용이다.

A.2 줄리아에 대한 도움말 얻기

이 절에서는 줄리아에 대한 도움을 구하는 방법과 줄리아에 대해 배울 수 있는 표준 자료를 찾는 방법에 대해 설명한다.

줄리아에는 도움말 모드가 내장되어 있다. 이 모드에서는 사용자가 입력하는 텍스트에 대한 문서를 출력하려고 시도한다.

다음은 && 연산자에 관한 도움말을 얻는 방법의 예제이다. 줄리아 프롬프트에서 예제를 따라 시작해보자. 먼저 물음표 키를 눌러 ?를 입력한다. 그러면 프롬프트가 julia>에서 help?>로 변경되어 도움말 모드에 있음을 나타낸다. 이제 &&를 입력하고 Enter키를 눌러 이 연산자에 대한 정보를 얻는다.

```
julia> ? ◀━━ ❶ ?를 입력하면 프롬프트가 바로 help?>로 변경된다.

help?> &&
search: &&

  x && y

  Short-circuiting boolean AND.

  See also &, the ternary operator ? :, and the manual section on control
  flow.

  Examples
  ==========

  julia> x = 3;

  julia> x > 1 && x < 10 && x isa Int
  true

  julia> x < 0 && error("expected positive x")
  false
```

일반적으로 줄리아 문서에는 특정 명령의 기능에 대한 설명과 함께 다른 관련 명령에 대한 정보 및 사용 방법에 대한 예제가 제공된다.

기본 제공 도움말 외에도 웹에서 사용할 수 있는 광범위한 문서가 있다. 가장 중요한 자료는 세 부분으로 구성된 줄리아 문서(https://docs.julialang.org/en/v1/)이다. 첫 번째 파트는 언어에 대한 전체 설명서이고, 두 번째 파트는 표준 줄리아 설치에서 사용할 수 있는 모든 기능에 대한 설명서를 다루며, 세 번째 파트는 줄리아 내부에 대해 설명한다.

대부분의 패키지에는 문서 사이트가 있다. 예를 들어 DataFrames.jl 패키지는 https://dataframes.juliadata.org/stable/에 문서가 있다. 줄리아 문서와 패키지용으로 만들어진 문서는 모두 비슷한 디자인으로 되어 있다. 이는 Documenter.jl 패키지가 docstring에서 문서로 빌드하거나 마크다운 파일에서 문서를 작성하는 기본 방법으로 사용되기 때문이다.

줄리아 웹사이트의 'Learn'(https://julialang.org/learning/)에서 교육 자료에 대한 추가 링크를 찾을 수 있다. 여기에는 YouTube 동영상, 대화형 자습서, 줄리아 작업의 다양한 측면을 배우는 데 도움이 되는 책 목록이 포함되어 있다.

줄리아 온라인 커뮤니티는 모든 줄리아 사용자에게 중요한 리소스이다. 줄리아에 대해 궁금한 점이 있다면 Discourse 포럼(https://discourse.julialang.org)에서 시작하는 것이 좋다. 좀 더 일상적인 대화를 원한다면 Slack(https://julialang.org/slack/) 또는 Zulip(https://julialang.zulipchat.com/register/)을 사용할 수 있다. 줄리아 언어와 대부분의 패키지는 깃허브에서 호스팅된다. 따라서 버그를 보고하거나 기능 요청을 제출하려면 적절한 깃허브 저장소에서 이슈를 개설하면 된다. 예를 들어 DataFrames.jl 패키지의 경우 https://github.com/JuliaData/DataFrames.jl/issues에 개설하면 된다.

마지막으로 스택 오버플로에 [julia] 태그가 드디어 등장했다(https://stackoverflow.com/tags/julia).

A.3 줄리아에서 패키지 관리하기

줄리아에는 패키지 관리자가 통합되어 있으며, 이를 통해 프로젝트에서 사용할 패키지를 설치하고 관리할 수 있다. 이 절에서는 줄리아에서 패키지 관리 관련하여 가장 중요한 정보를 소개한다. 이 주제에 대한 자세한 내용은 Pkg.jl 문서(https://pkgdocs.julialang.org/v1/)에서 확인할 수 있다.

A.3.1 프로젝트 환경

줄리아에서 패키지를 논의할 때 핵심 개념은 **환경**environment이다. 독립적인 패키지 세트는 개별 프로젝트에 로컬로 있거나 이름으로 공유할 수도 있다. 환경의 정확한 패키지 및 버전은 Project.toml 및 Manifest.toml 파일에 저장된다. 예를 들어 이 책과 함께 제공되는 깃허브 저장소(https://github.com/bkamins/JuliaForDataAnalysis)의 루트 폴더에서 이 두 파일을 찾을 수 있다. 해당 파일을 수동으로 편집하거나 구조를 자세히 이해할 필요는 없지만, 그 내용을 전반적으로 이해하는 것이 유용하다.

Project.toml 파일은 특정 프로젝트에서 직접 로드할 수 있는 패키지를 지정한다. 다음은 이 책의 코드에서 가져온 이 파일의 일부이다.

```
[deps]
Arrow = "69666777-d1a9-59fb-9406-91d4454c9d45"
BenchmarkTools = "6e4b80f9-dd63-53aa-95a3-0cdb28fa8baf"
CSV = "336ed68f-0bac-5ca0-87d4-7b16caf5d00b'
```

Manifest.toml 파일에는 자세한 정보가 포함되어 있다. 여기에는 프로젝트에 필요한 모든 패키지, 즉 Project.toml 파일에 나열된 패키지(**직접 디펜던시**direct dependency라고 함)와 프로젝트 환경을 올바르게 설정하는 데 필요한 기타 모든 패키지(**간접 디펜던시**indirect dependency라고 함)가 포함된다. 각 패키지에 대해 프로젝트에 사용된 버전에 대한 정확한 정보가 제공된다. 다음은 이 책의 코드에서 발췌한 파일 일부이다.

```
'# This file is machine-generated - editing it directly is not advised

julia_version = "1.7.2"
manifest_format = "2.0"

[[deps.AbstractFFTs]]
deps = ["ChainRulesCore", "LinearAlgebra"]
git-tree-sha1 = "69f7020bd72f069c219b5e8c236c1fa90d2cb409"
uuid = "621f4979-c628-5d54-868e-fcf4e3e8185c"
version = "1.2.1"

[[deps.Adapt]]
deps = ["LinearAlgebra"]
git-tree-sha1 = "af92965fb30777147966f58acb05da51c5616b5f"
uuid = "79e6a3ab-5dfb-504d-930d-738a2a938a0e"
version = "3.3.3'
```

요약하자면, 특정 폴더에 Project.toml 및 Manifest.toml 파일이 포함되어 있으면 프로젝트 환경을 정의하는 것이다.

A.3.2 프로젝트 환경 활성화하기

줄리아 세션을 시작한 후 키보드의 대괄호 키(])를 눌러 패키지 관리자 모드를 시작할 수 있다. 이렇게 하면 프롬프트가 julia>에서 pkg>로 변경되어 패키지 관리자 모드에 있음을 나타낸다. 기본적으로 이 프롬프트는 다음과 같이 표시된다.

```
(@v1.8) pkg>
```

pkg> 프롬프트 앞에 (@v1.8) 접두사가 있다는 점에 유의하자. 이는 줄리아가 기본(전역) 프로젝트 환경을 사용하고 있음을 나타낸다. 기본 환경은 사용자 편의를 위해 줄리아에서 제공되지만, 프로젝트에서는 이 환경에 의존하지 말고 프로젝트별 Project.toml 및 Manifest.toml 파일을 사용하는 것이 좋다. 이 책과 함께 제공되는 깃허브 저장소(https://github.com/bkamins/JuliaForDataAnalysis)를 이용해 이 환경을 활성화하는 방법을 설명할 것이다.

계속 진행하기 전에 이 저장소를 컴퓨터 폴더에 다운로드해야 한다. 다음 예제에서는 이 저장소가 D:\JuliaForDataAnalysis 폴더에 있다고 가정한다(윈도우의 예시 경로이며, 리눅스 또는 macOS에서는 경로가 다르게 표시된다).

프로젝트별 환경을 활성화하려면 다음을 수행해야 한다. 다음은 가장 간단한 시나리오이다.

1. cd 함수를 사용하여 줄리아의 작업 디렉터리를 D:\JuliaForDataAnalysis 폴더로 변경한다.
2. isfile 함수를 사용하여 작업 디렉터리에 Project.toml 및 Manifest.toml이 있는지 확인한다 (이 단계는 반드시 필요한 것은 아니지만, 파일 유무를 확인하기 위해 단계를 포함했다).
3.] 키를 눌러 패키지 관리자 모드로 전환한다.
4. activate . 명령어를 사용하여 프로젝트 환경을 활성화한다.
5. 추가적으로 원하는 경우 instantiate 명령어를 사용하여 환경을 인스턴스화한다(이 단계는 줄리아가 웹에서 필요한 모든 패키지를 다운로드하도록 하며, 프로젝트 환경을 처음 사용하는 경우 필수이다).
6. 백스페이스 키를 눌러 패키지 관리자 모드를 종료한다.

다음은 위 단계를 코드로 작성한 것이다.

```
julia> cd("D:/JuliaForDataAnalysis")  ◀── ❶ 윈도우에서는 백슬래시(\) 대신 슬래시(/)를
                                             경로의 구분 기호로 사용할 수 있다.
julia> isfile("Project.toml")
true

julia> isfile("Manifest.toml")
```

```
true

(@v1.8) pkg> activate .  ◄─ ❷ 키를 눌러 패키지 관리자 모드로 전환한다.
  Activating project at `D:\JuliaForDataAnalysis`

(JuliaForDataAnalysis) pkg> instantiate

julia> ◄─ ❸ 백스페이스 키를 눌러 줄리아 모드로 다시 전환한다.
```

윈도우에서는 경로의 구분 기호로 표준 백슬래시(\) 대신 슬래시(/)를 사용할 수 있음을 참고하기 바란다.

`activate` 명령어에서 점을 전달하는데, 이는 줄리아의 현재 작업 디렉터리를 나타낸다. `cd` 함수를 통해 작업 디렉터리를 변경하지 않고 대신 다음과 같이 `activate` 명령에 환경 경로를 전달할 수 있다.

```
(@v1.8) pkg> activate D:/JuliaForDataAnalysis
  Activating project at `D:\JuliaForDataAnalysis`

(JuliaForDataAnalysis) pkg>
```

일반적으로 줄리아 코드나 소스 데이터와 같은 다른 프로젝트 파일도 현재 디렉터리에 저장되기 때문에 줄리아의 작업 디렉터리를 Project.toml와 Manifest.toml 파일이 저장되는 위치로 전환하는 것을 선호한다.

프로젝트 환경을 변경한 후 해당 이름이 `pkg>` 프롬프트에 접두사로 표시되는지 확인한다. 이 경우 접두사는 (JuliaForDataAnalysis)이다.

환경을 활성화한 후에는 패키지를 사용하거나 패키지를 추가, 제거하는 등의 모든 작업이 활성화된 환경의 콘텍스트에서 수행된다.

다음과 같은 일반적인 시나리오에서는 프로젝트 환경 활성화가 단순화된다.

* 터미널의 운영체제 프롬프트에서 Project.toml 및 Manifest.toml 파일이 포함된 폴더에 있는 경우 `julia --project` 호출을 사용하여 줄리아를 시작하면 이러한 파일로 정의된 프로젝트 환경이 자동으로 활성화된다.

* Visual Studio Code(A.4에서 설명)를 사용 중이고 Project.toml 및 Manifest.toml 파일이 포함

된 폴더를 연 다음 줄리아 서버를 시작하면 Visual Studio Code가 이 파일로 정의된 프로젝트 환경을 자동으로 활성화한다.

- Jupyter 대화형 환경(A.4에서 설명)을 사용하는 경우 이전 시나리오와 유사하게 Jupyter Notebook이 포함된 폴더에 Project.toml 및 Manifest.toml 파일도 있으면 해당 파일에 의해 정의된 환경이 자동으로 활성화된다.

이 책에서 코드 예제 실행하기

이 책과 함께 제공되는 깃허브 저장소(https://github.com/bkamins/JuliaForDataAnalysis)에는 제시하는 모든 코드 예제에 사용된 프로젝트 환경을 지정하는 Project.toml 및 Manifest.toml 파일이 포함되어 있다. 따라서 이 책의 코드 예제를 테스트할 때는 이 프로젝트 환경이 활성화된 상태에서 실행하는 것이 좋다. 이렇게 하면 패키지를 수동으로 설치할 필요가 없으며, 사용하는 패키지의 버전이 이 책을 만들 때 사용한 패키지의 버전과 일치하는지 확인할 수 있다.

A.3.3 패키지 설치 시 발생할 수 있는 문제

일부 줄리아 패키지를 사용하려면 외부 디펜던시가 필요하다. 이 문제는 주로 리눅스에서 작업하는 경우에 발생한다. 이 경우 일반적으로 각 줄리아 패키지 문서에 필요한 모든 설치 지침이 제공된다.

예를 들어, 이 책에서 사용된 패키지에서는 Plots.jl을 플로팅에 사용하려면 몇 가지 구성이 필요할 수 있다. 기본적으로 이 패키지는 GR 프레임워크(https://gr-framework.org)를 사용하여 생성된 그래프를 표시한다. 리눅스에서 이 프레임워크를 사용하려면 https://gr-framework.org/julia.html에 설명된 대로 몇 가지 디펜던시를 설치해야 한다. 예를 들어 우분투를 사용하는 경우 다음 명령을 사용하여 모든 디펜던시를 사용할 수 있는지 확인한다.

```
apt install libxt6 libxrender1 libxext6 libgl1-mesa-glx libqt5widgets5
```

외부 바이너리 디펜던시에 의존하는 패키지를 사용할 때 발생할 수 있는 또 다른 잠재적 문제는 빌드 스크립트를 수동으로 호출해야 할 수 있다는 것이다. 예를 들어 패키지가 의존하는 디펜던시의 바이너리가 변경될 때 이 작업이 필요하다. 이러한 경우 패키지 관리자 모드에서 build 명령을 호출한다(프롬프트가 pkg> 여야 함). 그러면 해당 스크립트가 있는 모든 패키지의 빌드 스크립트가 호출된다.

A.3.4 패키지 관리하기

프로젝트 환경을 활성화하고 인스턴스화한 후에는 주어진 환경이 제공하는 패키지를 사용하는 줄리아 프로그램 작성을 시작할 수 있다. 하지만 사용 가능한 패키지를 관리해야 할 때도 있다. 가장 일반적인 패키지 관리 작업은 사용 가능한 패키지 나열, 패키지 추가, 패키지 제거, 패키지 업데이트이다. 이러한 작업을 수행하는 방법을 보여준다. 다음 예제에서는 이미 가지고 있는 프로젝트 환경을 실수로 수정하지 않도록 하기 위해 빈 폴더인 D:\Example에서 작업할 것이다.

먼저 D:\Example 폴더(또는 빈 폴더)를 생성하고 이 폴더에서 터미널을 시작한다. 그런 다음, julia 명령을 사용하여 줄리아를 시작하고 pwd 함수를 사용하여 적절한 폴더에 있는지 확인한다.

```
$ julia
               _
   _       _ _(_)_     |  Documentation: https://docs.julialang.org
  (_)     | (_) (_)    |
   _ _   _| |_  __ _   |  Type "?" for help, "]?" for Pkg help.
  | | | | | | |/ _` |  |
  | | |_| | | | (_| |  |  Version 1.8.5 (2023-01-08)
 _/ |\__'_|_|_|\__'_|  |  Official https://julialang.org/ release
|__/                   |

julia> pwd()
"D:\\Example"
```

이제] 키를 눌러 패키지 관리자 모드로 전환하고 현재 작업 디렉터리에서 환경을 활성화한다.

```
(@v1.8) pkg> activate .
  Activating new project at `D:\Example`

(Example) pkg>
```

이것은 새롭게 생성된 빈 환경이다. status 명령을 실행하여 확인할 수 있다.

```
(Example) pkg> status
      Status `D:\Example\Project.toml` (empty project)
```

이제 add BenchmarkTools 명령을 사용하여 이 환경에 BenchmarkTools.jl 패키지를 추가한다.

```
(Example) pkg> add BenchmarkTools
    Updating registry at `D:\.julia\registries\General`
    Updating git-repo `https://github.com/JuliaRegistries/General.git`
  Resolving package versions...
    Updating `D:\Example\Project.toml`
  [6e4b80f9] + BenchmarkTools v1.3.1
    Updating `D:\Example\Manifest.toml`
  [6e4b80f9] + BenchmarkTools v1.3.1
  [682c06a0] + JSON v0.21.3
  [69de0a69] + Parsers v2.2.3
  [56f22d72] + Artifacts
  [ade2ca70] + Dates
  [8f399da3] + Libdl
  [37e2e46d] + LinearAlgebra
  [56ddb016] + Logging
  [a63ad114] + Mmap
  [de0858da] + Printf
  [9abbd945] + Profile
  [9a3f8284] + Random
  [ea8e919c] + SHA
  [9e88b42a] + Serialization
  [2f01184e] + SparseArrays
  [10745b16] + Statistics
  [cf7118a7] + UUIDs
  [4ec0a83e] + Unicode
  [e66e0078] + CompilerSupportLibraries_jll
  [4536629a] + OpenBLAS_jll
  [8e850b90] + libblastrampoline_jll
```

이 과정에서 BenchmarkTools 항목이 Project.toml 파일에 추가되고 패키지 목록이 Manifest.
toml 파일에 추가되었음을 나타내는 정보를 얻을 수 있다. 더하기(+) 문자는 패키지가 추가되었음
을 나타낸다. Manifest.toml에는 프로젝트의 직접 디펜던시와 프로젝트 환경을 올바르게 설정하
는 데 필요한 다른 패키지가 모두 포함되어 있다.

프로젝트 환경 상태를 다시 확인해보자.

```
(Example) pkg> status
      Status `D:\Example\Project.toml`
  [6e4b80f9] BenchmarkTools v1.3.1
```

이제 버전 1.3.1의 BenchmarkTools.jl 패키지가 설치되어 있는 것을 확인할 수 있다.

얼마 후 BenchmarkTools.jl의 새 릴리스가 제공될 수 있다. update 명령을 사용하여 설치된 패키지의 버전을 최신 릴리스로 업데이트할 수 있다. 이 경우 방금 BenchmarkTools.jl 패키지를 설치했기 때문에 이 명령은 아무것도 변경하지 않는다.

```
(Example) pkg> update
    Updating registry at `D: \.julia\registries\General`
    Updating git-repo `https://github.com/JuliaRegistries/General.git`
  No Changes to `D:\Example\Project.toml`
No Changes to `D:\Example\Manifest.toml`
```

마지막으로 프로젝트 환경에서 패키지를 제거하려면 remove 명령을 사용하면 된다.

```
(Example) pkg> remove BenchmarkTools
    Updating `D:\Example\Project.toml`
  [6e4b80f9] - BenchmarkTools v1.3.1
    Updating `D:\Example\Manifest.toml`
  [6e4b80f9] - BenchmarkTools v1.3.1
  [682c06a0] - JSON v0.21.3
  [69de0a69] - Parsers v2.2.3
  [56f22d72] - Artifacts
  [ade2ca70] - Dates
  [8f399da3] - Libdl
  [37e2e46d] - LinearAlgebra
  [56ddb016] - Logging
  [a63ad114] - Mmap
  [de0858da] - Printf
  [9abbd945] - Profile
  [9a3f8284] - Random
  [ea8e919c] - SHA
  [9e88b42a] - Serialization
  [2f01184e] - SparseArrays
  [10745b16] - Statistics
  [cf7118a7] - UUIDs
  [4ec0a83e] - Unicode
  [e66e0078] - CompilerSupportLibraries_jll
  [4536629a] - OpenBLAS_jll
  [8e850b90] - libblastrampoline_jll

(Example) pkg> status
    Status `D:\Example\Project.toml` (empty project)
```

패키지 관리자는 Project.toml에서 BenchmarkTools 패키지를 제거할 뿐만 아니라 Manifest.toml에서 불필요한 패키지도 모두 제거한다. 마이너스(-) 문자는 패키지 제거를 나타낸다.

A.3.5 파이썬과 통합 설정하기

PyCall.jl 패키지는 줄리아와 파이썬의 통합을 제공한다. 이 패키지의 사용법은 5장에서 설명한다. 여기서는 윈도우와 Mac에서 설치하는 과정을 설명한다.

방금 생성한 Example 프로젝트 환경에서 PyCall.jl 패키지를 추가한다(Manifest.toml에 추가된 패키지 목록이 길기 때문에 잘랐다).

```
(Example) pkg> add PyCall
   Resolving package versions...
    Updating `D:\Example\Project.toml`
 [438e738f] + PyCall v1.93.1
    Updating `D:\Example\Manifest.toml`
 [8f4d0f93] + Conda v1.7.0
 [682c06a0] + JSON v0.21.3
 [1914dd2f] + MacroTools v0.5.9

...

 [83775a58] + Zlib_jll
 [8e850b90] + libblastrampoline_jll
 [8e850ede] + nghttp2_jll
```

일반적으로 전체 구성 프로세스는 자동으로 진행되며, 이 시점에서 파이썬을 사용할 수 있어야 한다. PyCall.jl 패키지가 기본적으로 사용하는 파이썬 실행 파일의 경로를 확인해보자.

```
julia> using PyCall

julia> PyCall.python
"C:\\Users\\user\\.julia\\conda\\3\\python.exe"
```

보다시피, 파이썬은 줄리아 내부의 conda 디렉터리 안에 있다. 이는 기본적으로 윈도우 및 Mac에서 PyCall.jl 패키지를 설치할 때 사용자의 PATH가 아닌 줄리아 내부에 비공개로 최소한의 파이썬(Miniconda) 배포가 설치되기 때문이다. 또는 문서(http://mng.bz/lRVM)에 설명된 대로 사용할 다른 파이썬 설치를 지정할 수도 있다.

GNU/리눅스에서는 상황이 달라지며, PyCall.jl은 기본적으로 `PATH`에 있는 `python3` 또는 `python` 프로그램을 사용하도록 설정된다.

A.3.6 R과의 통합 설정하기

RCall.jl 패키지는 줄리아와 R 언어의 통합을 제공한다. 이 패키지는 10장에서 설명한다. 여기서는 설치 방법을 보여줄 것이다.

첫 번째 단계로 컴퓨터에 R을 다운로드하여 설치하는 것이 좋다. 그렇지 않으면 RCall.jl 패키지를 설치하려고 할 때 오류가 발생하므로 줄리아 세션을 시작하기 전에 이 작업을 수행해야 한다.

윈도우 사용자는 https://cran.r-project.org/bin/windows/base/, macOS 사용자는 https://cran.r-project.org/bin/macosx/에서 설치 지침을 찾을 수 있다.

리눅스를 사용하는 경우 설치는 사용 중인 배포판에 따라 다르다. 우분투를 사용하는 경우 http://mng.bz/BZAg에서 지침을 확인할 수 있다.

설치를 완료한 후 RCall.jl 패키지가 추가되면 운영체제에서 이를 자동으로 감지할 수 있어야 한다.

`Example` 프로젝트 환경에서 RCall.jl 패키지를 추가한다(Manifest.toml에 추가된 패키지 목록이 길기 때문에 잘랐다).

```
(Example) pkg> add RCall
  Resolving package versions...
  Installed DualNumbers _____ v0.6.7
  Installed NaNMath _____ v1.0.0
  Installed InverseFunctions _ v0.1.3
  Installed Compat _____ v3.42.0
  Installed LogExpFunctions __ v0.3.7
   Updating `D:\Example\Project.toml`
  [6f49c342] + RCall v0.13.13
   Updating `D:\Example\Manifest.toml`
  [49dc2e85] + Calculus v0.5.1
  [324d7699] + CategoricalArrays v0.10.3
  [d360d2e6] + ChainRulesCore v1.13.0

  ...

  [cf7118a7] + UUIDs
  [05823500] + OpenLibm_jll
  [3f19e933] + p7zip_jll
```

일반적으로 RCall.jl 패키지는 R 설치를 자동으로 감지할 수 있어야 한다. 패키지를 사용하고 R 실행 파일의 위치를 확인하여 작동하는지 확인할 수 있다.

```
julia> using RCall

julia> RCall.Rhome
"C:\\Program Files\\R\\R-4.1.2
```

컴퓨터에서 R 설치 자동 감지에 문제가 있는 경우 사용하는 운영체제에 따라 문제 해결 방법이 다르므로, 자세한 지침은 문서(http://mng.bz/dedX)에서 확인하자.

A.4 줄리아로 작업하는 표준 방법

이 절에서는 사용자가 줄리아로 작업하는 가장 일반적인 네 가지 방법에 대해 설명한다.

- 터미널 및 줄리아 실행 파일 사용
- Visual Studio Code 사용
- Jupyter Notebook 사용
- Pluto 노트북 사용

A.4.1 터미널 사용하기

터미널은 줄리아로 작업하는 가장 기본적인 방법이다. 줄리아를 실행하는 데는 두 가지 옵션이 있다.

첫 번째 옵션은 julia 실행 파일을 실행하여 대화형 세션을 시작하는 것이다. 그러면 A.1절에서 설명한 대로 julia> 프롬프트가 표시되고 대화형으로 줄리아 명령을 실행할 수 있다.

두 번째 옵션은 줄리아 스크립트를 실행하는 것이다. 줄리아 코드가 (예를 들어 code.jl라는) 파일에 저장되어 있는 경우, julia code.jl을 실행하면 줄리아가 code.jl에 저장된 코드를 실행한 다음 종료하도록 요청한다.

추가적으로 줄리아 실행 파일은 여러 명령줄 옵션과 스위치를 사용할 수 있다. 관련 목록은 줄리아 매뉴얼(https://docs.julialang.org/en/v1/manual/command-line-interface/#command-line-interface)에서 확인할 수 있다.

A.4.2 Visual Studio Code 사용하기

줄리아로 작업할 때 가장 많이 사용되는 도구는 Visual Studio Code이다. 이 통합 개발 환경은 https://code.visualstudio.com/에서 다운로드할 수 있다.

그다음 줄리아 확장 프로그램을 설치해야 한다. http://mng.bz/VyR0에서 관련 지침을 확인할 수 있다. 이 확장 프로그램은 내장된 동적자동 완성, 인라인 결과, 플롯 창, 통합 REPL, 변수 보기, 코드 탐색, 디버거debugger 등의 기능을 제공한다. 확장 프로그램의 문서에서 모든 옵션 사용 및 구성 방법을 확인할 수 있다.

A.4.3 Jupyter Notebook 사용하기

줄리아 코드는 Jupyter Notebook(https://jupyter.org)에서 실행할 수 있다. 이 조합을 사용하면 코드, 서식 있는 텍스트, 수학 및 멀티미디어를 단일 문서에 결합한 형태로 저장할 수 있다.

Jupyter Notebook에서 줄리아를 사용하려면 먼저 IJulia.jl 패키지를 설치하면 된다. 그다음, 브라우저에서 IJulia 노트북을 실행하는 가장 간단한 방법은 다음 코드를 실행하는 것이다.

```
using IJulia
notebook()
```

사용할 특정 Jupyter 설치 방법과 같은 고급 설치 옵션에 대해서는 IJulia.jl 패키지 문서(https://julialang.github.io/IJulia.jl/stable/)를 참조하기를 바란다.

A.4.4 Pluto 노트북 사용하기

Pluto 노트북을 사용하면 Jupyter Notebook과 마찬가지로 코드와 텍스트를 결합할 수 있다. 한 가지 차이점은 Pluto 노트북은 반응형이라는 점이다. 변수를 변경하면 Pluto가 해당 변수를 참조하는 셀을 자동으로 다시 실행한다. 셀 간의 종속성을 자동으로 식별하기 때문에 노트북에서 셀을 임의의 순서로 배치할 수 있다. 또한, Pluto 노트북은 노트북에서 어떤 패키지가 사용되고 있는지 파악한다. 따라서 패키지를 직접 설치할 필요가 없다.

Pluto 노트북의 기능 및 사용법은 패키지 웹사이트(https://github.com/fonsp/Pluto.jl)를 참조하자.

연습 문제 풀이

연습 3.1

1에서 10^6까지의 값 범위인 1 변수를 만든다. 다음 collect 함수를 사용하여 x 범위와 동일한 값을 갖는 y 벡터를 만든다. @btime 매크로를 사용하여 sort 함수로 x와 y를 정렬하는 시간을 확인한다. 마지막으로 @edit 매크로를 사용하여 x 범위를 정렬할 때 호출되는 sort 함수의 구현을 확인한다.

풀이

```
julia> using BenchmarkTools

julia> x = 1:10^6;

julia> y = collect(x);

julia> @btime sort($x);
  2.084 ns (0 allocations: 0 bytes)

julia> @btime sort($y);
7.975 ms (2 allocations: 7.63 MiB)

julia> @edit sort(x)
```

x 범위를 정렬하는 것이 y 벡터를 정렬하는 것보다 훨씬 빠르다는 것을 알 수 있다. 제대로 구성된 줄리아 환경(부록 A 참조)이 있는 경우 `@edit sort(x)`를 호출하면 편집기로 이동하여 다음과 같은 메서드 정의가 표시된다.

```
sort(r::AbstractUnitRange) = r
```

연습 4.1

뷰(view 함수 또는 @view 매크로)를 사용하여 [cor(aq[:, i], aq[:, i+1]) for i in 1:2:7] 표현식을 다시 작성해보자. BenchmarkTools.jl 패키지의 @benchmark 매크로를 사용하여 두 접근 방식의 성능을 비교해보자.

풀이

```
julia> using Statistics

julia> using BenchmarkTools

julia> aq = [10.0   8.04  10.0  9.14  10.0   7.46   8.0   6.58
              8.0   6.95   8.0  8.14   8.0   6.77   8.0   5.76
             13.0   7.58  13.0  8.74  13.0  12.74   8.0   7.71
              9.0   8.81   9.0  8.77   9.0   7.11   8.0   8.84
             11.0   8.33  11.0  9.26  11.0   7.81   8.0   8.47
             14.0   9.96  14.0  8.1   14.0   8.84   8.0   7.04
              6.0   7.24   6.0  6.13   6.0   6.08   8.0   5.25
              4.0   4.26   4.0  3.1    4.0   5.39  19.0  12.50
             12.0  10.84  12.0  9.13  12.0   8.15   8.0   5.56
              7.0   4.82   7.0  7.26   7.0   6.42   8.0   7.91
              5.0   5.68   5.0  4.74   5.0   5.73   8.0   6.89];
```

첫 번째 벤치마크를 실행한다.

```
julia> @benchmark [cor($aq[:, i], $aq[:, i+1]) for i in 1:2:7]
```

다음과 같은 결과가 생성된다.

```
BenchmarkTools.Trial: 10000 samples with 199 evaluations.
 Range (min … max):  468.844 ns …    4.577 µs  │ GC (min … max): 0.00% … 88.63%
 Time  (median):     515.578 ns                 │ GC (median):    0.00%
 Time  (mean ± σ):   546.053 ns ± 166.823 ns    │ GC (mean ± σ):  1.81% ±  5.68%
```

```
 469 ns        Histogram: log(frequency) by time        1.19 µs <

 Memory estimate: 1.22 KiB, allocs estimate: 9.
```

다음으로 두 번째 벤치마크를 실행한다.

```julia
julia> @benchmark [cor(view($aq, :, i), view($aq, :, i+1)) for i in 1:2:7]
```

위 명령은 다음과 같은 출력을 생성한다.

```
BenchmarkTools.Trial: 10000 samples with 390 evaluations.
 Range (min … max):  243.077 ns …    1.632 µs  │ GC (min … max): 0.00% … 84.26%
 Time  (median):     254.103 ns                 │ GC (median):    0.00%
 Time  (mean ± σ):   267.219 ns ± 56.193 ns     │ GC (mean ± σ):  0.39% ±  2.35%


 243 ns        Histogram: log(frequency) by time        476 ns <

 Memory estimate: 96 bytes, allocs estimate: 1.
```

벤치마크 결과에 따르면 view를 사용하면 코드 실행 시간이 거의 절반으로 줄어든 것으로 나타난다.

@view 매크로를 사용하려는 경우 코드는 다음과 같다.

```julia
[cor(@view(aq[:, i]), @view(aq[:, i+1])) for i in 1:2:7]
```

예제 코드에서는 @benchmark 매크로에 올바르게 전달하기 위해 aq 변수 앞에 $ 접두사를 사용했다(이 규칙에 대한 설명은 2장 참조).

연습 4.2

시커먼 퍼즐을 푸는 코드를 다시 작성하여 함수로 감싸보자. 인수로 전달된 두 개의 주사위로 가능한 값 조합의 합이 분포된 딕셔너리를 생성하는 dice_distribution 함수를 작성한다. 그다음 또 다른 함수인 test_dice를 작성한다. 이 함수는 all_dice 변수와 two_standard 변수를 만들고 마지막으로 all_dice 벡터의 모든 주사위 분포를 two_standard 분포와 비교하는 메인 루프를 실행한다.

풀이

```julia
julia> function dice_distribution(dice1, dice2)
           distribution = Dict{Int, Int}()
           for i in dice1
               for j in dice2
                   s = i + j
                   if haskey(distribution, s)
                       distribution[s] += 1
                   else
                       distribution[s] = 1
                   end
               end
           end
           return distribution
       end
dice_distribution (generic function with 1 method)

julia> function test_dice()
           all_dice = [[1, x2, x3, x4, x5, x6]
                       for x2 in 2:11
                       for x3 in x2:11
                       for x4 in x3:11
                       for x5 in x4:11
                       for x6 in x5:11]

           two_standard = dice_distribution(1:6, 1:6)

           for d1 in all_dice, d2 in all_dice
               test = dice_distribution(d1, d2)
               if test == two_standard
                   println(d1, " ", d2)
               end
           end
       end
test_dice (generic function with 1 method)
```

이제 다음 명령을 실행하여 풀이를 테스트할 수 있다.

```
julia> test_dice()
[1, 2, 2, 3, 3, 4] [1, 3, 4, 5, 6, 8]
[1, 2, 3, 4, 5, 6] [1, 2, 3, 4, 5, 6]
[1, 3, 4, 5, 6, 8] [1, 2, 2, 3, 3, 4]
```

연습 4.3

예제 4.2에 정의된 네임드튜플 data를 사용하여 그림 4.6을 재현한다.

풀이

```
plot(scatter(data.set1.x, data.set1.y; legend=false),
     scatter(data.set2.x, data.set2.y; legend=false),
     scatter(data.set3.x, data.set3.y; legend=false),
     scatter(data.set4.x, data.set4.y; legend=false))
```

위 코드는 그림 4.6을 재현한다.

연습 5.1

parse 함수는 문자열을 숫자로 변환하는 데 사용할 수 있다. 예를 들어 문자열을 정수로 변환하려면 parse(Int, "10")을 입력하고 정수 10을 얻는다. ["1", "2", "3"]의 문자열 벡터가 있다고 가정해보자. 주어진 벡터에 포함된 문자열을 파싱하여 정수의 벡터로 만들어보자.

풀이

```
julia> parse.(Int, ["1", "2", "3"])
3-element Vector{Int64}:
 1
 2
 3
```

연습 5.2

5.3절에 제시된 분석을 되풀이하되 cluster1과 cluster2에 대한 데이터를 만들 때 1을 더하고 빼는 대신 각각 0.4를 더하고 뺀다. 이렇게 하면 5차원 공간에서 두 클러스터 사이의 간격이 줄어든다. 그 후 t-SNE에 의해 생성된 2차원 공간에서 두 클러스터의 간격이 줄어들었는지 확인해보자.

풀이

```julia
julia> Random.seed!(1234);

julia> data5bis = [randn(100, 5) .- 0.4; randn(100, 5) .+ 0.4];

julia> tsne = manifold.TSNE(n_components=2, init="random",
                            learning_rate="auto", random_state=1234);

julia> data2bis = tsne.fit_transform(data5bis);

julia> scatter(data2bis[:, 1], data2bis[:, 2];
               color=[fill("black", 100); fill("gold", 100)],
               legend=false)
```

그림 B.1은 결과를 보여준다. 그림 5.3에서보다 클러스터가 더 많이 겹치는 것을 볼 수 있다.

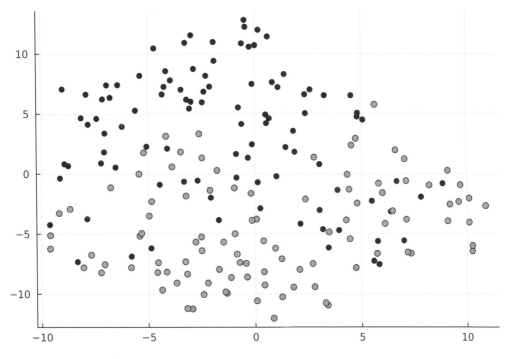

그림 B.1 t-SNE 임베딩 결과에서 서로 다른 색상의 점으로 표시된 클러스터가 겹쳐져 있다.

연습 6.1

years 변수를 사용하여 연도별 영화 개수에 대한 플롯을 만들어보자.

풀이

```
julia> years_table = freqtable(years)
93-element Named Vector{Int64}
Dim1  |
------+-----
1913  |   1
1916  |   1
1917  |   1
:     |   :
2011  | 322
2012  | 409
2013  |  85

julia> plot(names(years_table, 1), years_table; legend=false,
            xlabel="year", ylabel="# of movies")
```

결과는 그림 B.2의 플롯과 같아야 하며, 전체 기간 동안 데이터가 수집되지 않은 작년을 제외하고는 매년 영화가 급격히 증가하는 것을 알 수 있다.

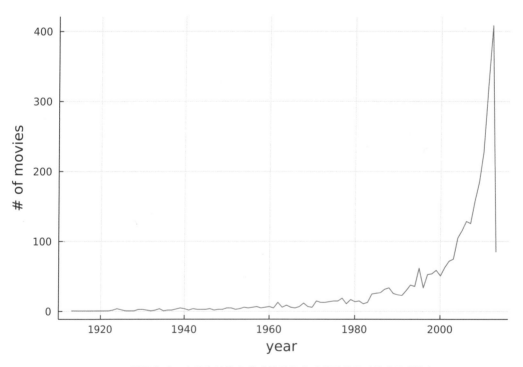

그림 B.2 플롯에 따르면 연간 영화 수에 대한 값은 수년에 걸쳐 급격하게 증가한다.

연습 6.2

예제 6.7의 s1 벡터를 사용하여 s1 벡터에 포함된 것과 동일한 문자열을 나타내는 심벌로 구성된 s3 벡터를 생성한다. 다음으로 s3 벡터를 얼마나 빨리 정렬할 수 있는지 벤치마킹한다. 마지막으로 unique 함수를 사용하여 s1, s2, s3 벡터의 중복을 얼마나 빨리 제거할 수 있는지 벤치마킹한다.

풀이

```
julia> s3 = Symbol.(s1)
1000000-element Vector{Symbol}:
 :KYD
 :tLO
 :xnU
 :
 :Tt6
 Symbol("19y")
 :GQ7

julia> @btime sort($s3);
  193.934 ms (4 allocations: 11.44 MiB)
```

s3에 바인딩된 Vector{Symbol}을 정렬하는 것은 s1에 바인딩된 Vector{String}을 정렬하는 것보다 약간 빠르지만, s2에 바인딩된 Vector{String3}을 정렬하는 것보다는 느리다.

이제 중복 제거를 테스트한다.

```
julia> @btime unique($s1);
  122.145 ms (49 allocations: 10.46 MiB)

julia> @btime unique($s2);
  29.882 ms (48 allocations: 6.16 MiB)

julia> @btime unique($s3);
  25.168 ms (49 allocations: 10.46 MiB)
```

Vector{String}의 중복 제거가 가장 느린 반면, Vector{Symbol}과 Vector{String3}의 성능은 비슷하다. 6.1절에서 설명한 것처럼 심벌을 비교하여 같음을 확인하는 것이 효율적이기 때문에 심벌값으로 작업하는 것이 빠르다.

연습 7.1

벡터 v = ["1", "2", missing, "4"]가 주어지면 문자열이 숫자로 변환되고 missing값은 missing 값으로 남도록 구문 분석해보자.

풀이

원하는 결과를 얻기 위한 세 가지 방법을 살펴본다. 첫 번째는 컴프리헨션을 사용하고, 두 번째는 map 함수를 사용하며, 마지막은 passmissing 함수와 브로드캐스팅을 사용한다.

```
julia> v = ["1", "2", missing, "4"]
4-element Vector{Union{Missing, String}}:
 "1"
 "2"
 missing
 "4"

julia> [ismissing(x) ? missing : parse(Int, x) for x in v]
4-element Vector{Union{Missing, Int64}}:
 1
 2
  missing
 4

julia> map(v) do x
           if ismissing(x)
               return missing
           else
               return parse(Int, x)
           end
       end
4-element Vector{Union{Missing, Int64}}:
 1
 2
  missing
 4

julia> using Missings

julia> passmissing(parse).(Int, v)
4-element Vector{Union{Missing, Int64}}:
 1
 2
  missing
 4
```

연습 7.2

2021년의 매월 1일이 포함된 벡터를 만들어보자.

풀이

원하는 결과를 얻기 위한 두 가지 접근 방식을 살펴본다. 두 번째 방법에서는 범위를 사용하므로 collect 함수를 사용하여 결과가 실제로 예상대로 나오는지 확인한다.

```
julia> using Dates

julia> Date.(2021, 1:12, 1)
12-element Vector{Date}:
 2021-01-01
 2021-02-01
 2021-03-01
 2021-04-01
 2021-05-01
 2021-06-01
 2021-07-01
 2021-08-01
 2021-09-01
 2021-10-01
 2021-11-01
 2021-12-01

julia> Date(2021, 1, 1):Month(1):Date(2021, 12, 1)
Date("2021-01-01"):Month(1):Date("2021-12-01")

julia> collect(Date(2021, 1, 1):Month(1):Date(2021, 12, 1))
12-element Vector{Date}:
 2021-01-01
 2021-02-01
 2021-03-01
 2021-04-01
 2021-05-01
 2021-06-01
 2021-07-01
 2021-08-01
 2021-09-01
 2021-10-01
 2021-11-01
 2021-12-01
```

두 번째 경우에는 달마다 일수가 다르지만 줄리아는 한 달의 간격을 올바르게 계산한다. 이는 실제로 원하던 동작이다.

연습 7.3

NBP 웹 API를 사용하면 특정 날짜에 대한 rates 시퀀스를 가져올 수 있다. 예를 들어, 'https://api.nbp.pl/api/exchangerates/rates/a/usd/2020-06-01/2020-06-30/?format=json' 쿼리는 2020년 6월부터 rate가 없는 경우는 건너뛰고 rate가 있는 날짜에 대한 rate 시퀀스를 반환한다. 풀어야 할 문제는 이 쿼리의 결과와 dates 벡터와 rates 벡터에서 수집한 데이터와 일치하는지 확인하는 것이다.

풀이

```julia
julia> query2 = "https://api.nbp.pl/api/exchangerates/rates/a/usd/" *
                "2020-06-01/2020-06-30/?format=json";

julia> response2 = HTTP.get(query2);

julia> json2 = JSON3.read(response2.body)
JSON3.Object{Vector{UInt8}, Vector{UInt64}} with 4 entries:
  :table    => "A"
  :currency => "dolar amerykański"
  :code     => "USD"
  :rates    => JSON3.Object[{...

julia> rates2 = [x.mid for x in json2.rates]
21-element Vector{Float64}:
 3.968
 3.9303
 3.9121
 ⋮
 3.9697
 3.9656
 3.9806

julia> dates2 = [Date(x.effectiveDate) for x in json2.rates]
21-element Vector{Date}:
 2020-06-01
 2020-06-02
 2020-06-03
 ⋮
 2020-06-26
```

```
 2020-06-29
 2020-06-30

julia> has_rate = rates .!== missing
30-element BitVector:
 1
 1
 1
 ⋮
 0
 1
 1

julia> rates2 == rates[has_rate]
 true

julia> dates2 == dates[has_rate]
 true
```

풀이에서 :rates 필드의 json2 객체에는 환율 시퀀스가 포함되어 있다. 따라서 컴프리헨션을 사용하여 이를 rates2 벡터와 dates2 벡터로 추출한다. 다음으로 rates2 벡터와 dates2 벡터에 missing값이 없는지 rates 벡터와 dates 벡터와 비교한다. 이를 위해 rates 벡터에 missing값의 !== 비교를 브로드캐스팅하여 불리언 마스크 벡터인 has_rate를 생성한다.

연습 8.1
BenchmarkTools.jl 패키지를 사용하여 puzzles."Rating" 구문이 데이터프레임에서 열을 가져올 때의 성능을 측정해보자.

풀이

```
julia> using BenchmarkTools

julia> @btime $puzzles."Rating";
  36.831 ns (0 allocations: 0 bytes)
```

예상대로 성능은 puzzles.Rating보다 약간 나쁘다.

연습 9.1

두 가지 조건에서 `NbPlays` 열의 요약통계량을 계산해보자. 첫 번째 조건에서는 인기도가 100인 퍼즐만 선택하고, 두 번째 조건에서는 인기도가 -100인 퍼즐만 선택한다. 벡터의 요약통계량을 계산하려면 StatsBase.jl 패키지의 `summarystats` 함수를 사용한다.

풀이

```
julia> using StatsBase

julia> summarystats(puzzles[puzzles.Popularity .== 100, "NbPlays"])
Summary Stats:
Length:          148244
Missing Count:   0
Mean:            283.490280
Minimum:         0.000000
1st Quartile:    6.000000
Median:          124.000000
3rd Quartile:    396.000000
Maximum:         8899.000000

julia> summarystats(puzzles[puzzles.Popularity .== -100, "NbPlays"])
Summary Stats:
Length:          13613
Missing Count:   0
Mean:            4.337839
Minimum:         0.000000
1st Quartile:    3.000000
Median:          4.000000
3rd Quartile:    5.000000
Maximum:         35.000000
```

인기도가 -100인 퍼즐은 실제로 플레이 빈도가 낮다는 것을 알 수 있다. 그러나 인기도가 100인 퍼즐의 경우에도 해당 관계는 그다지 강하지 않다. 예제 8.2의 코드가 생성한 결과에서 알 수 있듯이, 전체 데이터셋의 플레이 횟수 평균은 약 891이고 중앙값은 246이다. 따라서 인기도 100위 퍼즐은 평균적으로 조금 덜 플레이되었으며, 해당 관계는 그렇게 강하지 않다. 이 퍼즐 중 일부는 그냥 아주 좋은 퍼즐인 것 같다.

연습 9.2

rating_mapping 딕셔너리에 저장된 값이 합산되어 good 데이터프레임의 모든 행 인덱스를 나타내는지 확인해보자. 이를 위해 벡터의 길이 합이 good 데이터프레임 행 수와 같은지 확인한다.

풀이

```
julia> sum(length, values(rating_mapping))
513357

julia> nrow(good)
513357
```

첫 번째 인수로 전달된 변환 함수를 갖는 sum 함수 사용 방법은 4장에서 설명했다.

연습 9.3

loess 함수에서 span 키워드 인수의 값을 변경한 후 결과를 확인해보자. 기본적으로 이 인수의 값은 0.75이다. 이를 0.25로 설정하고 그림 9.4의 플롯에 다른 예측 선을 추가한다. 선의 너비는 5로하고 노란색으로 만든다.

풀이

```
julia> model2 = loess(ratings, mean_popularities; span=0.25);

julia> popularity_predict2 = predict(model2, ratings_predict);

julia> plot!(ratings_predict, popularity_predict2;
             width=5, color="yellow");
```

그림 B.3은 결과를 보여준다. 스무딩smoothing을 덜 적용하면 곡선이 데이터에 더 잘 맞는다는 것을 알 수 있다. 그림 9.4와 비교하면, rating이 1500인 끝부분에서 더 낮은 편향성을 보이고(원래 예측은 약간 위쪽에 편향됨), rating이 1750인 극단에서는 편향성이 더 높다(원래 예측은 약간 아래쪽에 편향됨).

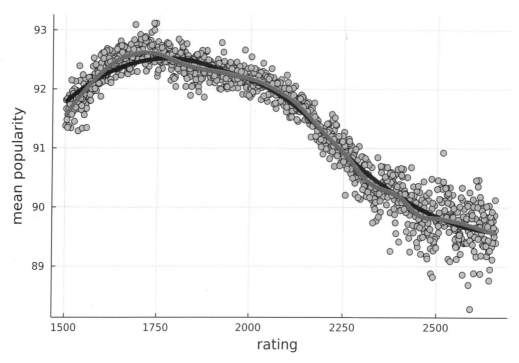

그림 B.3 웹 및 머신러닝 이웃의 수가 머신러닝 개발자의 비율 사이의 관계를 나타내는 이 그래프는 지터 없이 생성되었다.

연습 10.1

백만 개의 요소로 구성된 단일 무작위 벡터로 데이터프레임을 만들 때, 원본 벡터를 복사하는 경우와 복사하지 않는 경우로 성능을 비교해보자. 위 벡터는 rand(10^6) 명령을 사용하여 생성할 수 있다.

풀이

```
julia> using BenchmarkTools

julia> x = rand(10^6);

julia> @btime DataFrame(x=$x);
  1.010 ms (22 allocations: 7.63 MiB)

julia> @btime DataFrame(x=$x; copycols=false);
  827.941 ns (21 allocations: 1.50 KiB)
```

copycols=false를 사용하면 메모리 할당이 줄어들고 코드 실행 속도가 빨라진다.

연습 10.2

데이터프레임 df1=DataFrame(a=1, b=2)과 df2=DataFrame(b=2, a=1)에 대한 vcat 결과를 확인한다. 다음으로 cols=:orderequal 키워드 인수를 추가하면 어떤 결과가 반환되는지 확인한다.

풀이

```
julia> df1 = DataFrame(a=1,b=2)
1×2 DataFrame
 Row │ a      b
     │ Int64  Int64
─────┼──────────────
   1 │     1      2

julia> df2 = DataFrame(b=3, a=4)
1×2 DataFrame
 Row │ b      a
     │ Int64  Int64
─────┼──────────────
   1 │     3      4

julia> vcat(df1, df2)
2×2 DataFrame
 Row │ a      b
     │ Int64  Int64
─────┼──────────────
   1 │     1      2
   2 │     4      3

julia> vcat(df1, df2, cols=:orderequal)
ERROR: ArgumentError: when `cols=:orderequal` all data frames need
to have the same column names and be in the same order
```

연습 10.3

랜덤 워크가 같은 지점을 다시 방문할 경우 두 단계 앞의 검증만 수행하도록 예제 10.7의 코드를 변경한다. 이러한 정의 아래에서 같은 지점을 다시 방문하지 않은 확률이 약 7.5%인지 확인한다.

풀이

```
julia> function walk_unique_2ahead()
           walk = DataFrame(x=0, y=0)
           for _ in 1:10
               current = walk[end, :]
               push!(walk, sim_step(current))
           end
           return all(walk[i, :] != walk[i+2, :] for i in 1:9)
       end
walk_unique_2ahead (generic function with 1 method)

julia> Random.seed!(2);

julia> proptable([walk_unique_2ahead() for _ in 1:10^5])
2-element Named Vector{Float64}
Dim1  |
------+--------
false | 0.92472
true  | 0.07528
```

예제 10.7과 비교했을 때 이 코드의 차이점은 검사하는 조건이 모두 (walk[i, :] != walk[i+2, :] for i in 1:9)라는 것이다. 10.2절에서 설명한 것처럼 인스턴스 1과 3, 2와 4, ..., 9와 11을 확인한다.

결과는 예상대로 약 7.5%이다.

연습 11.1

행 1개와 열 10,000개로 구성된 데이터프레임을 만드는 데 필요한 시간을 측정한다. 코드 ones(1, 10_000)를 사용하여 자동으로 열 이름이 생성된 행렬을 사용하면 된다. 다음으로 해당 데이터프레임에서 벡터의 NamedTuple을 생성하는 데 필요한 시간을 측정한다.

풀이

```
julia> @time wide = DataFrame(ones(1, 10_000), :auto);
  0.092228 seconds (168.57 k allocations: 9.453 MiB,
                    94.13% compilation time)
julia> @time wide = DataFrame(ones(1, 10_000), :auto);
  0.006999 seconds (39.53 k allocations: 2.508 MiB)

julia> @time Tables.columntable(wide);
```

```
 18.517356 seconds (1.70 M allocations: 65.616 MiB, 0.08% gc time,
                 99.60% compilation time)
julia> @time Tables.columntable(wide);
 0.002036 seconds (25 allocations: 938.750 KiB)
```

wide 데이터프레임 객체를 생성하는 것은 첫 실행에서도 빠르다. 반면에 NamedTuple 객체를 생성하면 컴파일 비용이 매우 높아진다. Tables.columntable(wide)의 두 번째 실행은 줄리아가 사용된 열 이름과 타입, 필요한 함수의 컴파일 결과를 캐시하기 때문에 빠르다.

연습 11.2

그룹화된 데이터프레임 gdf_city를 사용하여 Statistics 모듈의 mean 함수로 각 도시의 평균 기온을 계산한다. 결과는 키가 도시 이름이고 값이 해당 평균 기온인 딕셔너리로 저장한다. 결과를 다음 호출의 출력과 비교한다. combine(gdf_city, :rainfall => mean). 이러한 표현식의 정확한 구문은 12장, 13장에서 설명한다.

풀이

```
julia> using Statistics

julia> Dict(key.city => mean(df.rainfall) for (key, df) in pairs(gdf_city))
Dict{String7, Float64} with 2 entries:
  "Ełk"    => 2.275
  "Olecko" => 2.48333

julia> combine(gdf_city, :rainfall => mean)
2×2 DataFrame
 Row │ city     rainfall_mean
     │ String7  Float64
─────┼────────────────────────
   1 │ Olecko         2.48333
   2 │ Ełk            2.275
```

연습 12.1

complete_graph(37700) 호출을 사용하여 37,700개의 노드(gh 그래프에 있는 노드 수)에 대한 완전한 그래프를 만든다. 이 연습은 메모리를 많이 사용하므로 컴퓨터의 RAM이 32GB 미만인 경우 더 작은 그래프 크기를 사용해야 한다. 다음으로, Base.summarysize 함수를 사용하여 이 그래프가 얼마나 많은 메모리를 차지하는지 확인한다. 마지막으로, @time 함수와 개발자 유형 벡터로 classes_df.ml_target 벡터를 사용하여 이 그래프에서 deg_class 함수가 완료되는 데 걸리는 시간을 확인한다.

풀이

```
julia> cg = complete_graph(37700)
{37700, 710626150} undirected simple Int64 graph

julia> Base.summarysize(cg)
11371828056

julia> @time deg_class(cg, classes_df.ml_target);
  7.114192 seconds (5 allocations: 589.250 KiB)
```

12장의 내용과 일관되게 37,700개의 노드에 대한 전체 그래프에는 710,626,150개의 간선이 있음을 알 수 있다. 그래프를 생성하려면 약 11GB의 RAM이 필요하다. 이 그래프에서 deg_class 함수를 실행하는 데 약 7초가 걸렸다.

연습 12.2
그림 12.6의 플롯에서 지터를 제거하면 플롯이 어떻게 보이는지 확인해보자.

풀이

```
scatter(log1p.(agg_df.deg_ml),
        log1p.(agg_df.deg_web);
        zcolor=agg_df.web_mean,
        xlabel="degree ml", ylabel="degree web",
        markersize=2, markerstrokewidth=0, markeralpha=0.8,
        legend=:topleft, labels = "fraction web",
        xticks=gen_ticks(maximum(classes_df.deg_ml)),
        yticks=gen_ticks(maximum(classes_df.deg_web)))
```

위 코드는 그림 B.4의 플롯을 생성한다.

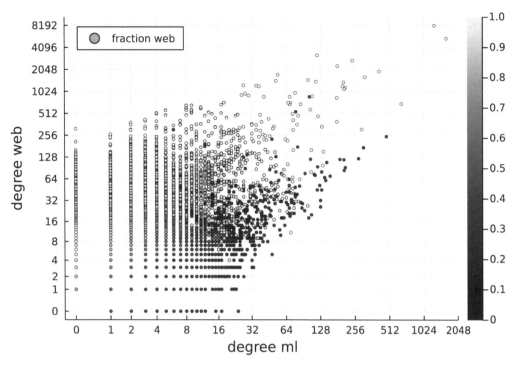

그림 B.4 웹과 머신러닝 이웃의 수와 머신러닝 개발자 비율의 관계 그래프. 이 플롯은 지터 없이 생성되었다.

그림 B.4와 그림 12.6을 비교해보면 실제로 그림 B.4에 표시된 점들이 많이 겹치는 것을 볼 수 있다. 이로 인해 일부 어두운 점들이 많은 밝은 점들에 의해 덮여 있기 때문에 눈에 띄지 않을 수 있다.

연습 12.3

로짓 모형 대신 프로빗 모형을 사용하여 `ml_target` 변수를 예측해보자. `glm` 함수에 `ProbitLink()` 인수를 사용한다.

풀이

```
julia> glm(@formula(ml_target~log1p(deg_ml)+log1p(deg_web)),
           classes_df, Binomial(), ProbitLink())
StatsModels.TableRegressionModel{GeneralizedLinearModel{
GLM.GlmResp{Vector{Float64}, Binomial{Float64}, ProbitLink},
GLM.DensePredChol{Float64, LinearAlgebra.Cholesky{Float64,
Matrix{Float64}}}}, Matrix{Float64}}

ml_target ~ 1 + :(log1p(deg_ml)) + :(log1p(deg_web))
```

```
Coefficients:
                 Coef.    Std. Error      z  Pr(>|z|)  Lower 95%  Upper 95%
─────────────────────────────────────────────────────────────────────────
(Intercept)      0.142686  0.0161981    8.81    <1e-17   0.110939   0.174434
log1p(deg_ml)    1.02324   0.0119645   85.52    <1e-99   0.999791   1.04669
log1p(deg_web)  -0.91654   0.0108211  -84.70    <1e-99  -0.937749  -0.895331
```

연습 12.4

빈 데이터프레임을 생성한다. 여기에 복사 없이 값 1, 2, 3을 저장하는 열 a를 추가한다. 다음으로 데이터프레임에 복사 없이 열 a와 동일한 벡터인 열 b를 하나 더 추가한다. 열 a와 열 b가 동일한 벡터를 저장하는 확인한다. 데이터프레임에 두 개의 동일한 열을 저장하는 것은 안전하지 않으므로 열 b에 복사본을 저장한다. 이제 열 a와 b가 동일한 값을 저장하지만 다른 객체인지 확인한다. 열 a의 앞 두 개의 요소를 10으로 제자리에서 업데이트한다.

풀이

```
julia> df = DataFrame()
0×0 DataFrame

julia> df.a = [1, 2, 3]
3-element Vector{Int64}:
 1
 2
 3

julia> df.b = df.a
3-element Vector{Int64}:
 1
 2
 3

julia> df.b === df.a
true

julia> df.b = df[:, "b"]
3-element Vector{Int64}:
 1
 2
 3
```

```
julia> df.b === df.a
false

julia> df.b == df.a
true

julia> df[1:2, "a"] .= 10
2-element view(::Vector{Int64}, 1:2) with eltype Int64:
 10
 10

julia> df
3×2 DataFrame
 Row │ a      b
     │ Int64  Int64
─────┼──────────────
   1 │    10      1
   2 │    10      2
   3 │     3      3
```

이 연산 중 가장 까다로운 연산은 df.b = df[:, "b"]이다. 기존 b 열에 복사된 값 df[:, "b"]를 할당한다. 이 코드는 df.b = copy(df.b)라고도 작성할 수도 있다.

연습 13.1

DataFramesMeta.jl의 @rselect 매크로를 사용하여 예제 13.6의 코드를 다시 작성해보자.

풀이

```
@rselect(owensboro,
    :arrest = :arrest_made,
    :day = dayofweek(:date),
    :type,
    :v1 = contains(:violation, agg_violation.v[1]),
    :v2 = contains(:violation, agg_violation.v[2]),
    :v3 = contains(:violation, agg_violation.v[3]),
    :v4 = contains(:violation, agg_violation.v[4]))
```

@rselect를 사용하면 간단한 변환을 더 쉽게 지정할 수 있지만, 예제 13.6에서 프로그래밍 방식으로 생성한 마지막 네 가지 변환의 경우 명시적으로 작성해야 한다는 점을 유의해야 한다.

연습 13.2

조인을 수행하지 않고 바로 dayname 열이 있는 owensboro2 데이터프레임을 select 연산을 통해 생성해보자.

풀이

```
select(owensboro,
    :arrest_made => :arrest,
    :date => ByRow(dayofweek) => :day,
    :type,
    [:violation =>
    ByRow(x -> contains(x, agg_violation.v[i])) =>
    "v$i" for i in 1:4],
    :date => ByRow(dayname) => :dayname)
```

원하는 결과를 얻으려면 :date 열에 dayname 함수를 적용하는 것으로 충분하다. 하지만 이 경우 반환된 열은 범주형이 아니므로 나중에 categorical 함수를 사용하여 열을 범주형 열로 바꿔야 한다.

연습 13.3

이 절에서 배운 연산을 연습하기 위해 다음 두 가지 분석을 진행해보자. 먼저 dayname 열에 대한 체포 확률을 계산한다. 두 번째로 체포 확률을 다시 계산하되 이번에는 dayname 열과 type 열별로 결과를 가로형 형식으로 표시한다. 여기서 dayname 레벨은 행이고 type 레벨은 열을 형성한다.

풀이

```
julia> @chain owensboro2 begin
           groupby(:dayname, sort=true)
           combine(:arrest => mean)
       end
7×2 DataFrame
 Row │ dayname    arrest_mean
     │ Cat...     Float64
─────┼────────────────────────
   1 │ Monday     0.0825991
   2 │ Tuesday    0.0928433
   3 │ Wednesday  0.0780201
   4 │ Thursday   0.0834846
```

```
   5 │ Friday       0.112174
   6 │ Saturday     0.165485
   7 │ Sunday       0.258114
```

일반적으로 주말에 체포가 일어날 확률이 가장 높다는 것이 관찰된다.

```
julia> @chain owensboro2 begin
           groupby([:dayname, :type], sort=true)
           combine(:arrest => mean)
           unstack(:dayname, :type, :arrest_mean)
       end
7×3 DataFrame
 Row │ dayname     pedestrian  vehicular
     │ Cat...      Float64?    Float64?
─────┼─────────────────────────────────────
   1 │ Monday      0.827586    0.0580205
   2 │ Tuesday     0.611111    0.0741483
   3 │ Wednesday   0.568182    0.0592334
   4 │ Thursday    0.568182    0.063327
   5 │ Friday      0.596491    0.0869167
   6 │ Saturday    0.638889    0.144444
   7 │ Sunday      0.592593    0.243548
```

type이 pedestrian(보행자)인 경우가 체포가 일어날 확률이 훨씬 높다.

연습 13.4

(a) 데이터프레임 인덱싱 구문과 (b) groupby 함수를 사용하여 train 데이터프레임과 test 데이터프레임을 생성해보자.

풀이

```
julia> train2 = owensboro2[owensboro2.train, :]
4832×8 DataFrame
  Row │ arrest  type        v1     v2     v3     v4     dayname    train
      │ Bool    String15    Bool   Bool   Bool   Bool   Cat...     Bool
──────┼──────────────────────────────────────────────────────────────────
    1 │   true  pedestrian  false  false  false  false  Thursday   true
    2 │  false  vehicular   false   true  false  false  Sunday     true
   ⋮  │   ⋮         ⋮          ⋮      ⋮      ⋮      ⋮        ⋮         ⋮
 4831 │  false  vehicular    true   true  false   true  Wednesday  true
```

```
 4832 │ false  vehicular  false  false  false   true  Wednesday   true
                                               4828 rows omitted

julia> test2 = owensboro2[.!owensboro2.train, :]
2047×8 DataFrame
  Row │ arrest  type       v1     v2     v3     v4     dayname    train
      │ Bool    String15   Bool   Bool   Bool   Bool   Cat...     Bool
──────┼───────────────────────────────────────────────────────────────
    1 │  true   vehicular  false  false  false  false  Tuesday    false
    2 │  true   vehicular  false  false  false  false  Sunday     false
    ⋮ │   ⋮         ⋮        ⋮      ⋮      ⋮      ⋮         ⋮        ⋮
 2046 │ false   vehicular  false  false   true  false  Friday     false
 2047 │ false   vehicular  false  false  false  false  Wednesday  false
                                               2043 rows omitted

julia> test3, train3 = groupby(owensboro2, :train, sort=true)
GroupedDataFrame with 2 groups based on key: train
First Group (2047 rows): train = false
  Row │ arrest  type       v1     v2     v3     v4     dayname    train
      │ Bool    String15   Bool   Bool   Bool   Bool   Cat...     Bool
──────┼───────────────────────────────────────────────────────────────
    1 │  true   vehicular  false  false  false  false  Tuesday    false
    2 │  true   vehicular  false  false  false  false  Sunday     false
    3 │ false   vehicular  false  false  false  false  Tuesday    false
    ⋮ │   ⋮         ⋮        ⋮      ⋮      ⋮      ⋮         ⋮        ⋮
 2046 │ false   vehicular  false  false   true  false  Friday     false
 2047 │ false   vehicular  false  false  false  false  Wednesday  false
                                               2042 rows omitted
  ⋮
Last Group (4832 rows): train = true
  Row │ arrest  type        v1     v2     v3     v4     dayname    train
      │ Bool    String15    Bool   Bool   Bool   Bool   Cat...     Bool
──────┼────────────────────────────────────────────────────────────────
    1 │  true   pedestrian  false  false  false  false  Thursday   true
    2 │ false   vehicular   false   true  false  false  Sunday     true
    3 │  true   vehicular   false  false  false  false  Sunday     true
    ⋮ │   ⋮         ⋮         ⋮      ⋮      ⋮      ⋮         ⋮        ⋮
 4831 │ false   vehicular    true   true  false   true  Wednesday  true
 4832 │ false   vehicular   false  false  false   true  Wednesday  true
                                                4827 rows omitted
```

groupby 함수를 사용하는 풀이에서는 sort=true를 사용하는 것이 중요하다. 이렇게 하면 그룹이 그룹화 열에 따라 정렬되므로 false 키가 첫 번째 그룹에 있고 true 키가 마지막 그룹에 있다. 또한 이 경우 train3 및 test3 데이터프레임의 타입이 SubDataFrame이므로 원본 owensboro2 데이터 프레임에 대한 뷰이다.

연습 14.1

`@time` 매크로를 사용하여 `<(0)` 및 `x -> x < 0` 함수로 변환된 -10^6:10^6 범위의 값의 mean을 계산하는 시간을 비교한다. 또한 `lt0(x) = x < 0` 함수를 미리 정의할 때의 타이밍도 확인한다. 각 연산을 세 번 실행한다.

풀이

```
julia> @time mean(x -> x < 0, -10^6:10^6)
  0.058563 seconds (124.09 k allocations: 6.868 MiB, 100.84% compilation time)
0.499999750000125

julia> @time mean(x -> x < 0, -10^6:10^6)
  0.058623 seconds (123.13 k allocations: 6.808 MiB, 99.25% compilation time)
0.499999750000125

julia> @time mean(x -> x < 0, -10^6:10^6)
  0.059394 seconds (123.13 k allocations: 6.808 MiB, 99.22% compilation time)
0.499999750000125

julia> @time mean(<(0), -10^6:10^6)
  0.000515 seconds
0.499999750000125

julia> @time mean(<(0), -10^6:10^6)
  0.000608 seconds
0.499999750000125

julia> @time mean(<(0), -10^6:10^6)
  0.000523 seconds
0.499999750000125
```

`@time` 매크로의 결과에서 볼 수 있듯이, `<(0)`을 사용하는 코드는 매번 컴파일할 필요가 없기 때문에 `x -> x < 0`을 사용하는 코드보다 빠르다.

일반적으로 모든 것이 한 번만 컴파일되는 스크립트에서는 이 차이가 중요하지 않을 수 있다. 하지만 줄리아처럼 대화형으로 작업하는 경우에는 전역 범위에서 동일한 연산을 여러 번 수동으로 반복해서 하는 경우가 많기 때문에 이 문제가 가장 중요하다.

이 문제를 해결하는 또 다른 방법은 기명 함수_{named function}를 정의하는 것이다.

```
julia> lt0(x) = x < 0
lt0 (generic function with 1 method)

julia> @time mean(lt0, -10^6:10^6)
  0.000433 seconds (4 allocations: 112 bytes)
0.499999750000125

julia> @time mean(lt0, -10^6:10^6)
  0.000420 seconds (4 allocations: 112 bytes)
0.499999750000125

julia> @time mean(lt0, -10^6:10^6)
  0.000400 seconds (4 allocations: 112 bytes)
0.499999750000125
```

그러나 대화형 세션에서 사용자는 익명 함수를 기명 함수로 미리 정의하는 것보다 인라인으로 정의하는 것을 선호하는 경우가 많다.

연습 14.2

단일 요소 n이 정수인 JSON 페이로드를 받아들이는 웹 서비스를 생성해보자. 해당 서비스는 rand 함수를 사용하여 생성된 n개의 난수 벡터를 JSON 형식으로 반환해야 한다. 전달된 요청이 올바르지 않으면 400 Bad Request 응답을 생성해야 한다. 로컬 컴퓨터에서 이 웹서버를 실행하고 예상대로 작동하는지 테스트한다.

풀이

풀이에서 이제 서버와 클라이언트 부분이 생겼다. 먼저 서버가 될 줄리아 세션을 시작하고 그 안에서 다음 코드를 실행한다.

```
using Genie
Genie.config.run_as_server = true
Genie.Router.route("/", method=POST) do
    message = Genie.Requests.jsonpayload()
    return try
        n = message["n"]
        Genie.Renderer.Json.json(rand(n))
    catch
        Genie.Responses.setstatus(400)
    end
```

```
end
Genie.Server.up()
```

이제 다른 줄리아 세션을 시작하고 우리가 만든 웹 서비스를 테스트한다.

```
julia> using HTTP

julia> using JSON3

julia> req = HTTP.post("http://127.0.0.1:8000",
                       ["Content-Type" => "application/json"],
                       JSON3.write((n=3,)))
HTTP.Messages.Response:
"""
HTTP/1.1 200 OK
Content-Type: application/json; charset=utf-8
Server: Genie/Julia/1.7.2
Transfer-Encoding: chunked

[0.5328896673008208,0.832033459458785,0.4955600307532585]"""

julia> JSON3.read(req.body)
3-element JSON3.Array{Float64, Vector{UInt8}, Vector{UInt64}}:
 0.5328896673008208
 0.832033459458785
 0.4955600307532585

julia> HTTP.post("http://127.0.0.1:8000",
                 ["Content-Type" => "application/json"],
                 JSON3.write((x=3,)))
ERROR: HTTP.ExceptionRequest.StatusError(400, "POST", "/", HTTP.Messages.Response:
"""
HTTP/1.1 400 Bad Request
Content-Type: application/json; charset=utf-8
Server: Genie/Julia/1.7.2
Transfer-Encoding: chunked

""")
```

첫 번째 호출에서는 올바른 요청을 전달하고 임의의 숫자로 구성된 3-요소 배열을 얻는다(숫자는 다를 수 있다). 두 번째 예제에서는 n 대신 x를 전달하므로 요청이 잘못되었다. 이 경우 서버는 400 Bad Request 응답을 반환한다.

APPENDIX

데이터 과학을 위한
줄리아 패키지

이 책을 읽고 나면 줄리아로 데이터 분석을 수행하기 위한 탄탄한 기초를 갖추게 된다. 하지만 이 책에서 사용한 Base Julia 및 여러 패키지에 대한 지식만으로는 실제 애플리케이션에 사용하기에 충분하지 않을 수 있다. 따라서 이 부록에서는 데이터 과학 작업에 유용하게 사용할 수 있는 줄리아 패키지 생태계를 검토한다.

데이터 과학 프로젝트에서는 이 책에서 집중적으로 다룬 간단한 데이터 수집 및 분석 작업 외에도 일반적으로 컴퓨팅의 확장, 다양한 데이터 원본 및 형식 작업, 고급 머신러닝 모델 구축과 관련된 문제에 직면하게 된다. 이러한 모든 주제는 단순한 데이터 분석을 수행하고자 할 뿐만 아니라 확장 가능하고 일반적으로 다른 소프트웨어 구성 요소와 통합되어야 하는 프로덕션 환경에 배포할 복잡한 분석 모델을 만들어야 하는 데이터 과학자에게 필수적이다.

복잡한 데이터 과학 솔루션을 구축할 수 있도록, 줄리아 생태계는 유용한 기능을 제공하고 있다. 부록 C는 이에 대한 개요이다. 지나치게 긴 목록을 제공하지 않기 위해 많은 훌륭한 패키지를 생략해야 했다. 특히 이 부록에서는 데이터 과학 관련 패키지에만 초점을 맞추고, 14장에서 웹 서비스를 만드는 데 사용한 Genie.jl과 같이 목적이 다른 많은 패키지는 생략했다. 다행히도 JuliaHub(https://juliahub.com/ui/Packages)에서 모든 줄리아 패키지 생태계를 편리하게 탐색할 수 있다.

부록에 제공된 목록도 압도적으로 느껴질 수도 있다. 하지만 이 책을 읽고 나면 프로젝트에서 이러한 패키지를 자신있게 배우고 사용할 수 있을 만큼 충분한 기본기를 갖추게 될 것이라고 확신한다. 이 자료에 구조를 더하기 위해 다음 주제를 다루는 네 개의 절로 구성했다.

- 플로팅하기
- 컴퓨팅 작업 확장하기
- 데이터베이스 및 다양한 데이터 저장 형식으로 작업하기
- 데이터 과학 기법들

C.1 줄리아의 플로팅 생태계

줄리아는 여러 플로팅 생태계를 제공한다. 데이터 과학에서 플로팅은 기본적인 요구 사항 중 하나이지만, 동시에 상황에 따라 완전히 다른 도구를 사용해야 할 수도 있다. 예를 들어, 대화형 대시보드를 만들려는 경우와 고품질이 요구되는 정적 대시보드를 준비하려는 경우에는 플롯의 다른 측면이 중요해진다.

이 절에서는 네 가지 플로팅 패키지를 소개하고 각 패키지의 기능을 강조한다. 각 패키지를 사용해보고 자신의 필요에 가장 적합한 패키지를 찾아보기 바란다.

- Gadfly.jl — API가 릴런드 윌킨슨Leland Wilkinson의 저서 《The Grammar of Graphics》(Springer, 2005)와 해들리 위컴Hadley Wickham의 R용 ggplot2 패키지의 영향을 많이 받은 패키지이다. 플롯을 지정하는 그래픽 문법은 현재 데이터 과학에서 널리 사용되는 방법 중 하나이다.
- Makie.jl — 하나의 통합 인터페이스로 고성능의 GPU 기반 대화형 시각화는 물론 고품질의 벡터 그래픽을 생성할 수 있는 플로팅 생태계다.
- Plots.jl — 이 책에서 사용하는 패키지이다. GR, PyPlot, PGFPlotsX, Plotly와 같은 여러 사용 가능한 플로팅 백엔드에 통합 인터페이스를 제공한다. 통계 플로팅을 위한 많은 레시피가 포함된 StatsPlots.jl과 함께 번들로 제공된다.
- UnicodePlots.jl — 터미널에서 직접 플롯을 생성하는 플로팅 라이브러리이다.

C.2 줄리아에서 컴퓨팅 확장하기

줄리아를 사용하면 멀티스레딩 코드를 쉽게 실행하고 분산 컴퓨팅을 활용할 수 있을 뿐만 아니라 GPU 또는 Spark에서 프로그램을 실행할 수 있다. 이 주제에 대한 경험이 많지 않다면 로버트 로비Robert Robey와 율리아나 자모라Yuliana Zamora가 쓴 《Parallel and High Performance Computing》(Manning, 2021)이 관련 개념과 접근 방식에 대한 좋은 입문서가 될 수 있다.

다음은 줄리아 생태계 관련 패키지 모음이다.

- AMDGPU.jl — AMD GPU용 프로그램 작성을 위한 도구
- CUDA.jl — NVIDIA CUDA GPU 작업을 위한 프로그래밍 인터페이스
- Dagger.jl — 많은 줄리아 워커 프로세스 및 스레드뿐만 아니라 GPU에서 방향성 비순환 그래프directed acyclic graph, DAG로 표시되는 계산을 효율적으로 실행할 수 있는 스케줄러
- Distributed — 분산 메모리 컴퓨팅 구현을 제공하는 줄리아 표준 모듈
- MPI.jl — 메시지 전달 인터페이스message passing interface, MPI에 대한 인터페이스
- Spark.jl — Apache Spark 플랫폼에서 줄리아 프로그램을 실행할 수 있는 패키지
- Threads — 멀티스레딩 코드를 작성할 수 있도록 기본 기능을 제공하는 줄리아 표준 모듈
- ThreadsX.jl — 14장에서 사용하는 패키지. 줄리아 프로그램을 쉽게 병렬화할 수 있도록 Base Julia 함수와 호환되는 API를 제공

C.3 데이터베이스 및 데이터 저장 형식 작업하기

컴퓨팅 프로그램 확장의 또 다른 중요한 측면은 데이터베이스 및 다양한 데이터 저장 형식에 대한 커넥터이다. 다음은 사용 가능한 몇 가지 패키지이다.

- Arrow.jl — 8장에서 사용하는 Apache Arrow 표준의 구현
- AVRO.jl — Apache Avro 데이터 표준의 순수 줄리아 구현
- AWSS3.jl — Amazon Simple Storage Service(S3)를 위한 인터페이스. AWS.jl은 Amazon Web Services(AWS)를 위한 인터페이스를 제공하는 관련 패키지
- CSV.jl — CSV 파일 및 고정 필드 너비 파일 작업을 위한 패키지
- DuckDB.jl — DuckDB SQL OLAP 데이터베이스 관리 시스템에 대한 인터페이스

- HDF5.jl — HDF5 파일 형식으로 저장된 데이터를 읽고 쓰기 위한 인터페이스

- JSON3.jl — JSON 파일 작업을 위한 패키지

- LibPQ.jl — PostgreSQL libpq C 라이브러리용 래퍼

- Mongoc.jl — MongoDB 드라이버

- MySQL.jl — MySQL 서버에 대한 인터페이스

- ODBC.jl — ODBC API에 대한 인터페이스

- Parquet2.jl — Parquet 표형식 데이터 바이너리 형식의 순수 줄리아 구현

- SQLite.jl — 8장에서 사용하는 SQLite 라이브러리에 대한 인터페이스

- RData.jl — R 데이터 파일을 읽기 위한 패키지

- ReadStatTables.jl — Stata, SAS, SPSS에서 데이터 파일을 읽기 위한 패키지

- TOML — TOML 파일 구문 분석을 위한 표준 모듈

C.4 데이터 과학 기법들 사용하기

줄리아 생태계는 고급 데이터 과학 프로젝트를 수행할 수 있는 다양한 패키지 모음을 제공한다. 여기에는 머신러닝, 확률적 프로그래밍, 최적화, 통계, 수치 계산 등의 기능이 포함되어 있다.

- Agents.jl — 줄리아에서 에이전트 기반 모델을 생성하기 위한 라이브러리

- DifferentialEquations.jl — 미분방정식을 수치적으로 풀기 위한 모음. 줄리아 SciML 생태계의 핵심 패키지이다(https://sciml.ai).

- Flux.jl — 고성능 프로덕션 파이프라인을 위한 머신러닝용 라이브러리

- Gen.jl, Soss.jl/Tilde.jl, Turing.jl — 확률적 프로그래밍을 위한 세 가지 대안 프레임워크. 각각 고유한 기능이 있으므로 어떤 것이 요구에 가장 적합한지 확인하는 것이 좋다.

- JuliaStats — https://github.com/JuliaStats에 나열된 통계용 패키지 생태계. 확률분포, 다양한 단변량 및 다변량 통계 모델, 가설 테스트 및 관련 기능을 제공한다.

- JuMP.jl — 수학적 최적화를 위한 도메인 특화 모델링 언어. 선형계획법, 정수계획법, 원추 계획법, 준정부호 계획법, 제약된 비선형 계획법 등 다양한 문제 클래스를 지원한다.

- Knet.jl — 성숙한 딥러닝 프레임워크

- MLJ.jl — 160개 이상의 머신러닝 모델을 선택, 튜닝, 평가, 구성 및 비교하기 위한 공통 인터페이스와 메타 알고리즘을 제공하는 줄리아로 작성된 툴박스
- OnlineStats.jl — 통계를 위한 고성능 단일 패스single-pass 알고리즘을 제공하는 라이브러리.
- Optim.jl — 줄리아에서 단변량 및 다변량 비선형 최적화를 위한 패키지
- ReinforcementLearning.jl — 줄리아의 강화학습용 패키지
- Roots.jl — 단일 실수 변수의 연속 스칼라 함수의 근을 찾기 위한 루틴을 제공하는 라이브러리

여기에는 잠재적인 목록이 너무 길어서 가장 중요한 데이터 과학 도구와 기법을 다루는 가장 인기 있는 것들로만 제한해야 했다. 특히, 구체적인 머신러닝 모델을 구현하는 다양한 패키지는 모두 MLJ.jl 생태계(http://mng.bz/xMjY)에서 제공하는 공통 인터페이스를 통해 사용할 수 있으므로 목록에서 생략했다.

요약

- 줄리아에는 복잡한 데이터 과학 프로젝트를 구현할 수 있는 풍부한 패키지 생태계가 있다.
- 줄리아에는 여러 가지 성숙한 플로팅 생태계가 있다. 각각 다른 API와 중점 영역이 있기 때문에 여러 가지 옵션을 사용해보고 가장 적합한 것을 선택하는 것이 좋다.
- 고성능 계산을 수행하는 경우 줄리아는 멀티스레딩, 분산, GPU 컴퓨팅을 포괄적으로 지원한다. 따라서 계산을 확장하는 데 가장 적합한 방법을 유연하게 선택할 수 있다.
- 줄리아는 다양한 형식의 데이터 읽기 및 쓰기와 널리 사용되는 데이터베이스 시스템에 대한 연결을 지원한다. 기존 데이터 저장소와 통합하여 데이터 분석 프로젝트를 쉽게 수행할 수 있다.
- 줄리아에서 사용할 수 있는 데이터 과학 도구 및 알고리즘의 생태계는 광범위하다. 그 수가 너무 많아서 일부 도메인에서는 이들을 그룹화하기 위해 중간 조직이 만들어졌다. 데이터 과학 관점에서 중요한 프로젝트에는 JuliaStats, JuMP.jl, MLJ.jl, SciML 등이 있다.

진솔한 서평을 올려주세요!

이 책 또는 이미 읽은 제이펍의 책이 있다면, 장단점을 잘 보여주는 솔직한 서평을 올려주세요.
매월 최대 5건의 우수 서평을 선별하여 원하는 제이펍 도서를 1권씩 드립니다!

- **서평 이벤트 참여 방법**
  ❶ 제이펍 책을 읽고 자신의 블로그나 SNS, 각 인터넷 서점 리뷰란에 서평을 올린다.
  ❷ 서평이 작성된 URL과 함께 review@jpub.kr로 메일을 보내 응모한다.

- **서평 당선자 발표**
  매월 첫째 주 제이펍 홈페이지(www.jpub.kr)에 공지하고, 해당 당선자에게는 메일로 연락을 드립니다.
  단, 서평단에 선정되어 작성한 서평은 응모 대상에서 제외합니다.

독자 여러분의 응원과 채찍질을 받아 더 나은 책을 만들 수 있도록 도와주시기 바랍니다.

찾아보기